北京大学考古学丛书

科技考古与文物保護

原思训 著

原思训自选集

上海古籍出版社

无垠天地

——自序

1973年一个偶然机会我调来当时的北京大学历史系考古教研室,和无线电系调来的王良训、技术物理系调来的陈铁梅一起筹建^{14}C实验室,我负责化学工作,迄今已经49年。对于我这个学放射化学,原来从事放射化学教学和研究的人来说看似一个从理科到文科的大转变,实则是继续利用自己所掌握的一点知识和技能,只是转换一下工作和研究对象而已。虽然当时的条件困难重重,但是在大家通力合作之下,我们于1975年初顺利地建成国内第一个液体闪烁法^{14}C实验室。当测定出来的第一个^{14}C数据——马王堆二号汉墓木炭,显示和墓主人死亡年代相合时,心中不仅异常惊喜,而且坚定了对自然科学在考古学领域应用前景的信心。有感于当时年代学手段在中国考古学方面的急切需要,我们接着又建成了不平衡铀系年代实验室。应用这两种年代学方法,几乎测定了当时国内已经发现的距今30万年到新石器时期的主要考古遗址年代。其后还陆续开展了电子自旋共振测年,和本校重离子物理研究所合作,在1993年建成国内第一个加速器质谱(AMS)^{14}C实验室。

然而研究对象的转变也有一个熟悉和适应的过程,和考古学家们相处也有一个相互认知的过程。我们旁听一些考古学课程,向考古学家们学习考古学知识。在实验室建设与发展的过程中,考古教研室的先生们,如宿白、吕遵谔、严文明、李伯谦等,都从各个方面给予了热情关怀和支持。我们之后还同考古学家配合开展多方面的考古学专题探索。当然,实验室初建时老先生们对于测年方法也经历了一个疑惑进而认识的过程,宿白先生曾经给了我们一个已知确切年代而不告诉我们的新疆库木吐喇石窟壁画地仗层中的草样;而邹衡先生则拿着两个商代木炭样品告诉我们说是五代时期样品,我们测试后都圆满地完成了答卷。^{14}C 实验室建立后不久,由于我国南北方考古遗址之间没有地层叠压关系,时代早晚不便对比,一些考古学家认为南方石灰岩地区^{14}C 数据都偏老,针对这一问题,我们和社会科学院考古研究所仇士华、蔡莲珍先生合作,开展了石灰岩地区^{14}C 样品年代的可靠性和甑皮岩等遗址年代的研究工作,研究结果表明:"陆生动、植物样品(蜗牛除外)的^{14}C 年代不受石灰岩特殊环境的影响,至少没有显著的影响。水下生长的动、植物样品的^{14}C 年代显然偏老 1—2 千年。"但是,相当长一段时间内,这一论点不为部分考古学者所接受。在和严文明先生交谈时我向先生请教,他说:"他们不信我信。"因为严先生是新石器考古研究方面的专家,又对^{14}C 测年有深刻理解,这种信任显然是对我们的鼓励。老先生们的信任和鼓励,不仅加快了我研究对象的转换,而且促使我向更深入的方向发展。

为了让学习考古的同学们对于自然科学在考古学方面的应用有所了解,我们开设了当时称作"现代科技在考古学中的应用"课程,也就是现在泛称的科技考古课。古代遗迹遗物多数埋藏于地下,往往需要运用现代科技手段才能够发现和发掘出来。传统考古在得到考古遗迹遗物后仅凭感官只能获得直观的一些信息,而借助现代仪器和测试手段能够获得的信息量要大得多。例如一块木炭和木头,如果不做进一步分析测定,对于其中隐含的年代和气候、植被等信息就无从得知。起初我们的授课内容也仅包括电磁和遥感探测,各种年代学、化学分析应用等。随着科学技术的进步和介入,考古学研究领域也在不断扩展,出现了五花八门与科技相关的考古分支:如农业考古、冶金考古、陶瓷考古、环境考古、分子生物学考古、遥感考古、水下考古等等。一个突出的感觉是,不仅原来学习自然科学的学者们,而且考古学者们也纷纷将各种自然科学手段和技术应用到考古学领域中。原先传统方法无法做到的做到了,原来无法认识的现在认识了。近期如在四川彭山江口古战场(江口沉银)遗址的勘探中,学者们应用两栖地质雷达、高精度磁法、电阻率成像法、频率域电磁法等技术参与到考古过程中,科学技术对于遗址的发现和发掘起到了重要作用。再如,中国科学院古脊椎动物与古人类研究所付巧妹团队在 Science 杂志上发表文章,他们利用古 DNA 技术,通过对约 9500 年前到 300 年前生活在东亚大陆南、北方和台湾海峡岛屿的 26 个古人类样本进行了基因组测序,并对比已有的古 DNA 和现代人 DNA 库,对东亚人的基因构成进行了多方位研究,从遗传学角度探讨中国南北方史前人群格局、迁移与混合的若干疑团和中国史前人群遗传与演进史。

在讲授和应用自然科学研究考古的过程中,我的眼界得以拓宽,我感悟到几乎所有自然科学分支都能够应用到考古学中,考古学领域对于科技工作者来说是一个无垠的广袤天地!究其原因在于二者的研究主体都是物质,只是考古学研究的对象基于古代人类活动遗留的遗迹和遗物,研究目的也与自然科学的出发点不同而已。在面对古代遗迹遗物时,一种和古人对话的神秘感使人欲罢不能。这种感悟也无形之中诱发我对于考古发掘和研究对象——文物本身的热爱和强烈的保护责任感。有鉴于许多文物缺乏有效的保护方法,并亟需科技工作者参与研究,只有保护好这些宝贵的遗物,才有可能让它们"延年益寿",并从中提取和揭示珍贵的古代信息。20 世纪 90 年代初考古文博学院需要建立文物保护实验室,培养文物保护人才,由此我的工作和研究领域也随之扩展到了文物保护方向。

时光荏苒,转眼之间我退休已经 20 多年,六七年前考古文博学院相告,要为 80 岁以上老教师出"个人文集",要我整理自己的工作。我一再推脱,一拖就是六年多。我犹豫推脱的原因是实感工作成绩平平,而且相关工作都已经发表,羞于再结集见人。自 1973 年秋从北大化学系到历史系做考古方面工作已近 50 年,虽自觉像农人一样,胼手胝足辛勤耕耘,但是收成微薄,愈觉不值得再浪费纸张。

本书收集的文章,除最后一篇,都是有关科技考古与文物保护方面的,多数为与合作者共同完成。合作者们的贡献是巨大的,没有他们,即使这点收获也难以取得，我衷心感谢他们，并铭记那些难忘的合作时光。至于最后一篇是出于保护文物的职责本能而为，之所以置于此处，是由于它费了我近两年的心血，记录了我退休后的一点耕作，权作附录。个人水平有限，书中定不乏谬误，诚请读者赐教。在文集的整理过程中，王恺博士做了大量工作，不仅录入了大部分文稿，而且仔细校阅、查对原文，纠正原书刊一些排印错误，态度之认真，令我十分感动。这本集子现由上海古籍出版社编辑出版，对于他们来说，排印自然科学类书籍是一个新的尝试，而且书稿内尚有约五分之一的英文内容更增加了不便，不过他们不厌其烦、不辞辛劳，严谨把关。衷心感谢他们的艰辛付出，特致诚挚谢意。

原思训

2022 年 5 月

目 录

无垠天地
——自序 / 1

壹 科技考古

1 液体闪烁法 ^{14}C 年代测定（1979）/ 3

2 石灰岩地区 ^{14}C 样品年代的可靠性与甑皮岩等遗址的年代问题（1982）/ 9

3 许家窑遗址哺乳动物化石的铀系法年代测定（1982）/ 20

4 ^{14}C 测定年代用"中国糖碳标准"的建立（1983）/ 26

5 用铀系法测定河套人和萨拉乌苏文化的年代（1983）/ 35

6 铀系法测定骨化石年龄的可靠性研究及华北地区主要旧石器地点的铀系年代序列（1984）/ 41

7 华南若干旧石器时代地点的铀系年代（1986）/ 55

8 Radiocarbon Activity Variation in Dated Tree Rings Grown in Mackenzie Delta（1986）/ 70

9 庙后山遗址骨化石的不平衡铀系年代测定（1986）/ 79

10 安徽省和县和巢县古人类地点的铀系法年代测定和研究（1987）/ 85

11   Uranium-series Dating of Jinniushan（Golden Ox）Site（1988）／93

12   ESR 法测定碳酸盐沉积物年代的研究（1989）／97

13   阳春独石仔和柳州白莲洞遗址的年代测定
     ——试探华南地区旧石器文化向新石器文化过渡的时间（1990）／105

14   通过 ^{227}Th 测定骨化石的 ^{231}Pa 年代和 ^{231}Pa／^{230}Th 年代（1990）／115

15   周口店遗址骨化石的铀系年代研究（1991）／128

16   南庄头遗址 ^{14}C 年代测定与文化层孢粉分析（1991）／135

17   华南早期新石器遗址 ^{14}C 年代数据引起的困惑与真实年代（1993）／141

18   加速器质谱法测定兴隆纹饰鹿角与峙峪遗址等样品的 ^{14}C 年代（1993）／156

19   我国北方几处晚更新世旧石器地点的骨化石铀系年代（1993）／160

20 ^{14}C AMS Dating the Transition from the Paleolithic to the Neolithic in South China（1995）／165

21   Applications of AMS Radiocarbon Dating in Chinese Archaeological Studies（1997）／173

22   山西吉县柿子滩遗址的年代与文化研究（1998）／183

23   Comparison of Different Bone Pretreatment Methods for AMS ^{14}C Dating（2000）／193

24   The Donghulin Woman from Western Beijing：^{14}C Age and an Associated

Compound Shell Necklace(2001) / 200

25　周原甲骨灼烧状况与风化原因研究(2004) / 211

26　秦始皇陵兵马俑陶土产地溯源的中子活化研究(2004) / 226

27　^{14}C 测年与我国陶器溯源(2006) / 237

28　Removal of Contaminants from Oracle Bones during Sample Pretreatment (2007) / 249

29　Radiocarbon Dating of Oracle Bones of Late Shang Period in Ancient China (2021)(附中译文) / 260

贰　文物保护

30　周原遗址及弓国墓地出土青铜器锈蚀研究(1999) / 317

31　周原遗址及弓国墓地出土青铜器保存状况及埋藏环境调研(2000) / 335

32　天马—曲村周代晋国墓地青铜器保存状况研究(2000) / 365

33　天马—曲村周代晋国墓地出土青铜器锈蚀研究(2000) / 379

34　几种常温自交联丙烯酸树脂非水分散体的制备(2001) / 393

35　周原甲骨的加固保护研究(2002) / 402

36　丙烯酸非水分散体等几种土遗址防风化加固剂的效果比较(2003) / 414

37　丝织品老化程度检测方法探讨(2003) / 433

38 秦兵马俑表层风化状况的研究(2004) / 448

39 潮湿土遗址加固保护材料的初步筛选(2004) / 460

40 有机硅改性丙烯酸树脂非水分散体的制备及在土遗址保护中的试用(2004) / 472

41 温湿度对丝织品保存状况的影响
——试探丝绸文物库房的最佳温湿度(2006) / 479

42 古代丝织品劣化机理的研究(2008) / 483

43 红外光谱法研究不同丝胶含量老化蚕丝蛋白(2009) / 515

44 Measuring Quantitatively the Deterioration Degree of Ancient Silk Textiles by Viscometry(2010) / 524

45 Research on the Corrosion of Bronze Weapons from the Pits of the Terracotta Warriors(2011) / 539

附录　孙运锦与《白耷山人年谱》及《寅宾录》(2014) / 563

图表索引 / 573

壹

科技考古

1
液体闪烁法 ^{14}C 年代测定*

本实验室于 1975 年 6 月初步建成,半年来的测量证明,仪器性能与实验方法是可靠的。

我们将被测样品制备成苯,用液体闪烁法测量。

合成苯用 CrO_3- Al_2O_3- SiO_2 为催化剂。每克催化剂第一小时可得苯一毫升左右。苯收率 80%—90%。

现代碳标准用吉林省天桥岭的松木,取 1848±10 年树轮部分,现代碳纯计数率为 61.1 次/分。本底碳用大同无烟煤,计数率为 15.8 次/分。

一、样品制备

1. 样品的预处理和制备乙炔

目前我们测试的样品,多数是木炭或木头。先将样品仔细挑拣、洗刷。再顺次用 1 当量盐酸、2%氢氧化钠、1 当量盐酸煮洗,以除去碳酸盐及腐殖酸。然后用蒸馏水反复煮洗至无氯离子。经烘干、干馏碳化,研成细粉与金属钙混合,在不锈钢反应管中加热合成碳化钙,再水解制备乙炔。生成的乙炔经干冰、液氮冷阱反复净化后,即可通入苯反应器合成苯。

---

* 作者:北京大学历史系考古专业 ^{14}C 实验室。参加此项工作的主要人员有原思训、陈铁梅、王良训。在工作过程中,我们得到了中国科学院考古研究所、地质所、古脊椎动物研究所、生物物理所及我校化学系大力协助,特此表示谢意。

2. 苯的合成

合成苯所用的仪器装置及反应器如图 1-1。

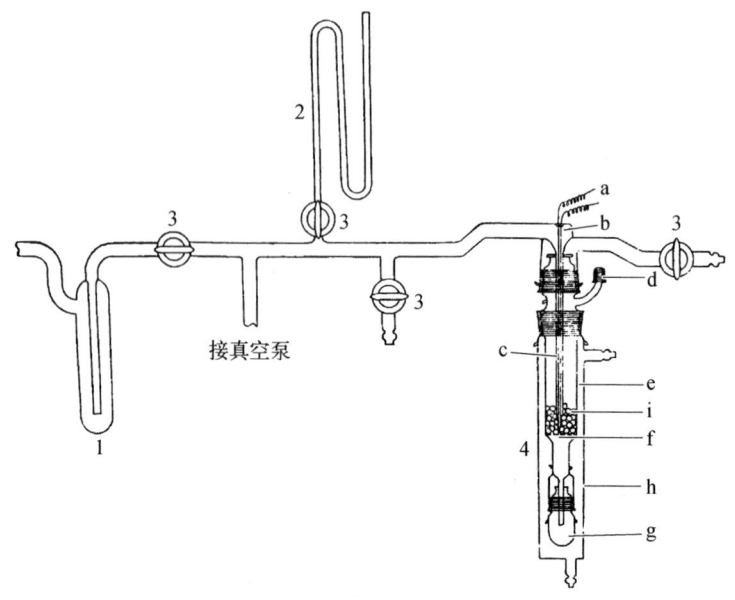

图 1-1 合成苯装置及反应器图

1. 冷阱 2. 水银压力计 3. 二通活塞 4. 反应器 a. 热电偶 b. 热电偶导管 c. 输气管路 d. 装催化剂侧管 e. 反应管 f. 托架 g. 接受瓶 h. 水冷套 i. 催化剂

我们用固定床静态法,以 CrO_3-Al_2O_3-SiO_2 做催化剂来制苯(有关此催化剂的制备及性能,上海化工研究院和厦门大学化学系催化教研室[1]作过深入研究)。先将催化剂活化,之后立即抽高真空,以排除催化剂吸附的气体。当催化剂温度降到 50℃ 左右时,即可将乙炔通入苯反应器。在合成反应过程中通过改变冷阱 1 的温度来控制系统内的压力和调整反应温度(速度)。系统内压力应小于一个大气压,反应温度控制在 80℃—120℃。

在上述反应条件下,乙炔转化率近于 100%,苯收率 80%—90%。经气相色谱分析合成苯纯度高于 99.9%,实际断代测量表明,合乎测试要求。

3. 测试液配制

每次测量用 7 毫升合成的样品苯，经称量后加入 1.4 毫升甲苯闪烁液以配成测试液（甲苯闪烁液为每毫升含 PPO 36 毫克、POPOP 0.6 毫克的精馏甲苯溶液）。如样品苯量不够时，加入用无烟煤合成的本底苯至 7 毫升，以保持测量条件的一致性。

二、测量仪器

测量所用的液体闪烁计数器如方框图（图 1-2）所示。探头部分为 FJ-353 73 年型，换装了一对 GDB-52L 型光电倍增管，并相应地将原有的前置放大器改成射级跟随器。在探头的上方及左右两侧另加了 4—8 厘米铅屏蔽，这样可以降低碳道的本底 4 次/分。供给光电倍增管的高压值选在探测效率—电压曲线"坪区"的始端，这样既保证了较高的探测效率，又不致使串光本底过高。高压在八小时内稳定性优于 0.05%。

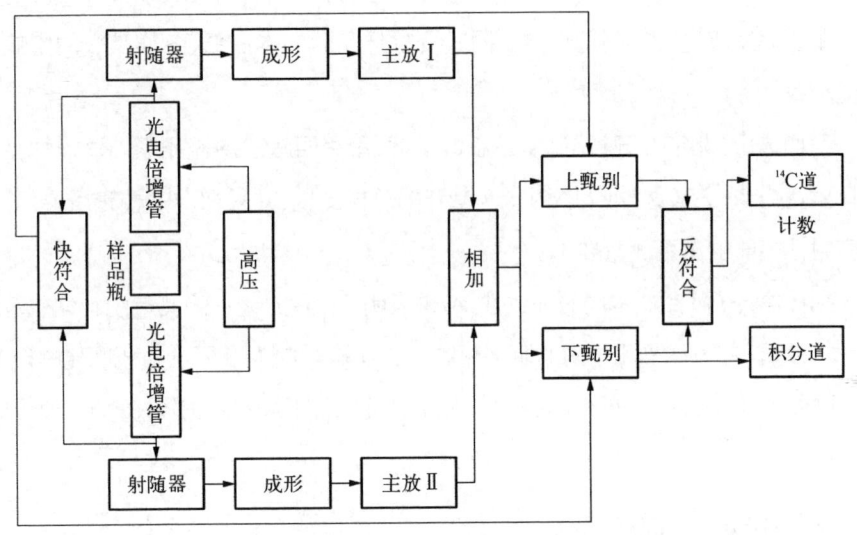

图 1-2　双管双道液体闪烁计数器方框图

主放大器及分析器系本实验室装配。仪器调试过程中考虑到两个光电倍增管阳极灵敏度的差别，分别改变两路放大器的增益，使进入相加电路的两路脉冲幅度大致相等,以减少由于样品瓶几何位置的不同对探测效率的影响。上、下甄别阈的选择,既考虑到使仪器的优值尽可能大$\left(优值=\frac{(探测效率)^2}{本底}\right)$,同时又要减少氚对测量的影响。

仪器探测效率及本底的长期稳定性,直接影响到年代测量的正确性。为此,我们每次测量样品前后,都用一个 0.05 微居里级的 ^{14}C 标准源对仪器的探测效率进行监测。连续半年多的观察表明,仪器探测效率的最大漂移不超过千分之八,经过分析这主要是由环境温度变化引起的。

定期测量仪器的本底(在百分之一的测量误差范围内)半年来没有观察到明显的变化。

三、样品瓶

在用苯样品进行液体闪烁法 ^{14}C 断代工作中,样品瓶应有较好的密封性能,以减少苯的挥发所造成的测量误差。同时要求样品瓶的本底低,各样品瓶的本底尽可能一致。

我们选用"北京九五料"制瓶。瓶口平磨,用聚四氟乙烯盖压紧。这样样品苯的挥发量为 2—3 毫克/每天。对于 7 毫升的总样品量,并采取重量校正后,样品瓶的密封性能能够满足测量要求。

抽样检验了样品瓶本底的一致性,结果表明:在百分之一的测量统计偏差范围内,本底基本一致,这样用不同的瓶子测量一二万年内的样品,不会造成明显的误差。对于更古老的样品,我们用同一只瓶子来测本底及样品计数,以保证较好的测量精度。

四、测量中的一些问题

1. "氚"的影响

样品制成乙炔后,如果立即合成苯测量,有时能观察到一些大能量、短寿命的放射性物质渗入苯中。若将乙炔或苯存放若干天后再测量,这种大能量的脉冲就不再出现,估计这可能是"氡"的影响。虽然这些大能量的脉冲主要增加积分道计数,而对碳道的计数影响很小。但为了提高测量的精确度,需完全排除这一影响。因此我们在样品苯合成后,仍要放置一周以上再进行测量。这时积分道与碳道纯计数的差别一般不大于一个标准偏差,这种数据才作为正式数据被采纳。

2. 淬灭问题

淬灭是由合成苯中的杂质,以及溶解在苯中的氧和水汽所致。目前我们还没有对淬灭现象进行详细研究。在国外的有关文献中对淬灭问题的记载也不尽一致。但在^{14}C断代工作中,进行的是相对测量,所要求的仅是每个样品的淬灭程度相同。我们将同一样品作两次独立制备,对每次制成的样品作多次重复测量,以进行比较,其结果如下:

合成苯日期	测量日期	测量结果(每克碳每分钟计数)
75年7月2日	75年7月5日	10.78±0.11
	75年7月7日	10.68±0.11
75年7月11日	75年7月14日	10.71±0.11
	75年7月15日	10.79±0.11
	75年8月6日	10.78±0.21

从上面结果可以看出重复性是好的。在百分之一统计涨落范围内,淬灭的不一致性不会引起可观察到的影响。

3. 测量时间的考虑

为了使测量统计偏差不大于1%,每个样品需测量两次,每次测500分钟。如果两次测量结果差别大于两个标准偏差时,则需第三次测量。对于年代较老的或样品量较少的样品,适当延长测量时间。

五、结束语

实验室建成初期,为了对液体闪烁 ^{14}C 年代测定方法的可靠性进行检查,我们对几个已知年代的样品进行了试测,测量结果如下:

样 品 名 称	^{14}C 测定结果	考古年代或其他实验室测定结果
马王堆二号汉墓椁外木炭	距今 2120±90 年(公元前 170±90 年)	墓主人死于公元前 186 年[ii]
兰州青岗半山类型房子（F1）的炭化木柱	距今 3940±100 年	距今 4015±100 年[iii]
地质所某贝壳样品	距今 1450±90 年	距今 1460±95 年

以上换算年代所用的半衰期为 5730 年,距今年代(B.P.)以 1950 年为起点。所示年代误差仅为样品、本底和现代碳标准的统计偏差,以标准偏差 1σ 表示。

参考文献

[i] 厦门大学化学系催化教研室.过渡金属化合物催化剂络合活化催化作用（Ⅰ）——附载型氧化铬和氧化铌催化剂的研究与炔类环聚芳构化催化反应机理[J].中国科学, 1973,(4)：373-388.

[ii] 湖南省博物馆,中国科学院考古研究所.长沙马王堆二、三号汉墓发掘简报[J].文物, 1974,(7)：39-48.

[iii] 中国科学院考古研究所实验室.放射性碳素测定年代报告（一）[J].考古,1972,(1)：52-56.

（原载于《全国同位素地质会议文集》编辑小组编,《全国同位素地质会议文集》第一集,地质出版社,1979 年。）

2

石灰岩地区^{14}C样品年代的可靠性与甑皮岩等遗址的年代问题*

一、前言

广西桂林甑皮岩和江西万年大源仙人洞等遗址是我国南方重要的新石器遗址[i][ii]。对于这些遗址的时代早晚,考古学界有不同的看法。我们曾对这些遗址的几个样品进行了^{14}C年代测定[iii],结果如表2-1:

表2-1 样品^{14}C比度降低与偏老关系图

实验室编号*	样品名称	测定年代(距今)**
ZK-92-0	江西万年仙人洞新石器时代兽骨	8825±240
ZK-39-1	同上遗址蚌壳	10870±240
ZK-284-1	广西南宁豹子头新石器时代螺壳	10720±260
ZK-279-1	广西桂林甑皮岩新石器时代蚌壳	11310±180
ZK-280-0	同上遗址兽骨	7580±410

* 实验室编号:ZK-代表中国社会科学院考古研究所^{14}C实验室;BK-代表北京大学历史系考古专业^{14}C实验室。

** 本文^{14}C半衰期采用5730年;距今年代以1950年为起点;所测^{14}C年代都超出现有校正表的范围,所以均未作树轮年代校正。

---

* 作者:北京大学历史系考古专业^{14}C实验室、中国社会科学院考古研究所^{14}C实验室。这项工作是北京大学原思训、陈铁梅、马力、蒙清平和考古研究所仇士华、蔡莲珍、冼自强、薄官成共同完成的。在采样过程中,得到广西博物馆、桂林市文管会、地质科学院桂林岩溶研究所的大力协助,在此一并致以谢意。

从上表中的年代数据看,显然比考古学界的一些估计偏老很多。由于这些样品多数是采自石灰岩洞穴中的贝壳和兽骨,桂林甑皮岩遗址又位于我国典型的石灰岩地区[1]。出于对样品特殊生成环境的考虑,我国考古学家在采纳这些数据时抱着极其谨慎的态度。又由于这些地区的考古工作开展得还不够充分,在文化对比上存在一定的困难,因而将这些遗址的^{14}C年代作出澄清和分析,提出可靠的年代数据供考古学界参考,显得很有必要。

二、石灰岩地区^{14}C样品年代的可靠性问题

^{14}C样品年代的可靠性问题,在^{14}C断代方法建立的初期就为人们所注意,并且做过不少研究和讨论。根据^{14}C测定年代的基本原理,^{14}C是宇宙射线和大气相互作用生成的,这些^{14}C原子以CO_2形式很快和大气中的CO_2相混合,并通过各种交换过程扩散到整个生物界和一切与大气CO_2相交换的含碳物质中。一般在交换充分的各类含碳物质中,^{14}C比度[2]和大气中CO_2的^{14}C比度相差不多[3]。一旦停止交换,则样品的^{14}C比度随年代的增加而降低,测定样品中^{14}C比度降低的程度,可据以推算样品停止与大气交换的年代,即样品生成后的距今年代。

石灰岩地区在我国分布广泛,从^{14}C断代角度来看,石灰岩地区的特点是山脉岩体主要由石灰岩组成,土壤中可能含有较多的碳酸盐岩碎屑。因为这些碳酸盐中所含的碳元素几乎都是不含放射性^{14}C的"死碳",当溶解有CO_2气体的水(CO_2气体来自大气和土壤中动、植物残体的腐烂分解)和石灰岩作用时,这种"死碳"溶解于水中:

$$CaCO_3 + H_2O + {}^*CO_2 \rightleftharpoons Ca^{2+} + HCO_3^- + H{}^*CO_3^-$$

---

[1] 石灰岩是以碳酸钙为主,其他碳酸盐对^{14}C浓度的影响也是同样的。因此,广义地说应为碳酸盐岩地区。

[2] 文中的^{14}C比度是指单位质量碳中所含放射性^{14}C的强度。

[3] 因为同位素分馏效应,海洋表层海水无机碳酸盐的^{14}C比度约比大气CO_2的^{14}C比度高1.6%,陆生植物有机质的^{14}C比度约比大气低3.5%。

反应式中 *C 代表含放射性 ^{14}C 的碳。这种水体在没有进一步和大气 CO_2 进行充分交换以前,其中的 ^{14}C 比度比大气 CO_2 的 ^{14}C 比度低,简单计算可知,样品的 ^{14}C 比度如果比同时期大气的 ^{14}C 比度低 $a\%$,则 ^{14}C 年代偏老 $8266\ln 100/(100-a)$ 年,年代偏老的程度与 ^{14}C 比度降低的关系如图 2-1。

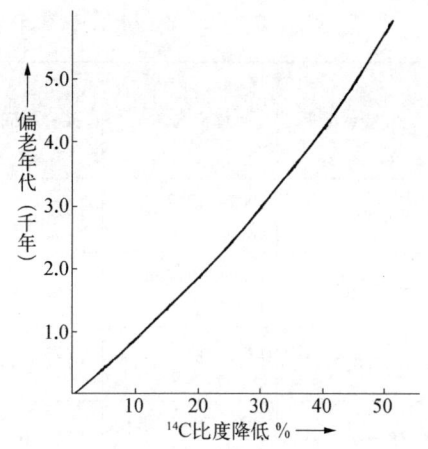

图 2-1 样品 ^{14}C 比度降低与偏老年代关系图

我们关注的问题是,石灰岩地区的这种特点,对于在这些地区所生成的 ^{14}C 样品物质年代有没有影响?如果有影响,是对哪些类型的样品有影响?这种影响有多大?

为了研究石灰岩地区各类 ^{14}C 样品年代可能受到的影响,同时弄清楚甑皮岩等遗址的年代,我们曾于 1978、1979 年两次去广西地区采集样品进行分析测定。我们从对比各类现生样品的 ^{14}C 比度着手:如果石灰岩地区的样品也与大气进行过充分交换,那么它们的 ^{14}C 比度应当和同时期大气 CO_2 的 ^{14}C 比度以及其他地区陆生植物样品(特别是树木样品)的 ^{14}C 比度相近。如果偏低,根据其偏低数值,可以计算出年代偏老的程度。

我们采集和测定的样品有:(1)树木;(2)陆生竹、草、稻米;(3)人骨;(4)水草;(5)螺、蚌;(6)漓江水中所含的碳酸盐和溶洞深处正在生长的石花。测定结果列于表 2-2 和表 2-3。因为 ^{14}C 断代一般是放射性强度的相对测量,文中 ^{14}C 比度的对比是相对比度对比。为了进行对比,表中列入了我们测定的其他地区的树木样品和文献上大气 CO_2 的 ^{14}C 比度数据,各年份大气 CO_2 的 ^{14}C 比度是由 Ingeborg Levin 等人的"1959 年以来大气 CO_2 的 ^{14}C 比度图"[iv] 所推得。所以冠以"～"符号,以示只作参考对比之用。

如果要仔细确定各类样品受"死碳"影响的程度,最好收集核试验前的样品作对比,因为很难得到这类样品,我们不得不用一些现生的样品来进行这种对比。从

表2-2 陆生树木、竹、草、稻米及人骨的^{14}C比度与现代碳比度对比

实验室编号	样品名称	采样时间	采样地点	样品^{14}C比度/现代碳比度	样品^{14}C比度比同时期大气^{14}C比度偏低百分数
BK78314	1907—1917年树轮部分木头	1978.10	广西兴安县抚城公社道冠大队	0.986±0.008	1
BK76011	1907—1917年树轮部分木头	1978.1	浙江余姚县河姆渡	0.999±0.008	0
BK76012	1907—1917年树轮部分木头	1974年底	吉林延边天桥岭	1.000±0.008	0
ZK-631-3	1941—1949年树轮部分木头	1978.10	广西桂林东郊江东村	0.99±0.01	1
BK78313	1966—1976年树轮部分木头	1978.10	广西兴安县抚城公社道冠大队	1.46±0.01	1
ZK-631-2	1966—1976年树轮部分木头	同上	广西桂林东郊江东村	1.46±0.01	1
	1971年大气CO_2			~1.48	
BK76064	1964—1974年树轮部分木头	1974年底	吉林延边天桥岭	1.55±0.01	0
	1969年大气CO_2			~1.55	
BK79201	1979年产大米	1979.10	广西桂林芦笛岩附近农田	1.245±0.010	2.7
BK79204	1979年生嫩竹	1979.10	广西桂林芦笛岩附近池塘旁	1.247±0.008	2.6
BK79209	1979年生草	1979.10	广西桂林甑皮岩遗址山坡上	1.222±0.008	4.5
	1979年大气CO_2			~1.28	
BK79202	1978年产大米	1979.10	广西桂林芦笛岩附近农田	1.305±0.008	0.4
	1978年大气CO_2			~1.31	
ZK-631-1	1977年产大米	1978.10	广西桂林东郊江东村	1.32±0.01	1.5
	1977年大气CO_2			~1.34	
ZK-631-5	1928年埋葬人骨	1978.10	广西桂林	0.99±0.01	1

注：现代碳比度是指现代碳国际标准的^{14}C比度。

表 2-3　螺、蚌、水草、漓江水碳酸盐等样品的 ^{14}C 比度与现代碳比度对比

实验室编号	样品名称	采样时间	采样地点及样品说明	样品 ^{14}C 比度/现代碳比度	样品 ^{14}C 比度比同时期大气 ^{14}C 比度偏低百分数
BK79203-1	1979年采活螺蛳之壳	1979.10	广西桂林芦笛岩附近池塘内。1—2年生	1.137±0.007	13.2
BK79203-2	同上样品螺蛳肉	同上	同上	1.15±0.01	12.2
BK79207-1	1979年采活螺蛳之壳	1979.9	广西桂林漓江。1—2年生	1.15±0.01	12.2
BK79207-2	同上样品螺蛳肉	同上	同上	1.147±0.010	12.4
	1978年底大气 CO_2			～1.31	
ZK-631-4	1978年采鲜蚌壳	1978.10	广西桂林东郊江东村。1—3年生	1.02±0.01	23.9
	1977年中大气 CO_2			～1.34	
BK79205	1979年采水草	1979.10	广西桂林芦笛岩附近池塘内。几年生不详,以当年生考虑	1.100±0.008	14.1
BK79208	漓江水碳酸盐（锅垢）	1979.9	广西桂林伏波山	1.085±0.008	15.2
	1979年大气 CO_2			～1.28	
BK78311	石花	1978.10	广西兴安县飞霞洞深处。正在生成的	1.08±0.01	
ZK-857	1979年采活河蚌	1979.10	广西扶绥左江中	0.995±0.010	24.0

测定结果来看，这样做基本上能满足实验要求。另外考虑到本文所解决问题的主要方面是 ^{14}C 年代值与考古学界的一些估计相差几千年的问题，而同位素分馏效应的影响多则二三百年，因此在进行对比时没有列入同位素分馏效应校正值。

由表 2-2、表 2-3 的数据可以看到：

(1) 核试验以前不同地区相同年份生长的树木样品的 ^{14}C 比度一致，核试验以后所取树木年轮部分与相同年份的大气 CO_2 的 ^{14}C 比度也基本符合。这说明石灰岩地区生长的树木样品的 ^{14}C 比度不受石灰岩地区的影响，它们的 ^{14}C 年代是可靠的。

(2) 稻米、竹、草的 ^{14}C 比度和当年大气 CO_2 相比显得相差稍大，可能由于同位素分馏效应的结果，但也没有超过 5%，至少可以认为它们的 ^{14}C 年代不会受到石灰岩地区的明显影响。

(3) 核试验前的人骨样品，其骨胶原部分的 ^{14}C 比度也是正常的，说明陆生动物骨头样品骨胶原部分的年代基本上不受石灰岩地区环境的影响。

(4) 漓江水中的碳酸盐(烧水锅炉中的水垢)，水中生长的螺、蚌(壳或肉)，水草，岩洞深处生长的石花等，其 ^{14}C 比度都有不同程度的偏低，在我们所测的一些样品中，最少比大气 CO_2 偏低 12%，最多可达 24%。由此导致这些样品的 ^{14}C 年代偏老 1—2 千年。

上面结果说明，各类样品的 ^{14}C 比度主要由其生成条件来决定。譬如陆生植物主要通过光合作用从大气中摄取 CO_2 来得到生长所需要的碳元素[v][vi]，大气 CO_2 中的 ^{14}C 比度在全球各处基本一致，因此同时期生长的陆生植物的 ^{14}C 比度基本一致，测量得到的 ^{14}C 年代基本一致并且可靠。生活在水中的动、植物体内的碳元素，主要直接或间接来源于水中溶解的 CO_2 和碳酸盐；动物摄食水生动物、植物和微生物，水下生长的植物利用水中的 CO_2 进行光合作用。因为前述石灰岩水体中可能溶解有较多的"死碳"，因而使得水生动、植物的 ^{14}C 比度偏低，^{14}C 年代偏老。其实非石灰岩地区淡水动、植物样品也有 ^{14}C 比度偏低、^{14}C 年代偏老的情况[vii]。这是因为其生成环境中也会含有溶解的"死碳"和古老动、植物残体分解放出的 CO_2。

这里应当说明，表 2-2、表 2-3 样品的 ^{14}C 比度数据比大气 CO_2 偏低程度不同，可能有多种原因：（1）由于各种样品生成时与大气 CO_2 交换的程度不同。（2）由于原子弹效应使近些年大气 CO_2 中 ^{14}C 比度变化幅度很大，用作对比的样品不一定严格；又如螺、蚌样品的采集日期是清楚的，而生长时期则是估计的。（3）未做同位素分馏效应校正。（4）由于表中所列空气 CO_2 的 ^{14}C 比度值的近似性，等等。尽管如此，表 2-3 中样品的 ^{14}C 比度值偏低则是十分明显的。

三、甑皮岩等遗址各类样品的 ^{14}C 年代测定

甑皮岩遗址 1973 年开始发掘，近几年还在陆续发掘和整理。我们在 79KJDT6 探方采集木炭和贝壳样品，在 79KJDT5 探方采集兽骨和贝壳样品，在采样时我们注意到有第二层钙华板的存在，并在其上、下采集了 ZK-910 和 ZK-911 两个木炭样品。采样剖面示意见图 2-2。在 79KJDT5 探方的下部有一块巨大的崩塌石，我们在它的下面采集了 BK79310、BK79314、BK79316 等样品。我们看到有不少陶片（图 2-3）和这些样品相混杂。陶片为夹砂粗陶，手制，羼和料为粗细不一的石英和方解石颗粒，其中方解石居多数。陶胎厚薄不均匀，表面为黄褐色和红褐色，内部多为褐色，纹饰为粗绳纹，火候较低，质地疏松易碎。样品测定结果见表 2-4（表 2-1 的两个甑皮岩年代数据也一并列入）。

广西南宁地区沿邕江两岸有许多新石器时代贝丘遗址[viii]。我们在南宁豹子头贝丘遗址和扶绥左江西岸贝丘遗址采集了贝壳样品，在左江中采集了现生河蚌。贝丘中偶尔见到小块陶片、细小碳粒和烧骨。贝壳样品测定结果见表 2-5 和表 2-6。现生河蚌测定结果见表 2-3。

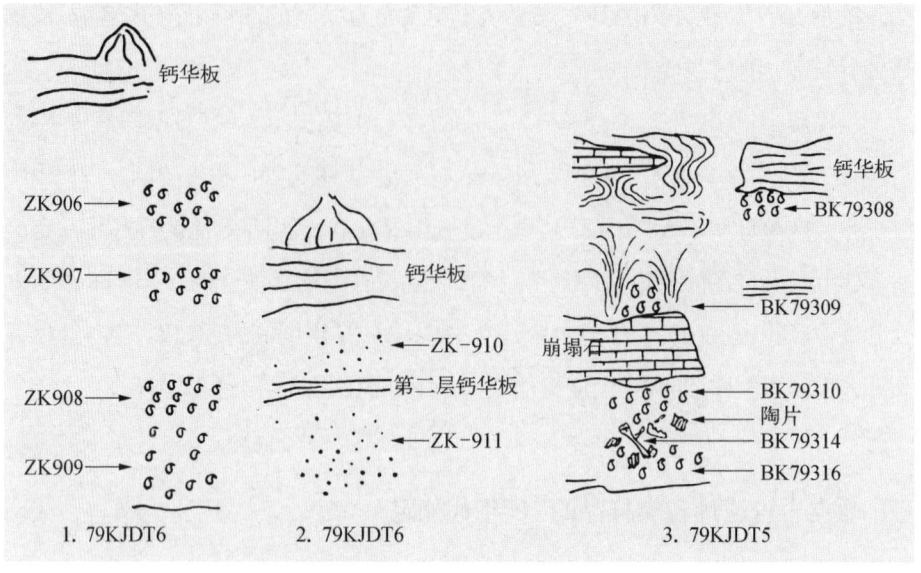

图 2-2 采样剖面示意图

图 2-3 79KJDT5 探方崩塌石下的部分陶片

表2-4 甑皮岩遗址年代测定

实验室编号	样品物质	层位及说明	测定年代(距今)
ZK-910	木炭末	79KJDT6探方,上钙华板下30厘米左右	7680±150
ZK-280-0	兽骨		7580±410
BK79308	螺蛳壳	79KJDT5探方,紧靠上钙华板	8970±100
ZK-911	木炭末	79KJDT6探方,第二层钙华板下30厘米左右	9000±150
BK-79314	兽骨	79KJDT5探方,崩塌巨石下,采样底部距上钙华板170厘米,兽骨多为猪骨、鹿骨、部分为烧骨	9100±250
ZK-906	螺蚌壳	79KJDT6探方,上钙华板下50—70厘米	10675±150
ZK-907	同上	同上探方,上钙华板下100—120厘米	10780±330
ZK-908	同上	同上探方,上钙华板下170—190厘米	11055±230
ZK-909	同上	同上探方,上钙华板下190—250厘米	10990±330
ZK-279-1	蚌壳	送样编号73KJDT5③	11310±180
BK79309	螺蛳壳	79KJDT5探方,崩塌巨石上,上钙华板下80厘米	10300±100
BK79310	同上	同上探方,崩塌巨石下,上钙华板下130厘米左右	10270±150
BK79316	同上	同上探方,崩塌巨石下,上钙华板下170厘米左右	10090±105

表2-5 豹子头贝丘遗址年代测定

实验室编号	样品物质	层位	测定年代(距今)
ZK-839	螺壳	距地表约50厘米	9985±200
ZK-843	同上	距地表约100厘米	10155±200
ZK-841	同上	距地表约190厘米	10565±200
ZK-842	同上	距地表约200厘米	10735±200

表 2-6 扶绥左江西岸贝丘遗址年代测定

实验室编号	样品物质	层位	测定年代(距今)
ZK-848	螺壳	距地表 0—25 厘米	9385±140
ZK-850	同上	距地表约 0—60 厘米	8950±130
ZK-851	同上	距地表 110 厘米左右	9245±140

四、结论与讨论

(1) 根据表 2-2、表 2-3 数据可知,陆生动、植物样品(蜗牛除外)的 ^{14}C 年代不受石灰岩特殊环境的影响,至少没有显著的影响。水下生长的动、植物样品的 ^{14}C 年代显然偏老 1—2 千年。钙华板、钟乳石等样品的年代,受影响的情况可能更复杂些。

(2) 关于甑皮岩遗址的年代,表 2-4 中有 ^{14}C 年代数据 13 个。在第一层和第二层钙华板之间有两个样品,ZK-910 木炭的年代为距今 7680±150 年,BK79308 螺蛳壳的年代为 8970±100 年,如果考虑到螺蛳壳平均偏老 1500 年,扣除此数据以后,可以认为同木炭的年代相当。而第二层钙华板下面木炭样品 ZK-911 的年代为 9000±150 年,崩塌巨石下面兽骨样品 BK79314 的年代为 9100±250 年,其余七个螺蛳壳样品的年代相差不多,平均约为 10600 年,扣除偏老的影响以后,亦为 9000 多年。表 2-1 中所列以前测定的数据,一个是兽骨样品 ZK-280-0,距今 7580±410 年,当属上层;另一个是螺蛳壳样品 ZK-279-1,距今 11310±180 年,当属下层。因此,可以认为:甑皮岩遗址似以第二层钙华板为界,分为早晚两期:晚期年代大约在 7500 年;早期年代在 9000 年以上。值得注意的是,早期也有不少陶片共出,这是迄今国内发现的最早的陶器。

(3) 从表 2-5、表 2-6 的数据看,豹子头贝丘遗址的年代比扶绥左江西岸贝丘遗址要早。豹子头遗址的年代和甑皮岩遗址的早期大约相当,扶绥左江西岸遗址的年代与甑皮岩遗址的晚期相近。

(4) 联系到表 2-1 所列江西万年仙人洞遗址的兽骨 ZK-92-0 的年代为 8825±240 年,仙人洞第一期文化的年代应和甑皮岩遗址的早期相当。

参考文献

[i] 广西壮族自治区文物工作队,桂林市文管会.广西桂林甑皮岩洞穴遗址的试掘[J].考古,1976,(3):175-179.

[ii] 江西省文物管理委员会.江西万年大源仙人洞洞穴遗址试掘[J].考古学报,1963,(1):1-16.
江西省博物馆.江西万年大源仙人洞洞穴遗址第二次发掘报告[J].文物,1976,(12):23-35.

[iii] 中国科学院考古研究所实验室.放射性碳素测定年代报告(三)[J].考古,1974,(5):335-338.
中国科学院考古研究所实验室.放射性碳素测定年代报告(四)[J].考古,1977,(3):200-203.
中国社会院考古研究所实验室.放射性碳素测定年代报告(五)[J].考古,1978,(4):280-287.

[iv] Levin I, Münnich K O, Weiss W. The effect of anthropogenic CO_2 and ^{14}C sources on the distribution of ^{14}C in the atmosphere[J]. Radiocarbon, 1980, 22(2):379-381.

[v] 曹宗巽.根系在植物碳素营养中的作用[J].北京大学学报(自然科学),1964,(1):82-88.

[vi] Olsson I U, Klasson M, Abd-El-Mageed A. Uppsala natural radiocarbon measurements XI[J]. Radiocarbon, 1972, 14(1):247-271.

[vii] Rafter T A, Jansen H S, Lockerbie L, et al. New Zealand radiocarbon reference standards [C]//Proceedings of the 8th International Conference on Radiocarbon Dating, 1972.

[viii] 广西壮族自治区文物考古训练班,广西壮族自治区文物工作队.广西南宁地区新石器时代贝丘遗址[J].考古,1975,(5):295-301.

(原载于《考古学报》1982 年第 2 期。)

3
许家窑遗址哺乳动物化石的铀系法年代测定*

本文报告用铀系法测量许家窑旧石器文化遗址出土的哺乳动物化石年代的初步结果。

山西省阳高县许家窑遗址的发现,不仅在研究石器的文化传统上有重要的意义,而且在地层上证实了桑干河流域早更新统标准地层"泥河湾层"的上部还包括了晚更新世的沉积物。

但对于"许家窑人"的时代问题却有不同的认识,也缺乏绝对年代的数据。贾兰坡教授等根据1974年首次发掘的动物化石群,认为许家窑人生活时期的年平均气温比现在低,时代上大致相当于欧洲莫斯特文化期至奥瑞纳文化期之初的阶段,即估计约为距今6—3万年。1976年进一步的发掘发现了北京人遗址的代表种——裴氏扭角羊(*Spirocerus peii*)和似布氏田鼠(*Microtus brandtioides*)。并在离74093地点东南2公里的漫流堡村的剖面中,观察到在胶结砂层上方好几米的黄绿色粘土层中发育有冰缘条件下形成的融冻褶皱。而74093地点的含人化石和动物化石的文化层处在同一胶结砂层之下4—8米。贾兰坡教授等认为许家窑的融冻褶皱是玉木冰期某一阶段的产物,因此许家窑遗址的时代应比过去的估计为早,属里斯冰期的后一阶段,估计绝对年代超过10万年。严富华等分析了许家窑遗址剖面的孢粉组合,根据云杉花粉占比较大,而喜温暖湿润的落叶阔叶种属的花粉极少,判断当时的气候是干燥寒冷的,气温比现在低4℃左右,时代上属玉木冰期的中期偏晚,约距今3万年前。尤玉柱等认为许家窑动物群代表距今约6万年前的玉

---

* 作者:陈铁梅、原思训、高世君、王良训、赵桂英(北京大学历史系考古专业年代测定实验室)。本工作得到贾兰坡先生的支持鼓励,得到卫奇同志,中国科学院地质研究所铀系年代学实验室和北京第三研究所七室的帮助,我系吕遵谔同志对本工作曾提出有益的意见,谨致谢意。

木冰期的第一高峰阶段。

北京大学历史系考古专业^{14}C实验室在1978年曾与古脊椎动物与古人类研究所^{14}C实验室的同志一起,测量了许家窑遗址79043地点8米以下的动物化石和沉积层中残剩有机物的^{14}C年代,所测四个样品的年代都大于4万年,超出了北大^{14}C实验室的最大可测年限。

以上情况促使我们尝试用铀系法来测定许家窑遗址动物化石的绝对年代。

一、铀系法测动物化石年代的基本原理

动物的骨骼与牙齿等硬组织含有大量无机盐,主要以羟基磷灰石[$Ca_5(PO_4)_3(OH)$]形式存在。在动物生前硬组织中基本上不含铀及其子体,但动物死亡后,在骨骼和牙齿的石化过程中,羟基磷灰石不断从周围地下水中交换吸附铀并保留在化石中。随后由铀的放射性衰变,其子体^{230}Th和^{231}Pa等将在化石中不断增长。其增长规律可用下面两个数学式表示:

$$\frac{^{230}Th}{^{234}U} = \frac{^{238}U}{^{234}U}(1 - e^{-\lambda_{230} \cdot t}) + \left(1 - \frac{^{238}U}{^{234}U}\right) \cdot \frac{\lambda_{230}}{\lambda_{230} - \lambda_{234}} \cdot [1 - e^{-(\lambda_{230} - \lambda_{234}) \cdot t}] \quad (1)$$

$$\frac{^{231}Pa}{^{235}U} = 1 - e^{-\lambda_{231} \cdot t} \quad (2)$$

式中^{234}U、^{230}Th等代表单位重量化石中该同位素的放射性强度,λ_{230}、λ_{231}、λ_{234}相应是^{230}Th、^{231}Pa和^{234}U的衰变常数,t为样品石化至今的年代。

通过实验,可以测定化石的^{230}Th/^{234}U和^{234}U/^{238}U两个比值以及^{231}Pa/^{234}U比值,代入公式(1)与(2),分别得到同一化石的两个独立的年龄,称为^{230}Th年龄和^{231}Pa年龄。这两个年龄都代表动物的骨骼和牙齿石化过程的中间阶段至今的年代,即铀系法测得的化石年龄稍晚于动物死亡的年代。

^{230}Th的半衰期为75200年,因此^{230}Th法的最大可测年限约为30万年;^{231}Pa的半衰期为32400年,^{231}Pa法的最大可测年限仅12万年左右。

需要指出,公式(1)、(2)的成立是以样品石化后对铀及其子体^{230}Th 和^{231}Pa 组成封闭体系为前提的,即石化完成后,不再发生铀及其子体的次生迁移。如果这一假设在实际情况中成立,则同一骨化石样品的^{230}Th 年龄应与^{231}Pa 年龄一致,并代表样品的真实年龄。

遗憾的是,封闭条件并不是在所有的情况下都能得到满足。铀是很活泼的元素,容易氧化成六价、形成铀酰离子而随地下水出入化石,从而破坏了封闭条件。如果发生了铀的次生迁移,^{230}Th 年龄与^{231}Pa 年龄将不一致,而且与真实年龄也有差异。

通常需分别测量同一样品的^{230}Th 年龄与^{231}Pa 年龄,以检验样品是否封闭。如果两个年龄一致,就代表样品的真实年龄。如果两个年龄不一致,也可以用测得的^{231}Pa/^{235}U 比值来判断^{230}Th 年龄应是真实年龄的上限还是下限,有时还可以用一定的关于铀的次生迁移的模型来估算样品的真实年龄。

总之,铀系法对测定 30 万年以内的动物化石的绝对年龄是一种有意义的方法。

二、实验技术

本文仅限于简述本实验室测^{230}Th 年龄的实验技术。(^{231}Pa 年龄的测定法在实验技术和数据的分析处理方面都较为复杂,限于篇幅将另文报道。)

1. 铀钍的分离和纯化

首先选取保存良好、致密的牙化石,将表面刷刮干净,并分选珐琅或牙本质部分,碾成粉末。称取一定量样品粉末放入烧杯,用 HNO_3 或 HCl 加 H_2O_2 溶解,同时加入已知量的^{232}U—^{228}Th 平衡示踪剂标准溶液。在有少量 $HClO_4$ 存在的情况下,蒸干样品溶液以破坏可能存在的有机物。蒸干物用 HCl 溶解后,配制成 4N HCl 溶液,并加入少量抗坏血酸后,用 742 型强碱性阴离子树脂交换吸附铀。阴柱流脱液并加入少量酒石酸后,用 743 型强酸性阳离子树脂交换吸附钍。阴离子柱用 4N HCl 清洗后，用 0.4N HCl 解析铀。阳离子柱经 4N HCl 清洗，用 NH_4Cl 转型，再用 5%$(NH_4)_2C_2O_4$ 解析钍。当样品含铁量大时，解析下来的铀中往往有少量的铁，为得到纯净的铀，我们在用 4N HCl 洗阴柱时加入适量抗坏血酸。解析下来的铀、钍溶液蒸干后，在 $(NH_4)_2C_2O_4$ 介质中电沉积制源。以上流程对铀和钍的分离是满意的，一般情况下对铀、钍的回收效率都能稳定在 70%—80%。

2. α 能谱测量及数据处理

样品中铀、钍的含量是通过测它们的 α 谱来定的。α 谱仪由金硅面垒探测器、放大器和 256 道脉冲幅度分析器组成。全部为国产仪器。工作性能稳定，一般在室温下连续 48 小时测量对 ^{228}Th 5423 Kev α 峰的半宽度（FWHM）为 45 Kev 左右，因此 ^{228}Th 的 5341 Kev 的峰能明显分出。图 3-1、3-2 为典型的铀与钍的 α 谱。根据 α 谱相应峰下面的总计数，并对本底、^{228}Th 与母体 ^{232}U 分离后的衰减、^{224}Ra 在 ^{228}Th 峰位中的贡献诸因素校正后，再利用 ^{232}U—^{228}Th 示踪剂已知的平衡系数，就能定出 ^{230}Th/^{234}U 和 ^{234}U/^{238}U 两比值。从而按照公式（1）得到样品的 ^{230}Th 年龄及其相应的统计误差值。

为了检验实验技术的可靠性，我们曾对若干样品重复制样测量，所得年代值在误差范围内一致，并测量了国际标准样 RKM-5，也得到了满意的结果。

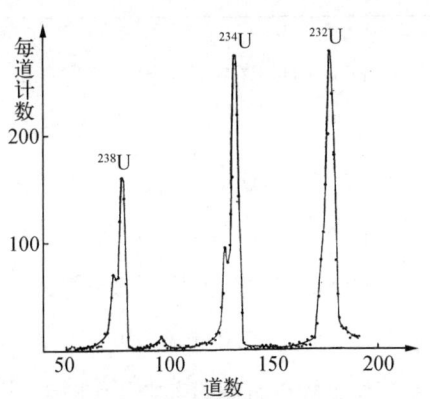

图 3-1　铀样 α 谱（测量时间 48 小时）

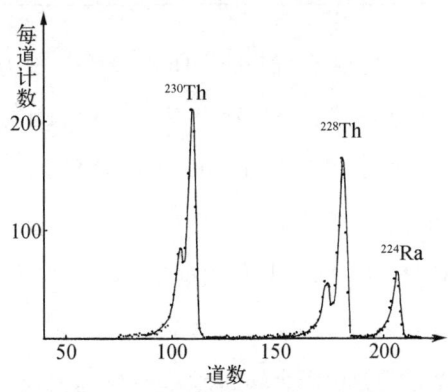

图 3-2　钍样 α 谱（测量时间 48 小时）

三、测量结果及讨论

我们测量了许家窑遗址六个牙化石样品的年代。其中除 BKY80001 样为本文作者之一原思训 1978 年采集外,均由中国科学院古脊椎动物与古人类研究所卫奇同志采集及提供。六个样品都采自 74093 地点,地表下 8 米及 12 米上下二层化石较集中的层位。测量结果列表如下。所引误差为放射性测量的统计误差,取一个 σ 标准偏差。对 BKY80001 和 BKY80003 两个样品同时测定了 $^{231}Pa/^{235}U$ 比值,以检验样品的封闭性。

表 3-1 许家窑遗址铀系年代数据表

样品编号	层位	样品材料	铀含量(ppm)	$^{234}U/^{238}U$	$^{230}Th/^{234}U$	^{230}Th 年龄(万年)	$^{231}Pa/^{235}U$
BKY80002	上层	马牙本质	175±3	1.30±0.03	0.568±0.020	8.8±0.5	
BKY81014	上层	犀牛牙珐琅	1.9±0.1	1.46±0.09	0.587±0.036	9.1±0.9	
BKY80001	下层上部	马牙本质	141±2	1.36±0.02	0.620±0.025	9.9±0.6	0.68±0.03
BKY80003	下层上部	马牙本质	127±3	1.34±0.02	0.631±0.025	10.2±0.6	0.65±0.03
BKY80012	下层(黑色)	马牙本质	1.9±0.1	1.20±0.06	0.667±0.058	11.4±1.7	
BKY81012	下层(黑色)	马牙珐琅	12.9±0.4	1.25±0.04	0.594±0.030	9.4±0.7	

(1)六个样品的 ^{230}Th 年龄都在 10 万年上下,而且与地层序列一致。这样许家窑动物化石群的 ^{230}Th 年龄应为 10 万年左右。

(2)根据 BKY80001 和 BKY80003 两个样品的 $^{231}Pa/^{235}U$ 值分析,所测的牙化石样品并非处于封闭状态。因为,如果样品自石化以来是封闭的,对于 10 万年的样品,其 $^{231}Pa/^{235}U$ 值根据公式(2)可以算得应等于 0.88,但实际测得的 $^{231}Pa/^{235}U$ 值在 0.67 左右,两者差别较大。这表明有铀的后期次生加入,^{230}Th 年龄 10 万年这一数值只是这两个样品真实年龄的上限。许家窑下层动物化石群的真实年代应大于 10 万年。结合生物标志考虑,应与距今 10 万年前的一个寒冷时期相应。

(3) 许家窑遗址 74093 地点地表下 8 米及 12 米两层主要化石层之间的 ^{230}Th 年代差别不大,上层化石的年代稍晚。实际的发掘也表明这两层的动物化石在种属形态上没有明显的差别。

(4) 74093 地点沉积物的颜色在 12 米处有一变化,下为黑色、灰蓝色砂质粘土,而上为黄褐色沙质粘土。沉积物颜色变化的同时,铀量及 ^{234}U/^{238}U 比值也观察到某些变化,黑色层中的 ^{234}U/^{238}U 比值比上部为小。这都说明当时在沉积环境上曾发生了某种变化。

总之,铀系法测量动物化石年代虽然目前尚处于探索阶段,在许家窑样品上又不巧碰到一个"开放体系",但比较可靠地确定了许家窑文化年代的上限。

参考文献

尤玉柱,徐钦琦.中国北方晚更新世哺乳动物群与深海沉积物的对比[J].古脊椎动物学报,1981,19(1): 77-86.

严富华,叶永英,麦学舜,等.从花粉分析论"许家窑人"的生活环境和时代问题[C]//第三届全国第四纪学术会议论文,1979.

贾兰坡,卫奇.阳高许家窑旧石器时代文化遗址[J].考古学报,1976(2): 97-114.

贾兰坡,卫奇,李超荣.许家窑旧石器时代文化遗址 1976 年发掘报告[J].古脊椎动物与古人类,1979,17(4): 277-293.

夏明,赵树森,王守信,等.铀系方法鉴定国际标准样结果[J].中国科学 A 辑,1979,(8): 792-799.

Szabo B J, Rosholt J N. Uranium-series dating of Pleistocene molluscan shells from southern California — An open system model[J]. Journal of Geophysical Research, 1969, 74(12): 3253-3260.

(原载于《人类学学报》1982 年第 1 期。)

4
^{14}C 测定年代用"中国糖碳标准"的建立*

我国^{14}C实验室的数目近几年来增加很快,目前已经建成和正在筹建的实验室有二十多个,急需有一个统一的现代碳标准[i]。1975年冬我们受全国同位素地质会议的委托,着手建立我国^{14}C测定年代用的现代碳标准。

一、国际上现代碳标准概况

目前,国际上以美国标准局的SRM-4990草酸为国际现代碳标准物质,简称NBS草酸标准[ii]。规定以此草酸1950年^{14}C比度的95%作为国际现代碳标准,它的^{13}C组成相对于美国芝加哥石灰石(即国际PDB标准)的千分差值为$\delta^{13}C = -19‰$。1980年美国国家标准局又建立了新草酸标准,标号为RM-49[iii]。新草酸的^{14}C比度为老草酸的1.2923±0.0046倍,$\delta^{13}C$值比老草酸高1.4‰。

20世纪70年代初,澳大利亚国立大学^{14}C实验室建立了ANU蔗糖国际现代碳次标准[iv][v]。ANU蔗糖的$\delta^{13}C$为-10.8±0.1‰,其$\delta^{13}C$值校正到-25‰后,^{14}C比度是国际现代碳标准的150.81±0.20‰。同文报道,1850年木头的^{14}C比度经年代校正后,比国际现代碳标准低2.5±1.5‰(木头的$\delta^{13}C$校正到-25‰)。

二、选择糖碳作为现代碳标准物质

作为现代碳标准物质,应能满足以下条件:1. ^{14}C在物质中分布均匀;2. 具有

---

* 作者:仇士华、蔡莲珍(中国社会科学院考古研究所),陈铁梅、原思训(北京大学)。

与现代碳相当或稍高的^{14}C比度;3. 易于常规化学制样;4. 在化学制样过程中不易发生显著的同位素分馏效应;5. 便于分装保存,不易受污染;6. 尽可能价格便宜。

根据以上条件衡量,NBS 草酸和 ANU 蔗糖都是相当好的,但还不是最理想的标准物质。

我们试图寻找更理想的标准物质,曾试验了木炭、果核壳炭、滤纸、纤维素粉等。这些物质对前述条件大都能够满足,但在燃烧时会留下相当量的灰分,灼烧残渣的重量比最多可达 2%,残渣内还明显地含有放射性物质。要去除这些残渣是困难的且费用昂贵。

通过比较,最后我们选定糖碳作为现代碳标准物质。1978 年从商业部调拨了一吨以 1977 年我国内蒙古生长的甜菜为原料生产的蔗糖,由上海试剂一厂加工成分析纯蔗糖;然后干馏成碳,粉碎混匀后,每 100 克一瓶密封包装;共得 1000 瓶,标明为特定糖碳。糖碳的灼烧残渣重量比小于千分之一,比表面经测定为 ~60 m^2/g;试验证明,经常规化学制样,糖碳标准的精度不会因吸附大气中的 CO_2 而受到影响。

三、糖碳的^{14}C比度的标定

为了准确地标定糖碳的^{14}C比度,我们用 1850 年(1847—1854 年轮部分)木头、NBS 草酸、ANU 蔗糖,作标准,与糖碳多次重复对比测定。所有样品在同一个实验室中采用相同的燃烧、制备碳化物、水解制乙炔、合成苯等化学制备流程,各步骤中都力求转化完全,以减少同位素分馏效应的影响。每个样品都作了 $\delta^{13}C$ 测定,以对^{14}C比度的测定结果作同位素分馏效应校正。最后标定出糖碳对国际现代碳标准^{14}C比度的比值和相对于 PDB 标准的 $\delta^{13}C$ 值。

1. A. D. 1850 年木头标准的选择

我们请中国科学院地理研究所气候室选取了东北松木(0001)和西藏云杉(0002),取出 1847—1854 年的树轮木片。按常规进行标本预处理;切碎混匀以保

证各部分标本的^{14}C比度一致;除去木质素和纤维素以外的物质,以保证标本的^{14}C比度与树轮生长的年代相对应。

2. 糖碳的标定

将经预处理的东北木头、西藏木头、NBS草酸和ANU蔗糖各分成三份;将三瓶糖碳混匀后分成三份,再任意抽取三瓶糖碳,每瓶分成三份,分发到中国社会科学院考古研究所、北京大学考古专业和中国科学院贵阳地球化学所三个^{14}C实验室(每室八份样品),各自制样标定。δ^{13}C的测定由各实验室制备成CO_2后统一送国家地震局地质研究所同位素室作质谱测定。三个实验室各自的测量数据见表4-1a、b、c,表4-2a、b和表4-3,表中所列误差为一个标准偏差的泊松误差。

表4-1a 考古研究所^{14}C室第一次测量数据

样品名称	制样号	计数/克苯·分	δ^{13}C‰	经同位素分馏效应校正值	相当于现代碳标准值
西藏木头 (0002)	1	8.852±0.047	−24.41	8.841	8.971±0.047
	2	8.844±0.047	−24.45	8.834	8.964±0.047
东北木头 (0001)	1	8.934±0.047	−24.20	8.830	8.960±0.047
	2	8.876±0.047	−24.91	8.874	9.005±0.047
草酸 SRM−4990	1	9.476±0.047	−16.04	9.420	8.949±0.047
ANU−蔗糖	1	14.046±0.053	−10.61	13.642	9.046±0.037
	2	13.954±0.053	−11.34	13.572	8.999±0.037
糖碳	1	12.174±0.043	−18.38	糖碳平均=12.227±0.030	
	2	12.279±0.043	−18.67		

现代碳标准总平均=8.985±0.017

糖碳/现代碳标准=1.3608±0.0042

表4-1b 考古研究所^{14}C室第二次测量数据(仪器重新调整后)

样品名称	制样号	计数/克苯、分	δ^{13}C‰	经同位素分馏效应校正值	相当于现代碳标准值
西藏木头(0002)	1	9.097±0.032	−24.63	9.090	9.224±0.032
东北木头(0001)	1	9.150±0.032	−24.17	9.136	9.270±0.032
草酸 SRM-4990	1	9.690±0.030	−18.68	9.684	9.200±0.037
ANU-蔗糖	1	14.170±0.053	−11.60	13.790	9.144±0.037
	2	14.296±0.053	−11.50	13.910	9.224±0.037
	3	14.297±0.053	−11.50	13.911	9.224±0.037
糖碳	1(混合)	12.565±0.033		糖碳平均=12.562±0.017	
	2(A)	12.562±0.033			
	3(B)	12.549±0.033			
	4(C)	12.570±0.033			

现代碳标准总平均=9.224±0.014

糖碳/现代碳标准=1.3619±0.0028

表4-1c 考古研究所^{14}C室第三次测量数据

样品名称	制样号	计数/克苯、分	δ^{13}C‰	相当于现代碳标准值
草酸 RM-49	1	12.437±0.040	−16.43	9.121±0.030
草酸 SRM-4990	1	9.638±0.035	−16.43	9.109±0.033
糖碳	1	12.385±0.039		

现代碳标准平均=9.115±0.022

糖碳/现代碳标准=1.359±0.005

表4-2a 北京大学^{14}C室测量数据

样品名称	制样号	计数/克苯、分	δ^{13}C‰	经同位素分馏效应校正值	相当于现代碳标准值
西藏木头(0002)	1	8.924±0.035	−23.70	8.901	9.032±0.035
	2	8.976±0.035	−23.25	8.945	9.077±0.035

(续表)

样品名称	制样号	计数/克苯、分	$\delta^{13}C‰$	经同位素分馏效应校正值	相当于现代碳标准值
西藏木头（0002）	3	8.897±0.035	-23.54	8.871	9.001±0.035
	4	9.010±0.035	-22.75	8.969	9.101±0.035
	5	8.986±0.035	-23.12	8.952	9.084±0.035
东北木头（0001）	1	8.960±0.035	-23.99	8.942	9.074±0.035
	2	9.067±0.035	-23.97	9.048	9.181±0.035
	3	8.978±0.035	-23.85	8.957	9.089±0.035
	4	8.973±0.035	-24.11	8.957	9.089±0.035
草酸 SRM-4990	1	9.628±0.035	-18.52	9.619	9.138±0.035
	2	9.481±0.035	-19.02	9.481	9.007±0.035
ANU-蔗糖	1	12.374±0.042	-17.14	12.363	9.088±0.030
	2	12.302±0.042	-17.52	12.300	9.042±0.030
糖碳	1	12.290±0.042	-19.31	糖碳平均=12.363±0.021	
	2	12.377±0.042	-19.62		
	3	12.379±0.042	-20.12		
	4	12.405±0.042	-19.88		

现代碳标准总平均=9.077±0.010

糖碳/现代碳标准=1.362±0.0028

表4-2b 北京大学^{14}C室第二次测量数据

样品名称	制样号	计数/克苯、分	平均计数/克苯、分	$\delta^{13}C‰$	经同位素分馏效应校正值
糖碳	I	12.608±0.059	12.688±0.035	-18.739	平均 12.709±0.028
		12.713±0.060			
		12.742±0.060			
	II	12.750±0.060	12.730±0.043	-18.829	
		12.709±0.058			

（续表）

样品名称	制样号	计数/克苯、分	平均计数/克苯、分	$\delta^{13}C‰$	经同位素分馏效应校正值	
ANU-蔗糖	I	14.620±0.063	14.596±0.037	-10.539	14.173	平均 9.344±0.018
		14.590±0.059				
		14.579±0.063				
	II	14.438±0.063	14.434±0.037	-10.232	14.008	
		14.426±0.063				
		14.437±0.063				

糖碳/现代碳标准=1.360±0.004

表4-3 贵阳地化所^{14}C室测量数据

样品名称	制样号	计数/克苯、分	$\delta^{13}C‰$	经同位素分馏效应校正值	相当于现代碳标准值
东北木头(0001)	1	9.908±0.045	-23.27	9.874	10.019±0.045
西藏木头(0002)	1	9.894±0.045	-22.95	9.853	9.998±0.045
草酸 SRM-4990	1	10.577±0.045	-19.74	10.593	10.063±0.045
糖碳	1	13.797±0.067	-19.84		

现代碳标准平均=10.027±0.026

糖碳/现代碳标准=1.3760±0.0076

数据处理的程序和规则如下：

（1）计算数据的误差按通常统计误差的传递公式。

（2）草酸 SRM-4990 的放射性测定值作同位素分馏效应校正，归一到 $\delta^{13}C = -19‰$，再乘以 0.95。

即

$$A_{ON} = 0.95 A_{OX} \left[1 - \frac{2(19+\delta^{13}C)}{1000}\right]$$

对 RM-49 相应为

$$A_{ON} = 0.95\, A_{OX} \left[1 - \frac{2(17.6+\delta^{13}C)}{1000} \right] /1.2923$$

（3）木头的放射性测定值作同位素分馏效应校正，归一到 $\delta^{13}C = -25‰$，再作 100 年的衰变校正，并除以 0.9975。即

$$A_{WN} = 1.01217\, A_W \left[1 - \frac{2(25+\delta^{13}C)}{1000} \right] /0.9975$$

（4）蔗糖的放射性测定值作同位素分馏效应校正，归一到 $\delta^{13}C = -25‰$，再除以 1.5081，即：

$$A_{SN} = A_S \left[1 - \frac{2(25+\delta^{13}C)}{1000} \right] /1.5081$$

（5）将木头、草酸、蔗糖三组数据分别转换为 A_{WN}、A_{ON}、A_{SN} 后，按统计方法检验其数值的同一性，取它们的平均值 $\bar{A}$ 作为国际现代碳标准的测定值。

（6）糖碳的放射性测定值 A_C 不作任何校正，三个实验室各按自己的测定数据，计算出糖碳的 ^{14}C 比度对国际现代碳标准的平均测定值之比值 $R = \bar{A}c/\bar{A}$。

（7）将三个实验室得出的 R 计权平均得到糖碳的比度对国际现代碳标准 ^{14}C 比度，比值为：$\bar{R} = 1.362 \pm 0.002$。

（8）将糖碳的多次 $\delta^{13}C$ 测定值加以平均，定出糖碳的 $\delta^{13}C$ 值相对于国际 PDB 标准为：

$$\delta^{13}C = 19.32 \pm 0.56‰$$

四、结果讨论

1. 根据对糖碳任意抽样测定的结果来看，糖碳的 ^{14}C 分布是均匀的。

2. 国际现代碳标准测定值采用木头、草酸和蔗糖的测定值平均计算得到，其原因如下：

（1）对这三种标准物质，国际上都已经过仔细测定，相互比较，误差很小。据

三种标准物质我们测得的结果算出的国际现代碳标准值,经统计检验证明是等同的。

(2) 这三种标准物质中,哪一种我们都没有足够的量供三个实验室多次制样测定使用。

(3) 采用三种标准物质多次测定的结果加以平均,可以减小误差。

3. 我们在做标定工作时虽然采取了很多措施避免泊松误差以外的实验误差,(由化学制样可能的不一致、测量仪器的不稳定等因素引起的),但仍然发现对单次制样测量结果的分析,当纯泊松误差只有 3‰时,总的偏差有时可能达到 5‰,因此 1.362±0.002 这个比值的误差实际上可能要扩大一些,但估计其范围不会超过 1.362±0.003。

4. 最近作为国际现代碳标准物质的美国新草酸(RM-49)的 ^{14}C 比度,相对于国际现代碳标准的比值为 1.3603±0.0048。我国糖碳的比值同这一比值很接近,可能因为两者都是以 1977 年收获的甜菜为原料,且我国内蒙古地区和法国所处纬度相近的缘故。

经 1981 年 9 月在北京举行的第一次全国 ^{14}C 学术讨论会审查,认为糖碳具备作为现代碳标准物质的要求,建议将糖碳作为我国统一的现代碳标准试用,并定名为"中国糖碳标准"。

参考文献

[i] Damon P E, Lerman J C, Long A. Temporal fluctuations of atmospheric ^{14}C: causal factors and implications[J]. Annual Review of Earth and Planetary Sciences, 1978, 6: 457–494.

[ii] Godwin H. Carbon-Dating Conference at Groningen: September 14–19, 1959[J]. Nature, 1959, 184: 1365–1366.

[iii] Cavallo L M, Mann W B. New national bureau of standards contemporary C-14 standards[J]. Radiocarbon, 1980, 22(3): 962–963.

[iv] Polach H, Gower J, Frazer I. Synthesis of high purity benzene for radiocarbon dating by the liquid scintillation method[C]//Proceedings of the 8th International Conference on

Radiocarbon Dating, 1972: H92 - 120.

[v] Currie L A, Polach H A. Exploratory analysis of the international radiocarbon cross-calibration data: consensus values and interlaboratory error: preliminary note [J]. Radiocarbon, 1980, 22(3): 933 - 935.

(原载于《科学通报》1983 年第 3 期。)

5
用铀系法测定河套人和萨拉乌苏文化的年代*

1922—1923年间,在内蒙古自治区乌审旗萨拉乌苏河一带发现一颗人牙化石和一批旧石器,这是我国最早发现的人类化石和首次成批发现的旧石器文化遗物。该地区还发现有丰富的动物化石,被称为萨拉乌苏动物群。地质界把出化石和旧石器的河湖相沉积看作是华北地区上更新统的标准地层——萨拉乌苏组。新中国成立后,我国学者多次在该地区进行考察,并采集到人化石及旧石器文化遗物。1980年贾兰坡指导中国科学院兰州沙漠研究所、古脊椎动物与古人类研究所等单位的有关科学工作者又对该地区进行了考察研究。

关于河套人和萨拉乌苏文化的时代,虽然一般都认为属更新世晚期,但是相当于这个时期的哪个阶段则看法不一。贾兰坡等在峙峪旧石器遗址发掘报告中,根据萨拉乌苏动物群中有中更新世常见的古菱齿象,认为其年代可能早于峙峪及小南海遗址,但是至今缺乏绝对年代数据。本文用铀系法中的^{230}Th法测定采自与人化石及旧石器文化遗物共生的动物化石年代,从而确定河套人及萨拉乌苏文化的年代。

一、地层概述

萨拉乌苏河一带地层情况比较复杂,近几年袁宝印、董光荣等对这一带第四纪地层、人化石、旧石器文化及动物化石的层位等做了很多工作,他们对这一带的地

---

* 作者:原思训、陈铁梅、高世君(北京大学历史系考古专业年代测定实验室)。本工作得到董光荣、卫奇同志的支持和帮助,在此一并致以谢意。

层划分基本一致。图 5-1 为该地区第四纪沉积柱状剖面对比及我们测量得到的样品 ^{230}Th 年代图。

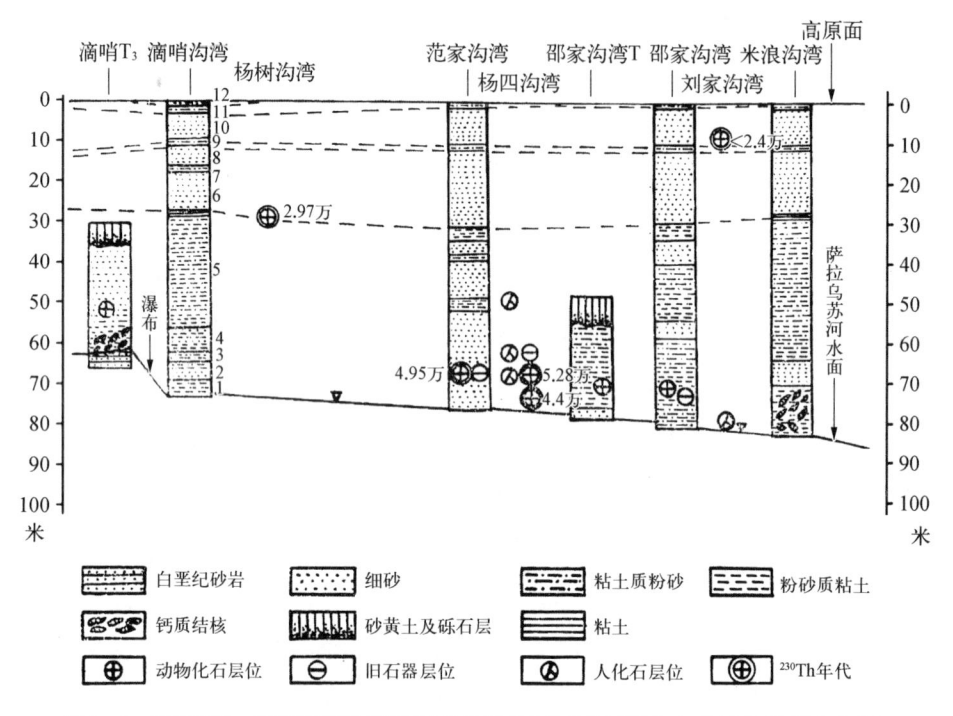

图 5-1 滴哨沟湾—米浪沟湾第四纪沉积柱状剖面对比及样品 ^{230}Th 年代(剖面图据袁宝印)

剖面从上到下可以分为全新统(图中 11 层以上),上更新统萨拉乌苏组上部(图中 6—10 层)和萨拉乌苏组下部(图中 1—5 层)。人化石和旧石器出自下部,动物化石也主要出自这一层。

顺便提及,本实验室曾用 ^{14}C 法测定了全新统地层中的黑垆土和古沙丘下部的灰烬层样品的年代,年代均为中全新世。

二、测定结果及分析

本文所用实验方法同《许家窑遗址哺乳动物化石的铀系法年代测定》一文中所述。所用样品系中国科学院兰州沙漠研究所董光荣同志和古脊椎动物与古人类研究所卫奇同志提供。样品采集地点层位及测定结果列于表 5-1 及附于图 5-1,测量数据所给误差为放射性测量的统计偏差,取一个 σ 标准偏差。

铀系法包括多种方法,对于旧石器考古有价值的主要有 ^{230}Th 增长法和 ^{231}Pa 增长法(简称 ^{230}Th 法和 ^{231}Pa 法)。使用的样品有碳酸盐沉积物、贝壳和骨化石等。对于骨化石样品测量得到的年代是样品石化过程的中间时间至今的年代。

由于多数样品中铀含量很低,用 ^{231}Pa 法测定费时长、误差大,所以在一般情况下用 ^{230}Th 法测定年代,而将 ^{231}Pa 法作为另一种独立的方法来检验测得的样品 ^{230}Th 年代的可靠性。这样做的依据是:如果将同一个样品用 ^{230}Th 和 ^{231}Pa 两种方法进行测定,可以同时得到样品的 ^{230}Th 年代和 ^{231}Pa 年代。在理想的情况下,同一个样品用这两种方法测量得到的年代应当是一致的。但是,如果在地下水等外界条件的作用下,样品中铀元素发生迁出或迁入(统称迁移)时,这种迁移对于 ^{231}Pa 法年代的影响比对 ^{230}Th 法年代的影响为大,致使用同一个样品测量得到的 ^{230}Th 年代和 ^{231}Pa 年代不一致,这样便能判断所测样品 ^{230}Th 年代的可靠程度,并且可以用来判断样品真实年代的上、下限。基于样品中铀元素迁移情况的不同,在用两种方法测定同一个样品的年代时可能出现以下三种情况:

(1) 测量得到的 ^{231}Pa 年代和 ^{230}Th 年代在测量误差范围内一致:说明样品石化以后铀元素没有发生迁移,^{230}Th 年代代表样品真实年代,如表 5-1 中 BKY80031 和 BKY81021 两个样品的情形。

(2) 测量得到的样品 ^{231}Pa 年代大于 ^{230}Th 年代:说明样品石化以后铀元素有迁出,测量得到的 ^{230}Th 年代偏老,样品的真实年代要小于测得的 ^{230}Th 年代。表 5-1 中的 BKY81002-2 样品的情况即如此,根据这个样品的 ^{230}Th 年代和 ^{231}Pa 年代数据可以判定该样品所在层位的沉积年代下限不会超过 6.3 万年。BKY80032 样品的 ^{231}Pa 年代较 ^{230}Th 年代偏老一点,看来该样品有铀的少量迁出,因此样品真实年代比测得的 ^{230}Th 年代(2.4 万年)要稍年轻一些。

(3) 测量得到的样品 ^{231}Pa 年代小于 ^{230}Th 年代:说明样品石化以后有铀元素迁入,测量得到的 ^{230}Th 年代偏年轻,样品的真实年代要大于测量得到的 ^{230}Th 年代。例如我们测定许家窑遗址的 BKY80001 和 BKY80003 两个样品时的情况。

表 5-1 萨拉乌苏滴沟湾——米浪沟湾铀系年代数据表

实验室编号	样品物质	原编号	采集地点	样品层位[1)]	铀含量(ppm)	$^{234}U/^{238}U$	$^{230}Th/^{234}U$	^{230}Th法年代（万年）	$^{231}Pa/^{235}U$	^{231}Pa法年代（万年）
BKY80032	动物牙齿化石	铀-06	刘家沟湾	萨拉乌苏组上部,高出中部湖沼层两米,高出地点中二级阶地基座高出河面 3 米的灰绿色粘土质粉细沙层中出人胫骨化石。	227	1.33±0.03	0.198±0.009	2.40±0.12	0.47±0.05	3.0±0.4
BKY80031	动物牙齿化石	铀-05	杨树沟湾	萨拉乌苏组上部,距河面 44 米。	182	1.32±0.03	0.238±0.011	2.97±0.16	0.44±0.013	2.73±0.12
BKY80027-2	羊角化石	铀-01	杨四沟湾	右岸高出河面 8 米灰标绿色粘土质粉沙与灰标绿色粘土质粉沙互层,二级阶地基座距河面 10 米灰黄色河湖相细沙层第五级阶地基座距河面 10 米黄色河湖相细沙层中的灰绿色粘土质粉细沙中出人额骨化石。距河面 28 米黄色细沙层中的灰绿色粘土质粉细沙中出人下颌骨化石。	4.1	1.29±0.05	0.391±0.022	5.28±0.38		
BKY80028-1	动物牙齿化石	铀-02	杨四沟湾	左岸高出河面 5 米绿色粘土质粉沙层,三级阶地基座距河面 16 米灰黄色河湖相细沙层中出人额骨化石及旧石器。	0.57	1.66±0.18	0.343±0.043	4.4±0.7		
BKY81002-2	动物牙齿化石		范家沟湾	高出河面 10 米细沙层,该地点同处出旧石器。	39.2	1.75±0.02	0.453±0.016	6.3±0.3	0.862±0.038	9.3±1.4
BKY81021	犀牛牙齿化石		范家沟湾	高出河面 10 米细沙层,该地点同处出旧石器。	8.8	1.81±0.05	0.377±0.014	4.95±0.22	0.626±0.052	4.6±0.6

1) 表中样品层位由董光荣、卫奇提供。

BKY80027-2 和 BKY80028-2 两个样品因为铀含量太少或者样品本身量太少,难以用^{231}Pa法检验,考虑到它们的层位和BKY81021相当,测量得到的^{230}Th年代也相近,因而可以判定这两个样品的年代也是可靠的。

三、讨论及结论

(1)根据BKY80031和BKY80032两个样品的^{230}Th年代数据,可以认为萨拉乌苏组上部的沉积时代为晚更新世晚期,其年代不超过3万年。袁宝印等认为萨拉乌苏组上部是干冷气候条件下的沉积物,那么它的时代应与玉木冰期的后冰阶相对应。

(2)BKY81021、BKY80027-2、BKY80028-2三个萨拉乌苏组下部样品虽然不是采自同一地点的同一剖面,但是范家沟湾和杨四沟湾相距很近,并且样品均采自距河面5—10米之间,三个样品的^{230}Th年代很接近,都在实验误差范围之内,其平均年代为4.9万年,这个年代应代表此层位的人化石、旧石器、动物群及地层沉积的年代。

(3)根据BKY80031及BKY81021、BKY80027-2、BKY80028-2四个年代数据可以认为,萨拉乌苏组下部的沉积时代为距今3—5万多年之间。

(4)在滴哨沟湾与米浪沟湾之间的萨拉乌苏组下部沉积物厚约40—45米,由于人化石、旧石器和动物化石的出土层位高低不同,它们在时代上也会有先后。在均匀沉积的假设下估算这一层的沉积速率为每千年2.1米,用此速率可以估算出不同层位出土的化石和旧石器文化层的年代。例如表5-1中杨四沟湾距河面28米处的人骨化石年代应为距今3.7万年左右。

迄今这一地区采自原生地层的人化石和旧石器均在萨拉乌苏组下部,杨四沟湾距河面28米处出土的这件人化石又是层位最高的。因此,根据现有材料可以认为河套人和萨拉乌苏文化的年代为距今3.7—5万年左右。

(5)袁宝印根据孢粉,水溶性盐成分和含量及动物化石等资料,认为萨拉乌苏组下部是在比较温暖的时期沉积的,并认为处于庐山(里斯)—大理(玉木)间冰期,一般认为玉木冰期开始于距今7万年左右,根据本文铀系法测得的数据,看来下层沉积物主要是在玉木冰期中的间冰阶时期形成的。

参考文献

祁国琴.内蒙古萨拉乌苏河流域第四纪哺乳动物化石[J].古脊椎动物与古人类,1975,13(4):239-249.

汪宇平.伊盟萨拉乌苏河考古调查简报[J].文物参考资料,1957,(4):22-25.

汪宇平.内蒙伊盟南部旧石器时代文化的新收获[J].考古,1961,(10):552-554.

陈铁梅,原思训,高世君,等.许家窑遗址哺乳动物化石的铀系法年代测定[J].人类学学报,1982,1(1):91-95.

贾兰坡.河套人[M].上海:龙门联合书局,1951.

贾兰坡,盖培,尤玉桂.山西峙峪旧石器时代遗址发掘报告[J].考古学报,1972,(1):39-58.

袁宝印.萨拉乌苏组的沉积环境及地层划分问题[J].地质科学,1978,3(32):220-234.

原思训.钍-230法和镤-231法测定考古遗址的年代[J].考古与文物,1981,(2):101-103.

董光荣,高尚玉,李保生.河套人化石的新发现[J].科学通报,1981,26(19):1192-1194.

裴文中,李有恒.萨拉乌苏河系的初步探讨[J].古脊椎动物与古人类,1964,8(2):99-118.

(原载于《人类学学报》1983年第1期。)

6
铀系法测定骨化石年龄的可靠性研究及华北地区主要旧石器地点的铀系年代序列[*]

我国是发现古人类遗迹很多的国家。为了研究人类体质形态的进化、劳动工具和文化的发展以及第四纪哺乳动物群的演化，都需要有可靠的绝对时间尺度。^{14}C 年代数据的积累曾帮助考古学分析我国新石器文化的年代序列。但目前 ^{14}C 测年法的最大可测年限一般仅 4 万年。从 4 万年以上到钾氩法能比较可靠测定的最小极限年龄值一二百万年之间，基本上是目前测年技术的一个"盲区"。而这一年代范围正是地质史上的最新时期——人类发展的第四纪。虽然近年来铀系法、古地磁法、裂变径迹法等多种测定年代的方法都在探索和发展，并获得了某些成果，但每种方法在其理论前提、实验技术以及样品采集等方面仍各有其局限与困难。目前我国古人类谱系的时代主要还是根据地层古生物学方法相对推定的，绝对年代数据很少。本文将报告用铀系法测定旧石器地点年代方面的一些研究结果。

一、铀系法测定骨化石年代的可靠性

动物骨化石在第四纪堆积中是常见的，它往往与人化石、石器共存，并能代表共存的人化石和石器文化的年代。因此用铀系法测定 30 万年以来哺乳动物骨化石绝对年代的可能性令人感兴趣。我们曾介绍过该法的基本原理（陈铁梅等，

---

[*] 作者：陈铁梅、原思训、高世君（北京大学考古学系年代测定实验室）。我们在工作中得到贾兰坡先生的关怀、支持，得到吴新智、张森水、黄慰文、顾玉珉、卫奇、周本雄、陶富海以及我校吕遵谔等同志提供样品、地层和其他帮助。他们为本工作提出了很多宝贵意见，谨致谢意。

1982),也提到其主要困难在于:在骨骼石化后,因地下水的作用,可能发生铀的后期次生迁移,从而破坏样品的封闭性。一般难以根据化石的埋藏环境和外貌特征事先估计铀的迁移情况。但是比较同一样品的$^{230}Th/^{234}U$和$^{231}Pa/^{235}U$两个比值,可以判断被测样品的封闭情况。

天然铀有三种同位素。因此对同一样品可同时测$^{230}Th/^{234}U$和$^{231}Pa/^{235}U$两个比值,分别得^{230}Th年龄值和^{231}Pa年龄值。因为天然铀的$^{235}U/^{238}U$比值在绝大部分情况下是恒定的,这样还可以计算出$^{231}Pa/^{230}Th$比值,得到第三个年龄值,称为$^{231}Pa/^{230}Th$年龄。三个年龄值中只有两个是独立的,但是它们间的比较却能给出关于铀的次生迁移的方向和程度的信息。例如,当其中两个年龄值相等时,第三个年龄值必然也相等,这表明样品是封闭的,所得的铀系法年龄一般应代表化石的真实年龄。反之,若三个年龄值相互间不等,则表明样品中曾发生过铀的后期次生迁移,但此时^{230}Th年龄和$^{231}Pa/^{230}Th$年龄一般分别代表样品真实年龄的上下极限值。如果次生迁移不十分严重,那么可以用^{230}Th年龄和$^{231}Pa/^{230}Th$年龄所限定的年代区间去估计样品的真实年龄,这虽不十分精密,然而却是可靠的、有意义的。如果从同一化石地点同一层位采集多个同时代样品进行测量,综合比较分析测定结果,这样通常可能对该化石地点的真实年代范围得到一个更为可信的数值。

铀系法测骨化石年龄的可靠性,也可通过与其他测年方法结果的比较来验证。对4万年内的样品主要是与同层位样品的^{14}C年龄相比。因为研究表明,晚更新世^{14}C年龄与真实年龄的差别不大于10%(Barbetti,1980)。前人曾作过两种方法的一些对比。表6-1是本实验室同时用铀系法和^{14}C法对几组同层位样品测定结果的对比。可以看到,当骨化石封闭时,其铀系年龄与同层位样品的^{14}C年龄在实验误差范围内一致。对早于4万年的样品,Wendorf等(1975)证实坦桑尼亚伊西玛拉(Isimala)遗址中封闭骨化石样品的铀系年龄和该遗址的钾氩年龄一致。另外墨西哥胡雅脱拉哥(Hueyatlaco)遗址的骨化石铀系年龄与裂变径迹年龄也相吻合。

表 6-1　几组样品的铀系法年龄和 ^{14}C 年龄的比较

	铀 子 系 法				^{14}C 法		
	实验室编号 BKY	材料	^{230}Th 年龄（万年）	^{231}Pa 年龄（万年）	实验室编号 BK	材料	^{14}C 年龄（年）
桐梓 马鞍山遗址 第三层	82037	鹿牙	1.8±0.1	1.7±0.1	82062	木炭	15100±1500
资阳 黄鳝溪 小砾石层	81024	牙化石	0.90±0.06	未测	81038	木炭	7660±120
柳州 白莲洞东剖面 骨化石胶结于两层 钙板之间	82239	骨化石	0.80±0.08	0.87±0.24	82092	上层钙板	7700±140
					82096	下层钙板	11670±150
柳州 白莲洞西剖面 骨化石胶结于两层 钙板之间	82141	骨化石	2.8±0.2	2.5±0.4	82098	上层钙板	26680±630
					82101	下层钙板	37000±2000

二、测定骨化石 ^{231}Pa/^{235}U 比值和 ^{231}Pa 年龄的实验方法

我们已报道测量骨化石样品的 ^{234}U/^{238}U 和 ^{230}Th/^{234}U 比值以定其 ^{230}Th 年龄的实验方法（陈铁梅等，1982）。下面简述本实验室测 ^{231}Pa/^{235}U 比值，从而定化石的 ^{231}Pa 年龄的实验方法。^{235}U 衰变系列如图 6-1 所示。

由于 ^{235}U 的放射性仅为 ^{238}U 放射性的 1/22，加上质量数为奇数的核素的 α 谱较复杂，因此测定 ^{231}Pa 年龄比 ^{230}Th 年龄在技术上稍复杂。Mangini 等（1977）在测深海沉积物的 ^{231}Pa 年龄时，选择测 5.9—6.05 MeV 能量范围内 ^{227}Th 的 α 粒子。这可避免海泥中 ^{228}Th α 粒子的干扰。但 ^{227}Th 的 α 谱线复杂，目前同位素表中关于 ^{227}Th 各 α 线相对强度的不确定性会影响 ^{231}Pa 年龄的精确度。Rona 等（1965）通过测 ^{215}Po 的 7.38 MeV α 粒子强度来定 ^{231}Pa/^{235}U 比值，其优点是在 7.38 MeV 附近无其他同位素 α 线的干扰。但我们的实验表明，^{215}Po 的母体 ^{219}Rn 会从放射源片上逸失，致使 ^{215}Po 并不与 ^{227}Th 达到平衡，而且 ^{219}Rn 逸失程度的涨落很大，难以校正。

图 6-1 ^{235}U 衰变系列

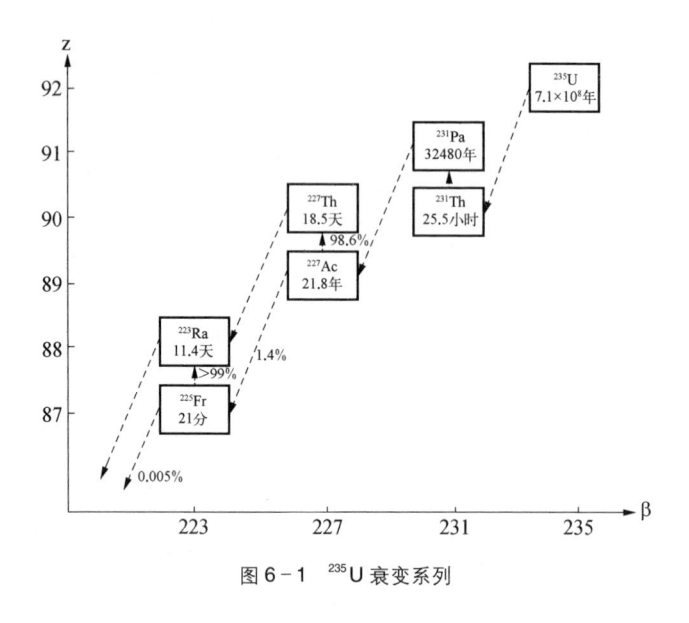

也可用 ^{233}Pa 示踪剂标定 ^{231}Pa 的化学回收率(刘明林等,1982),其优点也是能排除样品中 ^{232}Th 和 ^{228}Th 的干扰。但 ^{233}Pa 是 β 放射性,通常要通过测量伴随的 γ 射线强度来定回收率。γ 射线的强度不易测准,而且化学流程也较繁杂。由于骨化石样品中 ^{228}Th 含量极低,我们测量样品钍组分 α 能谱中 5.5—6.05 MeV 能量范围内 ^{231}Pa 的子体 ^{227}Th 和 ^{223}Ra 的强度,再与 4.62 MeV 和 4.69 MeV 的 ^{230}Th 强度相比较,就能定出 ^{227}Th/^{230}Th 比值。再利用已经测得的 ^{230}Th/^{234}U、^{234}U/^{238}U 比值和固定的 ^{235}U/^{238}U 比值,可计算得到 ^{227}Th/^{235}U 比值。根据 ^{227}Th 衰变的分支比最后得到 ^{231}Pa/^{235}U 比值。实际的制样及测量流程如下:(1)盐酸及高氯酸溶样;(2)743 型强酸性阳离子交换树脂初步分离钍;(3)0.2 克分子的 TTA 苯溶液萃取钍,使 ^{227}Th 与其母体 ^{227}Ac 完全分离;(4)钍的草酸铵溶液中电沉积制源;(5)钍源片的 α 能谱测量。图 6-2 是测得的典型 α 能谱,4.69 MeV ^{230}Th 峰的半高宽度约为 45 keV。

专门安排的实验表明,^{227}Th 与其母体 ^{227}Ac 的分离有相当部分在萃取这一步实现,分离是完全的,苯有机相中残留的锕小于 1%。离子交换和萃取两步紧接,因此 ^{227}Th 和 ^{227}Ac 分离时间是确定的,从而能对 ^{227}Th 失去 ^{227}Ac 支持后的衰变作校正。

图 6-2 钍源片的 α 谱

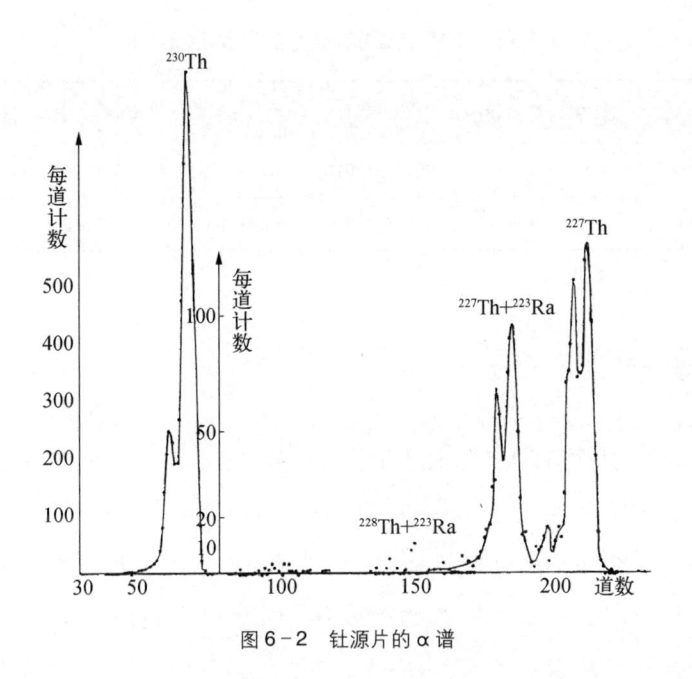

实验表明,在所采用的电沉积制源条件下,溶液中的镭不随钍沉积到不锈钢源片上。测量到的镭是由源片上的 ^{227}Th 衰变形成的,因此根据制源和 α 能谱测量间的时间间隔,可计算出所选能量范围内 ^{223}Ra α 粒子的贡献,并加以校正。

上述实验方法的可靠性是通过多次对同一样品重复制样测量,并对已制得的钍源片间隔不同的时间多次测量验证的。各种条件下所测得的 ^{231}Pa/^{230}Th 比值在测量的误差范围内一致。我们还曾用上述方法对比测量了国际标准样品 RKM-5。RKM-5 是国际上十多个实验室共同比对测量过年代的珊瑚样。表 6-2 列出了本实验室的测量结果与十六个实验室测量的平均值(夏明等,1979)之间的比较。表中本实验室测量数据的误差仅表示计数的纯泊松误差,而平均值的误差是十六个实验室测量数据间的标准差。国际标准样比对计划中没有直接测 ^{231}Pa/^{235}U 比值,因此表 6-2 中 ^{231}Pa/^{235}U 平均值是根据已测得的年龄值 13.1 万年按 ^{231}Pa 的增长公式计算而得的。数据表明,我们的测量值与十六个实验室的平均值很接近。综上所述,可以认为本文所报告的关于测量化石的 ^{231}Pa/^{235}U 比值及其 ^{231}Pa 年龄的实验方法是可靠的。

表6-2 RKM-5国际标准样品的比对测量结果

	铀含量(ppm)	$^{234}U/^{238}U$	$^{230}Th/^{234}U$	年龄(千年)	$^{231}Pa/^{235}U$
16个实验室的平均值	3.25±0.11	1.100±0.016	0.710±0.025	131±9	0.94
本实验室	3.29±0.05	1.114±0.020	0.689±0.017	124±6	0.96±0.06

三、年代测定结果

表6-3列出周口店等华北地区九个旧石器地点共二十六个样品的年代测定结果。已发表的许家窑遗址(陈铁梅等,1982)和萨拉乌苏遗址(原思训等,1983)的年龄数据未再列入。所标误差仅是放射性测量的统计误差,取一个标准偏差。山顶洞与小南海的样品因量太少未能测定其^{231}Pa年龄,但这两个地点已有^{14}C年龄数据可供对照。表中第十二列是最终得到的铀系年龄,对于封闭性差的样品,该列给出由^{230}Th年龄和$^{231}Pa/^{230}Th$年龄所限定的样品石化年龄的上下极限值。下面分别讨论各石器地点的测定结果。

1. 周口店几个石器地点的年代

周口店的第一地点,新洞和山顶洞分别代表前后三个时期。赵树森等(1980)曾报道了用铀系法测第一地点骨化石的^{230}Th年龄,但因未测^{231}Pa年龄,无法判断样品是否封闭。本文测量了第一地点1—3层的一个鹿角样品BKY 83001(赵文中报道该样品的^{230}Th年龄为$25.6^{+6.2}_{-4.0}$万年),所得^{230}Th年龄和^{231}Pa年龄一致,分别为$25.1^{+4.1}_{-3.1}$万年和大于15万年,说明样品的封闭性良好。因此可认为铀系年龄值$25.1^{+4.1}_{-3.1}$万年应代表第一地点该样品所在层堆积的时代。

新洞6—7水平层两个鹿牙样BKY 82098-1和BKY 82098-2是封闭的,它们的年龄值相近,分别为$17.1^{+1.5}_{-1.3}$和$15.6^{+1.3}_{-1.3}$万年,7层的BKY 82056样品有铀的后期加入,其年龄范围为12.4—16.0万年。3—4水平层的两个样品BKY 82090、BKY 82054不封闭,因此所测年龄范围较宽,分别为12.2—17.1和11.0—16.0万年。

表 6-3 铀系法年代测定结果

1	2	3	4	5	6	7	8	9	10	11	12
地点名	样品编号 BKY	材料	层位及原编号	铀量 (ppm)	$^{234}U/^{238}U$	$^{230}Th/^{234}U$	^{230}Th 年龄 (万年)	$^{231}Pa/^{235}U$	^{231}Pa 年龄 (万年)	是否封闭	铀系年龄 (万年)
周口店第一地点	83001	鹿角	1—3层	21.6±0.7	1.30±0.04	0.959±0.039	$25.1^{+4.1}_{-3.1}$	1.003+0.076	>15	是	$25.1^{+4.1}_{-3.1}$
	82090	鹿牙	第3水平层	61±2	1.47±0.04	0.844±0.034	$17.1^{+1.6}_{-1.4}$	1.122±0.067		析出	12.2—17.1
	82054	鹿牙	第4水平层	149±3	1.38±0.02	0.661±0.023	11.0±0.6	0.786+0.050	7.2±1.2	加入	11.0—16.0
周口店新洞	82098-1	鹿牙	第6—7水平层	51.0±1.5	1.30±0.03	0.831±0.031	$17.1^{+1.5}_{-1.3}$	0.980+0.058	>15	是	$17.1^{+1.5}_{-1.3}$
	82098-2	鹿牙	同上	51.4±1.5	1.26±0.03	0.793±0.029	$15.6^{+1.3}_{-1.1}$	1.044±0.062	>15	是	$15.6^{+1.3}_{-1.1}$
	82056	鹿牙	第7水平层	56.3±1.8	1.32±0.03	0.706±0.026	12.4±0.8	0.847+0.048	$8.8^{+1.7}_{-1.3}$	加入	12.4—16.0
周口店山顶洞	80017	鹿牙	UC·33·41·06	36.5±1.0	1.26±0.03	0.160±0.006	1.9±0.1				
	80018	鹿牙	UC·16·34·11	4.1±0.4	1.27±0.11	0.176±0.028	2.1±0.4				
大荔78006A 地点	80045	牙	5层	165±3	1.79±0.03	0.796±0.020	14.6±0.8	1.05±0.05		析出	11.4—14.6
	82028	赤鹿角	4层	117±2	1.72±0.02	0.887±0.026	$18.2^{+1.4}_{-1.2}$	0.906+0.038	$10.6^{+3.1}_{-2.0}$	加入	18.2—22.6
	82025	牛牙	3层	177±6	1.93±0.04	0.954±0.038	$20.9^{+2.3}_{-1.9}$	0.997+0.043	>15	是	20.9±2.3
	80039	鹿牙	3层	212±4	1.77±0.02	0.669±0.020	10.6±0.5	0.698+0.033	5.6±0.4	加入	10.6—21.6
	80038	马牙	3层	151±4	2.03±0.04	1.14±0.03	38^{+7}_{-6}	1.285±0.060		析出	17.2—38
丁村	80056	牛牙	54:100 地点砂砾层	191±3	1.66±0.02	1.46±0.05		2.07±0.09		析出	>10
	80057	牛牙	同上	96±4	1.69±0.06	0.923±0.033	$20.0^{+1.8}_{-1.5}$	0.975±0.053	>15	是	20.0±1.8

（续表）

1 地点名	2 样品编号 BKY	3 材料	4 层位及原编号	5 铀量 (ppm)	6 $^{234}U/^{238}U$	7 $^{230}Th/^{234}U$	8 ^{230}Th 年龄 (万年)	9 $^{231}Pa/^{235}U$	10 ^{231}Pa 年龄 (万年)	11 是否封闭	12 铀系年龄 (万年)
丁村	81077	犀牛牙	54:100 地点砂砾层上部	131±5	1.62±0.03	1.002±0.042	26^{+4}_{-3}	1.295±0.060		析出	12.7—26
	81078	鹿牙	离54:100 地点200米探沟层位同54:100 地点	220±8	1.56±0.03	0.826±0.033	$16.1^{+1.5}_{-1.3}$	0.878±0.047	$10^{+3.5}_{-2.0}$	加入	16.1—21
	81076	鹿牙	54:100 地点砂砾层下部	182±4	1.40±0.02	1.111±0.033		1.206±0.048			>20.5
	81079	马牙	吉家沟76007 地点砂砾层	84±5	1.69±0.08	1.008±0.058	$25.5^{+5.5}_{-4}$	1.39±0.16		析出	10.7—25.5
许家窑	81111	犀牛牙	74093 地点地表下8米	193±5	1.22±0.02	0.638±0.021	10.4±0.4	0.856±0.060	$9.0^{+2.5}_{-1.6}$	是	10.4—12.5
水洞沟	82042	马牙	下文化层 80.CF1:443	315±10	1.41±0.02	0.300±0.012	3.8±0.2	0.575±0.035	4.0±0.4	是	3.8±0.2
	82043	马牙	同上	311±10	1.41±0.02	0.269±0.013	3.4±0.2	0.501±0.033	3.3±0.3	是	3.4±0.2
迁安爪村	81001	牛牙	出化石及石器的黑泥灰土层	59.2±1.5	1.59±0.04	0.366±0.012	4.8±0.2	0.677±0.040	5.3±0.6	是	4.8±0.2
	82011	牛牙	同上	198±3	1.69±0.03	0.340±0.013	4.4±0.2	0.612±0.041	4.4±0.5	是	4.4±0.2
小南海	80053	马牙	第6层 78A·S·C1·C6	5.8±0.2	1.26±0.06	0.174±0.010	2.14±0.13				
	80054	鹿牙	同上	28.7±0.9	1.25±0.05	0.160±0.012	1.89±0.15				

顾玉珉(1978)报道新洞上下层的动物群组成没有明显的变化,只是大动物化石在第5水平层多些,人牙化石也出自该层。综合分析这五个年代数据,我们考虑以13.5—17.5万年作为新洞人及其文化的年代范围。

山顶洞两个鹿牙样品 BKY 80017 和 BKY 80018 系 1933 年和 1934 年采集。其^{230}Th 年龄分别为 1.9±0.1 万年和 2.1±0.4 万年,因样品量太少,无法测^{231}Pa/^{235}U 比值以判断其封闭情况。其中 1934 年采集的 BKY 80018 样的^{230}Th 年龄值与^{14}C 年龄数据 18865±420 年颇为接近,两种方法能在一定程度上相互印证。

2. 大荔遗址和丁村 54：100 地点的年代

大荔样品均采自 78006A 地点。第 3 层 BKY 82025 牛牙样封闭,年代值为 20.9±2.3 万年。第 4 层 BKY 82028 赤鹿角有少量铀的后期加入,测定的年代范围为 18.2—22.6 万年,与 BKY 82025 样年龄相近。第 3 层另外两个样品的封闭性差,测得的年代范围相当宽。第 5 层只测了一个样品,基本封闭,其年代明显要晚些,在 11.4—14.6 万年间。据吴新智等(1979)的发掘资料,大荔人头骨出自第 3 层,动物化石也主要出自第 3 层,第 5 层化石较少。因此将出大荔人化石及动物化石那一层位的年代定为 18—23 万年。

关于丁村文化的时代问题历来有不同的看法。本文仅限于测定汾河三级阶地砂砾石互层中下部的 54：100 地点和汾河西岸吉家沟 76007 地点的年代,两地点的层位是相当的。同时在测丁村样品的年代时我们更为谨慎,BKY 80057、81076 和 81078 等样品均多次重复测量,数据的重复性是良好的。

54：100 地点的五个样品中,BKY 80057 牛牙样品封闭,BKY 81078 鹿牙有少量铀的后期加入,它们的年龄值分别为 20.0±1.8 万年和 16.1—21 万年。其他三个样品和另一个采自吉家沟 76007 地点的 BKY 81079 样品虽不封闭,不能定出确切的年代,但除 54：100 地点砂砾石层下部的 BKY 81076 样品可能稍偏老外,BKY 81077、81079 样品的年代范围中心值在 18 万年。看来这些化石基本上是同时代的,距今为 16—21 万年。

54：100 地点和 76007 地点分处在汾河东西两岸,相距十多里。但两地的化石密度都较大，它们的铀系年龄又相当一致。测年的化石有牛、马、鹿和犀等多种，它们的磨圆度差，有棱有角。根据这些特点分析，它们似乎不像是从某一更老的地层中再次搬运来的。因此可以认为 16—21 万年应代表 54：100 地点的动物群及其共存的石器文化的年代。

大荔人化石及其共存的石器、脊椎动物化石出自洛河三级阶地中下部的砾石层中，而丁村 54：100 地点的人牙及石器等出自汾河三级阶地中下部的砂、砾石互层中。两地的地层颇相似，都是一套河湖相堆积，下面都界有一不整合面而叠压在三门组地层之上，上面都分别为细砂层及黄色土层，黄色土层中均夹有几条淡红色古土壤层。两地的动物群有不少相同的种属，但大荔有肿骨鹿，马也更接近三门马。从年代测定来看两者很接近或大荔稍早些。

3. 许家窑文化的年代

许家窑遗址的化石及石器集中分布在地表下 8 米及 12 米左右两层。我们曾报道了对 74093 地点化石样品的铀系年代测定结果（陈铁梅等，1982），由于当时所测的样品均不封闭，仅能给出 12 米处化石的上限年龄为大于 10 万年。最近我们又测量了出自 74093 地点地表下 8 米处的犀牛牙样品 BKY 81111。该样品接近封闭，其年代值在 10—12.5 万年，目前可以此值代表 8 米深处化石层的年龄。

4. 萨拉乌苏文化及水洞沟文化的年代

本实验室曾测定范家沟湾和杨四沟湾萨拉乌苏组出人化石及石器地层的铀系年龄为 3.7—5 万年（原思训等，1983）。

本文测定了水洞沟两个马牙样品的年龄。样品系 1980 年采自边沟北岸峭壁中出旧石器和哺乳动物化石的下文化层，即贾兰坡等（1964）称为的水洞沟第一文化层。两个样品 BKY 82042 和 82043 均有良好的封闭性，它们的年代一致，分别为 3.8±0.2 万年和 3.4±0.2 万年。这与以往的考古研究资料相符，水洞沟文化和萨拉乌苏文化同属旧石器文化晚期，比丁村文化和许家窑文化要晚很久。此外，这两地点本身在时间上有先后，水洞沟文化更晚些。

5. 河北迁安爪村石器地点的年代

爪村的动物化石与石器出自滦河南岸第二台地地表下 1.5—2 米的黑色泥灰土层中，爪村动物群被认为是华北地区晚更新世动物群的典型代表之一。我们测量的两个牛牙化石 BKY 81001 和 BKY 82011 均封闭，其年龄分别为 4.8±0.2 万年和 4.4±0.2 万年，与萨拉乌苏文化的年代相当，而稍早于水洞沟文化。

6. 小南海遗址的年代

小南海遗址是洞穴堆积。安志敏等（1965）指出除最上层是全新世堆积外，大体上连续发展了一个较长的阶段。已知第 1 层的 ^{14}C 年龄为 13075±220 年，第 2—3 层 ^{14}C 年龄为 11000±500 年，第 6 层木炭样品的 ^{14}C 年龄为 24100±500 年。本文测定的 BKY 80053 马牙和 80054 鹿牙均采自第 6 层。因样品量少，只能测它们的 ^{230}Th 年龄，为 2.14±0.13 万年和 1.89±0.15 万年。铀系年龄比同层 ^{14}C 年龄偏低 4000 多年，这可能是因为铀是动物死亡后在石化进程中加入动物硬组织的，而石化过程延续了相当一段时间；也可能同属第 6 层的样品在堆积上仍有早晚。从铀系年龄分析，小南海的最下层（第 6 层）晚于水洞沟，而与山顶洞遗址的年代相当。

四、结论与几点看法

1. 铀系法是测定 30 万年以内动物化石石化年龄的一种可信方法。其关键是必须同时独立测定每一骨化石样品的 ^{230}Th 年龄和 ^{231}Pa 年龄，以判断样品中铀的后期迁移情况。同时测定并综合分析若干个属同一地层或考古层位样品的年龄，这将有助于提高所得年代值的精确可靠程度。

2. 铀系测年方法为我国华北地区十个重要的旧石器遗址或地点首次尝试提出一个绝对年代序列（表 6-4）。考虑到石器地点的堆积本身往往延续有一段时间，同时实验数据也有误差，表 6-4 中用年代区间表示各石器地点的年代。

表 6-4　华北地区旧石器地点铀系年代序列

旧石器地点名称	年代范围(万年)
周口店第一地点 1—3 层	22—29
大荔 78006A 地点 3—4 层	18—23
丁村 54:100 地点	16—21
周口店新洞 3—7 水平层	13.5—17.5
许家窑 74093 地点地表下 8 米化石层	10—12.5
迁安爪村	4.2—5
萨拉乌苏旧石器文化层	3.7—5
水洞沟旧石器文化层	3.2—4
小南海第 6 层	1.8—2.3
山顶洞	1.8—2.3

我们曾用 Brainerd-Robinson 统计方法分析了华北地区几个动物群的相对年代先后(陈铁梅,1983),与表 6-4 的结果是一致的。

3. 表 6-4 的数据表明,周口店第一地点上层——新洞和山顶洞在时代上并不紧密衔接,中间有很宽的年代间隙。这与考古研究的结果相符。吴新智等(1978)曾提到在欧洲及西亚已发现不少中更新世到晚更新世早期的古人类化石,而在东亚及我国却很少有这一时期的古人类化石。本文所测的遗址中也缺乏处在 5—10 万年间的。今后第四纪年代测定技术应能帮助我国的古人类和旧石器考古工作者鉴别这一时期的人类活动遗迹。

4. 传统的地层古生物方法和气候地层方法对人类的发展史和第四纪地质能作出相对早晚的分期。而绝对年代测定方法的发展有可能提供统一的、定量的时间尺度。然而,并非在所有情况下被测样品的年龄都能代表样品所在地层或考古层位形成的年代,它们之间的关系依赖于被测样品的材料以及采样的合理性,同时也依赖于测年方法理论基础的一些假设前提能在什么范围和多大程度上被证实。这方面还有很多工作要做,本文所提华北旧石器文化的铀系年代序列,也有待于其他测年方法的互校验证。为此我们希望：(1)第四纪地质工作者、考古工作者与年代工作者之间紧密地合作,使样品的采集和对所得年代值与样品所在地质体的关系的分析更为合理。(2)每种测年方法公布测定结果时,应对采样层位、样品材料、实验方法、处理数据的模式、所作过的校正等作必要的说明。这将使数据使用者对年龄数据的代表性及精确性的估计有所依据,也使各种测年方法间的互校比对成为可能。

参考文献

中国社会科学院考古研究所.中国考古学中碳十四年代数据集[M].文物出版社,1983.
安志敏.河南安阳小南海旧石器时代洞穴堆积的试掘[J].考古学报,1965,(1)：1-27.
周本雄.河南安阳小南海旧石器时代洞穴遗址脊椎动物化石的研究[J].考古学报,1965,(1)：29-49.
刘明林等.碳酸盐样品中镁的分离和镁法测定年龄[C]//第二届全国同位素地球化学学术讨论会议文集,1982：364-366.
陈铁梅,原思训,高世君,等.许家窑遗址哺乳动物化石的铀系法年代测定[J].人类学学报,1982,1(1)：91-95.
陈铁梅.用 Brainerd-Robinson 方法比较华北地区几个主要晚更新世化石动物群的年代顺序[J].人类学学报,1983,(2)：196-202.
吴新智等.中国古人类综合研究[C]//古人类论文集.1978：28-42.
吴新智,尤玉柱.大荔人遗址的初步观察[J].古脊椎动物与古人类,1979,17(4)：294-303.
贾兰坡,盖培,李炎贤.水洞沟旧石器时代遗址的新材料[J].古脊椎动物与古人类,1964,8(1)：75-83.
贾兰坡,卫奇,李超荣.许家窑旧石器时代文化遗址1976年发掘报告[J].古脊椎动物与古人类,1979,17(4)：277-293.
顾玉珉.周口店新洞人及其生活环境[C]//古人类论文集.科学出版社,1978：158-174.
原思训,陈铁梅,高世君.用铀系法测定河套人和萨拉乌苏文化的年代[J].人类学学报,1983,2(1)：90-94.
夏明,赵树森,王守信,等.铀系方法鉴定国际标准样结果[J].中国科学 A 辑,1979,8：792-799.
裴文中.周口店山顶洞动物群[C]//中国古生物志,新丙种第十号,1940.
裴文中,黄万波,邱中郎.河北迁安第四纪哺乳动物化石发掘简报[J].古脊椎动物学报,

1958,2(4): 213-230.

裴文中等.山西襄汾县丁村旧石器时代遗址发掘报告[M].科学出版社,1958.

赵树森,夏明,张承惠,等.应用铀系法研究北京猿人年龄[J].科学通报,1980,4: 447.

Barbetti M. Geomagnetic strength over the last 50,000 years and changes in atmospheric ^{14}C concentration: emerging trends[J]. Radiocarbon, 1980, 22(2): 192-199.

Howell F C, Cole G H, Kleindienst M R, et al. Uranium-series dating of bone from the Isimila prehistoric site, Tanzania [J]. Nature, 1972, 237: 51-52.

Mangini A, Sonntag C. ^{231}Pa dating of deep-sea cores via ^{227}Th counting [J]. Earth and Planetary Science Letters, 1977, 37(2): 251-256.

Rona E, et al. Progress in Oceanography, vol 3. Oxford: Pergamon Press, 1965: 1.

Wendorf F, Laury R L, Albritton C C, et al. Dates for the Middle Stone Age of East Africa[J]. Science, 1975, 187(4178): 740-742.

(原载于《人类学学报》1984年第3期。)

7
华南若干旧石器时代地点的铀系年代*

30多年来,在华南地区发现了许多旧石器时代地点,出土了丰富的古人类化石和旧石器文化遗物。这些珍贵的资料对研究旧石器文化的分布、发展、传播,以及人类的起源、进化等都具有重要的意义。

我们曾用铀系法测定了华北地区十个旧石器时代地点的年代(陈铁梅等,1982、1984;原思训等,1983),还系统地测定了辽宁本溪庙后山各层位的年代(原思训等,待刊)。本文用铀系法测定华南地区十一个重要旧石器时代地点的年代,并根据测定数据,结合我们已发表的华北地区旧石器时代地点年代数据,排列了它们的年代序列。当然,由于本方法的测年范围所限,研究对象局限于35万年之内。

一、铀系法测定碳酸盐沉积物年代的基本原理和实验方法

本文测定的样品物质有骨化石和石灰华,有关测定骨化石的原理和技术前已报道(陈铁梅等,1982、1984),此处简介测定石灰华等碳酸盐沉积物的原理和实验方法。

碳酸盐类样品种类很多,与旧石器考古关系密切的主要是一些陆地自生碳酸盐沉积物(Schwarcz,1980)。通常的情况是,溶解了大气和土壤中有机质分解的CO_2的天然水,与周围土壤和围岩中的碳酸岩物质作用,建立如下的化学平衡:

$$Ca^{2+}+2HCO_3^- \rightleftharpoons CaCO_3+CO_2+H_2O$$

---

* 作者:原思训、陈铁梅、高世君(北京大学考古学系年代测定实验室)。我们工作中得到了文中提到的许多单位和个人的帮助,没有这些宝贵的支持,该项工作是无法完成的。本工作还得到本系吕遵锷同志的帮助,我们一并致以谢意。

铀(^{234}U、^{235}U、^{238}U)易于和CO_3^{2-}等络合随天然水而运动。当水中CO_2丢失,水分蒸发或Ca^{2+}活度增大时,上述平衡向右移动,生成石灰华、钟乳石、方解石脉、钙结层等多种碳酸盐沉积物,水中溶解的铀也随之沉淀出来。铀衰变系中的钍、镤等和铀的性质不同,在pH近于中性的天然水中,它们难溶,并易水解成不溶的氢氧化物而为粘土等物质所捕获。因此天然水中含钍、镤极少,在新沉积的纯净石灰华等碳酸盐沉积物中几乎只含铀,不含铀的长寿命子体^{230}Th和^{231}Pa等,随着时间的流逝,^{234}U、^{238}U和^{235}U不断衰变,而子体^{230}Th和^{231}Pa等不断积累。如果沉积物对U、Th及Pa等封闭,就可以根据母子体衰变—增长规律而导出的关系式来计算这些沉积物形成至今的年代,其年代表达式和骨化石的完全相同。如果考古遗物与这些自生碳酸盐沉积物的关系明确,便可据以判断它们的年代。

一般认为纯净而致密的石灰华等碳酸盐沉积物的封闭性能好,测得的年代可靠。影响碳酸盐类样品年代可靠性的主要问题是混入的各种碎屑物质,这些物质中不仅含有铀,而且含有钍及它们的各种子体核素,这种状况与上述的年代学关系式前提相违背。检验碎屑物质存在量的方法是查看钍的α能谱图上的^{232}Th量,^{232}Th愈多,说明碎屑物含量愈高,对所测年代准确性的影响也越大。一般地说,由^{230}Th/^{232}Th放射性比值大于20的样品得到的年代是可靠的。目前,也有一些测定含碎屑物质碳酸盐年代的方法,并取得了一定的成功。

碳酸盐类样品的化学处理基本上同骨化石,只是在上阴离子交换柱分离铀、钍之前,先用$Fe(OH)_3$共沉淀U、Th,再用HCl溶解上阴离子交换柱。共沉淀操作常使离子交换分离出的U中含Fe较多,可在HCl介质中用异丙醚萃取除Fe。核素的测试方法与骨化石相同。

二、测定结果

本文共测定了华南地区六个省(区)的十一个旧石器时代地点的年代,结果列于表7-1。在工作中得到了多方支持,1982年底,我们曾到马坝狮子山、柳江通天岩、柳州白莲洞和呈贡龙潭山等地点考察采样。

表 7-1 华南地区若干旧石器时代地点铀系年代测定结果

地点	实验室编号（原编号）	样品物质	层位或样品特征	铀含量 ppm	$^{234}U/^{238}U$	$^{230}Th/^{234}U$	^{230}Th 年代（万年）	$^{231}Pa/^{235}U$	^{231}Pa 年代（万年）	$^{231}Pa/^{230}Th$	$^{231}Pa/^{230}Th$ 年代（万年）
浙江建德乌龟洞	BKY82012（M1140）	牛牙	上层	28.8±1.1	1.24±0.05	0.649±0.030	$10.8^{+0.9}_{-0.8}$	0.856±0.071	$9.1^{+3.1}_{-1.9}$		
	BKY82013（M1140-16）	牛牙	上层	31.2±1.6	1.18±0.06	0.602±0.033	9.7±0.8	0.872±0.076	$9.7^{+4.2}_{-2.2}$		
湖北大冶石龙头	BKY81072（72001V5179）	犀牛牙	带褐红色土	99.1±2.8	1.27±0.01	1.003±0.033	$31.2^{+6.3}_{-4.2}$	1.005±0.063		0.0360±0.0019	$29.7^{+12.2}_{-5.5}$
	BKY84014（72001V5185）	牛牙	带褐红色土炉渣状胶结构	82.6±1.8	1.04±0.02	0.917±0.027	$25.6^{+3.4}_{-2.6}$	0.967±0.043	$16.0^{+\infty}_{-3.9}$	0.0462±0.0014	$30.0^{+7.4}_{-4.0}$
	BKY84013（72001V5179）	犀牛牙	带褐红色土炉渣状胶结构	117±3	1.16±0.02	0.860±0.025	$19.6^{+1.6}_{-1.4}$	0.906±0.040	$11.1^{+2.5}_{-1.7}$		
湖北长阳龙洞	BKY82048（V1679）	牛牙	长阳人化石层	36.7±1.4	1.28±0.04	0.876±0.039	$19.4^{+2.4}_{-2.0}$	0.959±0.070	$14.9^{+\infty}_{-4.6}$	0.0388±0.0021	$21.2^{+4.6}_{-3.2}$
	BKY82049（V1679）	牛牙	长阳人化石层	8.7±0.3	1.29±0.05	0.880±0.032	$19.6^{+2.0}_{-1.7}$	1.033±0.079		0.0416±0.0023	$17.1^{+3.0}_{-2.3}$
	BKY82172（曲⑨QMS104）	鹿牙	二层洞裂缝	21.5±0.7	1.27±0.04	0.821±0.037	$16.9^{+1.8}_{-1.6}$	1.309±0.183			
广东马坝狮子山	BKY82175（QMS157马A₃）	鹿牙	二层洞裂缝	31.1±1.1	1.19±0.03	0.715±0.031	$12.9^{+1.1}_{-1.0}$	1.001±0.067		0.0534±0.0022	$10.7^{+1.4}_{-1.2}$
	BKY82160	钙华板	南支洞堆积物顶部	0.14±0.01	1.18±0.08	0.721±0.050	$13.2^{+1.8}_{-1.6}$			$^{230}Th/^{232}Th=13$	

（续表）

地点	实验室编号（原编号）	样品物质	层位或样品特征	铀含量 ppm	$^{234}U/^{238}U$	$^{230}Th/^{234}U$	^{230}Th 年代（万年）	$^{231}Pa/^{235}U$	^{231}Pa 年代（万年）	$^{231}Pa/^{230}Th$	$^{231}Pa/^{230}Th$ 年代（万年）
广西柳江通天岩	BKY82151	牛牙	南支洞堆积物顶部钙华板下	12.9±0.5	1.28±0.04	0.738±0.037	$13.5^{+1.3}_{-1.2}$	0.977±0.083	$17.7^{+3.1}_{-7.2}$	0.0469±0.0027	$12.3^{+2.3}_{-1.8}$
	BKY82225	钙华板	第2层钙华板。位于大熊猫鼠骨架上方约1米	0.255±0.012	1.12±0.07	0.466±0.028	$6.7^{+0.6}_{-0.5}$				
	BKY82115	猪牙		131±3	1.43±0.03	0.632±0.023	$10.1^{+0.6}_{-0.5}$	0.867±0.065	$9.5^{+3.1}_{-1.9}$		
	BKY82086	猪牙		202±4	1.85±0.02	0.852±0.021	16.5±0.8	1.036±0.045		0.0298±0.0011	$14.0^{+1.3}_{-1.1}$
	BKY82138	牙		218±6	1.63±0.03	0.770±0.029	13.8±1.0	0.889±0.048	$10.3^{+2.6}_{-1.7}$		
	BKY82137	猪牙		186±5	1.40±0.03	0.896±0.033	$19.9^{+1.9}_{-1.7}$	1.036±0.056	$17.7^{+\infty}_{-7.2}$	0.0375±0.0014	$17.2^{+1.9}_{-1.6}$
	BKY82136	猪牙		147±4	1.53±0.04	0.956±0.035	$22.7^{+2.6}_{-2.2}$	1.090±0.066		0.0338±0.0013	$17.3^{+2.1}_{-1.7}$
广西柳州白莲洞	BKY82141	骨	西部堆积物第6层	47.4±1.5	1.07±0.03	0.231±0.014	2.8±0.2	0.415±0.043	2.5±0.4		
	BKY81054	牙	带灰黄色砂土	23.0±1.0	1.22±0.04	0.662±0.038	11.3±1.1	0.890±0.090	$10.3^{+8.0}_{-2.7}$		
贵州桐梓岩灰洞	BKY81062	鹿牙	带灰黄色砂土	18.8±0.5	1.22±0.04	0.669±0.023	11.5±0.7	0.870±0.056	$9.5^{+2.6}_{-1.7}$		
	BKY81048	犀牛牙	带灰黄色砂土	46.4±0.9	1.45±0.02	0.867±0.022	$18.1^{+1.1}_{-0.9}$	0.984±0.034	$19.4^{+\infty}_{-5.4}$	0.0355±0.0031	$17.9^{+5.6}_{-3.6}$
贵州黔西观音洞	BKY81050 (64063,22123)	犀牛牙	第2层	106±2.2	1.14±0.02	0.414±0.012	5.7±0.3	0.694±0.039	5.5±0.6		

$^{230}Th/^{232}Th = 29$

（续表）

地点	实验室编号（原编号）	样品物质	层位或样品特征	铀含量 ppm	$^{234}U/^{238}U$	$^{230}Th/^{234}U$	^{230}Th年代（万年）	$^{231}Pa/^{235}U$	^{231}Pa年代（万年）	$^{231}Pa/^{230}Th$	$^{231}Pa/^{230}Th$年代（万年）
	BKY81066（64063, 0472.11.22）	牙	第4层	119±3	1.36±0.03	0.691±0.035	11.9±1.0	1.550±0.130			
	BKY81068（60063G-5）	牛牙	第5层	64.8±1.7	1.16±0.03	0.546±0.022	8.4±0.5	0.801±0.048	$7.6^{+1.3}_{-1.2}$		
	BKY81067（64063I-5）	牙	第5层	67.0±2.0	1.12±0.03	0.507±0.019	7.6±0.4	0.827±0.057	$8.2^{+1.8}_{-1.3}$		
	BKY82096（64063M-N-5）	犀牛牙	第5层	55.2±1.5	1.15±0.03	0.628±0.022	10.4±0.6	0.947±0.079	$13.8^{+\infty}_{-4.3}$	0.0595±0.0033	$8.7^{+1.6}_{-1.4}$
贵州水城坡硝灰洞	BKY82093（V5206.2 64063M-N-8）	鹿牙	第8层	58.2±1.4	1.25±0.03	0.673±0.023	$11.5^{+0.7}_{-0.6}$	0.993±0.068		0.0536±0.026	$9.0^{+1.3}_{-1.2}$
	BKY81092	牛牙	第3层	33.8±1.0	1.08±0.03	0.384±0.019	5.2±0.3	0.708±0.057	$5.7^{+1.0}_{-0.8}$		
贵州桐梓马鞍山	BKY82037（810001③）	鹿牙	第3层	58.2±1.7	1.12±0.03	0.153±0.007	1.8±0.1	0.309±0.021	1.7±0.1		
	BKY82215	牛牙	带褐红色土第4层下部或第3层	7.1±0.3	1.31±0.06	0.178±0.010	2.1±0.1	0.393±0.044	$2.33^{+0.35}_{-0.32}$		
云南呈贡龙潭山3号洞	BKY82218	鹿牙	带褐红色土第3层或第2层	44.6±1.6	1.27±0.05	0.234±0.010	2.86±0.13	0.463±0.042	$2.91^{+0.38}_{-0.35}$		

铀系方法测定骨化石年代最主要的问题是多数样品因为铀的后期次生迁移而不封闭,因此所得结果要做样品封闭性检查。限于篇幅,表 7-1 中列出的数据仅是封闭样品和一些有助于阐明被测对象年代上、下限的不封闭样品数据。

为了检查样品的封闭性,采取同时测定一个样品 ^{230}Th 年代、^{231}Pa 年代或 ^{231}Pa/^{230}Th 年代并进行对比。通常,因为样品的含铀量低,^{231}Pa 和 ^{231}Pa/^{230}Th 年代误差较大,多用 ^{230}Th 年代,测定前两种年代仅作为检验样品封闭性,或 ^{230}Th 年代可靠性的手段。

^{231}Pa/^{230}Th 年代公式是由合并 ^{230}Th 年代公式和 ^{231}Pa 年代公式而得到的(Hansen 等,1970)。

$$^{231}Pa/^{230}Th = \frac{1 - e^{-\lambda_{231} \cdot t}}{21.7 \left\{ (1 - e^{-\lambda_{230} \cdot t}) + \left(\frac{^{234}U}{^{238}U} - 1 \right) \cdot \frac{\lambda_{230}}{\lambda_{230} - \lambda_{234}} \cdot [1 - e^{-(\lambda_{230} - \lambda_{234}) \cdot t}] \right\}}$$

这个方程式的图解能够清楚地表明,^{231}Pa/^{230}Th 法的测年范围较 ^{231}Pa 法宽,可达 30 万年左右(Ivanovich,1982)。为了检查一些 ^{230}Th 年代较老样品的封闭性,表 7-1 中还同时列出了某些样品的 ^{231}Pa/^{230}Th 放射性比值和年代。

考虑到样品的特点和不同测年方法间的对比,少数地点的样品同时应用了 ^{14}C 法。表 7-1 数据的年代误差,仅为放射测量的统计偏差,取一个标准偏差(1σ)。

三、各旧石器时代地点的铀系年代

本节根据表 7-1 所列结果,分别给出所测各旧石器时代地点的年代。

1. 浙江建德乌龟洞

乌龟洞堆积物分上、下两部分,上部为紫红色粘土,下部为黄红色粘土。上部出人犬齿 1 枚和 11 种哺乳动物化石,下部出哺乳动物化石 17 种(韩德芬等,1978)。表 7-1 中的 BKY82012 和 BKY82013 是同人牙化石伴出的牛牙,由张森水提供,两个样品均封闭,分别为 $10.8^{+0.9}_{-0.8}$ 万年和 9.7 ± 0.8 万年,平均为 10.3 万年。

2. 湖北大冶石龙头

洞中堆积物分为三层,石器及动物化石出自底部的第1层(棕红色粘土,含砂粘土夹钟乳石,钟乳石褐到黄色,多孔状或炉渣状)和中部的第2层(黄色、棕色砂质粘土),以第2层居多(李炎贤等,1974)。

BKY81072 和 BKY84014 封闭,分别为 $31.2^{+6.3}_{-4.2}$ 万年和 $25.6^{+3.4}_{-2.6}$ 万年,两年代数据在测量误差范围内一致,平均为 28.4 万年。BKY84013 不封闭,真实年龄要大于 19.6 万年。根据化石上所带胶结物的性质和颜色,这三个样品都可能出自第1层。如果情况确系如此,那么石龙头第1层的年代应大于 19.6 万年,为 28.4 万年左右。

我们还测定了一个带黄色粘土胶结物的样品(未列入表7-1),似出自第2层,其年代显然较 28.4 万年要小。

3. 湖北长阳下钟家湾龙洞

长阳人上颌骨和牙齿化石是和大熊猫—剑齿象动物群伴出的第一批人化石材料,在角砾岩和深黄色松软沙质泥土中出哺乳动物化石 19 种(贾兰坡,1957)。样品由湖北省博物馆提供,BKY82048 和 BKY82049 都封闭,分别为 $19.4^{+2.4}_{-2.0}$ 万年和 $19.6^{+2.0}_{-1.7}$ 万年,平均为 19.5 万年。

4. 广东曲江马坝狮子山

马坝人头骨及大部分动物化石都发现于狮子山狮头峰第 2 层洞穴的一条裂隙堆积之中,头骨的发现不仅扩大了我国古人类的分布范围,而且填补了我国人类发展过程中的一个重要环节(广东省博物馆,1959;吴汝康等,1959)。所测样品有两个来源:

一部分样品系广东省博物馆提供,为当年发掘时采自裂隙中的动物牙齿,BKY82172 不封闭,它的真实年代要小于 16.9 万年。BKY82175 样品封闭,其年代为 $12.9^{+1.1}_{-1.0}$ 万年,它似为马坝人的年代。

另一部分样品系我们在第 2 层溶洞的南支洞中采集。据广东省博物馆杨式挺和宋方义介绍,该支洞堆积物和出马坝人头骨化石的裂隙堆积物层位时代相当。

BKY82160为堆积物顶部的石灰华层,BKY82151为紧靠石灰华层下的堆积物里的动物牙齿。牙齿化石样品封闭,和石灰华层样品的年代一致,数据说明南支洞堆积物的时代的确与裂隙堆积物相同。

5. 广西柳江通天岩

通天岩以发现重要的柳江人化石而闻名,计有完整的头骨和体骨、肢骨多件。人化石经吴汝康研究,"可以确定是早期的智人类型"(吴汝康,1959)。在洞中发现的大熊猫骨架及其他动物化石,经裴文中鉴定,都是江南山洞里常见的大熊猫—剑齿象动物群的成员。

近年来赵仲如(1981)、周国兴等人(1982)多次对柳江人洞进行考察。为测定柳江人年代,我们曾多方收集发现柳江人时所伴出的动物化石,可惜没有得到。据我们所见,柳江人洞的地层情况与周国兴等人所描述的相似。我们取第1—2层钙华板的纯净部分作^{14}C和铀系年代测定,^{14}C测定结果列于表7-2。

表7-2 柳江通天岩第1—2层钙华板^{14}C年代

实验室编号	层　　　位	距今年代
BK82204	第1层钙华板靠洞口处	2875±100
BK82205	第2层钙华板,大熊猫骨架出土处上方约1米	>40000

据表7-2第2层钙华板的^{14}C年代(BK82205)大于4万年,据表7-1它的铀系年代为$6.7^{+0.6}_{-0.5}$万年(BKY82225)。该钙华板样品纯净、致密,样品的^{230}Th/^{232}Th放射性比值为29,其铀系法年代应可信。如果根据现在洞中标明的柳江人化石和大熊猫骨架位置和我们所测得的第2层钙华板^{14}C及铀系年代,似可以认为,柳江人和大熊猫骨架的年代应大于$6.7^{+0.6}_{-0.5}$万年。这一年代值和根据柳江人化石的形态学研究所推断的年代相距较大,由于柳江人并非考古发掘所得,洞中堆积物情况又很复杂,因此我们在表7-3的柳江人年代后面附以"?"号,以示其确切年代有待进一步探讨。

表7-3 华南华北地区若干旧石器时代地点的铀系年代序列

华 南 地 区		华 北 地 区	
地点与层位	年代(万年)	地点与层位	年代(年代范围)(万年)
大冶石龙头第1层	$25.6^{+3.4}_{-2.6}$ $31.2^{+6.3}_{-4.2}$		
		周口店第一地点第1—3层	$25.1^{+4.1}_{-3.1}$(22—29)
		大荔78006A地点第3层	$20.9^{+2.3}_{-1.9}$(18—23)
		丁村54:100地点砂砾层	$20.0^{+1.8}_{-1.5}$(16—21)
长阳龙洞	$19.4^{+2.4}_{-2.0}$ $19.6^{+2.0}_{-1.7}$		
桐梓岩灰洞第4层	$18.1^{+1.1}_{-0.9}$		
		周口店新洞6—7水平层	$15.6^{+1.3}_{-1.1}$;$17.1^{+1.5}_{-1.3}$ (13.5—17.5)
马坝狮子山二层洞裂隙堆积物	$12.9^{+1.1}_{-1.0}$		
桐梓岩灰洞第4层	11.3±1.1 11.5±0.7		
黔西观音洞第8层	$11.5^{+0.7}_{-0.6}$		
		许家窑74093地点地下8米	10.4±0.4(10.0—12.5)
建德乌龟洞上部	9.7±0.8 $10.8^{+0.9}_{-0.8}$		
黔西观音洞第5层	7.6±0.4 8.4±0.5 10.4±0.6		
柳江通天岩(柳江人)	>$6.7^{+0.6}_{-0.5}$?		
黔西观音洞第2层	5.7±0.3		
水城硝灰洞第3层	5.2±0.3		
		迁安爪村黑色泥灰土层	4.8±0.2;4.4±0.2(4.2—5)
		萨拉乌苏下部文化层	约3.7;4.95±0.22(3.7—5)
		水洞沟下文化层	3.4±0.2;3.8±0.2(3.2—4)

(续表)

华南地区		华北地区	
地点与层位	年代（万年）	地点与层位	年代（年代范围）（万年）
呈贡龙潭山3号洞2—4层	2.1±0.1 2.86±0.13		
柳州白莲洞西部堆积第6层	2.8±0.2		
		安阳小南海第6层	1.89±0.15；2.14±0.13（1.8—2.3）
		山顶洞下窨	2.1±0.4；(1.8—2.3)
桐梓马鞍山第3层	1.8±0.1		

表7-1中还列有通天岩的五个动物牙齿样品测定数据，它们分别由柳州市博物馆易光远（BKY82086、BKY82115）和广西博物馆赵仲如（BKY82136、BKY82137、BKY82138）提供，据称这些样品是当年从洞中挖出的堆积物里找到的，虽非采自原生地层，但是，他们均认为产自洞内，这五个样品都封闭或基本封闭，年代都大于10万年，并且相差悬殊，这些数据表明，如果它们果真出自洞内，一般地说，都应产自第二层钙华板以下，从而表明第二层钙华板下的堆积物时代并不相同。

6. 广西柳江白莲洞

白莲洞遗址分东西两部分堆积物，包含新石器文化和旧石器文化（周国兴，1984），我们用铀系法和 ^{14}C 法对遗址年代逐层作了测定，由于本文研究范围所限，表7-1中只列出了西部堆积物第6层的一个骨化石年代（BKY82141）。样品系自采。其下的第7层出人牙化石和打制石器。BKY82141封闭，为2.8±0.2万年，依据层位关系，第7层人牙和石器的年代为3万年左右。

7. 贵州桐梓岩灰洞

岩灰洞先后发现人牙6枚，并发现用火遗迹、石器和24种哺乳动物化石。洞中堆积物共分7层，第3层（褐色粘土）含少量动物化石，人牙、石器及多数动物化石出自第 4 层(灰白、灰黄色含砾砂土)(吴茂霖等,1975;吴茂霖,1984)。

表 7-1 中 3 个岩灰洞数据都封闭,并明显地表现为两个年代。BKY81054、BKY81062 年代相近,分别为 11.3±1.1 万年和 11.5±0.7 万年,BKY81048 为 $18.1^{+1.1}_{-0.9}$ 万年,3 个样品均带灰黄色砂土,可能都出自第 4 层,样品年代的明显不同,或许是因为"部分堆积物可能来自洞外,由水流冲入洞内"(吴茂霖等,1975),致使不同年代物质相混杂。由于测定的样品物质是动物牙齿,发掘出的岩灰洞动物化石无疑至少有两个不同年代,如果根据吴茂霖的研究,人类牙齿化石同较晚的直立人(*Homo erectus*)相当(吴茂霖,1984),那么其年代应与 $18.1^{+1.1}_{-0.9}$ 万年相近。不过,对于石器的年代归属尚难划定。

8. 贵州黔西观音洞

观音洞是华南地区重要的旧石器遗址,出土石制品 3000 多件、哺乳动物化石 20 多种,共分 9 层(李炎贤等,1978),所测样品系李炎贤提供。

表 7-1 观音洞数据中,BKY81050、BKY81068、BKY81067、BKY81096、BKY81093 五个样品封闭或基本封闭,分属第 2、5、8 层。第 8 层是文化层的底界,BKY82093 为 $11.5^{+0.7}_{-0.6}$ 万年。总结观音洞年代数据:

(1) 各层数据是统一的,没有倒置现象。

(2) 第 2 层为 5.7 万年左右。

(3) 第 4 层小于 11.9 万年。

(4) 第 5 层为 8—10.4 万年左右。

(5) 第 8 层为 11.5 万年左右。

9. 贵州水城硝灰洞

硝灰洞堆积物较薄,分为 3 层,在第 3 层黄色砂质土和灰岩角砾层中发现人牙化石 1 枚、石制品 56 件。堆积物中还含有动物化石、灰烬及烧骨(曹泽田,1978)。样品由曹泽田提供,BKY81092 出自第 3 层,为 5.2±0.3 万年。

10. 贵州桐梓马鞍山

马鞍山是一处岩厦型旧石器地点,出土石器约 200 件,并有用火遗迹(张森水,1983)。样品系张森水提供,出自堆积物第 3 层,BKY82037 封闭,为 1.8±0.1 万年。我们测得同层兽骨的 ^{14}C 年代为 15100±1500 年(BK82062)。两种方法年代一致。

11. 云南呈贡龙潭山 3 号洞

近 10 年来,在呈贡龙潭山发现了三个旧石器地点,分别称龙潭山 1 号洞(胡绍锦,1977;张兴永等,1978)、龙潭山 2 号洞(1982.1 邱中郎发掘)、龙潭山 3 号洞(1982.3 胡绍锦等发掘)。据胡绍锦称,3 号洞从下而上共分 5 层,2—5 层出石制品、人化石及动物化石。化石样品由胡绍锦提供,BKY82215 牛牙出自第 4 层下部或第 3 层,BKY82218 鹿牙出自第 2 或 3 层,两个样品均封闭,分别为 2.1 和 2.86 万年,我们在第 4 层偏上部钙华板处收集了一些零星炭屑,测得 ^{14}C 年代为 18600±300 年(BK82103),两种方法年代数据是统一的。所测数据表明,3 号洞堆积物的年代为 2—3 万年。

四、华南华北地区若干旧石器时代地点的铀系年代序列

上节根据测定结果分别对华南各个地点的铀系年代数据进行了分析。本节依据年代数据排列它们的序列。为了研究和使用方便,表中同时列入了我们已发表的华北地区一些旧石器地点的年代数据(陈铁梅等,1984;原思训等,1983)。序列表的排列考虑了以下各点:

(1)序列表中所列数据,仅限于与旧石器文化密切联系的年代数据。地点和层位按照由老到新顺次排列。

(2)如前所述,在一般情况下,一个样品的 ^{230}Th 年代较 ^{231}Pa 年代和 ^{231}Pa/^{230}Th 年代准确,所以表中数据,除了萨拉乌苏的"约 3.7 万年"是根据封闭样品的年代,在考虑了地层的堆积速率后推得的,小南海和山顶洞的 ^{230}Th 数据依据和

^{14}C 数据对比而认为可信之外（原思训等，1983；陈铁梅等，1984），其他都是经过检验的封闭样品的 ^{230}Th 年代。此外，参照安志敏（1983）对山顶洞的 ^{14}C 数据层位的看法，本序列表中没有列入原来的 BKY80017（原编号 UC.33.41.06）样品年代数据。

（3）一个遗址或地点有时不止一个层位，即使同一层位也可能有年代上的差别。如果一个地点的一个或几个层位所得年代基本一致，或者虽不一致，但又不甚悬殊，则归在一栏（如观音洞第5层），否则，则分别列在不同栏里（如桐梓岩灰洞）。

（4）我们在排列华北地区年代序列时，考虑到各地点堆积的时间延续和数据本身的误差，在综合考虑了一个地点封闭样品的年代和不封闭样品所给出的年代上、下限后，提出了一个年代范围，本序列表在有关年代后面的括号中附有这些数据。

五、结束语

迄今，我们共发表了二十二个我国旧石器时代地点的铀系年代数据，而且绝大多数样品是用骨化石测定的，还有若干地点的资料正在整理，所测结果再次表明，铀系法是测定35万年内旧石器时代年代的有效方法。

石灰华等陆地自生碳酸盐沉积物是旧石器考古，特别是洞穴考古工作中经常碰到的物质。实践表明，纯净、致密的碳酸盐类样品很可能是铀系法测定旧石器地点年代的良好样品。

选择、采集层位确切、与遗物关系明确的样品，是测定工作的前提。由于没有收集到与柳江人伴出的样品，暂时还难以得到它的准确年代。这一问题借助于 γ 能谱仪非破坏性直接测定人化石（Yokoyama 等，1981），或许能得到解决。

对于文化层多的地点，尽可能逐层加以测定。同一层位，最好使用叠压关系清楚的样品。年代学工作者和考古学工作者紧密合作，将使年代工作更富成果。

参考文献

广东省博物馆.广东马坝人类及其他动物化石地点调查简报[J].古脊椎动物与古人类,1959,1(2): 94-96.

安志敏.中国晚期旧石器的碳-14断代和问题[J].人类学学报,1983,2(4): 342-351.

吴汝康,彭如策.广东韶关马坝发现的早期古人类型人类化石[J].古脊椎动物与古人类,1959,1(4): 159-163.

吴汝康.广西柳江发现的人类化石[J].古脊椎动物与古人类,1959,1(3): 97-104.

吴茂霖.贵州桐梓新发现的人类化石[J].人类学学报,1984,3(3): 195-201.

吴茂霖,王令红,张银运,等.贵州桐梓发现的古人类化石及其文化遗物[J].古脊椎动物与古人类,1975,13(1): 14-23.

李炎贤,文本亨.贵州黔西观音洞旧石器时代文化的发现及其意义[C]//古人类论文集.科学出版社,1978,77-90.

李炎贤,袁振新,董兴仁,等.湖北大冶石龙头旧石器时代遗址发掘报告[J].古脊椎动物与古人类,1974,12(2): 139-157.

陈铁梅,原思训,高世君,等.许家窑遗址哺乳动物化石的铀系法年代测定[J].人类学学报,1982,1(1): 91-95.

陈铁梅,原思训,高世君.铀系法测定骨化石年龄的可靠性研究及华北地区主要旧石器地点的铀系年代序列[J].人类学学报,1984,3(3): 259-269.

张兴永,胡绍锦,郑良.云南昆明晚更新世人类牙齿化石[J].古脊椎动物学报,1978,16(4): 288-289.

张森水.我国南方旧石器时代晚期文化的若干问题[J].人类学学报,1983,2(3): 218-230.

周国兴.白莲洞遗址的发现及其意义[J].史前研究,1984,(2): 109-110.

周国兴,刘兴诗,童恩正.三探柳江人洞[J].大自然,1982,(4): 19-20.

赵仲如.柳江人家何处觅.博物,1981,(3): 32.

胡绍锦.云南省呈贡县发现旧石器[J].古脊椎动物与古人类,1977,15(3): 225.

贾兰坡.长阳人化石及其共生的哺乳动物群[J].古脊椎动物学报,1957,1(3),247-258.

原思训,陈铁梅,高世君.用铀系法测定河套人和萨拉乌苏文化的年代[J].人类学学报,1983,2(1): 90-94.

原思训,陈铁梅,高世君.本溪庙后山遗址骨化石的不平衡铀年代测定//辽宁省博物馆,本溪市博物馆.庙后山[M].北京: 文物出版社,1986: 86-89.

曹泽田.贵州水城硝灰洞旧石器文化遗址[J].古脊椎动物与古人类,1978,16(1): 67-72.

韩德芬,张森水.建德发现的一枚人的犬齿化石及浙江第四纪哺乳动物新资料[J].古脊椎动物与古人类,1978,16(4): 255-263.

Hansen R O, Begg E L. Age of quaternary sediments and soils in the Sacramento area, California by uranium and actinium series dating of vertebrate fossils[J]. Earth and Planetary Science Letters, 1970, 8(6): 411–419.

Ivanovich M. Spectroscopic methods//Ivanovich M, Harmon R S. Uranium series disequilibrium applications to environmental problems. Oxford: Clarendon Press, 1982: 65–66.

Schwarcz H P. Absolute age determination of archaeological sites by uranium series dating of travertines[J]. Archaeometry, 1980, 22(1): 3–24.

Yokoyama Y, Nguyen H V. Datation directe de l'Homme de Tautavel par la spectrométrie gamma, non destructive, du crâne humain fossile Arago XXI[J]. Comptes Rendus Acad. Sci., 1981, 292(3): 741–744.

（原载于《人类学学报》1986 年第 2 期。）

8

Radiocarbon Activity Variation in Dated Tree Rings Grown in Mackenzie Delta*

Introduction

^{14}C nuclei in the atmosphere are produced by cosmic-ray-generated neutrons in ^{14}N $(n,p)^{14}$C reaction. After production, these nuclei react rapidly with ambient atmosphere to become $^{14}CO_2$ molecules. The concentration of the molecules is mainly determined by their production rate and transfer rate, first to the troposphere from the stratosphere where most of them are produced, and then from the troposphere to the deep-sea sink reservoir. Since cosmic ray intensity is modulated by interplanetary magnetic fields, the strength of which depends on solar activity, it is expected that the concentration is anti-correlated with sunspot numbers. While long-term change in $\Delta^{14}C$ in tree samples, which reflects variation of atmospheric $\Delta^{14}C$ concentration, has been studied by many investigators and the correlation established beyond any doubt (eg, Stuiver & Quay, 1980, and references therein), the magnitude of the expected 11-year variation remains questionable (Damon, Long & Wallick, 1973; Povinec, 1983).

There was some indication that $\Delta^{14}C$ values in grains and trees grown at high latitudes show 11-year periodicity (Baxter & Farmer, 1973; Povinec, 1983). To study the possible latitudinal effect, we looked for trees from the most northerly region and

---

* Author: C Y Fan (*Department of Physics, University of Arizona, Tucson*), Chen Tiemei, Yuan Sixun (*Radiocarbon Laboratory, Archaeological Section, History Department, Peking University, Beijing, China*) and Dai Kaimei (*Department of Physics, Nanjing University, Nanjing, China*).

fortunately obtained two sections of white spruce grown near Campbell River in Mackenzie Delta, Canada (68°N, 130°W). One of the sections contains rings from A.D. 1510 to 1972. Initial measurements of 21 samples, covering the period A.D. 1881 to 1925 indicated a 10‰ fluctuation in $\Delta^{14}C$ values anti-correlated with sunspot numbers (Fan et al, 1983). In this paper we shall report $\Delta^{14}C$ in rings from A.D. 1824 to 1880. We also measured the $\Delta^{14}C$ in 1940 – 1945 rings, looking for the signature of $\Delta^{14}C$ increase, due to two large solar flares that occurred in 1942 and were reported by Forbush (1946).

Experimental method

The measurements were made by two institutions; the 1824 to 1880 rings were measured at the Department of History, Peking University; the 1940 to 1945 rings were measured at the Department of Physics, Nanjing University. The measuring systems used were similar, a liquid scintillator-photomultiplier tube device. Two photomultiplier tubes were connected incoincidence to count ^{14}C decay electrons with a pulse height discrimination to reduce cross-talks between the two tubes. There was however, a slight difference between the two systems. At Peking University, 5 to 10 cm of lead were used to reduce cosmic-ray induced background; at Nanjing University, in addition to a lead shield, a plastic scintillator-photomultiplier system was used as an anti-coincidence shield. The result of the addition was a reduction of background from 6 cpm to 2 cpm. An overall precision of both systems was ca 4‰, including a purely statistical uncertainty of ca 3‰. For each measurement, ca 10 g of wood were needed. Because of the narrow rings, except the 1928 ring, we had to combine 2, and sometimes 3 rings to obtain a sufficient specimen for one measurement. After being treated with the routine HCl-NaOH-HCl procedure to remove resin, the samples were converted to CO_2 and then to benzene. For one measurement, 5cc of synthesized benzene was used. The net count rate for a modern sample was 39 cpm. We measured $^{13}C/^{12}C$ for fractionation correction for each sample.

Experimental results

$\Delta^{14}C$ in A.D. 1824 – 1880 Rings

The experimental results are expressed as $\Delta^{14}C$ values which are the relative deviations of the measured ^{14}C activities from the standard oxalicacid activity of the US National Bureau of Standards, corrected for ages and isotopic fractionations. For samples prior to A.D. 1880, the correction for the Suess effect was not needed.

Table 8 – 1 lists the 26 tree-ring samples and their corresponding $\delta^{13}C$ and $\Delta^{14}C$ values. The data points, including 5 previously published values, are plotted in the bottom panel of Figure 8 – 1, along with other published $\Delta^{14}C$ values for comparison. In the upper panel we plotted the sunspot numbers with ordinates inverted to show the anti-correlation with solar activity. The coefficient for the correlation, with the $\Delta^{14}C$ values delayed by 4 years, is −0.38. However, if the A.D. 1823 – 1833 cycle is not included for the analysis, the correlation coefficient becomes −0.48. This is due to the fact that there are three $\Delta^{14}C$ values in that cycle, namely A.D. 1826 – 1830, which appear to be abnormally low. We noted that the 1928 ring and its two near neighbors are exceptionally wide. We are wondering about the possibility that the low values are indicative of an abnormal environment in these years.

Table 8 – 1 Radiocarbon content in tree rings

Sample no.	Tree-ring dates	$\delta^{13}C$‰	$^{14}C(\pm 4‰)$‰
82307	1879 – 1880	−25.91	−11.1
82308	1877 – 1878	−25.84	−13.5
82309	1875 – 1876	−26.23	−20.3
82310	1872 – 1874	−26.21	−14.1

(续表)

Sample no.	Tree-ring dates	δ¹³C‰	¹⁴C(±4‰)‰
82311	1870 – 1871	−26.53	−2.3
82312	1866 – 1867	−25.75	−1.3
83303	1864 – 1865	−26.22	−18.7
83301	1862 – 1863	−25.82	+3.5
83302	1860 – 1861	−25.74	+5.1
83304	1858 – 1859	−25.96	−0.3
83306	1856 – 1857	−26.42	−12.0
83305	1854 – 1855	−26.36	−8.2
BK 85206	1852 – 1853	−25.80	−6.8
BK 85207	1850 – 1851	−26.47	−5.0
BK 85201	1847 – 1849	−25.95	+1.4
BK 85202	1845 – 1846	−25.86	+4.0
BK 85203	1842 – 1844	−25.95	−5.2
BK 85204	1840 – 1841	−25.88	−2.7
BK 85205	1838 – 1839	−25.72	+0.2
	1835 – 1837	(−25.80)*	+4.9
	1833 – 1834	(−25.80)*	+0.4
	1831 – 1832	(−25.80)*	+3.6
	1829 – 1830	(−25.80)*	−5.5
	1828	(−25.80)*	−12.2
	1826 – 1827	(−25.80)*	−4.8
	1824 – 1825	(−25.80)*	+8.4

* Estimated

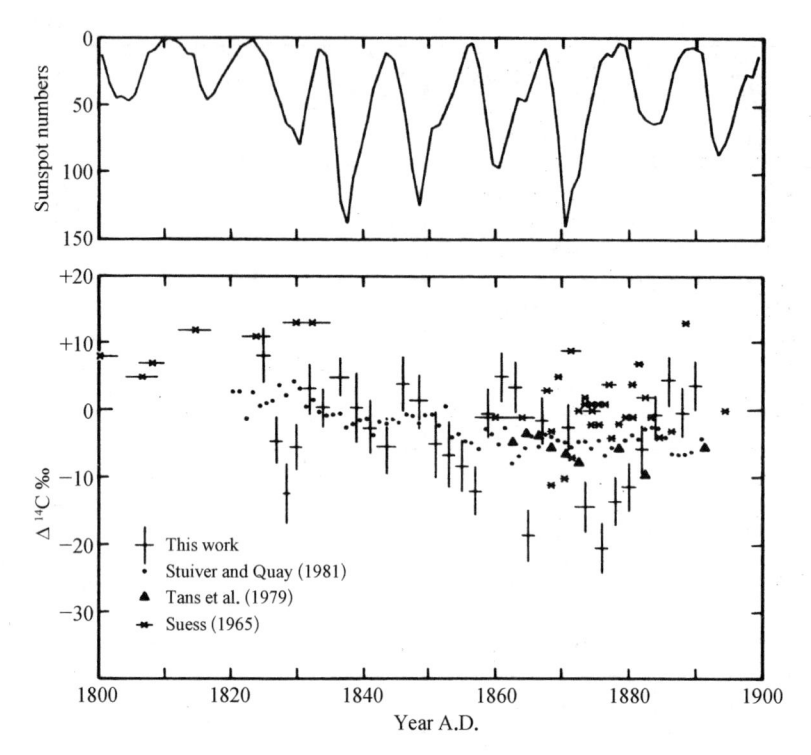

Figure 8-1 Upper panel: Sunspot numbers plotted with ordinates inverted. Lower panel: $\Delta^{14}C$ in the A.D. 1824-1890 rings of a white spruce from Mackenzie Delta, Canada (60°N, 130°W). For comparison, the measurements by Suess, by Tans et al, and by Stuiver and Quay are also plotted

In estimating the significance of the correlation, we are hampered by two unknown factors: 1) the sunspot number and cosmic ray intensity are only loosely correlated so that the functional relationship is not known; 2) it is likely that some of the $\Delta^{14}C$ fluctuations are due to other causes such as environmental conditions and solar events. However, if we assume that sunspot number and $\Delta^{14}C$ were correlated linearly and other causes were unimportant, then the slope of the regression line is -0.11 ± 0.02.

$\Delta^{14}C$ in A.D. 1940-1945 Rings

In their study of the magnitude of the 11-year ^{14}C cycle, Damon, Long & Wallick (1973) found that the ^{14}C content in the 1943 ring of their Arizona tree sample (32°N,

112°W) is exceptionally high. They attributed this high activity to the ^{14}C production by two large solar flares, on February 28 and March 7, 1942, detected by Forbush (1946). A similar increase was also found by Burchuladze et al (1980) in their wine sample. Since our tree section was from Mackenzie Delta, only ca 10° from the north geomagnetic pole, we expect to observe a larger ^{14}C activity increase in the tree ring than in the sample of Damon, Long and Willick.

In Figure 8-2 we plotted 6 Δ^{14}C values in the A.D. 1940-1945 rings, together with the measurements by Damon, Long and Wallick, by Burchuladze et al (1980), and by Stuiver and Quay (1980) in the period from A.D. 1940 to 1954. The high Δ^{14}C values in the Mackenzie wood, as compared with that of the other three measurements can be explained by the fact that, in the near Arctic circle, the air is less contaminated by fossil fuel burning. Disregarding the difference in the Δ^{14}C level the increase in Δ^{14}C in the 1943 ring of the Mackenzie wood agrees remarkably well with that in the Arizona wood and Georgian grain. The puzzling fact is that the Washington State sample of Stuiver and Quay does not show any sign of increase.

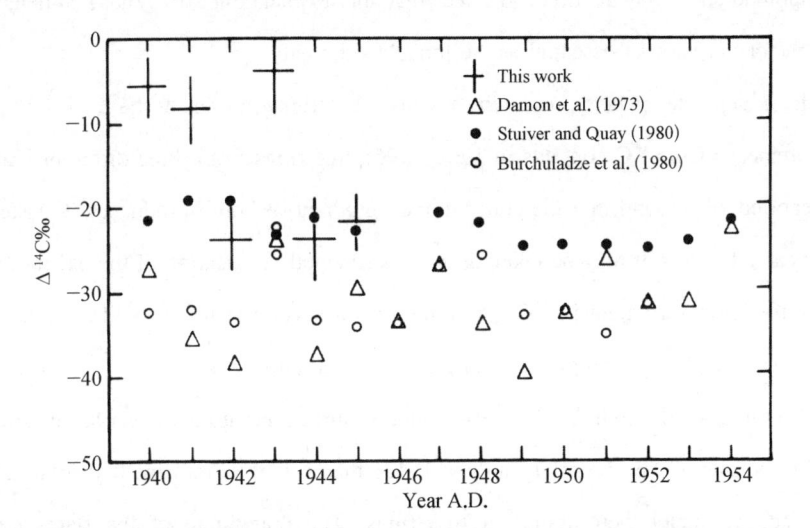

Figure 8-2 Δ^{14}C in the A.D. 1940-1945 rings of a white spruce from Mackenzie Delta, Canada, showing the abnormally high Δ^{14}C value in the 1943 ring

Discussion and conclusion

The variation of $\Delta^{14}C$ values in the A.D. 1824 – 1880 rings of the Mackenzie Delta spruce shows an 11-year periodicity, anti-correlated with sunspot numbers. The magnitude of the variation is ca 10‰. These results are in general agreement with those found in the 1881 – 1925 rings. To explain this magnitude, which is 3 to 4 times that found in tree samples from lower latitudes, we suggested that it is due to the combination of three factors: 1) the increase in the ^{14}C production rate from solar maximum to solar minimum is 33% over the 60°– 90° geomagnetic latitude range as compared to 11% over the 0°– 60° range; 2) the time scale of the transport of CO_2 molecule across latitudes in the stratosphere is much longer than that from the stratosphere to the troposphere; 3) in the 60°– 90°N geographic latitude region, the ocean surface area is only ca 30% of that of the land mass. Consequently, there is always a meridional gradient in atmospheric ^{14}C concentration, the variation of which follows that in the stratosphere but with a damping in amplitude and delay in time. We feel that this explanation still holds, although the third factor may not be essential as we thought originally.

In a separate paper presented at this conference (Dai & Fan, 1985), the measurement of the ^{14}C contents in 1962 – 1968 tree rings from three different latitudes are reported. We found that the concentration gradient of bomb-produced ^{14}C lasted for ca 6 years. This result may be taken as an experimental verification of the existence of a steady meridional gradient in ^{14}C concentration for several years, should there be a ^{14}C atom excess in the polar region, even for a short duration.

The abnormally high $\Delta^{14}C$ in 1943 found in three laboratories is very interesting. If it is indeed due to the two solar flares in 1942, then it is the first time that solar proton-produced ^{14}C nuclei were found in tree rings. The magnitude of the flares can be estimated as follows:

From September to November of 1961 and then from August to December of 1962, series of high altitude nuclear bomb tests of the USSR added ca 3.5×10^{28} ^{14}C atoms to the atmosphere, mostly in the stratosphere (Fairhall & Young, 1970). This addition of ^{14}C atoms is registered in the Mackenzie Delta tree as ^{14}C increases of 640‰ and 710‰ in the 1963 and 1964 rings, respectively (Dai & Fan, 1986). These values provide us a calibration for the tree-ring response to a delta-function-like input of ^{14}C atoms into the stratosphere in a high latitude region. It is certainly the case for ^{14}C atoms produced by solar flare protons.

The Δ^{14}C in the 1943 rings is ca 20‰ above that in the 1942 and 1944 rings. Take 680‰ as the average increase of Δ^{14}C due to the injection of 3.5×10^{28} ^{14}C atoms by the bomb tests, then the number of ^{14}C atoms produced by the two solar flare events in February and March 1942 is ca 10^{27}. It is about the magnitude as that by the solar event on February 23, 1956 (Lingenfelter & Ramaty, 1970).

However, for the following reasons we must be cautious in interpreting the abnormally high Δ^{14}C as due to Δ^{14}C production by solar flare protons: 1) the Δ^{14}C in the 1944 ring is at the same level as that in the 1942 ring; it does not show a gradual decay as it should; 2) the Washington State sample of Stuiver and Quay (1980) does not show any sign of Δ^{14}C increase. Thus, further work is needed to resolve the mystery.

Acknowledgments

M L Parker, University of British Columbia, supplied us with the two sections of dendrochronologically calibrated white spruce which made this study possible. We are grateful to the Department of History, Peking University, and the Department of Physics, Nanjing University for their support. Special thanks from two of us (CYF & KMD) go to Shi Shi-Yuan for his interest and guidance. The contribution of Ma Li and

Wang Bai-Zhen inprocessing the specimens was invaluable. This project is partially supported by Subcontract R 277664 from the University of Maryland.

References

Baxter M S, Farmer J G. Radiocarbon: short-term variations[J]. Earth and planetary science letters, 1973, 20(3): 295-299.

Burchuladze A A, Pagava S V, Povinec P, et al. Radiocarbon variations with the 11-year solar cycle during the last century[J]. Nature, 1980, 287: 320-322.

Damon P E, Long A, Wallick E I. On the magnitude of the 11-year radiocarbon cycle[J]. Earth and planetary science letters, 1973, 20(3): 300-306.

Dai K M, Fan C Y. Bomb produced ^{14}C content in tree rings grown at different latitudes[J]. Radiocarbon, 1986, 28(2A): 346-349.

Fairhall, A W, Young, J A. Radiocarbon in the environment//Advances in chemistryseries, no. 93, Radionuclides in the environment.American Chemistry Society, 1970: 401-418.

Fan C Y, Chen T M, Yuan S X, et al. Radiocarbon activity variation in dated tree rings grown in Mackenzie Delta[J]. Radiocarbon, 1983, 25(2): 205-212.

Forbush S E. Three unusual cosmic-ray increases possibly due to charged particles from the Sun [J]. Physical Review, 1946, 70(9-10): 771-772.

Lingenfelter R E, Ramaty R. Astrophysical and geophysical variations in C14 production// Radiocarbon variations and absolute chronology. New York, John Wiley & Sons, 1969, 401-418.

Stuiver, M and Quay, P D, Changes in atmosphric Carbon-14 attribution to a variable sun: Science, 1980, V207, 11-19.

Povinec P. Comparison of data on ^{14}C variations with the 11-yr solar cycle as obtained by different groups[C]//Internatl ^{14}C conf, 11th, Proc: Radiocarbon, 1983, 25(2): 259-266.

Suess H E. Secular variations of the cosmic-ray-produced carbon 14 in the atmosphere and their interpretations[J]. Journal of Geophysical Research, 1965, 70(23): 5937-5952.

Tans P P, De Jong A F, Mook W G. Natural atmospheric ^{14}C variation and the Suess effect[J]. Nature, 1979, 280(5725): 826-828.

（原载于 *Radiocarbon* 1986 年第 2A 期。）

9
庙后山遗址骨化石的不平衡铀系年代测定*

骨化石(牙齿、骨骼、角)是古人类和旧石器考古工作中经常遇到的标本。契尔登采夫等人最先用不平衡铀系法测定骨化石的年代。基于样品是铀及其子体的封闭体系的设想,他用^{230}Th法测定了一些考古样品。可惜,因为骨化石中铀及其子体可能发生迁移,只凭样品的^{230}Th年代常常无法断定是否代表样品的真实年代[i]。

铀、钍和镤是三个不同的元素,根据^{234}U、^{238}U与子体^{230}Th以及^{235}U与子体^{231}Pa的不平衡状况,可以得到两个独立的年代——^{230}Th年代和^{231}Pa年代。如果同一个样品的^{230}Th年代和^{231}Pa年代在测量误差范围内一致,一般可以认为样品封闭,其^{230}Th年代可靠。查博等人使用这个办法得出了一些有意义的数据[ii]。我们对庙后山遗址也用这种办法进行了铀系法年代测定,情况如下:

一、庙后山遗址骨化石样品及测定结果

1982年我们测定了辽宁省博物馆和本溪市博物馆提供的部分样品(文中样品号冠以 BKY82)。1983年4月,我们亲自到遗址采样(文中样品号冠以 BKY83),并对每个样品都同时测定^{230}Th年代和^{231}Pa年代。

^{230}Th法采用通常的程序:即选择致密的骨化石,刮刷干净,研细混匀,称取一定量样品进行酸溶,并加入^{232}U—^{228}Th平衡示踪剂,离子交换分离U、Th,电沉积制源,用多道α能谱仪分别测出^{232}U、^{234}U、^{238}U和^{228}Th、^{230}Th的量,然后,根据下面公式算出^{230}Th法年代[iii]。

---

* 作者:原思训、陈铁梅、高世君。

$$\frac{^{230}\text{Th}}{^{234}\text{U}} = \frac{^{238}\text{U}}{^{234}\text{U}}(1 - e^{-\lambda_{230} \cdot t}) + \left(1 - \frac{^{238}\text{U}}{^{234}\text{U}}\right) \cdot \frac{\lambda_{230}}{\lambda_{230} - \lambda_{234}} \cdot [1 - e^{-(\lambda_{230} - \lambda_{234}) \cdot t}]$$

式中 ^{232}U、^{238}U、^{234}U 和 ^{230}Th 分别代表单位重量骨化石中该同位素的放射性活度。λ_{230}、λ_{234} 分别代表 ^{230}Th 和 ^{234}U 的衰变常数。t 为样品石化过程中间至今的年代。

^{231}Pa 法采用测定样品中 ^{231}Pa 的子体 ^{227}Th 和 ^{223}Ra 的量来算得：称取一定量已测定了 ^{230}Th 年代的样品，不加示踪剂分离制备成另一 Th 源，用 α 谱仪测定出 ^{230}Th 和 ^{227}Th—^{223}Ra 的量，由 ^{227}Th—^{223}Ra 的量算出 ^{231}Pa 量。用下面公式计算样品的 ^{231}Pa 法年代：

$$\frac{^{231}\text{Pa}}{^{235}\text{U}} = 1 - e^{-\lambda_{231} \cdot t}$$

式中 ^{231}Pa 和 ^{235}U 分别代表单位重量骨化石中该同位素的放射性活度，λ_{231} 代表 ^{231}Pa 的衰变常数，t 为样品石化过程中间至今的年代。样品层位及测定结果列于表 9-1。

如前所述，可能主要由于样品中铀的后期迁移破坏了样品的封闭性，因而只有那些 ^{230}Th 年代和 ^{231}Pa 年代相符的样品年代才可靠。又考虑到样品中铀含量通常较低，根据 ^{231}Pa(^{227}Th—^{223}Ra)的量算出的 ^{231}Pa/^{235}U 值误差较大，一般为 ±0.05—±0.10。而大于 10 万年样品的 ^{231}Pa/^{235}U 值的全部变化范围只有 0.10。因此，在样品年龄超过 10 万年时，计算得到的 ^{231}Pa 年代误差相当大。本文采取将测得的样品 ^{231}Pa/^{235}U 值，对样品的 ^{230}Th 年代与 ^{231}Pa/^{235}U 值—^{231}Pa 年代理论曲线进行对比的方法，来检查样品的封闭性（图 9-1）。如果在测量误差范围内符合，则认为样品封闭，测量的 ^{230}Th 年代就认为是样品的真实年代。

比较图上各样品点与理论曲线可以看出，除了 BKY82129 样品外，其余八个样品在测量误差范围内都和理论曲线符合，因此，可以认为这八个样品的 ^{230}Th 年代都是可靠的。而 BKY82129 的 ^{231}Pa/^{235}U 比值较理论曲线偏低，说明此样品有铀的后期加入。样品的 ^{230}Th 年代只是样品真实年代的上限，其真实年代应大于 14.8 万年。这一结论与地层及其上下层样品的年代是相称的。现将这八个样品与文化遗物、地层资料综合列于表 9-2。

表9-1 庙后山遗址骨化石样品层位及测定结果

实验室编号	样品物质	层位	铀含量(ppm)	$^{234}U/^{238}U$	$^{230}Th/^{234}U$	^{230}Th法年代(万年)	$^{231}Pa/^{235}U$	^{231}Pa法年代(万年)
BKY82119	动物牙齿化石	第7层上部(T11)	6.9±0.3	1.26±0.06	0.151±0.013	1.77±0.16	0.31±0.048	1.76±0.33
BKY82076	鹿牙化石	第7层中部(T9)	21.1±0.8	1.89±0.07	0.351±0.017	4.5±0.3	0.585±0.044	4.1±0.5
BKY83023	鹿牙化石	第7层下部(T11)	27.2±1.0	1.75±0.05	0.619±0.033	9.6±0.8	0.830±0.060	$8.3^{+2.0}_{-1.4}$
BKY83012	梅氏犀牙化石	第6层上部(T11)	29.9±1.1	1.49±0.04	0.774±0.035	$14.2^{+1.3}_{-1.1}$	0.974±0.065	
BKY83030	鹿牙化石	第6层底部(T9)	4.7±0.3	1.57±0.10	0.957±0.068	$22.8^{+5.6}_{-4.0}$	0.993±0.131	
BKY83129	犀牛牙化石	第5层上部(T3)	21.0±0.7	1.46±0.044	0.787±0.033	$14.8^{+1.3}_{-1.0}$	0.794±0.063	$7.4^{+1.7}_{-1.2}$
BKY83009	野猪牙化石	第5层钙质结核层中(T7)	35.0±2.0	1.20±0.07	0.937±0.067	$24.7^{+8.3}_{-4.9}$	0.939±0.099	
BKY82127	犀牛牙化石	第4层顶部(T1)	14.7±0.5	1.64±0.05	1.051±0.041	$30.0^{+5.8}_{-4.0}$	1.069±0.084	
BKY82125	鹿牙化石	第4层顶部(T1)	41.4±1.5	1.62±0.04	1.073±0.044	$33.7^{+9.3}_{-5.4}$	0.990±0.067	

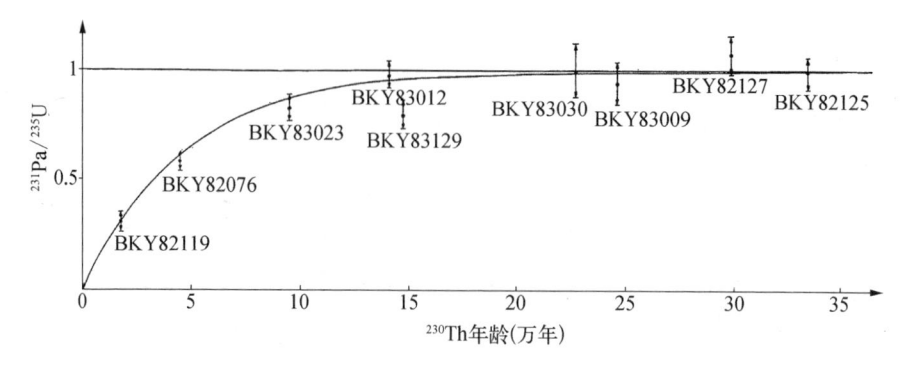

图 9-1 样品 ^{230}Th 年代，^{231}Pa/^{235}U 与 ^{231}Pa/^{235}U，^{231}Pa 年代理论曲线对比

表 9-2 庙后山遗址骨化石样品的不平衡铀系年代与文化遗物及地层

层序	深度(米)	岩性	文化遗物	年代(万年)	化 石 种 类
VIII	0.5				香麝、松貂、中华貉
VII	5.7		⊕ ⊘	⊕ 1.77±0.16 ⊕ 4.5±0.3 ⊕ 9.6±0.8	沙狐、狗獾、中华貂、青羊、普氏野马、野牛、普氏羚羊、文鼬、东北马鹿、北京香麝、东北麆、王氏水牛、中华鼢鼠、更新麝、洞熊、粗角羚羊、褶齿香麝、缺齿鼹、野猪、野兔、阿曼鼢鼠、鼠耳蝠、棕熊、上头田鼠、林姬鼠、达呼尔鼠兔、最后鬣狗、河套大角鹿、葛氏斑鹿、西马拉雅旱獭
VI	6.9		⊘ ⊘	⊕ 14.2$^{+1.3}_{-1.1}$ ⊕ 22.8$^{+5.6}_{-4.0}$	翁氏麝鼩、中华鼢鼠、灰仓鼠、变异仓鼠、西北利亚鼬、棕熊、狗獾、中华狸虎、水牛、最后鬣狗、加拿大马鹿、北京香麝、中华鬣狗、更新麝、复齿旱獭、肿骨鹿、三门马、梅氏犀
V	8.4		⊕ ⊘⊘	⊕ 24.7$^{+8.3}_{-4.9}$	长翼蝙蝠、白腹管鼻蝠、油蝠、柯氏鼠兔、翁氏兔、棕背䶄鼠、水牛、硕猕猴、棕熊、李氏野猪、杨氏虎、变种狼、疑豹、猎豹、中国鬣狗、三门马、肿骨鹿、水鹿、梅氏犀、剑齿虎
IV	10.0		⊕	⊕⊕ 30.0$^{+5.8}_{-4.0}$ 33.7$^{+9.3}_{-5.4}$	三门马、李氏野猪、肿骨鹿、梅氏犀、师氏中华河狸、安氏中华河狸
III	11.1				
II	12.7				未发现化石
I	13.5				

1. 砂质粘土 2. 角砾层 3. 砂质粘土含砾 4. 钙结核与钙板层 5. 砂砾石 6. 砂质粘土
7. 动物化石 8. 石器 9. 人化石 10. 骨化石的 ^{230}Th 年代

表 9-1 数据表明：

(1) 庙后山遗址堆积第 4—7 层的年代在距今 30 多万年至 1 万多年，即从中更新世的晚期至晚更新世的晚期。

(2) 庙后山遗址堆积第 4—7 层在时间上基本是连续的。

二、讨论

根据表 9-1、9-2 和图 9-1 中骨化石的不平衡铀系年代数据和表 9-2 中其他各栏的关系，可以看到如下几点：

(1) 所测样品大部分封闭，^{230}Th 年代与 ^{231}Pa 年代相符合。看来，所测的庙后山遗址样品在埋藏过程中受各种扰乱很小。

(2) BKY82119 样品不但本身 ^{230}Th 年代和 ^{231}Pa 年代吻合，而且和其稍下 30 厘米的 PV-363 样品的 ^{14}C 年代 24570±570 年相协调。

(3) 年代序列与地层序列一致，愈靠底部样品的年代愈老。处于第 4 层顶部的 BKY82125 和 BKY82127 是我们所测定的两个最下部样品，其平均年龄为 32 万年。它与磁性地层的研究结论相协调："据第四层的琵琶 E 事件，可以推测第四层底界大约距今 40 万年。"

(4) 年代数据与同层动物化石性质相适应。

(5) 年代数据与遗址出土的石器和人化石资料的性质相适应。

总之，无论从数据本身，还是与地层、旧石器文化、古人类、古生物学的研究结论进行对比，铀系法测定结果是令人满意的，也说明铀系法年代测定数据是可靠的。

参考文献

[ⅰ] Чердынцев, В. В. 等. ^{234}U 及其在地质学上的应用(1969)[M].中国科学院贵阳地球化学研究所 ^{234}U 译校组译,原子能出版社,1975：93,172-174.

[ⅱ] Howell F C, Cole G H, Kleindienst M R, Szabo B J. Uranium-series dating of bone from the Isimila prehistoric site, Tanzania[J]. Nature, 1972, 237: 51-52.

Szabo B J, Collins D. Ages of fossil bones from British interglacial sites[J]. Nature, 1975, 254: 680-682.

Szabo B J. Dating fossil bone from Cornelia, Orange Free State, South Africa[J]. Journal of archaeological science, 1979, 6(2): 201-203.

[iii] 原思训,陈铁梅,高世君.不平衡铀系法测定骨化石可能性的研究[C]//第二次全国核化学与放射学学术讨论会,1983.

陈铁梅,原思训,高世君,等.许家窑遗址哺乳动物化石的铀系法年代测定[J].人类学学报,1982,1(1):91-95.

原思训,陈铁梅,高世君.用铀系法测定河套人和萨拉乌苏文化的年代[J].人类学学报,1983,2(1):90-94.

(原载于《庙后山》,文物出版社,1986年。)

10
安徽省和县和巢县古人类地点的铀系法年代测定和研究*

1980年和1981年中国科学院古脊椎动物与古人类研究所等单位在安徽省和县陶店汪家山龙潭洞的溶洞堆积中,先后发现了一个相当完整的人类头盖骨、下颌骨碎骨、额骨眶上部和顶骨残片,以及若干人牙。同时发掘出大量伴生的哺乳动物化石(黄万波等,1981、1982)。

1982年以来中国科学院古脊椎动物与古人类研究所等单位又在安徽巢县银屏区岱山公社岱山大队银山的溶洞堆积中,先后发现了一块人枕骨和八枚人牙,以及相当多的哺乳动物化石(许春华,1984;张银运,1986)。

这两个古人类地点相距仅50公里。两个地点的动物化石群"既有东洋界的成分也有古北界的成分"。因此测定其绝对年代对研究我国古人类的进化,研究早期南北人类和物质文化的关系、南北动物群之间的联系等,无疑是有意义的。

本文报道用铀系法测定这两处地点出土的哺乳动物化石的年龄。样品主要由发掘者黄万波、许春华同志提供。和县的部分样品,即编号中最前两位数字为81的样品,是我们在黄万波同志帮助下,于1981年5月从发掘现场采集的。

和县出有人及动物化石的堆积层厚度不超过一米,均为黄褐色粘土质砂土,原发掘者没有进一步分层。

巢县的地层原发掘者分为上下两部分。上部分为1、2层,人化石出自2层;下部为3—5层。上部堆积和下部堆积并非同一溶洞的堆积,相互间不存在直接的叠压关系。因此本文将只限于报道和讨论巢县上部地层,即出人化石地层的铀系测年结果。

---

* 作者:陈铁梅、原思训、高世君、胡艳秋(北京大学考古系年代测定实验室)。

一、测量结果

关于用铀系法测定骨化石年龄的原理和实验方法,陈铁梅等(1982、1984)曾报道过。本文所测样品均同时采用 ^{230}Th 和 ^{231}Pa 两种方法,以判断所测样品的封闭性。对两处地点的测量结果分别列于表 10–1 和表 10–2 中。

表 10–1 所列和县八个样品中,BKY81036、81037、80062 和 81032 等四个样品封闭。它们的 ^{230}Th 年龄均在 16.5 万年左右,标准统计误差为 1.5 万年;它们的 ^{231}Pa/^{230}Th 年龄与 ^{230}Th 年龄在误差范围内一致,说明样品的封闭性良好。因此,我们考虑以 15—19 万年这一年龄区间作为和县这一出化石地层的堆积年代。其余四个样品不封闭,BKY80061、80063 表现出有铀的后期加入,而 BKY81025、81038 有铀的析出。因此铀系法不能给出这几个样品形成的精确年代值,而只是给出一个相当宽的年龄区间。但这四个年龄区间互相重叠,而且均把 15—19 万年范围包含其中。考虑到不封闭样品的年龄下限已达 27 万年左右,比封闭样品的平均年龄值明显偏老,因此在和县这一地层中也可能有年龄在 20—27 万年之间的样品,即和县含化石地层的堆积延续了相当长一段时间。当然由于这几个样品不封闭,这种推断目前只能看成是某种可能性。

对巢县上部地层共测了九个样品。第 1 层 BKY86003 样品有铀的析出,给出 10—28 万年相当宽的区间;但 BKY86004 样品封闭,其年龄值为 18.5±3.0 万年。第 2 层共七个样品,其中 BKY84008、85005、86006 三个样品封闭,年龄分别为 16.1±1.4、17.0±1.4 和 19.2±3.0 万年,相互间比较接近,而且与第 1 层的封闭样品 BKY86004 的年龄也相近。我们把 16—20 万年作为巢县上部地层的年代区间。不封闭样品 BKY86005 的年龄区间为 14—22 万年。另三个不封闭样品 BKY84009、85008 和 85004 的年龄很可能大于 20 万年而不超过 30 万年。第 2 层堆积较厚,最厚处达 1.1 米,尚未见底,因此样品间年龄的差别可能代表实际的堆积先后。

表 10-1 和县龙潭洞骨化石样品的铀系年代测定结果

编号 BKY	材料	铀量(ppm)	$^{234}U/^{238}U$	$^{230}Th/^{234}U$	$^{231}Pa/^{235}U$	$^{231}Pa/^{230}Th$	^{230}Th 年龄（万年）	$^{231}Pa/^{230}Th$ 年龄（万年）	铀系年龄（万年）
81036	野猪牙	31.4	1.44±0.04	0.825±0.032	0.911±0.045	0.767±0.027	16.3±1.3	$19.4^{+2.3}_{-1.8}$	16.3±1.3
81037	犀牛牙	35.7±0.7	1.26±0.03	0.819±0.035	0.984±0.062	0.954±0.048	16.8±1.6	$16.1^{+3.7}_{-2.6}$	16.8±1.6
80062	肿骨鹿牙	37.8±1.0	1.59±0.05	0.847±0.035	0.948±0.057	0.704±0.032	16.8±1.4	$18.0^{+2.5}_{-2.0}$	16.8±1.4
81032	鬣狗牙	18.6±0.6	1.67±0.05	0.850±0.034	1.015±0.070	0.715±0.040	16.8±1.4	$15.0^{+3.8}_{-2.5}$	16.8±1.4
80063	斑鹿牙	27.9±0.6	1.29±0.03	0.750±0.026	0.792±0.080	0.819±0.049	13.9±0.9	$23.7^{+1.0}_{-0.5}$	24>T>14
80061	鬣狗粪	30.2±1.2	1.90±0.08	0.844±0.034	0.799±0.048	0.498±0.023	16.1±1.3	$28.0^{+8.0}_{-4.3}$	28>T>16
81025	犀牛牙	17.8±0.4	1.68±0.04	1.053±0.028	1.265±0.102	0.715±0.058	$29.7^{+3.4}_{-2.8}$	$14.6^{+4.4}_{-3.1}$	29>T>15
81038	鹿牙	13.5±0.4	1.55±0.05	1.015±0.036	1.27±0.13	0.807±0.082	$27.4^{+4.1}_{-3.0}$	$13.5^{+5.1}_{-3.4}$	27>T>15

表 10-2　巢县人化石地点骨化石样品的铀系年代测定结果

编号 BKY	材料	层位	铀量 (ppm)	$^{234}U/^{238}U$	$^{230}Th/^{234}U$	$^{231}Pa/^{235}U$	$^{231}Pa/^{230}Th$ (×0.04536)	^{230}Th 年龄 (万年)	$^{231}Pa/^{230}Th$ 年龄 (万年)	铀系年龄 (万年)
86003	猪牙	1	81.7±3.2	1.12±0.03	0.960±0.070	1.379±0.080	1.282±0.050	$29.2^{+5.0}_{-4.0}$	$10.1^{+1.3}_{-1.1}$	28>T>10
86004	猪牙	1	44.6±2.2	1.00±0.04	0.815±0.048	1.008±0.070	1.237±0.051	$18.5^{+3.5}_{-2.6}$	$16.8^{+3.2}_{-2.5}$	18.5±3.0
84008	牛牙	2	66.3±2.0	1.03±0.03	0.780±0.028	0.906±0.032	1.130±0.039	$16.1±1.4$	$19.5^{+3.4}_{-2.7}$	16.1±1.4
85005	貘牙	2	51.6±1.2	1.11±0.02	0.806±0.028	1.075±0.050	1.128±0.034	$17.0±1.4$	$16.9^{+2.0}_{-1.6}$	17.0±1.4
86006	大肢骨	2	63.6±2.6	0.96±0.04	0.822±0.040	0.949±0.080	1.206±0.068	$19.2^{+3.1}_{-2.4}$	$18.0^{+4.7}_{-2.7}$	19.2±3.0
86005	熊牙	2	103.0±2.3	1.08±0.02	0.883±0.032	1.152±0.052	1.208±0.035	$21.9^{+2.8}_{-2.2}$	$13.8^{+1.5}_{-0.8}$	22>T>14
84009	牛牙	2	67.0±1.3	1.05±0.02	0.835±0.027	0.872±0.051	0.994±0.048	$19.0^{+1.7}_{-1.5}$	31^{+18}_{-6}	31>T>19
85008	猪牙	2	99.7±1.9	1.25±0.02	1.002±0.029	1.100±0.046	0.878±0.029	$31.1^{+5.6}_{-3.8}$	$21.6^{+3.1}_{-2.9}$	31>T>22
85004	貘牙	2	97.7±1.8	1.14±0.02	0.873±0.027	0.902±0.072	0.906±0.067	$20.5^{+1.9}_{-1.7}$	$29.0^{+\infty}_{-9.0}$	29>T>21

二、讨论

(1) 李虎侯等(1983)曾测定了和县龙潭洞人头骨化石上下土壤中石英的热释光年龄,认为"和县人在该地点生存的年代距今不应该超过 20 万年"。这与铀系法所测四个封闭样品的年龄一致,但铀系法不排除存在有年龄在 20—27 万年之间的样品的可能性。

(2) 对和县人头骨化石的形态及其伴生的动物群的组成已作了不少研究。原发掘者黄万波等(1981、1982)认为属直立人,时代为中更新世。吴汝康等(1982)认为"该头骨是一种进步类型的直立人……它的系统位置似应与较晚的北京猿人相当"。吴茂霖(1983)根据1981年发现的人化石材料,也认为"大多数形态特征与北京猿人非常相似,但也有较北京猿人进步的特征。和县猿人无疑地属直立人。"郑绍华(1983)根据和县的小哺乳动物化石,并以周口店第一地点为标准对比,提出:"按共同种数量看,和县动物群最接近的应是第四层……然而考虑到第四层中居氏大河狸和剑齿虎已经不再出现……因此最有可能和第五层的时代相当。"徐钦琦等(1984)提出和县动物群"应代表一个寒冷期……它的地位大体上相当于周口店第一地点的3—4层"。上述诸研究都将和县与周口店第一地点作对比,均认为大致与后者的上部地层相当。周口店上部1—3层的年龄曾用^{230}Th 法测定为23—25.6万年(赵树森等,1980),后经用^{231}Pa法检验样品的封闭性,给出周口店1—3层铀系年龄为22—27万年(陈铁梅等,1984);第3层的氨基酸年龄为37万年(李任伟等,1979)。因此从两个地点的铀系年龄分析,和县含化石地层的时代比周口店第一地点上部要稍晚些。

(3) 许春华等(1984)把巢县的人化石枕骨归属于早期智人。张银远(1986)对八枚人牙的形态进行分析后,提出应"代表一类与早期组早期智人相当或十分相近的古人类"。许春华等(1984)考虑到巢县上部地层发现有中国鬣狗、肿骨鹿等化石,但未见到在和县和周口店5层以下地层存在的剑齿虎和居氏大河狸,提出巢县人化石地层的时代相当于北京猿人地点的1—4层或稍晚，比和县猿人的时代要晚。但从铀系年龄数据分析，巢县人与和县人地层基本上是同时代的堆积。铀系年龄与以人化石形态和动物群组成为依据的相对年代分析结论有所矛盾。当然从纯推理的角度分析，在巢县未发掘出剑齿虎和居氏大河狸，并不排除当时仍有这两种动物在巢县生活的可能。在欧洲拟剑齿虎属中的 *Homotherium latidens* 可以延续到晚更新世末期。故虽有拟剑齿虎的存在，也不能由此断定和县动物群的时代很老（徐钦琦等，1984）。但是从人进化的系统地位上，巢县人化石被列为早期智人，而和县人化石被定为进步类型的直立人，是在"种"水平上的差异。这与两地铀系年龄基本上的同时性是矛盾的。

顺便指出，在民主德国也有在相邻地点分别发现直立人和智人化石，而它们所在地层年代相近的情况。在 Bilzingsleben 的泉华层中发现了动物化石与直立人的部分头骨化石。泉华的铀系年代为 22.8 万年，而在其附近发现有尼人部分头骨的 Ehringsdorf 遗址的铀系年代也大致在这范围，这一情况从研究人类进化的角度引起了注意（Schwarcz，1982）。

矛盾的存在将促进研究工作的深入。从同位素年代学的角度，重要的仍是继续提高每种测年方法的可靠性和精确性。另一方面，对每个重要的古人类或旧石器地点应尽可能分层采样测年，即使地层上下部所含动物群的组成及文化性质没有明显差异，也建议分层采样；同时还应尽可能组织多种测年方法测量对比，这在目前各测年方法还不完善的情况下是重要的。近年来我国对著名的周口店第一地点曾组织了多学科多种测年方法的综合研究，取得了可信度更大的研究结果。这种努力应得到继续发扬。

（4）安徽这两个古人类地点的发现和年代测定，使我们可以初步给长江中下游目前已发现并测定了年代的人化石地点排一个年代序列。

长江中游湖北长阳下钟家湾龙洞堆积（贾兰坡，1957）的铀系年代为 19.5 万年左右（原思训等，1986），与本文报道的和县、巢县的年代相近。浙江建德乌龟洞含人犬齿的上部堆积的年代为 10.3 万年左右（原思训等，1986）。而江苏溧水神仙洞的 ^{14}C 年龄为距今 11200±1000 年（中国社会科学院考古研究所实验室，1979），接近全新世的开始。

如果考虑湖北郧县梅铺龙骨洞发现有早于北京猿人的四枚直立人牙齿(吴汝康,1980),那么可以推断,至少从中更新世中期开始,在我国长江中下游地区一直未中断人类的活动。

作者对黄万波、许春华同志的帮助表示感谢。

参考文献

中国社会科学院考古研究所实验室.放射性碳素测定年代报告(六)[J].考古,1979,(1):89-96.
许春华,张银运,陈才弟,等.安徽巢县发现的人类枕骨化石和哺乳动物化石[J].人类学学报,1984,3(3):202-209.
李任伟,林大兴.我国"北京人","兰田人"和"元谋人"产地骨化石中氨基酸的地球化学[J].地质科学,1979,(1):56-62.
吴汝康,董兴仁.湖北郧县猿人牙齿化石[J].古脊椎动物与古人类,1980,2:142-149.
吴汝康,董兴仁.安徽和县猿人化石的初步研究[J].人类学学报,1982,1(1):2-13.
吴茂霖.1981年发现的安徽和县猿人化石[J].人类学学报,1983,2(2):109-115.
吴新智,尤玉柱.大荔人遗址的初步观察[J].古脊椎动物与古人类,1979,17(4):294-303.
李虎侯,梅屹.和县人的上限年龄[J].科学通报,1983,28:703-703.
陈铁梅,原思训,高世君,等.许家窑遗址哺乳动物化石的铀系法年代测定[J].人类学学报,1982,1(1):91-95.
陈铁梅,原思训,高世君.铀系法测定骨化石年龄的可靠性研究及华北地区主要旧石器地点的铀系年代序列[J].人类学学报,1984,3(3):259-269.
郑绍华.和县猿人地点小哺乳动物群[J].古脊椎动物与古人类,1983,21(3):230-240.
赵树森,夏明,张承惠,等.应用铀系法研究北京猿人年龄[J].科学通报,1980,4:447.
张银运.中国早期智人牙齿化石[J].人类学学报,1986,5(2):103-113.
贾兰坡.长阳人化石及共生的哺乳动物群[J].古脊椎动物学报,1957,1(3):247-258.
徐钦琦,尤玉柱.和县动物群与深海沉积物的对比[J].人类学学报,1984,3(1):62-67.
原思训,陈铁梅,高世君.华南若干旧石器时代地点的铀系年代[J].人类学学报,1986,5(2):179-190.
黄万波,方笃生,叶永相.安徽和县龙潭洞发现的猿人头盖骨的观察[J].科学通报,1981,26:1508-1510.

黄万波,方笃生,叶永相.安徽和县猿人化石及有关问题的初步研究[J].古脊椎动物与古人类,1982,20(3):248-256.

Schwarcz H P. Applications of U-series dating to archaeometry [M]//Uranium series disequilibrium: and its applications to environmental problems. Oxford: Clarendon Press, 1982: 321.

(原载于《人类学学报》1987 年第 3 期。)

11

Uranium-series Dating of Jinniushan (Golden Ox) Site[*]

Jinniushan (Golden Ox) site   Jinniushan is a cave site in Yinkou County, Liaoning Province. The thickness of deposition is more than 10 m, divided into six layers, in which more than 40 animal species and 18 stone artifacts have been discovered. In 1984 a well-preserved human skull, as well as vertebrae, ribs, pelvic bones, ulnae, carpal bones, metacarpals, phalanges, tarsals and metatarsals of the same individual were excavated by the Archaeological Team of Peking University (Lv 1985). This type of fossil man is unique in north-east China. There is hot dispute among Chinese archaeologists and anthropologists, as to whether the fossil hominid should be classified as *Homo erectus* or *Homo sapiens* and dating of this site has attracted great interest.

The results of the uranium-series measurements are summarized in table 11 − 1 and of the 17 fossil samples measured, apart from BKY 84069 and BKY 85050, 15 are closed systems with uranium-series ages basically consistent with each other and also with the stratigraphy. BKY 84067 is a travertine sample, a flowstone between layers 5 and 6 and its uranium-series age of 269^{+91}_{-50} ka is in good agreement with those of the animal bones. Most of the human remains were found in square 1 layer 6 (Lv 1985). The average age of all the animal samples from layer 6 is 263±30 ka, but there are two outliers from

---

[*]   Author: Chen Tiemei and Yuan Sixun (*Dating Laboratory*, *Department of Archaeology*, *Beijing University*, Beijing, China).

Table 11-1 Uranium-series dating of Jinniushan site

Square and layer	Sample No. BKY	Sample description	Uranium content (ppm)	$^{234}U/^{238}U$	$^{230}Th/^{234}U$	^{230}Th age (ka)	$^{231}Pa/^{235}U$	$^{231}Pa/^{230}Th$ ($\times 10^{-2}$)	$^{231}Pa/^{230}Th$ age (ka)
3-4	85066	Bone	45.3±2.0	1.382±0.053	0.846±0.039	175^{+19}_{-17}	0.880±0.067	3.41±0.11	243^{+30}_{-26}
4	85067	Bone	45.1±1.3	1.371±0.034	0.941±0.039	229^{+32}_{-26}	0.947±0.048	3.33±0.14	269^{+70}_{-42}
3-5	84063	Bone	49.7±1.3	1.334±0.026	0.954±0.031	243^{+29}_{-24}	1.051±0.079	3.75±0.25	205^{+42}_{-30}
5	84064	Bone	46.9±1.1	1.372±0.029	0.955±0.028	240^{+25}_{-21}	1.001±0.064	3.46±0.20	238^{+60}_{-39}
3-5/6	84067	Flowstone	0.200±0.008	1.082±0.053	0.937±0.053	269^{+91}_{-50}	$^{230}Th/^{232}Th=30$		
3-6	84071	Rhinoceros tooth	48.7±1.2	1.345±0.031	0.973±0.031	258^{+32}_{-26}	0.989±0.056	3.43±0.16	265^{+62}_{-41}
6	84070	Rhinoceros tooth	59.8±1.4	1.345±0.028	1.015±0.033	304^{+54}_{-36}	1.050±0.048	3.49±0.14	253^{+50}_{-37}
6	84065	Deer tooth	35.8±1.0	1.397±0.037	0.958±0.036	240^{+31}_{-25}	0.978±0.068	3.32±0.20	251^{+74}_{-49}
6	84068	Rhinoceros tooth	47.3±0.9	1.336±0.020	1.020±0.033	314^{+61}_{-41}	1.017±0.055	338±0.25	288^{+70}_{-53}
6	84069	Rhinoceros tooth	42.1±0.8	1.370±0.020	1.234±0.031	No age	1.409±0.080		

(续表)

Square and layer	Sample No. BKY	Sample description	Uranium content (ppm)	$^{234}U/^{238}U$	$^{230}Th/^{234}U$	^{230}Th age (ka)	$^{231}Pa/^{235}U$	$^{231}Pa/^{230}Th$ ($\times 10^{-2}$)	$^{231}Pa/^{230}Th$ age (ka)
6	84076	Deer tooth	43.8±1.1	1.441±0.032	1.001±0.034	273^{+39}_{-30}	1.059±0.079	3.33±0.22	221^{+61}_{-38}
6	84085	Bone	46.2±1.5	1.251±0.037	0.957±0.034	256^{+38}_{-29}	1.003±0.050	3.80±0.14	250^{+40}_{-29}
2-6	84082	Bone	70.5±2.5 68.6±1.8	1.314±0.030 1.300±0.025	0.815±0.036 0.816±0.027	164^{+16}_{-15} 164^{+13}_{-12}	1.002±0.036	4.29±0.12	143^{+11}_{-10}
6	84083	Bone	50.5±1.3 44.9±1.2	1.252±0.028 1.311±0.031	0.945±0.031 0.916±0.029	246^{+43}_{-32} 218^{+21}_{-18}	0.999±0.050	3.83±0.16	240^{+46}_{-38}
6	84084	Bone	57.9±1.9 60.3±1.8	1.384±0.033 1.305±0.030	0.991±0.037 0.957±0.032	276^{+43}_{-34} 233^{+28}_{-23}	1.074±0.060	3.98±0.17	183^{+27}_{-23}
1-6	85047	Bone 0.5 m above human fossil	63.5±0.9	1.533±0.018	0.938±0.021	216^{+14}_{-13}	1.059±0.060	3.34±0.17	179^{+23}_{-15}
6	85050	Bone 0.5 m above human fossil	89.2±1.4	1.538±0.017	1.017±0.030	278^{+33}_{-26}	1.183±0.055	3.43±0.13	164^{+15}_{-12}
6	85051	Bone beneath human fossil	18.1±0.5	1.652±0.042	1.038±0.031	286^{+36}_{-28}	0.981±0.047	260±0.11	307^{+60}_{-40}

square 2 and one sample of younger age. They are BKY 84082 (164 ka) and BKY 85047 (216 ka).

It can be seen from table 11 – 1 that samples from the same square show similar $^{234}U/^{238}U$ activity ratios, while the $^{234}U/^{238}U$ ratio of the carbonate deposit is apparently lower than that of the fossils nearby. Such a situation has also been observed in other cave deposits and might possibly be explained by preferential incorporation of $^{234}U^{6+}$ from soilwater into the bone in the reducing environment caused by degradation of organic materials in bones or teeth.

参考文献

Lv Zun-e, The discovery of "Jinniushan Man" and its significance, Bull[J]. Peking University 2, 109 – 113, 1985 (in Chinese).

[节录自 Uranium-series dating of bones and teeth from Chinese palatolithicsites, *Archaeometry* 30(1): 64 – 65, 1988.]

12
ESR 法测定碳酸盐沉积物年代的研究[*]

用电子自旋共振(Electron spin resonance,简称 ESR)技术测定地质和考古样品年代,是近十几年发展起来的一项新的年代学方法。由于它具有年代覆盖范围宽、样品广泛、测量用样量少、可重复测量等优点而受到广泛重视。

通常认为用 U 系法测定碳酸盐沉积物样品的年代是可靠的。我们用 ESR 法和 U 系法[1]对照测定了两段石笋和一块钙华板的九个样品的年代,以检验 ESR 法的可靠性,并探讨了辐照剂量与碳酸盐沉积物样品 ESR 信号的响应规律。

文中所测石笋及钙华板均采自北京市房山县石花洞。外层样刮去 2 mm 的表层,其他样品则是分层剥取的。年代计算依据

$$t = AD/D \tag{1}$$

AD 为样品的考古剂量,D 为样品的年剂量。

一、样品年剂量 D 的测量与确定

样品的年剂量包括环境年剂量 D_e 和内年剂量 D_i。外部的或环境的剂量来自样品以外的 α、β、γ 及宇宙射线辐照。因石花洞为深层洞穴,宇宙射线强度很小,外层样品又刮除了 2 mm 左右的表层,故在考虑 D_e 时,主要是 γ 射线的贡献。我们在采样点附近放置了两组八片 $CaSO_4(Tm)$ 热释光剂量片,192 天后取回,用热释光剂量仪测出 D_e 为 8.78×10^{-4} Gy。这一值仅为样品表层的年剂量。考虑到样品对 γ

---

[*] 作者:邢如连[1]、原思训[2]、呼俊改[1]、高世君[2]([1]中国科学院生物物理研究所;[2]北京大学考古系)。感谢储绍文、陆敦柱、林桂京、王维达、夏君定、田德祥、李星洪、王凤珍、陈铁梅、胡艳秋等的帮助。

射线的吸收,当涉及石笋中不同取样部位的年剂量时还要作相应的吸收校正[ii]。

样品的内辐照剂量是由样品中包含的铀(U)、钍(Th)、钾(K)等放射性核素及它们的放射性子体所提供的。经分析,本文所用的样品含钾极微,故予忽略。天然铀、钍含有 ^{238}U、^{235}U 和 ^{232}Th 三个放射性衰变系。每个衰变系又都由一连串的放射性核素所构成。若各衰变系都已达到永久平衡,则在测出 U、Th 含量后就可以方便地算出它们所提供的 D_i。然而,众所周知,当石笋和钙华类碳酸盐样品由水中沉积时,虽然含有少量 U,却几乎不含 Th。生成之后 U 子体不断累积并逐渐达到衰变系的平衡状态。在这一期间,随着子体核素的累积,D_i 不断增加。鉴于这一状况,我们用 Wintle 介绍的公式[iii],用计算机迭代算出内年剂量。碳酸盐沉积物样品的 α 辐射相对于 β 辐射的效率 K,一般在 0.1—0.5 范围内变化[iv],我们在计算时取 0.3。

二、ESR 信号强度 I 的测量

ESR 法是通过测量样品的 ESR 强度,来获得考古剂量 AD。我们将原始样品及经过 ^{60}Co 源辐照后得到人工辐照剂量 Q 的样品用 Varian E-109 谱仪测其 ESR 谱。图 12-1 是一幅典型的碳酸盐样品的 ESR 谱(石笋-I-2)。其中(1)是天然样品的谱,它有 $B(g=2.0060)$、$D(g=2.0014)$ 和 $E(g=1.9972)$ 三个峰。(2)是辐照 20 Gy 后的谱,出现了 $A(g=2.0119)$ 和 $C(g=2.0025)$ 两个新峰。(3)是辐照 40 Gy 后的谱,此时 C、D 两峰都有明显增长。根据停止辐照后对样品一年多的跟踪测试及参考有关文献[v],我们选用谱中在未加人工辐照的自然状况下已经存在的,且随 Q 增长明显,并比较稳定的 D 峰强度来确定考古剂量。在测量 I 时,每次连续记录四个 ESR 谱,然后取 D 峰高度的平均值。

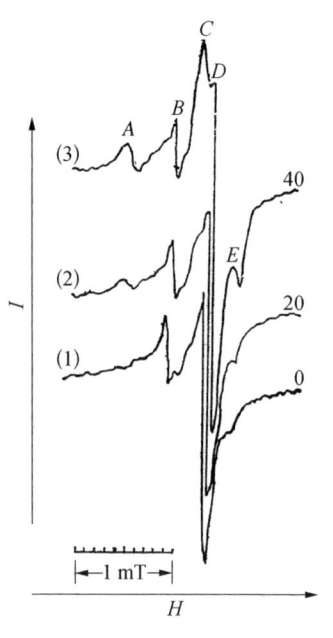

图 12-1　在不同辐射下石笋-I-2 的 ESR 谱

(微波功率 1 mW,调制频率 100 kHz,调制幅度 1×10^{-4} T,时间常数 0.128 s,扫描时间 4 分钟)

三、石笋-I 和钙华板的 ESR 年代测定

ESR 测年一般是按直线方程

$$I = \alpha(AD + Q) \tag{2}$$

确定 AD,式中 α 为一与样品有关的系数。表 12-1 列出按式(2)得到石笋-I 和钙华板样品的 AD 后所计算出的 ESR 年代和按文献[i]所得到的 U 系年代。对比表 12-1 中两种年代学方法结果,可以看出两者是符合的。

四、石笋-II 的 ESR 年代测定与问题

对于石笋-II,仍依据方程(2)式确定 AD,计算出 ESR 年代,并和 U 系年代对比,结果列于表 12-2。

将表 12-2 中的 ESR 年代与其层位对照可见,ESR 年代序列与样品所在的层位顺序基本一致。但是,ESR 年代普遍较 U 系法偏大,并且相差悬殊,从而出现了 ESR 法年代的可靠性问题。一些实验结果表明,其原因在于辐照剂量和 ESR 信号强度之间并非总是直线关系。当辐照剂量大到一定程度时,I 增长缓慢,并逐渐趋于某个恒定值 I_{max}。Ikeya[vi] 等人认为,Q 和 I 之间应遵从如下的指数方程:

$$I = I_{max}[1 - e^{-\alpha/I_{max}(AD+Q)}] \tag{3}$$

对上式求对数后有

$$-\ln\left(1 - \frac{I}{I_{max}}\right) = \frac{\alpha}{I_{max}}(AD + Q) \tag{4}$$

令 $I_1 = -\ln(1 - I/I_{max})$;$\alpha_1 = \alpha/I_{max}$,则(4)式可变为

$$I_1 = \alpha_1(AD + Q) \tag{5}$$

表 12-1 直线律确定的石笋-I、钙华的 ESR 年代与 U 系法年代对比

样品编号		取样部位	拟合方程	相关系数	AD (Gy)	年剂量(10^{-3} Gy)			ESR 年代 (10^4 a)	U 含量 (ppm)	$^{234}U/^{238}U$	$^{230}Th/^{234}U$	U 系年代 (10^4 a)
						D_e	D_i	D					
I-1	1-a	上部外层距表层 3.5 mm	$I=88.2+7.88Q$	0.999	11.8±0.6	0.808	0.036	0.844	1.40	0.11	1.97	0.146	$1.69^{+0.15}_{-0.14}$
	1-b		$I=97.8+7.89Q$	0.999									
I-2	2-a	底部中心距表层 80 mm	$I=134.7+1.02Q$	0.995	132.7±0.6	0.281	0.284	0.565	23.5	0.32	1.37	0.954	$24.1^{+5.2}_{-3.7}$
	2-b		$I=130.9+0.982Q$	0.998									
I-3	3-a	顶部中心距表层 80 mm	$I=132.6+1.57Q$	0.996	88±4	0.281	0.398	0.679	13.0	0.50	1.48	0.843	$17.0^{+1.4}_{-1.2}$
	3-b		$I=153.9+1.69Q$	0.996									
钙华	a	表层下 10 mm	$I=104.1+0.684Q$	0.998	154±2	0.711	0.150	0.861	17.9	0.17	1.60	0.882	$18.3^{+2.3}_{-1.9}$
	b		$I=91.0+0.586Q$	0.998									

表 12-2 直线律确定的石笋-II ESR 年代与 U 系法年代对比

样品编号		取样部位	拟合方程	相关系数	AD (Gy)	年剂量(10^{-3} Gy) D_e	D_i	D	ESR 年代 (10^4 a)	U 含量 (ppm)	^{234}U/^{238}U	^{230}Th/^{234}U	U 系年代 (10^4 a)
II-1	1-a	顶端外层距表层 3.5 mm	$I=128.4+0.264Q$	0.996	556±70	0.808	0.153	0.961	57.9	0.133	1.23	0.930	$23.5^{+4.5}_{-3.5}$
	1-b		$I=173.4+0.277Q$	0.983									
II-4	4-a	距表层 35 mm	$I=102.5+0.175Q$	0.993	573±14	0.483	0.118	0.601	95.4	0.080	1.18	0.927	$24.0^{+4.5}_{-3.3}$
	4-b		$I=98.5+0.176Q$	0.991									
II-8	8-a	距表层 45 mm	$I=98.7+0.191Q$	0.969	517±2	0.421	0.071	0.492	105	0.049	1.14	1.005	$36.3^{+\infty}_{-9.5}$
	8-b		$I=101.6+0.196Q$	0.983									
II-12	12-a	距表层 62 mm	$I=109.5+0.153Q$	0.993	693±21	0.342	0.105	0.447	155	0.109	1.01	1.512	无年代
	12-b		$I=104.9+0.156Q$	0.993									
II-13		距表层 60 mm	$I=150.8+0.184Q$	0.993	821	0.360	0.250	0.610	135	0.107	1.18	1.06	>35

在 I_{max} 已知的情况下，将 I_1 对 Q 的实验数据按(5)式拟合成直线，外推到 $I_1 = 0$ 处，便可以得到用指数方程(3)式确定的考古剂量 AD。

为了得到 I_{max}，用 ^{60}Co 源继续辐照石笋-Ⅱ的各层样品，直到获得 I_{max}。表 12-3 列出了样品的 $I_0(Q=0)$、I_{max}、Q，由(5)式得到的拟合方程、AD、ESR 年代与 U 系年代。

表 12-3 指出，用由指数律得到的 AD 值求得的石笋-Ⅱ ESR 年代和 U 系年代很符合。从而表明，对石笋-Ⅱ只有用指数律求考古剂量才能获得可信的年代值。但是仔细考查 Ⅱ-8、Ⅱ-12、Ⅱ-13 三个 ESR 年代和其层位后发现，虽然它们的年代与样品层位顺序相符，但后两者的年代相差很小，似乎同它们的层距不相称。其原因之一可能是 Ⅱ-12 的 ^{230}Th/^{234}U(1.512)严重偏大，说明该样品中的 U 发生过析出，致使分析得到的 U 含量低于样品的初始值。这一状况必然导致计算出的 D_i 偏小，使 Ⅱ-12 的 ESR 年代偏大。

五、关于指数律与直线律的讨论

用指数律求石笋-Ⅱ的 ESR 年代得到可信的结果之后，我们将石笋-Ⅰ和钙华板样品也按指数律法求年代并和 U 系法对比，结果表明两种年代学方法的年代相近。事实上从指数律的概念出发，当 $I/I_{max} \ll 1$ 时，对(4)式左方级数展开，略去二次项后便可得到直线律表达式(2)，此即石笋-Ⅰ及钙华板样品用(2)式得到可信年代的原因。

图 12-2a、b 分别给出石笋-Ⅰ-2-a、钙华-a 及石笋-Ⅱ-4-b 的 ESR 信号强度随辐照剂量增长的整个过程。图 12-2a 表明在 I 随 Q 增长的过程中，只在最初阶段，两者才成直线或近似于直线的关系。比较图 12-2a、b 可看出，石笋-Ⅰ 及钙华的 I_0/I_{max} 较小，其 I_0 处在 I 随辐照剂量增长的线性段，对这类样品可按直线律求 AD。但是，若起始人工辐照剂量及其间隔取得过大，如在图 12-2a 的 800—1400 Gy 范围内测量，其相应 I_0/I_{max} 也变大，就不能简单地用直线律，如图 12-2a 中直线(1)。故在实验中应尽量取 I_0/I_{max} 小的数据点。石笋-Ⅱ 的 I_0/I_{max} 较大，其 I_0 已不在线性区域。若仍用直线律定 AD，就会带来严重偏差，如图 12-2b 中直线(1)。

表 12-3 指数律得出的石笋-II ESR 年代与 U 系年代对比

样品编号		I_0 (mm)	I_{max} (mm)	拟合方程	相关系数	AD(Gy)	年剂量(10^{-3} Gy)			ESR 年代 (10^4 a)	U 系年代 (10^4 a)
							D_e	D_i	D		
II-1	1-a	124.7	290.0	$10I_i=5.48+0.0242Q$	0.992	223±3	0.808	0.103	0.911	24.5	$23.5^{+4.5}_{-3.5}$
	1-b	163.0	308.0	$10I_i=7.69+0.0348Q$	0.991						
II-4	4-a	100.0	172.0	$10I_i=7.69+0.0544Q$	0.991	145±3	0.483	0.061	0.544	26.7	$24.0^{+4.5}_{-3.3}$
	4-b	96.0	170.0	$10I_i=7.51+0.0509Q$	0.995						
II-8	8-a	91.0	175.0	$10I_i=7.38+0.0530Q$	0.996	145±2	0.421	0.038	0.459	31.6	$36.3^{+\infty}_{-9.5}$
	8-b	96.0	180.0	$10I_i=7.31+0.0508Q$	0.998						
II-12	12-a	106.0	176.0	$10I_i=8.76+0.0444Q$	0.992	199±3	0.342	0.080	0.422	47.2	无年代
	12-b	101.5	175.0	$10I_i=8.28+0.0410Q$	0.995						
II-13		147.0	235.0	$10I_i=9.50+0.0393Q$	0.995	242	0.360	0.108	0.468	51.8	>35

a. 石笋-I-2-a、钙华-a

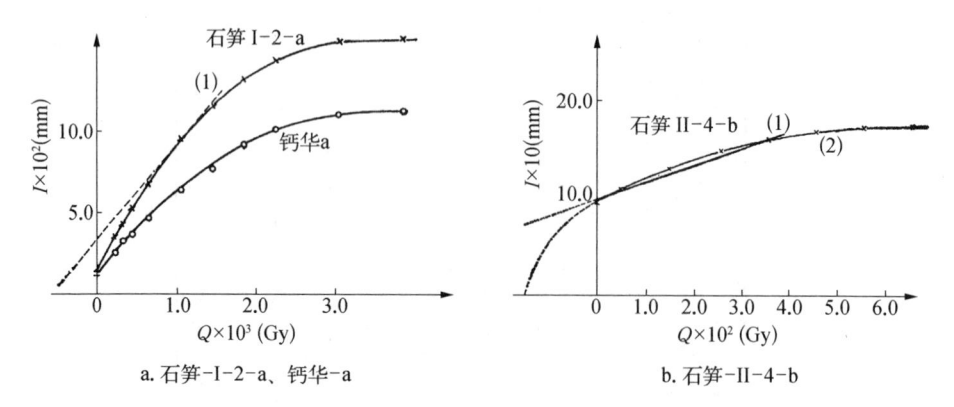

b. 石笋-II-4-b

图 12-2 碳酸盐沉积物石笋及钙华的 ESR 信号强度随辐照剂量的增长过程

参考文献

[i] 原思训,陈铁梅,高世君.华南若干旧石器时代地点的铀系年代[J].人类学学报,1986, 5(2):179-190.

[ii] Debenham N C, Aitken M J. Thermoluminescence dating of stalagmitic calcite[J]. Archaeometry, 1984, 26(2):155-170.

[iii] Wintle A G. A thermoluminescence dating study of some Quaternary calcite: potential and problems[J]. Canadian Journal of Earth Sciences, 1978, 15(12):1977-1986.

[iv] Hennig G J, Herr W, Weber E, et al. ESR-dating of the fossil hominid cranium from Petralona Cave, Greece[J]. 1981, 292:533-536.

[v] Hennig G J, Grün R. ESR dating in Quaternary geology[J]. Quaternary Science Reviews, 1983, 2(2):157-238.

[vi] Ikeya M. Dating methods and limitation by electron spin resonance (ESR)[C]// Absolute dating and isotope analysis in prehistory methods and limits proceeding, DeLumley H, Labeyrie J., 1981:437-455.

(原载于《科学通报》1989 年第 12 期。)

13
阳春独石仔和柳州白莲洞遗址的年代测定*
——试探华南地区旧石器文化向新石器文化过渡的时间

旧石器文化向新石器文化的过渡是人类进化与文化发展史上一个重要的时期，追溯与其相关联的年代问题，无疑是颇有意义的课题。为此，我们试图通过广东省阳春县独石仔洞穴遗址和广西壮族自治区柳州市白莲洞洞穴遗址的年代测定数据，探讨华南地区旧石器文化向新石器文化过渡的时间问题。

白莲洞遗址的样品是1982年11月我们在柳州市博物馆协助下采集的；独石仔遗址的样品是1983年1月由广东省博物馆宋方义、李浪林与阳春县文化馆的同志一起采集的。对他们的热情支持谨致衷心的谢意。

一、年代测定

本文绝大多数样品的年代数据是用 ^{14}C 法测定的，少数样品的年代测定使用了不平衡铀系法。两种方法所标误差只是放射性测量的统计偏差，取一个标准偏差。

1. 阳春独石仔遗址的年代测定

阳春独石仔洞穴遗址位于广东省阳春县城北30公里处的独石仔山。1960—1978年，考古工作者先后进行了三次发掘[i]。该遗址堆积厚约4米，自上而下分五层。1983年1月进行了第四次发掘[ii]。在遗址的东南洞口距原T5探方1米处新

---

* 作者：原思训、陈铁梅、高世君、马力。

开了 3×2 米的 T6 探方。T6 的上文化层已遭破坏,只得在 T5 探方上文化层壁上采集了一些螺壳和少量兽骨作样品。但因兽骨量太少,无法得到年代结果。为了便于考察该遗址文化发展与年代的联系,现根据已发表的发掘资料,将地层、文化遗物和 ^{14}C 法测定的年代结果综述如下(表 13-1):

表 13-1 阳春独石仔遗址年代测定结果

层 位	文化遗物	年代测定			
		实验室编号(原编号)		样品物质	^{14}C 年代
第 1 层 表土被扰乱的现代堆积	零星文化遗物				
第 2 层 上文化层,灰褐色砂土	打制石器,磨制切割器(7 件),磨制穿孔器(5 件),骨器、蚌器、烧石、烧骨、灰烬、大量螺蚌壳及现生哺乳动物化石	BK83009(临 5)		螺壳	13220±130
第 3 层 中文化层,灰黑色砂粘土	打制石器,磨制穿孔器(一件)*,骨器、烧骨、灰烬、螺蚌壳自上而下递减,动物化石除犀外均为现生种	上层	BK83010(临 6)	螺壳	17700±200
			BK83016(临 12)	烧骨	14260±130
		下层	BK83011(临 7)	螺壳	17170±180
			BK83017(临 13)	烧骨	15350±250
第 4 层 下文化层,灰黑色砂粘土	人牙一枚,打制石器,穿孔石器四件,其中两件磨制穿孔(一件两面凿打,但只有一面可见加磨痕迹;另一件单面凿打,加磨穿孔),骨器、角器、烧骨、灰烬,仅上部见少量螺壳,动物除貘和犀外均为现生种	BK83018(临 14)		烧骨	16680±570
第 5 层 生土,河湖相沉积的黄褐色砂粘土					

* 1983 年 1 月第四次发掘出土。

表 13-1 中的样品物质分为两类。一类是烧过的兽骨,这些烧骨几乎都已炭

化,由此测得的年代应该是可靠的。另一类是螺壳。石灰岩地区螺壳的年代一般都偏老,其程度与这些动物生活的水体中的"死碳"含量有密切的联系[iii]。独石仔遗址的螺壳年代也比同层烧骨样品的年代偏老。其中,中文化层的螺壳年代与烧骨年代相比,平均偏老 2600 年,此状况可能反映了这一地区的实际。但中文化层延续 1100 年左右,如果螺壳和烧骨样品堆积的时间不严格一致,也会导致这一差值的波动。

由于上文化层没有采到足够的兽骨和木炭样品,给年代测定带来了一定困难。1981 年,中国社会科学院考古研究所 ^{14}C 实验室曾测得独石仔遗址 T3 上文化层的螺壳年代为 14900±300 年(Zk-714-1)[iv]。为了较正确地反映这一层位的年代,我们考虑以表 13-1 中的 BK83009 和 Zk-714-1 的平均值减去 2600 年所得数值作为上文化层的年代,其年代为 11500 年左右。

综合以上数据,独石仔遗址的上、中、下三个文化层的年代分别为距今:

上文化层　　　　　11500 年左右

中文化层上部　　　14260±130 年

中文化层下部　　　15350±250 年

下文化层　　　　　16680±570 年

2. 白莲洞遗址年代测定

白莲洞洞穴遗址位于广西壮族自治区柳州市西南部的白面山。1956 年发现以来,考古工作者曾多次进行清理和发掘[v]。该遗址文化堆积分东、西两部分,为了便于考察其文化发展与年代的联系,根据已发表的资料,将地层、文化遗物和我们的 ^{14}C 及铀系年代结果综述于表 13-2 中。

表 13-2 中的 ^{14}C 数据所用样品物质均为钙华(石灰华),这类物质年代测定的可靠性较为复杂,但如果不是在密闭或纵深的洞窟中,样品纯净,形成时水中溶解的碳酸盐和大气 CO_2 进行过充分交换,其测量结果还是可靠的。桂林甑皮岩遗址文化层上覆钙华板的情况即如此[vi],甑皮岩遗址文化层堆积紧邻洞口,取样点钙华板层厚 53 厘米,钙华板厚度与测得的 ^{14}C 年代如下:

表 13-2 白莲洞遗址年代测定结果

层位		文化遗物	年代测定			
			实验室编号	样品物质	^{14}C 年代	铀系年代
东部堆积物	第1层,钙板	粗绳纹夹砂粗陶片,有零星螺壳	BK82092	钙板	7080±125	
	第2层,钙板	螺壳、动物骨骼				
	第3层,灰黄色亚粘土	打制石器,少量燧石石片制品,磨光石锛一件,穿孔石制品两件,动物化石,烧骨、炭粒、大量螺壳	BKY82239	骨化石		8000±800
	第4层,黄褐色亚粘土	打制石器,少量燧石石片制品,磨光石器一件,磨制骨、角器,动物化石,炭粒,少量螺壳				
	第5层,钙板	偶见螺壳				
	第6层,棕褐色含砂岩屑亚粘土	打制石器,穿孔砾石一件,炭粒,顶部富集螺壳				
	第7层,钙板		BK82096	钙板	11670±150	
	第8层,红褐色亚粘土,含大量角砾	黑色燧石石片,动物化石				
西部堆积物	第1层,浅灰黄色亚粘土	骨化石、烧骨、螺壳				
	第2层,钙板	磨制小砾石切割器(仅刃部加磨)一件,骨化石,少量螺壳	BK82097	钙板	19910±180	
	第3层,黄褐色亚粘土	打制石器,其中黑色燧石质增多,相当部分带细石器风貌,箭镞一件,穿孔砾石一件,动物化石,炭粒,较多螺壳				
	第4层,钙板	有炭屑	BK82098	钙板	26680±625	

(续表)

层　位		文化遗物	年代测定			
			实验室编号	样品物质	^{14}C 年代	铀系年代
西部堆积物	第5层,黄褐色亚粘土	打制石器,燧石质石器占相当部分,砾石工具和小石器均带明显的旧石器时代风貌,动物化石,螺壳极少				
	第6层,钙板	骨化石	BKY82141	骨化石		28000±2000
	第7层,暗黄褐色亚粘土	打制石器,人牙化石两枚,动物化石,其中包括犀、剑齿象、大熊猫、真象等,无螺壳				
	第8层,钙板					
	第9层,黄褐色亚粘土					
	第10层,钙板	偶见动物化石	BK82101	钙板(表层)	37000±2000	

实验室编号	样品离钙华板顶距离(厘米)	年代
BK78302	7—14	3370±90
BK78305	28—33	3930±80
BK78306	33—41	5460±90
BK78308	46—50	6600±150

图 13-1 为根据以上数据所作的样品年代与钙华板层厚度的关系图。将图中曲线右端外推至 53 厘米处(钙华板层底面),即为开始形成钙华板的时间,其年代为 7200 年左右,它与下伏文化层上层的年代相当[vii]。我们还用 ^{14}C 法测定过南方一处岩厦型遗址中包裹有炭粒的钙华板,炭粒和钙华板的年代分别为 9280±120 年(BK84118)和 9175±320 年(BK84117),两者一致;说明这两处钙华板的 ^{14}C 年代是可信的。白莲洞文化层堆积紧邻洞口,空气流通,情况与前者类似,故我们估计其

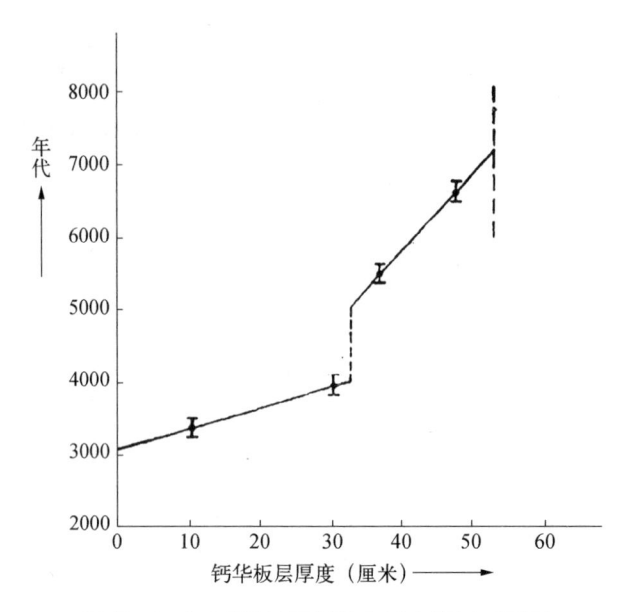

图 13-1　甑皮岩遗址钙华板层厚度与 ^{14}C 年代关系

钙华板物质的 ^{14}C 年代也是可靠的。

白莲洞东部堆积第 3 层 BKY82239 样品和西部堆积第 6 层 BKY82141 样品是用铀系法测定的,两个样品均为骨化石,实验和数据分析方法我们已在它文阐述[viii],现仅将测定结果列表如下(表 13-3):

表 13-3　白莲洞遗址骨化石铀系年代

样品编号	层 位	铀含量(ppm)	^{234}U/^{238}U	^{230}Th/^{234}U	^{230}Th 年代	^{231}Pa/^{235}U	^{231}Pa 年代
BKY82239	东部第 3 层	7.1±0.5	1.44±0.10	0.070±0.007	8000±800	0.169±0.044	8700±2400
BKY82141	西部第 6 层	47.4±1.5	1.07±0.03	0.231±0.007	28000±2000	0.415±0.043	25000±4000

表 13-3 中两个样品的 ^{230}Th 年代和 ^{231}Pa 年代在测量误差范围内是一致的,样品封闭,它们的年代可靠。一般情况下,由于样品铀含量少,^{231}Pa 法的年代误差较大,故多用 ^{230}Th 法的年代,表 13-2 中所列的两个骨化石年代,即为它们的 ^{230}Th 年

代。将表 13-2 中 BKY82239 和 BKY82141 两个铀系法年代数据与其所在层位的上、下层 ^{14}C 年代数据比较，可以看到两种年代学方法所得数据是协调的,从而也验证了用两种年代学方法所得到的白莲洞遗址年代都是可靠的。

二、华南地区旧石器文化向新石器文化过渡的时间

目前,考古学界对于新石器文化开始的标志看法不完全一致。我们认为,旧石器文化向新石器文化过渡时间,必定在现已公认的旧石器文化之后和新石器文化之前。为了更好地探讨这一过渡时间,除了上面两个遗址的年代数据之外,我们再将已发表的南方广西桂林宝积岩[ix]、四川铜梁遗址[x]的旧石器文化年代与广西桂林甑皮岩遗址[xi]、江西万年仙人洞遗址[xii]的新石器文化年代综合汇列为表 13-4：

表 13-4　南方部分旧石器时代和新石器时代遗址年代数据表

文化性质	遗　址	实验室编号*	样品物质	层　位	年　代
旧石器文化	宝积岩	BK79410	钙华	距剖面顶 4—6 厘米	24760±900
		BK79413	钙华	距剖面顶 17—20 厘米	27940±1000
		BK79421	钙华	距剖面顶 67—72 厘米	35600±1500
	铜梁	BK76050	乌木	文化层顶部	21550±310
		PV-128	胡桃壳	文化层下部	25450±850
新石器文化	甑皮岩	ZK-910	木炭	文化层上部	7680±150
		ZK-280-0	兽骨	文化层上部	7580±410
		ZK-911	木炭	文化层下部	9000±150
		BK79314	兽骨	文化层下部	9100±250
	仙人洞	ZK-90-0	兽骨	第一期文化	8825±240

* BK—北京大学考古系 ^{14}C 实验室　ZK—中国社会科学院考古研究所 ^{14}C 实验室　PV—中国科学院古脊椎动物与古人类研究所 ^{14}C 实验室

这四个遗址在有关文章中都有详细论述。这里仅就宝积岩样品做一点说明。样品系我们自采,采样点在岩洞南壁靠近第二地点处。发掘者说第二地点的"灰黄色胶结为数层钙板分隔,化石及石器出于此层"[xiii]。南壁残余的堆积物和第二地点一致,在 1 米多厚的采样剖面上有多层钙华板。宝积岩的堆积物部位紧邻洞口,且岩洞不大,因此由这些钙华板所测得的^{14}C 年代应属可靠。

根据以上所列各遗址的年代数据描绘的过渡时间示意图(图 13-2),或许显示了华南地区旧石器文化向新石器文化过渡的历史进程。

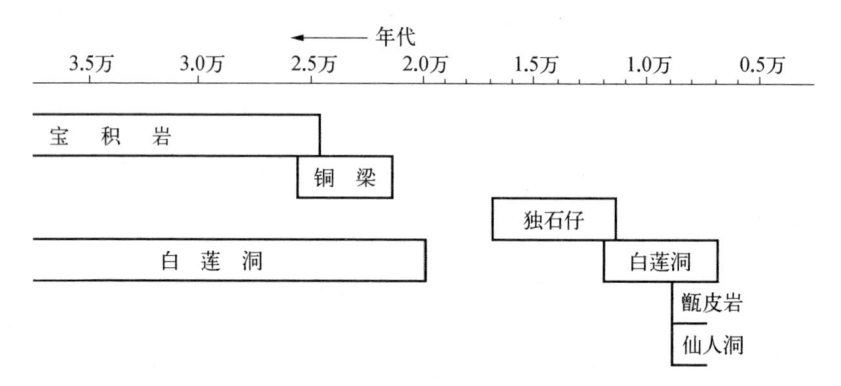

图 13-2　华南地区旧石器文化向新石器文化过渡时间示意图

联系有关资料,观察这一时间区间中气候的变化、遗址的动物群演化和人类历史发展的情况是很有意义的。

这个阶段,正是从玉木冰期温暖的间冰阶经过玉木冰期的极盛期而转变到全新世阶段。世界各地的玉木冰期极盛期的年代,多在 18000 年前后。然后气温逐渐回升,到距今 1 万年左右,气候迅速转暖[xiv],国内根据^{14}C 数据分析得到的最低海平面时间也和上述玉木冰期极盛期的时间相当[xv]。

这个时期正是从"含真人化石的大熊猫—剑齿象动物群"[xvi]演化到"全新世动物群"的时期[xvii]。

这一时期也正是从旧石器晚期文化过渡到新石器文化的时期。我们从宝积岩、铜梁、白莲洞西部文化层→独石仔(可能尚包括白莲洞东部下文化层)→甑皮岩、仙人洞、白莲洞东部第一文化层发展的进程中,依稀可以看到华南地区旧石器文化向新石器文化过渡的脚印。在距今2万多年前,还处在旧石器时代的华南地区古人类,到距今9000多年前,跃进到了使用磨光石器、陶器、饲养家畜,可能还具有原始农业的新石器时代。可能由于人为的破坏,白莲洞遗址在距今20000年到11500年左右中间有一段空缺,文化发展的脉络不很清楚。独石仔遗址的年代正处在这一时期之中。从下文化层经中文化层到上文化层,从动物群的演化、打制石器技术的进步以及磨制石器的出现与发展等方面都反映了人类历史发展的这一进程。

上面我们根据已发表一些发掘资料和年代数据,对华南地区旧石器文化向新石器文化的过渡时间进行了试探性分析。随着发掘资料的增多和年代数据的积累,我们相信历史发展的脉络将变得更加清晰。

参考文献

[i] 邱立诚,宋方义,王令红.广东阳春独石仔洞穴文化遗址发掘简讯[J].古脊椎动物学报,1980,(3):260.

邱立诚,宋方义,王令红.广东阳春独石仔新石器时代洞穴遗址发掘[J].考古,1982,(5):456-459.

邱立诚,宋方义,王令红.作者来信[J].考古,1983,(7):669.

[ii] 宋方义,李浪林.阳春独石仔洞穴遗址第四次发掘简报(未刊稿).

[iii][vii] 北京大学历史系考古专业^{14}C实验室,中国社会科学院考古研究所^{14}C实验室.石灰岩地区碳-14样品年代的可靠性与甑皮岩等遗址的年代问题[J].考古学报,1982,(2):243-250.

[iv] 中国社会科学院考古研究所^{14}C实验室.放射性碳素测定年代报告(八)[J].考古,1981,(4):363-369.

[v] 贾兰坡,邱中郎.广西洞穴中打击石器的时代[J].古脊椎动物学报,1960,(1):64-68.

柳州市博物馆.柳州市白莲洞旧石器时代晚期文化遗址中的脊椎动物遗骸[J].古脊椎动物与古人类,1975,(2):137.

杨群.白莲洞又出土了一批打制化石[J].文物通讯(柳州市博物馆),1979,(6).

易光远.白莲洞发现古人类化石[J].文物通讯(柳州市博物馆),1980,(7).

周国兴.白莲洞遗址的发现及其意义[J].史前研究,1984,(2):109-110.

[vi] 原思训,陈铁梅,王良训,等.^{14}C测定报告——地质部分[J].地震地质,1980,(3).

[viii] 陈铁梅,原思训,高世君,等.许家窑遗址哺乳动物化石的铀系法年代测定[J].人类学学报,1982,1(1):91-95.

原思训,陈铁梅,高世君.用铀系法测定河套人和萨拉乌苏文化的年代[J].人类学学报,1983,2(1):90-94.

陈铁梅,原思训,高世君.铀系法测定骨化石年龄的可靠性研究及华北地区主要旧石器地点的铀系年代序列[J].人类学学报,1984,3(3):259-269.

[ix][xiii][xvi] 王令红,彭书琳,陈远璋.桂林宝积岩发现的古人类化石和石器[J].人类学学报,1982,1(1):30-35.

陈铁梅,原思训,王良训,等.^{14}C年代测定报告(六)[J].文物,1984,(4):92-96.

[x] 李宣民,张森水.铜梁旧石器文化之研究[J].古脊椎动物学报,1981,(4):359-371.

张森水,吴玉书,于浅黎,等.铜梁旧石器遗址自然环境的探讨[J].古脊椎动物学报,1982,(2):165-179.

北京大学历史系考古专业^{14}C实验室.^{14}C年代测定报告(二)[J].文物,1978,(5).

黎兴国,刘光联,许国英,等.一批地质与考古标本的C-14年代测定[J].古脊椎动物学报,1979,17(2):163-171.

[xi] 广西壮族自治区文物工作队,桂林市文管会.广西桂林甑皮岩洞穴遗址的试掘[J].考古,1976,(3):175-179.

[xii] 江西省文物管理委员会.江西万年大源仙人洞洞穴遗址试掘[J].考古学报,1963(1):1-16.

江西省博物馆.江西万年大源仙人洞洞穴遗址第二次发掘报告[J].文物,1976(12):23-35.

中国科学院考古研究所实验室.放射性碳素测定年代报告(四)[J].考古,1977,(3):200-204.

[xiv] A.高迪.邢嘉明等译.环境变迁[M].海洋出版社,1981.

[xv] 赵希涛,耿秀山,张景文.中国东部20000年来的海平面变化[J].海洋学报(中文版),1979,1(2):269-281.

[xvii] 李有恒,韩德芬.广西桂林甑皮岩遗址动物群[J].古脊椎动物与古人类,1978,16(4):244-254.

黄万波,封宏祥.江西万年仙人洞全新世洞穴堆积[J].1963,(3):263-272.

(原载于北京大学考古系编,《纪念北京大学考古专业三十周年论文集》,文物出版社,1990年。)

14

通过 ^{227}Th 测定骨化石的 ^{231}Pa 年代和 ^{231}Pa / ^{230}Th 年代 *

骨化石是第四纪沉积物中经常遇到的物质。测定它的年代对第四纪地层、古生物、气候环境变迁、旧石器考古及古人类学研究都有重要意义。

不平衡铀系法是利用 ^{238}U、^{235}U、^{230}Th 三个天然放射系中的母子体不平衡现象来测定年代,并有多种方法。Чердынцев 等(1969)于 20 世纪 50 年代初首先用铀系法中的 ^{230}Th 法测定骨化石的年代,并进行了多年研究。可是,本应是同时代的样品却经常得出年代悬殊的数据。他们还提出可以通过测量 ^{231}Pa 的子体 ^{227}Th、^{223}Ra 和 ^{215}Po 得到样品的 ^{231}Pa 年代。我们尝试过由 ^{215}Po 测定 ^{231}Pa 年代,可能因为衰变系列中 ^{219}Rn 的逸失,所得多数结果偏低(陈铁梅等,1984)。1980 年以来,我们通过 ^{227}Th 测定样品的 ^{231}Pa 年代和 ^{231}Pa / ^{230}Th 值年代,并与样品的 ^{230}Th 年代对比检验,获得了大批可信的骨化石年代数据(陈铁梅等,1984;原思训等,1986a、1986b)。

一、^{230}Th 法、^{231}Pa 法测年与样品年代可靠性检验

在不平衡铀系法中,适用于骨化石年代测定的主要是 ^{230}Th 增长法和 ^{231}Pa 增长法。这两种方法的测定年限分别为 35 万年和 15 万年左右。

样品在埋藏过程中,受地下水的作用,骨化石中的铀及子体元素可能发生迁移,特别是铀容易发生迁移,使样品封闭性受到破坏,得出虚假的年代

---

* 作者:原思训、陈铁梅、高世君(北京大学考古系年代测定实验室)。

数据。为了检验样品年代的可靠性,经常使用两种年代学方法作对比。如果数据在测量误差范围内一致,则样品封闭,年代可靠。^{231}Pa 法和 ^{230}Th 法虽然都是铀系法,然而却是两个独立的方法。同时测出一个样品的这两个年代,即可检验样品的封闭性(Howell 等,1972;Szabo 等,1975;Szabo,1979)。通常因为样品中含铀量不高,而 ^{235}U 丰度又仅为 0.7%,^{235}U 的放射性仅为 ^{238}U 的 1/21.7,因而 ^{231}Pa 法的误差较大,主要作为检验 ^{230}Th 法年代可靠性的手段。

二、通过 ^{227}Th 测定 ^{231}Pa 年代和 ^{231}Pa/^{230}Th 值年代

根据放射性衰变规律得到的 ^{230}Th 法和 ^{231}Pa 法年代公式分别为:

$$\frac{^{230}Th}{^{234}U} = \frac{^{238}U}{^{234}U}(1 - e^{-\lambda_{230} \cdot t}) + \left(1 - \frac{^{238}U}{^{234}U}\right) \cdot \frac{\lambda_{230}}{\lambda_{230} - \lambda_{234}} \cdot [1 - e^{-(\lambda_{230} - \lambda_{234}) \cdot t}] \quad (1)$$

$$\frac{^{231}Pa}{^{235}U} = 1 - e^{-\lambda_{231} \cdot t} \quad (2)$$

式中 ^{230}Th/^{234}U、^{238}U/^{234}U 和 ^{231}Pa/^{235}U 均为两个放射性同位素的放射性比,λ_{230}、λ_{234}、λ_{231} 分别为 ^{230}Th、^{234}U 和 ^{231}Pa 的衰变常数,t 为样品的年代。

^{230}Th 年代是在溶解样品,加 ^{232}U—^{228}Th 示踪剂,分离纯化铀、钍之后,测量出 ^{234}U/^{238}U、^{230}Th/^{234}U 值,据式(1)得到。^{231}Pa 年代也可以使用近似的办法,用 ^{233}Pa 示踪剂来做(Sackett,1960;Ku,1968)。但是,使用 ^{233}Pa 示踪剂有一些不便:(1)^{233}Pa 半衰期仅 27 天,要经常由母体 ^{237}Np 分离,并且在使用过程中还要不断作衰变校正。(2)^{233}Pa 为 α 放射体,^{231}Pa 为 β 放射体,在制得镁源之后,要分别用 α 能谱仪和 β(或 γ)测量装置测量。这样做不仅不方便,而且增大了误差。

^{227}Th 是 ^{231}Pa 的第二代子体,直接母体是 ^{227}Ac。^{227}Ac 的半衰变期为 21.7 年,^{227}Th 的半衰期仅 18.2 天,这三代母子体之间容易达到平衡。在用前述方法得到

^{230}Th 年代之后,无需示踪剂,再溶解一份样品,经分离纯化后制备一个钍源。根据测量出的 ^{227}Th/^{230}Th 值便可以得到 ^{231}Pa/^{230}Th 值:

$$\frac{^{231}Pa}{^{230}Th} = \frac{^{227}Th}{^{230}Th} \cdot \frac{1}{0.988} \tag{3}$$

0.988 为 ^{227}Ac 衰变为 ^{227}Th 的分支比。鉴于 ^{235}U 和 ^{238}U 衰变率之间的固定关系,再应用 ^{230}Th 法得到的 ^{230}Th/^{234}U 和 ^{234}U/^{238}U 值,从式(4)便可以算出 ^{231}Pa/^{235}U 值,从式(2)可以得到 ^{231}Pa 年代。

$$\frac{^{231}Pa}{^{235}U} = \frac{^{227}Th}{^{230}Th} \cdot \frac{^{230}Th}{^{234}U} \cdot \frac{^{234}U}{^{238}U} \cdot \frac{21.7}{0.988} \tag{4}$$

在得到 ^{231}Pa/^{230}Th 值之后,实际上得到了另一个年代,称 ^{231}Pa/^{230}Th 值年代。合并式(1)、(2)可得下式:

$$\frac{^{231}Pa}{^{230}Th} = \frac{1 - e^{-\lambda_{231} \cdot t}}{21.7 \left\{ (1 - e^{-\lambda_{230} \cdot t}) + \left(\frac{^{234}U}{^{238}U} - 1 \right) \cdot \frac{\lambda_{230}}{\lambda_{230} - \lambda_{234}} \cdot [1 - e^{-(\lambda_{230} - \lambda_{234}) \cdot t}] \right\}} \tag{5}$$

式中 ^{231}Pa/^{230}Th 为 ^{231}Pa 和 ^{230}Th 的放射性比,其他符号同前。

当然,样品的 ^{230}Th 年代、^{231}Pa 年代和 ^{231}Pa/^{230}Th 值三个年代之中只有两个是独立的。其中,^{231}Pa/^{230}Th 值法的测年范围较 ^{231}Pa 法要宽,达 30 万年,可以用来检查一些较老样品的 ^{230}Th 年代的可靠性。

我们主要的化学流程是:将一个样品分成两份:一份按通常方法,加示踪剂后分离、制源,测定出 ^{230}Th 年代(陈铁梅等,1982);另一份直接用 743 强酸性阳离子树脂分离钍,并经 TTA—苯萃取除去残留的 ^{227}Ac,在草酸铵介质中电沉积制源,测出 ^{227}Th/^{230}Th 值。

其实,如果认为样品属封闭体系,其铀含量又较高(几个 ppm 以上),则不用加示踪剂,分离、制备铀源和钍源,分别测出 ^{234}U/^{238}U 和 ^{231}Pa/^{230}Th 值(^{227}Th/^{230}Th 值)之后,即可按式(5)得出 ^{231}Pa/^{230}Th 值年代,作为样品真实年代。

三、测量^{227}Th 的干扰因素

测量^{227}Th 所需考虑的因素较为复杂,电沉积制得的钍源片上可能包含有三个天然放射系列的全部钍同位素:^{234}Th、^{232}Th、^{231}Th、^{227}Th、^{228}Th、^{230}Th,其中前两个为 β 放射体,作 α 测量时不会干扰。表 14-1 为研究测量^{227}Th 时有关的放射性同位素的 α 能量及强度的百分比。

由表 14-1 可见^{227}Th 的能量相当复杂,主要分为两大组:一组集中于 5.8 MeV 附近;另一组集中在 6.0 MeV 左右。为了避免干扰,Mangini 等(1977)选择测量^{227}Th 6.0 MeV 附近能量的 α 粒子。其优点是减少了^{228}Th 子体及^{227}Th 子体的干扰,但降低了^{227}Th 的测量强度,并且^{227}Th 各 α 组分相对强度测定的不准确性也会使误差增大。我们测量在 5.5—6.05 MeV 内的全部^{227}Th α 粒子,测出钍源的 α 能谱(图 14-1)。

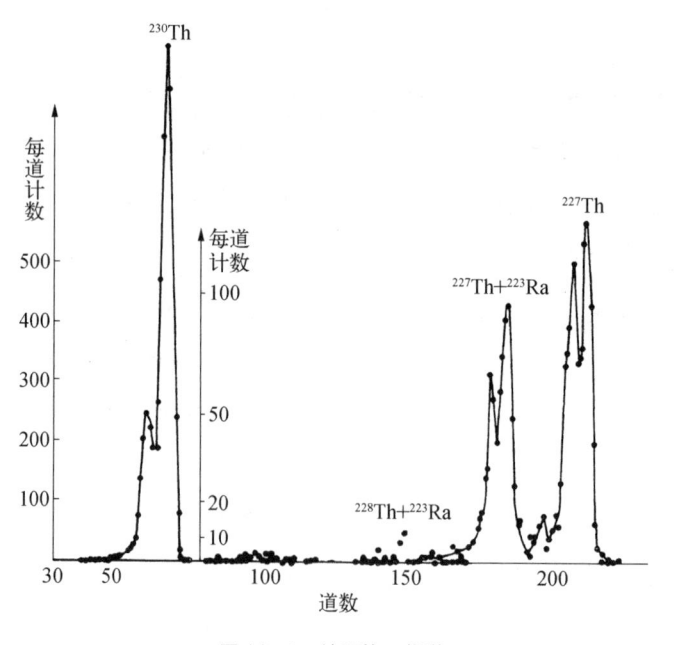

图 14-1 钍源的 α 能谱

表 14-1 与测量 ^{227}Th 有关的核素的 α 能量 (MeV) 及强度 (%)*

^{232}Th	^{230}Th	^{228}Th	^{224}Ra	^{223}Ra	^{212}Bi	^{227}Th	^{211}Bi	^{220}Rn	^{219}Rn	^{216}Po	^{215}Po	^{212}Po
3.953(23)												
4.012(77)												
	4.612(23.4)											
	4.684(76)											
		5.211(0.4)										
		5.342(28)										
		5.424(7)										
			5.448(5)									
				5.540(9)								
				5.607(26)	5.607(0.4)							
						5.668(2.0)						
						5.693(1.5)						
			5.685(95)			5.700(3.6)						
						5.709(8.2)						
				5.716(54)		5.713(4.8)						
				5.748(9.0)								
						5.756(20.3)						
					5.768(0.6)							

(续表)

232Th	230Th	228Th	224Ra	223Ra	212Bi	227Th	211Bi	220Rn	219Rn	216Po	215Po	212Po
				5.872(1.0)		5.807(1.2)						
						5.866(2.4)						
						5.916(0.7)						
						5.959(3.0)						
						5.978(23.4)						
					6.050(25)	6.008(2.9)						
					6.090(10)	6.038(24.5)						
							6.279(16)					
								6.288(>99)	6.425(8)			
									6.553(12)			
							6.623(83.7)					
									6.819(81)	6.779(>99)		
											7.386(>99)	
												8.784(100)

* 表中数据除了 ^{227}Th 是引自 Ledere r 和 shirly 外，其他核素资料均引自核素图表编制组编《核素常用数据表(1977)》。

下面分析测量^{227}Th 时的干扰因素：

1. 样品中无^{232}Th。^{230}Th 属^{238}U 系列，它的能量和^{227}Th 相差悬殊，其子体^{226}Ra 半衰期长达 1600 多年。在测量过程中增长无几，不需要考虑^{230}Th 及其子体的干扰。

^{227}Th 属^{235}U 系列，它不但本身能量复杂，而且它的最长寿命的子体^{223}Ra 的半衰期只有 11.4 天。因此，在较长的测量过程中，^{227}Th 的一连串 α 子体，如^{223}Ra、^{219}Rn、^{215}Po 和^{211}Bi 等都会逐渐生成并被探测到。不过，在我们选用的测量条件下，主要干扰来自^{223}Ra。

2. 样品中存在^{232}Th。当样品中存在^{232}Th 时，无疑，在钍源片上存在着^{232}Th 及^{228}Th。^{232}Th 能量和^{227}Th 相差很大，不会影响^{227}Th 测量。而^{228}Th 的能量和^{227}Th 比较接近。它的子体中半衰期最长者只有 3.6 天（^{224}Ra），在测量过程中，^{224}Ra、^{220}Rn、^{216}Po、^{212}Po 和^{212}Bi 等都逐渐生成并被探测到。由表 14-1 可以看出，^{212}Bi、^{224}Ra 等可能对测量^{227}Th 造成干扰。在处理数据时，要根据情况，扣除这些同位素对^{227}Th 造成的影响。

多年的实践表明，绝大多数骨化石中含^{232}Th 极少，通常不必考虑^{232}Th 系列的干扰问题。

四、计算^{227}Th 放射性的若干校正

由于^{227}Th 及其子体^{223}Ra 的半衰期都较短，而测量时间相对又较长，根据测量到的数计算^{231}Pa/^{230}Th 值时，即使是不含^{232}Th 的单纯样品，除了作^{227}Ac 衰变为^{227}Th 的分支比（0.988）校正之外，还必须作^{227}Th 衰变和^{223}Ra 增长累积校正。如果为不纯样品，考虑的因素就更为复杂。

1. 不含^{232}Th 的样品

（1）^{227}Th 衰变校正。如上所述，本方法是通过测量钍片上的^{227}Th/^{230}Th 值来得到^{231}Pa/^{230}Th 值，这就要求测量到的^{227}Th/^{230}Th 值能够代表样品中真实的^{227}Th/^{230}Th 值。

样品经化学处理,在钍与铀、镁、锕分离之后,^{227}Th 不再受其母体支持,在纯化、制源和测量过程中,它不断在衰变。因此,计算测量到的^{227}Th,要作分离后^{227}Th 的衰变校正。我们取离子交换分离的中间至测量的中间,这一段时间间隔 t_1 为 ^{227}Th 的衰变校正时间,设衰变校正系数 F_1。

(2) ^{223}Ra 增长累积校正。在选取 5.5—6.05 MeV 的 α 能量范围测量^{227}Th 时,^{227}Th 的子体^{223}Ra 不可避免地也要被探测到。实验表明,在本实验室的电沉积制钍源条件下,镭不沉积。钍片上的^{223}Ra 是在^{227}Th 沉积之后才逐渐生长的,因此要作和^{227}Th 一起被测量的^{223}Ra 校正。取电沉积至测量中间的时间间隔 t_2 为^{223}Ra 的累积增长时间,增长校正系数 F_2。

因为开始累积^{223}Ra 时,^{227}Th 已经与母体^{231}Pa 等分开了一段时间,还必须作开始累积^{223}Ra 时其母体^{227}Th 的衰变校正,这段时间取离子交换的中间时间至电沉积时间 t_3,校正系数为 F_3。

综上考虑,通过^{227}Th 计算^{231}Pa 时的总校正系数为:

$$F = \alpha(F_1 + F_2 \cdot F_3) \tag{6}$$

$$\text{样品真实的}^{227}\text{Th 量} = \frac{\text{探测到的}^{227}\text{Th} + ^{233}\text{Ra}}{F_1 + F_2 \cdot F_3} \tag{7}$$

α——^{227}Ac 衰变为^{227}Th 的分支比(0.988)。

F_1——t_1时间内^{227}Th 衰变校正系数。

F_2——t_2时间内^{223}Ra 的增长累积校正系数。

F_3——t_3时间内的^{227}Th 衰变校正系数。

2. 含^{232}Th 的样品

如前所述,样品中^{232}Th 的存在必然干扰^{227}Th 的测量和计算。由表 14-1 可知,需要校正的主要有^{232}Th 的子体^{212}Bi 和^{224}Ra。校正方法有二:

(1) 由测量到的^{228}Th 计算^{224}Ra 和^{212}Bi。根据母子体关系和放射性衰变增长规律,由测量到的^{228}Th 可以算出^{224}Ra 和^{212}Bi 在 5.5—6.05 MeV 能区的贡献,并

加以校正。需要指出,因为 ^{220}Rn 逸失,用此方法扣除的 ^{224}Ra 和 ^{212}Bi 可能较实际量偏多。

(2)根据测量到的 ^{212}Po 计算 ^{212}Bi 的校正量。前面提及 Mangini 等(1977)是测量 6 MeV 附近能量的 α 粒子,在这一区域干扰 ^{227}Th 测量只有 ^{212}Bi。根据测量到的 ^{212}Po 量,再考虑 ^{212}Bi 衰变为 ^{212}Po 的分支百分比,可以得到 ^{212}Bi 的量,并加以校正。

五、通过 ^{227}Th 测 ^{231}Pa 年代和 ^{231}Pa/^{230}Th 值年代的可靠性及应用

本方法经过了认真的检验。表 14-2 为测定的国际标准样 RKM-5,和国内对比样 SS-1、SS-2 的 ^{231}Pa 年代及其与参加对比的实验室的 ^{230}Th 年代平均值比较。

骨化石样品的 ^{230}Th 年代和相同层位的 ^{14}C 样品年代一致,可以认为是封闭样品。表 14-3 为测定的骨化石样品的 ^{231}Pa 年代与前两个年代之对比。

表 14-2 通过 ^{227}Th 测定的 ^{231}Pa 年代与国际标准样 RKM-5 及
国内对比样 SS-1、SS-2 的 ^{230}Th 年代对比

样品编号	测量实验室	铀含量(ppm)	^{234}U/^{238}U	^{230}Th/^{234}U	^{230}Th 年代×10^3 年	^{231}Pa/^{235}U	^{231}Pa 年代×10^3 年
RKM-5	国际 16 实验室平均值	3.25±0.11	1.100±0.016	0.710±0.025	131±9		
	本实验室	3.29±0.05	1.114±0.020	0.689±0.017	124±6	0.960±0.060	150^{+8}_{-42}
SS-1	国内 10 个实验室平均值	9.31±0.06	1.85±0.07	0.566±0.016	84±3.3		
	本实验室	9.61±0.13	1.86±0.02	0.580±0.010	87±2	0.892±0.042	104^{+24}_{-15}
SS-2	国内 10 个实验室平均值	2.20±0.11	1.42±0.04	0.688±0.019	117±5		
	本实验室	2.38±0.06	1.38±0.03	0.679±0.017	115±5	0.874±0.061	97^{+33}_{-20}

表 14-3　通过 ^{227}Th 测定的 ^{231}Pa 年代与封闭样品的 ^{230}Th 年代对比

样品物质 (实验室编号)	层位	^{230}Th 年代×10^3a	^{231}Pa 年代×10^3a	样品物质 (实验室编号)	层位	^{14}C 年代
贵州桐梓 马鞍山鹿牙 (BKY82037)	第3层	18±1	17±1	木炭 (BK82062)	第3层	15100±1500
云南呈贡龙潭 山三号洞牛牙 (BKY82215)	第4层下部 或第3层	21±1	23±3	木炭 (BK82103)	第4层偏上部	18600±300
辽宁本溪庙后 山动物牙齿 (BKY82119)	第7层上部	18±2	18±3	野牛胫骨 (PV-363)	第7层上部位于 BKY82119样品 下方30厘米	24570±570

PV-363：^{14}C 年代为中国科学院古脊椎动物与古人类研究所 ^{14}C 实验室测定。

表 14-2、14-3 中的样品都被认为是封闭样品,用本方法得到的 ^{231}Pa 年代,在误差范围内与样品的 ^{230}Th 年代一致,从而表明用本方法得到的 ^{231}Pa 年代是可靠的。

几年来,我们测定了几百个骨化石样品,多数样品用本方法测出 ^{231}Pa 年代或 ^{231}Pa/^{230}Th 值年代与样品的 ^{230}Th 年代作对比检验,从而获得了我国二十多个旧石器地点的铀系年代。它们包括周口店第一地点、新洞、大荔、丁村、庙后山、金牛山、和县、巢县、长阳、马坝、桐梓、观音洞、许家窑、乌龟洞、萨拉乌苏、水洞沟、迁安、硝灰洞、龙潭山 3 号洞、小南海、白莲洞等等,初步用铀系法勾划出了 35 万年以来我国旧石器文化和古人类发展的年代序列。

辽宁本溪庙后山遗址的数据相当典型。庙后山为我国东北地区重要的旧石器洞穴遗址,自下而上共分 8 层,1—3 层未发现动物化石及文化遗物。各层封闭样品的年代数据列于表 14-4,它们在 1.7—33 万年之间。

庙后山的铀系年代序列不仅与地层序列一致,和伴出的动物化石性质、人化石资料以及其他文化遗物相适应,而且为 ^{14}C 法及古地磁法的研究结果所证实：第 7 层上部 BKY82119 样品稍下,刘光联等(1986)测得 PV-363 骨头样品的 ^{14}C 年代为

表 14-4 辽宁省本溪县庙后山遗址封闭骨化石样品的铀系年代

实验室编号	样品物质	层位	铀含量 (ppm)	$^{234}U/^{238}U$	$^{230}Th/^{234}U$	^{230}Th 年代× 10^3 年	$^{231}Pa/^{235}U$	^{231}Pa 年代× 10^3 年	$^{231}Pa/^{230}Th$	$^{231}Pa/^{230}Th$ 年代× 10^3 年
BKY82119	动物牙齿化石	第7层上部 (T11)*	6.9±0.3	1.26±0.06	0.151±0.013	17.7±1.6	0.310±0.048	17.6±3.3	0.0746±0.0063	18^{+16}_{-13}
BKY82076	鹿牙化石	第7层中部 (T9)	21.1±0.8	1.89±0.07	0.351±0.017	45±3	0.585±0.044	41±5	0.0400±0.0019	56^{+11}_{-9}
BKY83023	鹿牙化石	第7层下部 (T11)	27.2±1.0	1.75±0.05	0.619±0.033	96±8	0.830±0.060	83^{+20}_{-14}	0.0347±0.0018	109^{+17}_{-13}
BKY83012	梅氏犀牙化石	第6层上部 (T11)	29.9±1.1	1.49±0.04	0.774±0.035	142^{+13}_{-11}	0.974±0.065	$170^{+\infty}_{-58}$	0.0383±0.0015	134^{+16}_{-13}
BKY83030	鹿牙化石	第6层底部 (T9)	4.7±0.3	1.57±0.10	0.957±0.068	228^{+56}_{-40}	0.993±0.131		0.0299±0.0026	226^{+92}_{-49}
BKY83009	野猪牙化石	第5层钙结核层中(T7)	35.0±2.0	1.20±0.07	0.937±0.067	247^{+83}_{-49}	0.933±0.099		0.0375±0.0022	$333^{+\infty}_{-76}$
BKY82127	犀牛化石	第4层顶部 (T1)	14.7±0.5	1.64±0.05	1.051±0.041	300^{+58}_{-40}	1.069±0.084		0.0281±0.0020	235^{+73}_{-43}
BKY82125	鹿牙化石	第4层顶部 (T1)	41.4±1.5	1.62±0.04	1.073±0.044	337^{+93}_{-54}	0.990±0.067		0.0258±0.0014	$350^{+\infty}_{-75}$

* 括号内的符号为考古上的探方编号。

24570±570 年;第 4 层顶部 BKY82127 和 BKY82125 样品之下的第 4 层中部 S－5 号古地磁样品为负极性,钱方(1986)认为属布容正向期的琵琶 E 事件,距今 40 万年左右。

我们的研究表明,通过 ^{227}Th 测定 ^{231}Pa 及 ^{231}Pa/^{230}Th 值年代,不仅是得到这两个年代的简便而有效的方法,而且特别适用于检验骨化石样品的封闭性。在我们测定过的几百个骨化石样品中,经过检验,约有 1/3 是封闭的,它们的年代应是可靠的。只要通过样品封闭性检验,骨化石完全可以像珊瑚、钟乳石类样品一样,作为铀系法的常规测量样品,成为解决地层和旧石器文化年代的有力工具。

参考文献

陈铁梅,原思训,高世君,等.许家窑遗址哺乳动物化石的铀系法年代测定[J].人类学学报,1982,1(1):91-95.

陈铁梅,原思训,高世君.铀系法测定骨化石年龄的可靠性研究及华北地区主要旧石器地点的铀系年代序列[J].人类学学报,1984,3(3):259-269.

刘光联,王福林.骨化石的 ^{14}C 年代测定//辽宁省博物馆,本溪市博物馆.庙后山[M].文物出版社,1986:89-91.

钱方.磁性地层的年代测定//辽宁省博物馆,本溪市博物馆.庙后山[M].文物出版社,1986:79-86.

原思训,陈铁梅,高世君.骨化石的不平衡铀系年代测定[C]//辽宁省博物馆,本溪市博物馆.庙后山[M].文物出版社,1986:86-89.

原思训,陈铁梅,高世君.华南若干旧石器时代地点的铀系年代[J].人类学学报,1986,5(2):179-190.

Чердынцев, B. B.等.^{234}U 及其在地质学上的应用(1969)[M].中国科学院贵阳地球化学研究所^{234}U 译校组译,原子能出版社,1975:93,170-179.

Howell F C, Cole G H, Kleindienst M R, et al. Uranium-series dating of bone from the Isimila prehistoric site, Tanzania [J]. Nature, 1972, 237:51-52.

Ku T L. Protactinium–231 method of dating coral from Barbados Island[J]. Journal of Geophysical Research, 1968, 73(6):2271-2276.

Mangini A, Sonntag C. ^{231}Pa dating of deep-sea cores via ^{227}Th counting [J]. Earth and Planetary Science Letters, 1977, 37(2):251-256.

Sackett W M. Protactinium-231 content of ocean water and sediments[J]. Science, 1960, 132 (3441): 1761-1762.

Szabo B J, Collins D. Ages of fossil bones from British interglacial sites[J]. Science, 1975, 132: 1761-1762.

Szabo B J. Dating fossil bone from Cornelia, Orange Free State, South Africa[J]. Journal of archaeological science, 1979, 6(2): 201-203.

(原载于《地球化学》1990 年第 3 期。)

15
周口店遗址骨化石的铀系年代研究[*]

周口店(北京猿人)遗址是世界上最著名、最重要的古人类遗址之一,其年代也格外引人瞩目。对于遗址的年代,已使用过多种测年手段,并取得了很有意义的成果(赵树森等,1985)。不过,由于遗址的延续时间长,各种测年方法又都有特定的理论基础、年代适用范围、样品要求,因而测得的数据往往会有这样那样的差距。已有数据主要是勾划出了遗址的年代范围,尚有许多有待深入研究和澄清的问题。

铀系法是最早应用于本遗址的测年方法,早在20世纪50年代末苏联契尔登采夫等人就用铀系法测定过第一地点的骨化石(契尔登采夫,1975)。20年后赵树森等人又开展了此项工作(赵树森等,1985),他们的数据列于表15-1。

依据各自的数据,契尔登采夫认为:"样号1的年龄范围很大,在我们看来,其上限是最可靠的。"赵树森等提出:"第1—3层的年代范围为23万年左右。""第一地点堆积地层顶部骨化石年代为23—25.6万年,同期生活的北京猿人年龄为距今23万年左右。""铀系法测定第8—9层以下骨化石年龄为大于30万年。"另外,根据特定的假设前提,即在堆积的整个过程中,地层中所含水的 $^{234}U/^{238}U$ 保持不变,并且骨化石的 $^{234}U/^{238}U$ 也和水的铀同位素比值一致,夏明对第一地点各层骨化石年龄作了计算和推论(夏明,1982)。目前有些论文引用这些资料,笼统地认为第一地点1—3层年代为23万年。

铀系法是利用铀衰变系中的 ^{238}U、^{235}U 与它们的子体 ^{230}Th、^{231}Pa 等核素的不平衡程度来测年的。不少论文对骨化石的铀系测年原理、问题作过阐述,我们也在多处作过讨论,现概述如下:

---

[*] 作者:原思训、陈铁梅、高世君、胡艳秋(北京大学考古系年代测定实验室)。衷心感谢袁振新、蔡炳溪先生的帮助。

表 15-1 其他实验室周口店第一地点骨化石 ^{230}Th 年代

作者	样品编号	样品层位	样品名称	铀含量(ppm)	^{234}U/^{238}U	^{230}Th/^{234}U	^{230}Th 年龄（万年）	采样人
契尔登采夫(1975)	1		骨化石		1.11±0.03	0.93±0.08	16—30.0	
	2		骨化石		1.06±0.03	0.75±0.06	13.5±0.2	
赵树森等(1985)	7801*(34∶49.1)	1—3层	鹿角	22.64±1.04	1.30±0.04	0.96±0.05	$25.6^{+6.2}_{-4.0}$	贾兰坡
	7802(34∶H∶7.65)	1—3层	齿质	26.71±0.72	1.17±0.02	0.91±0.03	$23^{+3.0}_{-2.3}$	贾兰坡
	7805(35∶163∶L-4)	6层	齿质	39.66±1.20	1.11±0.02	0.60±0.02	9.8±0.6	
	7807	7层	鹿角	44.82±1.70	1.14±0.02	0.59±0.03	9.4±0.8	
	7808(Loc∶1, 37∶128.D-5)	8—9层	齿质	21.79±0.80	1.43±0.04	1.11±0.05	>35	
	7709	10层	鹿角	21.01±0.64	1.31±0.04	1.03±0.04	$34.0^{+10.0}_{-6.0}$	贾兰坡
	7901	12层	牙齿质	40.64±1.22	1.37±0.03	1.02±0.04	$31.0^{+7.0}_{-5.0}$	赵树森
	7907	12层	犀牛牙本质	35.25±1.01	1.33±0.03	1.02±0.04	$32.0^{+8.6}_{-5.3}$	黄慰文

* 此样经北京大学铀系实验室测定获得一致结果，Pa 法测为封闭系统。

（1）活着的动物骨骼中含铀量极微，骨化石中的铀几乎全部是在动物死亡后，骨骼埋藏和石化过程中随地层中水的活动而迁入的。并且假定在化石得到铀之后，其中的铀及与测定年代有关的子体核素不再发生迁出和迁入的迁移活动，即处于封闭状态。许多实验结果表明，不少骨化石满足这些假设条件，获得了正确的年龄。

（2）也有不少事实说明，一些骨化石不满足上述的封闭条件，特别是骨化石中的铀元素可能继续发生迁移，使测定出的年龄失真。又因为在做样品的封闭性检验之前无法判断样品的封闭与否，因此使用未经封闭性检验的骨化石年龄数据作为遗址的年代，有可能发生错误。

（3）利用两种或多种铀系子体核素测定同一样品的年代作互校，被认为是有效的检查样品封闭性的方法。铀系法中的 ^{230}Th、^{231}Pa 和 ^{231}Pa/^{230}Th 三种方法中只有两个是独立的，它们之间的对比不仅可以用来判别样品的封闭性，而且当样品不封闭时，对比它们的表观年龄，还可能给出样品真实年龄的上、下限。

根据前述第(1)、(2)两点，由于表 15-1 中的骨化石样品除 7801 样品以外，都只使用了 ^{230}Th 一种测年方法，未作封闭性检验，它们的 ^{230}Th 年龄可靠性有待证实。现在看来，显然契尔登采夫的结论与实际差距过大，第一地点的年代不会小到 16 万年。赵树森等人的 ^{230}Th 年代数据不是随层位的下降而逐渐增大的，年龄数据与地层关系不一致，这些都反映了样品 ^{230}Th 年龄没有经过验证的状况。

至于夏明的计算，只有在能够证明实际情况满足作者的假设前提之后，结果才可能是正确的。而实践说明真实情况往往十分复杂，主要问题在于可能受多种因素作用，各层样品的初始 ^{234}U/^{238}U 比值一致的假设不易得到满足，同层样品即使都是封闭样品，它们的 ^{234}U/^{238}U 比值也可能相差较大，例如本文表 15-2 中的 BKY83001 和 BKY85135 就相差 0.15。因而给"模式"使用带来很大困难。

20 世纪 80 年代初我们建成铀系实验室后，立即开始探索用铀系法中的 ^{230}Th 法和 ^{231}Pa 法对照测定骨化石以检验其封闭性，并将一些封闭性样品和 ^{14}C 法作了对比。与此同时开始了周口店遗址年代研究工作，我们较系统地测定了山顶洞、新洞（陈铁梅等，1984）和第一地点的骨化石样品，结果列于表 15-2。

表 15-2 周口店遗址铀系年代

遗址	层位	编号(BKY)(原编号)	样品物质	铀含量(ppm)	$^{234}U/^{238}U$	$^{230}Th/^{234}U$	^{230}Th法年代(万年)	$^{231}Pa/^{235}U$	^{231}Pa法年代(万年)	$^{231}Pa/^{230}Th$	$^{231}Pa/^{230}Th$年代(万年)	备注
山顶洞	上部	85144(J11:1933)	鹿颌骨	5.4±0.15	1.36±0.45	0.199±0.17	2.4±0.3	0.630±0.070	4.6±0.9			0XA891 AMS^{14}C年代 1.320±0.016
		80017(UC33·41·06)	鹿牙	36.5±1.0	1.26±0.03	0.160±0.006	1.9±0.1					
	下部	80018(UC·J6.34·11)	鹿牙	4.1±0.4	1.27±0.11	0.176±0.028	2.1±0.4					0XAA1246 AMS^{14}C年代 2.65±0.45
新洞	第3水平层	82090	鹿牙	61±2	1.47±0.04	0.844±0.034	$17.1^{+1.6}_{-1.4}$	1.122±0.067				
	第4水平层	82054	鹿牙	149±3	1.38±0.02	0.661±0.023	11.0±0.6	0.786±0.050	7.2±1.2	0.0392±0.0013	$16.0^{+1.6}_{-1.4}$	
	6-7水平层	82098-1	鹿牙	51.0±1.5	1.30±0.03	0.831±0.031	$17.1^{+1.5}_{-1.3}$	0.980±0.058	>15	0.0411±0.0016	$16.8^{+2.6}_{-1.7}$	
		82098-2	同上	51.4±1.5	1.26±0.03	0.793±0.029	$15.6^{+1.3}_{-1.1}$	1.044±0.062	>15	0.0474±0.0019	$12.5^{+1.5}_{-1.3}$	
	第7水平层	82056	鹿牙	56.3±1.8	1.32±0.03	0.706±0.026	12.4±0.8	0.847±0.048	$8.8^{+1.7}_{-1.3}$			
第一地点	1-3层	83001(34:49.1)	鹿角	21.6±0.7	1.30±0.04	0.959±0.039	$25.1^{+4.1}_{-3.1}$	1.003±0.076	>15	0.0365±0.0023	$23.8^{+8.8}_{-3.41}$	
	2层下	85135	骨化石	48.3±1.1	1.152±0.025	0.962±0.031	$28.2^{+4.7}_{-3.4}$	1.035±0.05	>15	0.0424±0.0017	$24.4^{+4.6}_{-3.1}$	
	3层	85091(L11:U6)	马牙	24.3±0.4	1.64±0.03	1.225±0.035		1.388±0.048		0.0313±0.0008	17.3±1.2	
	3层	85093(L13:Y7)	骨化石	50.1±1.1	1.27±0.024	0.896±0.023	$20.7^{+1.7}_{-1.5}$	0.897±0.050	$10.6^{+3.1}_{-1.8}$	0.0357±0.0017	$30.2^{+\infty}_{-5.2}$	
	4层	85094(L14:B'6)	马牙	34.1±0.7	1.477±0.027	1.032±0.028	30.0^{+4}_{-3}	1.041±0.054	>15	0.0312±0.0015	$24.9^{+5.1}_{-3.3}$	
	8-9层	85110(L21'0'6)	犀牛角	26.3±0.6	1.222±0.023	1.010±0.034	34^{+9}_{-6}	1.021±0.096	>15	0.0376±0.0036	$31^{+\infty}_{-9}$	
	10层	85120(L240'9)	骨化石	43.1±0.75	1.527±0.023	1.236±0.084		1.277±0.100		0.0307±0.0009	$23^{+2.3}_{-2.0}$	

我们对表 15-2 中山顶洞、新洞的多数数据曾做过分析与讨论,对山顶洞数据需要补充两点:(1) BKY85144 样品是 1985 年测定的,封闭性检验表明该样品不封闭,真实年龄应小于 2.4 万年。我们与牛津大学合作用 AMS ^{14}C 法测定其年代为 1.320±0.016 万年(Chen and Yuan,1988),说明铀系法的判断是正确的。(2) BKY80018 的 ^{230}Th 年龄为 2.1±0.4 万年,但因为样品量太少而未用铀系法做封闭性检验,后经 AMS ^{14}C 测定出的年代为 2.65±0.45 万年(陈铁梅等,1989),和铀系法 ^{230}Th 数据在误差范围内符合,说明该样品封闭。

表 15-2 的第一地点数据中,BKY83001 样品是赵树森的 7801 样品,我们同时测定了它的 ^{230}Th 年龄和 ^{231}Pa 年龄,两年龄对比结果说明此样品封闭。该样品原为贾兰坡先生提供、后经赵树森转来的 1—3 层鹿角,原编号为 34.49.1。据周口店遗址发掘工作的样品编码方法,应系 1934 年第 49 个工作日采集。虽然我们没有十分把握判定其属于 1—3 层中的哪一层,但据贾兰坡、黄慰文(1984)合著的《周口店发掘记》中的叙述及扉页中一幅照片的说明推测,它极可能出自 2 层下部:"1934 年上半年的工作是从 4 月 25 日开始的,一部分人开采第一地点(即北京人遗址)顶部的巨石……""'发掘 1—2 层下部'(贾兰坡 1934 年 6 月 17 日摄)。"1934 年第 49 个工作日当为是年 6 月 12 日,和拍摄"发掘 1—2 层下部"的 6 月 17 日十分接近。

BKY85135 样品是原思训 1985 年采集的,出土于山顶洞旁残留的第一地点 1—2 层堆积物的下部。其余样品均系袁振新、蔡炳溪提供的 1987 年后新发掘的遗址东段样品。如果单由表 15-2 中一些样品的 ^{230}Th 年龄看,与地层的关系也不一致,甚至发生倒置。但是经过检验可知,只有 BKY83001、BKY85135、BKY85094 和 BKY85110 封闭,即这四个样品的年代可靠。如若我们对 BKY83001 的层位推论无误,则这四个样品的年代应分别代表 2 层下部、4 层和 8—9 层的年代,其中 4 层样品 BKY85094 数据和热释光年代结果一致(裴静娴,1985)。需要特别指出,铀系法的测年下限通常为 35 万年,BKY85110 的年龄值已达方法的下限。考虑到其所在层位,将这一年龄值看作样品的年龄上限更为合适,确切地说该样品年龄很可能大于 35 万年。

总结我们周口店遗址的工作,骨化石铀系法得到的遗址各地点的年代如下:

山顶洞	下部地层	2 万年左右或更可能稍老
新洞	6—7 水平层	16 万年左右
第一地点	2 层下部	27 万年左右
	4 层	30 万年左右
	8—9 层	大于 35 万年

这些结果与旧石器考古学、古人类学、地层学及古脊椎动物学的研究相符合,也与^{14}C、热释光等年代学方法数据相吻合。我们的工作再次表明骨化石的铀系法测年在解决 35 万年以内旧石器时代遗址年代方面的作用及潜力。

BKY83001 和 BKY85135 样品的层位和年龄表明,1—3 层的年代看来要比目前的有些提法早几万年,似乎不宜笼统地将第一地点 1—3 层看作 20 万年或 23 万年左右。根据这两个数据推测,也许将 1 层顶部的年代划在 23 万年上下较为合适。

BKY83001、BKY85135 和 BKY85094 三个数据对解决 V 号头盖骨的年代具有重要价值,V 号头盖骨出自 H 地点的 3 层上部,也是第一地点最上部的头骨标本,刚好在 BKY85135 之下,其年龄应介于 2 层下和 4 层之间,即 29 万年上下。

参考文献

陈铁梅,原思训,高世君.铀系法测定骨化石年龄的可靠性研究及华北地区主要旧石器地点的铀系年代序列[J].人类学学报,1984,3(3):259-269.

陈铁梅,Hedges R E M,袁振新.周口店山顶洞遗址年代的加速器质谱法再测定与讨论[J].人类学学报,1989,8(3):216-221.

赵树森等.北京猿人遗址综合研究[M].科学出版社,1985:239-240,246-250.

Чердынцев, B. B.等.^{234}U 及其在地质学上的应用(1969)[M].中国科学院贵阳地球化学研究所^{234}U 译校组译,原子能出版社,1975:93,172-174.

夏明.周口店北京猿人洞骨化石铀系年龄数据——混合模式[J].人类学学报,1982,(2):191-196.

贾兰坡,黄慰文.周口店发掘记[M].天津科学技术出版社,1984:112.

裴静娴.北京猿人综合研究[M].科学出版社,1985:256-260.

Tiemei C, Sixun Y. Uranium-series dating of bones and teeth from Chinese palaeolithic sites [J]. Archaeometry, 1988, 30(1): 59-76.

(原载于《人类学学报》1991年第3期。)

16
南庄头遗址^{14}C年代测定与文化层孢粉分析*

南庄头遗址位于河北省徐水县南庄头村东北（东经115°48′、北纬39°32′），地处河北平原西部边缘的瀑河冲积扇上。西距太行山10多公里，东与白洋淀区接近。

1986年南庄头发现可能早于磁山、裴李岗期的文化遗物：石器、陶片、骨器及木头等。这一消息引起我们极大兴趣，随即测定了遗址出土的两块木头的^{14}C年代，它们分别为距今9875±160年（BK86120）和9690±95年（BK86121）。这一结果使我们十分兴奋，因为多年来我们一直在追索我国早期新石器文化与早期陶器的年代。为了核实遗址，特别是陶片出土层位与^{14}C样品年代的关系，探讨遗址与古气候环境，我们多次考察遗址，并参加1987年的试掘，系统采集^{14}C与孢粉样品。已测定^{14}C样品十二个，并分析了遗址文化层的孢粉。

一、南庄头遗址^{14}C年代测定

我们测定了三批共十二个^{14}C样品。

（1）1986年调查和清理过程中采集的T_1木头样品三个。

（2）1987年8月试掘时采集的T_2木炭样品一个，T_3北壁中部^{14}C孢粉采样剖面采集淤泥类沉积物样品七个。

（3）1989年3月采集的T_1东约1米处与陶片伴出的木头样品一个。

---

* 作者：原思训、陈铁梅（北京大学考古系），周昆叔（中国科学院地质研究所）。工作中得到杨永贺、胡艳秋、马力、蒙清平等的帮助，特致谢意。

上述样品描述与^{14}C年代测定结果列于表16-1。

表16-1 徐水县南庄头遗址^{14}C年代测定结果表*

实验室编号	样品名称	采集日期	方号、层位及距地表深度(厘米)	测定结果(a B.P.)	与文化遗物关系
BK87077	淤泥	1987.8	T_3北壁中部,第2层,20—40	2440±70	无
BK87080	淤泥	1987.8	T_3北壁中部,第3层,80—100	4605±90	无
BK87082	淤泥	1987.8	T_3北壁中部,第3层,120—140	8250±160	无
BK87083	淤泥	1987.8	T_3北壁中部,第3层,140—147	9535±100	无
BK87084	淤泥	1987.8	T_3北壁中部,第4层,147—160	9720±120	无
BK87086	淤泥	1987.8	T_3北壁中部,第5层,180—200	9980±100	该层出陶片、木炭、石片等
BK87088	淤泥	1987.8	T_3北壁中部,第6层底部,220—228	10815±140	该层出石器、陶片、骨器等
BK86120	木头	1986	T_1,第5—6层	9875±160	该层出石器、陶片、骨器等
BK86121	木头	1986	T_1,第5—6层	9690±95	该层出石器、陶片、骨器等
BK87093	木头	1986	T_1,第5—6层	9810±100	该木头有人工加工痕迹
BK87075	木炭	1987.8	T_1,第6层底部灰坑	10510±110	灰坑中出陶片、鹿角等
BK89064	木头	1989.3	T_1东约1米,5—6层之间,距下伏黄土20	9850±90	该样品与陶片同出

*本文计算年代用^{14}C半衰期为5730年,^{14}C年代数据均未作树轮年代校正。

下面我们依据表16-1数据和试掘报告[i]探讨遗址年代。

在讨论遗址^{14}C年代时,人们十分关心样品年代的可靠性。表16-1样品分为两类,一类为木头、木炭,一类为淤泥。通常前者是^{14}C测年的理想样品物质,它们的年代多毋庸置疑。而淤泥为湖沼相沉积物,其中的有机物多为水中生长的动植物残体及其分解物。岩溶地区湖沼中水下生长的动植物受水中溶解的"死碳"影响,^{14}C年代明显偏老。[ii]南庄头遗址坐落于冀中平原上,并非岩溶地区,一般这类湖沼中所含"死碳"很少,故其中沉积物的有机碳年代与真实年代不会有太大出入。由表16-1不同层位或同一层位不同部位的木头、木炭与淤泥样品年代对比，也说明了这点。譬如表中遗址底部淤泥样BK87088（10815±140年）与采自第6层底部灰坑中的木炭BK87075（10510±110年）年代基本一致，而采自5、6层之间的BK89064木头年代也与作为第5层平均年代的淤泥样品BK87086相近。即便存在淤泥样品年代略微偏老的现象，例如在200年上下，也不会影响根据这类样品的年代来划分南庄头剖面的早晚关系和进行古气候环境的探讨。

据试掘报告，全部文化遗物出自5—6层，表16-1中的BK87086和BK87088分别代表5层和6层底部淤泥样品的年代，这意味着遗址的年代应在它们的年代之间，即介于10815±140年至9980±100年之间。如果根据5、6层出土的五个木头、木炭样品测定结果，则南庄头遗址的年代应在距今10510（BK87075）—9700（BK86121）年之间，两者结论是一致的。它们表明南庄头遗址的年代为距今约1万年。

应当特别指出，不仅在1986年调查和清理遗址时于5—6层中采集到了多片陶片，而且在1987年试掘和1989年采集^{14}C和孢粉样品时，在这两层中也陆续有陶片出土。由陶片出土层位与伴出的木头（BK89064）、木炭（BK87075）年代说明，南庄头遗址的陶片应是目前我国考古发掘得到的最老陶制品，它们不仅较北方的磁山、裴李岗老2000多年，也较南方的万年仙人洞、桂林甑皮岩陶器老千年上下。

二、南庄头遗址文化层孢粉分析及其反映的古气候环境

在考古学研究中，人们日益关心不同时期古代人类赖以生存的气候与环境状况，重视环境与人类活动的相互关系及作用。孢粉学是研究古气候与环境的主要手段之一。我们于1987年8月和1989年3月在遗址T_3北壁中部及西部采集了两个^{14}C、孢粉剖面，对第4层中部以下及第7层顶部共计二十一个样品进行了孢粉分析，发现木本花粉十四个类型，包括松属（*Pinus*）、冷杉属（*Abies*）、云杉属（*Picea*）、栎属（*Quercus*）、栗属（*Castanea*）、榛属（*Corylus*）、桦属（*Betula*）、鹅耳枥属

(*Carpinus*)、桤木属(*Alnus*)、榆属(*Ulmus*)、椴属(*Tilia*)、胡桃属(*Juglans*)、柳属(*Salix*)、漆树属(*Rhus*),其中以针叶树,主要是松属花粉多些,有时有云杉属和冷杉属花粉,阔叶树花粉以榆属、栎属、栗属和桦属较多一点,其他零星出现。半灌木和草本花粉有二十个类型,包括麻黄属(*Ephedra*)、葎草属(*Humulus*)、菊科(Compositae)、蒿属(*Artemisia*)、藜科(Chenopodiaceae)、石竹科(Caryaphyllaceae)、豆科(Leguminosae)、木犀科(Oleaceae)、莎草科(Cyperaceae)、香蒲属(*Typha*)、狐尾藻属(*Myriophyllum*)、唐松草属(*Thalictrum*)、禾本科(Gramineae)、蔷薇科(Rosaceae)、伞形科(Umbelliferae)、毛茛科(Ranunculaceae)、唇形科(Lamiaceae)、蓼属(*Polygonum*)、茜草科(Rubiaceae)、茄科(Solanaceae),其中以麻黄属、菊科、蒿属、藜科、莎草科、香蒲属、禾本科花粉较常见。蕨类孢子有水龙骨科(Polypodiaceae)、中华卷柏(*Selaginella sinensis*)和石松属(*Licopodium*),以前两者较多。剖面的岩性、^{14}C 年代及孢粉式见于图 16-1(图中剖面深度据 T_3 北壁西部剖面)。

由花粉式中可以看出以草本花粉占优势,其下部和上部一般达 80%以上,只有中部木本花粉出现一个小的高峰,也不过占到 40%或稍多。根据耐旱的半灌木麻黄、菊科、蒿属、禾本科花粉同时较多出现来看,当时的环境就总体而言是偏凉干的。但在南庄头新石器早期先人们生活的中期,气候环境相对较好一些。这里在全新世之初是浅水湖泊环境,在湖中多生长有水生植物莎草和香蒲,但后来逐渐减少。

从图 16-1 剖面及相应的 ^{14}C 数据可见,表土之下为一套跨越近万年的湖沼相沉积物,其时间下限接近 1.1 万年。淤泥下伏马兰黄土,剖面的时间似乎包括了整个全新世。而且难得的是在紧贴马兰黄土之上的沉积物中包含有丰富的人类文化遗物。看来该剖面是研究全新世,特别是全新世初期的气候演变,探讨全新世下限和该时期人类文化发展的重要地点。

三、小结

(1)据 ^{14}C 测定,南庄头遗址的年代为距今 10500—9700 年左右。年代测定结果表明,南庄头是我国重要的新石器早期文化遗存,它填补了我国磁山、裴李岗旧

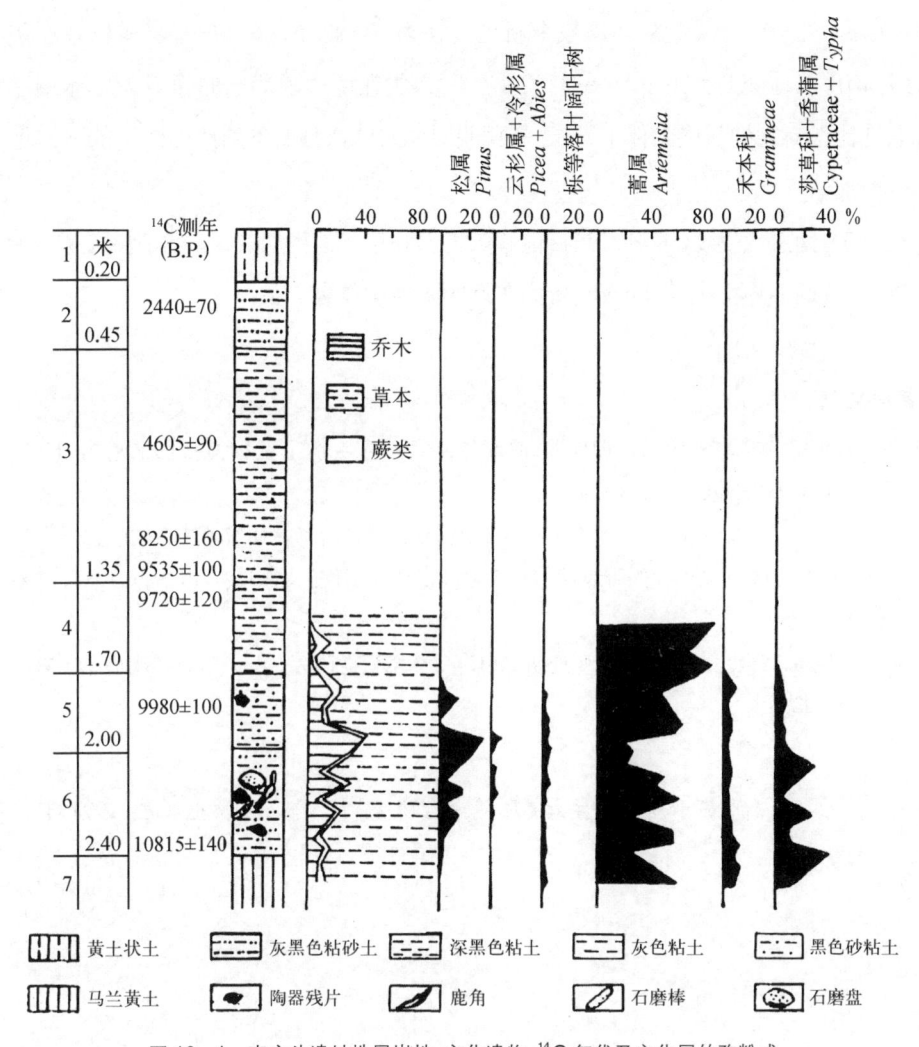

图 16-1 南庄头遗址地层岩性、文化遗物、¹⁴C 年代及文化层的孢粉式

石器晚期到新石器文化文化中的一段空白。南庄头剖面下伏马兰黄土,其上湖沼相沉积物有系统而可靠的¹⁴C 年代数据,底部淤泥堆积物的时间与许多学者所主张的全新世下限时间相近[iii],可视为晚更新世与全新世两个地质时代的接合部。故无论从文化上还是从地层上,南庄头遗址都具有重要价值。

（2）南庄头人活动于全新世初期,当时气候逐渐好转,并且在第 5 层至第 6 层堆积,即在南庄头文化期的中部,针叶树与阔叶树乔木花粉形成小的峰值,说明南庄头新石器早期人类生活环境较全新世之初为好。但是总的说来,气候仍较凉偏干。南庄头地处太行山山前平原,说明当时人类在度过了严酷的晚更新世冰期之后,在比较有利的气候条件下,已逐渐摆脱对洞穴的依赖而下到离山较远的平原地区活动。

（3）南庄头发现的陶片,是目前我国地层和年代都确切的最早陶制品,并且由这些陶片的质地推测,我国应有更为久远的陶器制作史。

参考文献

[ⅰ] 河北省保定地区文物管理所等.河北徐水县南庄头遗址试掘简报[J].考古,1992,(11): 961 - 970.

[ⅱ] 北京大学历史系考古专业^{14}C 实验室,中国社会科学院考古研究所^{14}C 实验室.石灰岩地区碳-14 样品年代的可靠性与甑皮岩等遗址的年代问题[J].考古学报,1982,(2): 243 - 250.

[ⅲ] 周昆叔.试论北京自然环境变迁研究[C]//环境变迁研究,第一辑.海洋出版社,1984: 35 - 42.

（原载于周昆叔主编《环境考古研究》第 1 辑,科学出版社,1991 年。）

17
华南早期新石器遗址^{14}C年代数据引起的困惑与真实年代*

可靠的数据是研究工作的基础,10多年来我国一些考古学家一直为华南地区早期新石器遗址的^{14}C年代数据所困扰。1977年,夏鼐认为当时已发表的几个仙人洞和甑皮岩遗址数据与遗存相比显得偏老,并认为系由石灰岩特殊地理环境所引起的[i]。之后随着^{14}C数据的增多,不少数据不仅明显偏老,而且上、下层位倒置,问题亦愈扑朔迷离。最近安志敏讨论了这一问题,并指出以华南早期新石器为代表的许多遗存在^{14}C数据上"还存在一定矛盾和争议,有待继续解决"[ii]。

考古年代数据的可靠性或可信程度由多种因素决定,在假定实验室测定工作无误的情况下,至少还必须着重考虑样品材料和样品层位。本文拟就已发表的可能归属于早期新石器时代的华南地区^{14}C年代数据探讨其年代问题。

一、石灰岩环境对不同材料样品^{14}C年代数据可靠性的影响

目前,华南地区被认为可能归属于早期新石器时代而有^{14}C年代数据的地点有广西桂林甑皮岩,南宁豹子头、柳州白莲洞、大龙潭、扶绥江西岸,广东阳春独石仔,封开黄岩洞、螺髻岩,英德朱屋岩,江西万年仙人洞等,上述遗址都处于石灰岩地区,自然这种特殊的地理环境对^{14}C年代数据真实性的可能影响就为人们所关注。为研究石灰岩地区^{14}C样品的适用性及华南一些早期新石器遗址年代,北京大学考古系^{14}C实验室(原历史系考古专业^{14}C实验室)和中国社会科学院考古研究所^{14}C

---

* 作者:原思训。

实验室人员于1978、1979年两度赴桂林和南宁地区进行考察、采样测定。研究结果形成文章《石灰岩地区^{14}C样品年代的可靠性与甑皮岩等遗址的年代问题》[iii]（下面简称"石"文）。虽然因为当时无法得到核试验前的对比样品，且限于主要目的是解决一些^{14}C年代数据和考古学估计相差悬殊的问题而没有考虑若干影响较小的因素，但是并不影响所得结论的正确性。本节将围绕石灰岩对^{14}C样品年代可靠性的影响作一些补充说明。安志敏汇集了前述遗址^{14}C年代数据[ii]，为讨论方便，我们核对了这些数据，并列于表17-1。

表17-1　可能归属于新石器时代的一些华南遗址的^{14}C年代数据*

地点	样品编号	样品物质	层位	年代（距今）	注释
江西万年仙人洞	ZK-92-0	兽骨	石灰岩洞穴下层	8825±240	[23]
江西万年仙人洞	ZK-39-1	蚌壳	石灰岩洞穴上层	10870±240	[23]
广西桂林甑皮岩	ZK-906-1	螺蚌壳	79KJDT6，上钙华板下50—70厘米	10675±150	[3]
广西桂林甑皮岩	ZK-907-1	螺蚌壳	79KJDT6，上钙华板下100—120厘米	10780±330	[3]
广西桂林甑皮岩	ZK-908-1	螺蚌壳	79KJDT6，上钙华板下170—190厘米	11055±230	[3]
广西桂林甑皮岩	ZK-909-1	螺蚌壳	79KJDT6，上钙华板下190—250厘米	10990±330	[3]
广西桂林甑皮岩	ZK-279-1	蚌壳	DT5③	11310±180	[23]
广西桂林甑皮岩	ZK-280-0	兽骨	DT5③	7580±410	[23]
广西桂林甑皮岩	ZK-630	木炭		5950±265	[2]
广西桂林甑皮岩	BK78308	钙华板	上钙华板底部	6600±150	[22]
广西桂林甑皮岩	BK79309	螺壳	79KJDT5，上钙华板下80厘米	10300±100	[3]
广西桂林甑皮岩	BK79310	螺壳	79KJDT5，上钙华板下130厘米	10270±150	[3]
广西桂林甑皮岩	BK79316	螺壳	79KJDT5，上钙华板下170厘米左右	10090±105	[3]

(续表)

地　　点	样品编号	样品物质	层　　位	年代(距今)	注释
广西桂林甑皮岩	BK79314	兽骨	79KJDT5,上钙华板下170厘米	9100±250	[3]
广西桂林甑皮岩	ZK-910	木炭	79KJDT6,上钙华板下30厘米左右	7680±150	[3]
广西桂林甑皮岩	ZK-911	木炭	79KJDT6,第二层钙华板下30厘米	9000±150	[3]
广西桂林甑皮岩	BK79308	螺壳	79KJDT5,紧靠上钙华板	8970±100	[3]
广西南宁豹子头	ZK-284-1	螺壳	T2③	10720±260	[23]
广西南宁豹子头	ZK-856-0	兽骨	T2②	5155±300	[23]
广西南宁豹子头	ZK-839-1	螺壳	距地表50厘米	9985±200	[3]
广西南宁豹子头	ZK-843-1	螺壳	距地表100厘米	10155±200	[3]
广西南宁豹子头	ZK-840-1	螺壳	距地表110厘米	9625±120	[23]
广西南宁豹子头	ZK-841-1	螺壳	距地表190厘米	10565±200	[3]
广西南宁豹子头	ZK-842-1	螺壳	距地表200厘米	10735±200	[3]
广西柳州白莲洞	PV-455	钙板	东壁2层	13905±250	[25]
广西柳州白莲洞	BK81025	螺壳	东剖面文化层	12980±150	[21]
广西柳州白莲洞	BK82092	钙华板	东部堆积物第1层	7080±125	[12]
广西柳州白莲洞	BK82096	钙华板	东部堆积物第7层	11670±150	[12]
广西柳州白莲洞	BK82097	钙华板	西部堆积物第2层	19910±180	[12]
广西柳州白莲洞	BK82098	钙华板	西部堆积物第4层	26680±625	[12]
广西柳州白莲洞	BK82101	钙华板	西部堆积物第10层表层	37000±2000	[12]
广西柳州大龙潭	PV-376	螺壳	扰乱层	5820±100	[24]
广西柳州大龙潭	PV-378(2)	螺壳	上文化层	7820±100	[24]
广西柳州大龙潭	PV-401	人骨	下文化层上部	10510±150	[24]
广西柳州大龙潭	PV-402	人骨	下文化层上部	11450±150	[24]

（续表）

地　点	样品编号	样品物质	层　位	年代（距今）	注释
广西柳州大龙潭	BK82090	螺壳	下文化层**，靠人骨架	12880±220	[20]
广西柳州大龙潭	PV-379(1)	螺壳	下文化层	18560±300	[24]
广西柳州大龙潭	PV-379(2)	螺壳	下文化层	21020±450	[24]
广西柳州大龙潭	BK82091	螺壳	下文化层下部	23330±250	[20]
广西扶绥江西岸	ZK-848-1	螺壳	距地表0—25厘米	9385±140	[3]
广西扶绥江西岸	ZK-850-1	螺壳	距地表0—60厘米	8950±130	[3]
广西扶绥江西岸	ZK-851-1	螺壳	距地表110厘米左右	9245±140	[3]
广东阳春独石仔	ZK-714-1	螺壳	T3上层	14900±300	[23]
广东阳春独石仔	BK83009	螺壳	T5，上文化层	13220±130	[12]
广东阳春独石仔	BK83016	烧骨	T6，中文化层上层	14260±130	[12]
广东阳春独石仔	BK83017	烧骨	T6，中文化层下层	15350±250	[12]
广东阳春独石仔	BK83018	烧骨	T6，下文化层	16680±570	[12]
广东阳春独石仔	BK83010	螺壳	T6，中文化层上层	17700±200	[12]
广东阳春独石仔	BK83011	螺壳	T6，中文化层下层	17170±180	[12]
广东封开黄岩洞	ZK-676-1	贝壳	洞口	11930±200	[23]
广东封开黄岩洞	ZK-677-1	贝壳	洞内大厅	10950±300	[23]
广东封开螺髻岩	ZK-678-1	螺蚌壳		11175±500	[23]
广东英德朱屋岩	BK83019	螺壳		17140±260	[23]

* 计算表中年代数据采用的 ^{14}C 半衰期为5730年，并且全部年代数据均未作树轮年代校正。
** 数据报告误为上层，现予改正。

石灰岩地区的根本特点是山体主要由含"死碳"的碳酸盐岩构成，土壤和水体中也含较多"死碳"。这一特点可经两条途径影响样品年代可靠性，一是影响样品的起始 ^{14}C 浓度（C_0），一是对样品造成污染。一般说来解决后一问题较为简单，对无机样品（螺、蚌壳、钙华板），只要在预处理时认真检查，刮除或用酸溶去可能的污染层,对有机样品(木头、木炭、骨头等)经常规的清洗步骤,就能除去碳酸盐物质的污染。而前一问题则相当复杂,以下着重讨论石灰岩环境引起样品 C_0 变化造成的年代偏离问题。

(1) 木头、木炭　木头和木炭样品通常被认为是 ^{14}C 测年的最佳材料。树木和其他陆生植物都是经光合作用固定碳以构成机体的,光合作用可表达为

$$CO_2 + H_2O \xrightarrow[\text{植物}]{\text{阳光}} [CH_2O]_{\text{碳水化合物}} + O_2$$

植物生理研究表明,光合作用过程中的碳几乎 100% 来自大气中的 CO_2,借助根部输送的碳可以忽略不计[iv]。因此从理论上讲,石灰岩环境不会使木头、木炭及陆生植物样品的可靠性发生疑问,许多实验数据也充分肯定了这一点。

为了研究溶解的碳酸盐对于树木 ^{14}C 浓度的影响,Olsson 1972 年不仅对比了采自生长于软水和硬水地区的树叶中的 ^{14}C 浓度,而且对比了栽培在泥炭中和加碳酸钙的泥炭中的土豆的叶及土豆根里的 ^{14}C 浓度,结果都没有发现明显的差异[v]。

Srdoč 等的数据能对本论题提供更为直接的说明[vi]:捷克的 Plitvice 国家公园区为石灰岩地区,Srdoč 等测定了该区湖水、大气和树枝的 ^{14}C 浓度,结果如表 17-2。

表 17-2　石灰岩地区树枝、湖水碳酸盐及大气 CO_2 的 ^{14}C 浓度对比

样品物质	说　　明	与现代碳比值(%)
嫩树枝	1978 年 3 月采集,树根浸入湖水中	130.4±1.0
湖水碳酸盐	1978 年采自 Kozjak 湖	85.0±0.9
湖区大气 CO_2	1978 年 3 月采自 Kozjak 湖区	131.5±0.8

表中数据不仅说明石灰岩地区的树木即使根部浸泡在 ^{14}C 浓度远小于大气的湖水中,树枝的 ^{14}C 浓度并没有受到影响,并且和大气 ^{14}C 浓度一致。

Tauber 1983 年对比测定了生长在丹麦、碳酸钙含量高达 18% 及 52% 的钙质土和碳酸钙含量小于 1% 的正常壤土中的山毛榉树的 ^{14}C 浓度,并和美国 Douglas 冷

杉的相应年轮^{14}C 浓度作比较[viii],表 17-3 列出了以惯用^{14}C 年代表示的测量结果。

表 17-3 钙质土与正常壤土中生长的树木^{14}C 浓度对比

树轮 (AD)	^{14}C 年龄(BP)			
	钙质土 (含碳酸钙 18%) 山毛榉 Al Ⅰ	钙质土 (含碳酸钙 52%) 山毛榉 Al Ⅱ	正常壤土 (含碳酸钙<1%) So Ⅰ	美国太平洋 Douglas 冷杉 (Stuiver,1982)
1850—1860	29±35		48±40	116±10
1870—1880	61±40		43±40	113±10
1880—1900	149±40		70±40	82±10
1900—1910		143±40*	62±40	75±10
1910—1920		122±40	133±40	114±10
1920—1930		141±40	164±40	132±10
1930—1940		123±40	126±40	150±10

* 仅 1903—1910 树轮部分。

对比上表数据,几乎看不出在高钙质土中生长的树木和正常地区有什么差别。以上一系列研究和"石"文的数据都充分证明了石灰岩地区的树木、木炭等样品的^{14}C 年代和非石灰岩地区一样是可以信赖的。至于"石"文中一些陆生动植物的^{14}C 浓度(比度)较同时期大气^{14}C 浓度偏低 0.4%—4.5%问题,该文已作了解释,主要是由于缺乏核试验前对比样品,作为对比标准的大气^{14}C 浓度的近似性以及样品生长时期与对比标准不严格一致等因素所引起,即这些数据并不严格定量,因而它们不能作为偏老趋势的证据。表 17-3 中丹麦高钙土、普通土壤生长的山毛榉以及美国 Douglas 冷杉同年轮部分^{14}C 浓度的一致性,正好提供了石灰岩地区生长的树木样品并不比正常地区^{14}C 年代偏老的事例。退一步说,即使石灰岩地区可能导致某些陆生动植物样品略微偏老,譬如^{14}C 浓度偏低 0.4%—4.5%,它所引起的偏老值至多不大于 400 年,由此也决不会引起目前的华南早期新石器遗址年代上的混乱。

(2) 骨头 动物和人不能直接利用大气中的 CO_2 合成机体组织,只能以植物和其他动物为生,与大气 CO_2 进行着间接交换。他们机体中的 ^{14}C 浓度与摄取的食物有关[ix]。相对地说,骨头样品的问题稍复杂一些;不过许多实验表明,通常骨头样品的 ^{14}C 年代是可靠的[vii]。如果生活在石灰岩地区的动物或人,生前主要以水生动植物为食,其骨骼的 ^{14}C 年代可能偏老。

(3) 螺蚌壳 它是软体动物的介壳,可分为海洋和淡水两大类。螺、蚌以水中植物、动物和浮游生物为食,他们机体中的 ^{14}C 浓度最终取决于水体中溶解的 CO_2 和碳酸盐的 ^{14}C 浓度。

海洋螺、蚌壳的情况较为简单。海洋是一个浩瀚的水体和巨大的 ^{14}C 贮存库。虽然因受深度和洋流等影响,不同地点和部位的海水的 ^{14}C 浓度有差别,但是广大的温带地区表层海水的 ^{14}C 浓度相近,比大气低 5% 左右,这个因素可使海洋螺、蚌壳的 ^{14}C 年代偏老 400 年上下。但是海洋螺、蚌壳的 $\delta^{13}C$ 为 0‰ 左右,它表明这些螺、蚌壳由于生物同位素分馏效应浓集 ^{14}C,此因素又使它们的 ^{14}C 年代偏年轻 400 年上下。在这两种影响幅度相近、作用方向相反的因素作用下,海洋螺、蚌壳的 ^{14}C 年代一般来说是可靠的。

陆生的淡水螺、蚌壳的情况要复杂得多,淡水水体不像海洋那样广袤无垠,它分散在地表各处。各个水体中的 ^{14}C 浓度因水源、地域、气候等不同,所溶解的含"死碳"的碳酸盐量便不同。这一情况不但导致一些水体中的水生动植物的 ^{14}C 浓度偏低,而且不同水体偏低的程度也不同。石灰岩地区,水中溶解了相当多的含"死碳"的碳酸盐,致使其中水生动植物的 ^{14}C 浓度偏低尤甚。如果能设法测定出样品生成时,其所在水体的 ^{14}C 浓度,便可能确定该样品的 ^{14}C 年代校正量。但是 ^{14}C 测年样品来自古代,很难获得当时水体的 ^{14}C 浓度。测定样品的出土地点周围现存水体 ^{14}C 浓度,也只能作为重要参考。因而目前有关石灰岩地区螺蚌壳及水生动植物样品的 ^{14}C 年代偏老数值尚无定量校正方法。

(4) 钙华板 钙华板、钟乳石、石笋等都是由含碳酸盐的水生成的沉积物。这类物质在石灰岩地区的洞穴中十分发育,露天亦多见,它们的 ^{14}C 年代可靠性相当复杂。其 C_0 不仅取决于沉积物生成时水体的 ^{14}C 浓度,而且和周围空气的 ^{14}C 浓度以及碳同位素在空气、水溶液及新生沉积物间的交换程度有关。如果洞穴开阔、空气畅通,形成沉积物中的碳和水溶液与大气中碳同位素交换充分,则沉积物的^{14}C年代基本上是可靠的,如甑皮岩及白莲洞主厅的钙华板,反之则偏老[x][xii],因此在应用钙华板数据时应十分慎重。

二、可能归属于早期新石器时代的华南地区一些考古遗址的^{14}C年代数据甄别

在上节讨论的基础上,本节主要围绕华南早期新石器测年所用样品材料和出土层位,对各遗址样品逐个甄别。各遗址^{14}C测年的样品材料及数据个数列于表17-4。

表17-4 华南地区一些遗址的^{14}C年代数据量及所用测年样品物质

样品物质 \ 样品个数 \ 遗址	仙人洞	甑皮岩	豹子头	白莲洞	大龙潭	扶绥江西岸	独石仔	黄岩洞	螺髻岩	朱屋岩
木炭		3								
骨头	1	2	1		2		3			
钙华板		1		6						
螺蚌壳	1	9	6	1	6	3	4	2	1	1

由此表可见,所用^{14}C测年材料中螺蚌壳高达65%,从这些螺蚌壳出土的地点、环境及送测的样品看,它们都是淡水螺蚌。据前讨论,这类样品的^{14}C年代不仅偏老,而且没有定量的校正方法,如果不加分析地使用这些数据资料,势必会给研究工作带来迷惘。看来这是引起华南早期新石器遗址^{14}C年代混乱的主要原因。江西岸、黄岩洞、螺髻岩、朱屋岩四个地点都只有螺蚌壳数据,因此不能据此对它们的考古年代作确切判断。至于朱屋岩,不仅样品没有肯定的出土层位,而且据说对该地点是否曾出过陶片都有分歧,因此更难以讨论样品年代所联系的文化问题。

不过由现有资料出发,淡水螺蚌壳的^{14}C年代偏老幅度多在几百至二三千年,如果作为参考,亦不妨由测定数据中扣除500—2500年来估计有关遗存的大致年代范围。

表17-4中的7个钙华板样品,其中甑皮岩1个、白莲洞6个。甑皮岩BK78308是1978年在甑皮岩陈列馆人员协助下,由北京大学和社科院考古研究所实验室人员采集的。样品取自文化层上覆的厚钙化板底部,根据它和下伏文化层上部木炭样ZK910的年代及层位关系看,其年代基本上是可信的,但该样品只能说明文化层的下限。

白莲洞PV-455样品系古脊椎动物与古人类研究所实验室所测,样品采自"东壁第二层",因"东壁"含义不清,一时又弄不清其确切所指,暂不对该数据做进一步讨论。其他五个白莲洞样品BK82092、82096、82097、82098和82101是1982年在柳州市博物馆人员协助下,由北京大学实验室人员采集的,层位依据原发掘分层[xi],钙华板类样品的年代可靠性较为复杂,但据遗址样品环境及与铀系法数据对比,这些样品的年代基本可靠[xii]。

骨头样品年代的可靠性受人和动物食物构成的影响。从仙人洞、甑皮岩、独石仔的动物群中兽类组成来看,多为牛、羊、鹿、麂、竹鼠、虎、豹等,并非主要以食水生动植物为生者,它们的年代应可靠。其中仙人洞兽骨样ZK-92-0为江西博物馆1964年采集的洞穴下层样品。三个独石仔兽骨样是受北京大学实验室之托,由广东博物馆宋方义、李浪林所采,他们为采样,专门对遗址进行了第四次发掘。ZK-280-0兽骨样为桂林市文管会送测的甑皮岩DT5第3层样品,因为发掘时认为遗址是单一文化层,没有对出土部位作更多说明。BK79314样多为猪骨和鹿角,系1979年由实验室人员采自DT5,并有许多陶片伴出[iii],上海博物馆王维达用热释光法测定了其中一些陶片的年代,结果与^{14}C法吻合[xiii]。

豹子头兽骨ZK856-0为广西博物馆送测,出土于T2②,应系第2层,发掘报告称"第二层为扰乱层……混有铁钉、'开元通宝',和唐宋时代陶片"[xiv],该样品数据显然不宜用于探讨遗址年代,应当删除。据报道,大龙潭人骨样品属下文化层上部[xv]。大龙潭为贝丘遗址,据遗物推测,当时人们过着渔猎采集生活,如果食用较多螺、蚌肉及其他水生动植物，不能排除 PV401、PV402 两个样品 ^{14}C 年代偏老的可能性。

三个甑皮岩木炭样品均为实验室人员采集，但是鉴于采集 ZK-630 样品时的具体情况，该样品数据应剔除：1978 年中国科学院考古研究所与北京大学两个实验室人员第一次到桂林考察，当时没有准备系统采集甑皮岩遗址文化层样品，只是在取覆盖在文化层顶部的钙华板时，顺便收集了分散在遗址各处的木炭颗粒。该样品没有确切层位，考虑到这一事实，实验室才未正式发表这一数据，因此显然不宜用它来探讨遗址年代。

ZK-910 和 ZK-911 为 1979 年所采，是年考察的主要任务是采集遗址文化层样品。考察人员在仔细观察了剖面后，发现在厚大的顶部钙华板之下半米左右还有一层厚约 2 厘米的薄钙华板，即"石"文中的第二层钙华板，在它的上下散布着许多木炭粒，ZK-910 和 ZK-911 分别采自上、下两部分。

三、可能归属于早期新石器时代的一些华南考古遗址的 ^{14}C 年代

经过上节甄别，剩下甑皮岩、仙人洞、白莲洞、独石仔、大龙潭五个遗址十六个可靠(木炭、兽骨)或基本上可用(钙华板、人骨)的 ^{14}C 数据。我们将根据这些年代数据，并参考螺蚌壳资料，来探讨这些华南早期新石器时代遗址的年代。

（1）甑皮岩、仙人洞　甑皮岩是目前华南地区经过系统发掘、遗存丰富、年代数据较多的一处遗址。据试掘报告，"第三层为新石器时代堆积层"，"第三层出土的文化遗物和遗迹均属新石器时代的遗存，看不出有早晚的不同"[xvi]。经过北京大学和中国科学院考古研究所两个实验室研究认为："甑皮岩遗址似以第二层钙华板为界，分为早晚两期，晚期年代大约在距今 7500 年，早期年代在 9000 年以上。"经上节数据甄别，进一步肯定"石"文中依据数据得出的这一结论。

据上节讨论，对甑皮岩 ^{14}C 数据的一些疑虑不难消除，例如"同一深度的两块木炭(ZK-911 和 ZK-910)相差 1300 年"，如前所述，具体情况是两者相隔第二层钙华板，也并非同一深度，它们分别代表上、下两期的年代。再如"同一层位的蚌壳

(ZK279-1)比兽骨早3700年,而木炭比蚌壳晚了5300年"[ii]。ZK-279-1(蚌壳11310±180年)和ZK-280-0(兽骨7580±410年)虽按送测者意见同出一层,而蚌壳较兽骨老许多的可能原因是:两者出土层位有别,因发掘时认为"均属新石器的遗存"而没有细分,而实际上ZK-279-1应为下层,ZK-280-0为上层,再加上淡水贝壳年代偏老,更扩大了两者年代上的差距。至于ZK-630木炭比蚌壳晚了5300年,是因为除了蚌壳本身偏老外,据前讨论ZK-630是实验室认为不宜使用而未正式发表的数据。

仙人洞ZK-920兽骨年代数据,我们不作更多讨论。[iii]

(2) 白莲洞 1956年发现,经过多次发掘,主要有两套沉积物,前期沉积物以洞室西部为代表,后期沉积物集中于洞室东部。据对地层、文化遗物、动物群、人类化石研究,发掘者认为遗址代表了石器时代的三期文化——旧石器文化、中石器文化和新石器文化[xi]。北京大学实验室用^{14}C法和铀系法对遗址各层年代系统测定,表明白莲洞文化延续时间长达3万年以上[xii],不宜笼统地都归属为新石器早期文化。

(3) 独石仔 1960年发现,1964、1973、1978年三次发掘[xvii-xix],为配合北京大学实验室的年代研究工作,广东省博物馆于1983年进行了第四次发掘。遗址分上、中、下三个文化层,上文化层因没有足够的可靠测年材料,只有两个螺壳年代数据。中、下文化层的三个烧骨样品年代分别为14260±130、15350±250、16680±570年,同层采到的兽骨与贝壳样品年代相差较多,可能主要因为这些软体动物生活的水体中"死碳"含量较高。

(4) 大龙潭遗址年代揣测 现有大龙潭遗址^{14}C年代数据8个,其中人骨样品2个、螺壳样品6个,删除扰乱层螺壳样PV-376外,其余七个数据或许可分为三组:

第三组
PV-378(2)   7820±100   上文化层
第二组
PV-401   10510±150   下文化层

PV-402	11450±150	下文化层
BK82090	12880±220	靠人骨架,下文化层上部

第一组

PV-379(1)	18560±300	下文化层
PV-379(2)	21020±450	下文化层
BK82091	23330±250	下文化层下部

上列分组是基于如下两点考虑:

① 从现有的淡水螺壳堆积的贝丘及一些洞穴遗址的螺蚌壳 ^{14}C 数据看,例如表 17-1 中的甑皮岩 ZK-906-1、ZK-907-1、ZK-908-1、ZK-909-1 (79KJDT6)、BK79309、BK79310、BK79316(79KJDT5);豹子头 ZK-839-1、ZK-843-1、ZK-841-1、ZK-842-1 和江西岸 ZK-848-1、ZK-850-1、ZK-851-1 等,往往 1—2 米深度内各 ^{14}C 数据年代在误差范围内相近,它反映了先民们采食螺蚌后抛弃的这类物质堆积很快,或可说明他们固定在一处活动延续时间较短。

② 虽然淡水螺蚌壳年代偏老而且没有准确的校正方法,但是其偏老幅度通常不会大于 ^{14}C 的半衰期,即 5730 年。前面所列三组大龙潭螺壳年代,各组间相距都在 5000 年以上,这种差距不像是由样品的测量误差或者由于同时期螺壳样品因为来源不同所致,除了发掘报告已指明有两个文化期外,是否可将第一、二组数据视为第一期文化的两个不同阶段或视为不同的文化期?据前所述,如果权作参考,在扣除了因螺蚌年代偏老的因素之后,大龙潭遗址似可分为三个时间相距较大的阶段:

第三阶段

报告中的第二期文化(上文化层) 距今 5—6 千年

第二阶段

报告中的第一期文化(下文化层上部) 距今 1 万年前后

第一阶段
报告中的第一期文化(下文化层下部)　　距今2万年左右

有关陶片的层位,笔者曾专门求教过参加发掘工作的何乃汉,他称陶片出土的最低部位为上文化层底部和下文化层顶部,不低于人骨所在部位。若如是,是否可作这样推论,即陶片的年代至多为1万年前后。

大龙潭与白莲洞相距很近,基于前面对大龙潭年代的推测,两者在文化发展阶段上可作如下对比：大龙潭上文化层稍晚于白莲洞东部堆积第一层；大龙潭下文化层顶部(人骨部位)约相当于白莲洞东部堆积的4—6层；大龙潭下文化层下部大约与白莲洞西部堆积的第2层相当。

(5)豹子头、江西岸、黄岩洞、螺髻岩　这四处遗址只有螺蚌壳年代,据前,如果姑且作为参考,可由螺蚌壳年代减去500—2500年得出遗址的大致年代范围。

华南地区新石器文化发展上尚有不少缺环,近年陆续有一批较早新石器遗存被发现,如湖北宜都城背溪[xx]、湖南石门皂市[xx]、临澧胡家屋场[xxvi]、澧县彭头山[xxvii]等。这些遗址的^{14}C年代都较余姚河姆渡为早,它们多与北方的武安磁山、新郑裴李岗相近,而彭头山还较前两遗址早上千年。这些发现正逐渐填补着从甑皮岩、仙人洞到河姆渡之间的缺环。

如果以陶器的出现作为主要特征之一来衡量新石器时代的开始,那么目前甑皮岩、仙人洞是遗物和层位确凿,^{14}C数据可靠的华南最早的新石器遗存。虽然大龙潭下文化层的陶片可能更早,但有待进一步核查。

白莲洞遗址在时间上延续较久,虽然在地层和文化上存在缺失,但如果以它为主线,结合独石仔、大龙潭、甑皮岩等遗址,纵观华南地区旧石器到新石器文化的时间进程,是颇有意思的。我们曾就此做试探[xii],即大约距今9000年或稍早一点时间,处于新石器早期,而距今2—1万年左右的时间区间在文化发展上具有过渡性质,或者说处于新石器文化的孕育期,这一状况和华北地区考古文化进程也大体相当。而令人玩味的是这一过渡时间正是伴随着末次冰期主冰期的到来与结束而实现的。

参考文献

[i] 夏鼐.碳-14 测定年代和中国史前考古学[J].考古,1977,(4):217-232.

[ii] 安志敏.华南早期新石器的^{14}C 断代和问题[J].第四纪研究,1989,9(2):123-133.

[iii] 北京大学历史系考古专业^{14}C 实验室,中国社会科学院考古研究所^{14}C 实验室.石灰岩地区碳-14 样品年代的可靠性与甑皮岩等遗址的年代问题[J].考古学报,1982,(2):243-250.

[iv] 曹宗巽.根系在植物碳素营养中的作用[J].北京大学学报(自然科学),1964,(1):82-88.

[v] Olsson I U, Klasson M, Abd-El-Mageed A. Uppsala natural radiocarbon measurements XI[J]. Radiocarbon, 1972, 14(1): 247-271.

[vi] Srdoč D, Obelic B, Hovatinčic N, et al. Radiocarbon dating of calcareous tufa: how reliable data can we expect? [J]. Radiocarbon, 1980, 22(3): 858-862.

[vii] 中国科学院考古研究所实验室,古脊椎动物与古人类研究所实验室.骨质标本的碳-14 年代测定方法[J].考古,1976,(1):28-30.

[viii] Tauber H. Possible depletion in carbon-14 in trees growing in calcareous soils[J]. Radiocarbon, 1983, 25(2): 417-420.

[ix] 蔡莲珍,仇士华.碳十三测定和古代食谱研究[J].考古,1984,(10):949-955.

[x] 原思训.洞穴堆积物的^{14}C 年代测定与研究[C]//中国^{14}C 年代学研究.科学出版社,1990:213-222.

[xi] 柳州白莲洞洞穴科学博物馆等.广西柳州白莲洞石器时代洞穴遗址发掘报告[C]//南方民族考古第 1 辑.四川大学出版社,1987:143-160.

[xii] 原思训等.阳春独石仔和柳州白莲洞遗址的年代测定[C]//纪念北京大学考古专业三十周年论文集.文物出版社,1990:40-47.

[xiii] 王维达.河姆渡和甑皮岩陶片热释光年代的测定[C]//考古学集刊 4.中国社会科学出版社,1984:321-327.

[xiv] 广西壮族自治区文物考古训练班,广西壮族自治区文物工作队.广西南宁地区新石器时代贝丘遗址[J].考古,1975,(5):295-301.

[xv] 柳州市博物馆,广西壮族自治区文物工作队.柳州市大龙潭鲤鱼嘴新石器时代贝丘遗址[J].考古,1983,(9):769-774.

[xvi] 广西壮族自治区文物工作队,桂林市文管会.广西桂林甑皮岩洞穴遗址的试掘[J].考古,1976,(3):175-179.

[xvii] 邱立诚,宋方义,王令红.广东阳春独石仔洞穴文化遗址发掘简讯[J].古脊椎动物学报,1980,(3):260.

[xviii] 邱立诚,宋方义,王令红.广东阳春独石仔新石器时代洞穴遗址发掘[J].考古,1982,(5):456-459.

[xix] 邱立诚,宋方义,王令红.作者来信[J].考古,1983,(7):669.

[xx] 北京大学考古系^{14}C 实验室.^{14}C 年代测定报告(七)[J].文物,1987,(11):89-92.

[xxi] 北京大学考古系^{14}C 实验室.^{14}C 年代测定报告(六)[J].文物,1984,(4):92-96.

[xxii] 北京大学考古系^{14}C 实验室.^{14}C 年代测定报告(三)[J].文物,1979,(12):79.

[xxiii] 中国社会科学院考古研究所.中国考古学中碳十四年代数据集(1965—1981)[M].文物出版社,1983:60,106-108,101.

[xxiv] 黎兴国等.柳州大龙潭贝丘遗址年代及其邻近地区对比[C]//第四纪冰川与第四纪地质论文集(^{14}C 专集),地质出版社,1987:229-234.

[xxv] 黎兴国等.^{14}C 年代测定报告(PV)I[C]//第四纪冰川与第四纪地质论文集(^{14}C 专集),地质出版社,1987:30.

[xxvi] 湖南省文物普查办公室,湖南省博物馆.湖南临澧县早期新石器文化遗存调查报告[J].考古,1986,(5):385-393.

[xxvii] 湖南省文物考古研究所,澧县文物管理所.湖南澧县彭头山新石器时代早期遗址发掘简报[J].文物,1990,(8):17-29.

(原载于《考古》1992 年第 4 期。)

18
加速器质谱法测定兴隆纹饰鹿角与峙峪遗址等样品的 ^{14}C 年代[*]

加速器质谱（AMS）^{14}C 测年技术已日臻成熟,其最突出特点是灵敏度高,所需样品仅为常规 β 计数法的千分之一左右,因而能够测定许多用后者无法计年的样品。本文用 AMS ^{14}C 法测定山西省朔县峙峪遗址、河北省涞源西庙、河北省兴隆等遗存样品的年代。样品前处理及制备石墨是笔者在荷兰格罗宁根大学同位素研究中心完成的,制备成的石墨由美国亚利桑那大学 NSF 加速器放射性同位素分析实验室测定年代。

一、样品

同时制备及测定的样品共 4 个：2 块兽骨、1 只鹿角和 1 块木炭,描述如下：

（1）峙峪遗址动物肢骨残片,出土于下部灰烬层,系尤玉柱提供。

（2）涞源西庙兽骨残片及木炭,由涞源县文化馆提供,出土于涞源县城西 1 里许的西庙村。

（3）兴隆鹿角,出自兴隆县一采石场,鹿角系王峰在炸取石灰石工地意外的发现。为一带纹饰鹿角,样品取自底端没有纹饰的部位,重 0.46 克。

---

[*] 作者：原思训（北京大学考古系年代测定实验室）。工作中得到中国科学院古脊椎动物与古人类研究所尤玉柱先生、美国亚利桑那大学 NSF 加速器放射性同位素分析实验室主任 D. J. Donahue 教授、荷兰格罗宁根大学同位素研究中心 A. T. Bijma 小姐的热情帮助,特致谢意。

二、AMS^{14}C 测年样品制备及测定结果

1. 样品前处理及测年用石墨的合成

先刮除骨样表层,用 3% HCl 溶去骨样的磷酸盐及碳酸盐等无机组分得到胶原物质。用稀碱除去可能存在的腐殖酸污染,胶原在 pH=3 的 80℃热水中长时间浸泡得到明胶,离心分离出不溶残渣,冷冻干燥明胶溶液后得到固体明胶。木炭样品采用标准酸、碱、酸前处理程序。

明胶或木炭燃烧得到 CO_2 后,和一定比例的 H_2 气混合,用 Fe 粉催化还原制成石墨:

$$CO_2 + 2H_2 \xrightarrow[\triangle]{Fe} 2H_2O + C(石墨)$$

2. AMS^{14}C 测年结果

用制备出的石墨作靶,经加速器质谱^{14}C 法测量,年代结果见表 18-1。

表 18-1 AMS^{14}C 法测定兴隆纹饰鹿角、峙峪遗址等样品^{14}C 年代结果

样品编号	样品物质	石墨样品	测量样品	AMS^{14}C 年代(BP)*
XM①	西庙木炭	5	AA 6437	9517±90
XM②	西庙兽骨	2	AA 6436	8520±130
SY④	峙峪兽骨	4	AA 6439	32220±625
XL⑤	兴隆纹饰鹿角	6	AA 6440	13065±270

* 表中年代采用的^{14}C 半衰期为 5568±30 年。如果采用 5730±40 年^{14}C 半衰期计算样品年代,可将表中数据乘以 1.029,则表 18-1 中的年代数据将分别为 9793±90 年、8767±130 年、33155±625 年和 13445±270 年。本文引用的其他^{14}C 年代数据均采用 5730 年半衰期。

三、年代结果小议

华北地区是我国考古文化的重要发祥地,北京周口店及其邻近的河北、山西一带尤具特殊地位,本文所测样品的出土地点均距周口店不远。

峙峪是我国北方一处著名的旧石器文化遗址，峙峪文化被看作追溯东亚、北美和北美细石器起源与发展的一个重要环节[ii]。中国社会科学院考古研究所实验室曾用文化层出土的王氏水牛骨化石测得^{14}C年代为28945±1370年[iii]，对于这样一处重要的遗址，一个^{14}C数据似显单薄。AMS ^{14}C数据与考古研究所用β^{14}C计数法结果一致，为峙峪遗址的时代提供了新的资料。

涞源西庙遗存是1986年文物普查中发现的，出土有陶片、泥支脚、石片、兽骨、核桃、木炭屑等。因为遗存中有陶片，并为近5米厚的黄土所覆盖，其时代令人十分感兴趣。1990年我们实验室曾用收集到的少量木炭制苯，经液体闪烁法测得^{14}C年代为8550±520 BP（BK90008），这一结果与表18-1中的XM①木炭样品的AMS^{14}C结果相符合。表18-1中的两个西庙数据和BK90008的年代说明，西庙遗存的年代为距今9000年上下，它早于我国北方的磁山—裴李岗文化。1986年文物普查中，在河北省徐水县南庄头还发现了南庄头遗存，它下伏马兰黄土，上面为2米多厚的湖沼相沉积物覆盖，出土10多件陶片，并有石磨盘、石磨棒、石片、烧骨等遗物。经我们实验室做系统^{14}C年代测定研究，文化层的年代为距今10500—9700年左右[iv]。两处遗存的数据与近年来北京周围发现的上寨、北埝头、镇江营等较早的新石器文化遗存的年代数据一起，扩展并填充了我国华北地区新石器时代文化的框架。

兴隆鹿角残长12.5厘米，上面阴刻三组精美纹饰并染成红色。根据同时收集到的最后斑鬣狗、赤鹿等动物化石，尤玉柱推测其年代在距今1万年之前[i]。但是由于鹿角既非考古发掘所得，又没有足够数量的伴出样品供β^{14}C计数法测年。而在1万年上下的年代范围内，只有用AMS^{14}C法直接测定鹿角本身，才能既不损坏其文物价值，又能获得准确的年代。AMS^{14}C年代结果与据同时收集到的动物化石所推测的时代相符合。兴隆纹饰鹿角的AMS ^{14}C数据表明，它是我国一件极为珍贵的旧石器时代晚期的工艺品，目前也是我国这一时代出土的唯一的一件佳作，对艺术发展史研究有很高价值。它的工艺或许是沿着峙峪文化中的骨头刻痕及饰物、山顶洞文化中丰富的饰物脉络而来的。

参考文献

[i] 尤玉柱.旧石器时代的艺术[J].文物天地,1989,(5):8-12.
[ii] 贾兰坡.中国细石器的特征和它的传统,起源与分布[J].古脊椎动物与古人类,1978, 16(2):137-143.
[iii] 中国科学院考古研究所实验室.放射性碳素测定年代报告(四)[J].考古,1977,(3): 200-203.
[iv] 原思训,陈铁梅,周昆叔.南庄头遗址^{14}C 年代测定与文化层孢粉分析[C]//环境考古研究(第一辑).科学出版社,1991.

(原载于《人类学学报》1993 年第 1 期。)

19
我国北方几处晚更新世旧石器地点的骨化石铀系年代*

10多年来我们就铀系法测定骨化石的原理、方法、技术以及判断年代真实性方法做过多方面讨论[i-vii]。本文发表甘肃环县刘家岔、楼房子，山西大同青瓷窑，曲沃西沟，内蒙古大窑四道沟和辽宁复县古龙山等晚更新世旧石器地点的骨化石铀系年代。

一、测定结果

表19-1列出刘家岔、楼房子、青瓷窑、西沟、四道沟和古龙山等旧石器地点的骨化石铀系年代测定结果。

二、刘家岔、楼房子、青瓷窑、西沟、四道沟和古龙山遗址的铀系年代

1. 环县刘家岔

刘家岔是甘肃一处重要的旧石器遗址[viii]，位于环县刘家岔沟的龙骨拐沟内（36°29′N，107°06′E），出土石制品1000多件（其中石器近500件），13种哺乳动物化石。发掘者认为刘家岔遗址动物群与内蒙古萨拉乌苏动物群面貌基本一致，遗

---

* 作者：原思训、陈铁梅、高世君、胡艳秋（北京大学考古系年代测定实验室）。该文为1993年5月于北京大学考古学系举办的"迎接21世纪的中国考古学国际学术讨论会"提交论文《中国旧石器与古人类地点的铀系法骨化石年代序列》的第三部分。

表 19-1 我国北方地区几处旧石器遗址的骨化石铀系年代

遗 址	层位	编号（BKY）(原编号)	样品物质	铀含量(ppm)	$^{234}U/^{238}U$	$^{230}Th/^{234}U$	^{230}Th法年代(万年)	$^{231}Pa/^{235}U$	^{231}Pa法年代(万年)	备注 牛津^{14}C年代(万年)
甘肃环县刘家岔		BKY82103	犀牛牙	270.5±7.5	1.64±0.02	0.330±0.012	4.2±0.2	0.613±0.030	4.4±0.4	
		BKY82104	鹿牙	334.9±8.9	1.65±0.02	0.344±0.012	4.4±0.2	0.554±0.030	3.8±0.3	
甘肃环县楼房子7405地点		BKY82107	犀牛牙	230.6±4.2	1.69±0.02	0.171±0.013	2.0±0.2	0.369±0.030	2.2±0.2	
山西大同青瓷窑	3层	BKY82045	马牙	587.5±12.1	1.10±0.01	0.526±0.013	8.0±0.3	0.698±0.018	5.6±0.3	
		BKY82047	鹿牙	629.2±15	1.09±0.01	0.605±0.022	9.9±0.6	0.794±0.043	$7.4^{+1.1}_{-0.9}$	OxA957 3.34±0.10
曲沃西沟	上层	BKY83096	马牙	290.2±4.5	1.34±0.01	0.227±0.007	2.76±0.20	0.389±0.022	2.3±0.3	
	上层	BKY83095	马牙	293.0±6.8	1.36±0.02	0.386±0.012	5.2±0.2	0.714±0.033	$5.9^{+0.6}_{-0.5}$	
	下层	BKY83099	马牙	137.2±2.2	1.41±0.02	0.452±0.014	6.3±0.3	0.720±0.032	$6.0^{+0.5}_{-0.4}$	
内蒙古保和少乡四道沟	地下6.8米	BKY85059	牛牙	79.9±1.3	1.24±0.02	0.224±0.006	2.73±0.08	0.392±0.028	2.3±0.2	
		BKY85060	牛牙	85.4±1.3	1.23±0.02	0.222±0.005	2.71±0.08	0.426±0.034	2.6±0.3	
	1—2层	BKY82015	犀牛牙	57.5±1.2	1.51±0.03	0.186±0.006	2.2±0.1	0.419±0.037	$2.5^{+0.35}_{-0.25}$	
辽宁复县古龙山		BKY82016	鹿牙	33.8±1.0	1.56±0.04	0.330±0.013	4.3±0.2	0.657±0.061	$5.0^{+0.9}_{-0.8}$	
		BKY83088	犀牛牙	47.8±1.1	1.42±0.03	0.384±0.014	5.1±0.3	0.646±0.040	4.9±0.6	
	四层	BKY83089	犀牛牙	30.7±0.8	1.47±0.04	0.254±0.016	3.2±0.2	0.457±0.035	2.9±0.3	OxA958 3.70±0.20

址时代和萨拉乌苏及山西峙峪遗址大致相当。测年样品由谢骏义先生提供,表 19-1 所列两个骨化石样品 BKY82103、BKY82104 均封闭,并且年代几乎一样,分别为 4.2±0.2 万年和 4.4±0.2 万年,平均 4.3 万年。

2. 环县楼房子

楼房子遗址位于环县合道川柏林沟口(36°21′N,107°21′E),黄土下的灰绿色沉积物中[ix]。出土许多脊椎动物化石及数十件石器。样品由谢骏义先生提供,所测犀牛牙化石 BKY82107 封闭,为 2.0±0.2 万年。

3. 大同青瓷窑

青瓷窑遗址位于大同市西郊的十里河二级阶地上(40°6′N,113°10′E),第 3 层堆积中出土近千件石制品和 8 种哺乳动物化石。根据动物化石中有三门马和石制品显得原始的特点,将遗址的时代定为中更新世的后一阶段[x],样品由卫奇先生提供。表 19-1 中 BKY82045 不封闭,有铀的后期加入,样品年代要大于 8 万年,样品 BKY82047 基本封闭,也可能有少量铀的后期加入,其年代为 10 万年或更早一些。

4. 曲沃西沟

遗址位于山西省曲沃县城西北浍河北岸的三级阶地上,1956 年发现并发掘[xi],1983 年再次发掘[xii],发现人牙化石 1 枚,石制品 500 多件,其中石器 94 件,动物化石有野马、披毛犀、鸵鸟等。遗址剖面厚 18 米,分 12 层,第 2 层为文化层。该层厚 0.9 米,中部夹一层黄褐色粉砂。样品为刘源先生送测。表 19-1 中所测定的三个样品都封闭,两个上层样品年代分别为:BKY83096 2.76±0.20 万年和 BKY83095 5.2±0.2 万年;下层样品 BKY83099 年代为 6.3±0.3 万年,即上层年代为 3—5 万年,下层年代为 6 万年左右。

5. 内蒙古大窑村南山四道沟

遗址位于呼和浩特市郊保和少乡的兔儿山,该处盛产燧石,1976 年和 1979—

1983 年进行发掘,出土大量的燧石制品,并且包括旧石器早、中、晚各个时期[xiii],是一处十分重要的旧石器文化遗址。我们只测定了黄蕴平先生提供的两个地下 6.8 米牛牙样品。所测两个样品均封闭,而且几乎一样为 2.7 万年左右。

6. 辽宁大连古龙山

遗址位于大连复县镇郊北侧(39°41′N,122°01′E),1981 年发现,并两度发掘。出土脊椎动物化石 62 种、数万件,少量石制品。遗址自上而下分 4 层。化石多集中于 1 层和 2 层顶部及 4 层底部[xiv]。样品系周信学先生提供,表 19 - 1 中四个古龙山样品均封闭或基本封闭。第 1—2 层 BKY82015、BKY82016 分别为 2.2±0.1 万年和 4.3±0.2 万年。两个 4 层样品 BKY83089 和 BKY83088 年代分别为 3.2±0.2 万年和 5.1±0.3 万年。上面四个数据中,BKY82016 和 BKY83089 两个年代数据有些不够协调,或许是因为 BKY82016 不完全封闭有少量铀析出,致使年代偏老,抑或是样品关系。不过从四个数据综合考量,整个遗址年代在 2—5 万年前后。

参考文献

[i] 陈铁梅,原思训,高世君,等.许家窑遗址哺乳动物化石的铀系法年代测定[J].人类学学报,1982,1(1):91 - 95.

[ii] 陈铁梅,原思训,高世君.铀系法测定骨化石年龄的可靠性研究及华北地区主要旧石器地点的铀系年代序列[J].人类学学报,1984,3(3):259 - 269.

[iii] Chen T, Yuan S. Uranium-series dating of bones and teeth from chinese palaeolithic sites [J]. Archaeometry, 1988, 30(1):59 - 76.

[iv] 原思训,陈铁梅,高世君.用铀系法测定河套人和萨拉乌苏文化的年代[J].人类学学报,1983,2(1):90 - 94.

[v] 原思训,陈铁梅,高世君.华南若干旧石器时代地点的铀系年代[J].人类学学报,辽宁省博物馆,本溪市博物馆编,1986,5(2):179 - 190.

[vi] 原思训,陈铁梅,高世君.(庙后山)骨化石的不平衡铀系年代测定[M].文物出版社,1986:86 - 89.

[vii] 原思训,陈铁梅,高世君.通过^{227}Th 测定骨化石的^{231}Pa 年代和^{231}Pa/^{230}Th 年代[J].地球化学,1990,(3):216 - 224.

［viii］谢骏义.甘肃环县刘家岔旧石器时代遗址[J].考古学报,1982,(1):35-48.
［ix］谢骏义,张鲁章.甘肃庆阳地区的旧石器[J].古脊椎动物与古人类,1977,15(3):212-226.
［x］李超荣,谢廷琦,唐云俊.大同青瓷窑旧石器遗址的发掘[J].人类学学报,1983,2(3):236-246.
［xi］贾兰坡.山西曲沃里村西沟旧石器时代文化遗址[J].考古,1959,(1):18-21.
［xii］刘源.山西曲沃县西沟新发现的旧石器[J].人类学学报,1986,5(4):325-335.
［xiii］汪宇平.呼和浩特市东郊旧石器时代石器制造场1983年发掘报告[J].史前研究,1987,(2):53-61.
［xiv］尤玉柱,李毅,孙玉峰,王家茂.大连古龙山文化遗址及对当时古生态的探讨[J].史前研究,1985,(1):68-73.

（本文原为1993年6月在北京大学考古学系举办的"迎接21世纪的中国考古学国际学术讨论会"论文《中国旧石器与古人类地点的铀系法骨化石年代序列》的第三部分。）

20
^{14}C AMS Dating the Transition from the Paleolithic to the Neolithic in South China[*]

Introduction

The appearance of polished stone tools, pottery and the domestication of plants and animals are taken as criteria for the Neolithic period by most Chinese archaeologists. Recently, many archaeologists have considered food production to be a more important factor. The study of the transition from the Paleolithic to the Neolithic is an important focus of archaeological research in China. The karst area of South China has abundant caves and cultural remains of these periods. Bailiandong (White Lotus Cave), being one of the most important sites, is located in the southern slope of Baimian Mountain (White Face) 12 km southwest of the city of Liuzhou (109°20′E, 24°15′N) and 2 km from the famous Liujiang Man site, a Late Pleistocene fossil human (Homo sapiens sapiens) site (Fig. 20 – 1). The cave was discovered in 1956 and extensively excavated at the beginning of the 1980s (Science Museum of Bailian Cave Site et al. 1987). Cultural remains from deposits 3 m thick span the Late Paleolithic to Early and Middle Neolithic periods (Zhou 1986). Yuan et al. (1990) discussed the radiocarbon dating of the Bailiandong site and the transition from the

---

[*] Author: Yuan Sixun[1], Zhou Guoxing[2], Guo Zhiyu[3], Zhang Zimo[4], Gao Shijun[1], Li Kun[5], Wang Jiangjun[3], Liu Kexing[5], Li Bin[5], Lu Xiangyang[5]. ([1]Department of Archaeology, Peking University; [2]Beijing Natural History Museum; [3]Institute of Heavy Ion Physics, Peking University, Beijing; [4]Culture Bureau, Guilin, Guangxi Zhuang Autonomous Region; [5]Department of Technical Physics, Peking University).

Paleolithic to the Neolithic in South China. However, because of the difficulty of obtaining sufficient amounts of carbon for beta-decay counting, several key layers were not dated; hence, the strata and cultural features of the site were not fully understood until accelerator mass spectrometry (AMS) was used recently to measure the ^{14}C ages.

Another interesting site is the Miaoyan (Temple Cave), which is near Guilin city (110°23′E, 25°04′N) and *ca.* 140 km from Bailiandong (Figure 20 - 1). Discovered in 1988, two skeletons of *Homo sapiens*, tens of chopping artifacts and more than 10 polished bone tools were unearthed. Several potsherds were also excavated from the lower deposits. Based on the characteristics of cultural remains, the age of the site was estimated to be >10 ka BP.

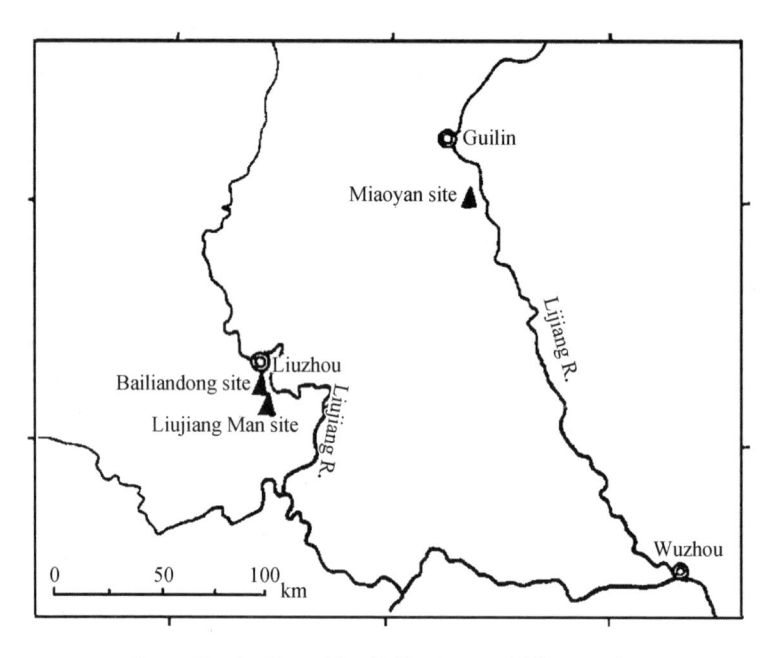

Figure 20 - 1　Map of the Bailiandong and Miaoyan sites

Methods

Twelve samples from the Bailiandong and Miaoyan sites were dated at the Peking

University AMS Facility (PKUAMS) (Chen et al. 1994; Guo et al. 1995). We pretreated samples of charcoal and burned bones using the standard procedure, i.e., acid/alkali/acid (AAA) washing. Dry samples were converted to CO_2 by combustion with CuO. Inorganic materials, such as freshwater shells and flowstone, were washed with water using an ultrasonic cleanser, soaked in dilute HCl, then rewashed with water to neutralize and convert them to CO_2 by reaction with phosphoric acid. The CO_2 was purified and catalytically reduced to graphite by H_2 on iron powder. The reaction time was usually ca. 2 h. We found no cross-contamination during sample preparation.

Standard samples were prepared using Chinese Sucrose Charcoal (Qiu et al. 1983); the ratio of its ^{14}C concentration to that of the International Modern Standard is 1.362±0.003. To check the validity of measurement, we included samples of known age in the measuring sequence. The results of new sample measurements were accepted only when the results of known-age samples were reproducible.

The target wheel in the ion source has 20 positions. The sample targets were measured sequentially, and every 3 – 4 unknown samples were followed by a standard sample. Each was measured for 500 sec, divided into 10 intervals. The average value was corrected against the blank and standard samples. The measurement usually continues for 6 – 8 revolutions, and the final results are calculated by weighted average. Four samples were measured at the Department of Archaeology, Peking University, using a benzene liquid scintillation counting method. Sample pretreatment, benzene preparation and counting techniques are essentially the same as described previously (Fan et al. 1983).

Results and Discussion

The cultural remains from Bailiandong are concentrated in two areas. The east deposit is at a higher level containing 8 layers; the west deposit contains 10 layers

(Zhou 1986). The geological section of the east deposits of Bailiandong is outlined in Figure 20 − 2. The levels and their artifacts are as follows:

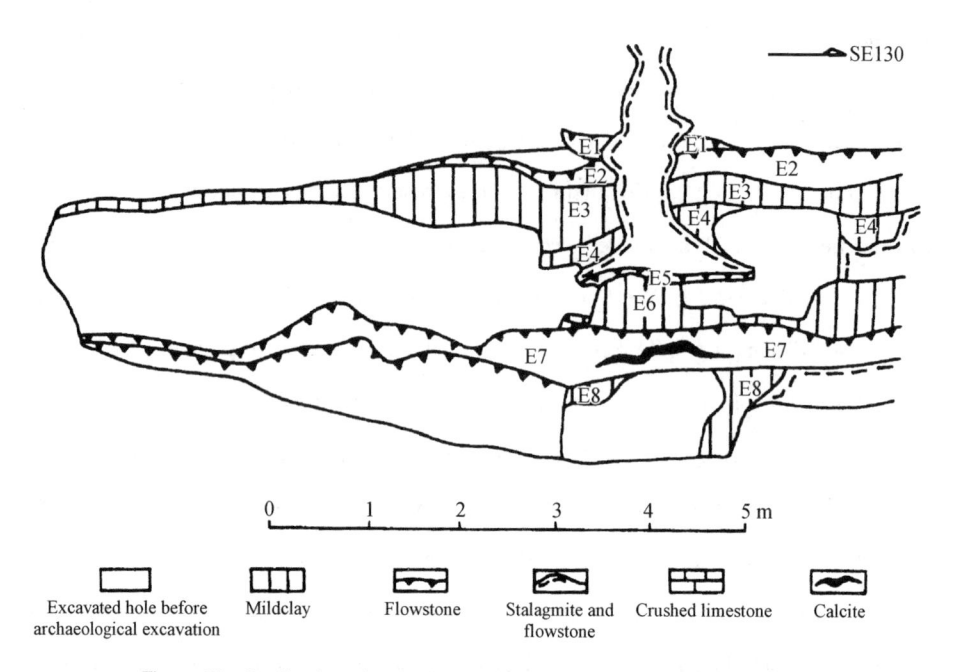

Figure 20 − 2   Section of east diposits form the Bailiandong Site, Liuzhou

East 1 and 3: Many potsherds from Layer 1. 47 artifacts from Layer 3, which include 3 groundstone tools: one knife, one hand axe, one holed pebble (weight stone) and two holed ornaments. The others include chopping tools, scrapers and flint points.

East 4: 11 artifacts: 1 edge-ground knife, 1 polished antler awl, 1 shovel. The rest are chopping tools.

East 6: 25 artifacts: 1 holed pebble (weight stone), 1 grinding stone for hematite powder. The rest are pebble choppers and scrapers.

West 4: 64 artifacts: 1 edge-ground knife. The others are chopping tools, scrapers, points and flint points, gravers and 1 flint arrow.

West 5 and 7: 81 artifacts: e.g., chopping tools, scrapers, points and flint scrapers.

Table 20-1 ^{14}C Ages of the Bailiandong Site (East Area)

Stratum	Sample (Lab no.*)	Material	^{14}C age (yr BP)
East 1	BK82092[†]	Flowstone	6880±125
East 2	BK94043	Flowstone	9250±90
East 3	BA93016	Charcoal debris	10840±580
East 4	BA93017	Charcoal debris	13170±590
East 6	BA92003	Freshwater shells[‡]	14240±230
East 7	BK94041	Flowstone	19090±200
East 8	BA92013	Burned bone	19670±660

* BK=beta decay counting; BA=AMS measurement
[†] Yuan et al. (1990)
[‡] Freshwater shells are not an ideal ^{14}C-dating material for and may offer an excessively old ^{14}C age

Table 20-2 ^{14}C Ages of the Bailiandong Site (West Area)

Stratum	Sample (Lab no.*)	Material	^{14}C age (yr BP)
West 1U[†]	BA94027	Charcoal debris	10020±290
West 2T	BK93033	Flowstone	12420±180
West 3	BA92017	Freshwater shells	17930±410
West 4T[†]	BK82097[‡]	Flowstone	19350±180
West 4T	BK92039	Flowstone	20965±150
West 4B[†]	BK82098 §	Flowstone	25920±625
West 6	BKY82141 §	Bone	28000±2000
West 10T	BK82101 §	Flowstone	36000±2000

* BKY=U-series dating result
[†] U=upper part; T=top; B=bottom
[‡] Yuan et al. (1990)

Tables 20-1 and 20-2 list the ages of the Bailiandong layers. The transition from the Paleolithic to the Neolithic in Bailiandong seems to have occurred from *ca.* 20-10 ka BP. Cultural characteristics of the period are roughly made pebble tools, holed pebbles (weight stone), edge-ground stone tools, antler and/or bone artifacts, tiny flint stone artifacts and early pottery. This period is the embryonic stage of early farming and animal domestication, reflecting the transition from a hunting/gathering economy to a food-producing economy.

The Bailiandong site was dated by ^{14}C counting and uranium-series dating (Yuan *et al.* 1990). The west deposits were dated at *ca.* 36-20 ka BP. However, no dates could be obtained for important Layers East 3-6 because of the difficulty in collecting sufficient material for conventional dating. The original measurements gave ages of 7 ka BP for East 1 and 11340±150 BP for a strip of pure calcite in East 7. Thus, all deposits from East 1-6 should be younger than 11340 BP, which differs from an earlier statement by Yuan *et al.* (1990), that the deposits from 20000-11500 BP were probably missing from Bailiandong and the thread of cultural evolution was not clear. Our measurements show the age of East 7 to be 19090±200 BP (Table 20-1, BK94041), and on the basis of more detailed stratigraphic research, we know the strip of calcite previously sampled was a secondary deposit from a younger period. The new dates in Table 1 also clearly show that the ages of east Layers 8-3 are between *ca.* 2.0-1.1 ka BP. These are the deposits thought to be missing by Yuan *et al.* (1990). The artifacts excavated from these layers have the cultural features of transition from the Paleolithicto the Neolithic.

Deposits from the Miaoyan site are *ca.* 2.5 m thick and divided into six layers. Table 20-3 shows the AMS dating results. The Miaoyan pottery was thick-walled, hand-built, undecorated and relatively low-fired. The clay was sanded and the largest quartz crystal is *ca.*1 cm long. These are all primitive pottery features. The potsherds were unearthed from the middle of Layer 5. If the strata were not disturbed, the age of the pottery should not be younger than 14 ka BP (see Table 20-3). It is possible that the *Homo sapiens* in the area mastered primitive ceramic techniques during the transition from the Paleolithic to the Neolithic.

Table 20-3 ^{14}C Ages at the Miaoyan Site

Stratum	Sample (Lab no.*)	Material	^{14}C age (yr BP)
2	BA92030-1	Walnut-rind charcoal	12730±370
3M	BA92033-1	Walnut-rind charcoal	12630±450
4M	BA92034-1	Charcoal debris	13710±270
5L	BA92036-1	Charcoal debris	18140±320
6L	BA92037-1	Charcoal debris	20920±430
6L	BA92037-3	Freshwater shells	21555±320

* M=middle level; L=lower level

Conclusion

Excavations from caves such as Bailiandong and Miaoyan in South China reveal a long prehistoric record dating from the Late Paleolithic to the Early and Middle Neolithic and enduring for *ca.* 30 ka. The ^{14}C measurements show that the transition from the Paleolithic to the Neolithic occurred from *ca.* 20 - 10 ka BP in that area. During the transition, cultural features rapidly changed, characterized mainly by the appearance of holed pebbles, edge-ground and ground artifacts, pottery and the beginning of farming.

Acknowledgment

This research was supported by the National Natural Science Foundation of China.

References

Chen C E, Guo Z Y, Yan S Q, *et al*. Accelerator mass spectrometry at Peking University: Experiments and progress[J]. Nuclear Instruments and Methods in Physics Research Section B: Beam Interactions with Materials and Atoms, 1994, 92(1): 47-50.

Fan C Y, Chen T M, Yuan S X, and Dai K M. Radiocarbon activity variation in dated tree rings grown in Mackenzie Delta[J]. Radiocarbon, 1986, 25(2): 205-212.

Guo Z, Liu K, Li K, *et al*. Improvements and applications of AMS radiocarbon measurement at Peking University[J]. Radiocarbon, 1995, 37(2): 705-710.

Qiu S H, Cai L Z, Chen T M, and Yuan S X. Report on the Chinese Sucrose Charcoal Standard for ^{14}C dating[J]. Kexue Tongbao (Journal of Science), 1983, 28(5): 707-713.

Science Museum of Bailian Cave Site *et al*. Archaeological finds in the Bailian Cave site of the Stone Age[J]. Southern Ethnology and Archaeology, 1987, 1: 143-160 (in Chinese).

Yuan S X, Chen T M, Gao S J and Ma L. Dating of Dushizi, Yangchun and Bailiandong, Liuzhou sites: A discussion on the time of transition from the Paleolithic to the Neolithic culture in South China [C]//Collected Papers on the 30th Anniversary of Archaeology Speciality, Peking University. Department of Archaeology, Peking University. Peking, China Cultural Relic Publishing House, 1990, 40-47 (in Chinese).

Zhou G X. On Bailiandong culture[J]. Memoirs of Beijing Natural History Museum. 1986, 40: 19-24 (in Chinese).

The supplement study on the Bailiandong cultures[C]//Proceedings of International Symposium on China Japan Relation of Paleoanthropoid and Prehistoric Culture. Zhou G X. ed., 1994, Beijing, China International Radio Press (in Chinese).

(原载于 *Radiocarbon* 1995 年第 2 期。)

21
Applications of AMS Radiocarbon Dating in Chinese Archaeological Studies*

Introduction

AMS ^{14}C dating is one of the best means for archaeology research because of its high sensitivity, high efficiency and low sample consumption. The Chinese Archaeology Community is very interested in this technique Since the AMS ^{14}C facility at Peking University was put into operation in 1993. it has been widely used in the fields of dating archaeological site and ancient human bones, tracing back the origination of pottery and agriculture, apprising relics and studying the history of metallurgy, and so forth. This paper summarize our three years' applications in the first three fields.

Dating archaeological sites

Like β - decay method, AMS ^{14}C is widely used for dating archaeological sites. The samples were collected from several sites dated from the late Paleolithic, Neolithic

---

* Author: Yuan Sixun[1], Kun Li[2], Yuan Jiarong[3], Zhang Zimo[4], Wang Jianjun[5], Liu Kexin[2], Gao Shijun[1], Lu Xiangyang[2], Zhao Qiang[5], Li Bin[2], Guo Ziyu[5] ([1]Department of Archaeology, Peking University; [2]Department of Technical Physics, Peking University; [3]Institute of Cultural Relics and Archaeology, Changsha, Hunan; [4]Culture Bureau, Guilin, Guangxi Zhuang Autonomous Region; [5]Institute of Heavy Ion Physics, Peking University, Beijing).

to Historical Period. We have approached the period of transition from the late Paleolithic to Neolithic in South China.

The transition from Paleolithic to Neolithic is an attractive topic in archaeology. We investigated this problem ten years ago by using β-decay method to date Bailiandong and Dushizi Cave sites[1]. However, conclusive result could not be obtained due to the limited amount of samples in some layers of Bailiandong site. A new site that was promising for further study was found in Miaoyan, Guilin in 1988. Unfortunately, it also lacked sufficient samples for β-decay method. The setup of Peking University AMS Facility, which uses much smaller amount of sample, provides the possibility to solve this difficulty.

Table 21−1 ^{14}C Ages of the Bailiandong Site

β − Decay Method		AMS Method	
Stratum & Sample* (Lab No.)	^{14}C age (yr BP)	Stratum & Sample* (Lab No.)	^{14}C age (yr BP)
East 1 BK82092	6880±125		6880±125
East 2 BK94043	9250±90		9250±90
		West 1U BA94027	10020±290
		East 3 BA93016	10840±580
		East 4 BA93017	13170±590
		West 3 BA92017	17930±410
		East 8 BA92013	19670±660
West 4T BK82097	19350±180		10840±580
West 4T BK92039	20965±150		13170±590
West 4B BK82098	25920±625		14240±230

* U = upper part; T = top; B = bottom

Bailiandong and Miaoyan sites are located in Liuzhou and Guilin Cities, respectively, Guangxi Zhuang Autonomous Region. The two sites are 140 km apart. Table 21 − 1 gives the results of each layer in Bailiandong site[ii]. The missing data between 9250 and 19350 BP on the left column was made up to some extent by AMS ^{14}C data on the right.

Table 21 − 2 gives the AMS ^{14}C results in Miaoyan Site[ii].

Table 21 − 2 ^{14}C Ages of the Miaoyan Site

Stratum & Sample* (Lab No.)		^{14}C age (yr BP)
2	BA92030 − 1	12730±370
3M	BA92033 − 1	12630±450
4M	BA92034 − 1	13710±270
5L	BA92036 − 1	18140±320
6L	BA92037 − 1	20920±430

* M = middle level; L = lower level

By further studying the varieties, characteristic and manufacturing techniques of the remains excavated from Bialiandong and Miaoyan Sites together with the dating data, it appears that a rapid transition period in South China from the Paleolithic culture to Neolithic culture was about twenty to ten thousand years BP.

Dating ancient human bones

Paleoanthropological fossils are very precious in archaeological studies. It is very difficult to determine the accurate date for some ancient bones, especially for those from missing layers, merely by the aid of morphology of human bone itself or other relative information. Table 21 − 3 gives part of bones dated in our laboratory [iii].

Table 21-3 AMS ^{14}C Measurement results of human bones

Sample No.	Material	^{14}C age (yr BP)
BAHW1	human cranium	650±150
BAHW2-1	human tibia	465±120
BAHY1	human cranium	2070±140
BAJP	human cranium	280±130
BAJ	human occipital bone	2240±190
BAHH	human cranium	380±180
BABM1	human cranium	2970±160
BABM2	human limb bone	3070±100
BABF	human occipital bone	515±80
BANZ1	human cranium	2310±150
BANZ2	human cranium	8535±280
BAHY	human thigh bone	3175±150
BAHS	human cranium	2145±150
BASC1	human thigh bone	2940±130
BASC2	human cranium	3225±230
BAGLS	human limb bone	2090±90
BAGL1	human cranium	3400±90
BAGM	human limb bone	8290±310
BA92044	human bone	39700±2500

Apart from BA92044, the samples in Table 21-3 are all human bones of the missing layer. Before dating, these bones were assumed to be fossils prior to the Holocene Period from the color and petrified degree of human bone, the ages of mammal fossils discovered together with the human bones in the confusing layer, the apparent layer of the collected human bones and some ancient morphologic characteristic of human bones, etc. The data show that they were all human bones of the Holocene Period and only a few samples close to the original estimation.

Tracing back of the origination of pottery

Pottery was a great invention by human being which had a close relationship with human production and life. Some archaeologists consider its appearance to be the beginning of the Neolithic. We have paid more attention for many years to the origination of Chinese pottery. Our studies showed that pottery were used at least ten thousand years ago in China[iv]. According to the data of Miaoyan and Yuchanyan sites, it seems that Chinese pottery might appear as early as 16 ka BP.

Miaoyan is a cave site with about 2.5 m thick culture which were divided into six layers. There were some potsherd excavated from the middle of fifth layer. The determination of stratum in Miaoyan Site are given in Table 2. From the archaeological stratigraphy, the date of Miaoyan potsherds should be from 13.7 ka to 18.1 ka.

Yuchanyan site, 180 km east to Guilin, is located in Dao County, Hunan Province. The deposits in the cave were complicated. Some potsherds were excavated from 3E and 3H layers. The age of 14080±270 yrs BP is dated by AMS for the 3E charcoal sample(BA95058). Similarly, according to the archaeological stratigraphy, the date of Yuchanyan pottery should not be less than 14 ka BP. It means that the dates of Miaoyan and Yuchanyan potsherds are much older than the earliest date presented for pottery in the word [v-vii] which is less 13 thousand years of age. To make further confirmation of the dates for Miaoyan and Yuchanyan pottery, we tried to determine the date of the potsherds itself directly.

Many scientists tried to date the pottery by means of ^{14}C method, and approached the source of carbon in pottery, its separation method, the portion of each carbon component, the date of different carbon and the varieties of some carbon components during firing and burying[vii–xi]. Although we can not say we have comprehensively solve this problem, in many cases one can get reliable dates by carefully separating and dating different carbon components in pottery and comparing them respectively.

Carbon component in pottery

For dating pottery accurately, the first step is to separate the carbon components which could represent the date of pottery. In general, the inorganic carbon is insignificance for pottery dating. We can classify the organic carbon into 4 components: 1) the intrinsic carbon in pottery clay; 2) the temper carbon mixed in manufacturing such as plant fiber, grass, straw and dung; 3) the fuel carbon and food carbon such as charred food, soot or smoke; and 4) the absorptive or intrusive carbon such as humic acid, rootlets, etc. Among all these components, the intrinsic carbon was generally older than the actual date of the pottery while the absorbed and intruded carbon were later. Others, especially fuel and food carbon, were the same as the real age of pottery. Gabasio[x] has tested the changes of some components in pottery during a firing process. It shows that when heated up to 600℃. most temper carbon was burnt out. Although there was a little intrinsic carbon remained, the fuel carbon became the main content in fired pottery. This kind of carbon would make up an overwhelming majority in the pottery fired under reducing condition. This means that the date of the total organic carbon is close to that of the actual pottery date by removing outside carbon contamination.

Pretreatment of pottery sample

The components of carbon in the pottery, as mentioned above, are quite complex.

It is easy to remove the outside food residue or soot on the pottery surface during pretreatment. The most difficulty part is to further distinguish different components of carbon except some obvious mixing materials. The similar procedure of separating organic carbon in soil was often used for obtain lipid, humic acid and residue fractions. The procedure is shown in Figure 21 − 1.

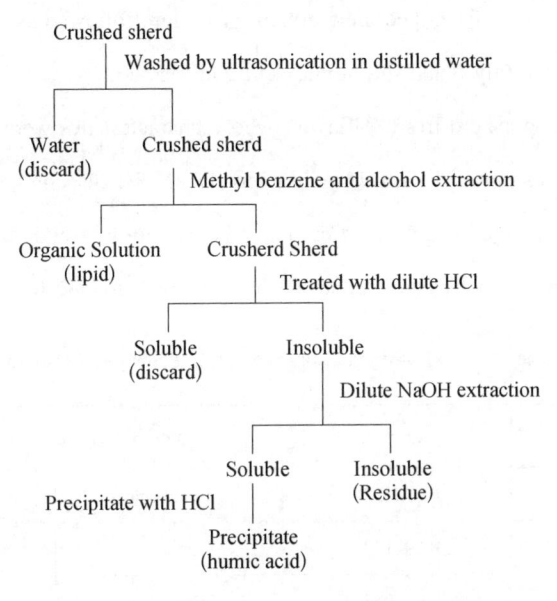

```
                    Crushed sherd
                          |
                          Washed by ultrasonication in distilled water
            ┌─────────────┤
         Water         Crushed sherd
        (discard)           |
                            Methyl benzene and alcohol extraction
                   ┌────────┤
            Organic Solution    Crusherd Sherd
                (lipid)              |
                                     Treated with dilute HCl
                            ┌────────┤
                         Soluble   Insoluble
                        (discard)      |
                                       Dilute NaOH extraction
                              ┌────────┤
                           Soluble   Insoluble
      Precipitate with HCl     |    (Residue)
                           Precipitate
                          (humic acid)
```

Figure 21 − 1 Pretreatment procedure of potsherd

The dates of each carbon fraction following that procedure are obtained as: in general, if the lipid induced by food remains, its date become reliable, the humic acid date is close to or later than real date of pottery, and the residue date appears older than the pottery age.

Studies indicated that although the carbon components in the ancient pottery were very complicated, in some cases we can get credible dates by measuring the humic acid and the residue separately and then analyzing comprehensively even if no food remains or soot used as the dating materials. The real date was between the dates of humic acid and residue[viii].

Dating of Miaoyan and Yuchanyan potsherds

Miaoyan potsherds were sanded, thick-walled, hand-built, undecorated, with light brown or black color outside and mostly black color inside. No food residue or soot remained on the surface. The pretreatment procedure followed as Figure 21 − 1. For the scarce lipid, we only dated the humic acid and residue.

A Yuchanyan potsherd from 3H layer, whose characteristics were similar to that of Miaoyan's, and was covered with very thin soot layer. We also pretreated it according to the procedure in Figure 21 − 1. After that, the humic acid and residue were dated respectively. The results of Miaoyan and Yuchanyan potsherds are listed in Table 21 − 4.

Table 21 − 4 The ages of Miaoyan and Yuchanyan Potsherds

Site	Lab No.	Material	^{14}C age (yr BP)
Miaoyan	BA94137a	humic acid	15560±500
Miaoyan	BA94137b	residue	15660±260
Yuchanyan	BA95057a	humic acid	12320±120
Yuchanyan	BA95057b	residue	14810±230

From Table 21 − 4, we can observe that the date of humic acid in Miaoyan pottery (BA94137a) is not only consistent with that of the residue (BA94137b). but also matches well with its unearth layer(see Table 21 − 2). It indicates that the carbon might mostly be fuel carbon or food carbon. Their date of 15.6 thousand years BP should represent the actual age.

There is large difference between humic acid (BA95057a) and residue (BA95057b) data in Yuchanyan pottery. As mentioned above, the date of pottery should also be set between the two dates of 12.3 to 14.8 thousand years BP. Since its higher stratum (3E) was 14 thousand years old, the dated Yuchanyan potsherd collected from 3H layer must be older than 14 ka and probably between 14 ka and 14.8 ka. We consider that the average date, 14.4 ka, as the age of Yuchanyan pottery. It would be quite close to the real date.

To make a comprehensive survey, comparing the dating results of pottery with their stratum, it is supposed that the dates of pottery from Miaoyan and Yuchanyan should be 15.6 and 14.4 thousand yrs BP, respectively.

The dates, also indicate that it is generally possible to use the dates of humic acid and residue (humins) as the bound of pottery's date. This method is especially useful for dating pottery, with no other samples or in the unknown layer of its unearth site.

As mentioned above, the AMS ^{14}C dating can be used for many knotty problems and plays an outstanding role in the study of archaeology. The pottery excavated from Miaoyan and Yuchanyan sites are dated as 15.6 ka and 14.4 ka BP, respectively. They might be the earliest pottery products discovered in the world.

References

[i] Yuan S X, Chen T M, Gao S J and Ma L. Dating of Dushizi, Yangchun and Bailiandong, Liuzhou sites: A discussion on the time of transition from the Paleolithic to the Neolithic culture in South China[C]//Collected Papers on the 30th Anniversary of Archaeology Speciality, Peking University. Department of Archaeology, Peking University. Peking, China Cultural Relic Publishing House, 1990, 40 – 47 (in Chinese).

[ii] Yuan S, Zhou G, Guo Z, et al. ^{14}C AMS dating the transition from the Paleolithic to the Neolithic in South China[J]. Radiocarbon, 1995, 37(2): 245 – 249.

[iii] Sixun Y, Zhiyu G, Jianjun W, et al. AMS ^{14}C dating of ancient human bones in missing layers[J]. Nuclear Instruments and Methods in Physics Research Section B: Beam Interactions with Materials and Atoms, 1996, 113(1): 477 – 478.

[iv] Yuan S X, et al. The Radiocarbon Dating and Spore-pollen Analysis of the Culture Stratigraphy in Nanzhuangtou Site//Researches of Environmental Archaeology [M]. Beijing: Science Press, 1991, 136 – 139 (in Chinese).

[v] Suziki S. Cavesites and Origination of Earthenware in Japan[C]//Proceeding of the Conference on the Anthropological Ancientculture Relationship between China and Japan. Bepp University, 1994, 30 – 37.

[vi] Kuzimi Y V. The Studies in Comparative History of Circum-Japan-Sea[M]. No. 4, 1995, 53 – 59.

[vii] Rice P M. Pottery Analysis[M]. Chicago: the University of Chicago Press, 1987, 7, 86 – 90, 334 – 335, 343 – 345.

[viii] Hedges R E M, Tiemei C, Housley R A. Results and methods in the radiocarbon dating of pottery[J]. Radiocarbon, 1992, 34(3): 906 – 915.

[ix] Delque-Kolic E. Carbon extraction methods for radiocarbon dating of pottery[J]. Radiocarbon, 1995, 37: 275 – 284.

[x] Gabasio M, Evin J, Arnal G B, et al. Origins of carbon in potsherds[J]. Radiocarbon, 1986, 28(2A): 711 – 718.

[xi] Johnson R A, Stipp J J, Tamers M A, et al. Archaeologic sherd dating; comparison of thermoluminescence dates with radiocarbon dates by beta counting and accelerator techniques[J]. Radiocarbon, 1986, 28(2A): 719 – 725.

(原载于 CP392 *Application of accelerators in research and industry*, edited by J. L. Duggan and I. L. Morgan, pp. 803 – 806, 1997.)

22
山西吉县柿子滩遗址的年代与文化研究*

柿子滩遗址位于山西省吉县东城乡下岭村西南、清水河西北岸的阶地上。遗址南北长约350、东西宽约200米。地表散布有红陶片、篮纹灰陶片及细石器。遗址于1980年阎金铸同志调查时发现,同年4—8月由临汾行署文化局主持进行了发掘,获得一批重要的文化遗物[1]。报告发表后,引起了学术界的关注,但迄今没有年代测定数据。为了测定该遗址的年代,1993年11月,在山西省和临汾地区文物主管部门的支持下,我们对该遗址的年代进行了短期考察,在遗址的东部和中部原发掘剖面处各做了一个采样剖面,观察了地层层位,分层采集了测年标本,并收集了伴出的文化遗物。现将年代测定结果及对遗址的一些认识报告如下。

一、遗址的年代测定

柿子滩遗址的地质时代据原研究者推测,处于更新世晚期之末至全新世之初。这一阶段正是旧石器时代向新石器时代过渡的关键时段,搞清其文化遗物的确切年代就显得十分重要。此次工作基本上解决了该遗址上层文化堆积的年代问题。

1. 剖面的选定及测年标本的采集

在遗址区的东部(紧邻清水河的陡崖)和中部(专指距陡崖35米的地方)均保存有1980年试掘后保留下来的地层剖面,我们在这两处剖面上各选择一段采样,

---

* 作者:原思训、赵朝洪、朱晓东、阎金铸、阎稚枚。这次工作得到北京大学李坤、郭之虞、高世君等同志的支持和帮助,特致谢意。

并分别称之为东区和中区。

现以中区剖面为例,将所见地层堆积情况作简要介绍。中区剖面选择在1980年试掘时所开探方的南壁西端。从清理的剖面来看,堆积可以分为三大层。

第1层:表土。黄褐色,土质疏松,为砂性黄土,多见草根深入其中,偶见有细石器及蜗牛等。厚约35厘米。

第2层:黑垆土。棕褐色,质地较坚硬,垂直节理及白色菌丝发育,包含物有细石器、钙结核、蜗牛、碎骨片等。厚约15厘米。

第3层:灰黄色土。质地较坚硬、致密,包含物有细石器、钙结核、蜗牛、灰烬及碎骨片,有的骨片被火烧过。厚160厘米以上。

为了研究遗址的年代及环境的变化情况,我们分层采集了土样和测年标本。虽然黄土层堆积较厚,但从土质土色上难以再细分层次,我们按每30厘米左右一层的水平层采集样品。因开挖面积不足1平方米,有些水平层中没有测年标本,我们对采集到的全部文化遗物和测年标本均作了记录。选取了6个烧骨及骨头样品测定碳十四年代,其中东区2个、中区4个。

2. 测年方法及测定结果

考虑到在遗址中采集到的样品中含碳量均远远小于常规β计数法所需要的样品量,我们决定采用加速器质谱^{14}C法测年。

加速器质谱(AMS)^{14}C法是20年前才出现的测定碳十四年代的技术,当前多用串列静电加速器。它不同于通常使用的β计数法。β计数法是测定样品中^{14}C衰变放出的β粒子,而AMS法是将样品通过一系列化学处理,转化为适合于离子源使用的测样物质,经电离、加速,并应用电荷剥离、射程过滤、$\Delta E-E$探测等技术实现对碳同位素的直接测量,其实质是加速器与质谱仪组成的超高灵敏质谱仪。它的灵敏度远比β计数法高,因此,所用样品量远较β计数法少,仅为常规β计数法的千分之一或更少,亦即1—3毫克左右,甚至几十微克。

此次用来测年的标本均为可靠性高的烧骨与骨头样品,测定结果见表22-1,计算年代所用的^{14}C半衰期为5730年。

表 22-1 柿子滩遗址测年样品及测定结果

样品编号	样品物质	采样区与层位	埋深（厘米）	AMS^{14}C 年代（BP）
BA93186	烧骨	中区,棕褐色垆土	35—50	10490±540
BA93187	烧骨	中区,灰黄色粉砂土	50—80	12660±190
BA93188	烧骨	中区,灰黄色粉砂土	115—130	13590±220
BA93189	烧骨	中区,灰黄色粉砂土	146—178	14340±250
BA93190	骨	东区,灰黄色粉砂土	270	11490±110
BA93191	骨	东区,灰黄色粉砂土	530	14720±160

表 22-1 中的年代数据显示,柿子滩遗址的地质时代在晚更新世之末,最上层已处于全新世之初。测年结果与原研究者对遗址时代的推断一致。

二、文化遗存简述

在采样过程中,于东区和中区剖面内发现一些文化遗物和遗迹,在地表还采集到一些石制品。现简要介绍如下。

1. 文化遗物

（1）中区　在中区的采样过程中,共发现石制品 270 件,包括石核、石片、石器等（图1）。其中石器 44 件,包括刮削器、尖状器、雕刻器、镞形器、矛形器及石叶等（表2）。石器一般较小,长度多在 2 厘米左右,最小的 1 件石叶长 1.4、宽仅 0.3 厘米。其中有的细石器加工精制、规整。从制作方法上看,已采用了间接打击法和压制法。垆土层出土的石器比黄土层出土的石器精致,反映了石器加工技术的进步。

表 22-3 列出了各层石制品的石料统计,其中显示出石料以燧石、石英岩为主,另有少量脉石英、角页岩等。燧石的比例占到 50% 以上。这些石料多为采自河滩上的砾石,一些石核及石片的表面仍保留有砾石面。

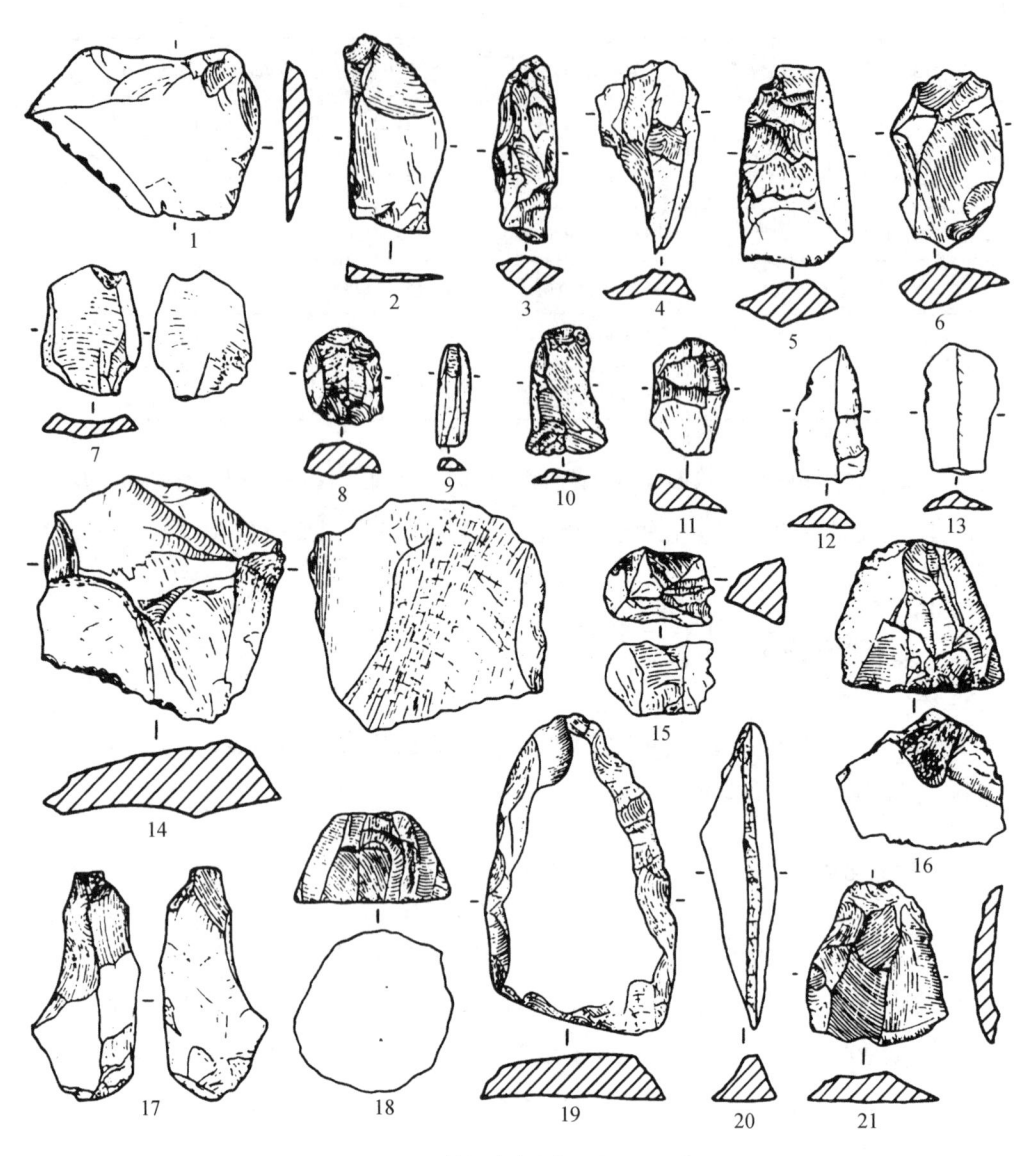

图 22-1　柿子滩遗址中区出土细石器

1、5—8、13、14、17、21. 刮削器　2. 刀　3. 镞　4、12. 雕刻器　9—11. 石片　15、16、18. 石核　19. 矛头　20. 尖状器　(10、15、18. 出自黑垆土层;2、3、8、9、13. 出土黄土层,深30厘米;6、7、12、19. 出自黄土层,深31—65厘米;11、16. 出自黄土层,深60—96厘米;1、4、5、14、17、20、21. 出自黄土层,深97—128厘米)

表22-2 中区出土石制品统计表

石制品类型		层位 埋深	垆土层	灰黄色粉砂土层					合计
			35—50厘米	50—80厘米	80—115厘米	115—145厘米	145—175厘米	175—205厘米	
石核	漏斗形		1		1	1			3
	船底形		1				1		2
	圆锥形				1				1
	楔形						1		1
	不规则形			4	1		3	2	10
石片			36	86	43	31	11	2	209
石器	直刃刮削器		2		2	1	5	4	14
	凸刃刮削器			3	2		1	1	7
	凹刃刮削器				1				1
	尖状器			1			1	1	3
	雕刻器				1		3	3	7
	镞形器			1	1				2
	矛形器				1				1
	石叶		1	7	1				9
合计			41	102	55	33	26	13	270

表22-3 中区出土石制品石料统计表

层位	埋深(厘米)	燧石	石英岩	脉石英	角岩	其他	合计
1. 垆土层	35—50	20	12		5	4	41
2. 灰黄色粉砂土	50—80	69	23	1	5	4	102
3. 灰黄色粉砂土	80—115	26	14	2	8	5	55
4. 灰黄色粉砂土	115—145	14	12		4	3	33

(续表)

层 位	埋深(厘米)	燧石	石英岩	脉石英	角岩	其他	合计
5. 灰黄色粉砂土	145—175	19	4		3		26
6. 灰黄色粉砂土	175—205	10	1	1		1	13
合 计		158	66	4	25	17	270
百分比%		58.5	24.4	1.5	9.3	6.3	100

（2）东区 在东区的采样过程中，总计发现石制品76件（表22－4），包括石核、石片、石叶、石器以及断块与废片。其中以断块与废片为主，占总数的70%；石器共8件，约占10%，其中刮削器7件、尖状器1件；石片包括锤击石片和砸击石片，占9%；石核均为细石核，只有2件；石叶很小，只见3件。经初步观察，可以看出石制品石料的岩性主要是燧石、石英岩。石制品尺寸没有大的变化，多数为2—3厘米，最大的长5.2厘米，最小的长0.5厘米。

表22－4 东区出土石制品统计表

层 位	类型埋深(厘米)	石核	石片	石器	石叶	断块废片	合计
垆土	40—80		1	1			2
灰黄色粉砂土	80—120		1	2		5	8
灰黄色粉砂土	120—250		1			8	9
灰黄色粉砂土	250—300	2	4	2	3	17	28
灰黄色粉砂土	300—390			1		7	8
灰黄色粉砂土	390—490		3	2		16	21
合计		2	10	8	3	53	76

（3）地表 地表采集石制品300多件。石料主要为石英岩砾石和少量燧石。石制品包括石核、石片、石器、废片和断块等，以后两者为主。从石制品的打片技术、修理水平还是石器类型等方面来看，这批地表采集品的种类及其反映的主要文

化内涵均未超出 1980 年试掘所得的范围。需要强调的是，在这批石制品中，用砸击法打下的石英岩石片和废片较多。多数为较典型的刮削器，例如，与原报告中描述的 A 型Ⅰ式、B 型Ⅰ式、C 型Ⅰ式相似的器物，均以石英岩砾石为原料，采用砸击法将形状扁长的砾石砸开、用锤击法加工刃缘而成，多数此类刮削器的表面均保留有较大的砾石面，砸击的痕迹清晰可辨。柿子滩遗址存在着砸击技术，这是该遗址的一个重要特色。

对地表石制品进行的初步观察，可以看出，打片以砸击法和锤击法为主，砸击法产生的石英岩石片占一定数量。普遍采用修理台面技术，石片均较小，多在 5 厘米以下，有较多的小长石片和石叶、细石叶，已经采用了间接打击法和压制法。船底形石核较为多见，石器的修理以锤击法向背面加工为主，器形以刮削器为主，其次还有尖状器、雕刻器、锥钻等。其中，细石器占有一定比例。细石器及石叶、细石叶的原料均为燧石。

2. 文化遗迹

在中区采样时，在距地表 170 厘米处发现一个小坑，形状近椭圆形，长径 40、宽径约 14、深约 7 厘米。坑内杂有炭粒及烧骨，此坑的作用目前还难以判定。

三、讨论

1. 柿子滩遗址年代

本次采样，虽然只在上文化层中采集到了测年样品，并且有些层面，如下文化层（底砾层）与上部黄土交界面处没有样品。但是，我们通过计算与外推，可以得到上、下两文化层交界处的大致年代：东区上文化层剖面总厚度为 660 厘米，依据该区 BA93190 与 BA93191 两个样品的埋深与年代，假设上文化层的沉积物的沉积速率均匀，可以算出东区灰黄色粉砂土的沉积速率为 0.0805 厘米/年。BA93191 样品距底砾层 130 厘米，由此可以得出上部灰黄色粉砂土底部，即上文化层的上限为距今 16330 年左右。

本文共测样品六个,虽然所测样品量不多,但是由于样品出土层位与伴出的文化遗物关系明确,并且测定的样品都是 ^{14}C 年代可靠性高的烧骨与骨头样品,因此不但基本上解决了柿子滩遗址的年代问题,而且对于探讨相关遗址的年代,特别是华北地区这一时期文化的年代具有重要价值,对于认识这一地区黑垆土与黄土的年代也有一定意义。

由表 22-1 数据及上述计算可知,柿子滩遗址上部文化层的年代为距今 1—1.6 万年左右。也就是说,遗址的地层年代为晚更新世晚期到全新世初期。

2. 黑垆土的年代

柿子滩遗址顶部广泛存在一层黑垆土,各处厚度不等。中区采样处是整个遗址的较高部分,可能因受到较大侵蚀,目前残存黑垆土及上部耕土(扰土)共厚约 50 厘米,而东区采样部位相应为 80 厘米左右,这一状况与西距约 100 公里的陕西洛川黄土剖面的顶部相似。洛川黄土剖面是目前我国研究得最详细的黄土剖面之一。洛川黄土剖面上部黄土与垆土有较多 ^{14}C 数据,可惜因多数数据是用可靠性很低的黄土碳酸盐及蜗牛测得,少量土壤有机质样品年代可靠性虽然较前两者为高,但由于洛川剖面的黑垆土埋深较浅,可能因受现代碳污染而偏年轻[ii],所以那些数据都难以作为可靠年代使用。

柿子滩遗址中区剖面采样部位耕土下残存黑垆土仅 15 厘米左右,BA93186 样品为采自其中的烧骨,年代为距今 10490±540 年,再加上 BA93186 之下有一连串顺序合理的 ^{14}C 年代结果,因此,这一数据似应能代表黑垆土底界的年代,它表明柿子滩遗址这层黑垆土形成于全新世初期,而洛川剖面马兰黄土顶部的黑垆土年代很可能和柿子滩的相当。

3. 文化特征的性质探讨

根据此次考察所获得的资料和原报告的有关材料,可以看出,柿子滩遗址上文化层的遗存有如下特点。

石器以长度为2厘米左右的小型石器占绝大多数,典型的细石器占半数左右。石料以石英岩、燧石为主,主要为取自附近河滩上的砾石,不少石器表面仍保留有砾石面。石器的制造技术采用了锤击法和砸击法,断面呈三角形和梯形的石叶一般是用压制法生产的。石器几乎均由石片制成,各类刮削器是石器的主体,其次为石叶、尖状器、雕刻器等。楔形、船底形及漏斗形石核构成了细石核的主体。另有一定数量的石镞或镞形器。

从 AMS^{14}C 测定的数据来看,柿子滩上文化层遗存的年代大致在距今16000年至10000年前后,属于从旧石器时代向新石器时代过渡阶段的遗存,即有的学者所称的中石器时代遗存。

根据峙峪、下川、薛关、虎头梁等遗址所发现的文化遗存来看,在华北地区从旧石器时代向新石器时代过渡阶段,人类的生活同样受到晚更新世末次冰期的极大影响,这个时期在华北地区广袤的土地上,呈现的多是草原及灌木丛草原景观。采集狩猎经济进一步发展,以压制技术的采用为其主要特征的细石器得到广泛应用,细石器制作技术逐步走向成熟。早在2.8万年前后就已出现的石镞、石叶(石刃)等复合工具在这个时期又有了发展。由于发掘面积所限,目前在柿子滩遗址上文化层尚未发现磨制石器及陶片。但在峙峪遗址已发现2.8万年前后的经过磨制的钻孔石墨制品,在华南地区已发现早于1.6万年的陶片,在蒙古、日本、西伯利亚等地也已发现一万二三千年前后的陶制品,在北京怀柔转年遗址、河北涞源西庙遗址发现了距今8—9千年的陶片,在河北徐水南庄头遗址也发现了距今1万年前后的陶片与石磨盘、石磨棒[iii]。由此看来,将来在华北地区的柿子滩、虎头梁等遗址中发现从旧石器时代向新石器时代过渡阶段的局部磨制的石器及原始陶器也不是没有可能的。

多年来,在华北地区还发现了不少旧石器时代晚期与新石器时代早期的遗址,也积累了一些^{14}C年代测定结果。但是,比较而言,柿子滩遗址是目前我国这一地区唯一一处从晚更新世之末到全新世之初有较系统^{14}C年代、又经过考古发掘的遗址。如以年代数据为轴线,分析比较柿子滩及其附近地区诸如峙峪、山顶洞、下川、薛关、虎头梁、南庄头、西庙、转年等遗址的年代与文化面貌,对于我们认识旧石器时代晚期文化向新石器时代文化的过渡是很有价值的。

参考文献

[i] 山西省临汾行署文化局.山西吉县柿子滩中石器文化遗址[J].考古学报,1989,(3): 305-323.

[ii] 乔玉楼,沈承德. ^{14}C 测定年代方法在黄土研究中的应用[C]//仇士华主编.中国碳-14 年代学研究.科学出版社,1990:172-180.

[iii] a. Yuan Sixun et. al. Applications of AMS radiocarbon dating in Chinese archaeological studies[C]//Application of accelerators in research and industry. NewYork: AIP Press, 1997: 803-806.

b. 赵朝洪.从旧石器时代向新石器时代过渡的清晰轨迹[J].南方文物,1995,(1): 28-37.

c. 赵朝洪.更新世——全新世界限的划分与中国石器时代分期研究综述[J].江汉考古,1996,(1):45-54.

(原载于《考古》1998 年第 6 期。)

Comparison of Different Bone Pretreatment Methods for AMS ^{14}C Dating*

Introduction

Samples of bone, horn, teeth, etc. from various species are important ^{14}C dating materials. Because of their complicated compositions, the different kinds of contamination incorporated from the surrounding sediment and the changes of their components during burial, the reliability of radiocarbon dating of fossil bones with poor preservation still has some problems up to now. The key issue is to determine what kind of pretreatment yields reliable components for dating. Hedges and Klinken[1] presented an overview of approaches in the pretreatment of bone in 1992.

At present in most AMS labs, according to the pretreatment methods selected for fossil bones, the materials used for ^{14}C dating are:

A. Collagen extracted from bone, decalcified with acid and subsequently soaked with alkali.

B. Gelatin extracted from collagen hydrolyzed with pH 2 – 3 HCl at 90℃. The resulting solution is filtered or centrifuged afterwards and evaporated to dryness.

---

* Author: Yuan Sixun[1,△], Wu Xiaohong[1], Gao Shijun[1], Wang Jinxia[2], Cai Lianzhen[2], Liu Kexin[3], Li Kun[3], Ma Hongji[3] ([1]*Department of Archaeology, Peking University*, [2]*Institute of Archaeology, Academy of Social Sciences*, [3]*Institute of Heavy Ion Physics, Peking University*, △Corresponding author). We wish to thank Dr. R.P. Beukens, ISOTRACE Lab, Toronto, Canada, for comparison measurement of the samples SA98094 and SA98155.

C. Purified amino acids obtained by hydrolyzing the gelatin with 6N HCl at 110℃, and further cleanup with XAD－2 resin.

D. Specific individual amino acids (e.g., glycine, proline, hydroxyproline) obtained by separating amino acids further.

In the separation processes, the first two methods are the simpler procedures. Whereas the latter two, especially the last one, are very time consuming procedures which also require more than 10 times the amount of sample material than the simpler methods. Some labs try a variety of further purification approaches to remove contamination from humic acid residues possibly still present in the sample after the application of the standard pretreatment methods. These purification methods include activated charcoal adsorption, ion exchange separation, ultrafiltration as well as XAD－2 resin treatment, etc.[ii,iii].

In the course of a big research project[iv] a large quantity of bone samples such as horse, sheep, ox, human bone, etc. — also very valuable samples of oracle bone with ancient Chinese inscriptions — will be dated. Generally, the gelatin content of the samples is more than 20 mg/g of bone. For the rare artifacts (oracle bones) only about one gram of each sample can be obtained. Since these samples are of insufficient weights for typical dating methods and high measurement precision must be achieved with these smaller sample amounts, it is necessary to select pretreatment methods that meet both the measurement precision and smaller sample quantity requirements. Process B (i.e., gelatin-extraction method) which is being used in many labs, and process C, in which the hydrolysates of gelatin are treated with XAD－2 resin to get amino acids, are supposed to be suitable for this purpose. In order to check their applicability, we tested both methods and compared them with each other.

Experiments and results

1. Basic research

In connection with ^{14}C dating of bone samples, a number of studies concerning bone components, bone alteration in burial process, separation of components for dating, nature and detection of contamination, etc.[v-ix] have been performed. We measured and compared the molecular weight distributions as well as the difference in amino acid compositions between modern and ancient bone samples using HPLC. We analyzed the content of humics in gelatin with infrared spectrometry and ultraviolet spectrometry. By these means we attempted to determine the extraneous contaminant content in pretreated bone-dating components according to the changes of bone composition in the burial process and the humic contents. Unfortunately, it is difficult to obtain quantitative results with these methods, and to determine whether there are traces of contamination present in the material used for dating.

2. Comparison measurement

When a dating result is assessed, it is usually in contrast with the dating results of the sample materials or sample components of higher reliability. As a rule, charcoal samples are regarded as comparatively reliable dating materials. Among the four dating components and processes, compared with the first two, the latter two undergo more purification steps, so probably contain less contaminant. XAD−2 treatment is regarded as an effective method for removing humics. So the amino acids treated with XAD−2 can be regarded as better bone-dating material.

(1) *Comparison of dating results between gelatin and XAD−2 treated amino acids*

In the four methods of collagen, gelatin, amino acids and individual amino acids, collagen sometimes may retain unremoved contaminant containing carbon, while in the preparation of individual amino acids not only much bone material is necessary but also very complicated separation processes are involved. Therefore in our study we only selected gelatin and amino acids treated with XAD-2 for comparison with charcoal samples from the same archaeological periods. A similar work has been reported by Minami and Nakamura[x,xi]. We treated the samples by means of process B to obtain gelatin which was divided into two parts: one part was converted directly into graphite; the other was transformed into amino acids by process C which were treated with XAD-2 and then converted into graphite, which was measured with the EN tandem accelerator mass spectrometry at Peking University (PKUAMS). The $\delta^{13}C$ of samples were analyzed with a stable isotope mass spectrometer. The results are shown in Table 23-1.

Table 23-1 Comparison dating results between gelatin and XAD-2 resin-treated amino acids

Group	Sample no.	Sample material	Components	C/N	$\delta^{13}C$ (‰)	^{14}C Age(yr BP) This lab	^{14}C Age(yr BP) ISOTRACE Lab, Toronto, Canada[a]
1	SA98093	Human bone	Gelatin	2.97	-10.0	2781±50	
1	SA98093A[b]	Human bone	Amino acids	2.88	-9.1	2805±50	
2	SA98094	Horse bone	Gelatin	3.05	-14.2	2573±50	2570±50 (TO-7999)
2	SA98094A[b]	Horse bone	Amino acids	2.87	-12.1	2574±51	
2	SA98155	Charcoal	Charcoal		-25.1	2640±50	2630±40 (TO-7998)
3	SA98096	Horse bone	Gelatin	3.08	-15.7	2555±50	
3	SA98096A[b]	Horse bone	Amino acids	2.89	-16.6	2531±53	

[a] The pretreatment and determination of the samples were done in Toronto.

[b] A: The sample pretreated by XAD-2 method.

From the data in Table 1 we can see that in each group the data agree within 1σ error. In group 2, the results of SA98094 and SA98155 also agree with the ^{14}C determination performed by the ISOTRACE lab, Toronto.

(2) *Comparison of measurement results of different processes or components*

The alkaline step of the collagen preparation procedure may cause a greater loss of collagen. During the pretreatment of poorly preserved bone samples, even part of the peptides of degraded collagen may be dissolved during the decalcification. In order to find a suitable cleaning method for this kind of sample that yields reliable dating results, we treated the same sample material with different methods and compared the results:

① We studied the effect of skipping the alkali treatment. We used process A without the alkali step to prepare collagen, and processes B and C were used to produce the amino acids which were treated by XAD-2. The results were compared with the results of the amino acids produced by the unchanged processes A, B, C, and/or the gelatin produced by A and B. The results are listed in Table 23-2.

Table 23-2 XAD-2 treatment effects on removing contamination from bone components

Group	Sample no.	Matter	Components	C/N	δ^{13}C(‰)	^{14}C Age(yr BP)
1	SA98094	Horse bone	Gelatin	3.05	-14.2	2573±50
	SA98094A[a]	Horse bone	Amino acids	2.87	-12.3	2574±51
	SA98094AA[b]	Horse bone	Amino acids	2.91	-12.6	2440±43
2	SA98096	Horse bone	Gelatin	3.05	-15.7	2555±50
	SA98096A[b]	Horse bone	Amino acids	2.89	-16.6	2531±53
	SA98096AA[b]	Horse bone	Amino acids	2.87	-13.6	2556±50
3	SA98167	Sheep bone	Gelatin	3.06	-16.4	2868±48
	SA98167AA[b]	Sheep bone	Amino acids	2.92	-15.5	2824±43

[a] A: The sample pretreated by XAD-2 method.
[b] AA: The sample pretreated by XAD-2 resin, while alkali treatment was skipped in preparing collagen.

② We investigated whether organics dissolved during the decalcification step may be used for dating. After decalcifying samples with acid, the organics in solution were evaporated with rotatory evaporator and lyophilized. From the organics obtained amino acids were prepared by procedure C and purified with XAD－2. The result of these amino acids was compared with that of gelatin produced by processes A and B (Table 23－3).

Table 23－3 Comparison of measurement results of gelatin and organics (amino acids) in solution

Group	Sample no.	Matter	Components	C/N	δ^{13}C (‰)	^{14}C Age(yr BP)
1	SA99068	Bone	Gelatin	2.84	－5.6	3385±38
	SA99068sa	Bone	Amino acids	2.76	－5.6[a]	3366±63

[a] Not measured, assume that it was the same result as SA99068.

The comparison of data from Tables 2 and 3 shows that in each group every date agree within a $1-2\sigma$ error.

Conclusions

(1) At present it is still difficult to detect trace contaminants containing carbon in dating components of pretreated bone samples.

(2) In the case of good-preserved bone samples, gelatin prepared with procedures A and B can give a reliable age.

(3) XAD-2 treatment is indeed an effective method for removing humic contamination in bone samples.

(4) In the pretreatment of the samples, it is possible to skip the alkaline step as shown in (2)① step. But the procedure of cleaning up purified amino acids with XAD－2 resin is more time consuming than alkaline treatment.

References

[i] Hedges R E M, Van Klinken G. A review of current approaches in the pretreatment of bone for radiocarbon dating by AMS[J]. Radiocarbon, 1992, 34(3): 279-291.

[ii] Stafford T W, Brendel K, Duhamel R C. Radiocarbon, ^{13}C and ^{15}N analysis of fossil bone: removal of humates with XAD-2 resin[J]. Geochimica et Cosmochimica Acta, 1988, 52(9): 2257-2267.

[iii] Brown T A, Nelson D E, Vogel J S, et al. Improved collagen extraction by modified Longin method[J]. Radiocarbon, 1988, 30(2): 171-177.

[iv] Guo Z, Liu K, Lu X, et al. The use of AMS radiocarbon dating for Xia-Shang-Zhou chronology[J]. Nuclear Instruments and Methods in Physics Research Section B: Beam Interactions with Materials and Atoms, 2000, 172(1): 724-731.

[v] Gillespie R. Fundamentals of bone degradation chemistry; collagen is not "the way"[J]. Radiocarbon, 1989, 31(3): 239-246.

[vi] DeNiro M J, Weiner S. Chemical, enzymatic and spectroscopic characterization of "collagen" and other organic fractions from prehistoric bones [J]. Geochimica et Cosmochimica Acta, 1988, 52(9): 2197-2206.

[vii] Burky R R, Kirner D L, Taylor R E, et al. ^{14}C dating of bone using γ-carboxyglutamic acid and α-carboxyglycine (aminomalonate)[J]. Radiocarbon, 1998, 40(1): 11-20.

[viii] Arslanov K A, Svezhentsev Y S. An improved method for radiocarbon dating fossil bones[J]. Radiocarbon, 1993, 35: 384-387.

[ix] Stafford T W, Hare P E, Currie L, et al. Accelerator radiocarbon dating at the molecular level[J]. Journal of Archaeological Science, 1991, 18(1): 35-72.

[x] Minami M, Nakamura T. Comparison of AMS radiocarbon ages between amino acids and collagens in fossil bones[J]. Chinese Science Bulletin, 1998, 43: 89.

[xi] Minami M, Nakamura T. AMS radiocarbon age for fossil bone by XAD-2 chromatography method [J]. Nuclear Instruments and Methods in Physics Research Section B: Beam Interactions with Materials and Atoms, 2000, 172(1): 462-468.

(原载于 *Nuclear Instruments and Methods in Physics Research Section B* 2000 年 172 卷第 1 期。)

24

The Donghulin Woman from Western Beijing: ^{14}C Age and an Associated Compound Shell Necklace*

Introduction

Donghulin village is situated in the Western Hills area of the District of Mentougou, Beijing, at latitude 39°58′48″N and longitude 115°43′36″E, 455 m a.s.l. The village is about 80 km away from Beijing City (Figure 24 − 1). The Donghulin site was discovered in 1966, but no detailed study has ever been carried out (Zhou et al. 1972; Hao 1988). Recently a woman's skeleton was found at the bottom of the Holocene Loess on the rear margin of a second terrace near Fenpo Gully, just west of the village. Interestingly, there were numerous gastropod shells preserved together with the skeleton. And about 25 m away, abundant vertebrate skeletons (mostly fragmented bones) were found in the lower part of an early Holocene soil layer. The vertebrate bones were apparently refuse because some bones were smashed, and with stone hammering blocks. We report here the ^{14}C dating of the human bones and the shell and discuss the environmental significance of these gastropod shells.

^{14}C dating of the human bones and the gastropod shell

^{14}C dating of the human bone and shell samples was conducted using accelerator

---

* Author: Hao Shougang, Ma Xueping, Yuan Sixun & John Southon.

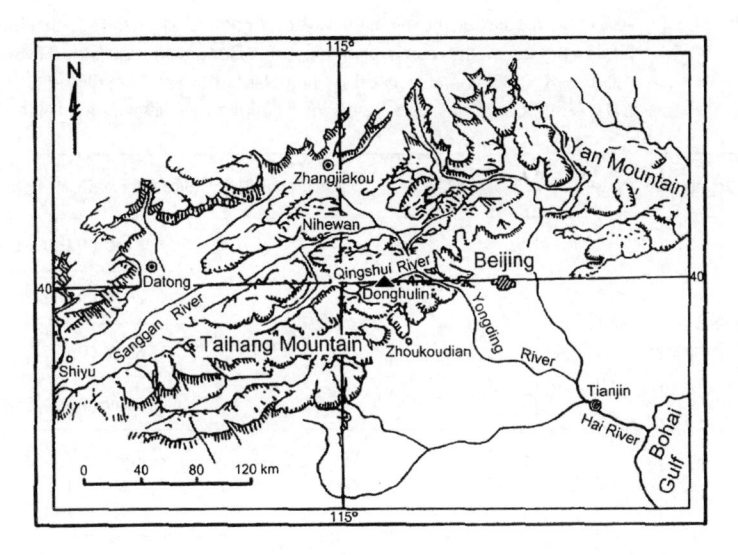

Figure 24 – 1   Map showing the location of the Donghulin site and the Yongding River valley

mass spectrometry (AMS) at Peking University, China and Lawrence Livermore National Laboratory, USA. Samples were pretreated and converted to CO_2 as follows. Shell sample was treated at Lawrence Livermore National Laboratory: first leached with HCl to remove secondary carbonate and then hydrolysed with 70% phosphoric acid. At Peking University, bone gelatin was extracted using a standard procedure (Yuan et al. in press). At Livermore, bone collagen was extracted and ultra-filtered using procedures described in Brown et al. (1988). At both laboratories, organics were heated under vacuum with CuO, and the CO_2 samples were converted to graphite. The targets were measured using standard AMS techniques. The results are shown in Table 24 – 1.

Two points should be noted from the data of the table.

1. The ^{14}C bone dates of both laboratories differ from somewhat. However, they are generally in agreement at about $\pm 1\sigma$ level. We take the average of the three ^{14}C bone dates measured at the two laboratories, i.e., 8540 BP as the age for the Donghulin woman.

Table 24 – 1 AMS ^{14}C results of the *Neritina violacea* gastropod shell and the human phalax hones of the same skeleton from Donghulin, Beijing. The Libby half-life of 5568 years is used at both laboratories. The OxCal 3.3 and INTCAL 98 curve has been used for calibration (Stuiver et al. 1998)

Lab sample no.[1]	material	δ^{13}C (PDB)	^{14}C age (yr BP)	Calibrated date ($\pm 1\sigma$) (cal BC)
BA – 95068	bone	–18.44[2]	8720170	8160 (0.05) 8133
				8078 (0.01) 8072
				8057 (0.01) 8050
				7969 (0.92) 7586
CAMS – 30912	bone	–18.44	845070	7580 (0.68) 7513
				7457 (0.01) 7456
				7507 (0.27) 7478
				7388 (0.06) 7380
CAMS – 31482	bone	–18.44	845080	7582 (0.90) 7476
				7388 (0.06) 7380
				7460 (0.04) 7454
CAMS – 30732	shell	–9.95	815060	7260 (0.43) 7170
				7150 (0.57) 7030

[1] sample with a BA prefix were analysed at Peking University, China; those with CAMS, at the Centre for AMS, Lawrence Livermore, National Laboratory of USA.

[2] Not measured, assuming that it was the same as that of CAMS 30912.

2. The shell date is younger than the bone dates. Logically speaking, the shell age should be the same as or older than that of the human bone since the necklace is definitely associated with the woman's skeleton and should be her possession. Generally speaking the ^{14}C age of estuary and fresh-water shell samples is less reliable, and need careful study and correction (Hogg et al. 1998). The main cause for the younger age of the shell sample than the bone samples in Table 1 is probably due to partial recrystallization of the shell, which is confirmed by our analysis. X-ray analysis shows that the Donghulin shell is characterized by

92% aragonite, 4% calcite, and 4% silica (body whirl, analysed at the Laboratory Centre of the Department of Geology, Peking University), whereas the modern shell has 98% aragonite and 2% silica (operculum, same laboratory). The partial recrystallization was apparently due to the later carbonate deposition from the enclosing loess and exposure of the shells to atmospheric conditions as reported by Rhodes et al. (1980).

The Donghulin necklace

Most of the shells making up the necklace were individually collected from a small pile of recently collapsed loose loess at the same spot; however, some were preserved intact as a short string of beads in the loess (Figure 24 − 2) and on the breastbone of the woman's skeleton. In total, 68 shells were collected, which make up a shell necklace according to the shell interconnection pattern of Figure 24 − 2, i.e., the apex of one shell is joined to the aperture of another (Figure 24 − 3).

Figure 24 − 2 A short string of necklace with three shells preserved intact in the loess section from the Donghulin site. Scale bar = 5 mm

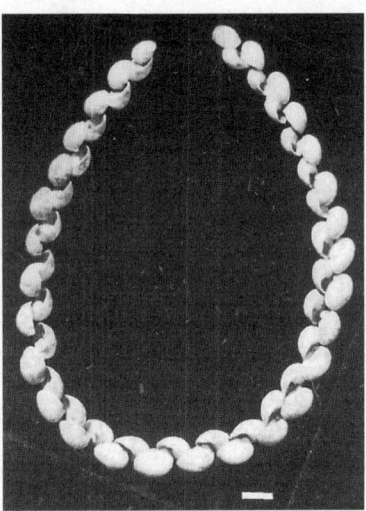

Figure 24 − 3 A complete necklace restored from Donghulin gastropod shells. Scale bar = 10 mm

Various human ornaments have been found in Late Pleistocene age deposits (Late Palaeolithic Age) in many archaeological sites of the world, e.g. in Europe from the Chatelperronian culture through the Magdalenian culture (Otte 1994); in western Asia — the Natufian culture (Bar-Yosef 1994); in China — the Shandingdong (= Upper Cave) culture or equivalents (Huang et al. 1986), and in Australia (Flood 1994). The material used to make up a necklaces was generally animal teeth, bone and mallus shells; well-designed multiple like the Donghulin one were rare, such as those from the Late Palaeolithic of Siberia and southeast France (Lambert 1987), and the necklace was mostly made up of only one or at most a few pieces of teeth or shells during that time. In the early Holocene (c. 10000 - 7000 years ago), multiple necklaces became common, e.g. the Donghulin necklace (about 7500 BC), the Late Mesolithic Ofnet bivalve shell necklace from South Germany (Clark 1969). The unique thing is that the Donghulin necklace was entirely made up of gastropod shells, a feature quite distinct from those earlier and later necklaces which were mostly made up of bivalve shells or animal teeth. The possible advantage of using gastropod shells is that the necklace could be made tighter and neater, displaying as a whole an aesthetically combined shell necklaces.

The perforation into the shell apex was obviously made through grinding. The grinding plane usually slightly slopes towards the aperture (Figure 24 - 4 - E), which would make the shells compact when strung together. The hole had been refined after gringding (Figure 24 - 5 - A, B).

Taxonomy of the Donghulin gastropod and geographic distribution of its living representatives

The Donghulin gastropod shells belong to the species *Neritina (Dostia) violacea* (Gmelin, 1791) of the Neritidae family. They are quite uniform in size, ranging from

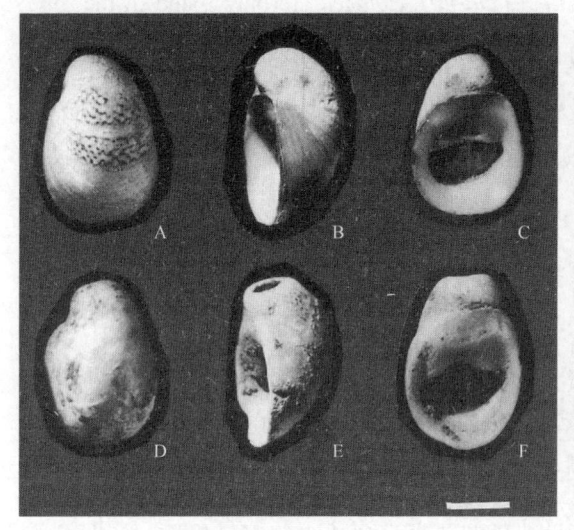

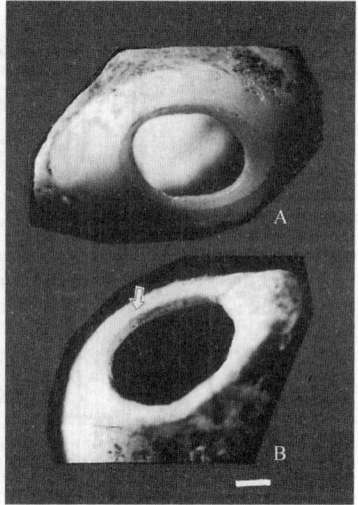

Figure 24 – 4   *Neritina violacea* in different views. A – C a living representative; D – F a perforated Donghulin shell; note that the grinding plane slopes towards the aperture E, which would make shell beads more compact to each other. Scale bar = 5 mm

Figure 24 – 5   A close-up view of the perforation in two of the Donghulin shells. A showing smoothened perforation; B showing vertical scraping ridges (arrow) on the inner surface of the hole. Scale bar = 1 mm

10.0 to 16.0 mm (average 13.6 mm) in length and from 7.5 to 11.0 mm (average 9.5 mm) in width, whereas living shells of this species show a broader range of size (9.4 to 20.0 mm in length and 6.2 to 13.5 mm in width, measured for 15 specimens reposited in the Marine Research Institute of Qingdao, Academia Sinica). The shell colour of living representatives is white or milk white, with narrow various zigzag purplish-brown markings (Figure 24 – 4 – A, B, C), which would enhance the appearance of the necklace. It is obvious that the colour composition of the shell and the tight shell assemblage of the necklace reflect the aesthetic attitude of the Donghulin community, which shows a significant progress in ornamentation from the earlier simple ornament of few isolated beads such as that of the Shandingdong Culture (Beijing, about 20000 BP) to an assemblage of multiple beads such as that of the Donghulin Culture.

Biogeographically, living *Neritina (Dostia) violacea* are only found in the Sino-Japanese subtropical subregion and the Indo-Malayan tropical subregion, both of which belong to the Indo-western Pacific subtropical and tropical region (Tchang et al. 1963). They all dwell on gravels in a low-salinity environment, either in estuaries or coastal streams. In China, they are only present in the Xiangshan Bay of Zhejiang Province (You et al. 1985). They are also distributed in Japanese Kii Peninsula, Honshu and southward (Habe 1968) and sporadically found throughout the Philippines (Springsteen & Leobrera 1986). This pattern of distribution is in agreement with a warm water habitat for the whole family. For example, the Xiangshan area of Zhejiang at present has a marine monsoon climate within the subtropical zone, with an average annual air temperature of 16℃ - 17℃ and annual precipitation of 1110 -1600 mm. On the other hand, the Bohai area, including western Beijing and the Donghulin site, is a terrestrial monsoon climate of warm-temperature zone, with an annual average air temperature of 10℃ - 13℃ and annual precipitation of 550 -650 mm.

Early Holocene climate of the Bohai coastal area as deduced from the Donghulin *Neritina (Dostia) violacea* shells

The first question to be resolved is: where were the Donghulin shells from? There are only two possibilities.

(1) Assuming that the distribution pattern of this mollusk species 8540 BP was the same as present, then the necklace shells must be from the Xiangshan Bay of Zhejiang. However, this would be unlikely because in addition to such a long distance of over 1200 km, there were many natural barriers between Beijing and Zhejiang at that time (as today) such as the Yellow River and the Yangtze River. Besides, the earliest human settlement so far known in the Yangtze delta dated back only to 5500 BC (Stanley & Chen 1996).

(2) The nearest estuarine area for the Donghulin community to procure the shells was the Bohai Gulf, which is about 290 km to the southeast of the Donghulin site. Many studies show that the location of the Bohai coastline 8500 BP was about the same as present or slightly further eastwards (e.g. Zhao 1994). If this is the real origin for the Donghulin shells, it may represent an exchange or travel route along the Yongding River for early people and the Donghulin community (Figure 24 - 1). We suggest that this second possibility is more likely. That human travel activity had already appeared about 20000 years BP is evidenced by the presence of stone and fire remains at Wangfujing, downtown Beijing (Xu 1997). However, no early Holocene *Neritina (Dostia) violacea* and its associated tropical or subtropical fauna have ever been discovered from the Bohai Gulf area.

The discovery of *Neritina (Dostia) violacea* at the Donghulin site may therefore indicate that the Bohai coastal area was much warmer around 8540 BP than today, as *Neritina (Dostia) violacea* and other members of the Neritidae family are warm-adapted mollusk species which can only be found today in the subtropical and tropical faunal province of the western Pacific. If we consider that living conditions of *Neritina (Dostia) violacea* have not changed during the Holocene, the average annual temperature of the Bohai Coastal area 8540 BP could be 16℃, at least 3℃ higher than today. This suggests that the Holocene megathermal (see Shi et al. 1992) in China may be earlier and warmer than previously thought. For example, a synthesis of palynological, palaeobotanical and ice-core data shows that the Holocene megathermal in China began at 8500 BP and ended at 3000 BP, with the average annual temperature about 3℃ higher in the warmest period during 6000 - 5000 BP than today in North China (Shi et al. 1992).This earlier warmer climate in North China might also be due to local hydrological or sea level changes, which, however, needs further study to prove.

Conclusions

AMS ^{14}C age dating shows that the Donghulin culture dates back to 8540 BP (c. 7500 cal BC).

The necklace associated with the woman skeleton consists of 68 tightly compacted and neat gastropod shells which have been identified as *Neritina (Dostia) violacea*. This is the earliest well-organized compound necklace so far known in China, which shows aesthetic judgement of the Donghulin community.

The Donghulin shells probably came from the Bohai area. Based on modern distribution pattern of living representatives of that species we suggest that early Holocene climate of the Beijing region about 8540 BP might be much warmer than previously thought by most workers, on average about 3℃ higher than today.

Acknowledgements

This work was supported by the Bureau of Science and Technology of the Chinese education Ministry, the Office for Natural Sciences of Peking University and the US Department of Energy (contract W－7405－Eng－48). We thank Wang De-ming and Wang Peng of Peking University for their field assistance, Ms. Wang Pei-ying and Mr. Xue Jia and Mr. Zhou Chun-yuan of the Department of Geology, Peking University for X-ray analysis and for taking and printing some of the photographs. The Oceanic Institute of Qingdao, Academia Sinica kindly provided living *Neritina violacea* specimens for comparison. We are also grateful to Dr. Chen Hong-wei for his kind help. Profs. Cao Jiaxin, Cui Hai-ting, Xia Zheng-kai, Mo Duo-wen and Xu Hai-peng of the Department of Geography, Profs. He Guo-qi and Li Mao-song of the department of Geology and Prof. Zhao Chao-hong of the Department of Archaeology, Peking

University are also thanked for their kind help and useful discussions during preparation of this paper.

Reference

Bar-Yosef, O. 1994. Western Asia from the end of the Middle Palaeolithic to the beginnings of food production[C], in De Laet (ed.): 241-55.

Brown, T.A., D.E. Nelson, J.S. Vogel & J.R. Southon. 1988. Improved collagen extraction by modified Longin extraction method[J]. Radiocarbon 30: 171-7.

Clark, G. 1969, reprinted 1971. The Stone Age hunters[M]. New York (NY): McGraw-Hill..

Deleat, S.J. (ed.). 1994. History of humanity[M]. London: Routledge.

Flood, J.M. 1994. Australia and New Guinea in the period of Homo sapiens sapiens up to about 5000 years ago[C], in De Leat (ed.): 276-89.

Habe, T. 1968. Shells of the western Pacific in colour 2[M]. Hoikusha: Hoikusha Publishing.

Hao Shou-Gang. 1988. Recollections of "the Donghulin man" discovery, Fossils (Beijing) 1988 (3): 18-19.

Hogg, A.G., T.F.G. Higham & J. Dahm. 1998. ^{14}C dating of modern and estuarine shellfish [J]. Radiocarbon 40: 975-84.

Huang Wei-wen, Zhang Zhen-hong, Fu Ren-yi, Chen Bao-feng, Liu Jing-yu, Zhu Ming-ye & Wu Hong-kuan. 1986. Bone artifacts and ornaments from Xiaogushan site of Haicheng, Liaoning Province[J]. Acta Anthropologica sinica 5: 259-66.

Lambert, D. 1987. The Cambridge guide to prehistoric man [M]. London: Cambridge University Press.

Otte, M. 1994. Europe during the Upper Palaeolithic and Mesolithic[C], in De Laet (ed.): 207-24. London: Routledge.

Rhodes, E.G., H.A. Polach, B.G. Thom & S.R. Wilson. 1980. Age structure of Holocene coastal sediments, Gulf of Carpentaria, Australia[J]. Radiocarbon 22: 718-27.

Shi Ya-feng, Kong Zhao-chen, Wang Su-min, Tang Ling-yu, Wang Fu-bao, Yao Tan-dong, Zhao Xi-tao, Zhang Pei-yuan & Shi Sao-hua. 1992. Basic features of climates and environments during Holocene Megathermal in China[C]//Shi Ya-feng & Kong Zhao-chen (ed.), The climates and environments of Holocene megathermal in China: 1-18. Beijing China Ocean Press.

Springsteen, E.J. & F.M. Leobrera. 1986. Shells of the Philippines[M]. Kyodo: Kyodo

Printing.

Stanley, D.J. & Chen Zhong-yuan. 1996. Neolithic settlement distributions as a function of sea level-controlled topography in the Yangtze Delta, China[J]. Geology (Boulder) 24: 1083-6.

Stuiver, M., P.J. Reimer, E. Bard, J.W. Beck, G.S. Burr, K.A. Hughen, B. Kromer, G. McCormac, J. van der Plicht & M. Spurk. 1998. INTCAL 98 Radiocarbon age calibration, 24,000-0 cal BP[J]. Radiocarbon 40: 1041-83.

Tchang Si, Tsi Chung-yen, Zhang Fu-sui & Ma Siu-tung, 1963 A preliminary study of the demarcation of marine molluscan faunal regions of China and its adjacent waters[J]. Oceanologia et Limnologia Sinica 5: 124-38.

Xu Qin-qi. 1997. Wangfujing: an early human's paradise[J]. Scientific Chinese 97(3): 28-9.

You Zhong-jie, Li Jian-wei & Hong Jun-chao. 1985. Distribution and fauna of Prosobranchia along the Zhejiang coast[J]. Journal of Zhejiang college of Fisheries 4(2): 25-133.

Yuan Si-xun, Wu Xiao-hong, Gao Shi-jun, Wang Jin-xia, Cai Lian-zhen, Liu Ke-xin, Li Kun & Ma Hong-ji. 2000. Comparison of different bone pretreatment method for ^{14}C dating[J]. Nuclear Instruments and Methods in Physics Research B172: 424-427.

Zhao Xi-tao. 1994. Coastal environmental change of China[M]. Beijing: China Ocean Press.

Zhou Guo-xing & You Yu-zhu. 1972. A Neolithic grave at Donghulin village, Beijing[J]. Archaeology (Beijing) 72(6): 12-15.

(原载于 Antiquity 2001 年 75 卷 289 期。)

25
周原甲骨灼烧状况与风化原因研究*

一、引言

1977年陕西周原出土了大批西周甲骨,因其内容丰富,雕刻精致细微,成为重要的考古研究资料[i]。但出土之后发现部分甲骨的质地已失去了原有坚固性,甚至用手就可将其捏碎[ii],且颜色各异,与一般所见甲骨颜色及质感不同。更为严重的是,自周原甲骨面世二十余年来,其表面发生了程度不等的风化,有些甲骨文字现已漫漶,模糊不清。为保护这批珍贵的甲骨,需要对甲骨本身的现状,造成甲骨现状的原因,如甲骨的埋藏及出土后的保存环境等作分析研究。在考虑的众多因素之中,首先注意到这批甲骨本身的颜色与其他甲骨及考古出土骨头不同,根据其颜色似乎被火烧过。从文献中我们看到一些考古学家[iii][iv]认为因当时放甲骨的建筑毁于火,甲骨也很可能被火烧过,但这仅仅是一种推断。事实是否如此,它们被灼烧的温度有多高,以及受热对造成甲骨目前状况的影响如何,针对这些问题,需要作认真的研究。

对灼烧过的骨样进行分析,在很多领域内都具有重要意义。法医专家常会遇到一些或故意纵火或偶然失火事件造成的人类烧骨;考古学家在遗址中会发现被烧过的人类或动物骨骼;古生物学家可能面对人类最早的用火遗址[v]。这些问题都无疑会涉及烧骨的科学分析,以解决他们各自专业领域中的相关问题,因此系统地分析研究骨质材料在加热过程中的变化并判断灼烧温度具有重要意义。

---

* 作者:成小林、原思训(北京大学考古文博学院)。本工作得到岐山县周原博物馆的冯全生书记与张彦仓馆长的大力支持,在此表示感谢!

多年来,一些学者对灼烧过的骨质材料做过若干有价值的研究,如 Shipman 等[v]指出骨头受热时会引起有机物挥发、碳酸钙分解及羟基磷灰石再结晶,它们会导致骨头显微结构的变化。他们用蒙塞尔测色系统、X 射线衍射与扫描电镜等分析手段研究不同温度下灼烧的现代骨样,结果表明:灼烧温度在 20—940℃间的骨类物质,根据颜色可明显区分为五种状态,每一状态对应特定的温度范围。通过扫描电镜观察,其显微形态大致也可分为五种状态。X 衍射研究表明[v]:在温度≥645℃与温度≤525℃两个区间,羟基磷灰石的结晶颗粒大小有着非常明显的不同,在低温区间(≤525℃)X 射线衍射谱线平缓,峰钝且宽,表明结晶颗粒较小;在高温区间(≥645℃),谱线尖锐,特别在 32—34°2θ 与 26—29°2θ 区间,峰骤然变窄,并相互分离,且谱图中大多数强峰均在 32—34°2θ 间,表明羟基磷灰石的结晶颗粒较大,含量较纯。Bonucci 和 Graziani[vii]主要用差热—热重法、扫描电镜等分析方法研究经历过火烧的不同颜色的骨化石、古代骨头,并与各种灼烧温度的现代骨样相比较。通过对比,作者进一步推断出骨化石与古代骨头的灼烧状态和受热温度。我们应用测色色差、X 射线衍射、热重、扫描电镜和显微红外等多种现代仪器分析手段,对现代未烧骨样、不同温度的现代灼烧骨样及周原无字甲骨进行相关的理化分析,以检验周原甲骨是否经过火的灼烧,并进一步推断其灼烧温度,进而找出甲骨风化的主要原因。

二、实验方法和结果

1. 实验样品

(1) 无字甲骨

我们到出土地点做了考察,并承周原博物馆支持,观察出土的有字甲骨与无字甲骨。因为有字甲骨非常珍贵,不可能取样做实验,所以仅选取具有代表性的无字甲骨样品 9 片作分析研究,其状况列于表 25-1。

表 25 – 1 周原无字甲骨样品状况

样品编号	颜　　色	质地与风化状况
1#	通体发白,中心为黑灰色	发白处酥粉,疏松,用手触可沾白灰;中心处坚硬
2#	通体发白	微孔状,用手触摸有少量白灰
3#	灰色	坚硬,致密
4#	土黄色	坚硬,致密,有一定的光泽度
5#	黑灰色	微孔状,疏松
6#	黑灰色	坚硬如石,异常致密,无任何微孔
7#	通体发白	质地酥粉,微孔状,开裂,风化严重,手触掉白灰
8#	部分发白,部分黑灰	微孔状,风化不很严重,用手触摸只有少量白灰
9#	通体为灰色	微孔状,无明显风化

从表 25 – 1 可知,周原甲骨样品颜色异常,风化状况与质地随颜色不同而不同,颜色发白者,风化相对严重,显示颜色与风化状况间有密切联系。

（2）现代猪烧骨

为了验证甲骨曾被火烧的推测,探讨甲骨风化原因,参照 Shipman[v] 等与 Bonucci 和 Graziani[vi] 的研究,制备现代模拟灼烧骨样。方法是以新鲜的猪骨为原料,将骨料在 $NaHCO_3$ 溶液中煮 1—2 小时,以除去骨中的油脂类物质。取出后用去离子水洗至中性,并在空气中干燥两天,锯成长约 4—5 厘米、厚约 1—2 厘米的骨片,放于马弗炉中,分别于 200℃、400℃、500℃、600℃、645℃、800℃、940℃等几个典型的温度下加热约 4 小时,冷却 4 小时后取出。然后与无字甲骨样品同时做测色色差、X 射线衍射、热重、扫描电镜及显微红外分析。

2. 分析方法和结果

（1）测色分析

选用 TC – 1 型测色色差计来测颜色,并采用 CIE1976$L^*A^*B^*$ 表色系统,这里 L^* 代表试样明(亮)度。明度 L^* 是表示物体表面明亮程度的一种属性,在非彩色中,最明亮的颜色是白色,最暗的颜色为黑色,其间分布着不同的灰色[viii]。由于不同温度下灼烧的现代猪骨与周原甲骨颜色大部分为白色、黑色或介于白色与黑色间的灰色,因此可看作非彩色系列,故只用明度 L^* 来表征颜色的差别,并与不同温度灼烧的现代骨样作对比。测定结果如表 25－2 所示。

表 25－2　不同温度灼烧现代骨样、周原无字甲骨颜色与明度值

样　品		颜　色	L^*	样　品	颜　色	L^*
不同温度灼烧的现代骨样	200℃	黄色	44.71	1#	发白处	95.0
	400℃	黑色	16.86	2#	白色	82.1
	500℃	灰色,夹带土黄色	61.68	3#	灰色	67.5
	600℃	灰色,微量发白	65.75	4#	土黄色	69.1
	645℃	白色	82.21	5#	黑灰色	48.5
	800℃	白色	89.68	6#	黑灰色	48.9
	940℃	白色,微量黄色	73.51	7#	白色	96.6
				8#	发白处	85.6
				9#	灰色	57.7

注：右侧样品列为"周原无字甲骨样"。

表 25－2 颜色与明度值说明周原甲骨样品与烧过的现代骨头样颜色相似。为进一步验证周原无字甲骨样品被火烧过,推测其灼烧温度,又做了 X 射线衍射、热重、扫描电镜、显微红外等分析。

(2) X 射线衍射分析

X 射线穿过晶体时会发生衍射效应。利用这一特性可确定结晶物质的成分、物相及灼烧过程中物相的变化。当骨头经高温灼烧时,羟基磷灰石结晶颗粒将随温度的升高而增大,骨中的碳酸钙也将随温度的升高发生分解[vi]。为了观察对比,我们选取现代未烧骨样,经 645℃、800℃、1000℃ 灼烧现代骨样,从周原遗址出土的被确认为是古代未烧骨样和周原无字甲骨样做 X 射线衍射分析。仪器为北大地质

系的 BD/86 型 X 射线衍射仪。为方便比较,将 X 射线衍射分析所得的各样品矿物组分列于表 25-3。

表 25-3　不同温度灼烧骨样与无字甲骨样品的无机矿物组分

组 分	现代未烧骨样	灼烧现代骨样			周原遗址出土古代未烧骨样	周原甲骨样								
		645℃	800℃	1000℃		1#	2#	3#	4#	5#	6#	7#	8#	9#
羟基磷灰石	√	√	√	√	√	√	√	√	√	√	√	√	√	√
方解石	√	√	×	×	√	√	√	√	√	√	√	×	√	√
生石灰	×	×	√	√	×	×	×	×	×	×	×	×	×	×

由表 25-3 可知:现代未烧骨样、645℃灼烧样,周原遗址出土古代未烧骨样以及周原甲骨样品中,除 7# 之外的所有样品的无机物相相同,均含有羟基磷灰石与方解石(碳酸钙)。800℃与 1000℃现代灼烧样无机物相为羟基磷灰石和生石灰,这是因为骨中原成分碳酸钙在高温时已分解生成生石灰。虽然如此,并不能由此说明周原其他甲骨样品都未经 800℃以上高温烧烤,因为碳酸钙分解后生成的生石灰在埋藏环境中可重新生成碳酸钙,而周原甲骨 7# 之所以既不含碳酸钙又不含生石灰,可能是由于后面提到的出土后经酸浸泡所致。

将无字甲骨样 X 射线衍射的谱图(图 25-1)进行对比归纳,由对比知: 1#(白)、2#、5#、7#、8#(白)谱图相似,谱图中的所有峰均与标准的合成羟基磷灰石谱峰相似,表明羟基磷灰石结晶颗粒较大,含量较纯,其中 7# 羟基磷灰石结晶最好。 6#、4#、9# 谱图相似。3# 与其他谱峰不同。选取具有代表性的相似谱中 4#、3#、7# 甲骨样进行对比(如图 25-1-a),并将现代未烧骨样、645℃灼烧骨样、800℃灼烧骨样的 X 射线衍射也进行对比(如图 25-1-b)。从图 25-1 中能很明显地看出 4# 与现代未烧骨样相对应,即谱线平缓,在 32—34°2θ 与 26—29°2θ 区间的峰钝且宽。 3# 与 645℃灼烧骨样相对应,谱线在 32—34°2θ 区间的峰较现代未烧骨样尖,且由原来一个鼓峰分为两个相互分离的小峰。7# 与经 800℃灼烧骨样的谱图相对应,即谱线较锐,在 32—34°2θ 与 26—29°2θ 区间的峰骤然变窄变尖,并相互分离成数个小峰。

图 25-1　样品 X 射线衍射对比图

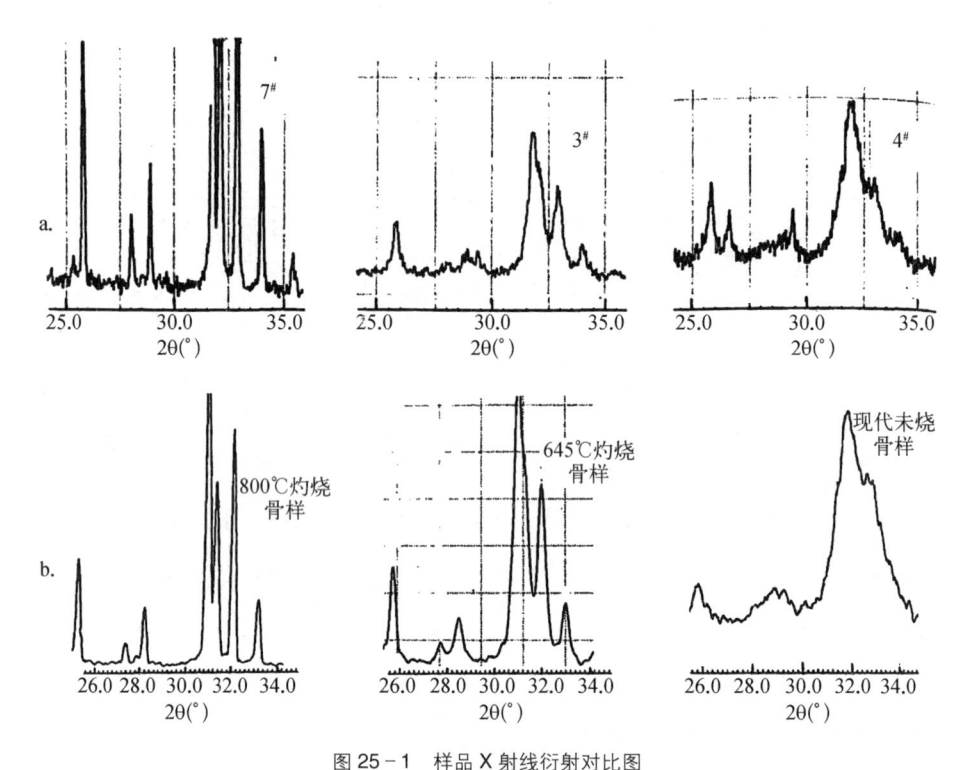

a. 周原无字甲骨 4#、3#、7# X 射线衍射对比图
b. 现代未烧骨样,645℃、800℃灼烧骨样的 X 射线衍射对比图

(3) 热重分析

热重法(TG)是在程序温度下,测量试样的质量与温度或时间关系的一种技术。利用热分析技术可获得有关物体受热后结构和组成的有用信息。我们采用热重分析技术对现代未烧骨样,200、400、600、800℃四个灼烧骨样及周原甲骨样品进行了分析,所用仪器为美国 Thermal Analysis 公司生产的 SDT2960 差热—热重分析仪。在未烧骨样的热重分析图(如图 25-2-a)中,有三个明显的失重峰,第一个峰在 100—200℃,主要是由水的丢失所致;第二个失重峰在 300℃—600℃之间,失重量较多,是由骨中有机物的挥发引起的,在该温度范围内有机物几乎全部燃烧完;第三个失重峰在 650℃—850℃间,主要是由骨中碳酸盐的分解引起的[vi]。而程序升温至 787℃的失重量为 27.71%。计算得知:样品失重百分比随灼烧温

度的升高而减小,谱线随温度的升高逐渐平缓。如图 25 - 2 - b 为 800℃灼烧样的热重分析图,程序升温至 787℃的失重量为 0.51%,与未烧骨样相比,其失重量减少了 27.20%。

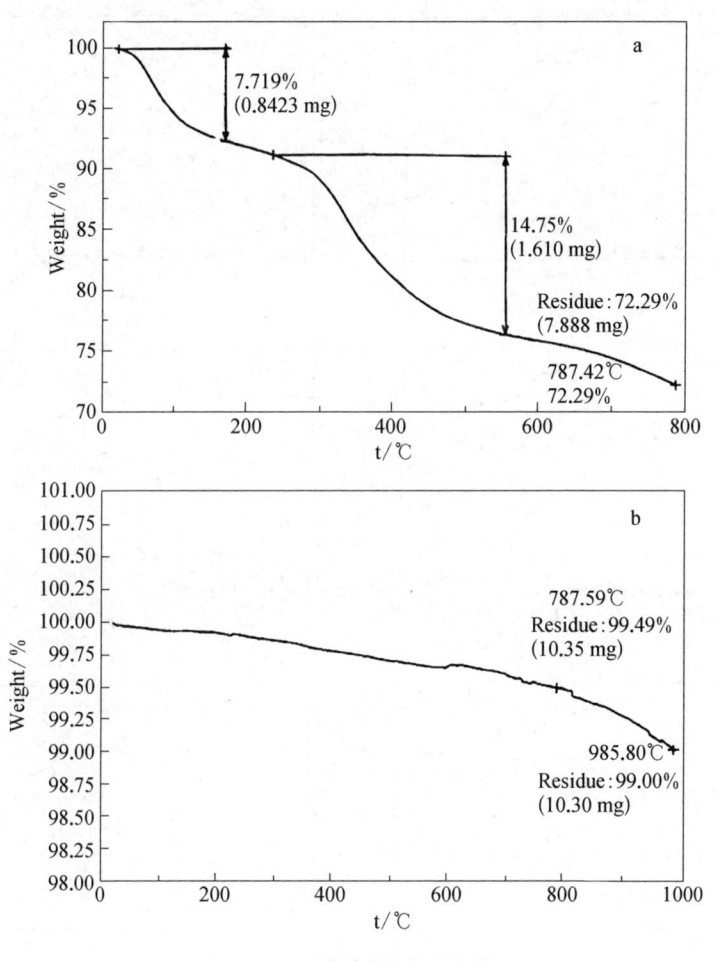

图 25 - 2　现代猪骨的热重分析图

a. 未烧样　b. 800℃灼烧骨样

而周原无字甲骨样品的差热—热重分析图 25 - 3 表明,100—200℃区间九个样品均无明显的失重峰,可见九个样品均不含水分;200—600℃范围内,4#、9#样有明显失重峰,是由骨中有机物的挥发引起的;而在 650—1000℃,除了 7#样品以外,

图 25-3　周原无字甲骨的热重分析图

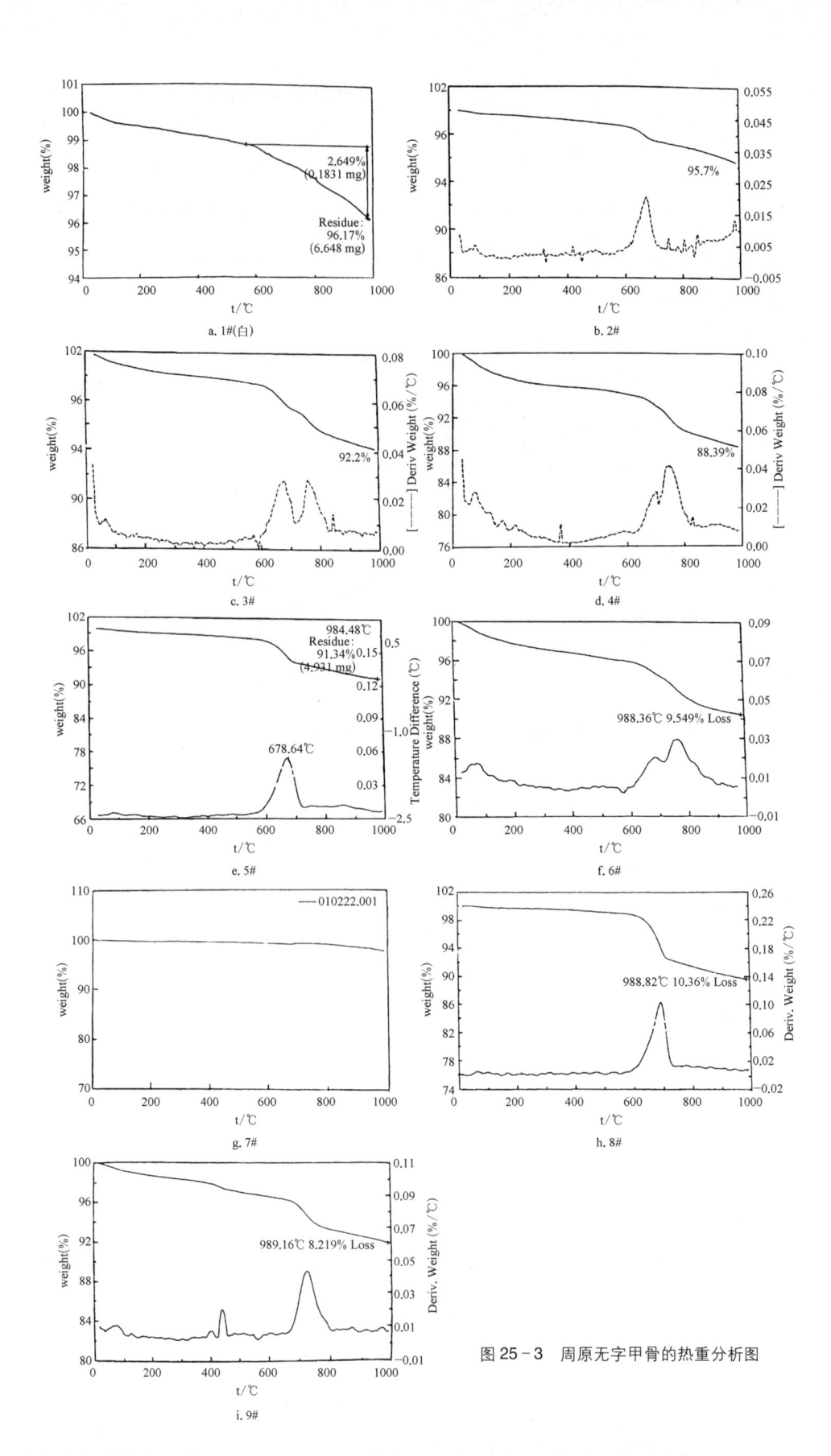

都有较为明显的失重现象,推断是由骨中碳酸盐的分解引起的。7#样品在全部测量温度范围内没有明显失重现象的原因可能有二,一是曾经受过长时间高温灼烧,二是后面提到的出土后受过酸的浸泡。

（4）扫描电镜分析

为了观察形貌区别,我们用现代未烧骨样和 200、500、600、645、800、940℃ 灼烧骨样与周原甲骨样做扫描电镜分析,仪器为 Amray 1910FE 场发射扫描电镜。各样品的扫描电镜形貌见图 25-4 与图 25-5。表 25-4 为对样品形貌做的简要描述。

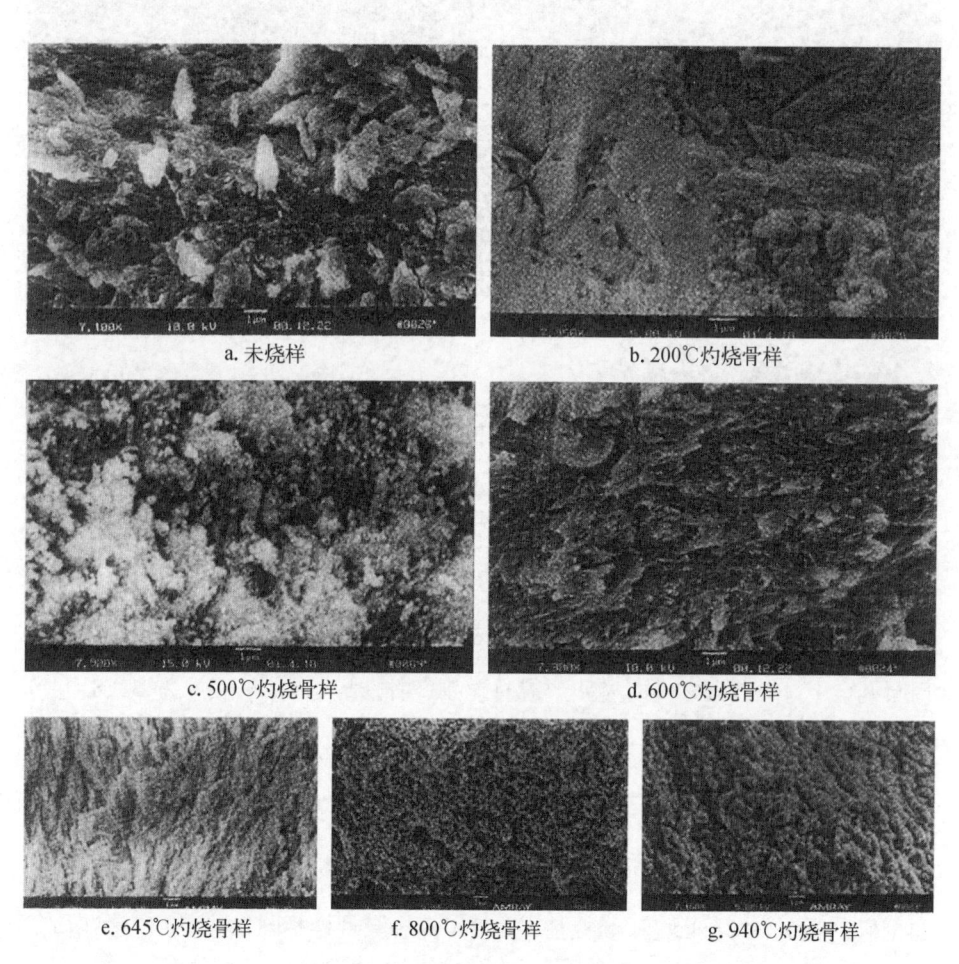

a. 未烧样　　　　　　　　　　　b. 200℃灼烧骨样

c. 500℃灼烧骨样　　　　　　　d. 600℃灼烧骨样

e. 645℃灼烧骨样　　f. 800℃灼烧骨样　　g. 940℃灼烧骨样

图 25-4　现代灼烧猪骨的扫描电镜图

图 25-5　周原无字甲骨扫描电镜图

a. 1#(白)　b. 2#　c. 3#
d. 4#　e. 5#　f. 6#(低)
g. 6#　h. 7#　i. 8#(白)
j. 9#

f. 6#(低)为放大 3000—3200 倍，其余为放大 14000—20000 倍

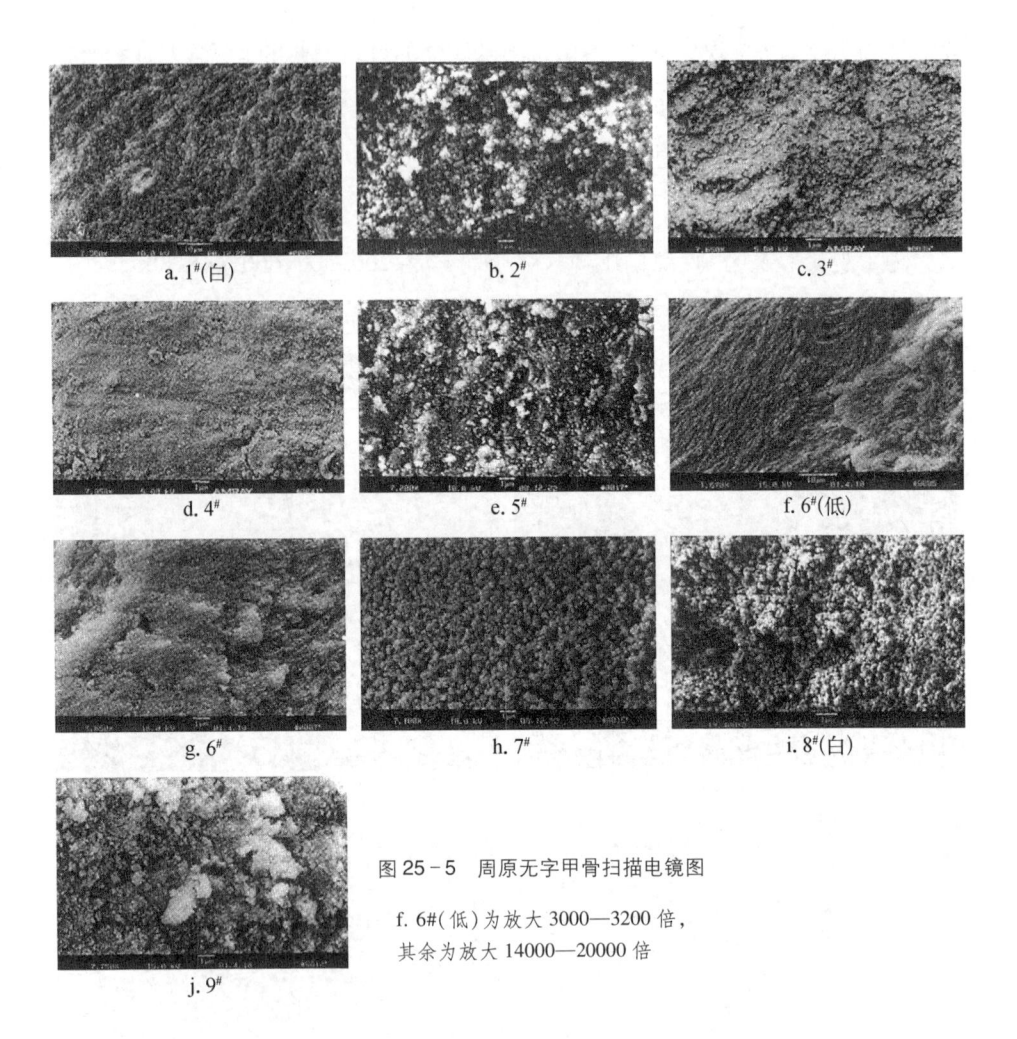

从图 25-4、25-5 及表 25-4 可见，未烧现代骨样与不同温度灼烧现代骨样及周原无字甲骨样各自之间的显微形貌有差别，对比结果知：1#(白)、2#、7#、8#(白)形貌与 800—940℃灼烧骨样相似，这与 X 射线衍射所分析的结果相同。3#类似于 645—800℃灼烧骨样形貌。5#、9#与 500℃灼烧骨样形貌相似，但两者的 X 射线衍射差别较大。5#的 X 射线衍射谱图与>645℃的谱图相对应，而 9#与<525℃的谱图相似。而 6#、4#表面致密，形貌基本与 200℃灼烧骨样相同，这也与 X 射线衍射分析的结果一致。

表 25-4　现代未烧骨与不同温度灼烧骨样及周原无字甲骨样的扫描电镜结果

样　　品		放大 14000—20000 倍后显微形貌
未烧现代骨样		结构致密,连续,呈羽片状
不同温度灼烧现代骨样	200℃	羽片状结构皱缩且模糊,出现裂纹与孔洞
	500℃	羽片状皱缩成絮状,出现连片的孔洞
	600℃	与 500℃ 灼烧骨样形貌类似,但孔洞缩小,呈连片的薄羽状
	645℃	孔洞几乎消失,呈连续的纤羽状
	800℃	有特点的羽片状消失,皱缩聚集成黍状小球及相间的小孔
	940℃	与 800℃ 灼烧骨样形貌相似,但黍状颗粒增大
周原无字甲骨样	1#(白)	与 800—940℃ 灼烧骨样形貌相似,但结构更疏松
	2#	与 800—940℃ 灼烧骨样形貌相似,但较疏松且有孔洞
	3#	处于 645—800℃ 之间灼烧骨样的形貌
	4#	与 200℃ 灼烧骨样形貌相近
	5#	类似于 500℃ 或更高温度灼烧骨样的形貌
	6#	与 200℃ 或稍高一些温度灼烧骨样的形貌相似
	7#	与 940℃ 灼烧骨样形貌接近
	8#(白)	类似于 800—940℃ 灼烧骨样形貌
	9#	与 500℃ 灼烧骨样形貌相近,但孔洞较少

(5) 显微红外分析

骨头一般在 350—600℃ 温度区间失去有机物。为了检测甲骨中的有机物多寡并推测其灼烧情况,用美国 Nicolet 仪器公司生产的 Magna-TR750 型红外光谱仪分析周原无字甲骨样,并与周原出土古代未烧骨样进行对比,结果如图 25-6 所示。

在 1089 厘米$^{-1}$、1051 厘米$^{-1}$、3572 厘米$^{-1}$ 处为纯羟基磷灰石的特征峰,1456 厘

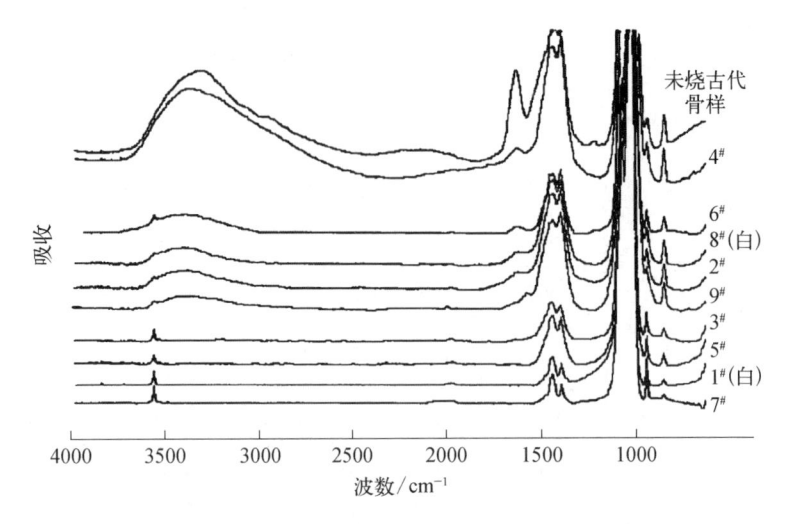

图 25-6 周原无字甲骨样品与古代未烧骨样显微红外图

米$^{-1}$与 1418 厘米$^{-1}$为碳酸钙的吸收峰。明胶蛋白在 1640 厘米$^{-1}$处有一特征峰，3305 厘米$^{-1}$处是一较宽的吸收峰。图 25-6 表明所有样品的谱图均包含羟基磷灰石与碳酸钙的特征峰。而周原出土古代未烧骨样与无字甲骨样相比，除在 3332 厘米$^{-1}$处的鼓包较宽外，在 1640 厘米$^{-1}$的吸收峰较高且锐。可见无字甲骨样的主要物相是羟基磷灰石与碳酸钙，有机物含量较少。

7$^{\#}$、1$^{\#}$(白)、5$^{\#}$、3$^{\#}$四个样品的红外谱图相似，在 1600—1500 厘米$^{-1}$几乎是一条直线，没有任何明胶吸收峰，图峰还显示 1$^{\#}$(白)与 7$^{\#}$碳酸钙的相对含量较 5$^{\#}$与 3$^{\#}$少。9$^{\#}$、2$^{\#}$、8$^{\#}$(白)、6$^{\#}$红外谱图相似，在 3400 厘米$^{-1}$附近有一鼓包，峰宽不锐，在 1640 厘米$^{-1}$有一很弱的吸收峰，推测为骨中胶原的吸收峰，这四个无字甲骨样碳酸盐的相对含量较 7$^{\#}$、1$^{\#}$(白)、5$^{\#}$、3$^{\#}$多。4$^{\#}$在 3400 厘米$^{-1}$附近的峰相对较高，1637 厘米$^{-1}$处有一较为明显的吸收峰，但相对未烧骨样要弱很多。而碳酸钙的相对含量是九个甲骨样品中最高的。

综合分析所测定的九个无字甲骨样可知，1$^{\#}$(白)、7$^{\#}$、3$^{\#}$、5$^{\#}$几乎不含有机物，2$^{\#}$、8$^{\#}$(白)、6$^{\#}$、9$^{\#}$可能含有少量有机物，4$^{\#}$较明显含有有机物。而碳酸盐峰的减弱除受高温时碳酸钙的分解影响外，也与甲骨出土后受到酸处理有关。

三、讨论

对比以上五种研究骨头灼烧状况的方法,各种方法在解决实际问题时均有其自身的优点,但解决问题的能力不一。

(1) 骨头经火烧后,随着加热温度的升高及加热时间的延长,骨中化学成分发生改变,并引起颜色改变。但是由于埋藏环境也会改变骨头的颜色,因此不能单独将颜色作为推断骨头受热情况及受热温度的标准。

(2) X射线衍射分析表明,温度>645℃与温度<500℃的X射线衍射谱图有着明显的不同。这一分析结果对判断骨头的受热温度非常有用,但也并非判断骨头受热状况的充分条件,因为有研究表明:被确认为未经火烧的中石器时代的骨头,其X射线衍射谱图与在较高温度下火烧的骨头谱图相似,这说明成岩作用也可导致骨中羟基磷灰石结晶的长大。但是,与经高温火烧的样品相比,中石器时代的骨头的扫描电镜图像并没有发生形态方面的变化[v]。

(3) 扫描电镜可用来观察物质的形貌。在高倍数下,可看出不同温度灼烧的骨头与未烧骨头的形貌区别[v]。通过电镜观察,能较直观形象地比较周原无字甲骨样与不同温度灼烧的现代骨样的异同,从而判断甲骨的灼烧状态。

(4) 通过热重分析,可计算出骨头灼烧后的失重百分比。但骨头因受埋藏过程中周围环境以及出土后处理的影响,重量会发生变化。譬如埋藏过程中有机质的降解,出土后用酸性物质清洗表面水垢时导致碳酸盐的丢失等。

(5) 红外谱图可判断骨中有机物,但由于骨头有机物在埋藏环境中会降解丢失,也可能吸附与结合外来有机物,因此红外分析只能作为骨头烧与未烧的手段之一。

(6) 将色差、热重、X射线衍射、扫描电镜与显微红外分析结合起来,用于判断骨头烧或未烧以及灼烧温度,其结果比单独使用某种分析手段要准确得多。相对而言,X射线衍射与扫描电镜分析对研究骨头的受热状况作用更大一些。

四、结论

以上研究表明,周原甲骨风化原因主要有两个:

(1) 灼烧。周原甲骨曾经历过火的灼烧,高温能破坏骨中的有机质,改变原来的无机结构,造成部分甚至全部 $CaCO_3$ 的分解。但因受热温度不同,对风化程度的影响也不一样。不过,样品中 $CaCO_3$ 分解生成的 CaO(如 800℃ 及 1000℃ 现代灼烧样)在埋藏过程中与 CO_3^{2-} 作用下又能转变为 $CaCO_3$。据周原甲骨目前的状况,一般是灼烧温度越高,甲骨的保存状况越差,风化越严重。这是甲骨风化的主要原因之一。

(2) 酸处理。据报道,为清除甲骨表面水垢,相当一部分甲骨出土后曾用醋酸或盐酸等酸性物质浸泡过[ii],这种处理会导致周原甲骨的进一步风化。因土锈主要为碳酸盐沉积物,虽然盐酸与醋酸,特别是盐酸可以较快地将之清除掉,但它们本身对骨质有一定的损坏,骨中含有的无机物质 $Ca_3(PO_4)_2$ 与 $CaCO_3$ 均能溶解于盐酸与醋酸中,化学反应式示意如下:

$$Ca_3(PO_4)_2 + H^+ \longrightarrow CaHPO_4$$

$$CaCO_3 + H^+ \longrightarrow Ca(HCO_3)_2$$

$$CaHPO_4 + H^+ \longrightarrow Ca(H_2PO_4)_2$$

$$Ca(HCO_3)_2 + H^+ \longrightarrow CO_2 + Ca^{2+}$$

生成的 $Ca(H_2PO_4)_2$ 在水中的溶解度较大,而 $Ca(HCO_3)_2$ 能分解放出 CO_2,酸的浸泡还能引起甲骨中残留骨胶原的降解,骨质由此进一步受到损坏,故用盐酸或醋酸处理过的骨头疏松粉化且不耐水,这或许是造成周原甲骨风化的另一个原因。当空气中湿度较大或空气中所含的酸性物质较多时,更会加剧骨头的风化。

参考文献

[i] 陈全方.西周甲骨文[C]//周原与周文化.上海人民出版社,1988:101-157.

[ii] 单炜.周原出土甲骨片水垢清除[J].考古与文物,1981,(1):125-127.
[iii] 徐锡台.周原甲骨文综述[M].三秦出版社,1987:8-9.
[iv] 尹盛平.周原西周宫室制度初探[J].文物,1981,(9):13-17.
[v] Shipman P, Foster G, Schoeninger M. Burnt bones and teeth: an experimental study of color, morphology, crystal structure and shrinkage [J]. Journal of Archaeological Science, 1984, 11(4): 307-325.
[vi] Bonucci E, Graziani G. Comparative thermogravimetric X-ray diffraction and electron microscope investigations of burnt bones from recent, ancient and prehistoric age[J]. Atti Della accademia Nazionale dei Lincei, Sci. Fis. Mate. Natur. Ser. 1975, 59(8): 519-534.
[vii] 董振礼,郑宝海.测色及电子计算机配色[M].中国纺织出版社,1996:14-16.

(原载于《文物保护与考古科学》2004年第1期。)

26
秦始皇陵兵马俑陶土产地溯源的中子活化研究*

秦始皇帝姓嬴,名政,生于公元前259年,死于公元前210年,是中国历史上一位叱咤风云、富有传奇色彩的划时代人物,也是中国历史上第一个多民族中央集权制封建帝国的创立者。埋葬他的秦始皇陵位于陕西省临潼县东5公里处,南近骊山,北临渭水。在秦始皇陵封土以东约1.5公里处发现的秦始皇陵兵马俑坑出土了大量陶俑,据估计有8000多件不同造型的陶俑[i]。秦始皇陵兵马俑坑是秦始皇帝陵园的重要组成部分。而对于烧制秦始皇陵兵马俑的取土地点及窑址虽有人论及,但尚未确定[ii]。针对陶俑陶土产地的疑问,我们主要采用中子活化分析技术对秦始皇陵兵马俑一号坑样品和秦陵周围所采集的土样进行分析,同时利用数学统计方法寻找陶俑与所采集土样之间的联系,力图为秦始皇陵兵马俑陶土产地的研究提供帮助。

由于秦始皇陵北临渭河、南依骊山,东西各有数条河溪环绕,秦始皇陵周围的地质环境并非单一不变的黄土沉积地貌。秦始皇陵以南为洪积锥群,零星散落在各个山沟之口,锥体轮廓清晰,以8°—5°的坡度向北展布,紧密地与波状起伏的洪积扇群相连。秦陵以北,为一条近东西向狭长状山前台塬地,再向北即为渭河Ⅱ、Ⅰ级阶地(如图26-1)[iii]。秦始皇陵周围地质环境的复杂性为寻找不同地点土样的差别提供了有利条件。

中子活化分析技术(NAA)最早应用于考古研究是在20世纪50年代[iv][v],它具有分析灵敏度高、准确度高、无需定量分离、基体效应小等优点。到了20世纪70

---

* 作者:雷勇(北京大学考古系)、郭宝发(秦始皇兵马俑博物馆)、原思训(北京大学考古系)。承中国科学院高能物理所毛雪瑛、张朝晖、欧阳宏等测定中子活化分析数据,柴之芳、毛雪瑛等先生审阅本文,特此致谢。

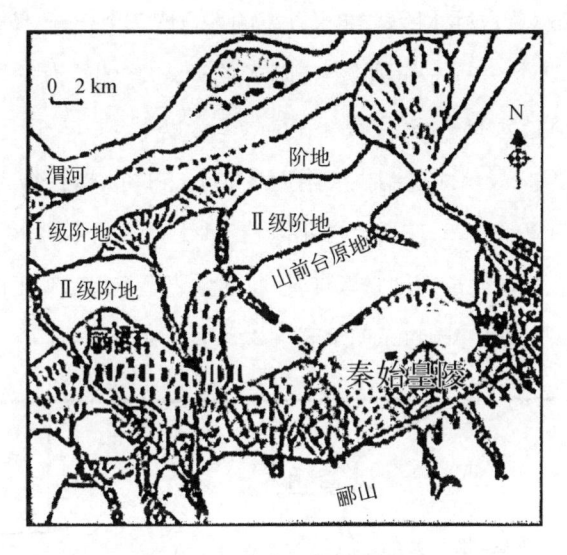

图 26-1 秦始皇陵地区地貌图

年代,当这种方法与计算机统计分析技术结合以后,它逐渐成为一种成熟的研究手段[vi][vii]。到目前为止,在古器物痕量元素分析中,此方法被认为是最有价值的分析手段[viii]。

陶俑制作过程中存在着许多改变原料土成分的工序,如:对自然土清洗、筛滤、除去漂浮物、水磨;在陶土中加入羼合物;烧制导致成分的损失等。另外,陶俑在千百年的埋藏环境中,许多因素也会造成陶俑成分的变化。我们在考量各种干扰因素的基础上,利用中子活化分析技术检测土样和陶俑中元素的含量,根据检测结果,采用统计分析找出它们之间的联系。

1. 样品准备

从秦始皇陵兵马俑博物馆库房内一号坑出土的陶俑残片中随机地选取了29件陶片,为了防止表层污染物对分析结果的影响,从陶片内部取分析样品,并研磨成粉末。在秦始皇陵周围赵背户村、鱼池、马厩坑、王硷村、八里坡、枣园等六个地点采样(图26-2),其中枣园位于秦始皇陵兵马俑博物馆西南方向约10公里处,八里坡在秦始皇陵兵马俑博物馆东约5公里处。样品采自秦及秦代以下土层中,共

29个土样。其中赵背户村北地表12米以下的地点取7个土样,编号为1—7;鱼池附近采样地点有2个,一个是鱼池东南高速路附近,土样编号为8—15,另一个是吴中村附近,土样编号为16—19,位置都在地表2米以下,共12个土样;秦陵南侧和西南方向的马厩坑以及陕西缝纫机厂附近各取土样1个,取样地点都在地表1米以下,编号分别为20、21、22;在王硷村北地表1米以下的不同深度取4个土样,编号为23—26;在八里坡附近断面上取样,在断面地表下5、12、30米的距离分别取1个土样,编号为27—29;枣园村东南地表下2、3、4、5米各取样1个,编号为30—33。

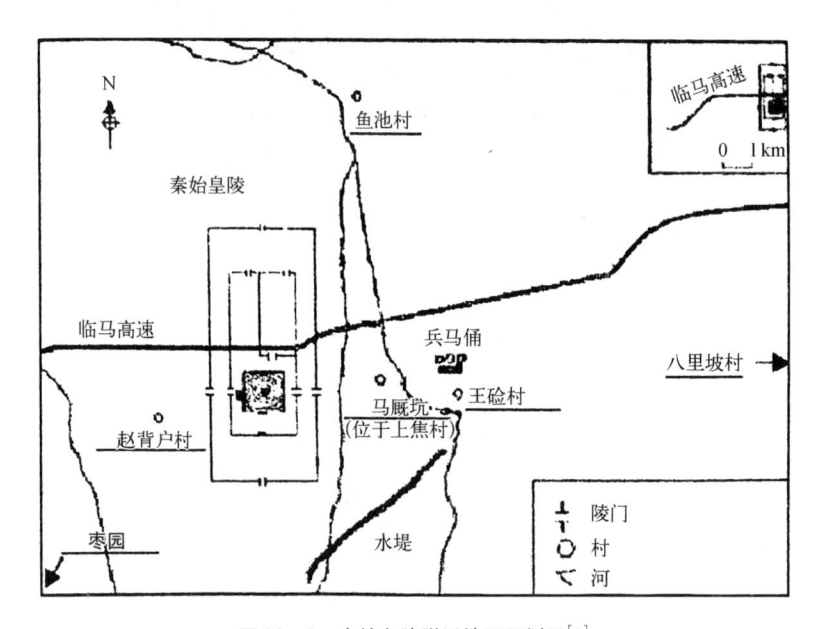

图26-2 秦始皇陵附近地区区划图[x]

对于同一地点,由于使用钢质探铲取土样,为了防止样品的污染,所测样品皆用钻芯部位[ix]。中子活化分析只需要几十毫克样品。为了防止土样内大颗粒碎屑对分析带来干扰,实际采集的样品量要远大于克级,并将样品进行研磨至粒度接近200目。

2. 样品辐照与分析

称适量样品,用高纯铝箔包裹,在200℃下烘干约4小时。然后将样品和化学标准及标准参考物一起送入反应堆中接受中子辐照,照射时间为8小时,中子注量

率为 5.0×10^{13} 厘米$^{-2}\cdot$S^{-1}。活化后的样品经一定冷却时间(第一轮为7—9天,第二轮为18—19天)后,拆去铝箔,将样品转入塑料小瓶中,用 ORTEC 公司生产的带高纯 Ge 探测器(GEM－20180－T 型)的多道探测系统进行测量。采用 SPA 解谱程序对数据进行分析,检测出 30 多种元素。

3. 数据处理

中子活化分析虽然检出了几十种元素,但并不是所有的元素都适用于分析处理,所要考虑的因素也比较多。在选择元素进行统计分析时,主要遵循的原则如下[xi]:1)所选元素在土壤中稳定存在,含量受外界环境的影响小;2)所选元素在同类样品中分布均匀;3)所选元素不受采样过程的干扰;4)所选元素在所有样品中的含量能准确地被检测出来;5)所选元素在不同地点或地层中含量的差别明显,通过对比可以体现出来。

陶制品在烧制过程中,挥发性成分可能丢失,如在较低温度下失去水和有机成分,在较高温度下开始分解方解石。而在更高温度下,一些元素可能会挥发,例如 Cl、Br、S、Pb 和 Hg[xii][xiii]。

在陶俑分析数据的处理过程中,剔除了数据偏差较大或无准确测量值的元素,如 Mo、Ag、Au、Ir、Os 等。

在埋藏期间,许多过程都可能改变陶俑的化学成分。土壤中水的淋滤作用会影响陶俑中一些金属元素的含量,特别是 Ca、Zn、Co 和 Ba 的含量[xiv-xvi]。埋藏环境中阳离子的交换作用也可能影响 Na、Mg 和 K 等的含量[xvii]。

为了满足选用元素在不同地点或地层样品中含量的差别显著、并通过对比可以体现出来的要求,还剔除了不同土样间含量差别程度小于陶俑内部含量差别的元素,如 As 等。

在考虑了上述影响因素之后,我们选用了 Eu、Lu、Nd、Sc、Sr、Th、Ta、Hf 八种元素(如表 26－1 所示),采用 SPSS 数据处理软件,选用因子分析中的主成分分析法,对中子活化分析结果进行了数学统计分析。由于前述的一些过程会造成陶俑成品和原料之间元素含量的差异,为了减小这种影响,还常以选定元素与 Sc

含量的比值代替原数据[xviii]，再进行主因子分析。按照这种方法对数据处理后，所提取的两个因子表达了60.6%的信息，利用这两个因子作图(如图26-3)。图26-3表明，赵背户村、王硷村和马厩坑附近(秦始皇陵兵马俑南侧马厩坑)的部分土样的成分(样品编号为2、3、6、7、20、24、26)最接近陶俑的成分。而主要位于图26-3左上方的编号为8—19的鱼池东南和吴中村附近的土样则距离陶俑样品较远。

表26-1 部分秦始皇陵兵马俑残片和附近土样的中子活化分析数据

样品编号	采样地点	Lu	Nd	Sr	Th	Hf	Eu	Ta	Sc
1	赵背户村	0.342	29.1	176	0.91	6.04	1.14	1.03	11.4
2		0.460	46.0	142	12.87	6.74	1.38	1.38	15.3
3		0.268	37.4	252	9.78	5.36	1.34	0.80	13.4
4		0.416	38.7	277	8.31	10.95	1.39	0.83	13.9
5		0.495	33.1	195	2.72	6.19	1.24	1.24	12.4
6		0.411	40.1	186	12.74	6.71	1.23	0.96	13.7
7		0.330	26.7	86	10.23	4.40	1.10	0.77	11.0
8	鱼池地区	0.492	32.3	248	12.55	6.64	1.48	1.11	12.3
9		0.500	31.8	212	13.00	7.00	1.38	1.25	12.5
10		0.472	33.2	287	12.27	7.79	1.42	1.18	11.8
11		0.516	36.2	244	14.06	8.13	1.55	1.29	12.9
12		0.339	31.9	164	2.26	6.55	1.24	0.90	11.3
13		0.480	29.0	220	0.96	6.84	1.20	0.96	12.0
14		0.327	28.8	149	1.00	5.56	1.09	0.87	10.9
15		0.114	34.2	166	2.62	6.73	1.25	1.03	11.4
16		0.580	42.3	242	13.34	7.69	1.45	1.16	14.5
17		0.476	30.7	188	11.90	7.14	1.31	0.95	11.9

(续表)

样品编号	采样地点	Lu	Nd	Sr	Th	Hf	Eu	Ta	Sc
18	鱼池地区	0.492	27.7	236	11.32	6.89	1.11	0.98	12.3
19		0.484	30.3	262	12.10	7.02	1.21	0.97	12.1
20	马厩坑附近	0.366	29.0	173	1.22	5.86	1.22	0.85	12.2
21		0.123	45.1	215	2.83	2.34	1.35	0.86	12.3
22		0.369	41.0	185	3.08	6.27	1.35	0.98	12.3
23	王硷村	0.366	29.9	233	1.46	5.98	1.22	0.85	12.2
24		0.369	33.8	174	1.60	5.66	1.23	0.98	12.3
25		0.292	45.0	256	2.63	7.74	1.61	1.02	14.6
26		0.366	27.7	122	1.34	5.86	1.22	0.85	12.2
27	八里坡	0.540	39.4	239	14.58	7.43	1.35	1.22	13.5
28		0.456	39.5	162	15.20	7.45	1.37	1.22	15.2
29		0.496	39.3	176	12.40	6.57	1.24	1.12	12.4
30	枣园村	0.384	30.5	207	12.80	7.04	1.15	1.02	12.8
31		0.520	35.0	240	13.00	7.15	1.30	1.04	13.0
32		0.366	32.6	275	12.20	6.47	1.22	0.98	12.2
33		0.512	32.5	207	12.80	6.78	1.28	1.02	12.8
34	秦始皇陵兵马俑残片	0.144	36.0	206	12.38	4.90	1.30	1.01	14.4
35		0.441	37.2	167	12.79	4.85	1.32	0.88	14.7
36		0.304	37.5	203	5.62	5.32	1.52	1.06	15.2
37		0.516	38.5	142	3.78	5.68	1.55	1.03	17.2
38		0.468	42.9	215	3.74	4.84	1.40	0.94	15.6
39		0.308	39.0	205	6.01	4.62	1.54	1.08	15.4
40		0.139	36.7	228	3.34	4.73	1.25	0.83	13.9
41		0.135	32.8	145	11.61	6.62	1.35	1.08	13.5

（续表）

样品编号	采样地点	Lu	Nd	Sr	Th	Hf	Eu	Ta	Sc
42	秦始皇陵兵马俑残片	0.168	46.4	178	5.88	4.87	1.51	1.01	16.8
43		0.453	42.3	222	14.04	5.29	1.36	1.06	15.1
44		0.525	38.9	156	14.53	4.73	1.40	1.05	17.5
45		0.456	37.5	162	1.37	4.71	1.37	1.06	15.2
46		0.504	42.5	241	14.78	5.38	1.51	1.18	16.8
47		0.489	42.9	173	15.32	5.38	1.63	1.14	16.3
48		0.474	29.7	168	13.90	5.21	1.26	1.42	15.8
49		0.522	32.9	178	15.31	5.39	1.57	1.04	17.4
50		0.450	36.0	220	13.05	5.40	1.50	0.90	15.0
51		0.504	35.3	196	14.78	5.21	1.51	1.01	16.8
52		0.495	42.7	204	13.53	6.77	1.49	0.99	16.5
53		0.498	33.2	176	0.83	4.48	1.33	1.00	16.6
54		0.294	48.1	167	13.67	5.29	1.32	0.88	14.7
55		0.522	52.2	174	15.31	5.39	1.74	1.04	17.4
56		0.480	34.1	220	14.08	4.64	1.44	0.96	16.0
57		0.486	33.4	213	14.26	5.35	1.46	1.13	16.2
58		0.770	42.0	205	13.40	5.24	1.54	0.92	15.4
59		0.483	39.3	232	14.17	4.67	1.45	0.97	16.1
60		0.507	44.8	189	13.86	5.75	1.52	1.01	16.9
61		0.483	42.3	151	14.17	5.80	1.61	1.13	16.1
62		0.438	52.6	204	18.54	4.96	1.46	1.31	14.6
63		0.447	35.8	169	2.53	4.77	1.34	1.04	14.9

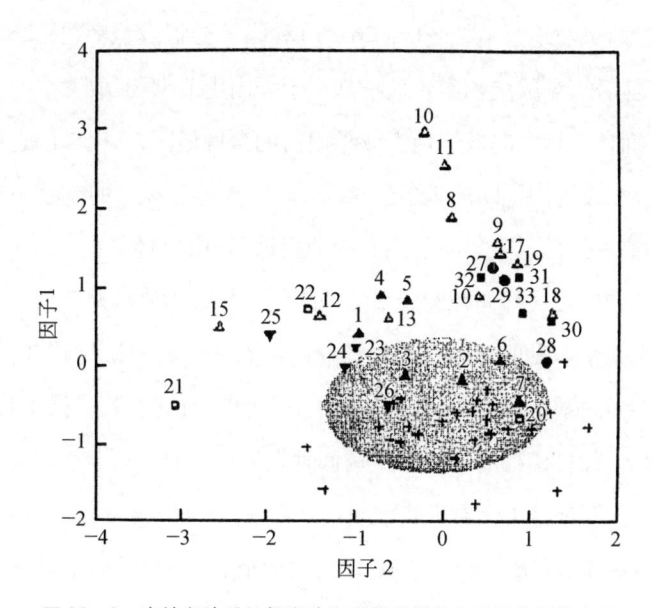

图 26-3 秦始皇陵兵马俑陶片和周围土样的主因子分析散点图

(▲ 赵背户村，△ 鱼池地区，□ 马厩坑附近，▼ 王硷村，● 八里坡附近，■ 枣园附近，＋ 陶俑样品)

4. 结论

通过上面的数据分析可得出以下结论：

秦始皇陵周围的不同地点、不同层位的土样成分有一定差别。

在所选定的八种元素的范围内，数据的统计处理结果表明：鱼池附近的土样和秦始皇陵兵马俑的成分差别较大；而陶俑成分和赵背户村、王硷村和马厩坑附近的若干土样较为接近，选用这些地点的一些层位的土烧制秦俑的可能性很大。

5. 讨论

（1）在利用主因子分析对数据进行处理时，我们尝试了多种不同元素选择和组合方式，不同方式所得到的因子示意图不尽相同。但是，所有示意图均显示赵背户村、王硷村附近的部分土样和陶俑成分始终比较接近，由此推测选用这两个地点相应层位的土烧制陶俑的可能性更大。

(2) 把秦始皇陵地区地貌图(图 26-1)和因子分析散点图(图 26-3)对照显示,赵背户、王硷村、马厩坑和秦始皇陵都位于骊山山前洪积扇群之中,土样大都取自这个扇群,而鱼池地区的取土地点位于山前的台塬地区,八里坡附近和枣园地区的取土地点位于较远的不同的地貌区域,或许这些地理环境的差别引起了土壤成分的变动,为追溯秦始皇陵兵马俑陶土产地提供了有利的条件。

(3) 将秦始皇陵兵马俑和秦始皇陵地区的秦砖分别制成厚 30 微米的薄片,在偏光显微镜下观察。发现秦始皇陵兵马俑内部有稍大颗粒矿物存在,而且数量和体积远大于秦砖内部大颗粒矿物。矿物种类主要有石英、绢云母、钠长石、斜长石等。推断这些大颗粒矿物应是在制作陶俑时人为加入的。石英通常会稀释元素的含量[xix-xxi],但长石等常常含有大量痕量元素的矿物可能会干扰分析结果[xxii][xxiii]。为了减小这种影响,以选用元素与 Sc 含量的比值代替原数据,不过这种方法也不能完全克服这种影响[xxiv]。

(4) 由于主要受中子活化分析方法成本较高的影响,样品分析数量有限;并且主因子分析所选用的两个因子并不能完全概括所选的八种元素的所有信息,八种元素的选择也难免带有一定的主观因素,这种选择的客观性和正确性有待进一步研究。

(5) 如前所述,虽然在选取元素时,我们已经做了种种考虑,但现在所分析的陶俑和当初制作时的原料土之间还难以避免存在一定的差别。这个差别主要受两个过程影响: a. 陶俑制作过程的影响;b. 出土前埋藏过程的影响,主要指埋藏地区的环境因素造成的影响,如降水、地表径流、土壤的淋滤作用等造成的元素迁移。这些影响还需进一步研究和探讨。

参考文献

[i][x] 陕西省考古研究所,始皇陵秦俑坑考古发掘队编著.秦始皇陵兵马俑坑一号坑发掘报告[M].文物出版社,1989: 1-10.

[ii] Guangyong Q, Xianjia P, Shi L. Mössbauer firing study of terracotta warriors and horses of the Qin Dynasty (221 BC)[J]. Archaeometry, 1989, 31(1): 3-12.

[iii] 高维华,王丽玖.秦始皇陵工程地质述评[J].文博,1990,5:158-163.

[iv] Sayre E V, Dodson R W, Thompson D B. Neutron activation study of Mediterranean potsherds[J]. American Journal of Archaeology, 1957: 61, 35-41.

[v] Sayre E V, Murrenhoff A, Weick C F. Non-destructive analysis of ancient pot sherds through neutron activation Report BNL-508, Upton, NY: Brookhaven National Laboratory, 1958, 20.

[vi] Harbottle G. Activation analysis in archeology[J]. Radiochemistry, 1976, 3: 33-72.

[vii] Wilson A L. Elemental analysis of pottery in the study of its provenance: a review[J]. Journal of Archaeological Science, 1978, 5(3): 219-236.

[viii] Balla M, Keömley G, Rosner G. Neutron activation analysis for provenance studies of archaeological ceramics[J]. Journal of Radioanalytical and Nuclear Chemistry, 1990, 141(1): 7-16.

[ix] Franklin U M, Vitali V. The environmental stability of ancient ceramics [J]. Archaeometry, 1985, 27(1): 3-15.

[xi] Topping P G, Mackenzie A B. A test of the use of neutron activation analysis for clay source characterization[J]. Archaeometry, 1988, 30(1): 92-101.

[xii] Rye O S, Duerden P. Papuan pottery sourcing by PIXE: preliminary studies [J]. Archaeometry, 1982, 24(1): 59-64.

[xiii] Poole A B, Finch L R. The utilization of trace chemical composition to correlate British post-medieval pottery with European kiln site materials[J]. Archaeometry, 1972, 14 (1): 79-91.

[xiv][xix] Bieber A M, Brooks D W, Harbottle G, et al. Application of multivariate techniques to analytical data on Aegean ceramics[J]. Archaeometry, 1976, 18(1): 59-74.

[xv] Freeth S J. A chemical study of some bronze age pottery sherds[J]. Archaeometry, 1967, 10(1): 104-119.

[xvi] Sayre C V, Chan L H, Sabloff J A, High-resolution gamma ray spectroscopic analyses of Fine Orange pottery[C]//Science and Archaeology, Brill R H ed, Cambridge: MIT Press, 1971: 165-181, 196-209.

[xvii] Hedges R E M, McLellan M. On the cation exchange capacity of fired clays and its effect on the chemical and radiometric analysis of pottery[J]. Archaeometry, 1976, 18(2): 203-207.

[xviii] Topping P G, Mackenzie A B. A test of the use of neutron activation analysis for clay

source characterization[J]. Archaeometry, 1988, 30(1): 92 – 101.

[xx] Olin J S, Sayre E V, Compositional categories of some English and American pottery of the American colonial period. In Science and archaeology, Brill R H ed, Cambridge: MIT Press, 1971: 196 – 209.

[xxi] Bishop R L, Rands R L, Holley G R, Ceramic compositional analysis in archaeological perspective[C]//advances in Archaeological Method and Theory, Schiffer M B ed, New York: Academic Press, 1982, vol. 5. 275 – 330.

[xxii] Calver J L, Mining and mineral resource. Bulletin No. 39 Tallahassee: Florida Geological Survey, 1957: 15 – 27.

[xxiii] Hancock R G V. On the source of clay used for Cologne Roman pottery [J]. Archaeometry, 1984, 26(2): 210 – 217.

[xxiv] Topping P G, Mackenzie A B. A test of the use of neutron activation analysis for clay source characterization[J]. Archaeometry, 1988, 30(1): 92 – 101.

(原载于《核技术》2004 年第 1 期。)

27

^{14}C 测年与我国陶器溯源*

陶器的发明是人类智慧用于水、火、土(黏土)的结晶,是人类利用天然材料用火创造出来的制成品,在人类文明发展史上占据光辉的一页。陶器的应用在我国有着十分久远的历史,考古学的新发现与^{14}C测年方法的应用,将我国陶器的发明史不断向前推移。^{14}C测年方法是目前考古学中测定陶器年代时应用最多的方法,笔者多年来关注我国陶器起源历史的追溯,本文拟讨论如下三个问题:我国陶器历史追溯、^{14}C测年在陶器溯源中的应用及有关陶器^{14}C年代数据使用中的若干问题。

一、我国陶器历史追溯

1965年我国第一个^{14}C实验室在中国科学院考古研究所建成,到20世纪80年代初我国已建成^{14}C实验室二十多个,并累积了与考古学有关的^{14}C年代数据1000多个,透过其中的磁山、裴李岗、河姆渡等遗址的^{14}C数据,我国陶器的^{14}C年代已能够上溯到距今6000年以上,至于更早的陶器年代则异常朦胧。20世纪50年代末之后,在江西、广西、广东等地发现了几处出土陶片的早期新石器遗址,70年代中国科学院考古研究所^{14}C实验室发表了江西万年仙人洞、广西桂林甑皮岩等遗址距今1万年上下的^{14}C年代数据[ii]。不过由于当时这些地区的考古研究尚少,以及遗址所在石灰岩地区等原因,这些数据未被普遍接受。

为了澄清石灰岩地区特殊环境对不同^{14}C样品物质年代可靠性的影响,20世

---

* 作者:原思训。

纪70年代末北京大学考古系与中国社会科学院考古研究所两个^{14}C实验室合作，对该问题作了专题研究后认为，石灰岩地区"陆生动植物（蜗牛除外）样品的^{14}C年代，不受石灰岩特殊环境的影响，至少没有明显的影响。水下生长的动植物样品的^{14}C年代显然偏老1—2千年"[iii]。依据这一研究结果，仙人洞、甑皮岩等遗址出土陶片的^{14}C年代在距今9000年左右似应肯定。笔者也曾对该问题作过讨论[iv]。柳州大龙潭遗址的发掘与^{14}C年代也显示我国的陶器年代有可能推移到万年左右[v]。为了深入研究甑皮岩遗址所涉及的许多重要学术课题，2001年中国社会科学院考古研究所等单位再次对遗址进行了发掘，并用^{14}C法对遗址年代作了较为全面的研究，国内外五个^{14}C实验室用β计数法和加速器质谱（AMS）法测定各类样品，得到^{14}C年代数据近70个。此次发掘在新划分的第一期文化层中发现烧成温度极低的陶器，根据该层多个木炭样品^{14}C年代数据平均为距今9600年[vi]。

20世纪最后十年，随着河北徐水南庄头、广西桂林庙岩、湖南道县玉蟾岩、江西万年吊桶环、河北阳原于家沟等早期新石器遗址的发现与万年仙人洞的再发掘，北京大学建成可测量微小样品的加速器质谱^{14}C测年方法，我国陶器溯源取得了长足的进展。上述遗址除于家沟遗址是用热释光法测定的，南庄头、大龙潭和神仙洞遗址是用β^{14}C计数法测定的以外，其余数据都是用加速器质谱^{14}C法测定的。南庄头遗址、神仙洞遗址和大龙潭遗址的^{14}C年代刚超过万年，于家沟陶片的热释光年代与万年左右的^{14}C年代相当，其他都远超过万年。现将陶片^{14}C年代超过万年的遗址介绍如下，如果遗址中出土陶片的地层不止一层，则择其最老的年代介绍。在列出数据时，为了避免混乱，便于国内外对比，所有^{14}C年代数据都统一用5568年^{14}C半衰期来计算年代。

（1）南庄头遗址位于河北省徐水县南庄头村，地处河北平原西部。共发现陶片50多片。遗址分为6层，各层都有^{14}C数据。遗址文化层的^{14}C年代为距今10200—9400年左右，其中第6层出陶片的灰坑中木炭样品的^{14}C年代为距今10210±110[vii]。

（2）于家沟遗址位于河北省阳原县虎头梁村西的一条冲沟（于家沟）的源头，

1995—1997年由北京大学考古学系和河北省文物研究所联合发掘。文化层堆积厚7米多,分8层,出土了丰富的从旧石器晚期到新石器早、中期的文化遗物。陶片发现于第3层的灰黄色粉细砂层中。经热释光法测定陶片本身和地层年代分别为距今11600年和11100年[viii],两者符合良好。热释光年代不像本文后面讲到的^{14}C数据,需要经树轮校正年代才能转换成日历年代,于家沟陶片年代大致和南庄头遗址最老的陶片年代相当,相当于^{14}C年代万年左右。

(3) 神仙洞遗址位于江苏省溧水县回峰山北西坡。1977年发掘。洞内堆积物分上下两部分,中间夹10厘米左右的钙板层。在上部第2层砂质亚黏土中发现最后鬣狗等动物化石与两片陶片,而同层炭屑(ZK-0502)的^{14}C年代为10885±1000 BP。以往由于出陶片地层的^{14}C年代和动物化石显得偏老,学术界对陶片的真实性尚有疑问[ix]。目前看来,如果陶片地层无疑,其年代应与之相近。

(4) 大龙潭遗址位于柳州市南郊的龙潭山鲤鱼嘴,是一处岩厦遗址。1980年对遗址进行了发掘。遗址文化层厚2—2.5米,主要为黏土和螺壳堆积。分4层,即表土层(扰乱层)、上文化层、下文化层与生土层。在下文化层上部出土5具人骨架、夹砂陶片及骨器等。下文化层上部人骨架处的^{14}C年代有三个:PV-401为10210±150 BP;PV-402为11125±150 BP;BK82090为12515±2200 BP。前两个用的是人骨样品,为中国科学院古脊椎动物与古人类研究所测定[iva],后一个是在紧靠人骨架处采集的螺壳样品,为北京大学考古学系实验室测定[ivb]。通常骨质样品的^{14}C年代是可靠的,考虑到螺壳样品^{14}C年代一般偏老1—2千年,综合考虑三个^{14}C年代结果,下文化层上部的^{14}C年代在距今11000年前后,并可代表陶片的年代。1987年对遗址作了补充发掘,将遗址分为5层,并全部用螺壳样品测定了各层年代。补充发掘的第4层与先前划分的下文化层相当,第3层与下文化层上部相当,而第2层则与上文化层相对应[x]。新测年代结果虽然由于螺壳样品偏老年代的不确定性,以及样品采集部位与前述测年样品部位很难一致,但总的看是协调的。

(5) 庙岩遗址位于广西桂林南30公里的雁山区李家塘村的一座孤峰上,为洞穴遗址,文化层厚2.4—2.9米。遗址分为6层,5层中部出土陶片[xi]。遗址经系统的¹⁴C年代测定。依据地层的¹⁴C年代,陶片的¹⁴C年代应在距今18140±320(BA92036-1)至13710±270(BA92034-1)年之间[xii]。后对陶片中所含腐殖酸(BA94137a)和腐殖质(BA94137b)测定,¹⁴C年代分别为距今15560±500年和15660±260年,两者符合良好,它们应代表陶片的¹⁴C年代[xiii]。

(6) 玉蟾岩遗址位于湖南省道县寿雁镇,为石灰岩洞穴遗址,遗址堆积物厚1.2—1.8米,地层变化复杂,自然堆积层近40层[xiv]。陶片出土于3E和3H层,3E层木炭样品BA95058的¹⁴C年代为距今14080±270年,3H层在3E层之下,其年代应大于3E层年代或与之相当。后经对3H层出土陶片中所含碳的年代测定,结果说明两层年代相近,玉蟾岩3H层陶片的¹⁴C年代为距今14400年左右[xii]。

(7) 仙人洞遗址和吊桶环遗址位于江西省万年县大源乡,仙人洞遗址发现于20世纪60年代,为石灰岩洞穴遗址,至2000年曾多次发掘,由地层和出土物判断它含有上下两层堆积,分别归属于新石器时代早期堆积和旧石器时代晚期之末堆积。吊桶环遗址发现于20世纪90年代,位于仙人洞遗址西约800米,是一处高出盆地约60米的岩棚遗址,堆积分上、中、下三个时期,分别为新石器时代早期、旧石器时代晚期之末(或中石器时代)及旧石器时代晚期[xv]。仙人洞上层和吊桶环上层时代相当,出土磨制石器与陶器;下层和吊桶环中层相当,出土打制石器,未见陶片。

迄今,仙人洞遗址和吊桶环遗址公开发表的数据很少,除了前述中国社会科学院考古研究所发表过两个¹⁴C数据以外,1993、1995年两次发掘时都采集了样品,并送中、美两个¹⁴C实验室测定了34个数据,发掘者之一在谈及这些数据时写道:"所得数据较其他同类遗址普遍偏老。早期陶器同层位的¹⁴C年代也是如此,在19780±360 BP(该数据拟为北京大学加速器质谱法测定,当时是用5730年¹⁴C半衰期计算的年代,若校为惯用¹⁴C半衰期5568年,应为19220±360 BP——笔者注)—15050±60 BP之间的年代就有好几个","最晚的一个数据为12430±80 BP,出自仙人洞3B1层,仙人洞和吊桶环早期陶器的年代应当不晚于这个年代"。在和桂林庙岩与道县玉蟾岩的出土陶片及¹⁴C数据比较了之后又写道:"只是这里最早的陶器的年代是否会早于距今15000年尚不能肯定。"[xvi]看来用1993、1995年样品测定

的 ^{14}C 年代,可能因为某些原因一时尚难窥全貌。不过根据我们对目前 AMS ^{14}C 测年技术水平的了解,通常情况下不会出现不可思议的误差,无论从仙人洞遗址和吊桶环遗址出土陶片的制造工艺,还是目前已有 ^{14}C 年代数据透露出的信息,都表明两遗址出土的最早陶片的 ^{14}C 年代至少与庙岩陶片年代不相上下。

除了上述几处出土 ^{14}C 年代万年以上早期陶器地点之外,有关甘肃庆阳和环县在多处晚更新世萨拉乌苏组地层中发现陶片的报道值得关注。报道称在庆阳地区沿环江和马莲河流域河谷的萨拉乌苏组底部砂砾层和上部黏土层中发现陶片,并同时发现有哺乳动物化石及旧石器、炭屑、灰烬等文化遗物。陶片主要发现于庆阳附近的教子川十里坡底、史家山沟口、十里坪鸭沟、城关麻家暖泉、湫沟、川河沟和环县楼房子柏林沟。发现者还采集了庆阳十里坡底萨拉乌苏组剖面上部钙结核,经中国科学院西安黄土与第四纪地质开放研究实验室测定钙结核样品中的有机部分,其 ^{14}C 年代为 25290±500 BP[xvii]。按作者文章剖面图中 ^{14}C 样品与陶片部位的层位关系,有些陶片的位置还在 ^{14}C 样品之下,其年代也可能还要老于上述年代。

萨拉乌苏组为一套河湖相地层,我们也曾用不平衡铀系法测定该组地层年代,其上部不超过 3 万年,而下部的年代为 3—5 万年之间[xviii],也就是说如果有的陶片出在萨拉乌苏组下部地层,其年代在 3 万年左右,甚至更老。有关讨论文章指出:"出陶器的地层系河湖相堆积,而非一般的原生遗址的堆积,地层中的不同遗物可能有年代上的差别,要知陶器烧制的年代还须测定陶器本身的年代。"[xix] 我们认为这一意见非常中肯,鉴于该问题的重要性,一方面要认真分析地层中所出陶片产状、形貌并与石器、动物化石及灰烬并存的情况仔细考察,分析它们之间的相互关系,另一方面要选出一些典型的陶片用 ^{14}C 法或热释光法直接测定。目前已知世界上最早的制陶术出现于捷克的道尼·维托尼斯(Dolní Věstonice)遗址,该遗址出土的陶制小塑像的 ^{14}C 年代在 28000—24000 年之间[xx]。我们不能完全排除在甘肃庆阳地区萨拉乌苏组地层中发现的部分陶片有 2—3 万年的可能,期待着看到进一步的研究结果。

在回顾了利用 ^{14}C 测年追溯我国陶器起源年代之后,顺便提及国际上早期陶器年代的状况。目前,除了我国之外,^{14}C 年代超过万年的早期陶器出土地点主要分布于日本及俄罗斯的远东地区,如日本青森县的太平山元Ⅰ、长崎县福井洞穴、爱媛县上黑岩岩荫等遗址,俄罗斯远东地区的富米、嘎夏、冈恰尔卡、格罗马图哈等遗址。它们最早的^{14}C年代不超过距今14000年[xxi]。先前曾有日本长野县下茂内遗址出土^{14}C年代为16250±180 BP陶片的报道[xxii],但尚不能确认它们是陶器[xx]。

二、^{14}C测年在陶器溯源中的应用

^{14}C测年方法的基本原理早已为大家所熟知,而且是考古学中最广泛应用的测年方法。用^{14}C法追溯陶器起源的途径有二,一是目前测定考古遗址与考古遗物年代最常用的办法,即根据同层位^{14}C样品年代来判定陶器的年代;二是用^{14}C法直接测定陶片中(上)碳的^{14}C年代,由于通常这类碳量有限,只有用加速器^{14}C法才能测定,并且由于陶器中所含碳的组分复杂,各组分年代学意义不同,要慎重选取与判别才能得到可靠的结果,下面就此法作简单介绍。

陶器中和陶器表面在使用过程中所粘附的含碳物质的情况相当复杂,它们分别来自制陶原料和陶器烧制、使用及废弃后的埋藏等过程,可以分成不同的组分,各个组分的年代学意义不同。为了精确地测定陶器的年代,首先要分离出能够代表陶器年代的碳。一般情况下无机碳不能正确反映陶器的年代,有机碳可分为四种组分:(1)制陶黏土中固有的碳;(2)制作陶坯时添加的掺和物,如纤维、稻壳、草、动物粪等;(3)烧制过程中渗入的燃料碳及使用过程中残留的烟炱或食物残渣等;(4)埋藏过程中吸附的腐殖酸等。在上述各种来源的碳组分之中,通常情况下陶土中固有的碳的年代较陶器的年代偏老,吸附的腐殖酸中碳的年代较陶器的年代偏年轻,而燃料、残留食物残渣及烟炱中碳的年代与陶器的真实年代基本一致。对陶器烧成温度与陶器中残留碳组分变化的研究显示,在600℃温度条件下烧制的陶器中,大部分掺和物碳被烧掉,留下制陶黏土中少量固有的碳。而在还原气氛下烧成的陶器内,大部分碳是燃料碳,处理这种陶器样品后得到的^{14}C年代可能接近陶器的真实年代[xxiii]。在没有足够残留食物残渣、烟炱或有机掺和物的情况下,采用与测定土壤年代时类似的制样化学流程分离出类脂物、腐殖酸及腐殖质(残

渣），分别测定出年代后进行综合分析，也能得到有价值的结果。其中类脂物如果来自使用过程的食物，其年代应可信。一般情况下，腐殖酸的年代与陶器年代接近或偏晚，而腐殖质（残渣）的年代较陶器的年代偏老或接近，陶器的年代应在两者之间。将两种途径结合使用，能给出陶器年代更加可信的结果，我国桂林庙岩和道县玉蟾岩的陶器年代就是这样得出的，下面介绍庙岩和玉蟾岩陶片的年代测定。

庙岩遗址分6层，各层样品与年代如表27-1[xi]。庙岩陶片出自第5层中部，根据表27-1庙岩陶片的年代应在4层中部与5层下部地层年代、13710—18140 BP之间。用于测定庙岩陶片年代的陶片编号为BT129⑥：2，将陶片样品粉碎后，按分离类脂物、腐殖酸和腐殖质的流程分离三种组分进行测定，因类脂物量太少，只测定了后两者的年代，分别为15560±500 BP（BA94137a）和15660±260 BP（BA94137b）。据上述，陶片年代应在两者之间，而两者年代又几乎一样，即15600年左右应代表陶器的真实年代，它也正处在其出土层位年代13710—18140 BP之间。两种方法结果协调一致，更增加了庙岩陶器年代的可信程度。

表27-1　庙岩遗址的^{14}C年代

样 品 编 号	样 品 物 质	层　　位	^{14}C 年代(BP)
BA92030-1	核桃皮炭	2层	12730±370
BA92033-1	核桃皮炭	3层中部	12630±450
BA92034-1	木炭屑	4层中部	13710±270
BA92036-1	木炭屑	5层下部	18140±320
BA92037-1	木炭屑	6层下部	20920±430
BA92037-3	淡水螺壳	6层下部	21555±320

玉蟾岩陶器年代的测定方法与过程和庙岩的一样。玉蟾岩遗址陶片出自3E层和3H层，用^{14}C法测得3E层木炭样品BA95058年代为14080±270 BP，据此玉蟾岩3E层陶片年代应和BA95058样品年代接近或一样，即14000年左右，而其下的3H层的陶片年代应在14000年左右或老于此年代。测定的陶片出自3H层，陶片

表面有很薄的烟炱，同样采用处理庙岩陶片方法处理样品，测定其中腐殖酸（BA95057a）与腐殖质（BA95057b）年代，分别为 12320±120 BP 和 14810±230 BP，根据上面分析腐殖酸年代可能偏年轻，3H 层陶片年代只可能在 3E 层样品年代，即 14080±270 BP 与腐殖质（BA95057b）年代 14810±230 BP 之间，取其平均值 14400 年，可能更代表玉蟾岩 3H 层陶器的真实年代[xii]。

三、引用陶器 ^{14}C 年代数据中的若干问题

相对于其他年代学方法，在引用陶器 ^{14}C 年代数据时主要有三个问题值得注意，忽略这些问题往往引起误解与混乱。现简述如下：

1. 有关数据使用的半衰期

由于历史原因，^{14}C 年代实验室在计算和发表年代数据时使用了两种半衰期，一为 5568±30 年，另一为 5730±40 年，前者是 ^{14}C 测年方法初创时开始使用的，后者是 1962 年又精确测定的，分别称为 ^{14}C 半衰期的惯用值和物理值。^{14}C 测年方法计算年代的公式是依据放射性核素的衰变规律 $A=A_0 e^{-\lambda t}$ 得出的，此处式中 A_0 和 A 分别代表样品起始（或原来）的 ^{14}C 量和经过 t 时间（即人们关心的 ^{14}C 年代）后存留的 ^{14}C 量。国际上规定式中 t 是以 1950 年为计年起点的距今 ^{14}C 年代。λ 为 ^{14}C 的衰变常数。将放射性核素衰变规律的公式变化之后，可得到计算 ^{14}C 年代的公式 $t=(1/\lambda)\ln(A_0/A)$。λ 与半衰期 $t_{1/2}$ 的关系为 $\lambda=0.6931/t_{1/2}$。于是计算年代的公式可以变为 $t=(t_{1/2}/0.6931)\ln(A_0/A)$。一般 ^{14}C 实验室测量样品的年代是用相对测量方法，在分别测定样品起始 ^{14}C 量 A_0（^{14}C 实验室是测定一标准物质）和样品存留的 ^{14}C 量 A 之后，代入上式即可得到 ^{14}C 年代。显然由上式可看出，在测出 A_0 和 A 之后，计算样品 ^{14}C 年代使用的半衰期（$t_{1/2}$）不同，得到的年代值就不同，两者相差 2.9%。按理说使用物理值计算出的年代更为准确，但是由于 ^{14}C 年代并非日历年代，无论用哪种半衰期得到的 ^{14}C 年代，都要经过树轮校正年代后才能

得到日历年代。而惯用值已用了一段时间，为了方便与避免混乱，国际上绝大多数^{14}C实验室发表的数据都是用惯用值得出的，我国有相当一部分^{14}C数据是用^{14}C物理值得出的，不过无论用哪种半衰期公布年代数据，发表年代的实验室都会注明。

2. 有关树轮校正年代问题

^{14}C方法建立之后，在实践中人们逐渐发现，由于^{14}C测年基本原理假设与实际情况不完全符合等原因，测出的^{14}C年代与日历年代之间存在或多或少的偏离，最多可达近10%，后来的研究发现，精确地测定已知日历年代的树木年轮样品的^{14}C年代，建立它们之间的系列对应关系，便能够将^{14}C年代转换成日历年代。由于寻找古代木材样品，特别是寻找几千年甚至万年以上木材样品并精确测定年代的困难，10多年前才能校正万年以来的^{14}C年代数据，近年因为国际上多个实验室的参加，工作进展很快。现在已不仅用树木年轮，还用珊瑚和纹泥作为日历年代基准进行^{14}C年代对比测定，预期不久覆盖整个^{14}C测年范围，精确的校正表与曲线将会出现。又由于原来没有统一的树轮校正年代表，因而大多数^{14}C实验室在发表数据时并不作年代校正。一些文章为了准确说明陶器的年代也引用了不同图表校正了的数据，一般校正后的年代都要比原来的^{14}C年代数据老。譬如庙岩15600年与玉蟾岩14400年的陶片^{14}C年代，校正之后将分别为距今18600年和17200年左右[xxiv]。

3. 不同样品物质年代的可靠性问题

该问题相当复杂，目前我国最老的一些陶片多出在南方，因而和本文关系密切的样品主要是淡水生长的动植物样品，特别是螺蚌壳样品年代的可靠性问题。这个问题在本文开始时已经提及，此处不再赘述。需要强调的是淡水螺蚌壳的^{14}C年代普遍偏老，而且尚无严格的校正方法。前面表27-1中庙岩第6层的两个样品BA92037-1、BA92037-3均出自该层下部，但是螺壳样品年代明显比木炭样品偏老600多年。

综上，目前我国陶器^{14}C年代超过万年的遗址如表27-2。

表 27-2 陶器 ^{14}C 年代超过万年的遗址

遗 址	^{14}C 年代（万年）	树轮校正年代（万年）
徐水南庄头	1.02	1.15
阳原于家沟	（相当于）1	1.16（热释光法年代）
溧水神仙洞	1.09	1.26
柳州大龙潭	1.1	1.30
道县玉蟾岩	1.44	1.72
桂林庙岩	1.56	1.86
万年仙人洞与吊桶环	不小于 1.56	不小于 1.86

^{14}C 测年在追溯我国陶器起源研究中发挥了重要作用。目前我国具有可靠 ^{14}C 测年数据、最老的陶器年代不晚于距今 15600 年，校正后的日历年代在 18600 年左右。我们在应用陶器 ^{14}C 年代数据时，既要注意年代数据使用的半衰期，又要注意是 ^{14}C 年代还是树轮校正后的日历年代，并留意样品物质年代的可靠性，以便得到正确的结论。

参考文献

[i] 中国科学院考古研究所实验室.放射性碳素测定年代报告（三）[J].考古,1974(5).
中国科学院考古研究所实验室.放射性碳素测定年代报告（四）[J].考古,1977(3).
中国社会院考古研究所实验室.放射性碳素测定年代报告（五）[J].考古,1978(4).
[ii] 北京大学历史系考古专业 ^{14}C 实验室,中国社会科学院考古研究所 ^{14}C 实验室.石灰岩地区碳-14 样品年代的可靠性与甑皮岩等遗址的年代问题[J].考古学报,1982(2).
[iii] 原思训.华南早期新石器 ^{14}C 年代数据引起的困惑与真实年代[J].考古,1993(4).
[iv] 黎兴国,刘光联,许国英等.柳州大龙潭贝丘遗址年代及其与临近地区对比[C]//中国第四纪研究委员会 ^{14}C 年代学组编.第四纪冰川与第四纪地质论文集（四）,地质出版社,1987.
北京大学考古系碳十四实验室.碳十四测定年代报告（七）[J].文物,1987(11).
[v] 中国社会科学院考古研究所,广西壮族自治区文物工作队,桂林甑皮岩遗址博物馆,

桂林市文物工作队.桂林甑皮岩[M].文物出版社,2003：438-444.

[vi] 原思训,陈铁梅,周昆叔.南庄头遗址¹⁴C年代测定与文化层孢粉分析[C]//周昆叔主编.环境考古学研究(第一辑).科学出版社,1991.

[vii] 夏正楷,陈福友,陈戈等.我国北方泥河湾盆地新-旧石器文化过渡的环境背景[J].中国科学(D辑),2001,31(5).

[viii] 陈星灿.中国新石器时代早期文化的探索——关于最早陶器的一些问题[C]//徐钦琦,谢飞,王建主编.史前考古学新进展.科学出版社,1999.

[ix] 李珍,李富强.华南地区旧石器时代向新石器时代过渡的探讨[C]//中石器文化及有关问题研讨会论文集.广东人民出版社,1999.

[x] 谌世龙.桂林庙岩洞穴遗址的发掘与研究[C]//英德市博物馆等编.中石器文化及有关问题研讨会论文集.广东人民出版社,1999.

[xi] Yuan S, Zhou G, Guo Z, et al. 14C AMS dating the transition from the Paleolithic to the Neolithic in South China[J]. Radiocarbon, 1995, 37(2)：245-249.

[xii] Yuan S, Li K, Yuan J, et al. Applications of AMS Radiocarbon dating in Chinese archaeological studies AIP CP392 application of accelerators in research and industry [C]. edited by J. L. Duggan and I. L Morgan：AIP Publishing, 1997.

[xiii] 袁家荣.华南旧石器文化向新石器文化过渡时期的界定[C]//英德市博物馆等编.中石器文化及有关问题研讨会论文集.广东人民出版社,1999.

[xiv] 严文明,彭适凡.仙人洞与吊桶环——华南史前考古的重大发现[N].中国文物报,2000-7-5.

[xv] 张弛.江西万年早期陶器和稻属植硅石遗存[C]//严文明、安田喜宪主编.稻作、陶器和都市起源.文物出版社,2000.

[xvi] 袁效奇,闵琦,杨俊杰等.甘肃庆阳晚更新世萨拉乌苏组中发现陶器残片[J].高校地质学报,1999,5(1).

[xvii] 原思训,陈铁梅,高世君.用铀系法测定河套人和萨拉乌苏文化的年代[J].人类学学报,1987,2(1).

[xviii] 张之恒.新石器时代早期的文化特征[C]//英德市博物馆等编.中石器文化及有关问题研讨会论文集.广东人民出版社,1999.

[xix] Vandiver P B, Soffer O, Klima B, et al. The origins of ceramic technology at Dolní Věstonice, Czechoslovakia[J]. Science, 1989, 246(4933)：1002-1008.

[xx] Nakamura T, Taniguchi Y, ichiro Tsuji S, et al. Radiocarbon dating of charred residues on the earliest pottery in Japan[J]. Radiocarbon, 2001, 43(2B)：1129-1138.

[xxi] 堤隆.日本列岛晚期人类对环境的适应与陶器起源[C]//严文明、安田喜宪主编.稻

作、陶器和都市起源.文物出版社,1999.

[xxii] Gabasio M, Evin J, Arnal G B, et al. Origins of carbon in potsherds[J]. Radiocarbon, 1986, 28(2A): 711-718.

[xxiii] Hughen B K, McCormac G, van der Plicht J, et al. INTCAL98 radiocarbon age calibration, 24,000-0 cal BP[J]. Radiocarbon, 1998, 40: 1041-1083.

(原载于中国社会科学院考古研究所编,《华南及东南亚地区史前考古——纪念甑皮岩遗址发掘30周年国际学术研讨会论文集》,文物出版社,2006年。)

28

Removal of Contaminants from Oracle Bones during Sample Pretreatment *

Introduction

Inscriptions on bones and tortoise shells were thought to be the oldest written characters in China, and were used for divination by the Chinese royal family during the Shang period. The animal bones and tortoise shells were called oracle bones and oracle shells, respectively, and are together termed *Jiagu* in Chinese. Some Jiagu were correlated with royal dates of the Shang Dynasty, important historical events, astronomical incidents, etc., and are very valuable artifacts for studying the history of the Shang Dynasty. Oracle bones are also good materials for radiocarbon dating.

The Xia-Shang-Zhou Chronology Project aimed to establish a chronological framework for the 3 earliest dynasties in Chinese history, with a specific sub-project called "Dating and Phasing of Yinxu Oracle Bones." Selected oracle bone ^{14}C ages were determined by accelerator mass spectrometry (AMS), their calibrated ages compared to late Shang Dynasty events, and the results used to model the sequenced phases (Bronk Ramsey 1995, 2001).

---

* Yuan Sixun[1,2], Wu Xiaohong[1], Liu Kexin[3], Guo Zhiyu[3], Cheng Xiaolin[1,4], Pan Yan[1], Wang Jinxia[5] ([1]*School of Archaeology and Museology, Peking University*; [2]*Corresponding author. Email: yuansx@pku.edu.cn*; [3]*School of Physics, Peking University*; [4]*Current address: Conservation Center of the National Museum of China*; [5]*Institute of Archaeology, the Chinese Academy of Social Sciences, Beijing, China.*)

During initial chemical treatments and age measurements of the bone samples, we found that a few of the samples were contaminated with conservation chemicals at some point in their archiving.

Samples

A total of 107 bone samples were collected from archives such as the Institute of Archaeology of the Chinese Academy of Social Sciences, the Chinese National Library, and the Shandong Provincial Museum. Because oracle bones are very precious, approval from 4 Chinese ministries had to be obtained, which eventually allowed for the collection of 1- to 2-g samples from each oracle bone.

Problems using routine pretreatment

Considering the amount of time the artifacts had been in various collections or museums and lacking any conservation documents, researchers were very discreet in their treatment of bone samples. We consulted with archaeologists about whether conservation chemicals were ever observed during previous sampling. The condition of the bone samples was also carefully examined in our laboratory. We studied and compared the different pretreatment methods for bone samples (Brown et al. 1988; Stafford et al. 1988; Nelson 1991; Hedges and van Klinken 1992; Arslanov and Svezhentsev 1993), first using a routine process to treat bone samples that were previously successfully dated. After physical examination, the samples were ultrasonically cleaned in deionized water; washed with acid (0.5 N HCl), alkali (0.2 – 0.5 N NaOH), and acid (0.5 N HCl); hydrolyzed at 90℃ (pH 2 – 3); then filtered through a glass fiber filter and lyophilized as per routine pretreatment for bone samples (Yuan et al. 2000). In the initial results on 31 samples measured with ENAMS at

Peking University, a few samples were found to be obviously older than the ages expected by archaeologists of the Shang period. We thought the most likely explanation for the cause of the anomalous results might relate to the incomplete removal of unknown contaminants by the standard pretreatment procedure. This assessment was confirmed by Fourier transform infrared (FTIR) analysis.

FTIR is a sensitive analytical method that can be used to identify chemical structure and groups of unknown materials, and can also be used to test the extent of the purification of bone protein. We applied FTIR to archived gelatin samples after dating. The results of FTIR showed that, compared with the samples that were in the expected age range and chemical reagent gelatin, those obviously older than expected- such as SA98244, SA98234, SA98197, and SA98198 – exhibited an evident absorption peak at $2925 - 2930$ cm^{-1} (Figure 28 – 1). The antisymmetric stretching of CH_2 in chain alkanes indicated that the anomalously older gelatin samples were probably contaminated with chain alkanes.

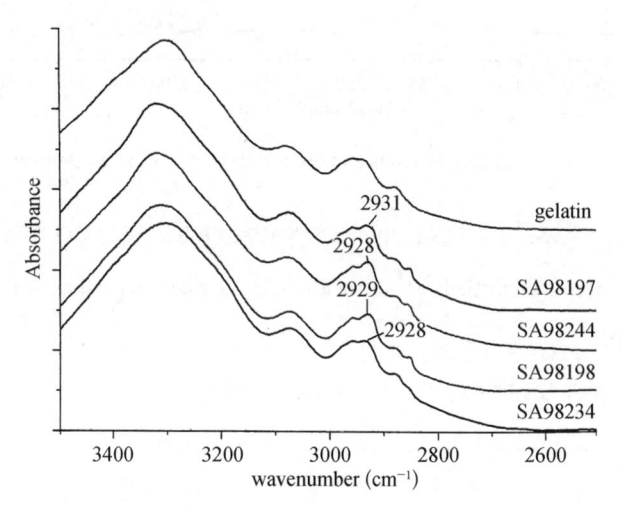

Figure 28 – 1 The FTIR spectra of standard gelatin and anomalously aged oracle bone samples, which exhibited an evident absorption peak at $2925 - 2930$ cm^{-1}

To further clarify the nature of the contaminants in the bone samples and apply appropriate chemical pretreatments, we examined 62 untreated samples with a microscope and selected questionable substances found in cracks or holes on their surfaces. The questionable substances were then analyzed with FTIR. The results indicated that some of bone samples did have conservation chemicals and adhesives, specifically:

• Sample SA98199 had adhesive on its surface, which is the copolymer of tri-polymethacrylic resin according to the FTIR spectrum (Figure 28 - 2).

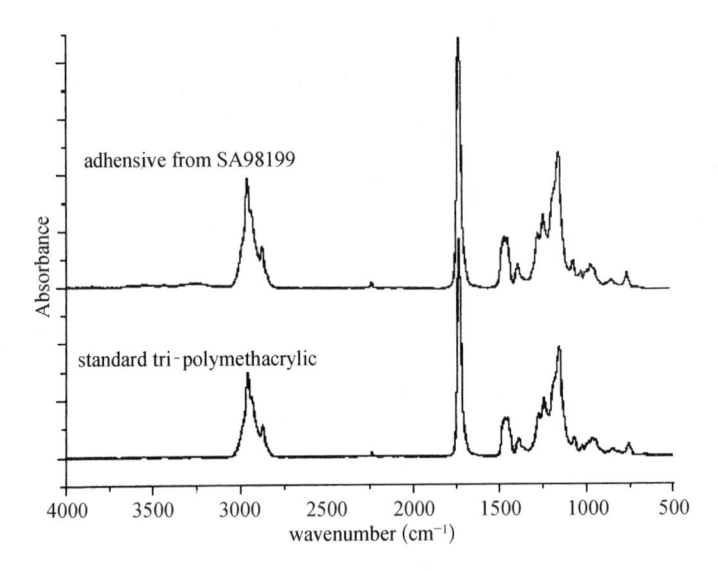

Figure 28 - 2 FTIR spectra of adhesive from SA98199 and standard tri-polymethacrylic

• Samples SA98203, SA98230, and SA98239 had adhesive films on original marks, which were identified as nitrocellulose lacquer according to FTIR spectra (Figure 28 - 3).

• For samples SA98168, SA98224, and others, there were peaks at ~ 2925 - 2930 cm^{-1}, which indicated the existence of chain alkanes.

Methods for removing the contaminants

Most existing methods for purifying bone and gelatin samples that are

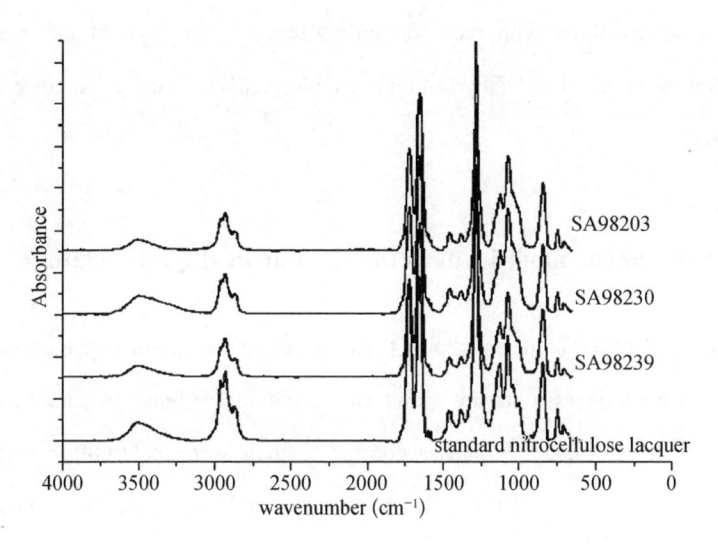

Figure 28-3 The FTIR spectra of adhesive from SA98203, SA98230, SA98239, and standard nitrocellulose lacquer

contaminated with conservation chemicals and adhesives are suited to specific substances; it is difficult to purify objects such as oracle bones, which contain unknown contaminants. Bruhn et al. (2001) used a computer-controlled Soxhlet-type extractor to remove deliberately added contaminants on wood pieces of known ages, such as rubber glue, wood glue, epoxy resin, methyl cellulose, Caparol, Klucel, sugar, polyethylene (PEG), paraffin, and beeswax. The solvents used included trichlorethylene or tetrahydrofuran, xylole or trichlormethane, petroleum ether, acetone, and methanol. We applied these solvents to purify the gelatin and bone samples. We found that the method of Bruhn et al. (2001) is widely applicable. To increase the versatility of the removal of different contaminants (especially paraffin and beeswax) and to avoid excess heating that would potentially result in a loss of collagen, Bruhn et al. (2001) modified the suite of solvents, using tetrahydrofuran instead of trichlorethylene, and trichlormethane instead of xylole. As far as both the treated objects and contaminants were concerned, this modification was more relevant for our work. Generally, contaminants such as tri-polymethacrylic resin and nitrocellulose lacquer can be dissolved with these organic solvents, and most of our oracle bone samples were purified with tetrahydrofuran, trichlormethane, petroleum ether, acetone, and methanol.

Chemical treatment modifications for the purification of gelatin

Bruhn et al. (2001) presented a method for automated Soxhlet-type extractions for wood, which we took as a starting point and modified for bone protein. Five organic solvents were divided into 2 groups according to their water solubility, with the first group composed of acetone and methanol, and the second composed of trichlorethylene, xylole, and petroleum ether. For water-soluble organic solvents, the gelatins were put in columns and eluviated with solvents; for insoluble solvents, the gelatin samples were solved with water and then extracted with organic solvents.

The extraction procedures using water-soluble solvents were as follows. A small amount of quartz wool was placed in the bottom of a glass exchange column with a 2-mm interior diameter and a length of 200 mm. Approximately 20 mg of gelatin for purification was poured into the column, and eluviated with 20 mL of acetone and then 20 mL of methanol. The gelatin in the column was then washed with solvents in deionized water and filtered with filter glass fiber. The filtered gelatin was transferred to a separatory funnel and extracted 3 times with trichlorethylene, xylole, and petroleum ether, respectively. The gelatin solution was heated at boiling point to remove residual organic solvents, and then lyophilized. A total of 9 samples were purified with this method (Table 28 - 1). Among them, some samples have ages evidently older than their real ages (e.g. SA98234, SA98244, SA98197, and SA98198). To verify the efficiency of the purification method, samples with ages that were considered to be within the expected range were also treated with this method (SA98252, SA98242, SA99094, SA99097, and SA98169), and their results were compared to the original analysis. This comparison showed that the extraction method did not itself add exogenous carbon to the material.

Table 28-1 Purification efficiency of gelatin

Lab nr[a]	Original ^{14}C age (BP)	δ^{13}C (‰)	Recovery ratios of gelatin	^{14}C age after purification (BP)	Can ^{14}C ages be included in the calibration model?[b]
SA98169-1	3160±40	-8.06	—	—	No
SA98169-2	3065±35	-7.79	—	—	Yes
SA98169p	—	-7.89	76.5	3075±30	Yes
SA98234-1	3275±45	-8.20	—	—	No
SA98234-2	3230±30	-8.12	—	—	No
SA98234p	—	-8.20	64.6	3040±30	Yes
SA98244-1	3545±40	-12.82	—	—	No
SA98244-2	3650±35	-12.76	—	—	No
SA98244p	—	-11.31	68.9	3065±35	Yes
SA98242	3040±30	-7.36	—	—	Yes
SA98242p	—	-7.29	64.4	3055±35	Yes
SA99097	2980±35	-10.26	—	—	No
SA99097p	—	-10.26	31.2	2925±35	Yes
SA98197p[c]	—	—	7.1	—	—
SA98198p[c]	—	—	6.0	—	—
SA98252p[c]	—	—	3.1	—	—
SA99094p[c]	—	—	18	—	—

[a] The letter p following the lab number indicates a purified gelatin sample.
[b] Indicates whether or not the ^{14}C age can be included in the model of sequenced phases with an agreement index high enough when the model is calibrated with OxCal v 3.9 (Bronk Ramsey 1995, 2001).
[c] Recovery ratio is too low; no sample was prepared and measured.

The purified gelatin samples were converted into graphite and measured by the

Peking University (PKU) AMS machine. The results of all experimental samples are compiled in Table 28 − 1. The results show that the ages of anomalously old samples returned ages within expectation after solvent purification. Additionally, the ages of purified samples at 1σ that were considered within expectation are in agreement with their original ages at 2σ before purification. The FTIR spectra of the evidently older samples show that the peaks at $2925 - 2530$ cm^{-1} disappeared, indicating that the contaminants were removed after purification. Taken together, this suggests that the purification method is effective.

Table 28 − 1 also indicates that the yields of various samples can differ greatly, and some sample yields are too low after purification for further preparation and measurement. Additional experiments showed that low yields mainly resulted from the gelatin dissolving in methanol. To improve the yields, we used ethanol instead of methanol; the gelatin losses were reduced and the purification effect was also evident. We also used 5 solvents successively to try to eluviate the gelatin in the column and also obtained evident purification effects on the protein. This alteration of the method produced a slow flow velocity, which resulted from gelatin swelling in solvents such as methanol. Thus, this modification to the method is unsuitable for routine work.

Purification of oracle bone samples

Usually, collagen is not soluble in methanol, yet we observed some gelatins that were. This probably resulted from the poor preservation of collagen in some bone samples. During gelatinization of collagen, many small peptides are formed that are soluble in methanol. If methanol was applied directly to bone samples before gelatinization, the soluble phenomena could be avoided or reduced greatly. In additional experiments, we used trichlorethylene, xylole, petroleum ether, acetone, and methanol to treat 8 likely contaminated bone samples by ultrasonicating physically cleaned bone samples, placing the material in 50-mL ground-glass stopped conical flasks, and rinsing with 30 mL each of trichlorethylene, xylole, petroleum ether, acetone, and methanol, respectively. The solutions were vibrated 3 times for 30 min each at middle vibration velocity. The last methanol wash was flushed with deionized water and gelatinized by the routine method, graphitized, and measured by ENAMS at PKU. The yields were normal on the whole, and there was no evident older age in the dating results. The results of these 8 preliminary samples led us to use the tetrahydrofuran, trichlormethane, petroleum ether, acetone, and methanol modification to purify 62 additional bone samples. Half of the 62 bone samples were analyzed by FTIR, and 9 were found to be contaminated. Because all 62 samples were from archives without any records regarding their conservation treatments, we decided, as a precaution, to use the modified procedure as a standard method of treating the bone samples from museums. The results of measurements by the compact AMS (National Electrostatics Corp., Middleton, Wisconsin, USA) at PKU were mostly satisfactory, with the exception of several samples requiring further research. The report on results of these additional experiments and analysis is now in preparation.

Conclusion

Our 6-yr investigation on the efficacy of chemical treatments on oracle bones indicates that artifacts such as these, which have come from museums and research institutes, are likely to have been conserved in some manner, and rigorous purification methods should be used to remove contaminants before routine pretreatment. The results of our experiments using a modified organic solvent chemical treatment on oracle bones indicate that the method was effective in bringing most anomalous ages into agreement with expectations, even when the exact nature of the contaminant or conservation material was not known.

This is a significant improvement for the study of these important artifacts, considering the restrictions on access to the samples, combined with the highly variable conditions of storage, lack of conservation records, and likely variable protein survival. The research results reported here also indicate additional improvements that may be made in the future and that are currently under investigation.

Acknowledgments

This work is supported by the Xia-Shang-Zhou Chronology Project. We are grateful to the following institutions for providing the oracle bone samples: Institute of Archaeology, the Chinese Academy of Social Sciences; National Library of China; Shandong Provincial Museum; Palace Museum; Tianjin Museum; Arthur M Sackler Museum of Art and Archaeology at Peking University; Institute of History, the Chinese Academy of Social Sciences; Museum of Jiling University; and the National Museum of China. We would also like to especially thank Professors Liu Yiman, Cao Dingyun, and Huang Tianshu for their help in collection samples, for providing phase information of samples, and for their valuable discussions.

References

Arslanov K A, Svezhentsev Y S. An improved method for radiocarbon dating fossil bones[J]. Radiocarbon, 1993, 35: 387 – 391.

Ramsey C B. Radiocarbon calibration and analysis of stratigraphy: the OxCal program[J]. Radiocarbon, 1995, 37(2): 425 – 430.

Ramsey C B. Development of the radiocarbon calibration program[J]. Radiocarbon, 2001, 43(2A): 355 – 364.

Brown T A, Nelson D E, Vogel J S, et al. Improved collagen extraction by modified Longin method[J]. Radiocarbon, 1988, 30(2): 171 – 177.

Bruhn F, Duhr A, Grootes P M, et al. Chemical removal of conservation substances by "Soxhlet"-type extraction[J]. Radiocarbon, 2001, 43(2A): 229 – 238.

Hedges R E M, Van Klinken G J. A review of current approaches in the pretreatment of bone for radiocarbon dating by AMS[J]. Radiocarbon, 1992, 34(3): 279-291.

Nelson D E. A new method for carbon isotopic analysis of protein[J]. Science, 1991, 251(4993): 552-554.

Stafford T W, Brendel K, Duhamel R C. Radiocarbon, ^{13}C and ^{15}N analysis of fossil bone: removal of humates with XAD-2 resin[J]. Geochimica et Cosmochimica Acta, 1988, 52(9): 2257-2267.

Yuan S, Wu X, Gao S, et al. Comparison of different bone pretreatment methods for AMS ^{14}C dating [J]. Nuclear Instruments and Methods in Physics Research Section B: Beam Interactions with Materials and Atoms, 2000, 172(1): 424-427.

(原载于 *Radiocarbon* 2007 年第 2 期。)

29
Radiocarbon Dating of Oracle Bones of Late Shang Period in Ancient China *

Introduction

The chronology of the Shang (商) Dynasty is the critical issue in the study of ancient Chinese history (e.g. Chang 1980; Keightley 1999). There is a large amount of historical literature about the Shang Dynasty, but it is difficult to obtain its absolute chronology. The earliest definite date recorded in Chinese historical literature is 841 BC, which was recorded in the book *Shiji* (史记) (*Records of the Historian*). From this year on, all major events were recorded annually in the *Shiji* and additional Chinese historical books compiled subsequently. However, the chronological data of ancient China before 841 BC is fragmented in ancient Chinese literature. For Xia, Shang, and Zhou Dynasties before 841 BC, the *Shiji* recorded only lists of kings with their genealogy, without the years of their reign. For more than two thousand years, Chinese and foreign scholars have attempted to settle the chronological issues of Xia-Shang-Zhou with astronomical methods. However, the results were as diverse as the different calendar used and the astronomical records selected for study.

---

* Author: Liu Kexin[1*], Wu Xiaohong[2*], Guo Zhiyu[1※], Yuan Sixun[2※], Ding Xingfang[1], Fu Dongpo[1], Pan Yan[2] ([1]State Key Laboratory of nuclear Physics and Technology, Peking University, Beijing 100871, China; [2]School of Archaeology and Museology, Peking University, Beijing 100871, China; ※Corresponding Authors Email: Zhyguo@ pku. edu. cn; Yuansx@ pku. edu. cn, * K. l and X. w Contributed equally to this work)

Recently, some results of chronology of late Shang Dynasty have been reported. Zhang Peiyu carried out systematic research of the records concerning five lunar eclipses on the oracle bones and determined the date of Wu Ding's reign (Zhang 2002). Li Xueqin determined the last two kings' chronology according to the periodicity of sacrifice recorded on oracle bones and the calendar at that time (Li 2002). Qiu Shihua dated the Yinxu site, which is believed to be the capital of late Shang (Qiu 2015).

Dating oracle bones can provide an independent approach to determine the chronology of the late Shang period. The inscriptions on oracle bones give the valuable information about Shang and some even refer to the kings of Shang. By selecting specific oracle bones related to certain Shang kings the dating results will be more credible and valuable. Richard Gillespie had tried to date oracle bones with inscription showing Wu Ding's time period, but it was not very successful and only one radiocarbon (^{14}C) age is acceptable (Gillespie 1997).

Pan Geng (盘庚)—Xiao Xin (小辛)— Xiao Yi (小乙)
　　　　　　　　　　　　　　　　|
　　　　　　　　　　　　　Wu Ding (武丁)
　　　　　　　　　　　　　　　　|
　　　　　　　　　　Zu Geng (祖庚)—Zu Jia (祖甲)
　　　　　　　　　　　　　　　　　　　|
　　　　　　　　　　　　　Lin Xing (廪辛) — Kang Ding (康丁)
　　　　　　　　　　　　　　　　　　　　　　　|
　　　　　　　　　　　　　　　　　　　　Wu Yi (武乙)
　　　　　　　　　　　　　　　　　　　　　　　|
　　　　　　　　　　　　　　　　　　　Wen Ding (文丁)
　　　　　　　　　　　　　　　　　　　　　　　|
　　　　　　　　　　　　　　　　　　　　Di Yi (帝乙)
　　　　　　　　　　　　　　　　　　　　　　　|
　　　　　　　　　　　　　　　　　　　　Di Xin (帝辛)

Figure 29−1　Kings' genealogy of late Shang dynasty. There are 12 kings of 8 generations who lived in the late Shang period, and the kings in the same line are brothers

We took the bone samples for ^{14}C dating from the precious oracle bones with the inscriptions, which have the clear chronological information. It is the first time those rare oracle bones are dated in series to establish the absolute chronology of the late Shang period. In our studies, oracle bone samples are collected from 9 major museums and institutions in mainland China. Their ^{14}C ages are measured by AMS at Peking University with improved sample preparation (Yuan et al. 2000, 2007; Liu et al. 2000, 2007). It is noted that the calibration of the ^{14}C determination usually gives a wide range of calendar age due to the irregular shape of the ^{14}C calibration curve, but this issue can be resolved by the application of Bayesian method (Bronk Ramsey 1995, 2001).

History of the research on oracle bones

Discovering of Oracle Bones

Oracle bone script is the earliest Chinese writing known to date (Boltz 2003; Keightley 2014). Inscribed oracle bones were unearthed from time to time by local farmers in areas around Anyang city in Henan province and they were used as an ingredient of traditional Chinese medicine known as dragon bones. In 1899 Wang Yirong, chancellor of the Imperial College of Qing (清) Dynasty, noted the markings on oracle bones as being comparable to the ancient Chinese characters inscribed on Zhou (周) Dynasty bronzes (Wilkinson 2000). Since then, similar inscribed oracle bones have been studied extensively.

Most oracle bones come from the site of Yinxu (Yin Ruins) near Anyang city, which was the capital of late Shang. In history, Yin is used as an alternate term for "late Shang". Oracle bones are made of ox scapula or turtle plastron for divination practiced mainly during the late Shang period. To date, a total over 150,000 late-Shang oracle bones have been discovered. More than 4500 different characters of oracle bone inscriptions are in existence, and about 1200 characters have been deciphered and recorded by the academic societies.

Difficulties of Connecting Oracle Bone with the Shang Kings

Extensively studies of oracle bone inscriptions testify that these materials pertain mostly to the divination records of royal family in the late Shang era. As shown in the Figure 29-1, 12 kings of 8 generations had lived in the late Shang period, but nearly all of the oracle bones known to date had belong to the last nine kings. On these bone objects, the reigning king was simply indicated as king while the former kings were referred by their posthumous names. The last character of each name of the former kings is one of the 10 celestial stems, such as Jia (甲), Yi (乙), Bing (丙), Ding (丁) and so on. One can think of the 10 stems like the numbers from 1 to 10 used to sequence and categorize items. Due to the fact that the quantity of Shang kings mentioned in the bone inscription exceeds that of the celestial stems, the names of the kings are differentiated with the addition of prefixes such as Da (greater), Xiao (lesser), Zu (ancestor). If only one appellation, such as grandfather Ding or father Jia or brother Xin, is showing in the inscriptions on one piece of oracle bone, the historical date of the oracle bone is difficult to determine due to the duplication of name.

One of the main tasks for oracle bone studies is to figure out the associations between the oracle bone pieces and the names of the kings in their inscriptions. Dong Zuobin in 1933 divided the oracle bones into five time periods according to 10 criteria, such as genealogy, appellation, diviners, stylistic features of inscribed characters, styles of calligraphy (Dong 1933; Keightley 1978). The five periods correspond with different kings, separately (Table 29-1). Chen Mengjia in 1949 divided the oracle bones into different groups on the basis of the diviners named on the bones (Chen 1951). Following similar ideas, Li Xueqin in 1981 divided them into nine groups, which are Bin (宾), Shi (自), Zi (子), Wu (午), Chu (出), Li (历), unnamed (无名), He (何) and Huang (黄) (Li 1981).

Table 29-1 Corresponding relationship of the five periods and nine groups of oracle bones vs. the kings of late Shang

Period	King of late Shang	Group (excluding Li group)	Li group	
			Viewpoint 1	Viewpoint 2
1	Wu Ding (early)	Shi, Zi, Wu		
	Wu Ding (late)	Bin, He		Li-type 1
2	Zu Geng	Bin, He, Chu		Li-type 2
	Zu Jia	He, Chu, unnamed		
3	Ling Xin	He, unnamed		
	Kang Ding			
4	Wu Yi	He, unnamed	Li-type 2	
	Wen Ding	Unnamed, Huang	Li-type 1	
5	Di Yi	Huang		
	Di Xin			

Corresponding Relation between Oracle Bone Groups and Their Periodization

The nine groups of oracle bones could be related to the five periods as shown in Table 29-1. Except for a few exceptions, most of the corresponding relationships of the nine groups and five periods of oracle bones have gained the consensus of scholars.

In fact, there was contention about the oracle bones of Shi, Zi and Wu groups at one time. In 1949, Dong Zuobin believed that Shi, Zi and Wu group oracle bones should have belonged to king Wen Ding in the 4th Period of oracle bones (Dong 1949). Subsequently, most scholars accounted the Shi, Zi and Wu groups as belonging to King Wu Ding of the first Period. Furthermore, they maintained that those three groups and Bin group have a chronological order, i.e. Shi, Zi and Wu groups belong to early and middle period of Wu Ding, while Bin group belongs to middle and late period of

Wu Ding (Kaisuka and Ito 1953; Chen 1956; Xiao 1976; Li 1981; Xie 1981).

But scholars are still disputing the phase and date of Li group. It is believed that the character "Li," which is present in the inscriptions on a number of oracle bones, is the name of a diviner. In 1928 Ming Yishi considered this specific group of oracle bones as belonging to the period of King Wu Ding or Zu Geng/Zu Jia (Chen 1951; Huang 2007). But both Dong Zuobin and Chen Mengjia believed that these bone artifacts were produced during King Wu Yi and Wen Ding's time (Dong 1933; Chen 1951, 1956; Wilkinson 2000). In 1977 Li Xueqin proposed that these oracle bones can be classified as Li group and they should have belonged to the time of late Wu Ding to Zu Geng (Li 1977). Since then many scholars have been involved in this discussion, and the debates are regarding the content of divination, appellation, stylistic features of inscriptions, and stratigraphic data of oracle bones of Li group. People such as Xiao Nan (Xiao 1980, 1984), Zhang Yongshan and Luo Kun (Zhang and Luo 1980), Xie Ji (Xie 1982), Liu Yiman and Cao Dingyun (Liu and Cao 2011) believe that Li group belongs to Wu Yi and Wen Din period, but others like Qiu Xigui (Qiu 1981), Li Xueqin and Peng Yushang (Li 1981; Peng 1983; Li and Peng 1996), Huang Tianshu (Huang 2007), Lin Yun (Lin 1984, 2013) suggest that Li group belongs to the period from late Wu Ding to Zu Geng.

Previous Attempt to Date Oracle Bones

Richard Gillespie in 1997 published two dates for an oracle bone piece. These dates were produced with samples taken from the same ox scapula, which is obtained from the Institute of History and Philology, Taipei and is purportedly from the reign of Wu Ding. The samples were measured in two laboratories. The ^{14}C age of sample OxA-2904 is 2930 ± 65 BP, which is reasonable. However, the result of sample NZA-2257 is 3170 ± 96 BP, which is unconvincingly older. The possible reason is that the contamination on the second sample had not been removed completely. He also mentioned that "Measurements were also made on some other oracle bones from the same period, but have been omitted from this report for technical reasons such as low collagen content or possible contamination" (Gillespie 1997). Owing to the difficulties in collecting scripted oracle bone samples systematically and removing contamination from such samples, the systematic ^{14}C dating of oracle bones has not been carried out so far.

Materials and methods

Sample Collection

The unearthed oracle bones were mainly made from ox scapula and turtle plastron. The turtle plastron is not good for ^{14}C dating due to the reservoir effect of water, which makes the measured ages of samples older than their real ages. So only ox scapulae are selected for our ^{14}C dating.

In order to obtain suitable samples with useful information, strict rules of sampling were followed: (1) selecting the oracle bones inscribed with the appellations, such as father Ding, brother Geng etc., especially one piece having two or three such appellations that could offer useful references for the periodization of the bone objects; (2) selecting oracle bones with the records, which may give a connection between the oracle bone and a certain king, such as the records of specific lunar eclipse and cyclical sacrifices; (3) selecting oracle bones recording important events or the diviners' names; and (4) selecting oracle bones excavated from sites in good archaeological contexts. A picture of selected oracle bone with inscription recording divinations in the late period of Shang Dynasty is shown in Figure 29 - 2.

About 100 oracle bone samples are collected from the Institute of Archaeology of CASS (Chinese Academy of Social Science), the Institute of History of CASS, the National Library of China, the National Museum, the Palace Museum, Shandong

Figure 29 – 2 An oracle bone (identification number Tun 2707) with inscription recording divinations. Its ^{14}C age has been measured at Peking University (Table 29 – 5). The inscriptions include the appellations of grandfather Yi and father Ding, and this piece was classified as belonging to the Li group. The inscriptions state that the ruling King carried out divination activities in the ancestral temples of Da Yi, Da Jia, grandfather Yi and Father Ding; sacrifice to the former Kings descending from Shang Jia is carried out in order to ward off disasters that could possibly occur to the current King; the sacrificial animals used are white boars and bulls. The red rectangle in the photo image indicates the area for sampling after restoration. (Please see electronic version for color figures.)

Museum, Tianjin Museum, Peking University and Jilin University for this study. About 1 g of bone material is sampled from each oracle bone piece. The sampling processes are conducted carefully to keep away from the inscriptions areas as well as the divination markings on the back of the oracle bones. After sampling, these oracle bones are repaired.

The oracle bone specimens selected for ^{14}C dating are those whose group can be determined and which pertain to a Shang king. Thus, each of the samples is herein assign to one of the five periods of oracle bones.

Most of the oracle bones are identified by their serial numbers in the book *Compilation of Oracle Bone Inscription* (甲骨文合集) (Guo and Hu 1999). Others archaeologically excavated more recently but not included in that book, are assigned numbers according to their respective archaeological sites. For example, the documentation system used for oracle bones excavated from village Xiao Tun is shown by a number preceded by a Chinese character *Tun*. A small quantity of oracle bones collected by the Institute of Archaeology, CASS are identified with the collection number of the Institute.

Besides inscribed oracle bones, two bone samples associated with the kings of the late Shang period are also collected for ^{14}C dating. One of them is a bone-made hairpin excavated from the tomb of Fu Hao (妇好), the wife of King Wu Ding; the other is a piece of sheep bone excavated together with a bronze artifact, on which the inscription referring to the seventh year of King Di Xin (帝辛).

Sample Preparation and Measurements

Sample preparation includes three steps. The first step is pretreatment, i.e. to remove the contamination and extract the effective dating component from the samples of oracle bones; the second is combustion, to oxidize the extracted component to CO_2, and the third step is reduction and graphitization, to convert the CO_2 into graphite.

The selection process of components from bone is important for effectively obtaining accurate dating results of oracle bones. As past experiments have showed that gelatin is more reliable than collagen, gelatin is selected for dating oracle bones. Firstly, the collagen extracted from bone, decalcified with 0.5 N HCl and subsequently soaked with 0.5 N NaOH, and then gelatin was extracted from collagen by means of hydrolyzing with pH 2 – 3 HCl at 90℃. The resulting solution was filtered or centrifuged and then lyophilized to dryness (Yuan et al. 2000). During our earlier studies the results from some measurements came up with unconvincingly old age, which are 400 – 700 years older than the range of expected ages. Our investigation shows that these unacceptable ages have resulted from contaminations introduced from protective agents and adhesives during the conservation treatment for oracle bones at museums. We indeed found tripolymethacrylic, nitrocellulose lacquer and chain alkanes etc. in the oracle bone samples. So, we purified the contaminated oracle bone samples by ultrasonicating physically cleaned bone samples, placing the material in 50 mL ground-glass stopped conical flasks, and rinsing the material with 30 mL each of tetrahydrofurane, trichloromethane, petroleum ether, acetone and methanol, respectively. The solutions were vibrated three times for 30 min each at middle vibration velocity (Yuan et al. 2007). This is a method originally developed by Bruhn et al. to get rid of contaminations on wood samples (Bruhn et al. 2001). After the oracle bone washed with different organic solvents, the gelatin and graphite were prepared by conventional process. There are 12 oracle bone samples with too little extracted gelatin, so graphite has not obtained for those samples.

Earlier ^{14}C measurements of the oracle bones were carried out with EN – AMS at Peking University (PKU) (Liu et al. 2000), and subsequently conducted with a new NEC compact AMS at PKU (Liu et al. 2007). The measuring accuracy is usually between 0.3%–0.5%.

Calibration

Age Calibration and Bayesian Analysis

Single sample calibration usually gives a wide time span of calendar age, which could be unacceptable for most studies of historical chronology. To narrow down the range of the calendar date probability distribution, Bayesian method was introduced into ^{14}C calibration with series of samples by C.E. Buck and her colleagues in early 1990s (Buck et al. 1991). OxCal is a typical calibration programs using Bayesian method (Bronk Ramsey et al. 1994), which was chosen for this work, and its latest version is OxCal v4.3.2 published in 2017 (Bronk Ramsey 2017).

To use the Bayesian method, the oracle bone samples have to be organized according to a model consisting of a series of sequential phases. The sequence of the phases corresponds to the chronological order of archaeological periods. The posterior probability distribution functions obtained after calibration are no longer the normal distributions. The highest posterior density credible interval of calendar dates is still quoted at 68% (1σ) and 95% (2σ), which means the shortest range including such a percentage of probability in the probability density function (Bronk Ramsey 2009). After calibration, each sample has an agreement index which is from the calculation to compare the calibration distribution of one sample with and without Bayesian modelling. On average, 1 in 20 agreement index values to drop below 60% might be expected, but if the index values are substantially lower or a large proportion fall below 60%, something internally inconsistent between the model and the data could have occurred (Bronk Ramsey 2009).

Single-Phase Calibration

At times the single-phase calibration is also useful. A model of single phase including a certain number of samples with beginning and ending boundaries can give a good estimation to the date range of that phase after calibration. The result could be much better than the calibration of single sample.

Establishment and Adjustment of the Model OB

Since the oracle bones taken for our study can be divided into five periods, a Bayesian model OB is constructed for calibration to encompass five sequential phases. Each oracle bone piece is verified its correspondence with the relevant time period of the king and the phase. The boundaries were set up at the beginning and the end of the sequence, and the intermediate boundaries were inserted between adjacent phases in the sequence.

Considering that the periodization of the oracle bones of Li group is still controversial, these 19 Li group objects are not included in our calibration model but are calibrated as single-phase separately for comparison.

As mentioned above, there has been a debate on the periodization of the Shi, Zi and Wu group oracle bones, so we checked it again. We carried out the single-phase calibration for Shi, Zi and Wu groups as well as the single-phase calibration for phase 4 oracle bones based on our measurements. Figure 29 − 3 shows the comparison, which reveals no overlapping between the 1σ ranges of these two phases. Then we compared the ages of Shi, Zi and Wu groups and that of Bin group as showed in Figure 29 − 4. The result proves the groups' chronological order and agrees with the views of most scholars. So, Shi, Zi, and Wu groups are included in Phase 1 of model OB.

Because Wu Ding's reign is documented as having lasted for 59 years in Chinese historical texts without argument, we use the OxCal command Interval to set the span of the first phase as 59 years. The reign of other kings, however, are not clear.

The primary calibration results of the model indicate that the agreement indexes of some samples are conspicuously lower, which might be due to contamination. The samples with significantly lower agreement indexes were removed from the calibration model, so as to make the percentage less than 5% for samples with agreement index lower than 60% but still higher than 50%.

After excluding the samples without enough graphite and the samples of Li group as well as removing the samples with unacceptable low agreement index, 50 samples are embedded in the model OB including 7 from Shi group, 3 from Zi group, 4 from Wu group, 11 from Bin group, 5 from Chu group, 1 from He group, 14 from unnamed group, 3 from Huang group, and two bone samples mentioned above.

Fall-In Ratio Simulating Experiments

To appropriately study the date range of a phase, the simulation using command R_Simulate was performed. The command R_Simulate provided by OxCal can produce a random ^{14}C age according to the calibration curve from a particular calendar date with

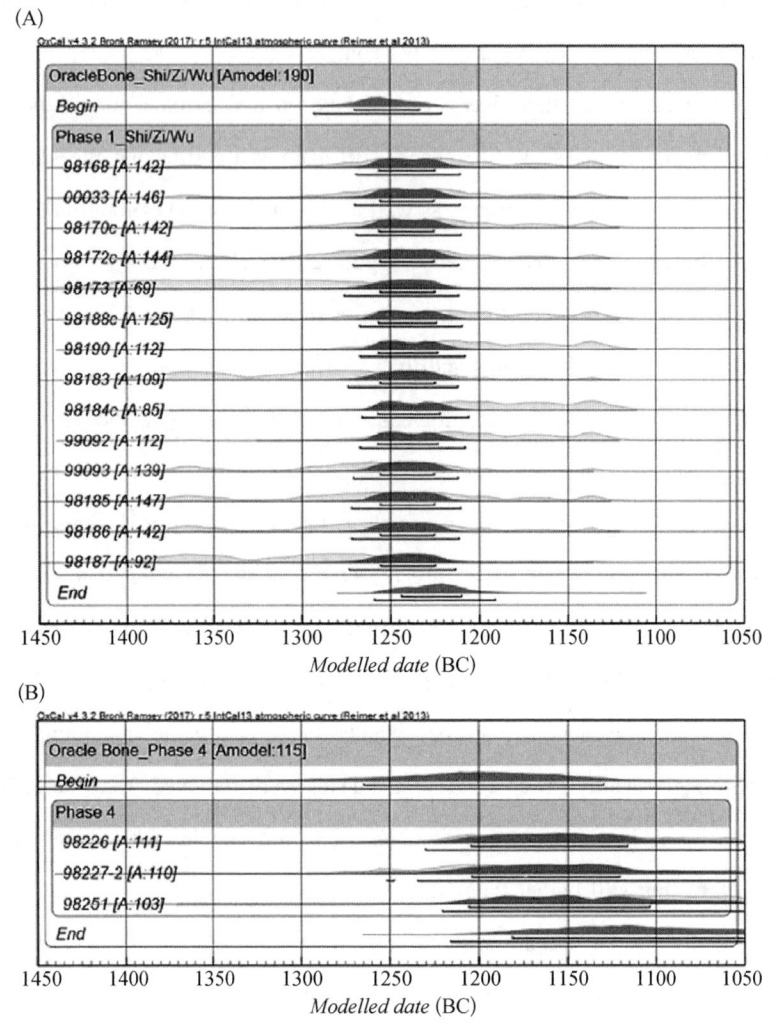

Figure 29-3 Comparison of the single-phase calibration results of Shi, Zi and Wu groups (A) and Phase 4 oracle bones (B). There is no overlap between the 68% ranges of the two single-phases

a given measuring error, so the real measurement can be simulated. By means of computer experiment we can check whether the setting date of truth value falls in the corresponding 68% or 95% calendar date range given by calibration. Unlike the actual measurement, in which case we do not know if the true age falls in the corresponding date range or not, the simulation process reveals the corresponding date range of true

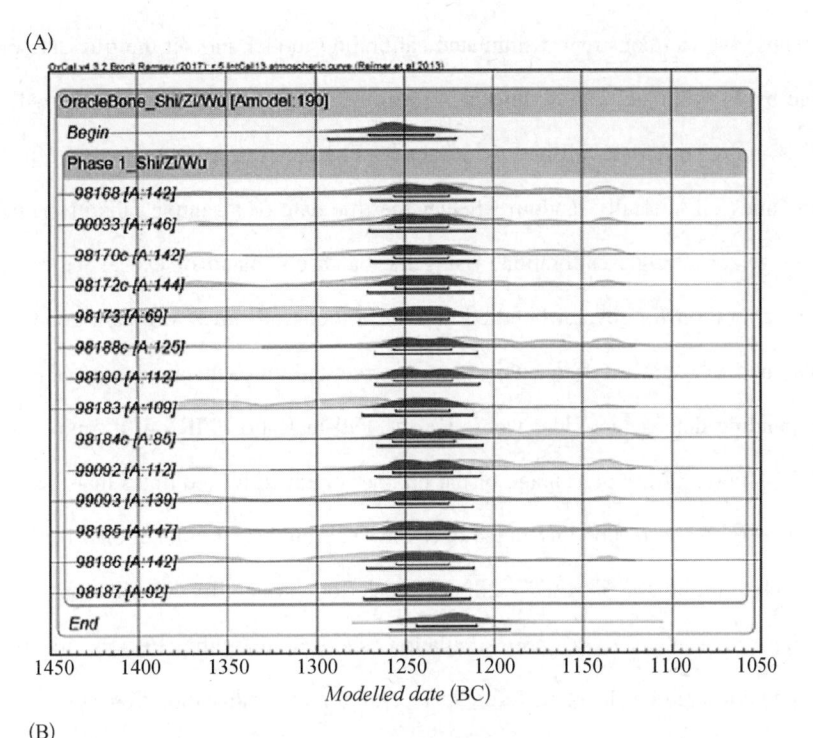

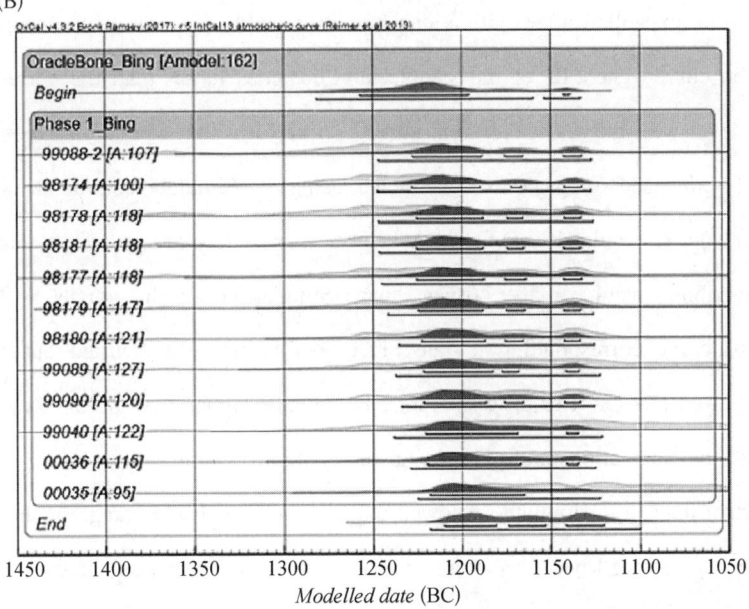

Figure 29-4 Comparison of the single-phase calibration results of Shi, Zi and Wu groups (A) and Bin group (B). The age of the two single-phases are quite closed, but the age of Shi, Zi and Wu groups is obviously older than the age of Bin group

age. Thus, we can construct a simulated calibration model and set the true date of each sample by R_Simulate with simulated measuring error. After calibration we will know which samples' true date fall into the corresponding date range. But due to the statistical uncertainties, it is totally random whether the true date of a sample falls in the 68% or 95% range for a single calibration. Using the batch command of OxCal we can repeat such a calibration for several hundred or even a thousand times to obtain good statistic results, and to count the frequencies that the true date of each sample had fallen in the corresponding date range. Here we define the Fall-in Ratio (FIR) of a sample in 68% (or 95%) range as the percentage of the number obtained by the times that the true age had fallen in the corresponding range over the total number of simulations. If a straight-line calibration curve is used, all the posterior probability distributions are still Gaussian. In such a case our simulation showed that the FIR is identical to corresponding credible level 68% or 95%. But for the real calibration curve the date range will be expanded after calibration, and its breadth depends on the shape of the calibration curve. The FIR of the sample also becomes larger than the corresponding credible level with the real calibration curve. To perform the simulation experiments a model of sequenced 5 phases is constructed using R_Simulate command, and each phase includes 6 simulated samples in a 40-year span. The true ages of the samples are set to distribute evenly in the 40-year span. Simulation for that model with a real calibration curve corresponding to late Shang period has been carried out, and the results showed that the FIR in 68% range is actually higher than 80% or even reach 90% with the fluctuations and plateaus on the calibration cure.

Furthermore, the simulation showed that the calibrated 68% range of the samples in a phase agreed well with the setting true age interval of the phase, so during the real calibration the intervals of each phase usually are estimated by the superposition of the 68% date ranges of all the samples in that phase.

Stability and Reliability of the Calibration Results

Due to the randomness that the command R_Simulate produces the ^{14}C age, the main part of the probability distribution of a certain sample by single sample calibration may deviate from its true age, which will result in a low agreement index in the calibration of a model with sequential phases. Even so, the ranges of the calibrated ages of the sequential phases are not affected by the sample with low agreement index. Of course, we can also deliberately set a false true age, which is beyond the date range of its phase, then two situations could occur as following. One is to obtain a low agreement index, and we can reject it. The other is that its calibrated 68% date range may just coincide with the setting true age interval of the phase, and a high agreement index is obtained due to the randomness that the command R_Simulate produces the ^{14}C age. This indicates that the structure of the sequential phases has high stability and fault-tolerance, and that the calibrated results of this structure by Bayesian method are reliable. Therefore, the data reliability with Bayesian method could be higher than that calibrated as single sample, although its date range has been narrowed substantially. However, the above conclusion is true only when the following conditions are satisfied. Firstly, the model construction should be reasonable, which means that the prior of the relationship between samples should be known well. In particular, it is necessary to clearly understand which sample should belong to which phase. Secondly, the measured precision of the sample cannot be too low. It is preferable to have the measured precision of 0.4%–0.5% (30–40 yr) and the precision of 0.7% (55 yr) for individual sample is acceptable. The simulation experiments indicate that the calibration results will be unstable and unrepeatable if the measured precision of all the samples is 0.7%.

Even so, the calibration results could still be affected by the non-uniform distribution of the samples in a phase and the shape of the calibration curve in a particular section. The simulation indicated that about 10 years of uncertainty could have existed for the calibrated ranges of each phase, and for an individual boundary the uncertainty might be up to 20 years in an extreme case.

Results and discussion

Calibration Results of OB

The calibration results are summarized in Table 29 - 2, which indicates the chronological interval from King Wu Ding to King Di Xin is 1254 cal BC - 1041 Cal BC. The calibration was performed with the use of OxCal v4.3.2 (Bronk Ramsey 2017) and calibration curve IntCal13 (Reimer et al. 2013). Detailed results are shown in Table 29 - 3 and Figure 29 - 5, and the overall Agreement index of the model is 239.5%. As mentioned above, the calibrated age within the 68% range is assigned to every sample in the model, and then the range, which superposed the 68% ranges of all the samples in a phase, is taken as the 68% range of that phase. Actually, the probability of true age falling in 68% range is higher than 80% or even reach 90%. Our simulation study showed that this is reasonable and reliable for a wellconstructed model of sequential phases, but considering the impacts of various factors, the uncertainty of about 10 years possibly exists for the calibrated age of a phase.

Table 29 - 2 Oracle bone dating results

Kings of Late Shang	Calibrated dates of oracle bones	
	Period of oracle bones	68% range (cal BC)
Wu Ding	Phase 1	1254 - 1197
Zu Geng and Zu Jia	Phase 2	1206 - 1177
Lin Xin and Kang Ding	Phase 3	1187 - 1135
Wu Yi and Wen Ding	Phase 4	1157 - 1110
Di Yi and Di Xin	Phase 5	1121 - 1041

King Wu Ding's Ruling Time

A general question about the study of Shang Dynasty is the exact dates of King Wu Ding, who is the 23rd king of Shang Dynasty and also is the most powerful king of late Shang period. His reign lasted for 59 years according to historical literature *Wuyi* 无逸, which was written by Zhou Gong 周公 in around 1030 BC, and later on was included in *Shang Shu* 尚书 by Konfucius (Keightley 1978; Chang 1980; Kong 2015). Although there is no disagreement about the total ruling years of Wu Ding, various dates for the beginning and the end year of his time in power have been proposed. The date of Wu Ding's reign has been determined by Zhang Peiyu as 1250 BC – 1192 BC based on the systematic research of the records concerning five lunar eclipses on the oracle bones of the Bin group (Zhang 2002). Our calibration results of OB showed that Wu Ding ruled during 1254 Cal BC – 1197 Cal BC (Table 2). We also performed the calibration for the samples of Wu Ding by a single-phase model, which shows similar results of 1254 cal BC – 1196 cal BC as Wu Ding's ruling time. Considering the 10-year uncertainty mentioned above, the ^{14}C results of the ruling year of King Wu Ding are agree well with the results of astronomic researches.

Table 29 – 3 ^{14}C ages of oracle bones and calibration results of model OB

Phase	Description / collection number*	Group	Lab no.	^{14}C age (BP)	Calibrated age 68% range (cal BC)	Agreement index
1	C10410	Shi	SA98168	2995±30	1252 – 1213	137.5%
	C6846	Shi	SA00033	3000±30	1251 – 1215	138.2%
	C6774	Shi	SA98170c	2995±30	1252 – 1213	137.4%
	C19779	Shi	SA98172c	3010±30	1253 – 1218	133.6%
	C2140	Shi	SA98173	3070±55	1254 – 1219	60.8%
	C31997	Shi	SA98188c	2985±30	1251 – 1208	129.3%

（续表）

Phase	Description / collection number*	Group	Lab no.	^{14}C age (BP)	Calibrated age 68% range (cal BC)	Agreement index
1	C34120	Shi	SA98190	2980±30	1252－1206	122.4%
	C21565	Zi	SA98183	3035±40	1254－1219	98.5%
	A HN M99(3)∶2	Zi	SA98184c	2970±30	1252－1201	106.3%
	C21739	Zi	SA99092	2980±30	1252－1206	122.4%
	C22116	Wu	SA99093	3015±30	1253－1219	128.3%
	C22184	Wu	SA98185	3010±40	1252－1216	137.1%
	C22086	Wu	SA98186	3015±35	1253－1217	130.8%
	A HN M99(3)∶1	Wu	SA98187	3040±35	1254－1221	83.1%
	C9816	Bin	SA98174	2995±30	1252－1213	137.4%
	C2869	Bin	SA00035	2930±30	1224－1197	56.4%
	C3186	Bin	SA99088-2	2995±35	1252－1212	140.0%
	C22594	Bin	SA99089	2955±45	1251－1201	100.9%
	C3013	Bin	SA98177	2985±35	1251－1208	132.2%
	C4122	Bin	SA98178	2990±40	1250－1210	138.7%
	C6883	Bin	SA98179	2980±30	1252－1206	122.4%
	C13329	Bin	SA99090	2965±30	1234－1200	98.3%
	T910	Bin	SA98180	2970±30	1252－1201	106.2%
	C21784	Bin	SA00036	2950±30	1232－1197	79.1%
	C3089	Bin	SA98181	2990±40	1250－1210	138.8%
2	AXT M5	—	SA99040	2945±50	1250－1201	92.8%
	C24610	Chu	SA00037	2970±30	1206－1177	120.1%
	C26766	Chu	SA98194	2955±55	1206－1178	135.6%
	C23340	Chu	SA99095	2940±35	1206－1178	122.0%
	C23536	Chu	SA99096c	2960±40	1206－1177	132.1%

(续表)

Phase	Description / collection number*	Group	Lab no.	^{14}C age (BP)	Calibrated age 68% range (cal BC)	Agreement index
2	C25015	Chu	SA98195c	2950±30	1206 – 1178	124.9%
	C27616	Unnamed	SA98218	2985±30	1206 – 1177	96.6%
3	C35249	He	SA98200c	2970±30	1186 – 1138	114.6%
	T173	Unnamed	SA98202	2960±30	1185 – 1141	124.2%
	T1011	Unnamed	SA98203	2915±45	1186 – 1146	102.9%
	T2294	Unnamed	SA98205	2975±40	1186 – 1139	119.3%
	T2315	Unnamed	SA98206	2955±30	1186 – 1141	126.9%
	T2557	Unnamed	SA98207	2960±30	1185 – 1141	124.2%
	T2996	Unnamed	SA98208	2950±30	1187 – 1144	128.3%
	T2209	Unnamed	SA98214c	2930±35	1186 – 1146	117.7%
	T2263	Unnamed	SA98215	2975±30	1185 – 1137	107.1%
	T2370	Unnamed	SA98216	2955±35	1186 – 1143	130.4%
	C27633	Unnamed	SA98220	2965±35	1186 – 1140	125.0%
	A K271A	Unnamed	SA98222	2915±30	1186 – 1146	83.5%
4	T647	Unnamed	SA98226	2945±35	1157 – 1113	118.1%
	T2281	Unnamed	SA98227 – 2	2960±35	1155 – 1114	109.8%
	T3564	Huang	SA98251	2920±35	1156 – 1110	113.6%
5	C35641	Huang	SA98253	2985±40	1120 – 1055	121.7%
	C36512	Huang	SA99097p1	2925±35	1120 – 1059	105.6%
	AG M1713	—	SA98167c	2845±35	1118 – 1041	65.5%
					Overall agreement	239.5%

* C=Compilation of oracle bone inscription; T = Xiao Tun; A = Institute of Archaeology, CASS (collection number); AXT M5=Tomb of Fu Hao; AG=Anyang Steel Plant; M=Tomb.

(A)

OxCal v4.3.2 Bronk Ramsey (2017); r:5 IntCal13 atmospheric curve (Reimer et al 2013)

OB [Amodel:237]
Start
Phase 1
98168 [A:138]
00033 [A:138]
98170c [A:138]
98172c [A:134]
98173 [A:61]
98188c [A:129]
98190 [A:123]
98183 [A:99]
98184c [A:106]
99092 [A:122]
99093 [A:128]
98185 [A:137]
98186 [A:131]
98187 [A:83]
98174 [A:137]
00035 [A:56]
99088-2 [A:140]
99089 [A:101]
98177 [A:132]
98178 [A:139]
98179 [A:122]
99090 [A:98]
98180 [A:106]
00036 [A:79]
98181 [A:139]
99040 [A:93]
1-2

1500 1400 1300 1200 1100 1000 900
Modelled date (BC)

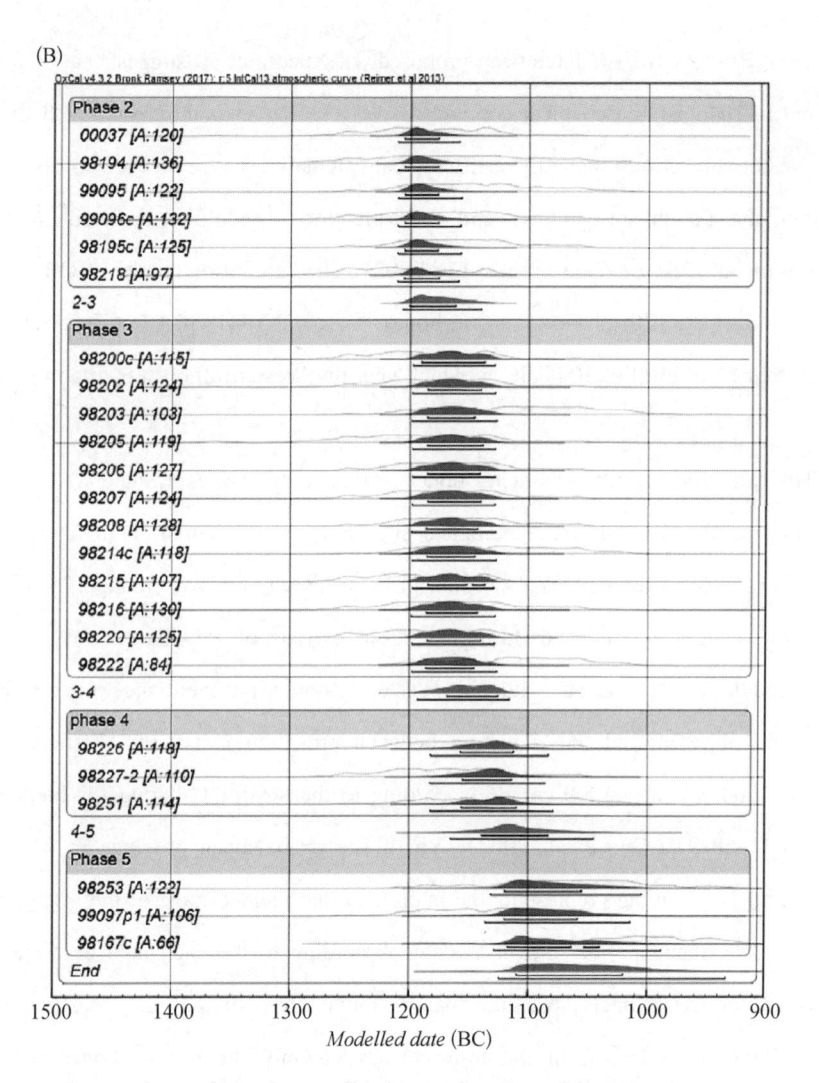

Figure 29–5 Oracle bone calibration results of model OB (Phases 2–5)

The End of Shang

A second general question about Shang Dynasty is the year of conquest of Shang by King Wu of Zhou Dynasty. A Western Han scholar named Liu Xin (? – A.D. 23) dated this year as 1122 BC using *Santong* calendar, a calendar written by himself. Since then, at least 44 different hypotheses about the year of the conquest, ranging from 1130 BC to 1018 BC have been proposed. Li Xueqin et al. suggest that this event occurred in 1046 BC based on a comprehensive research in combination with the ^{14}C dating results of various sites, the astronomical calculation based on the records sorting out after the textual researches, and the calendric chronology deduced from the inscriptions on Western Zhou bronzes (Li 2002). The calibration results of OB indicate that the end of the fifth phase of oracle bones is around 1041 cal BC (Table 29-1). This matches the result of 1046 BC in which year the Western Zhou was established (Li 2002).

The calibration results of oracles bones in this study also coordinate well with the ^{14}C dating results from the archaeological sites Fengxi and Yinxu. Fengxi, a site in Shaanxi province, was King Wu's capital prior to his victory over Shang. The cultural deposits at Fengxi site formed during the time periods of Pre-Zhou, early Western Zhou, middle Western Zhou, and late Western Zhou. The event of conquest should have taken place around the transition between pre-Zhou and early Western Zhou, which is 1060 cal BC – 1000 cal BC according to the AMS ^{14}C dating for Fengxi site conducted at PKU (Guo et al. 2002). Yinxu site is in Henan province in which the Xiao Tun (小屯) village represents the main area that yielded most of the oracle bones of Yin or late Shang period known to date. According to the excavated oracle bones, pottery and bronze artifacts, the time span of Yinxu site is divided into four periods. A Series of samples taken from the four periods, mainly the human bones from the burials, were measured by Qiu et al. (2015). The result turned out that the terminus of the fourth period of Yinxu is around 1040 cal BC, which corresponds to the final year of the fifth phase of oracle bones in our study.

The Periodization of Li Group Oracle Bones

As mentioned above, there are two viewpoints on the periodization of Li group oracle bones. Someone thought that they should belong to King Wu Yi and Wen Ding's time, i.e. phase 4 of OB. But others believed that they should belong to the time period from Wu Ding to Zu Geng, i.e. phase 1 to phase 2 of OB.

The oracle bones of Li group are divided into two categories according to the king names in the inscriptions, type 1 (Father Yi) and type 2 (Father Ding). Different opinions expressed about these oracle bones led to different order of type 1 and type 2. Some suggest that Li group belong to the fourth period and that the Father Yi is Wu Yi (divined by Wen Ding) and the Father Ding is Kang Ding (divined by Wu Yi). Therefore, the oracle bones of type 2 should be older than type 1. Others, instead, propose that the oracle bones of type 1 belong to the first period and Father Yi is actually Xiao Yi (divined by Wu Ding), and that the oracle bones of type 2 belong to the second period while Father Ding is Wu Ding (divined by Zu Geng). Therefore, the oracle bones of type 1 should be older than type 2.

The dating and calibration results of 14 oracle bones of Li group are listed in the Tables 29-4 and 29-5. The ^{14}C dating results of oracle bones of Li group may help to clarify those chronological issues through a comparison of the calibrated ages of type 1 and type 2. We compared the calibrated results of type 1 and type 2 by the single-phase model with the results of Phase 2 and Phase 4 of OB model. There are 3 oracle bone samples of type 1 and 11 oracle bone samples of type 2. It is evident that the dates of

Table 29-4 Single-phase calibration results of Li group-type 1 oracle bones

Phase	Description / collection number	Group	Lab no.	^{14}C age (BP)	Calibrated age 68% range (cal BC)	Agreement index
Li-type 1	C34240	Li-type 1	SA98242c	3045±30	1307-1228	101.3%
	A T8(3) : 148	Li-type 1	SA98246	3025±40	1302-1221	115.8%
	C32764	Li-type 1	SA98248	3005±30	1289-1220	108.6%
					Overall agreement	115.0%

Table 29-5 Single phase calibration results of Li group-type 2 oracle bones

Phase	Description / collection number	Group	Lab no.	^{14}C age (BP)	Calibrated age 68% range (cal BC)	Agreement index
Li-type 2	T601	Li-type 2	SA98229	2995±30	1225 – 1170	112.0%
	T994	Li-type 2	SA98230	2950±45	1228 – 1171	118.7%
	T1116	Li-type 2	SA98231	2990±45	1236 – 1135	126.0%
	T2366	Li-type 2	SA98232	2985±30	1235 – 1135	117.9%
	T2707	Li-type 2	SA98233c	2930±30	1221 – 1172	89.5%
	T636	Li-type 2	SA98235	2990±30	1236 – 1135	114.6%
	T1090	Li-type 2	SA98237c	3010±35	1242 – 1136	97.4%
	T1115	Li-type 2	SA98239c	2935±30	1222 – 1172	96.0%
	T1128	Li-type 2	SA98240	3005±35	1241 – 1135	104.2%
	C32780	Li-type 2	SA98241	2995±30	1238 – 1135	109.8%
	T503	Li-type 2	SA98243	2985±30	1235 – 1135	118.0%
					Overall agreement	132.7%

type 1 are older than those of type 2, which is shown in Figure 29 – 6. On the other hand, the time span of type 2 overlaps with that of the Phase 2 of OB and older than that of the Phase 4 of OB, see Figure 29 – 7. In this case, the opinion that of the oracle bones of Li group as belonging to the first and second periods rather than fourth period is consistent with our current ^{14}C dating results.

Conclusion

The chronology of late Shang period has been studied by several different means, such as cultural phasing and ^{14}C dating of Yinxu site, calculating the dates of lunar eclipses recorded on oracle bones by astronomical method, determining the chronicle of

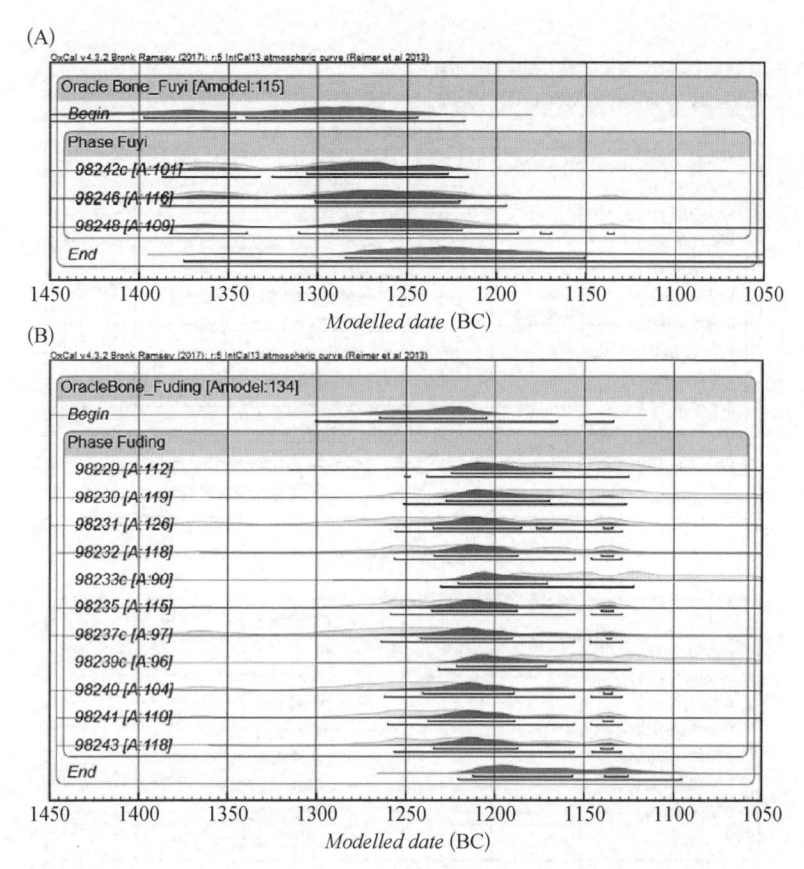

Figure 29-6 Calibrated date comparison of the oracle bones of Li groups type 1 (A) and type 2 (B). The plots of type 1 (Father Yi) and type 2 (Father Ding) are calibration results of single-phase model

last two kings according to the periodicity of sacrifice and the calendar at that time, etc. However, dating the oracle bone can provide an independent chronological sequence of late Shang, which is directly connected with the chronicles of Shang kings.

That is because oracle bones have been studied extensively, and some oracle bones can be related to certain Shang kings and then be included in one of the five periods, if the inscriptions on those bones could supply enough information. By selecting such kind of oracle bones, the calibration model with five phases can be constructed for Bayesian analysis. Our dating results indicate that King Wu Ding reigned during 1254 cal BC to

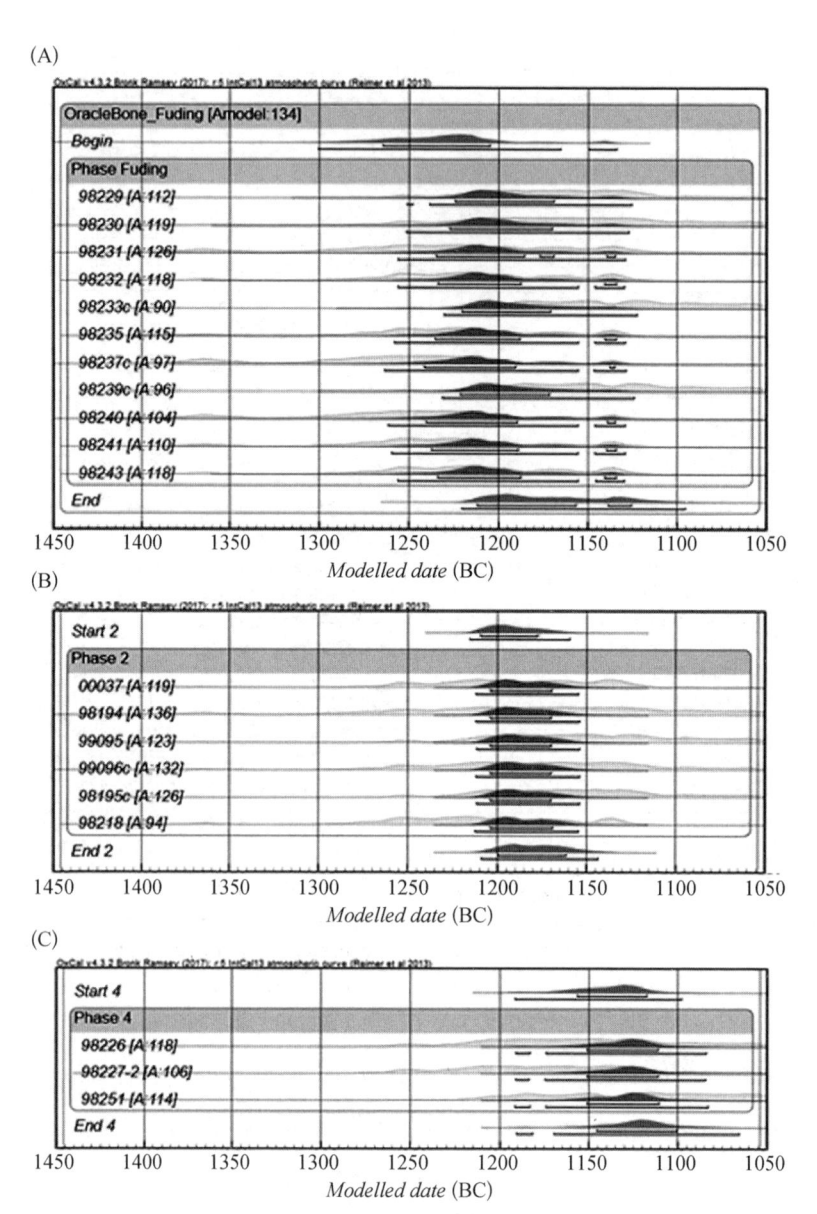

Figure 29-7 Calibrated date comparison of the oracle bones of Li group type 2 (A) with Phase 2 (B) and Phase 4 (C) of OB. The plot of type 2 (Father Ding) is calibration results of single-phase model, and the plots of Phase 2 and Phase 4 are part of the calibration plot of whole series OB (Figure 5B)

1197 cal BC, and the Shang Dynasty was terminated around 1041 cal BC. The possible other Shang king's reign duration was also given.

There were some contentions about the correspondence of oracle bone groups and their periodization among the researchers of oracle bones. Direct ^{14}C dating of related oracle bones and using single-phase calibration might give valuable reference information. Our study showed that Shi, Zi and Wu groups belong to the early and middle period of Wu Ding, while Bin group belongs to the middle and late period of Wu Ding. For the Li group of oracle bones, our results indicated that the dates of type 1 (Father Yi) are older than those of type 2 (Father Ding), and the time span of type 2 overlaps with that of the Phase 2 of OB but is older than that of the Phase 4 of OB. So the Li group in the sequence of oracle bones is most probably related to the time of King Wu Ding and King Zu Geng.

Acknowledgments

We thank Yiman Liu, Dingyun Cao, and Tianshu Huang for collection of the samples and supplying the periodization information of oracle bones, as well as for their helpful discussions. Many thanks to the Institute of Archaeology of CASS, the Institute of History of CASS, the National Library of China, the National Museum, the Palace Museum, Shandong Museum, Tianjin Museum, Peking University and Jilin University for providing the oracle bones used to sampling. We thank Dr. TzeHuey Peng Qiu for her help in revising and polishing the paper to improve the English expression. This work was supported by the National Natural Science Foundation of China and the Ministry of Science and Technology of China. K.L. and X.W. contributed equally to this work.

29
中国商后期甲骨的 ^{14}C 测年*

引 言

商代年代学是中国古代历史研究中的一个关键问题（张光直 1980，Keightley 1999）。虽然有大量关于商代的历史文献，但是很难从中得到其绝对年代学。在中国历史文献中所记载的最早确切年代是《史记》中记载的公元前 841 年。从这一年开始的所有重要的事件都被《史记》和其后的中国史书逐年记录，但是公元前 841 年之前的中国古代纪年在中国古代文献中是支离破碎的。对于公元前 841 年之前的夏商周三代，《史记》只是给出了各王及其世系的名单，而没有相应的王年。在过去的两千余年中，中外许多学者试图用天文学的方法确定夏商周年表，然而所给出的年代由于所用历法和所选择天文记录的不同而相差很大。

近年来报道了一些商后期年代学的研究结果。张培瑜等人对甲骨文上的五次月食记录进行了系统的研究，并由此确定了武丁的年代（张培瑜 2002）。李学勤等人按照甲骨文的周祭记录和当时的历法确定了最后两个商王帝乙和帝辛的年代（李学勤 2002）。仇士华等人对商后期的都城殷墟遗址进行了 ^{14}C 测年（仇士华 2015）。

直接对甲骨测年可以提供一条确定商后期年代学的独立途径。甲骨文给出了关

---

* 刘克新[1]，吴小红[2]，郭之虞[1]，原思训[2]，丁杏芳[1]，付东坡[1]，潘岩[2]（[1] 北京大学核物理与核技术国家重点实验室 [2] 北京大学考古文博学院）。郭之虞（zhyguo@pku.edu.cn）和原思训（yuansx@pku.edu.cn）是共同通讯作者，刘克新和吴小红是共同第一作者。我们十分感谢刘一曼、曹定云和黄天树先生，他们不仅采集了甲骨样品，还提供了甲骨的分期信息，而且与他们的讨论对本文的写作有很大帮助。非常感谢提供甲骨样品的中国社科院考古研究所、历史研究所、国家图书馆、国家博物馆、故宫博物院、山东博物馆、天津博物馆、北京大学和吉林大学。我们也要感谢丘兹惠（TzeHuey Peng Qiu）博士，她对本文的英文表达做了修改润色。本工作得到了国家自然科学基金委员会和科技部的资助。

于商代的有价值的信息,有些甲骨还提到了商王。通过选择与某些商王相关联的特定甲骨来进行测年,其结果将更加可靠、更有价值。Richard Gillespie 曾试图对武丁时代的甲骨进行测年,但并不是很成功,仅有一个 ^{14}C 年代数据可接受(Gillespie 1997)。

我们从具有清楚的年代学信息的珍贵甲骨上采集骨样并进行了 ^{14}C 测年。这是首次对稀有甲骨进行系列测年,以建立商后期的绝对年代学。在我们的研究中,甲骨样品取自中国大陆 9 个著名的博物馆和研究单位,在北京大学进行了样品制备和 AMS^{14}C 年代测量(原思训等 2000,2007;刘克新等 2000,2007)。值得注意的是,由于 ^{14}C 校正曲线的不规则形状,^{14}C 年代校正通常会给出很宽的日历年代区间,这个问题可以通过使用贝叶斯方法得到解决(Bronk Ramsey 1995,2001)。

一、甲骨的研究历史

1. 甲骨的发现

甲骨文是迄今所知的中国最早的文字(Boltz 2003;Keightley 2014)。长期以来甲骨经常在河南省安阳市附近不时地被当地农民挖掘,并作为传统中药"龙骨"使用。1899 年清朝国子监祭酒王懿荣发现甲骨上的刻符与周朝青铜器上的中国古代文字十分类似(Wilkinson 2000),自此以后刻字的甲骨得到了深入研究。

大部分甲骨来自安阳附近的殷墟,那里是商后期的都城。历史上殷是商后期的替代名称。甲骨是用牛肩胛骨或龟甲制作的,在中国古代(主要是商后期)用于占卜。迄今总共有超过 15 万片商后期的甲骨被发现,甲骨文使用的不重复的字符有 4500 个以上,其中为学界公认的可释文字约 1200 个(注:一说 1600 多个)。

2. 将甲骨与商王相关联的困难

对甲骨文的深入研究证实,这些材料主要是商后期王室的占卜记录。如图 29-1 所示,商后期共有 8 代 12 王,不过目前所见甲骨几乎都是后 9 个王的。甲骨上对活着的商王仅称为王,对先王则用祭名。祭名的后一个字是十个天干名之一(如甲、乙、丙、丁等)。由于在甲骨文中提及的商王数量多于天干数,故不同商王祭名的后一个字多有重复,要靠一个前缀字加以区分,如大、小、祖等。如果一片甲骨上只有一个称谓,如祖丁、父甲、兄辛等,则仅根据这个称谓仍然难以确定当时的王是哪一个王。

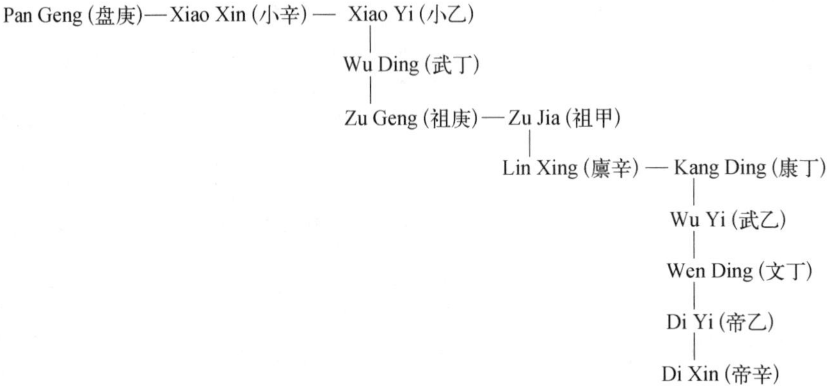

```
Pan Geng(盘庚)——Xiao Xin(小辛)—  Xiao Yi(小乙)
                                │
                            Wu Ding(武丁)
                                │
                            Zu Geng(祖庚)——Zu Jia(祖甲)
                                │
                            Lin Xing(廪辛)——Kang Ding(康丁)
                                            │
                                        Wu Yi(武乙)
                                            │
                                        Wen Ding(文丁)
                                            │
                                        Di Yi(帝乙)
                                            │
                                        Di Xin(帝辛)
```

图 29-1 商后期的商王世系

表 29-1 甲骨的五期和九组与商王的对应关系

分期	商王	分组(不包括历组)	历组	
			观点 1	观点 2
一期	武丁早中期	自组、子组、午组		
	武丁中晚期	宾组、何组		历组一类
二期	祖庚	宾组、何组、出组		历组二类
	祖甲	何组、出组、无名组		
三期	廪辛 康丁	何组、无名组		
四期	武乙	何组、无名组	历组二类	
	文丁	无名组、黄组	历组一类	
五期	帝乙 帝辛	黄组		

甲骨研究的主要任务之一就是找出各片甲骨和其上文字中商王名字之间的关联。1933 年董作宾按照十项标准（世系、称谓、贞人、字体、书法等）将甲骨分为五期（董作宾 1933；Keightley 1978），分别对应不同的商王，如表 29-1 所示。1949 年陈梦家按照甲骨上的贞人名字将甲骨分为不同的组（陈梦家 1951）。1981 年李学勤循此思路将甲骨分为九个组，即宾组、自组、子组、午组、出组、历组、无名组、何组与黄组（李学勤 1981）。

3. 甲骨组别与甲骨分期的关系

甲骨九个组与甲骨五期的对应关系如表 29-1 所示。除了历组以外，甲骨其他组与甲骨五期的对应关系已经在学界取得共识。

实际上对于自组、子组和午组甲骨也曾经一度有过争论。1949 年董作宾认为自组、子组和午组甲骨应当属于四期的文丁时期（董作宾 1949）。现在大多数学者认为这些组属于一期的商王武丁，并进而认为这些组属于武丁的早中期，而宾组属于武丁的中晚期（Kaisuka and Ito 1953；陈梦家 1956；肖楠 1976；李学勤 1981；谢济 1981）。

但学者们对历组甲骨的分期与年代仍有争论。若干甲骨卜辞中的字符"历"被认为是贞人的名字。1928 年加拿大学者明义士认为这类特殊的卜辞属于武丁或祖庚祖甲时期（当时未发表，见陈梦家 1951；黄天树 2007）。但董作宾和陈梦家认为这类卜辞应当属于武乙和文丁时期（董作宾 1933；陈梦家 1951、1956；Wilkinson 2000）。1977 年李学勤建议此类甲骨可被分类为历组，并认为其年代为从武丁晚期到祖庚（李学勤 1977）。此后许多学者对历组甲骨的年代进行了大量争论，涉及历组甲骨卜辞的内容、称谓、书法、字体、出土层位等。肖楠（1980、1984）、张永山和罗琨（1980）、谢济（1982）、刘一曼和曹定云（2011）等人认为历组的年代为武乙和文丁时期，而裘锡圭（1981）、李学勤和彭裕商（李学勤 1981；彭裕商 1983；李学勤和彭裕商 1996）、黄天树（2007）、林沄（1984；2013）等人则认为历组的年代为从武丁晚期到祖庚时期。

4. 先前对甲骨测年的尝试

1997 年 Richard Gillespie 发表了一片甲骨的两个年代数据,这两个数据来自台北历史语言研究所收藏的一片据认为是武丁时期的牛肩胛骨。样品分别在两个实验室进行了 AMS 测量。牛津大学的样品编号为 OxA-2904,所给出的 ^{14}C 年龄是 2930±65 BP,该数据是合理的。新西兰地球科学所 Rafter 实验室的样品编号为 NZA-2257,所给出的 ^{14}C 年龄是 3170±96 BP,该数据明显偏老,其原因可能是污染没有被彻底清除。Gillespie 在文章中提及实际上他也测量了同一时期的其他甲骨但并未做报道,因为这些样品或者骨胶原的含量太低,或者可能已被污染(Gillespie 1997)。由于系统收集有字卜骨及从样品中清除污染的困难,迄今尚未进行过系统的甲骨 ^{14}C 测年。

二、材料与方法

1. 样品采集

出土的甲骨主要用的是牛肩胛骨和龟甲。龟甲不适于 ^{14}C 测年,这是由于龟生活的水体会带来储存库效应,从而导致所测得的样品年龄老于它们的实际年龄。故我们的 ^{14}C 测年只选用牛肩胛骨。

为了得到具备有用信息的合适样品,样品采集严格遵循以下原则:

(1) 甲骨文中有例如父丁、兄庚等称谓,特别是一片牛肩胛骨上同时出现两种或三种这样的称谓,从而可提供有关其分期的有用参考。

(2) 甲骨文中有特殊的月食或周祭等记录,从而可给出甲骨与特定商王的联系。

(3) 甲骨文中有重要事件或贞人名字的记录。

(4) 其出土层位关系清楚,从而可提供有用的考古背景。

图 29-2 给出了一片所选择的记录有占卜文字的商后期甲骨照片。

图 29-2 一片带有占卜文字的甲骨（著录号为屯 2707）。其 ^{14}C 年龄已在北京大学测量（表 29-5）。其上的甲骨文中有祖乙、父丁称谓，已被归入历组。卜辞的大意为：王分别在几个先王（大乙、大甲、祖乙、父丁）的宗庙中进行占卜活动，卜问为王免除灾难而对从上甲以来死去的诸位先公先王举行祭祀，祭祀用白公猪和牛作为祭品。照片上甲骨右侧的矩形区域为采样区域（已修复）。

从中国社科院考古研究所、历史研究所、国家图书馆、国家博物馆、故宫博物院、山东博物馆、天津博物馆、北京大学、吉林大学采集了约 100 个甲骨样品。从每片甲骨上取 1 克左右骨样。取样要选择骨质好的位置，且不能破坏卜辞以及甲骨背面的钻孔和裂缝。取样后甲骨被很好地修复。

为 ^{14}C 测年选择的甲骨可以被清楚地确定其所属的组，以及与其相关联的商王。故每个样品可被归入甲骨的五期之一。

大部分甲骨是用其在《甲骨文合集》（郭沫若、胡厚宣 1999）中的编号标识。一些出土较晚的甲骨未被收入该书，则按其出土的位置编号。例如从小屯出土的甲骨被给予一个编号并在前面加上屯字。少数中国社科院考古研究所收藏的甲骨是用考古所的收藏号来标识的。

除了有字卜骨，与商后期特定王直接相关的两个特殊骨样也被采集用于^{14}C测年。一个是从武丁妻子妇好墓中出土的骨簪，另一个是从出土帝辛七年青铜器的墓中同时出土的山羊肩胛骨。

2. 样品制备与测量

样品制备包括三个步骤。第一步是预处理，即从甲骨样品中去除污染物，并提取出有效的测年组分。第二步是燃烧，将该组分氧化得到CO_2。第三步是还原和石墨化，将CO_2转换成石墨。

有效测年组分的选择对于得到正确的测年结果十分重要。实验显示明胶比骨胶原更可靠，故甲骨测年选用明胶。首先将骨样用0.5N的HCl脱钙，从中提取出骨胶原，接着用0.5N的NaOH浸泡骨胶原，然后将骨胶原在pH值为2—3的90℃ HCl中水解提取明胶。所得到的明胶溶液经过滤或离心，再加以冷冻干燥（原思训等2000）。在我们的早期研究中，一些样品的测量结果给出了离奇偏老的年代，甚至比所期望的年龄偏老400—700年。我们的研究表明，这样的年龄偏离是来自博物馆保存过程中使用的保护剂、粘接剂所导致的污染。我们也的确在甲骨样品中检测出了三甲树脂、硝基清漆和链烷烃基团等污染。因此我们首先用超声清洗骨样，然后将骨样放入50毫升磨口锥形烧瓶内，并依次分别用四氢呋喃、三氯甲烷、石油醚、丙酮和甲醇等五种有机溶剂各30毫升震荡清洗骨样，每种溶剂震荡清洗三次，每次中速震荡30分钟，以纯化被污染的甲骨样品（原思训等2007）。该方法原先是Bruhn等为纯化被污染的木头样品而发展起来的（Bruhn et al. 2001）。在甲骨样品用不同的有机溶剂清洗后，即可用常规流程制备明胶和石墨。有12个甲骨样品因提取的明胶量太少而未能制备出石墨。

最开始的一批样品的^{14}C测量是用北京大学的EN-AMS进行的（刘克新等2000），后来则是用北京大学的NEC小AMS测量的（刘克新等2007）。测量精度通常在0.3%—0.5%之间。

3. 年代校正

（1）年代校正与贝叶斯分析

单样品校正给出的日历年龄置信区间通常相当宽，这是大多数历史年代学研究不能接受的。为了得到较窄的日历年龄概率分布，Buck 和她的同事在 20 世纪 90 年代初将贝叶斯方法引入系列样品的 ^{14}C 校正中（Buck et al. 1991）。OxCal 是使用贝叶斯方法的典型校正程序（Bronk Ramsey et al. 1994）。本工作选用 OxCal 作年代校正，其最新版本是 2017 年发布的 OxCal v4.3.2（Bronk Ramsey 2017）。

使用贝叶斯方法时，样品被组织到一个由一系列顺序的分期组成的模型之中。模型分期的顺序对应于考古分期的年代学顺序。校正得到的后验概率分布函数不再是正态分布。日历年代的最高后验密度可信区间仍旧被引用为 68%（1σ）和 95%（2σ）区间，其含义是在概率密度函数中包含该百分比概率的最短区间（Bronk Ramsey 2009）。校正后，OxCal 对每个样品给出一个一致性指数（agreement index，也被称为符合系数）。这是单样品校正所得分布与贝叶斯校正所得分布的重叠程度的度量。平均说来，可以期待大约在 20 个一致性指数值中有一个低于 60%。但如果该指数值大大低于 60%，或有一大部分样品的该指数值低于 60%，那么在模型和数据之间可能存在某种内在矛盾（Bronk Ramsey 2009）。

（2）单期校正

有时单期校正也是有用的。单个分期的模型包含有一定数量的样品，并有起始和终止边界。单期校正可给出该分期年代范围很好的估计，比单样品校正要好很多。

（3）模型 OB 的建立与调整

甲骨样品的贝叶斯校正模型 OB 按甲骨的五个分期建立，每一片甲骨与相关商王时段和分期的对应关系都经过核实。整个序列设立了起始边界与终止边界，在相邻的分期之间设立了中间边界。

鉴于对历组甲骨的分期在学术界仍有争议，故没有把历组甲骨纳入校正模型。但对历组甲骨进行了单期校正，以便与全系列的校正结果做比较。

如前所述,对自组、子组和午组甲骨所处的时期曾经有过争论,故我们对其进行了再次检查。我们对自组、子组和午组甲骨做了单期校正,同时也对四期甲骨做了单期校正,其比较示于图29-3。结果表明这两个单期校正的1σ区间并无重叠。然后我们又比较了自组、子组和午组甲骨和宾组甲骨的年代,其结果见图29-4。可以看出这些组的年代学顺序与大多数学者的观点是一致的,故自组、子组和午组

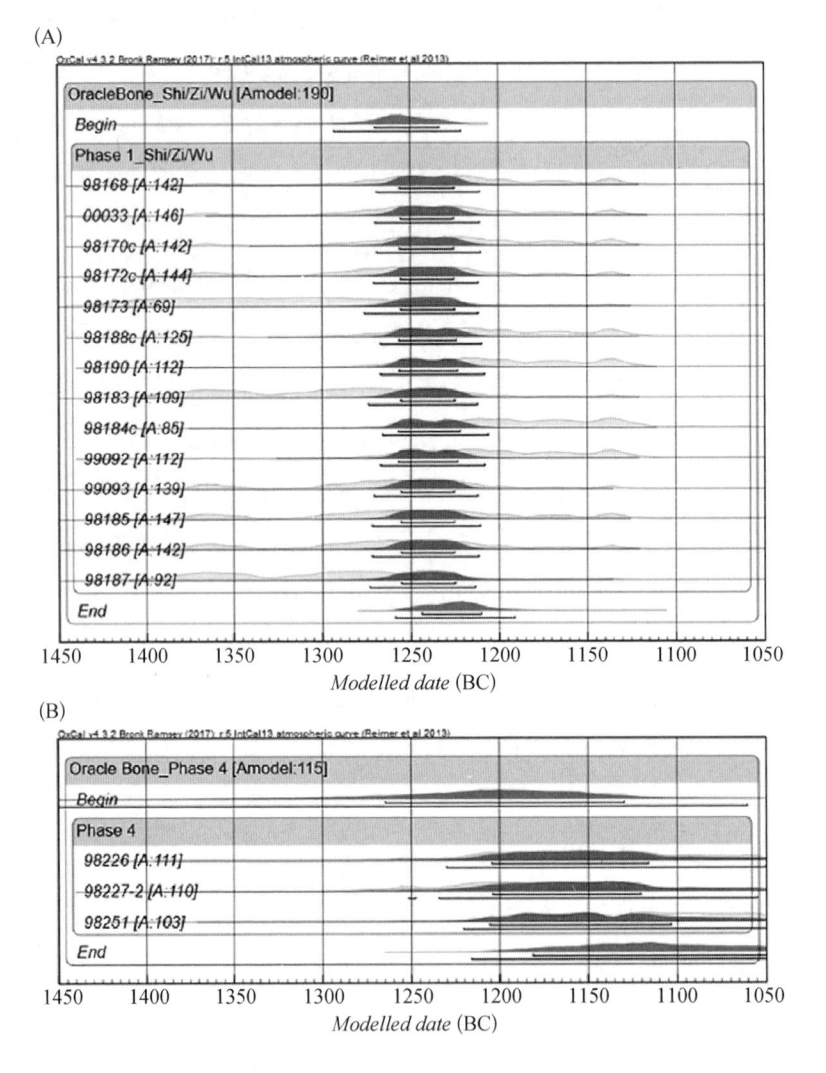

图29-3 自组、子组和午组甲骨的单期校正结果(A)与四期甲骨的单期校正结果(B)的比较,两个单期的68%区间无重叠。

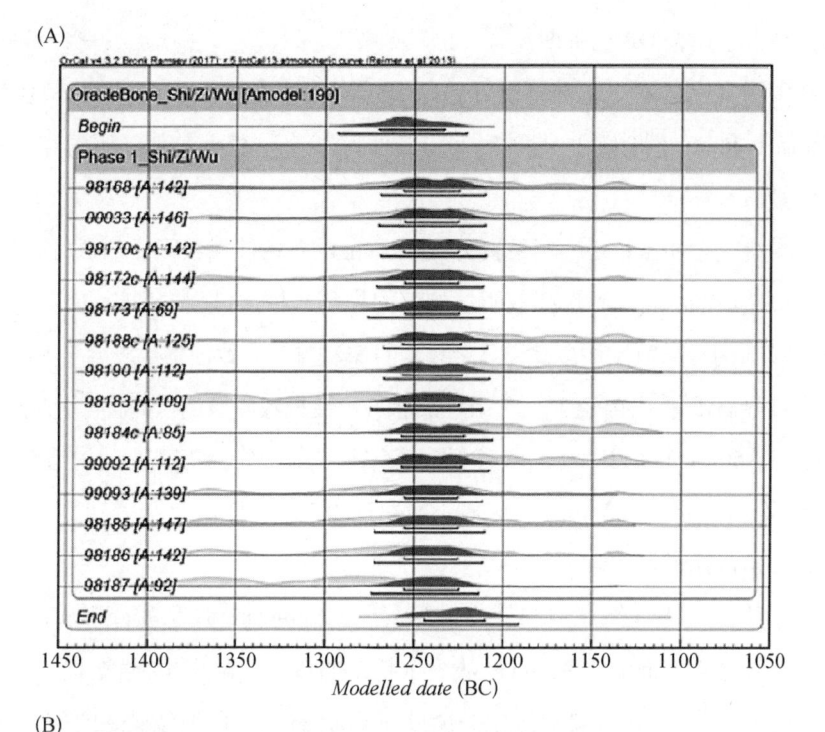

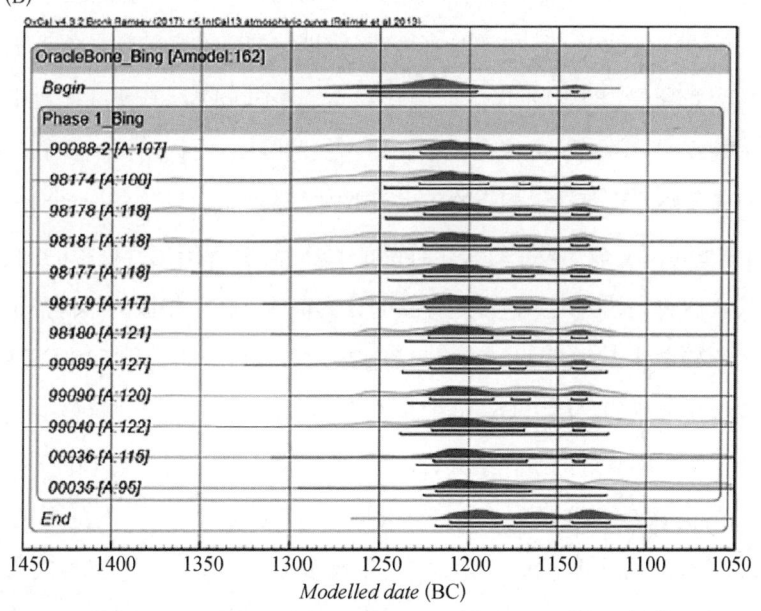

图 29-4　自组、子组和午组甲骨的单期校正结果（A）与宾组甲骨的单期校正结果（B）的比较，两个单期的年代十分接近，但自组、子组和午组甲骨的年代要明显早于宾组甲骨的年代。

甲骨被纳入了模型 OB 的 1 期。

在中国历史文献中记载着武丁在位 59 年且对此并无争议,故我们使用了 OxCal 命令 Interval 将甲骨一期的时间跨度设为 59 年。然而其他商王的在位年数并不清楚。

对模型进行初步校正的结果表明,有些样品的一致性指数明显偏低,这可能是由于污染造成的。将一致性指数明显偏低的样品从校正模型中剔除,使一致性指数低于 60% 的样品数量不超过样品总数量的 5%,且其一致性指数应高于 50%。

在剔除石墨量不足的样品、历组样品和一致性指数明显偏低的样品之后,模型 OB 包含了 50 个样品,其中自组 7 个、子组 3 个、午组 4 个、宾组 11 个、出组 5 个、何组 1 个、无名组 14 个、黄组 3 个,还有上面提及的 2 个骨样。

(4) 落内比模拟实验

为了研究分期年代范围的适当表达,用 R_Simulate 命令进行了模拟实验。OxCal 提供的 R_Simulate 命令可以从一个特定的日历年龄出发,根据校正曲线产生一个随机的 ^{14}C 年龄并带有给定的测量误差,这样就可以模拟实际的测量过程。于是我们就可以借助于计算机实验来检查,看设定的真实年龄是否落入了校正所给出的相应 68%(或 95%)年代范围。与实际测量不同的是,在实际测量中我们不知道样品的真实年龄是否被包含在相应的年代范围内,而在模拟中我们可以清楚地知道真实年龄是否落在了相应的年代范围内。故我们可以构建一个模拟的校正模型,用 R_Simulate 命令设定每一个样品的真实年龄,并给出其模拟的测量误差,这样在校正后我们就可以知道哪些样品的真实年龄落在了相应的年代范围内。由于统计的不确定性,一个样品的真实年龄在单次校正中是否落入 68%(或 95%)年代范围完全是随机的。利用 OxCal 的批命令功能,我们可以重复这样的校正数百次甚至上千次以得到好的统计结果,最后统计出每个样品的真实年龄落在相应的年代范围内的次数。这里我们定义样品在 68%(或 95%)年代范围的落内比(FIR),为该样品的真实年龄落在相应的年代范围内的次数占总模拟实验次数的百分比。实验表明,如果校正曲线是一条直线,那么校正后的后验概率分布仍然是高斯分布,此时落内比与区间的置信度是一致的。但是对于实际的校正曲线,校正后的年代范围会被展宽,展宽的程度与该段校正曲线的形状有关。实验表明,此时样品的落内比也会变大。为了进行模拟实验,我们构建了一个包括顺序的五个分期的模型,每个分期的宽度设定为 40 年,其中包括 6 个用 R_Simulate 命令给定真实年龄的样品,样品的真实年龄在 40 年的区间内均匀分布。使用实际校正曲线商后期段的模拟实验表明,各样品在 68% 年代范围的落内比一般可达 80%—90%。这是校正曲线上下大幅度波动及准平台状造成的。

上述模拟实验还表明,校正后样品的 68% 年代区间与所在分期设定的真实年代区间一致性良好。因此在实际校正中,每个分期的年代区间通常可以用该分期所有样品的 68% 年代区间的叠加来估计。

(5) 校正结果的稳定性和可靠性

由于 R_Simulate 命令产生 ^{14}C 年龄的随机性,某一个样品的单样品校正概率分布的主体部分可能会偏离其真实年龄,这会导致该样品在顺序分期模型校正中的一致性指数偏低。尽管如此,顺序分期模型校正年代的范围不会受这个低一致性指数样品的影响。

而且模拟实验表明,这并不会动摇该顺序分期模型的年代框架。当然我们也可以故意设定一个错误的真实年龄(超出所属分期的年代范围),这时会发生两种情况。一种情况是得到很低的一致性指数,于是我们可以将其舍弃。另一种情况是由于 R_Simulate 命令产生 ^{14}C 年龄的随机性,其校正后的 68% 年代范围也可能恰好与该分期相合且具有高一致性指数。这表明顺序分期的模型结构具有较高的稳定性和容错能力,且这类结构用贝叶斯方法校正的结果通常是十分可靠的。可以说,贝叶斯方法校正的数据可靠性要高于单样品校正,尽管其年代范围大幅度缩小。不过以上结论也是有条件的。首先模型的构建要合理,即对样品相互关系的先验条件要有充分的了解。其次样品的测量精度不能太低,最好在 0.4%—0.5%(30—40 年)以内,个别样品的测量精度为 0.7%(55 年)也还是可以接受的。模拟实验表明,如果所有样品的测量精度都在 0.7%,则校正结果将十分不稳定,其重复性将很差。

尽管如此,各样品在一个分期中的非均匀分布以及校正曲线在特定区段的形状仍会对校正的结果有影响。模拟实验表明,每个分期的校正区间有可能存在高达 10 年的不确定度,在极端情况下个别边界的不确定度有可能高达 20 年。

三、结果与讨论

1. 模型 OB 的校正结果

校正结果简要概括于表 29-2。由表可见,从武丁到帝辛的年代区间为 1254 BC-1041 BC。校正是用 OxCal v 4.3.2(Bronk Ramsey 2017)和校正曲线 IntCal 13 (Reimer et al. 2013)进行的。详细的校正结果见表 29-3 和图 29-5,系列的总一致性指数为 239.5%。如前所述,模型中的每个样品均给出了校正年代的 68%区间,一个分期中所有样品的 68%区间叠加起来形成的区间则作为该分期的 68%区间。实际上真实年龄落入 68%区间的概率高于 80%,甚或可达到 90%。我们的模拟研究表明,对于一个很好构建的顺序分期模型,这种做法是合理的、可靠的,但考虑到各种因素的影响,一个分期的校正年代有可能存在 10 年左右的不确定性。

表 29-2 甲骨测年结果

商后期的商王	甲骨校正年代	
	甲骨分期	68%区间(BC)
武丁	一期	1254—1197
祖庚和祖甲	二期	1206—1177
廪辛和康丁	三期	1187—1135
武乙和文丁	四期	1157—1110
帝乙和帝辛	五期	1121—1041

2. 商王武丁的在位年

关于商代一个普遍关注的问题是商王武丁的年代。武丁是商代的第 23 个王,

表29-3 甲骨的 ^{14}C 年龄与模型 OB 的校正结果

分期	著录号/收藏号*	分组	实验室编号	^{14}C 年龄(BP)	校正年代 (Cal BC, 1σ)	一致性指数
1	C10410	自	SA98168	2995±30	1252—1213	137.5%
	C6846	自	SA00033	3000±30	1251—1215	138.2%
	C6774	自	SA98170c	2995±30	1252—1213	137.4%
	C19779	自	SA98172c	3010±30	1253—1218	133.6%
	C2140	自	SA98173	3070±55	1254—1219	60.8%
	C31997	自	SA98188c	2985±30	1251—1208	129.3%
	C34120	自	SA98190	2980±30	1252—1206	122.4%
	C21565	子	SA98183	3035±40	1254—1219	98.5%
	A HN M99(3):2	子	SA98184c	2970±30	1252—1201	106.3%
	C21739	子	SA99092	2980±30	1252—1206	122.4%
	C22116	午	SA99093	3015±30	1253—1219	128.3%
	C22184	午	SA98185	3010±40	1252—1216	137.1%
	C22086	午	SA98186	3015±35	1253—1217	130.8%
	A HN M99(3):1	午	SA98187	3040±35	1254—1221	83.1%
	C9816	宾	SA98174	2995±30	1252—1213	137.4%
	C2869	宾	SA00035	2930±30	1224—1197	56.4%
	C3186	宾	SA99088-2	2995±35	1252—1212	140.0%
	C22594	宾	SA99089	2955±45	1251—1201	100.9%
	C3013	宾	SA98177	2985±35	1251—1208	132.2%
	C4122	宾	SA98178	2990±40	1250—1210	138.7%
	C6883	宾	SA98179	2980±30	1252—1206	122.4%
	C13329	宾	SA99090	2965±30	1234—1200	98.3%
	T910	宾	SA98180	2970±30	1252—1201	106.2%
	C21784	宾	SA00036	2950±30	1232—1197	79.1%
	C3089	宾	SA98181	2990±40	1250—1210	138.8%
	AXT M5	—	SA99040	2945±50	1250—1201	92.8%

(续表)

分期	著录号/收藏号*	分组	实验室编号	¹⁴C 年龄(BP)	校正年代 (Cal BC, 1σ)	一致性指数
2	C24610	出	SA00037	2970±30	1206—1177	120.1%
	C26766	出	SA98194	2955±55	1206—1178	135.6%
	C23340	出	SA99095	2940±35	1206—1178	122.0%
	C23536	出	SA99096c	2960±40	1206—1177	132.1%
	C25015	出	SA98195c	2950±30	1206—1178	124.9%
	C27616	无名	SA98218	2985±30	1206—1177	96.6%
3	C35249	何	SA98200c	2970±30	1186—1138	114.6%
	T173	无名	SA98202	2960±30	1185—1141	124.2%
	T1011	无名	SA98203	2915±45	1186—1146	102.9%
	T2294	无名	SA98205	2975±40	1186—1139	119.3%
	T2315	无名	SA98206	2955±30	1186—1141	126.9%
	T2557	无名	SA98207	2960±30	1185—1141	124.2%
	T2996	无名	SA98208	2950±30	1187—1144	128.3%
	T2209	无名	SA98214c	2930±35	1186—1146	117.7%
	T2263	无名	SA98215	2975±30	1185—1137	107.1%
	T2370	无名	SA98216	2955±35	1186—1143	130.4%
	C27633	无名	SA98220	2965±35	1186—1140	125.0%
	A K271A	无名	SA98222	2915±30	1186—1146	83.5%
4	T647	无名	SA98226	2945±35	1157—1113	118.1%
	T2281	无名	SA98227-2	2960±35	1155—1114	109.8%
	T3564	黄	SA98251	2920±35	1156—1110	113.6%
5	C35641	黄	SA98253	2985±40	1120—1055	121.7%
	C36512	黄	SA99097p1	2925±35	1120—1059	105.6%
	AG M1713	—	SA98167c	2845±35	1118—1041	65.5%
					Overall Agreement	239.5%

* C=甲骨文合集；T=小屯；A=考古所；AXT M5=妇好墓；AG=安阳钢厂；M=墓。

也是商后期最强大的王。按照历史文献《无逸》的记载，他的统治延续了 59 年。据传《无逸》是周公在约公元前 1030 年写的，而后被孔子收入《尚书》（Keightley 1978；张光直 1980；孔颖达 2015）。尽管对于武丁在位 59 年并无争议，但对于他在位的起始年与结束年却有很多不同的说法。张培瑜等人基于宾组甲骨记载的五次月食记录，确定武丁在位的年代为公元前 1250—前 1192 年（张培瑜 2002）。模型 OB 的校正结果给出武丁在位年代为公元前 1254—前 1197 年（表 29-2）。我们也对武丁时期的样品进行了单期校正，得到武丁在位年为公元前 1254—前 1196 年。考虑到前面提及的各期年代可能存在 10 年不确定性，可以认为 ^{14}C 测年结果与张培瑜等人的天文学研究结果符合得很好。

3. 商代的结束年

关于商代的另一个普遍关注的问题是武王克商的年代。西汉学者刘歆（？—公元 23）借助于他自己发明的三统历将其定为公元前 1122 年。从那以后直到现在至少提出了 44 种不同的武王克商年代，最早公元前 1130 年，最晚公元前 1018 年，跨度达 112 年。李学勤等人综合了不同遗址 ^{14}C 测年、天文方法结合文献研究、依据青铜器铭文建立的西周日历年代等研究成果，确定了武王克商的年代为公元前 1046 年（李学勤 2002）。模型 OB 的校正结果表明甲骨五期的年代区间末端在公元前 1041 年附近（表 29-2）。该结果与李学勤等人西周建立于 1046 年的研究结果相洽。

本研究中甲骨的校正年代也与考古遗址沣西、殷墟的 ^{14}C 测年结果很好地相洽。位于陕西省的沣西遗址是武王克商之前周的都城，其文化堆积可分为先周、西周早、西周中、西周晚等。武王克商应与先周与西周早之间的边界相应。北京大学曾用加速器质谱法测量从沣西采集的样品，据此得到的武王克商的年代范围为公元前 1060—前 1000 年（郭之虞等 2002）。殷墟位于河南省，商后期甲骨主要出土于殷墟小屯村附近。殷墟文化根据所出土的甲骨、陶器与青铜器可分为四期。从殷墟采集的系列样品（主要是从墓葬出土的人骨）经中国社会科学院考古研究所

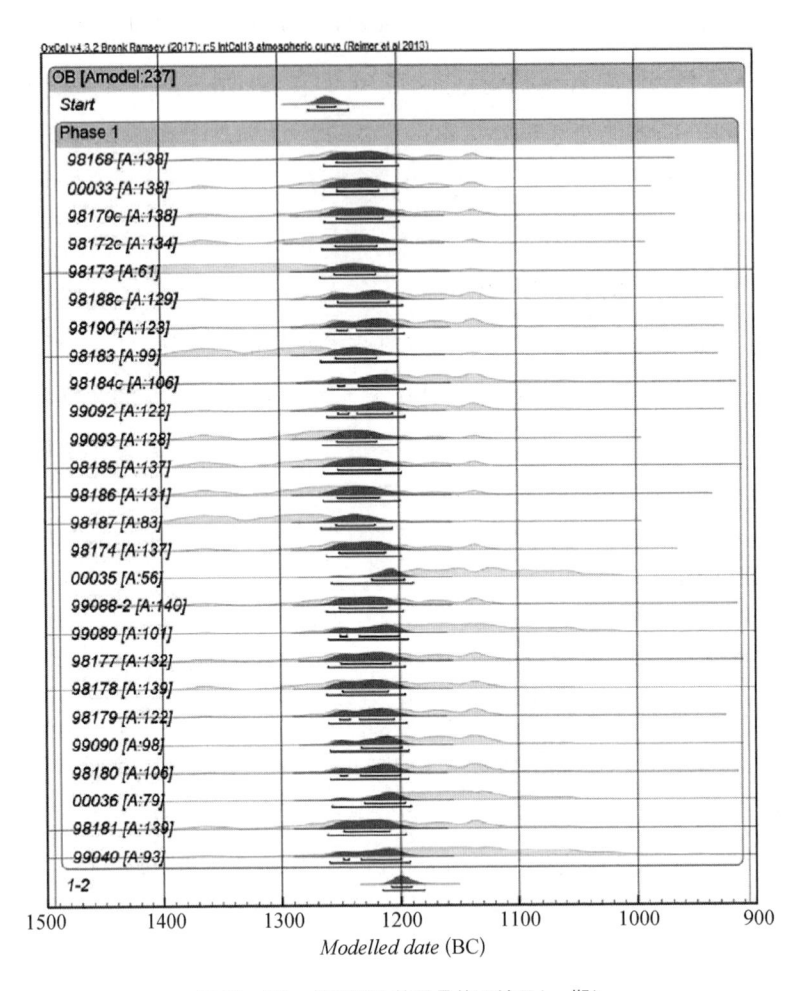

图 29-5A　模型 OB 的甲骨校正结果（一期）

测量（仇士华 2015），给出殷墟四期的结束时间约为公元前 1040 年，与我们所测的甲骨五期年代区间末端结果一致。

4. 历组甲骨的年代

如前所述，对于历组甲骨的分期有两种观点。有人认为这类卜辞应当属于武乙和文丁时期，即模型 OB 的四期。也有人认为其年代为从武丁晚期到祖庚，即模型 OB 的一期到二期。

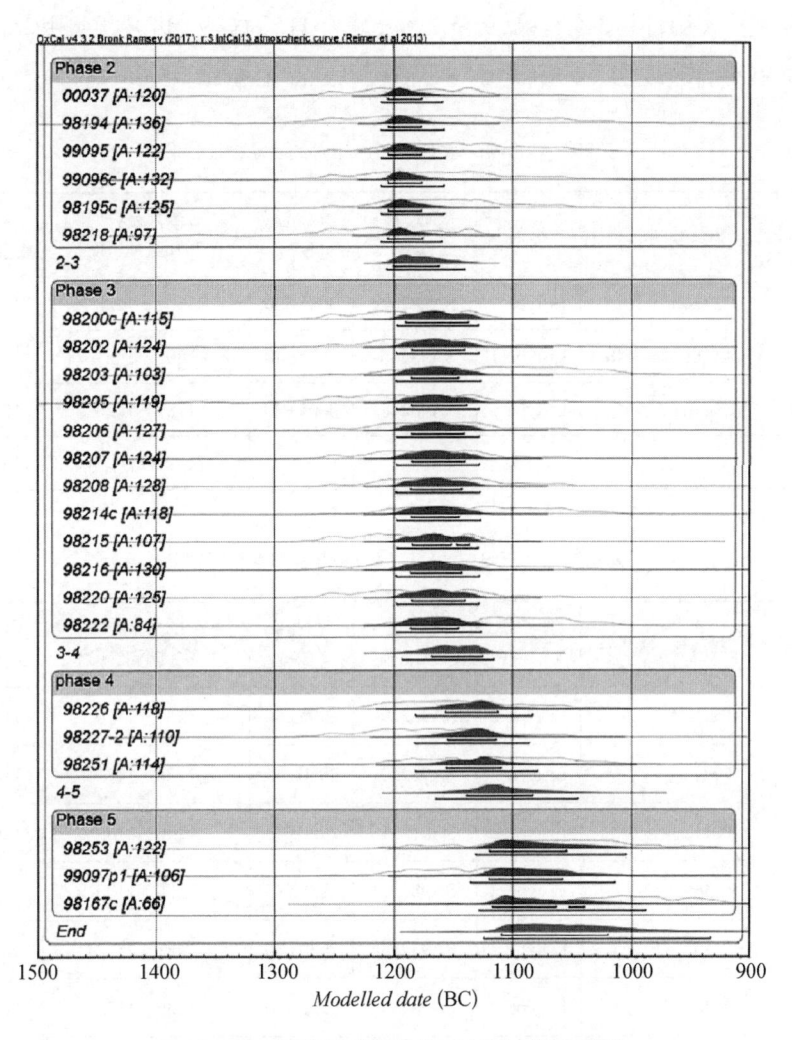

图 29-5B 模型 OB 的甲骨校正结果(二期至五期)

历组甲骨依据其卜辞中的称谓可分为两类：历组一类(父乙类)和历组二类(父丁类)。对于历组甲骨的不同观点将导致历组一类和历组二类早晚排列的顺序不同。按照历组甲骨属于四期的观点,父乙是武乙(文丁所卜),父丁是康丁(武乙所卜),故历组二类应当早于历组一类。而按照另一种观点,历组一类甲骨属于甲骨一期,父乙是小乙(武丁所卜),历组二类属于甲骨二期,父丁是武丁(祖庚所卜),故历组一类应早于历组二类(参见表 29-1)。

历组一类甲骨有 3 个样品,历组二类甲骨有 11 个样品。14 片历组甲骨的测年与校正结果列于表 29 - 4 和表 29 - 5。历组甲骨的 ^{14}C 测年结果可帮助我们通过比

表 29 - 4　历组一类(父乙类)甲骨的单期校正结果

分期	著录号/收藏号	组别	实验室编号	^{14}C 年龄 (BP)	校正年代 (68%区间,BC)	一致性指数
历组一类	C34240	Li-type 1	SA98242c	3045±30	1307 - 1228	101.3%
	A T8(3)∶148	Li-type 1	SA98246	3025±40	1302 - 1221	115.8%
	C32764	Li-type 1	SA98248	3005±30	1289 - 1220	108.6%
					总一致性指数	115.0%

表 29 - 5　历组二类(父丁类)甲骨的单期校正结果

分期	著录号/收藏号	组别	实验室编号	^{14}C 年龄 (BP)	校正年代 (68%区间,BC)	一致性指数
历组二类	T601	Li-type 2	SA98229	2995±30	1225 - 1170	112.0%
	T994	Li-type 2	SA98230	2950±45	1228 - 1171	118.7%
	T1116	Li-type 2	SA98231	2990±45	1236 - 1135	126.0%
	T2366	Li-type 2	SA98232	2985±30	1235 - 1135	117.9%
	T2707	Li-type 2	SA98233c	2930±30	1221 - 1172	89.5%
	T636	Li-type 2	SA98235	2990±30	1236 - 1135	114.6%
	T1090	Li-type 2	SA98237c	3010±35	1242 - 1136	97.4%
	T1115	Li-type 2	SA98239c	2935±30	1222 - 1172	96.0%
	T1128	Li-type 2	SA98240	3005±35	1241 - 1135	104.2%
	C32780	Li-type 2	SA98241	2995±30	1238 - 1135	109.8%
	T503	Li-type 2	SA98243	2985±30	1235 - 1135	118.0%
					总一致性指数	132.7%

较两类历组甲骨的校正年代而厘清其年代学问题。我们比较了历组一类和历组二类甲骨的单期校正结果(图29-6)。该图清楚地表明,历组一类甲骨的68%区间要早于历组二类的68%区间。另一方面,我们也比较了历组二类甲骨的单期校正结果与模型 OB 二期和四期的系列样品校正结果(图29-7),由图可见,历组二类甲骨的68%区间与甲骨二期的68%区间有所重叠,且明显要早于甲骨四期的68%区间。因此,历组甲骨属于甲骨一期和二期而不属于甲骨四期的观点,与我们现有的 ^{14}C 测年结果相合。

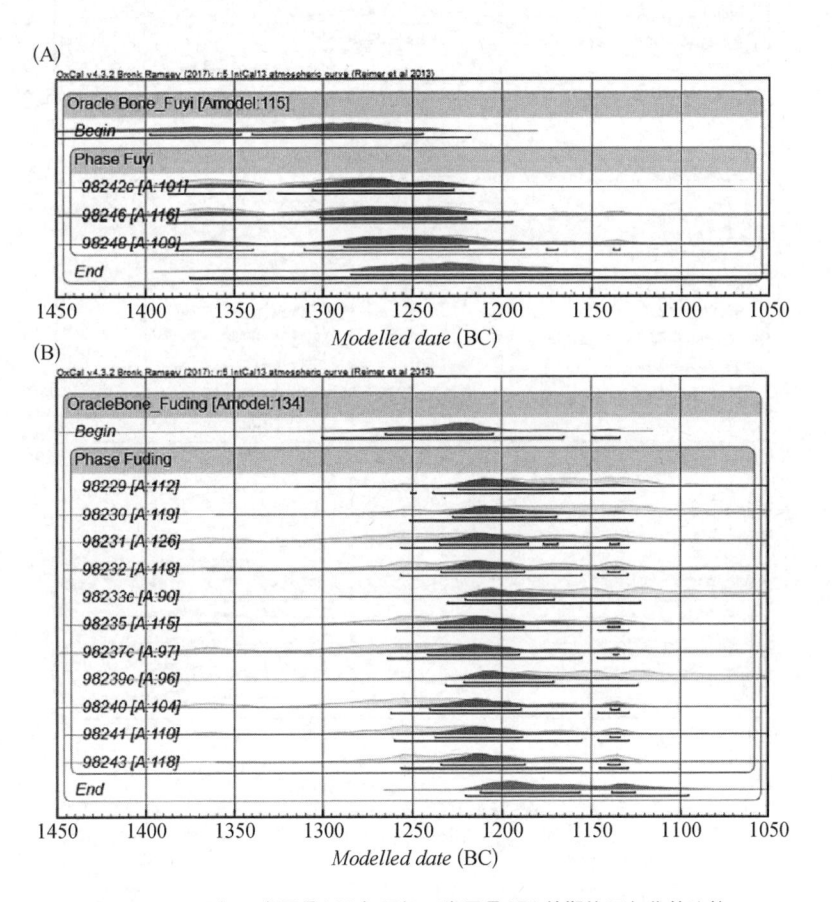

图 29-6　历组一类甲骨(A)与历组二类甲骨(B)单期校正年代的比较

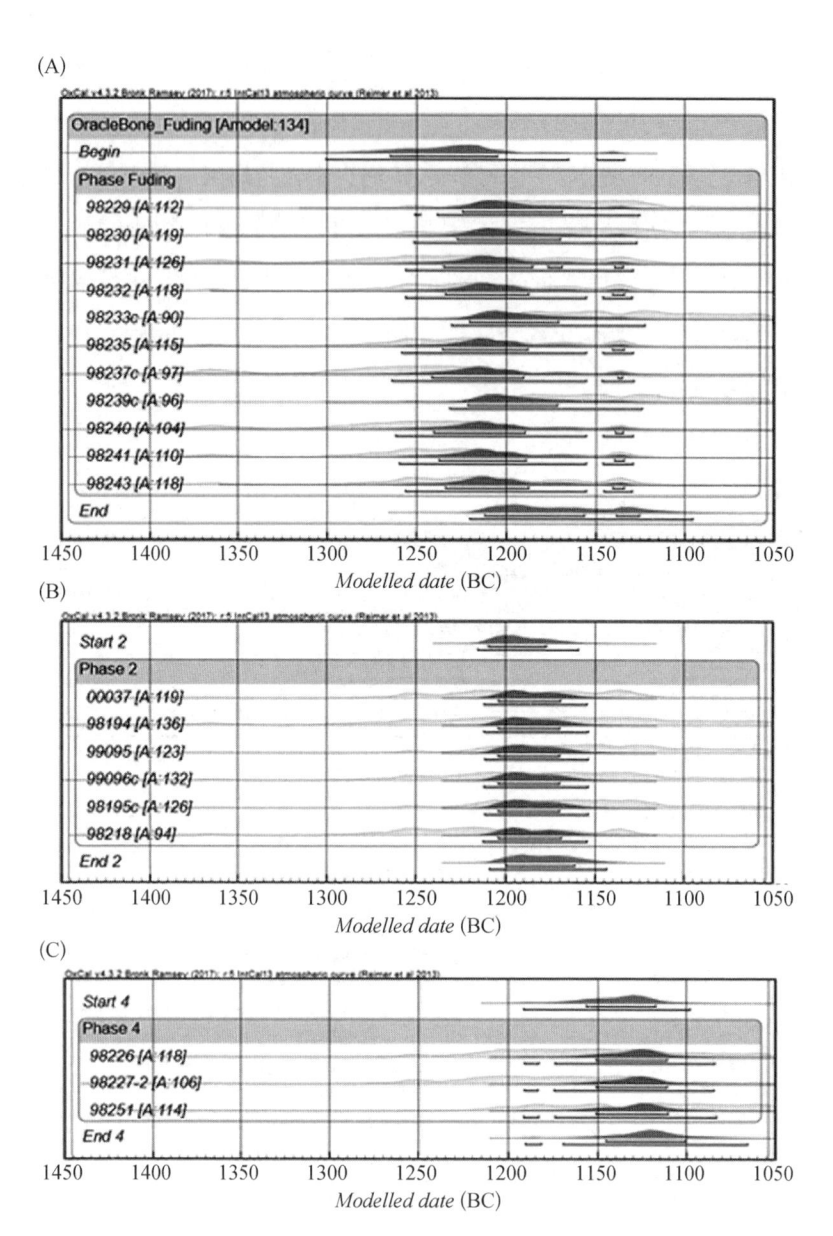

图 29-7 历组二类甲骨（A）与模型 OB 二期甲骨（B）、四期甲骨（C）校正年代的比较。历组二类（父丁）是单期校正的结果，二期和四期是截取于模型 OB 的全系列标图

四、结论

商后期年代学已经用几种不同的方法加以研究,例如殷墟遗址的文化分期与 ^{14}C 测年、用天文学方法计算甲骨所记载月食的年代、按照周祭和当时的历法确定商后期最后两个商王的年代等。然而甲骨测年可以提供独立的、直接与商王相联系的商后期年代学序列。

由于甲骨已经被深入研究,如果一些甲骨具备足够的、可以与某些商王相关联的信息,那么就可以将其归入甲骨的五个分期之一。选择这样的一些甲骨,可以建立起包含甲骨五期的校正模型以进行贝叶斯分析。我们的测年结果表明,商王武丁的在位年为公元前 1254—前 1197 年,商代结束于公元前 1041 年左右。测年结果也给出了其他商王可能的在位时间区间。

在甲骨研究中,对于甲骨各组与相应分期的关系尚有争论,而相关甲骨的 ^{14}C 测年和单期校正可以给出有价值的参考信息。我们的研究证实,自组、子组和午组属于武丁的早中期,而宾组属于武丁的中晚期。我们的研究还表明,历组一类(父乙类)甲骨的年代早于历组二类(父丁类)甲骨,同时历组二类(父丁类)甲骨的时间区间与校正模型 OB 的二期有重叠,且早于模型 OB 的四期。故历组在甲骨序列中的位置很可能在武丁和祖庚时期。

(原载于 *Radiocarbon* 2021 年 63 卷第一期)

下列附记是英文稿"中国商后期甲骨^{14}C 测年"发表之后，为方便中国读者所做的翻译稿说明。

附记 关于本文的说明

1. 校正模型构建——与夏商周断代工程报告的不同

本文所构建的甲骨校正模型 OB 与夏商周断代工程报告中所使用的甲骨校正模型"0811 全"相比主要有以下不同。

1）样品选择。"0811 全"除了有字卜骨外，还使用了 6 片无字卜骨和 3 件骨器骨料。OB 剔除了全部无字卜骨和 1 件早于一期的骨料，这样就没有早于一期的分期了。实际上在使用边界命令之后已经没有必要再加上早于一期的分期。此外，也剔除了一些一致性指数偏低的有字卜骨样品。

2）在一期中加入了武丁 59 年的约束命令 Interval["Wu Ding"，59+T(5)]。不过该命令实际上设置的是一个武丁在位年数的正态概率分布，其峰值在 59 年，武丁在位年数概率分布的 95% 区间的宽度设置为 5 年。

2. OxCal 版本与曲线

本文年代校正使用了 2017 年发布的 OxCal v4.3.2 和 2013 年发布的校正曲线 IntCal 13。2020 年 8 月最新的校正曲线 IntCal 20 正式发布，OxCal 也同时推出了新版本 v4.4.2。但那时我们的稿子已投出去了，故未能更新。不过经检验，不同版本对于本文结果的影响很小，基本上可以忽略。

3. 宾组甲骨的分期问题

宾组甲骨在送样时都归入了一期，但后来经过有关专家鉴定，其中有 3 片宾组甲骨（SA98181、SA99089、SA99090）有可能属于二期的祖庚时期，或可能上限在武丁晚期，下限在祖庚时期。在本文的校正模型中，我们把所有宾组甲骨按照送样时的分期都归入了一期，不过我们也试过把三个有可能属于二期的宾组甲骨移入模型二期进行年代校正，结果一至三期的年代有不超过 3—6 年的变动，基本上可以忽略。虽然这三个样品的年代变了，但对系列甲骨的整个年代架构几乎没有影响。

4. 关于有些甲骨偏老的原因及其影响

我们在甲骨测年的过程中发现有些甲骨的^{14}C年龄偏老。如样品制备一节中所指出的，其主要原因是保护剂、粘接剂导致的污染，在采取相应措施后也确实有明显效果。但是这些措施并未能消除所有的偏老现象。有学者认为殷人有储存甲骨骨料的习惯（例如殷墟遗址中就曾出土成批未经加工的牛肩胛骨），且有可能将骨料保存若干年后再使用。这会造成所测甲骨年代与甲骨刻字年代不一致，并导致所测甲骨年代相对于卜辞所定年代偏老。不过在系列样品校正时，如果这些样品的年龄偏老较多，那么样品的一致性指数就会偏低，从而导致样品被舍弃。这使最后被收入校正模型的样品数量比期望的要有所减少，但最后进入校正模型的样品应当都是所测甲骨年代与甲骨刻字年代基本一致的样品，因此本文系列样品校正的结果是可靠的。本文的测定结果与夏商周断代工程相关课题的结论相洽，也证明了这一点。也就是说，即使存在有的甲骨样品年龄偏老的情况，也并未对本文的最后结果产生影响。囿于篇幅所限，文中对此问题没有展开讨论。

References/参考文献

Boltz WG. 2003. The origin and early development of the Chinese writing system [M]. American Oriental Series. Vol. 78. New Haven：American Oriental Society.

Bronk Ramsey C. 1994. Analysis of chronological information and radiocarbon calibration：the program OxCal [J]. Archaeological Computing Newsletter 41：11 – 16.

Bronk Ramsey C. 1995. Radiocarbon calibration and analysis of stratigraphy：the OxCal program [J]. Radiocarbon 37：425 – 430.

Bronk Ramsey C. 2001. Development of the radiocarbon calibration program OxCal [J]. Radiocarbon 43：355 – 363.

Bronk Ramsey C. 2009. Bayesian analysis of radiocarbon dates [J]. Radiocarbon 51(1)：337 – 360.

Bronk Ramsey C. 2017. http：//c14.arch.ox.ac.uk/oxcal.html.

Bruhn F, Duhr A, Grootes PR, Mintrop A, Nadeau M-J. 2001. Chemical removal of conservation substances by "Soxhlet"-type extraction [J]. Radiocarbon 43(2A)：229 – 237.

Buck CE, Kenworthy JB, Litton CD, Smith AFM. 1991. Combining archaeological and radiocarbon information — a Bayesian approach to calibration [J]. Antiquity 65(249)：808 – 821.

张光直(Chang K-C). 1980. Shang civilization[M]. London: Yale University Press.

陈梦家(Chen MJ). 1951. Oracle bone chronology (Part One)[J]. Journal of Yanjing 40: 1 – 64. In Chinese.

陈梦家(Chen MJ). 1956. Summary of Yin Ruins oracle inscriptions[M]. Beijing: Science Press. In Chinese.

董作宾(Dong ZB). 1933. A case study of oracle bone inscription chronology, in Studies presented to Tsai Yuan Pei on his sixty-fifth birthday (Part One)[M]. Beijing: Academia Sinica. In Chinese: 323 – 424.

董作宾(Dong ZB). 1949. Preface of Yin Ruins oracle inscriptions (Part Two)[J]. Journal of Archaeology (4): 255 – 289. In Chinese.

Gillespie R. 1997. Radiocarbon calibration of the Shang: a proposal. In: Bulbeck FD, editor. Ancient Chinese and Southeast Asian Bronze Age Cultures[M]. Vol. 2. Taipei: SMC Publishing Inc. pp. 679 – 686.

郭沫若(Guo MR), 胡厚宣(Hu HX), editors. 1999. Compilation of oracle bone inscription[M]. Beijing: Zhonghua Book Company. In Chinese.

郭之虞(Guo ZY), 刘克新(Liu KX), 原思训(Yuan SX), 吴小红(Wu XH), Li K, Lu XY, Wang JX, Ma HJ, Gao SJ, Xu LG. 2002. AMS radiocarbon dating of the Fengxi site in Shanxi, China[J]. Radiocarbon 47(2): 1 – 9.

黄天树(Huang TS). 2007. Classification and chronology of Yin Ruins king inscriptions[M]. Beijing: Science Press. In Chinese.

贝塚茂树(Kaisuka S), 伊藤道治(Ito M). 1953. Re-examination of the principles of dating the bone inscriptions with special reference to Tung Tso-pin's attribution of some bone inscriptions to the era of Wen-wu-ting[J]. Journal of Oriental Studies 23: 1 – 78.

Keightley DN. 1978. Sources of Shang history: the oracle-bone inscriptions of Bronze Age China[M]. Berkeley: University of California Press.

Keightley DN. 1999. The Shang: China's first historical dynasty. In: Loewe M, Shaughnessy EL, editors. The Cambridge history of ancient China[M]. Cambridge: Cambridge University Press. pp. 232 – 291.

Keightley DN. 2014. These bones shall rise again — selected writings on early China[M]. Albany: State University of New York Press.

孔颖达(Kong YD). 2015. Annotation of Shang Shu (尚书正义)[M]. Beijing: Peking University Press. In Chinese: 466 – 476.

李学勤(Li XQ). 1977. On the age of Fu Hao tomb and related problems[J]. Cultural Relic (11): 35 – 37. In Chinese.

李学勤(Li XQ). 1981. The oracle bones excavated from the south of Xiao Tun and oracle bone periodization[J]. Cultural Relic (5): 27-33. In Chinese.

李学勤(Li XQ). 2002. The Xia-Shang-Zhou Chronology Project: methodology and results[J]. Journal of East Asian Archaeology 4: 321-333. In Chinese.

李学勤(Li XQ), 彭裕商(Peng YS). 1996. Study on periodization of Yin Ruins oracle bones [M]. Shanghai: Shanghai Ancient Books Publishing House. In Chinese.

林沄(Lin Y). 1984. Excavation in south of Xiao Tun and Yin Ruins oracle bone chronology[J]. Ancient Writing Research 9: 111-154. In Chinese.

林沄(Lin Y). 2013. Comments on "The third view on the inscriptions of Wu Yi and Wen Ding". In: Li Z-K, editor. Papers from the Fourth International Conference on Sinology: Unearthed Materials and a New Perspective[C]. Taipei: Academia Sinica. pp. 1-26.

刘克新(Liu KX), 郭之虞(Guo ZY), Lu XY, Ma HJ, Li B, Wang JJ, Zhou GH, Yuan JL, Ren XT, Zhao Q, Zhang ZF, Zhang GJ, Yuan SX, Wu XH, Li K, Chen CE. 2000. Improvements of PKUAMS for precision ^{14}C analysis of the Project of Xia-Shang-Zhou Chronology[J]. Nucl. Instrum. Methods B 172: 70-74.

刘克新(Liu KX), Ding XF, Fu DP, Pan Y, Wu XH, Guo ZY, Zhou LP. 2007. A new compact AMS system at Peking University[J]. Nuclear Instruments and Methods in Physics Research B 259: 23-26.

刘一曼(Liu YM), 曹定云(Cao DY). 2011. The third view on the inscriptions of Wu Yi and Wen Ding[J]. Journal of Archaeology (4): 467-502. In Chinese.

彭裕商(Peng YS). 1983. Also on the age of Li group inscription[J]. Journal of Sichuan University (1): 91-109. In Chinese.

仇士华(Qiu SH). 2015. ^{14}C dating and study on Chinese archaeological chronology[M]. Beijing: China Social Sciences Press. In Chinese. pp. 60-65.

裘锡圭(Qiu XG). 1981. On the age of Li group inscription[J]. Ancient Writing Research 6: 263-321. In Chinese.

Reimer PJ, Bard E, Bayliss A, Beck JW, Blackwell PG, Bronk Ramsey C, Buck CE, Cheng H, Edwards RL, Friedrich M, Grootes PM, Guilderson TP, Haflidason H, Hajdas I, Hatté C, Heaton TJ, Hoffmann DL, Hogg AG, Hughen KA, Kaiser KF, Kromer B, Manning SW, Niu M, Reimer RW, Richards DA, Scott EM, Southon JR, Staff RA, Turney CSM, van der Plicht J. 2013. IntCal13 and Marine13 radiocarbon age calibration curves 0-50,000 years cal BP[J]. Radiocarbon 55(4): 1869-1887.

Wilkinson E. 2000. Chinese history: a manual[M]. 2nd ed. Cambridge: Harvard University Asia Center.

肖楠(Xiao N). 1976. Oracle turtle plastron of Shi group discovered in the south of Xiao Tun [J]. Archaeology (4): 234 – 241. In Chinese.

肖楠(Xiao N). 1980. On the inscriptions of Wu Yi and Wen Ding[J]. Ancient Writing Research 3: 43 – 79. In Chinese.

肖楠(Xiao N). 1984. The second view on the inscriptions of Wu Yi and Wen Ding[J]. Ancient Writing Research 9: 155 – 188. In Chinese.

谢济(Xie J). 1981. Study on periodization of another type of oracle inscriptions in the period of Wu Ding[J]. Ancient Writing Research 6: 322 – 344. In Chinese.

谢济(Xie J). 1982. Study on periodization of Li group inscriptions. In: Hu HX, editor. Records of exploring history of oracle bones[M]. SDX Joint Publishing Company. pp. 87 – 111. In Chinese.

原思训(Yuan SX), 吴小红(Wu XH), Gao SJ, Wang JX, Cai LZ, Liu KX, Li K, Ma HJ. 2000. Comparison of different bone pretreatment methods for AMS^{14}C dating. Nucl[J]. Instrum. Methods B 172: 424 – 427.

原思训(Yuan SX), 吴小红(Wu XH), Liu KX, Guo ZY, Cheng XL, Pan Y, Wang JX. 2007. Removal of contaminants from oracle bones during sample pretreatment[J]. Radiocarbon 49 (2): 211 – 216.

张培瑜(Zhang PY). 2002. Determining Xia-Shang-Zhou Chronology through astronomical records in historical texts[J]. Journal of East Asian Archaeology 4: 347 – 357.

张永山(Zhang YS), 罗琨(Luo K). 1980. On the age of Li group inscriptions[J]. Ancient Writing Research 3: 80 – 103. In Chinese.

文物保护

30
周原遗址及弓鱼国墓地出土青铜器锈蚀研究*

陕西是西周王朝发祥、发展的中心地区,在岐山县东北和扶风县北部的周原遗址和宝鸡弓鱼国墓地,出土了许多为世人所瞩目的墓葬和窖藏青铜器,其数量之巨、制作之精、铭刻内容之重要,都是惊人的,对于研究西周社会的历史、文化、艺术、科技等均有重要意义。

对于周原遗址和宝鸡弓鱼国墓地出土的青铜器,已有学者从不同角度,如考古、历史、古文字、成分、冶铸技术等,进行了研究,但对于其锈蚀状况的研究尚属缺环。为了保护好两地出土的大批青铜器,有必要从保护角度对其进行系统的综合研究。我们对周原遗址及宝鸡弓鱼国墓地出土的青铜器的保存状况进行了观察比较,采集了一些青铜残片,运用等离子体发射光谱(ICP)、X射线衍射(XRD)、扫描电镜(SEM)、X射线电子能谱(EDAX)、金相分析等现代仪器,对其成分、结构进行了剖析,比较了合金基体与表面层的成分变化及表面的结构形态。通过这些分析,试图对周原遗址及宝鸡弓鱼国墓地出土的青铜器的腐蚀类型、程度,造成腐蚀的原因及锈蚀机理进行探讨,以便为青铜器的保护提供一些参考,且为以后在这两个地方发掘时的现场保护提供一些依据。

一、样品分析及结果

我们曾对周原遗址及宝鸡弓鱼国墓地出土青铜器保存状况及埋藏环境作过调

---

* 作者:张晓梅、原思训(北京大学),刘煜(中国社会科学院考古研究所),周宝中(中国历史博物馆)。在青铜样品采集过程中,得到了宝鸡市周原博物馆罗西章先生、杨禄魁先生、宝鸡市博物馆胡智生馆长的支持和帮助,在此一并表示感谢。

研[i]。观察表明：这两地出土的大型青铜器，其保存状况从外观来看均不错，器型完整，锈层大都比较薄，基体基本完好，均无因严重锈蚀所造成的器物损坏，但是部分青铜器上有明显的粉状锈；一般壁薄的小件器物矿化均比较严重，一些小薄铜片如铜鱼、铜管，有的几乎已无基体。相比较而言，窖藏青铜器黑色器表上有少量绿色、红色或蓝色锈，比较光滑，保存状况较墓葬出土青铜器好。宝鸡强国墓地的青铜器比周原遗址的青铜器保存状况差，特别是茹家庄墓地的青铜器，由于受一条近代沟壑中水的冲刷遭到了严重侵蚀，青铜器多锈结成块，不少礼器铜胎已锈蚀殆尽[ii]。

在调研过程中，我们采集到 19 块含有青铜基体的残片作为分析所用样品，其编号分别为 ZYB_1、ZYB_2、ZYB_3、ZYB_{1A}、M_{43}、M_{58}、M_{40}、$M_{40.1}$、$M_{40.2}$、$M_{40.3}$、$M_{40.4}$、HD_{38}、RA_1、RA_2、RA_4、RB_1、RB_2、RB_3、RB_4。其中，编号以 R 打头的为宝鸡强国墓地的样品，其余为周原遗址的样品。

1. X 射线衍射（XRD）分析

我们对所采青铜残片上的锈样做了 XRD 定性分析，以确定锈蚀产物的组成。仪器为北京大学仪器厂产的 BD86 自动 X 射线衍射仪。分析结果见表 30-1。

XRD 分析结果表明，周原遗址、宝鸡强国墓地出土青铜器的主要锈蚀产物有：红色的赤铜矿 Cu_2O、绿色的孔雀石 $Cu_2(OH)_2CO_3$、蓝色的蓝铜矿 $Cu_3(OH)_2(CO_3)_2$、白色的白铅矿 $PbCO_3$、淡黄—白色的锡石 SnO_2、灰白色的氯化亚铜 $CuCl$、亮绿色的副氯铜矿 $Cu_2(OH)_3Cl$、宝石绿至墨绿色的氯铜矿 $Cu_2(OH)_3Cl$、黄绿色的氯铅矿 $PbCl_2$、白色的硫酸铅 $PbSO_4$、天蓝色的胆矾 $CuSO_4 \cdot 5H_2O$、白色或无色的石英 SiO_2、白色的方解石 $CaCO_3$、暗褐色的针铁矿 $\alpha-FeOOH$。黑色物主要为：黑铜矿 CuO 及块黑铅矿 PbO_2。对部分铜器上黏附的土样的分析，表明其物相为：石英 SiO_2、褐黄色长石 $KAlSi_3O_8$、方解石 $CaCO_3$。可见大部分铜器锈蚀物中的少量石英和方解石，应是长期埋藏过程中由土中渗入的。所分析的周原遗址出土青铜器残片与宝鸡强国墓地青铜器残片的锈蚀产物中有含氯物相，可见这两地的青铜器均受到了青铜病的侵蚀。

表 30-1 锈蚀产物的矿物组成

样品号	样品的一般情况	矿物成分*
$M_{40.2}$	基体矿化部分,红色上覆盖绿色锈	赤铜矿、孔雀石、锡石、副氯铜矿、氯化亚铜、胆矾
M_{58}	基体矿化部分,红色上覆盖绿色锈	赤铜矿、孔雀石、锡石
M_{40}	一块基体完全矿化的青铜残片	赤铜矿、孔雀石、方解石、锡石、白铅矿
RA_3	一块基体完全矿化的青铜残片	赤铜矿、孔雀石、锡石
HD_{38-5}	黄堆车马坑 HD_{38} 青铜残片矿化部分	赤铜矿、孔雀石、石英、锡石
HD_{38-4}	黄堆车马坑混有绿锈的土样	石英、长石、白铅矿、方解石、孔雀石、硫酸铅
$M_{40.4}$	残片矿化部分	赤铜矿、孔雀石、石英、锡石、氯化亚铜、副氯铜矿
$M_{40.3}$	残片矿化部分	赤铜矿、孔雀石、石英、锡石、氯铜矿、氯铅矿
M_{43-1}	M_{43} 残片上的黑色锈蚀物	赤铜矿、孔雀石、石英、锡石、氯铜矿、黑铜矿、氯化亚铜
M_{43-2}	M_{43} 残片上的红、绿色锈蚀物	赤铜矿、孔雀石、石英、锡石、氯铜矿、氯化亚铜
M_{43-3}	M_{43} 残片上的土锈	石英、孔雀石、方解石
M_{43-4}	取自 M_{43} 残片锈层外的土	石英、孔雀石
RB_1	从 RB_1 残片上刮的锈	蓝铜矿、石英、赤铜矿、针铁矿、锡石、氯化亚铜
RB_2	残片矿化部分	蓝铜矿、赤铜矿、石英
RB_3	从 RB_3 残片上刮的锈	赤铜矿、蓝铜矿、孔雀石、硫酸铅、锡石
$M_{40.1}$	从残片上刮的锈	赤铜矿、孔雀石、氯铜矿、白铅矿、氯化亚铜
RA_4	从残片上刮的锈	石英、蓝铜矿、氯铜矿、氯铅矿、氯化亚铜
RA_2	从残片上刮的锈	赤铜矿、孔雀石、石英、锡石、氯铜矿
RA_1	RA_1 残片上的锈	石英、孔雀石、赤铜矿、氯铜矿
RB_4	RB_4 残片上的锈	赤铜矿、蓝铜矿、石英、锡石
$RA_1^{\#}$	刮去外层锈,仅剩黑色表面层	赤铜矿、黑铜矿、块黑铅矿
$M_{43}^{\#}$	刮去外层锈,仅剩黑色表面层	赤铜矿、黑铜矿、锡石、氯化亚铜
$RB_1^{\#}$	刮去外层锈,仅剩黑色表面层	赤铜矿、块黑铅矿、氯化亚铜

* 矿物成分从左到右逐渐降低。

2. 合金成分分析

用 Leeman Labs Inc. 产 PLASMA-SPEC 等离子体发射光谱仪对样品进行合金成分分析,结果见表 30-2。

表 30-2 青铜基体合金成分

样品号	Cu	Sn	Pb	Bi	Fe	Al	Si
ZYB_3	82.13	19.58	0.95	0.70	0.08	0.01	0.02
ZYB_1	81.53	13.29	0.15	0.72	0.78	0.01	0.02
ZYB_2	78.52	17.36	1.47	0.49	0.24	0.01	
ZYB_{1A}	77.73	7.00	8.24	0.54	0.07	0.01	
M_{43}	82.80	12.52	0.32	0.52	0.07	0.01	0.03
$M_{40.1}$	77.40	14.59	2.60	0.67	0.09	0.03	0.04
$M_{40.2}$	79.67	14.81	1.24	0.67	0.13	0.05	0.29
M_{40}	57.80	14.56	0.60	0.41	0.50	0.01	0.14
$M_{40.3}$	89.13	11.25	0.49	0.82	0.05	0.04	0.11
M_{58}	77.47	12.89	0.70	0.91	0.04	0.07	0.30
$M_{40.4}$	79.46	13.54	0.96	0.53	0.18	0.01	0.03
RA_1	76.12	12.23	5.59	0.51	0.06		
RA_2	71.58	14.84	2.83	0.47	0.08		
RA_4	65.72	16.04	3.57	0.52	0.61		
HD_{38}	80.54	11.97	0.55	0.55	0.04		0.01
RB_1	77.79	12.65	0.53	0.52	0.01		0.01
RB_2	76.85	16.01	1.84	0.57	0.03		0.04
RB_3	59.87	7.48	9.90	0.48	0.05		0.01
RB_4	75.86	13.11	0.19	0.53	0.79	0.01	0.02

注:1. M_{40} 为一块基体已完全矿化的青铜残片,呈棕红色,所以误差大;
2. RB_3 在用 HCl 和 H_2O_2 溶解时,产生了不溶的白色针状沉淀,所以误差大。

由表 30－2 可知,这些试样的基体成分都属于铜—锡二元合金或铜—锡—铅三元合金,且均或多或少含有杂质元素。

3. 金相分析

通过金相分析可以了解青铜基体的显微组织结构、腐蚀层分布状况及腐蚀程度。一般的试样因自然腐蚀,抛光后可直接进行金相组织和腐蚀状况观察,ZYB_3、ZYB_{1A}、RA_4、RB_1 因基体保存状况良好,组织不明显,我们对腐蚀层做过观察、SEM 分析后,用 $FeCl_3$ 溶液作了侵蚀,再观察其金相组织。表 30－3 为所采集的西周青铜试样金相分析结果。

表 30－3　青铜试样金相分析结果

样品号	基体金相组织	锈蚀情况
ZYB_1 ZYB_2	铸造组织:α 固溶体树枝状结晶,枝晶间灰色多角形斑纹状物为($\alpha+\delta$)共析体。基体上分布着小球状的铅,量很少。有纯铜晶粒,在表面有一层纯铜层存在。有黑色铸造孔洞(图 30－1)。	金相观察,黑灰色锈层较薄,锈蚀沿($\alpha+\delta$)共析组织向基体内延伸,($\alpha+\delta$)被锈蚀成铅灰色。暗场下观察,最外层锈蚀层为绿色与白色相杂,向里为一极薄黄色层包裹的灰色纯铜层,伸向基体部分为红色、橙黄色。红色、橙黄色氧化物保持树枝状结构。
ZYB_3 RA_4	铸造组织:α 固溶体树枝状结晶,枝晶间多角形斑纹状物为($\alpha+\delta$)共析体。有黑色铸造孔洞。RA_4 有颗粒状的铅夹杂。	金相观察,表面锈层薄,基体保存状况良好。锈蚀沿($\alpha+\delta$)共析组织向基体延伸。暗场下观察,表面锈蚀物为绿色,伸向基体部分为橙红色。
ZYB_{1A}	铸造青铜α固溶体上 δ 相呈不规则形状分布,黑色铅呈球状、枝晶状均匀分布。蓝灰色为硫化物夹杂(图 30－2)。	金相观察,表面锈层较薄,基体未见明显锈蚀。暗场下观察,表面绿色,伸向基体部分为红色及橙黄色。
$M_{40.4}$ $M_{40.1}$ $M_{40.2}$	铸造青铜。固溶体树枝状结晶,枝晶间多角形黑色物为($\alpha+\delta$)共析体,有纯铜晶粒,黑色的铸造孔洞(图 30－3)。	金相观察,表面锈层厚,锈蚀从表面沿($\alpha+\delta$)相向基体内延伸,靠近表层的($\alpha+\delta$)共析体完全被腐蚀成黑色,部分 α 固溶体也被腐蚀,仅剩下岛屿状的 α 相,向基体方向腐蚀程度减轻,颜色变成铅灰色。暗场下观察,最外层为白、绿色层,向里红白相杂层,伸向基体部分为橙黄色层。
$M_{40.3}$	铸造退火组织:α 固溶体再结晶晶粒大小不均。黑色不规则状物为铸造疏松。	金相观察,锈层厚,基体晶间均受到腐蚀,在边缘仅残留岛屿状 α 等轴晶粒。暗场下观察,外层绿色层和橙红色层交错相叠,存在不连续的未受腐蚀的基体残留,再向内有一白色层,伸向基体的为橙红色层。
M_{58}	铸造退火组织:α 固溶体等轴多边形晶粒。黑色的铸造孔洞(图 30－4)。	

（续表）

样品号	基体金相组织	锈蚀情况
M_{43}	铸造退火组织：α 固溶体等轴多边形晶体，晶粒粗大，晶间有大量蓝灰色形状不规则的 δ 相夹杂及（α+δ）共析体。有纯铜晶粒及黑色孔洞。	金相观察，(α+δ)共析体因腐蚀发黑，晶间有轻微腐蚀。暗场下观察，红色锈层和白色锈层交错。
HD_{38}	铸造后热冷加工组织：α 固溶体再结晶晶粒，大小不均，晶间有少量细小的 δ 相分布。有纯铜晶粒。晶内有滑移带。少量铅呈球状分布或沿晶间分布（图30-5）。	金相观察，基体从外向内沿晶间腐蚀，靠近表层的基体仅残存少量的金属晶粒，呈不连续岛屿状，往内逐渐连成一体。暗场下观察，外层锈绿色和橙红色交错，接近基体覆盖一层橙红色锈。
RA_1 RA_2	铸造组织：α 固溶体树枝状结晶，枝晶间多角形斑纹状物为（α+δ）共析体。黑色铅呈球状、枝晶状均匀分布。有纯铜晶粒。	金相观察，锈层薄，锈蚀沿（α+δ）共析体向基体推进。暗场下观察，蓝绿色锈层中夹杂白色，紧接着为红色锈，红色锈保持了树枝状。红色锈中夹杂未被腐蚀的 α 固溶体。
RB_1	铸造后冷热加工组织：α 固溶体再结晶晶粒及退火孪晶，晶内有滑移线。有铸造缺陷（图30-6）。	金相观察，表面锈层薄，基体保存状况良好。暗场下观察，淡绿色与白色呈犬牙交错状，紧接着是橙黄色层，其中夹杂未被腐蚀的基体。
RB_2 RB_4	铸造组织：α 树枝状晶，枝晶间为（α+δ）共析体。有黑色孔洞。RB_2 有少量铅夹杂。RB_4 有纯铜晶粒。	金相观察，锈层较厚，仅残存少量未受腐蚀的基体。锈蚀沿着（α+δ）共析体向基体推进。有少量的 α 相残存，散布于腐蚀层中。暗场下观察，蓝色锈很厚，紧接着是红黄色相杂锈层伸向基体。
RB_3	铸造组织：α 固溶体再结晶组织，晶粒大小不均，铅呈球状、不规则状分布于晶粒及晶间（图30-7）。	金相观察，锈层较厚，腐蚀沿晶间进行。暗场下观察，最外层蓝色锈与白色锈相杂，可见块状的蓝色晶粒，比较疏松，接着是黑色锈层，再往内为黄色、白色与红色相杂的锈蚀层，夹杂未被腐蚀的金属残留。

由表30-3可知：

（1）这些青铜均是铸造而成的。其中的 $M_{40.3}$、M_{58}、M_{43}、HD_{38}、RB_1、RB_3 六件呈再结晶组织。再结晶退火可以改善材料塑性，降低它们的硬脆性。这几件残片虽然很薄，但经过2000多年的沧桑岁月，仍然保有金属基体，特别是 RB_1 壁厚仅1毫米，由金相可知其经过热、冷加工，基体保存状况非常好，可见经过热、冷加工处理后形成的退火组织有利于青铜的防腐。退火组织的腐蚀均是在等轴晶粒的晶界间发生，并向晶粒中心推进，在未完全腐蚀的基体外层，常可看到孤立状的 α 晶粒，如图30-4。如果晶间有夹杂相，往往锈蚀加剧，如图30-5、图30-6，HD_{38} 比 RB_1 锈蚀严重。

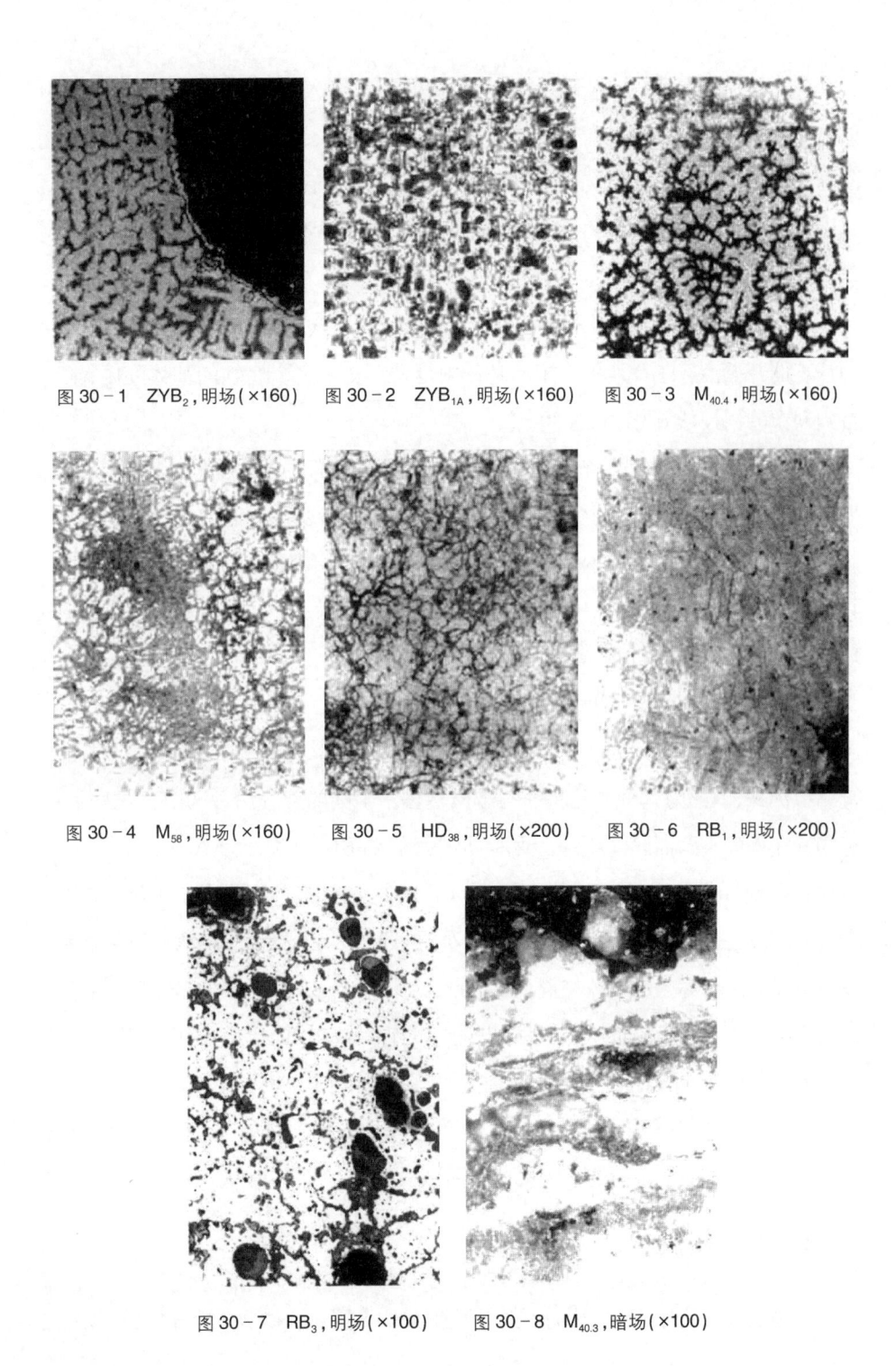

图 30-1　ZYB_2，明场（×160）　　图 30-2　ZYB_{1A}，明场（×160）　　图 30-3　$M_{40.4}$，明场（×160）

图 30-4　M_{58}，明场（×160）　　图 30-5　HD_{38}，明场（×200）　　图 30-6　RB_1，明场（×200）

图 30-7　RB_3，明场（×100）　　图 30-8　$M_{40.3}$，暗场（×100）

(2) ZYB_{1A} 和 RB_3 为两个锡含量相对较低、铅含量相对较高的样品。铅在铜中以孤立相存在，依含铅量的不同，存在着形态、颗粒大小、分布状态方面的差异。ZYB_{1A} 虽然含锡量较低，但可能在铸造时或铸造后进行过某种处理，δ 相散布于 α 相上，铅呈球状、枝晶状均匀分布，如图 30-2。ZYB_{1A} 保存状况很好，锈层很薄，可见其耐蚀性较高。

(3) 其余的试样均显示铸态组织：α 固溶体树枝状晶，晶间（α+δ）共析体。锈蚀从表面开始沿（α+δ）共析体相向基体内延伸。在未完全腐蚀的基体外层，常可看到残留的树枝状 α 相，如图 30-3。

(4) 有 10 件青铜残片有纯铜晶粒，分布于部分腐蚀层和完全矿化层中，有的形成一薄层分布于矿化层中，如图 30-7。10 件青铜残片中，有的为树枝晶组织，有的为等轴晶。其中有纯铜晶粒沉积的两件呈等轴晶组织的青铜残片 HD_{38}、M_{43}，其等轴晶间有 δ 和（α+δ）相存在。纯铜晶粒一般都沉积于晶间，呈不规则状或小球状，或者与锈蚀的铅一起沉积，呈细小颗粒。

(5) 金相下，通常青铜残片从外层向基体可分为三部分：最外层为完全矿化层，呈黑灰或灰色；中间为部分腐蚀区，可见残留的 α 树枝晶或 α 等轴晶，且常有纯铜晶粒沉积；内部为完全未受腐蚀的金属基体。中间的部分腐蚀区因青铜残片保存的好坏程度不同而厚薄不一。保存状况好的如 RB_1 很薄，而 RA_2 则比较厚。而有的青铜残片如 M_{58}，金属基体全部成为部分腐蚀区，最外层为完全矿化层，肉眼观察有蓝绿色、黑色、棕黑色及砖红色几种锈蚀产物，暗场下观察，锈蚀颜色有红、黑、橙、蓝、绿、白等呈层状或交混、相杂分布，如图 30-8（图中模糊成雾状的白色为锈蚀产物脱落使焦距不准所致）。这些不同的铜、锡和铅的化合物，以层状结构或相杂的结构分布于青铜表面，表明一定有众多因素参与了青铜表面矿化层的形成。不同的青铜残片，其矿化层分别显示不同的色泽与形貌，这种差异应当是由外界环境因素及器物本身的成分与结构的不同所致。

4. 样品剖面的 SEM 及 EDAX 检测

扫描电镜可以对青铜残片的剖面作形貌观察，并可进行微区成分分析、元素线扫描分析,从而了解腐蚀过程中元素的迁移情况。元素线扫描分析用 HITACHI S-450 型 SEM、EDAX9100 能谱仪;元素的微区成分分析用 OPTON 公司产的 CSM950 型扫描电镜能谱分析仪。

样品 $M_{40.3}$ 的背散射图及元素 EDAX 线分析如图 30-9。图 30-9 中,左侧为完全矿化层,有许多孔洞,说明锈层很疏松,基体和矿化层之间的表面层为部分腐蚀区。线分析表明,从基体向外,Cu 元素在表面层含量降低,Sn 元素增多,Cl 元素主要分布于表面层与矿化层之间。矿化层中铜元素含量较高,无 Cl、Sn。由于孔洞的存在,Cu 线起伏较大。基体中无 Cl,表明 Cl 元素是从外界侵入的。样品 HD_{38}、M_{43}、$M_{40.1}$、$M_{40.3}$、RB_3、RA_4 的背散射图及剖面不同部位的成分分析结果见表 30-4。

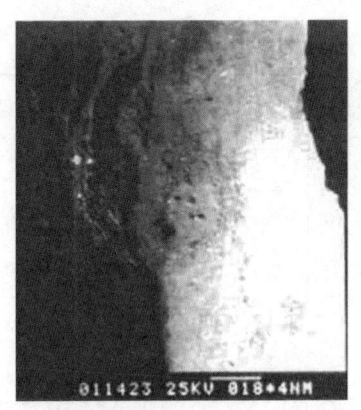

a. $M_{40.3}$ 的背散射图及元素线分析曲线

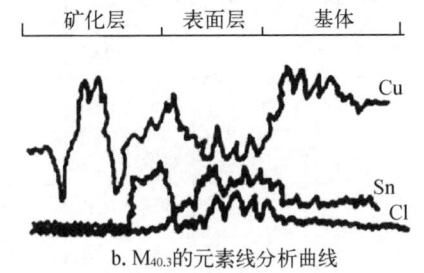

b. $M_{40.3}$ 的元素线分析曲线

图 30-9　$M_{40.3}$ 的背散射图及元素线分析曲线

结合前面 XRD、金相观察的结果,可对表 30-4 中各样品的 SEM、EDAX 的测定结果做如下分析:

(1) 由背散射图(图 30-5)可以看出样品 HD_{38} 矿化层中布满裂隙、孔洞,比较疏松。由 ICP 分析可知基体的合金成分为 Cu 80.54%、Sn 11.97%、Pb 0.55%,可见在部分矿化层中 Sn 含量增高,在完全矿化层中又降低,而 Cu 在部分矿化层中含量降低。最外层主要为孔雀石及土夹杂,往里杂质含量降低,但 K、Ca 比较特殊,在部分矿化层中含量呈升高趋势,这是因为外层孔隙大且多,可夹杂较多土杂质,而往里由于孔隙变小,不溶性颗粒较难入内,但钾盐和钙盐由于其可溶性,随水分渗入细小的裂隙中并沉积下来,导致 K、Ca 含量升高。还需注意 Pb 是作为杂质从外界侵入的。

表30-4 扫描电镜能谱分析结果

样品号	部位	Cu	Sn	Pb	Cl	Si	Fe	Ca	Al	K	Cr	P
HD_{38}	1(矿化层)	47.40	1.89	2.76		23.05	4.08	1.71	18.02	1.08		
	2(部分矿化层)	54.11	26.42	0.81		2.43	1.62	4.86	7.61	2.13		
	3(部分矿化层)	54.77	34.37	0.12		0.58	0.55	5.50	1.34	2.76		
$M_{40.3}$	1(亮白色层)	24.79		73.04	1.24	0.93						
	2(最外层)	94.71		4.43	0.21	0.45	0.20					
	3(瘤状物)	77.36		10.42		2.19	0.41	3.42				6.21
	4(矿化层内侧)	75.36	3.52	7.26		9.58	0.68	1.41	1.29			0.91
	5(基体)	85.93	10.02	1.41	0.14	0.56	0.25	1.48	0.05			0.18
M_{43}	1(白色层)	23.57	73.41	2.23		0.79						
	2(外层)	99.85				0.15						
	3(矿化层外侧)	87.05	11.13			1.81						
	4(矿化层内侧)	85.19	10.50			1.45		2.86				
	5(基体)	85.30	10.36			1.40		2.95				
	6(基体)	91.62	6.54	0.52		0.34		0.98				
$M_{40.1}$	1(外层)	90.17	3.53	4.60	0.71	0.62	0.37					
	2(白色层)	80.42	2.83	14.90	1.06	0.67	0.12					
	3(矿化层内侧)	93.74	2.57	2.33	0.67	0.39	0.30					
	4(部分矿化层)	59.78	23.59	12.74	2.73	0.66	0.50					
	5(基体)	81.46	12.37	4.77	0.79	0.37	0.24					
RA_4	1(外层)	51.98	35.63	6.13	2.78	1.12	2.36					
	2(部分矿化层)	61.91	28.48	6.64	0.61	1.10	1.26					
	3(基体)	84.18	13.62	1.25			0.94					
RB_3	1(白色层)	17.82		52.20	1.06	9.81	2.75	0.48	9.85	0.59	5.44	
	2(外层)	66.01		0.34		24.91	1.48	0.02	5.39	1.57	0.27	

(续表)

样品号	部位	Cu	Sn	Pb	Cl	Si	Fe	Ca	Al	K	Cr	P
	3(矿化层)	7.79		57.62	0.94	12.07	0.92	4.32	4.54	0.97	10.83	
	4(部分矿化层)	50.60	21.33	11.82		10.45	2.33		3.46			
	5(基体)	58.55	6.36	32.94		0.65	0.19		1.31			

（2）在背散射图(图30-9)上可看到样品 $M_{40.3}$ 最外层孔雀石呈针状。有一瘤状的凸起，呈蜂窝状。由分析结果可知，主要为 Cu 的化合物，此外还有一定量的 Pb、K、Ca、Fe、Si 的化合物，且与两侧锈层相比含量较高。由背散射图可知，瘤状物与孔雀石层之间有裂隙，孔雀石层和瘤状物内也有裂隙及孔洞，导致环境中杂质侵入，往内随着腐蚀层变得致密，杂质含量减少。到部位4即完全矿化层靠近基体的部分，Pb、P、Ca 的含量与部位3相比降低，出现 Sn 的化合物，在这一层中比较特别的是 Si 含量的剧增，Fe 含量在这一层中也相对增高。部位5主要为 Cu、Sn 及少量杂质，且含有少量 Cl，表明基体已受到 Cl 的侵蚀。部位1即图中呈亮白色的主要为 Pb 的化合物，且 Cl 含量相对较高。由图30-9可知，白色物均分布于裂隙、孔洞周围，说明这些含有 Cl 的 Pb 的化合物是从周围环境中侵入的。

（3）M_{43} 成分分析结果表明，矿化层最外层为孔雀石层，很薄，矿化层靠近基体的部分有一白色的蜿蜒曲折的连续不断的薄层，为锡石层。锡石层与孔雀石层之间、赤铜矿基体上散布着锡石。部位5为α固溶体，部位6为含有纯铜晶粒的δ相，锡石层与基体之间为一由纯铜、赤铜矿、锡石间隔相接形成的薄层与基体相连接。由部位3、4、5的成分含量可知，氧化层中的 Cu、Sn 含量与基体一致，但在氧化层与基体过渡层中有 Sn 的富集现象及 Cu 的重新沉积现象。

（4）$M_{40.1}$ 由图30-10及分析结果可知，矿化层比较致密，最外层为孔雀石层，白色的 Pb 化合物呈放射状从氧化亚铜层向孔雀石层生长，部位3所在的氧化亚铜层与部分矿化层分界明显。从基体到部分矿化层表面，Cu 的含量降低，Sn、Pb 含量明显升高；到矿化层，Sn、Pb 含量又降低，Cu 含量升高，同时 Fe、Si 的含量也在部

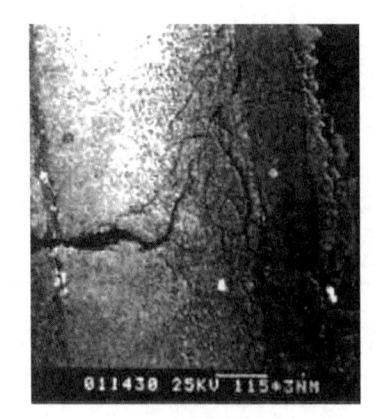

a. $M_{40.1}$ 背散射图

矿化层　表面层　基体

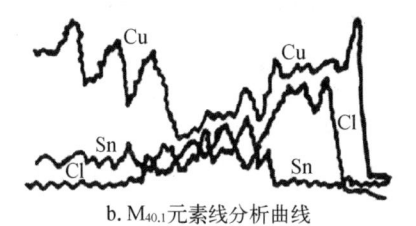

b. $M_{40.1}$ 元素线分析曲线

图 30-10　$M_{40.1}$ 的背散射图及元素线分析曲线

分矿化层表面较高。Cl 在高铅层(即部位 2、4)含量均较高,特别是在部分矿化层表面含量较高,可见 Cl 在锈蚀层中呈不均匀分布,易于富集在高铅相及部分矿化层表面。Pb、Sn 在所有腐蚀层中均有分布。部分矿化层有富集 Si、Fe 的现象。

(5) RA_4 因自然腐蚀勾划出很清晰的 α 及 $(\alpha+\delta)$ 共析组织,完全矿化层极薄,可以很清晰地看出从部分腐蚀层向基体过渡时组织逐渐模糊的现象,部分矿化层外层与内层成分相近,Fe、Si、Cl 从外向内呈逐渐减少的趋势,在部分矿化层中有明显的 Pb、Sn 富集现象。

(6) RB_3 由图 30-7 及分析结果可知,基体中 Pb 呈球状、枝状分布。在矿化层与基体的交界面上,Sn、Pb 含量均比基体高,特别是 Sn 增加幅度较大,为基体的 3 倍,Pb 略有增加。矿化层中亮白色的为 Pb 的化合物且含 Cl 量相对较高。矿化层中深黑灰色呈块状分布的为蓝铜矿,浅黑灰色为孔雀石。Al、Si、K、Ca、Cl、Cr、Fe 从外层向基体逐渐减少,说明是从外界环境中侵入的。在分析部位 1 与 4 之间,有一黑色的孔洞,孔洞旁边的矿化层中 Si、K、Al、Ca、Cl、Cr、Fe 的含量明显较多,说明杂质元素从孔隙中侵入,使孔隙旁边腐蚀层中的杂质元素剧增,且 Cl 含量也较高,可见疏松的锈层是青铜器保护的大敌。表面层中 Fe、Si 含量相对较高。

SEM 和 EDAX 线扫描及成分分析的结果表明:

(1) 受到腐蚀的青铜器,矿化层里面的表面层有 Sn 富集、Cu 流失现象。对于基体中含 Pb 的青铜,在表面层也有 Pb 富集现象。

(2) 杂质一般都从外界沿裂隙、孔洞侵入,Fe、Cl、Ca、K 等由于其盐的可溶性,往往侵入得较深。从外界侵入的 Cl 易于富集在高铅相及部分矿化层表面。

（3）Si、Fe 也有在表面层富集的现象。

二、讨论

1. 青铜基体的晶间腐蚀

根据文献及 ICP 成分分析结果可知，周原及宝鸡强国墓地的青铜器为铜—锡二元合金或铜—锡—铅三元合金。金相分析表明，其金相组织为单相的 α 固溶体及多相的 α、(α+δ) 共析体，铅常以游离态存在于单相和多相体系中，因此存在大量的晶间和相界。晶间腐蚀的情况在所有青铜残片的表面及内部都可观察到。这是因为固溶体晶内与晶界区、不同相区的合金成分存在差异，导致电化学性质不同，晶界区、相界区处于以很大电流密度进行阳极溶解的活性状态，当土壤电解液中存在某种氧化剂时，会形成腐蚀原电池，晶界为阳极，晶粒为阴极，从而导致晶界区快速溶解，产生晶间腐蚀。金相分析中所观察到的表面锈蚀沿晶界向基体延伸的现象，就是由晶间腐蚀引起的。有的青铜残片在局部区域，自然腐蚀的黑色晶界十分清晰。表面锈蚀沿晶界、裂纹和孔洞等向基体内延伸，从而为外部电解液进入基体提供了通道。由电极电位表[iii]可知，铜的电极电位高于锡和铅，故在电解液中比锡、铅都稳定。

青铜合金中的铜原子与纯铜金属中的原子所处状态不同，由于锡原子较易被氧化，从而破坏了铜原子的金属键，使铜原子也易于被氧化，因此青铜合金中的高锡相即 δ 相首先被侵蚀。随着腐蚀程度加深，低锡相 α 相也会被腐蚀。由于 (α+δ) 共析体内晶界较多，所以 (α+δ) 比纯 δ 更易腐蚀。即金相显微镜下能观察到一些青铜残片上腐蚀沿着 (α+δ) 共析体往里推进，直至消失，且在部分腐蚀区外层存在未被腐蚀的残留的岛屿状 α 相。

如果对青铜合金进行退火处理，则可形成单一均匀的等轴晶。如果退火处理不完全，常在等轴晶间夹杂着 δ 相或 (α+δ) 共析体，这是腐蚀较易进行的部位。对单一的等轴晶,由于其化学成分均匀,不易形成腐蚀原电池,所以比较耐腐蚀。在前面分析的青铜残片中,呈现退火组织的均非常薄,但能耐两千年的自然腐化过程仍保留有金属基体,就是一个很好的证明。特别是样品 RB_1 为单一 α 等轴晶,腐蚀层非常薄,晶间腐蚀很不明显。

土壤是固、液、气共同组成的复杂的混合体系,土壤结构对金属腐蚀的影响就在于其本身是一种充满空气、水和不同盐类的空间网络。土壤胶体带有电荷,土壤溶液中常含有电解质,因此可把土壤视为多价电解质。对周原及宝鸡强国墓地部分青铜器出土点的现场和土壤样品分析结果[i]表明,这些出土点地下电阻率中等大小,多孔且含一定量水分及可溶盐,且大部分距地表较近,地表为农耕田,为水分的渗透提供了可能,为青铜器产生晶间腐蚀提供了外部条件。严重的晶间腐蚀,可以最终导致器物的瓦解。所幸的是,地下埋藏环境往往相对稳定,极大地减慢了腐蚀速度,从而避免了文物的完全损坏。

2. 青铜表面腐蚀层的生成

青铜的锈蚀主要是由直接的化学作用和电化学腐蚀所致。这两种腐蚀往往密不可分,只是在一定条件下以某种腐蚀过程为主。

在室温下,铜在空气中与氧反应可生成红色的 Cu_2O,从它的标准自由焓值可知比较稳定。Pb 可氧化成黑色的 Pb_2O,它不稳定。当空气中有 CO_2 和 H_2O 时,则 Cu_2O 可转变为绿色的碱式碳酸铜,Pb_2O 水解生成稳定的 $PbO·xH_2O$,再与 CO_2 生成 $Pb_2(OH)_2CO_3$。因此,青铜器表面首先生成的氧化膜,其内层为 Cu_2O、少量 Pb_2O,外层为碱式碳酸铜、少量的 $Pb_2(OH)_2CO_3$。Sn 在潮湿的空气中很难氧化,干燥空气中更是稳定。由于生成的氧化膜及碳酸盐均不溶于水,可阻止反应的进一步进行,因此青铜在空气中的腐蚀速度非常缓慢。在潮湿空气和 CO_2 存在时,孔雀石转化为蓝铜矿;反之,失去 CO_2 时又转化为孔雀石。

Cu_2O 属于金属不足型氧化物[iv],氧离子、阳离子空位、电子空位向内迁移,金属离子和电子则向外迁移,并在晶体内形成新的氧化物层。因此,Cu_2O 有很高的导电性,并允许铜离子迁移出 Cu_2O 层,溶解于水中并再次沉积。

在显微镜下观察可知，Cu_2O 及碱式碳酸铜均带有孔隙，并不能很好地保护基体。当青铜器埋入地下时，随着土壤中水分、盐分、O_2、CO_2 的渗入，便开始了复杂的化学与电化学腐蚀。Sn 在原地生成水合锡的氧化物，很易脱水变成 SnO_2。溶解的铅，一部分生成不溶的铅的氧化物或碳酸铅沉积于原地，一部分则穿过 Cu_2O 迁移到外层生成 $PbCO_3$ 沉积。溶解的铜离子在穿过 Cu_2O 层向表面迁移中[v]，一部分在阴极区被还原成纯铜，一部分与氧反应生成 Cu_2O，一部分生成 CuCl 沉淀，一部分在外表面生成碱式碳酸铜及碱式硫酸铜，还有少量碱式氯化铜。由于腐蚀过程是通过铜离子的迁移与沉积进行的，这就出现了腐蚀产物相互交错的情况及生成不同腐蚀层的现象，且纯铜晶粒仅在腐蚀区出现。纯铜晶粒的沉积现象充分表明了这种腐蚀的电化学特性。

如果土壤中有充足的 O_2、CO_2 及水，随着铜的不断迁移，则可形成纯的 SnO_2 层，正如前面在样品 ZYB_1 中所观察到的；同时在 SnO_2 附近，由于铜离子的还原，又生成了一层纯铜层。但一般由于 Sn 相对于铜含量少，且地下埋藏环境相对封闭，不可能提供充足的 O_2 和 CO_2，所以 SnO_2 一般散布于 Cu_2O 层中。一般锡的氧化物生成时是水合氧化锡，在脱水时会发生龟裂，由于 Cu_2O 溶解会留下孔洞，在有龟裂、孔洞的区域比别的地方腐蚀得快，从而产生瘤状腐蚀产物，导致了原始表面的损害。

在 Cu 变为 Cu_2O 及 Sn 变为 SnO_2 过程中，由于它们的密度均小于金属基体，故而均有体积膨胀，但却保留了原始表面，原因是有部分铜离子迁移出了表面层，从而抵消了体积的增加。铜离子的迁移过程非常缓慢，且地下埋藏环境相对稳定，所以氧化层形成得很慢且致密。同时，随着铜的迁移，沉积下来的 SnO_2 及 Cu_2O 往往保持着树枝状结构。

随着化学反应的进行，氧化膜内、外的电位达到平衡，同时也与周围环境达到平衡，此时化学反应趋于停止。但如果平衡被打破，则反应又会进行。宝鸡强国墓地中茹家庄的器物因水沟冲刷，平衡遭到了破坏，故而器物损坏严重，就是这个原因。

3. 表面层中锡、铅、铁、硅的富集现象

埋藏于土壤中的青铜表层铜被氧化为铜离子,并不断向表面迁移;锡的氧化物不溶于水,因此在原地沉积,从而导致表面层明显的锡富集。

对于含有铅的青铜来说,被氧化的铅离子大部分以氧化铅及碳酸铅的形式沉积于原处,少量的铅离子与铜离子一起迁移出表面层,因此,表面层也有铅的富集现象,但并不显著,同时在完全矿化层中也有铅盐沉积。

Fe、Si 在土壤中往往是以具有表面活性的氧化物凝胶的形式存在,与水合的 SnO_2 胶体之间有极强的亲和力,从而导致 Fe、Si 在青铜表面层的富集。

4. 青铜器有害锈的产生

所分析的残片中约 50% 有含氯物相,且氯易于富集在矿化层内的表面层,可见在保存环境中有氯离子存在,且因氯离子穿透力较强,能随同氧分子向 Cu_2O 层内部扩展,在基体内表面生成 CuCl 沉淀。如果保存环境有适宜的温湿度和酸度,CuCl 与氧气、水生成碱式氯化铜,同时产生 HCl,使局部环境的 pH 值降低,加速了腐蚀过程,使粉状锈呈恶性循环发展。由于 $Cu_2(OH)_3Cl$ 的密度低于原合金的密度,膨胀会破坏器物的原始表面,最后沉积于矿化层中,直到氯离子完全转变为氯铜矿,这个过程才会中止。

5. 锈蚀产物及锈蚀程度有所差异的主要原因

由前面对青铜器保存状况调查结果及所采集的青铜残片可知,不同出土点的器物锈蚀状况及形貌有一定差异,这是因为:

(1)与制作工艺有关。铸造得比较精细、表面及内部的砂眼较少、材质较致密的器物,对防止电解液渗入金属内部进行电化学腐蚀起到一定作用。进行过二次再加工的组织,由于成分趋于均匀,晶间腐蚀较难进行,腐蚀程度也会轻;反之则腐蚀程度重。

(2)与环境有关。保存环境不稳定,腐蚀反应不能趋于平衡状态,则腐蚀会不

断进行。如果有氯离子存在且条件适宜,器物会加速腐烂。较低的温湿度或碱性环境有利于器物的保存。许多铜器窖藏中充填有草木灰,使土壤不能与器物直接接触,且草木灰较强的吸附性可对渗入的水分起到过滤作用,此外草木灰呈碱性,因此窖藏铜器的保存状况较好。

三、结论

（1）总的来说,周原、宝鸡強国墓地的大部分器物基本状况较好,基体完全矿化的现象较少。周原出土的青铜器保存状况优于宝鸡強国墓地。造成差异的主要原因与埋藏环境及器物本身的成分、组织结构有关。

（2）合金基体主要为铜、锡或铜、锡、铅合金,其组织呈铸态组织及再结晶组织,Pb 呈游离态分布。

（3）有选择性腐蚀,高锡相优先被腐蚀。对 α 与($α+δ$)共析体的树枝晶来说,腐蚀一般沿($α+δ$)相从表面向基体延伸。单相组织的锈蚀一般在晶界发生。锈蚀沿高锡相发生晶间腐蚀,在完全矿化层与合金基体之间形成部分腐蚀区的过渡层。

（4）纯铜晶体粒分布于部分腐蚀层和完全矿化层中,是腐蚀过程中的产物。纯铜晶体粒的沉积现象充分表明了这种腐蚀的电化学特性。

（5）表面层有富集 Sn、Pb、Si、Fe 的现象,主要是因为自然腐蚀所致。

（6）氯离子可穿过腐蚀层沉积于表面层并向基体延伸。由于许多器物中含有氯化物,因此保护工作刻不容缓。

（7）对于出土青铜器的保护,应以改善文物保存环境为主。目前还没特别有效的处理方法适用于所有情况的青铜器,即使进行过保护修复处理的文物,若没有适宜的环境,还会进一步腐蚀。

参考文献

[i] 张晓梅,原思训,刘煜等.周原遗址及強国墓地出土青铜器保存状况及埋藏环境调研[C]//北京大学考古学系编.考古学研究(四).科学出版社,2000：187－209.

[ⅱ] 卢连成,胡智生.宝鸡𢆯国墓地·上册[M].文物出版社,1988:270-271.
[ⅲ] Robert C. Weast. CRC Handbook of Chemistry and Physics[M], 62ed. CRC Press, 1984:70.
[ⅳ] 朱日彰,杨德钧,沈卓身等.金属腐蚀学[M].冶金工业出版社,1989:17.
[ⅴ] Scott D A. An examination of the patina and corrosion morphology of some Roman bronzes[J]. Journal of the American Institute for Conservation, 1994, 33(1):1-23.

(原载于《文物保护与考古科学》1999年第2期。)

31
周原遗址及弓鱼国墓地出土青铜器保存状况及埋藏环境调研*

一、引言

陕西是西周王朝发祥、发展的中心地区,从墓葬和窖藏出土了许多为世人所瞩目的青铜器,其数量之巨、制作之精、铭刻内容之重要,都是惊人的,对于研究西周社会的历史、文化、艺术、科技等均有重要意义。在岐山县东北和扶风县北部的周原遗址,从汉以来即有西周有铭铜器出土,近80多年来,特别是20世纪50年代以来,不断有重要的窖藏和墓葬铜器出土,其中许多有铭文,学术价值极高。宝鸡弓鱼国墓地,是新中国成立以来陕西地区西周墓葬考古发掘中的一次重要发现,出土了1845件、37组青铜器,它们种类繁多,风格多样,许多有铭文,组合有一定规律,是学术研究的重要资料。

作为中国古代青铜文明重要组成部分、周原遗址及宝鸡弓鱼国墓地出土的青铜器,都经历了漫长岁月的地下埋藏。由于受埋藏环境及出土后自然环境的影响,它们都遭受到了不同程度的腐蚀,产生了各种锈蚀产物。青铜器腐蚀是由于其与环境作用,通过化学或电化学反应而引起的破坏和变质。腐蚀是冶金的逆过程。冶金时在高温下通过还原剂将矿石还原为金属,由于是通过高温作用得到的,所以实际上处于不稳定状态。从热力学的观点看,这种不稳定的高能态随时都可能向低能态转化,也即随时都在与环境作用而生锈腐蚀,最终仍要转变为铜的化合物即矿

---

* 作者:张晓梅、原思训、刘煜、杨宪伟、于平陵、周宝中。在青铜器现状及出土点考察过程中,得到了宝鸡市周原博物馆罗西章先生、杨禄魁先生,宝鸡市博物馆胡智生馆长的支持和帮助,在此一并示感谢。

石的形态。可见青铜器的锈蚀是由自然界客观规律所决定的,如果任其发展,腐蚀最终会将宝贵的青铜文物完全毁掉。若有因氯离子引起的活性腐蚀(即粉状锈)的存在,则在适宜的条件下,青铜器会很快溃烂、毁灭。因此,要采取有效手段,对青铜器的腐蚀进行研究,将传统技术与现代科技相结合,寻求保护方法和措施,减缓或中止腐蚀作用。

青铜器的腐蚀是由各种因素综合作用的结果,非常复杂,特别是出土青铜器的锈蚀过程受多种因素的影响,不能一概而论。对于不同地点出土的青铜器的保护,也需要在充分研究其保存环境、腐蚀状况、性质的基础上因地制宜,制定保护措施。

对于周原遗址和宝鸡強国墓地出土的青铜器,有不少学者从各个角度,如考古、历史、古文字、成分、冶铸技术等,进行了研究,但对于其锈蚀状况的系统调查和研究尚属缺环。为了保护好这两处出土的大批青铜器,有必要从保护角度对其进行系统的综合研究,因此,本文对周原遗址及宝鸡強国墓地出土的青铜器进行观察比较,并对其中的138件青铜器进行了详细的现状调查,实地作了X射线无损探伤分析。同时进行了青铜器上锈蚀产物的采集;对部分青铜器出土点进行了实地考察,作了土壤电阻率的测定,并采集了土壤样品。以这些样品为研究对象,运用X射线衍射(XRD)及传统的湿化学分析法,对其成分进行了分析。通过这些调研、分析,试图对周原遗址及宝鸡強国墓地出土的青铜器的保存状况以及造成腐蚀的原因进行探讨,以便为青铜器的保护提供一些参考,且为以后在这两个地点发掘时出土青铜器的现场保护提供一些依据。

二、青铜器保存状况调研及样品采集

1. 宝鸡強国墓地和周原遗址的地理环境和历史背景

陕西宝鸡曾是周秦文明发生和发展的重要地区之一,地下埋藏着极丰富的古代文化遗存。它位于陕西关中平原西部,秦岭和北山山系在这里交汇,全区东西狭长,境内渭水及其支流纵横交错。市区北部主要为塬地,自西至东被金陵河、汧水河切割为陵塬、贾村塬、周原。自古以来，宝鸡就是中原地区通往西北、西南的交通枢纽，地理位置十分重要。

（1）宝鸡㢁国墓地

包括茹家庄、竹园沟、纸坊头等墓葬群，位于宝鸡市区内渭水南北两岸，属于西周时期㢁国遗存。

（2）周原遗址

周原因周人在这里营建岐邑而有名[i]，一直是周人早期活动的重要地区，地下遗存极为丰富，其范围包括今凤翔、岐山、扶风、武功四县的大部分。而周原遗址在地理上实指周原一处大规模文化遗址，位于陕西关中平原西部、宝鸡北部，岐山县与扶风县北部的交界处，是周人的岐邑遗址所在。遗址的中心区在岐山县贺家村和扶风县的庄白村、云塘村一带，包括二十几个自然村。遗址范围东西约5公里，南北约4公里[i]。经考古发掘，揭露出一批大型夯土建筑基址、制骨作坊遗址、墓葬等，并发现了西周时期的甲骨文和多起铜器窖藏。

（3）自然条件

位于陕西关中平原西部的宝鸡及周原属于南温带亚湿润气候，年平均气温7.5℃—13℃，1月平均气温-5.6℃—-1.9℃，7月平均气温19.2℃—26.3℃，年降水量585—757毫米。黏性黄土覆盖较厚，土壤肥沃[ii]。

2. 周原遗址及宝鸡㢁国墓地青铜器腐蚀状况考察

我们对陕西历史博物馆所展出的周原遗址及宝鸡㢁国墓地出土青铜器精品的观察表明：这两地的青铜器精品从外观来看保存状况均不错，器型完整，均无因严重锈蚀所造成的器物损坏，但是部分青铜器上明显有粉状锈。相比较而言，周原遗址的青铜器比宝鸡㢁国墓地的青铜器锈蚀程度轻，大部分器物黑色器表上有少量绿色、红色或蓝色锈，比较光滑。而㢁国墓地的许多青铜器锈层较厚且粗糙。为进一步仔细研究，我们到宝鸡市博物馆和周原博物馆对这两地出土的青铜器进行了详细的观察及探测分析。

在我们进行考察时，宝鸡市博物馆因正在建新馆，不少器物集中它地保管，而周原博物馆也有相当部分青铜器在其他地方保管,因此我们仅对周原博物馆展厅及库房的 91 件青铜器及 47 件強国墓地青铜器作了腐蚀状况考察,用无损 X 射线探伤仪对器物内部状况作了探测分析,在对器物不造成损害的前提下,用手术刀刮取了少量锈蚀产物。考察结果见表 31-1,表 31-1 中凡标 * 器物还做了 XRD 分析。

表 31-1 青铜器腐蚀状况观测结果

编号	名称	出土地点及器物号	外观特征	X 射线无损探测结果
1	鼎*	82 齐家窖藏 7:1	器表发黑,上有少量点状淡绿锈,局部有红色锈蚀物,有裂纹	夹杂及孔洞较多,有一人字形裂隙,有垫片
2	盨	82 齐家窖藏 7:2	黑色器表上覆盖蓝绿色锈,间杂红色锈,锈层薄且致密	少量夹杂及孔洞,有垫片
3	簋	81 任家采集:19	黑色器表,很少的绿色锈,保存状况很好	组织致密,未见铸造缺陷
4	簋*	80 黄堆墓 1:1	黑色器表上覆盖绿色锈,局部有红色锈蚀物,有少量粉状锈,锈层很薄且致密	少量孔洞及夹杂,有垫片
5	鼎*	92 齐家墓采集 2504	青灰色器表上散布蓝绿色锈,器内表绿色锈层很厚	孔洞及夹杂较多,有较多的垫片
6	爵	81 李家采集:10	青灰色器表,上散布红、绿间杂的锈蚀物	
7	簋盖	81F 召陈采集 50	黑色器表上有少量绿锈,间杂红色锈	无明显铸造缺陷,有垫片
8	釜*	92 采集 2505	器内、外表面布满斑驳的绿色和深蓝色锈,粉状锈严重,沾有土。锈层厚且疏松	孔洞和夹杂较多
9	鼎腿	77 庄白窖藏 H3:1	器表黑亮,很少量绿锈	组织致密,未见铸造缺陷
10	簋*	95 黄堆墓 55:22	通体蓝绿色锈,有粉状锈,锈蚀严重,器底有黑炭	少量孔洞及夹杂,有一细裂隙,有垫片
11	鼎*	95 黄堆墓 55:21	器底有炭黑。器表布满红绿相杂的锈蚀物,有粉状锈	大的孔洞,少量夹杂,有垫片
12	鼎	95 黄堆墓 4:8	黑色器表,上有少量绿锈,夹杂红锈	有六条裂隙,粗细不一,有焊接痕,无铸造缺陷

（续表）

编号	名称	出土地点及器物号	外 观 特 征	X射线无损探测结果
13	簋*	80黄堆墓4∶6	锈层剥落处可见黄铜色,其余为黑色器表,上夹杂红、绿色锈,层状剥落	孔洞较少,大量夹杂,有垫片
14	簋	80黄堆墓4∶7	出土后由碎片焊接而成,锈蚀严重,锈层层状剥落,局部可见黄铜色,其余为黑色,器表上间杂红、蓝、绿色锈	裂隙及焊接痕明显,无铸造缺陷
15	鼎*	92黄堆墓45∶2	通体蓝绿色锈,夹杂红色锈,有粉状锈	有垫片,无明显铸造缺陷
16	簋	81齐家采18	外表被厚厚的层状绿锈所覆盖。残缺一小块边缘。内有陶范	裂隙缺口明显,孔洞和夹杂聚集
17	鼎*	92黄堆墓37∶5	通体蓝绿色锈,底部有一层碳黑	有垫片,偶见夹杂
18	鼎	80刘家墓2∶1	器外表黑红色,有粉状锈,器内表为红绿相杂的锈层所覆盖	有两块较大的孔洞,少量夹杂极小的孔洞
19	鼎*	77齐家墓1∶1	红色器表夹杂绿色锈,有粉状锈,局部呈黑色	孔洞较少,有垫片,大片夹杂
20	簋	77齐家墓1∶2	残缺一块,表面被土、绿色和红色物所覆盖,局部呈黑色	无铸造缺陷
21	壶	81强家墓1∶7	黑色器表上淡淡一薄层蓝绿色锈,有少量红锈	少量孔洞及夹杂,有垫片
22	鼎	78齐家墓5∶6	黑色器表上夹杂淡绿色锈,用胶补过,有层状剥落现象	孔洞及夹杂,有垫片
23	鼎	95黄堆墓55∶21	通体亮绿色锈,夹杂红色锈,锈层厚	有垫片,少量夹杂
24	盘	95黄堆墓55∶20	同上	有垫片,偶见夹杂及孔洞
25	簋*	95黄堆墓55∶22	同上	有垫片,少量夹杂
26	盉	95黄堆墓55∶23	同上	仅见一处夹杂
27	阳燧	95黄堆墓60∶7	凹面除过锈后没有封护,粉状锈非常严重	无铸造缺陷
28	簋*	96庄白采∶1	黑色器表上一薄层绿锈,间杂红锈,器底部亮蓝色锈,器内表深蓝色锈	孔洞及夹杂,有垫片

（续表）

编号	名称	出土地点及器物号	外观特征	X射线无损探测结果
29	尊口沿 1/4	79 齐家采集：51	通体绿锈，夹杂淡绿色粉状锈。局部呈黑色	无铸造缺陷
30	车辖 车軎	80 黄堆墓 4：20	青灰色器表上点状、片状绿色粉状锈	
31	戈父己鼎*	95 齐家窖藏：1	残为几片，黑色表面上为绿色锈，沾有土	无铸造缺陷
32	车軎*	96 黄堆车马坑	内有木质，从断面上看黑色器表上为绿色锈所覆盖，局部有红色物，锈层厚 5 毫米，铜基体厚 5 毫米	
33	车铃	96 黄堆车马坑	通体被蓝绿色锈和附着的土所覆盖	
34	车饰	96 黄堆车马坑	曾用弱酸去过锈，黑色器表上散布绿色锈	
35	爵*	76 庄白一号窖藏：97	出土后用稀 H_2SO_4 处理过，黑色器表上分布少量蓝绿色锈	
36	爵*	76 庄白一号窖藏：89	大部分器表为黄铜色，局部绿锈	
37	鬲	76 庄白一号窖藏：60	黑色器表上少量蓝绿色锈，出土时表面的蓝绿色锈被除去。器内表有亮绿色锈	较多夹杂，有垫片
38	鬲	76 庄白一号窖藏：51	黑色器表上散布蓝绿色锈	无铸造缺陷
39	鬲	76 庄白一号窖藏：55	断一足，黑色器表上蓝绿色锈	孔洞及夹杂，有垫片
40	鬲*	76 庄白一号窖藏：38	黑色器表上散布蓝绿色锈	有垫片，少量夹杂
41	鬲	76 庄白一号窖藏：54	同上	少量孔洞，较多夹杂，有垫片
42	鬲	76 庄白一号窖藏：46	同上	少量孔洞，较多夹杂，有垫片
43	鬲	76 庄白一号窖藏：70	同上	有垫片，偶见夹杂
44	鬲	76 庄白一号窖藏：49	同上	有垫片，少量夹杂
45	鬲	76 庄白一号窖藏：50	同上	孔洞及夹杂

（续表）

编号	名称	出土地点及器物号	外 观 特 征	X射线无损探测结果
46	鬲*	76庄白一号窖藏：40	同上	较多的孔洞及夹杂，有垫片
47	鬲	76庄白一号窖藏：37	同上	孔洞及夹杂，有垫片
48	鬲	76庄白一号窖藏：35	同上	少量孔洞及夹杂，有垫片
49	爵*	76庄白一号窖藏：94	通体为粗糙的绿锈所覆盖，出土后未去除	
50	爵	76庄白一号窖藏：88	同上	
51	爵	76庄白一号窖藏：92	同上	
52	釜*	76庄白一号窖藏：4	出土后去过锈，外表通体黑色，内表为绿锈覆盖	较多孔洞，有垫片
53	鬲	76庄白一号窖藏：39	同上	孔洞及夹杂，有垫片
54	鬲	76庄白一号窖藏：48	通体为蓝绿色物所覆盖，附着有土，局部黑色	孔洞聚集，少量夹杂
55	鬲	76庄白一号窖藏：45	同上	孔洞较多，有垫片，少量夹杂
56	盨盖*	76云塘一号窖藏：1	黑色器表上为粉绿锈	较多孔洞，少量夹杂。有垫片，垫片处疏松明显
57	盨	76云塘捐：3	同上	较多孔洞及夹杂
58	盨盖	76云塘一号窖藏：2	同上	较多孔洞及夹杂，有垫片
59	盨	76云塘捐：1	通体绿锈，夹杂少量红锈，粘有土	孔洞及夹杂，有垫片
60	盨盖	76云塘一号窖藏：6	黑色器表上一薄层蓝绿色锈	较多孔洞及夹杂
61	壶盖	76云塘捐：7	黑色器表上一薄层蓝绿色锈，在有铭文处，因去锈露出红色表面层，有点状淡绿色粉状锈	有垫片，极少量夹杂
62	盨盖*	76云塘一号窖藏：5	通体绿锈，附着有土	孔洞、夹杂聚集，有垫片，垫片周围疏松明显

（续表）

编号	名称	出土地点及器物号	外观特征	X射线无损探测结果
63	盨	76云塘捐：5	同上	较大孔洞，有垫片
64	鼎*	82齐家7号窖藏：1	黑色器表，分布少量绿锈，内表面红、绿锈相间，底部有碳黑	大量孔洞及夹杂，大小不一，有垫片
65	簋盖	82齐家7号窖藏：6	黑色器表，分布少量绿锈，沾有土，有铭文处做过去锈处理	有垫片。偶见一孔洞，极少量夹杂
66	簋盖*	82齐家7号窖藏：5	有铭文处做过去锈处理，从锈层断面可知红铜器表上为黑色，黑色上覆盖蓝绿色锈，并附着有土	有垫片，少量孔洞及夹杂
67	簋盖*	82齐家7号窖藏：7	黑色器表上绿色锈，夹杂少量红色锈，附着有土	有垫片，少量夹杂及孔洞
68	簋盖	82齐家7号窖藏：2	通体绿锈，附着有土	有垫片，极少量孔洞及夹杂
69	簋	84齐家8号窖藏：2	通体绿锈，凸出花纹发黑，间杂红色锈，沾有土	有较多的孔洞和夹杂聚集，此外散布较多的夹杂，有垫片
70	簋*	84齐家8号窖藏：4	黑色器表上覆盖亮绿色锈	孔洞和夹杂聚集于垫片处，此外有少量的孔洞及夹杂散布
71	方座簋	84齐家8号窖藏：3	方座因残缺用铅、锡合金补配，红、绿色锈相间布满器表，特别是口沿布满大量红色锈，有淡绿色点状粉状锈	有大块的孔洞，大量夹杂，有垫片
72	鼎	76云塘墓20：6	黑色器表上布满绿锈，间杂有红锈，有粉状锈，用环氧树脂粘接过	夹杂严重，基体受到严重腐蚀，不均匀腐蚀痕明显
73	簋、簋盖	76云塘墓20：1	黑色器表上覆盖绿、蓝色锈，在蓝、绿色锈脱落处可见红色锈，锈层厚且粗糙，层状剥落	孔洞及夹杂，有垫片
74	尊*	76云塘墓20：2	黑色器表上覆盖蓝、绿色锈，底部纯蓝色锈，锈层层层剥落，脱落处可见红色锈，锈层厚，有粉状锈	较多大小不一的孔洞及夹杂

（续表）

编号	名称	出土地点及器物号	外观特征	X射线无损探测结果
75	提梁卣*	76云塘墓20：7	锈层剥落处可见黄铜色器表,黄铜色上为红色锈层,红色锈层上为黑色层,黑色层上覆盖亮绿色锈,粉状锈严重,可看到粉状锈造成的小凹坑	卣底有裂隙及孔洞。卣盖有垫片,少量夹杂
76	鬲	76云塘墓20：5	做过除锈处理,黑色器表上少量红锈与蓝绿锈,有粉状锈	个别孔洞,有垫片。夹杂严重。基体腐蚀严重
77	簋	76云塘墓20：8	表面为蓝绿锈,间杂红色锈；底部为蓝色锈,局部呈黑色,锈层厚	较多夹杂,有垫片
78	爵	76云塘墓20：4	做过去锈处理。可见黄铜色器表上分布红色与绿色锈层,局部呈黑色	
79	爵	76云塘墓20：3	黑色器表上覆盖绿色锈,间杂红色锈,有粉状锈,沾有土	
80	觯*	78齐家墓19：37	做过去锈处理,有裂纹,黄铜色器表上红、黑色相杂,少量蓝、绿锈,器底部蓝、绿色锈	有夹杂
81	爵	78齐家墓19：35	做过去锈处理,黑红色器表有少量蓝绿色锈,夹杂红色锈	较多孔洞
82	爵	78齐家墓19：38	黑红色器表上为大量蓝绿色锈所覆盖,夹杂红色锈,粉状锈严重	较多孔洞
83	甗*	78齐家墓19：22	做过去锈处理,黄铜色器表上为红色层,红色层上为黑色层,黑色层上覆盖蓝绿色锈	组织致密。未见明显铸造缺陷
84	盂	78齐家墓19：42	做过去锈处理。黑红色器表上有少量很薄的蓝绿色锈	较多大小不一的孔洞及夹杂,有垫片,垫片周围疏松
85	盘	78齐家墓19：34	做过去锈处理,器表为蓝绿色锈所覆盖,夹杂红色锈	有许多裂隙,大小不一的孔洞,夹杂严重,垫片周围聚集孔洞
86	簋	78齐家墓19：16	做过去锈处理,整个器表呈黑、红、蓝、绿相杂色,有粉状锈	大量孔洞成片聚集分布,夹杂严重,有垫片

（续表）

编号	名称	出土地点及器物号	外　观　特　征	X射线无损探测结果
87	簋*	78齐家墓19：46	同上	大量孔洞及夹杂,有垫片,垫片周围较疏松
88	尊	78齐家墓19：40	同上	大量孔洞及夹杂,有垫片
89	卣	78齐家墓19：51	有一片严重的粉状锈,其他同上	极少量夹杂。有垫片
90	鼎	78齐家墓19：21	同86号	大量孔洞及夹杂
91	鼎*	78齐家墓19：28	同上,有裂纹	大量孔洞及夹杂,有一条细裂隙,裂隙周围基体很薄
92	方鼎*	BRM1乙：16	掉一足,通体蓝绿色锈,锈层粗糙,底部有蚀孔	大量孔洞及夹杂,有垫片,基体锈蚀严重,局部基体很薄,有一块大的缺口
93	残簋	BRM1乙：7	仅剩残缺的底部和十分之一器身,器壁很薄,覆满蓝、绿色锈,锈层很厚,层状剥落,沾有土	大量孔洞及夹杂,有垫片,有裂隙,基体锈蚀严重,局部因锈蚀很薄
94	爵	BRM1乙：45	一足断裂,覆满蓝、绿色锈,夹杂少量红锈,足为蓝色锈	
95	壶	BRM1乙：20	表面被黑蓝色锈所覆盖,沾有土	少量夹杂
96	簋	BRM1乙：8	用石膏修补过,器表呈黑蓝色,足有红、绿色锈,锈层层状剥落,足有粉状锈	大量孔洞及夹杂,有裂隙、垫片。垫片处孔洞集中,裂隙两侧基体很薄,孔洞周围基体腐蚀较剧
97	鸟形器*	BRM1乙：26	尾断裂,蓝黑色表面上散布淡绿色锈。似为粉状锈	孔洞及夹杂,孔洞周围锈蚀明显
98	豆	BRM1乙：21	表面为蓝绿色锈所覆盖,沾有土,有粉状锈	底部有裂隙及缺口,有垫片,有夹杂
99	方鼎	BRM2：5	表面为蓝绿色锈所覆盖,沾有土,有粉状锈	大量孔洞,垫片,有裂隙及焊接痕,有夹杂

（续表）

编号	名称	出土地点及器物号	外 观 特 征	X射线无损探测结果
100	盖鼎	BRM2：2	掉一耳,口沿残缺,有裂纹,表面覆盖绿色锈层,盖有粉状锈	有垫片,大量孔洞及夹杂,盖上有一处因锈蚀而很薄
101	铃	BRM1乙：31	器表淡绿色、深蓝色锈,沾有土,有粉状锈	无明显铸造缺陷
102	尊	BRM1乙：34	做过修补,表面浅绿色、深蓝色锈,有粉状锈	孔洞及夹杂,有一大的裂隙及缺口,有垫片,裂隙周围基体很薄
103	鬲*	BRM2：12	有粉状锈,由残处可见锈层很厚,基体薄,锈呈深蓝色,有土	有垫片,较多夹杂,局部因腐蚀很薄
104	卣	BRM1乙：3	盖残缺一块,有粉状锈,器表覆盖淡绿色、深蓝色锈	盖缺口明显,无明显铸造缺陷
105	甗	BRM2：21	表面被淡绿色锈和土所覆盖,锈层层状剥落,器底有炭黑	孔洞及夹杂
106	甗*	BRM1乙：22	由残处可见锈层很厚,基体薄,表面锈呈深蓝、绿色	孔洞及夹杂,器沿有较大裂隙
107	鼎	BRM1乙：11	通体覆盖深蓝色、绿色锈,且有碳黑	缝隙及焊接痕明显,有较多夹杂,有垫片
108	方鼎	BRM1乙：14	表面浅绿色、深蓝色、红色锈相杂,局部呈黑色	少量孔洞,较多夹杂,有垫片,盖锈蚀严重,破裂为许多片
109	鼎	BRM1甲：1	沿缺一口,器表红色、绿色锈相间,层状剥落	有一人字形裂隙,少量孔洞,较多夹杂,有垫片,基体锈蚀严重
110	鼎	BRM1甲：2	沿缺一口,器表呈黑色,间杂绿锈,有土	较多孔洞及夹杂,有垫片,基体锈蚀严重
111	鼎	BRM1甲：3	器表有土,有炭黑及深蓝色、绿色锈,修补过	孔洞及夹杂,有垫片
112	鼎*	BRM1甲：4	缺一大块,锈层层状剥落,锈呈深蓝色、绿色,有粉状锈,基体锈蚀严重	较多孔洞及夹杂,有垫片,基体锈蚀严重

（续表）

编号	名称	出土地点及器物号	外 观 特 征	X射线无损探测结果
113	鼎	BRM1甲：5	器表被绿色、深蓝色锈及碳黑所覆盖,夹杂红色锈,有粉状锈	孔洞,较多夹杂,有垫片,基体锈蚀较剧
114	簋	BRM1甲：6	器表被绿色锈所覆盖,沿缺一口	孔洞,垫片,较多夹杂,有三条裂隙,基体锈蚀严重,特别是裂隙两侧很薄
115	簋	BRM1甲：7	缺一大块,从断面可见基体矿化严重,锈呈绿色和深蓝色	孔洞,垫片,较多夹杂
116	簋	BRM1甲：8	做过修补,器表为绿色、深蓝色锈所覆盖	少量孔洞,较多夹杂,裂隙较多,有垫片,局部因锈蚀较薄
117	簋	BRM1甲：9	器物断裂为两部分,大部分的基体已矿化,锈层呈蓝色、绿色、深蓝色。有粉状锈,沾有土	少量孔洞,较多夹杂,有垫片,局部因锈蚀较薄
118	鼎	BZM1：9	缺一足,黑色器表上有绿色锈,锈蚀不严重	
119	鼎	BZM9：1	缺两足,一耳断裂,器表被蓝绿色锈所覆盖,有炭黑	大量孔洞及夹杂,有几条大的裂隙
120	鼎	BZM1：249	器身残缺一块,表面被绿锈覆盖,层状剥落,有土	
121	簋*	BZM1：271	缺一大块,基体基本完好呈黄铜色,器表一薄层绿锈,沾有土	少量孔洞,有垫片
122	鼎	BZM1：250	有三处小缺口,黑色器表上一薄层绿锈,间杂红锈,有土	有垫片,较多夹杂,一小裂隙两侧较薄
123	鼎	BZM11：70	黑色基体上一薄层绿锈,基体基本完好,绿锈比较致密,有粉状锈。沾有土	有垫片,少量孔洞,夹杂,有两处孔洞较大
124	车軎*	BZM7：324	基体黑亮,上一薄层斑驳的绿锈。有土	
125	车軎	BZM7：325	同上	

（续表）

编号	名称	出土地点及器物号	外观特征	X射线无损探测结果
126	车軎*	BZF：1	基体完好,黑色器表上红、绿色锈相杂	
127	车辖	BZF：2	同上	
128	车饰	BZF：3	通体绿锈,沾有土,基体完好	
129	短剑	BZM14：22	通体亮绿色锈,有少量朱砂,锈蚀比较严重	
130	戈	BZM13：165	黑色器表上红、蓝、绿色锈相杂,锈层层状剥落	
131	矛*	BZM7：23	黑色器表上浅蓝色、绿色锈,锈蚀不严重	
132	矛*	BZM4：194	基体完好,呈黄铜色、黑色器表上覆盖绿锈	
133	矛	BZM3：3	通体绿锈,上有朱砂,锈层层状剥落,有布纹痕迹	
134	矛	BZM7：186	黑色器表上覆盖绿锈,基体黄铜色	
135	矛	BZM20：30	锈蚀严重,锈层厚,层状剥落,颜色为绿色,有粉状锈	
136	矛	BZM13：168	红色锈层外为绿色锈。锈层比较厚,有粉状锈,有布纹痕	
137	矛*	BZM14：21	锈蚀比较严重,通体绿锈,锈层层状剥落,有布纹痕	
138	戟	BZM21：5	器表一薄层蓝绿色锈,有粉状锈	

注：1. 表中粉状锈仅指凭肉眼观察,锈为疏松的淡绿色粉状物,呈点蚀,锈下的基体被腐蚀成凹坑,具体是否为氯化物需分析确定。我们分析了其中标有*号的样品,结果见表31-4。

2. X射线无损探测时,器物均照射底部,器物盖或残片均为平置照射。

3. 表中BRM指宝鸡茹家庄墓地,BZM指宝鸡竹园沟墓地,BZF指宝鸡纸坊头墓地。

根据我们对陕西历史博物馆的青铜精品的观察及由表31-1可知,周原遗址出土的青铜器锈蚀程度普遍比宝鸡𢀖国墓地的轻,保存状况好。同一窖藏或墓葬出土器物的锈蚀状况及形貌基本类同,具有较大的一致性,不同出土点的器物则往往差异比较大。因器物出土后均保存于同一地方,所以这种差异应主要取决于出土前的环境差异。当然同一出土点文物的锈蚀程度也有差异,这种差异可能主要与文物本身的组织、成分、结构及铸造缺陷如孔洞、夹杂、裂隙等有关。据X射线探伤照片所见,周原遗址出土的青铜器中,大多数孔洞较少,而宝鸡𢀖国墓地的器物则大多数有较多的孔洞,且夹杂也较周原遗址的铜器严重。

对于周原遗址出土的青铜器来说,窖藏青铜器比墓葬出土青铜器腐蚀程度低,保存状况好。90%的周原遗址出土的青铜器均存在黑色表面层且锈层很薄,特别是窖藏青铜器,在绿色锈层下往往有一层均匀的黑色层,有的黑色层黑亮光滑,颇有美感,但对于锈蚀严重的器物,特别是墓葬出土的一些青铜器,黑色层往往遭到破坏。凭肉眼观察所见,窖藏青铜器长有粉状锈的较少,但墓葬青铜器约有60%的青铜器有粉状锈,器表被腐蚀成小凹坑。特别值得一提的是95黄堆墓60:7阳燧(表31-1中27号),1995年出土后表面覆盖一层亮绿色锈,未见点蚀,但1996年去除过锈后没有进行化学封护,表面长了大量的粉状锈。一般器表锈蚀物均呈层状分布,从基体向外的层状分布依次为红色层、黑色层、绿色层。壁薄的小件器物矿化均比较严重,对一些小薄铜片如铜鱼、铜管,有的几乎已无基体;但对于大型器物,锈层大都比较薄,基体基本完好。

对于宝鸡𢀖国墓地出土的青铜器来说,茹家庄出土的青铜器保存状况最差,竹园沟的次之,纸坊头的最好,其原因主要是因为墓葬环境不同所致(下文将详述)。茹家庄出土器物锈色发蓝,锈层厚,大约65%的铜器从肉眼看有粉状锈。竹园沟出土器物锈色多呈军绿色,锈层较薄。肉眼观察约有三分之一的器物有粉状锈。本文仅观察了4件纸坊头小器件,锈层很薄,呈绿色。据宝鸡市博物馆胡智生馆长(𢀖国墓地主要发掘人之一)介绍,纸坊头的器物保存状况大部分都很好。从《宝鸡𢀖国墓地》下册中所附彩色图版来看,几件纸坊头的器物均无锈蚀造成的严重破坏,但有两件(彩版五;彩版七,1)明显有粉状锈。

表 31-1 中 X 射线无损探测结果表明,大多数青铜器均有铸造缺陷,有的较严重,如虢国墓地的部分器物;有的则较轻微,如周原遗址的部分器物。铸造缺陷严重的器物往往伴随着较严重的腐蚀,腐蚀易在缺陷部位发生,在 X 光片上可明显看到不均匀腐蚀造成的明暗差异。但总体来说,所探测的青铜器未见基体完全矿化现象,多数器物只是表面锈蚀,基体则基本上完好,或仅是局部矿化较严重。

3. 青铜器出土点的现场考察与土样采集

为了了解青铜器埋藏环境的情况,对黄堆车马坑、云塘窖藏、齐家村东壕、庄白一号窖藏、82 齐家 7 号窖藏及茹家庄、竹园沟、纸坊头这几个青铜器出土点作了现场考察,测定了地下电阻率,测定结果见表 31-2,并采集了适宜的土壤样品。

仪器和设备:ZC-8 接地电阻测量仪(四端)、四支金属探针、铝盒、卷尺(10 米)。

(1) 齐家村东壕

在村口涝池东侧,原是一片高地,由于群众长期取土,形成一条东西长 200 米、南北宽 120 米、下深 1—5 米的土壕。在东、南、北三面的断崖上暴露出很多西周的灰坑、墓葬、车马坑、居住面和房屋建筑基址,经常出土铜器、陶器、玉器、陶瓷器等西周文物。1984 年在东壕南崖中段发现了 84 齐家 8 号窖藏,坑底距地表 130 厘米,共出土青铜器 7 件,器物空隙处填满草木灰和少量杂色土。1978 年周原考古队在 8 号窖藏西侧 30 米处发掘了 19 号墓,墓底距今地表 7.6 米,出土保存完好的 12 件铜器,集中放在头部棺椁之间。此外,几父壶、它盉、它盘等许多重要的窖藏青铜器均出土于此,可见这是一处重要的铜器出土点[iii]。我们在崖上测定了地下电阻率,在南崖距地表 3 米深未受干扰的断崖处,去除暴露于空气中的土层,用环刀法采集了测容重的土样,用铝盒采集了测含水量的样品,用密封胶封好,又采集了约 1 公斤的土壤样品装入塑料袋。

(2) 82 齐家 7 号窖藏出土点

位于齐家村西土壕,窖口距地表 1 米左右,铜器周围空隙处未填草木灰而塞着

表 31-2 青铜器出土点的地下电阻率

地 点	测量深度 h(米)与电阻率 ρ(欧姆·米)									
齐家村东壕	h	8	7	6	5	4	3	2	1	
	ρ	60.29	63.74	65.94	65.94	62.80	58.40	56.52	34.85	
云塘窖藏	h	10	9	8	7	6	5	4	3	2	1
	ρ	54.01	56.24	55.26	54.95	56.52	54.95	54.01	48.98	46.47	39.91
黄堆车马坑	h	12	11	10	9	8	6	4	2	
	ρ	39.56	41.45	42.70	43.24	43.81	40.69	35.17	30.14	
庄白一号窖藏	h	10	9	8	7	6	5	4	3	2	1
	ρ	32.34	35.04	35.17	36.05	35.80	32.97	35.17	33.91	35.17	33.91
82齐家7号窖藏	h	6	5	4	3	2	1			
	ρ	71.59	72.22	71.59	65.94	60.92	47.73			
茹家庄墓1、墓2处	h	8	7	6	5	4	3	2	1	
	ρ	34.16	36.71	48.23	40.82	42.70	42.96	47.73	39.69	
竹园沟	h	7	6	5	4	3	2	1		
	ρ	30.33	31.27	36.11	38.94	36.74	41.45	33.91		
纸坊头	h	5	4.5	4	3.5	3	2.5	2	1	
	ρ	70.65	60.76	54.01	45.06	40.51	39.25	33.91	19.47	

黄土[iii]。在距地表 3 米处采集土样，方法同前。

（3）庄白一号窖藏

位于白家村南 100 米的坡地上，长方形，窖口距地表最浅处 26 厘米、最深处 45 厘米。窖穴的坑底、四周和器物之间的空隙都用草木灰填实，似为有意填充，这对器物的保护起了一定作用[iv]。在距地表 5 米处,采集土样,方法同前。由于是种植地,土样非常潮湿。

（4）云塘西周铜器窖藏

1976 年 1 月,云塘生产队挖土积肥时发现,出土西周铜器 9 件。距地表 2 米处采集土样,方法同前。

（5）黄堆车马坑 38

位于黄堆村,1996 年 4 月发掘到 10 米处,出土马骨及青铜车马器,青铜均很薄,包于木头上,已成碎片,现场取了几小片铜样。在发掘现场采集铜器周围土样,同时为了便于对照,又采集了坑周壁的土样,方法同前。

（6）竹园沟墓葬区

竹园沟村紧傍清姜河东岸,村舍高低参差地分布在清姜河东岸各级台地上。墓地坐落在竹园沟村东一片较陡的山腰坡地上,这片陡坡地已被当地村民开辟成梯田。有一条东西向的溪流将墓地分割成南北两区,南北两区均有西周墓葬。我们采取了 4 号墓崖畔上的土样,方法同前。

（7）茹家庄墓地

位于秦岭北麓冯家塬半腰坡形台地上,西面临清姜河。由于塬坡地带长期水土流失及近年平整土地等原因,墓口均已不在原来高度。BRM1 墓圹西壁被一条近代沟壑切割破坏,但椁室基本保存完整。然而,由于沟壑横跨墓室,致使椁内长期积水,随葬器物遭到了严重侵蚀。青铜器多锈结成块,不少礼器铜胎已锈蚀殆尽[v]。我们取了 BRM1 墓壁的土样,因条件所限,未采测孔隙度及水分的样品。

（8）纸坊头一号墓地

纸坊头在宝鸡市区西部、渭水北岸第一台地上。1981 年 9 月,宝鸡由于连日阴雨,当地房屋、窑洞多有塌毁,发现了纸坊头一号墓（BZFM1）。我们在 BZFM1 的墓壁上采取土样,因条件所限,未采取测孔隙度及水分的样品。

土壤是一个不均匀的三相体系。土壤胶体带有电荷,土壤溶液中常含有电解质,因此可把土壤视为多价电解质。土壤电阻率是土壤导电能力的指标。土壤电阻率与土壤的孔隙度、含水量、含盐量、质地和有机质等许多因素有关,因此是反映土壤某些理化性质的一个综合指标。一般认为，土壤电阻率越小，土壤腐蚀也越严重，表31-3表现了土壤的电阻率与土壤的腐蚀性的关系。

表31-3 土壤电阻率与腐蚀性的关系[vi]

土壤电阻率ρ(欧姆·米)	0—5	5—20	20—100	>100
土壤腐蚀性	很高	高	中等	低

比较表31-2、31-3可知，所有青铜器出土点土壤的腐蚀性均属中等。其中82齐家7号窖藏、纸坊头、齐家村东壕这三处的土壤电阻率相对于其他出土点略高。

三、样品分析及结果

1. 锈蚀产物的分析

金属的锈蚀产物均为矿物质。XRD结构分析是鉴定矿物质的有力手段。对从周原遗址、宝鸡强国墓地出土的青铜器上刮取的部分锈样做了XRD定性分析，以确定锈蚀产物的组成。

仪器：北京大学仪器厂产的BD86自动X射线衍射仪。

样品制备：将锈样在玛瑙研钵中磨成细小粉末，置于玻璃片上，在X射线衍射仪上进行分析，分析结果见表31-4。

表31-4 锈蚀产物的矿物组成

样品号	样品的一般情况	矿 物 成 分
1	红色与绿色锈。从表31-1中1号器上刮取的锈样，样品号与表31-1一致，以下同	赤铜矿、氯铜矿、胆矾、氯化亚铜
4	绿色锈	孔雀石、石英、水胆矾
5	红色与绿色锈	赤铜矿、孔雀石
8	深蓝色与粉状绿锈	赤铜矿、蓝铜矿、石英、硫酸铅、氯铅矿

（续表）

样品号	样品的一般情况	矿 物 成 分
10	深蓝色锈	蓝铜矿、孔雀石、石英、方解石
11	蓝色锈	蓝铜矿、副氯铜矿、硫酸铅
13	浅绿色粉状锈	蓝铜矿、副氯铜矿、锡石
15	绿色与黑色物	石英、蓝铜矿、孔雀石、方解石、氯铜矿、硫酸铅
17	绿色锈	孔雀石、石英、蓝铜矿、胆矾、硫酸铅
19	红色与绿色锈	蓝铜矿、白铅矿、赤铜矿、硫酸铅、氯铅矿
25-1	器物上的锈	孔雀石、石英、蓝铜矿、赤铜矿、副氯铜矿、白铅矿、硫酸铅、胆矾
25-2	器物上沾的土	石英、方解石、孔雀石、蓝铜矿、硫酸铅
28-1	器物上的绿色锈	蓝铜矿、氯铜矿、白铅矿、硫酸铅
28-2	器物上的蓝色锈	蓝铜矿、孔雀石、白铅矿、石英、硫酸铅、氯铜矿
31	有土的绿色锈	方解石、孔雀石、白铅矿、石英、胆矾
32-1	器内壁锈，绿色	孔雀石、赤铜矿、石英
32-2	器外壁锈，绿色	孔雀石、石英、蓝铜矿
35	绿色锈	孔雀石、蓝铜矿、赤铜矿、胆矾
36	蓝绿色锈	蓝铜矿、孔雀石、白铅矿、石英、赤铜矿、副氯铜矿、硫酸铅、水胆矾
40	黑绿色锈	石英、孔雀石、氯铜矿、硫酸铅
46	黑绿色锈	石英、孔雀石、硫酸铅
49	绿色锈	孔雀石、赤铜矿
52	绿色锈	孔雀石、石英、赤铜矿、硫酸铅
56	蓝绿色锈	孔雀石、赤铜矿、石英
62	绿色锈	石英、孔雀石、硫酸铅
64	绿色锈	石英、孔雀石、硫酸铅
66	器物上附着的土样	石英、长石、方解石
67	器物上含有绿锈的土	石英、方解石、孔雀石、氯铜矿

(续表)

样品号	样品的一般情况	矿物成分
70-1	器物上的绿锈	赤铜矿、孔雀石、石英、方解石、氯铜矿、胆矾、硫酸铅
70-2	器物上所附的土	石英、方解石、长石、孔雀石
74	蓝色与绿色锈	孔雀石、蓝铜矿、石英、赤铜矿
75	绿色锈	孔雀石、氯铜矿、胆矾
80	土红色锈	白铅矿、蓝铜矿、孔雀石、赤铜矿、石英、硫酸铅
83	蓝绿色锈	白铅矿、孔雀石、蓝铜矿、氯铜矿
87	蓝绿色锈	蓝铜矿、孔雀石、白铅矿、石英、硫酸铅
91	军绿色锈	白铅矿、蓝铜矿、石英、硫酸铅
92	片状锈,一面蓝黑色,一面绿色	白铅矿、蓝铜矿、孔雀石、石英
97	浅蓝绿色锈	赤铜矿、锡石、氯铜矿、胆矾
103	从器壁上取了一块锈,锈层构成:黑→蓝绿→黑→土	蓝铜矿、孔雀石、白铅矿、赤铜矿、石英、锡石
106	浅蓝色锈	蓝铜矿、孔雀石、石英、方解石、硫酸铅、胆矾、氯铅矿
112	浅绿色粉状锈	赤铜矿、孔雀石、氯铜矿、锡石、石英、胆矾
121		孔雀石、赤铜矿、白铅矿、石英、胆矾
124		孔雀石、蓝铜矿、白铅矿、赤铜矿、石英、胆矾
126		白铅矿、蓝铜矿、石英、硫酸铅、氯铅矿
131	浅蓝色锈	孔雀石、蓝铜矿、白铅矿、锡石、石英、硫酸铅、氯铜矿、氯化亚铜
132	亮绿色锈	孔雀石、石英、硫酸铅
137		蓝铜矿、孔雀石、白铅矿、赤铜矿、石英

注:表中矿物成分含量从左向右逐渐降低。

XRD 分析结果表明,周原遗址、宝鸡強国墓地出土青铜器的主要锈蚀产物有:红色的赤铜矿 Cu_2O、绿色的孔雀石 $Cu_2(OH)_2CO_3$、蓝色的蓝铜矿 $Cu_3(OH)_2(CO_3)_2$、白色的白铅矿 $PbCO_3$、淡黄—白色的锡石 SnO_2、灰白色的氯化亚铜 $CuCl$、亮绿色的副氯铜

矿 $Cu_2(OH)_3Cl$、宝石绿至墨绿色的氯铜矿 $Cu_2(OH)_3Cl$、黄绿色的氯铅矿 $PbCl_2$、白色的硫酸铅 $PbSO_4$、天蓝色的胆矾 $CuSO_4·5H_2O$、亮绿色的水胆矾 $Cu_4(OH)_6SO_4$、白色或无色的石英 SiO_2、白色的方解石 $CaCO_3$，对部分铜器上黏附的土样的分析表明，其物相为：石英 SiO_2、褐黄色长石 $KAlSi_3O_8$、方解石 $CaCO_3$。可见大部分铜器锈蚀物中的少量石英和方解石应是长期埋藏过程中由土中渗入的。

XRD 分析结果中未见黑铜矿，其中的原因可能在于：（1）CuO 具有一个接近无定形的结构，没有明显的衍射花样；（2）Cu_2O 和 CuO 的标准生成自由焓为[vii]：

$$2Cu(s)+1/2O_2 = Cu_2O(s) \quad \Delta_fG^\theta = -146.36 \text{ kJ/mol}$$

$$Cu(s)+1/2O_2 = CuO(s) \quad \Delta_fG^\theta = -127.19 \text{ kJ/mol}$$

生成氧化亚铜的倾向更大一些。而且由于 Cu_2O 比 CuO 更稳定，则 CuO 更易转变成其他稳定的锈蚀产物，如孔雀石、蓝铜矿、氯铜矿等。

所分析的周原遗址出土青铜器的锈蚀产物中，约有 45% 的锈蚀物中有含氯物相；宝鸡强国墓地青铜器的锈蚀产物中约有 47% 的锈蚀物中有含氯物相。可见这两地的青铜器均受到青铜病的侵蚀，且百分比相当。比较表 31-1 与表 31-4 可知，大部分观察到有粉状锈的锈蚀产物，XRD 分析结果也有含氯矿物，但也有一些样品的观察结果与 XRD 分析结果有出入，如 4 号样，观察结果有粉状锈。但分析结果却没有含氯矿物；又如 36 号样，观察结果无粉状锈，但分析结果却有含氯矿物。这说明判断一件器物是否有粉状锈应以检测为标准，这一点对于青铜器的保护至关重要。

2. 土壤的分析

青铜在水中、弱的和中等浓度的非氧化性酸（盐酸、硫酸、醋酸、柠檬酸）中都是相当稳定的。但当溶液中含氧化剂（例如 HNO_3、H_2O_2）或者在上述溶液中通氧或空气时，则会显著加速青铜的腐蚀速度[viii]。因此青铜的腐蚀取决于与其接触的物质中的水、酸、盐、氧化剂、氧气等因素。在埋藏过程，土壤的理化性质对其腐蚀有很大影响。

土壤是固、液、气共同组成的复杂的混合体系,土壤结构对金属腐蚀的影响就在于其本身是一种充满空气、水和不同盐类的空间网络。土壤对金属的腐蚀属于电化学腐蚀,与腐蚀有关的土壤性质主要是孔隙度、透气性、含水量、电阻率、酸度和含盐量,这些性质的影响又是相互联系、相互作用的,因而对土壤腐蚀特性的判定应该是综合性的。为了了解周原遗址、宝鸡强国墓地土壤的腐蚀性,除了现场测定土壤地下电阻率外,对所采集的土壤样品作了以下分析检测:

(1) 含水量(W)

通常随着土壤含水量的增加,腐蚀性增强,但如果土壤完全被水饱和,因氧的扩散受抑制使腐蚀性减弱。含水量还直接影响到与土壤腐蚀有关的其他因素。测定方法为失重法,用以烘干土为基数的含水百分数表示。

(2) 土壤容重又称假比重(dv)

系指在自然结构状况下,单位体积土壤的重量。容重可用来计算孔隙度。因此土壤容重可作为土壤通气性的间接指称。土壤通气性主要受土壤水分、质地、几何因素等的影响,与土壤中金属腐蚀的关系比较复杂。一般认为,氧是土壤腐蚀的主要因素之一,在氧化还原共轭阴极反应中均有氧参加,氧也是去极化剂。在以微电池为主的腐蚀中,氧含量高时腐蚀速度快[vi]。测定方法为环刀法。

(3) 土壤总孔隙度(P)

指在单位容积原状结构的土体内,孔隙所占的容积百分数。土壤总孔隙度包括毛管孔隙和非毛管孔隙。一般称<0.1毫米的孔隙为毛管孔隙,>0.1毫米的孔隙为非毛管孔隙。毛管孔隙借毛管力的作用能保持土壤水分。较大的孔隙度有利于氧渗透和水分保持,而它们都是腐蚀初始发生的促进因素。直接用土壤容重,通过经验公式计算土壤总孔隙度。

(4) 酸碱度(pH)

代表与土壤固相处于平衡的土壤溶液中的氢离子活性浓度的负对数。随着pH降低,土壤腐蚀性增加。因为在酸性条件下,氢会发生阴极去极化过程,强化了整个腐蚀过程。但是,当土壤中含有大量有机酸时,其pH值虽接近于中性,但其腐蚀性仍然很强。pH值用PHS-3C型酸度计(上海雷磁仪器厂)测定。

(5) 土壤可溶性盐总量的测定

土壤中含盐量大,土壤的电导率也增加,因而增加了土壤的腐蚀性。盐分的浓度和特性也会影响金属的电极电位。测定方法用失重法。

样品制备:称取粒度为 1 毫米风干土 100.0 克,加入去 CO_2 蒸馏水 500 毫升,在振荡机上振荡 3 分钟后用离心机分离,然后可进行 pH、可溶盐总量、Cl^-、HCO_3^-、NO_3^-、SO_4^{2-}、CO_3^{2-} 的测定。

(6) HCO_3^-、CO_3^{2-}、Cl^-、NO_3^-、SO_4^{2-} 的测定

这些阴离子对金属腐蚀及腐蚀产物均有很大影响。氯离子对土壤腐蚀有促进作用,因为氯离子能够渗透金属的氧化膜和不溶性腐蚀产物层,因此是一种腐蚀性很强的阴离子,是青铜病的根源。NO_3^- 离子由于其盐可溶性且具有强氧化性,在酸性土壤中能起阴极去极化作用,因此加速了金属的腐蚀。SO_4^{2-} 由于其铜盐的可溶性,也可加剧青铜的腐蚀。HCO_3^-、CO_3^{2-} 是土壤中重要的缓冲剂,且由于其铜盐的不可溶性,往往对腐蚀有着多方面的影响。测定方法用滴定法及比色法。

对土壤的分析结果列于表 31-5。

由表 31-5 的分析结果可知:

(1) 土壤的 pH 值在 7.96—8.61 之间,说明土壤均呈弱碱性,这个酸度有利于青铜器的保存。

(2) 除茹家庄和纸坊头的土样因采集的是表面干硬的土,所以含水较少外,其他地方的含水量在 14%—20% 之间,孔隙度在 48%—56% 之间,可见这些土壤均多孔且含有一定量水分,但并没有完全被水饱和,因此不利于青铜文物的保存。

(3) 通常土壤中含盐量约为 $80×10^{-6}$—$1500×10^{-6}$[vi],与这个数据相比,表 31-5 中土壤可溶盐的含量属于比较高的,最少的为 $710×10^{-6}$,最高的为茹家庄墓 1、墓 2 处的土样,高达 $2500×10^{-6}$,可见茹家庄出土铜器保存状况最差与其环境中较高的含盐量不无关系。除茹家庄外,其他地方的土壤含盐量在 $710×10^{-6}$—$1300×10^{-6}$ 之间。

表 31-5 土壤样品的分析结果

地点	含水量 W(%)	土壤容重 dv (克/厘米³)	孔隙度 P(%)	pH	可溶盐分析(%)					
					总量	HCO_3^-	NO_3^-	Cl^-	SO_4^{2-}	CO_3^{2-}
齐家村东壕	14.49	1.26	52.37	8.61	0.10	0.058	0.00042	0.0039	0.013	0.0010
云塘窖藏	18.08	1.39	48.08	8.64	0.083	0.043	0.0020	0.0039	0.010	0.0010
庄白一号窖藏	18.51	1.38	48.41	8.44	0.089	0.044	0.0012	0.0020	0.016	0.0010
82齐家7号窖藏	14.12	1.16	55.67	8.08	0.11	0.040	0.0024	0.024	0.013	0.0010
茹家庄墓1,墓2处	3.85			7.96	0.25	0.033	0.017	0.011	0.12	0.0010
竹园沟	15.83	1.53	43.47	8.33	0.084	0.036	0.00026	0.0039	0.019	0.0010
纸坊头	1.44			8.21	0.13	0.050	0.0050	0.0039	0.039	0.0010
HD38-1	20.88	1.404	47.75	8.59	0.082	0.050	0.00081	0.0016	0.0043	0.0020
HD38-2	18.80	1.450	46.10	8.57	0.071	0.043	0.00063	0.00082	0.0045	0.0020
HD38-3	20.20	1.32	50.39	8.57	0.083	0.044	0.00046	0.0039	0.010	0.0010

注:HD38-1 指在黄堆车马坑 38 发掘现场采集的盗洞土样,土中含有铜锈和铜碎片,距地面高约 6.6 米,距车马器 1 米。

HD38-2 指在黄堆车马坑 38 发掘现场,在车马器旁边采集的回填土。距地面高约 7.6 米,距车马器 20 厘米。

HD38-3 指在黄堆车马坑 38 坑壁采集的生土。距地面高约 4 米。

(4) 除茹家庄和 82 齐家 7 号窖藏外,其他地方的土壤中可溶盐的主要成分为碳酸盐,其次是硫酸盐。氯化物和硝酸盐含量都较少。茹家庄的土样中主要成分为硫酸盐,其次是碳酸盐,Cl^- 和 NO_3^- 的含量也较高。82 齐家 7 号窖藏的土样中,主要为碳酸盐,其次是氯化物,再其次为硫酸盐,而硝酸盐的含量较少。

(5) 所有土壤样品中均或多或少含有氯离子,但除茹家庄和齐家 7 号窖藏外,最多的含量为 39×10^{-6},而茹家庄的氯离子含量为 109×10^{-6},因此其出土器物腐蚀得比较严重。但是 82 齐家 7 号窖藏的氯离子含量高达 240×10^{-6},理应受到严重腐蚀,可是现状调研表明其出土器物保存状况较好,锈蚀并不严重,这可能与器物本身的结构有关。由 X 射线探伤检测可知,82 齐家 7 号窖藏的青铜器孔洞、夹杂均很少,结构致密,因此耐蚀性较强;此外土壤呈碱性以及地下埋藏环境的相对封闭,也对器物保存起了到有益的作用。

(6) HD38-3 的 Cl^-、SO_4^{2-} 的含量比 HD38-1、HD38-2 高,可能是由于 Cl^-、SO_4^{2-} 与青铜器发生反应而沉积,从而导致器物周围的土集中的 Cl^-、SO_4^{2-} 含量减少。

四、讨论

(1) 青铜表面腐蚀产物的生成

青铜的腐蚀是个非常复杂的过程,经过 2000 多年地下、地上的几度变迁,很难用一完满的化学、电化学模式对腐蚀结构及机理进行解释。但是,许多出土文物的确有类似的腐蚀产物,因此我们可以根据具体的腐蚀产物的特点及埋藏环境的一般情况,在前人研究成果的基础上,对腐蚀过程做合理的推测。

青铜的锈蚀主要是由直接的化学作用和电化学腐蚀所致。这两种腐蚀往往密不可分,只是在一定条件下以某种腐蚀过程为主。

在室温下[ix],铜在空气中与氧反应可生成红色的 Cu_2O,从它的标准自由焓值可知比较稳定。Pb 可氧化成黑色的 Pb_2O,它不稳定。当空气中有 CO_2 和 H_2O 时,Cu_2O 可转变为绿色的碱式碳酸铜,Pb_2O 水解生成稳定的 $PbO \cdot xH_2O$,再与 CO_2 生成 $Pb_2(OH)_2CO_3$。因此,青铜器表面首先生成的氧化膜为内层 Cu_2O、少量 Pb_2O,外层碱式碳酸铜、少量的 $Pb_2(OH)_2CO_3$。Sn 在潮湿的空气中很难氧化,干燥空气中更是稳定。由于生成的氧化膜及碳酸盐均不溶于水,可阻止反应的进一步进行,因此青铜在空气中的腐蚀速度非常缓慢。在潮湿空气和 CO_2 存在时,孔雀石转化为蓝铜矿;反之,失去 CO_2 时又转化为孔雀石。

Cu_2O 属于金属不足型氧化物[x],氧离子、阳离子空位、电子空位向内迁移,金属离子和电子则是向外迁移,并在晶体内形成新的氧化物层。因此,Cu_2O 有很高的导电性,并允许铜离子迁移出 Cu_2O 层,溶解于水中并再次沉积。

在显微镜下观察可知 Cu_2O 及碱式碳酸铜均带有孔隙,并不能很好地保护基体。当青铜器埋入地下时,随着土壤中水分、盐分、O_2、CO_2的渗入,便开始了复杂的化学与电化学腐蚀。Sn 在原地生成水合锡的氧化物,很容易脱水变成 SnO_2。溶解的铅一部分生成不溶性的铅的氧化物或碳酸铅沉积于原地,一部分则穿过 Cu_2O 迁移到外层生成 $PbCO_3$ 沉积。溶解的铜离子在穿过 Cu_2O 层向表面迁移中,一部分在阴极区被还原成为纯铜,一部分与氧反应生成 Cu_2O,一部分生成 CuCl 沉淀,一部分在外表面生成碱式碳酸铜及碱式硫酸铜,还有少量碱式氯化铜。

从前面土壤分析结果可知,所分析的土壤多孔,含有未饱和的水分,土壤可溶盐中 HCO_3^- 含量较高,其次为 SO_4^{2-} 以及微量的 Cl^-,因此在青铜器的锈蚀产物中,主要为氧化物及碱式碳酸盐,少量碱式硫酸盐,而碱式氯化铜则很少。由于土壤呈碱性,因此,可以认为在周原遗址及宝鸡强国墓地的埋藏过程中,铜的腐蚀主要是由 O_2 及 CO_2 所引起的,Cl^- 的腐蚀不占主导地位。器物上的碱式氯化铜应是出土后生成的,因为碱性条件下,很难发生青铜病[xi]。

在 Cu 变为 Cu_2O 及 Sn 变为 SnO_2 过程中,均有体积膨胀,因为它们的密度均小于金属基体,但却保留了原始表面,原因是有部分铜离子迁移出了表面层,从而抵消了体积的增加。铜离子的迁移过程是非常缓慢的,且地下埋藏环境相对稳定,所以氧化层形成得很慢且致密。

随着反应的进行,氧化膜内、外的电位达到平衡,同时也与周围环境达到平衡,则反应趋于停止。但如果平衡被打破,则反应又会进行。宝鸡强国墓地中茹家庄的器物因水沟冲刷,平衡遭到破坏,所以其器物损坏严重,就是这个原因。

(2) 青铜器有害锈产生的原因

由土壤分析结果可知,周原遗址和宝鸡强国墓地的青铜器处于碳酸氢根的含量大大多于氯离子的环境中,且 pH 值较大,呈碱性,这样的环境中较难发生青铜病。但是,土壤中的微量 Cl^- 却有可能随同水分渗入锈层中,一部分随同氧分子向 Cu_2O 层内部扩展,在基体内表面生成 CuCl 沉淀,当然量非常少,且由于 Cu_2O 内层中水量减少,不能提供生成粉状锈的湿度,所以 CuCl 潜伏下来,成为潜伏的"青铜病"根源。当器物出土后,如果保存环境有适宜的温湿度和酸度,且因种种原因如锈层裂隙或器表除锈,使 CuCl 及 Cl^- 暴露于空气中,则潜在的 Cl^- 与 Cu 生成 CuCl,

CuCl 再与氧气、水生成碱式氯化铜,同时产生 HCl,使局部环境的 pH 值降低,腐蚀过程更加速进行,使粉状锈呈恶性循环发展。由于 $Cu_2(OH)_3Cl$ 的密度低于原合金的密度,则会因膨胀破坏器物的原始表面,最后沉积于矿化层中,直到氯离子完全转变为氯铜矿,这个过程才会中止。

有许多青铜器,虽然含有氯离子,但由于外层的腐蚀产物的保护,使 O_2、H_2O 等不能与氯离子接触,器物则处于亚稳状态;一旦将外层保护层去掉,则立即会发生严重的青铜病锈蚀。如黄堆出土的阳燧,在凹面去锈后,发生了严重的粉状锈,而没有去锈的凸面粉状锈不严重。

出土后产生粉状锈的另一个原因,就是空气中所含氯对器物的腐蚀。表 31-6 为周原博物馆的相对湿度、总氯含量、宝鸡地区 1986—1987 年平均降尘量、1984 年降水酸度的监测结果[xii][xiii]。

表 31-6　周原博物馆及宝鸡地区环境监测数据

地点编号	周原博物馆(1993.8)		宝鸡地区		
	RH	总氯量(毫克/米³)	时间	降尘量[吨/(平方公里·月)]	雨水酸度(1984)pH
1	55%—70%	0.0936	1986	33.3	范围:6.3—7.4 平均6.8
2	54%—75%	0.0845	1987	26.6	

从数据来看,周原博物馆的相对湿度大大超过允许湿度 40%—45% 的界限。环境中的总氯量一般指氯气和氯化氢气体的总和。空气中的微量氯在适宜的湿度下,会对器物产生有害锈腐蚀。灰尘容易吸收空气中的水分,在文物表面形成一层相对湿度较空气为高的灰尘层,为有害化学气体的渗入提供基础。灰尘本身也能吸附空气中的化学杂质,使其带有酸碱性。酸雨现象可以提高空气中水分的酸度,有利于氯化氢的形成而对铜体产生腐蚀。从监测结果来看,自然降尘现象较严重,对青铜有有害影响,但雨水酸度接近中性,对青铜影响较小。

(3) 锈蚀产物及锈蚀程度有所差异的主要原因

由前面对青铜器保存状况调查结果可知,不同出土点的器物锈蚀状况及形貌

有一定差异,这是因为:

① 与制作工艺有关:铸造得比较精细、表面及内部的砂眼较少、材质较致密的器物,对防止电解液渗入金属内部进行电化学腐蚀起到一定作用。

② 与环境因素有关:这些青铜器虽然同处于陕西关中西部这个大环境中,但每个出土点的小环境却各有特点。茹家庄墓地因水沟冲刷,墓内长期积水,器物遭到严重破坏,由土壤分析的结果可知,硫酸根含量较高,所以锈色发蓝。竹园沟墓地有溪流穿过,所以锈蚀相对也较严重。纸坊头墓地位于纸坊头村下,无沟壑冲刷,保存相对较好。周原的铜器窖藏,埋藏得均很浅,所以受地表的影响较大。但大部分窖藏器物周围塞有草木灰,对器物起到了保护层的作用,所以窖藏出土的器物多保存状况良好。而墓葬中的器物,锈蚀主要受土壤及墓内环境的影响,因土壤多孔、潮湿、为盐碱土,所以锈蚀较窖藏的器物严重,但一般埋藏较深,如果无塌陷或人为破坏,则墓室很快会形成相对稳定的环境,因此较之宝鸡强国墓地的器物保存状况要好一些。但也有锈蚀很严重的墓葬,如强家1号墓,位于村民住宅下,上面是厕所,所以器物发蓝,锈蚀严重,有大量的粉状锈,保存状况极不好。

③ 与出土后对器物的保护处理及保存环境有关。一些器物出土后,做了去锈处理,由调查结果可知,如果不破坏氧化层,则器物保存状况较好;如果氧化层被破坏,则往往由于青铜器内 Cl^- 及环境中的 Cl^- 而发生严重的青铜病,庄白一号窖藏的器物出土后曾用稀硫酸做过去锈处理,将外层的锈蚀物去掉,仅留下黑色表面,保存状况较好。但有的器物去锈后,则粉状锈严重。可见,对一件器物的去锈处理,应慎重地对待,需做仔细的调查分析工作,以确定是否做、如何做、做到什么程度,特别是对处理后可能会出现的问题应进行充分的论证研究,以保证在尽可能少地破坏文物上所带的各种信息的基础上,最大限度地保护文物。

(4) 保存较好的原因

总体来说,周原及宝鸡强国墓地的青铜器除茹家庄外保存均较好,特别对于器壁较厚的大型器物来说,锈层均较薄,器型完整,铭文清晰,锈蚀特别严重的较少,仅对器壁非常薄的小型器件来说,有完全矿化现象。这可能主要与铸造技术、器物的使用及关中地区的环境有关。

对于大型青铜礼器来说，其物主均是王公贵族，这些青铜器是其身份地位的象征，因此铸造工艺讲究，气势雄伟，器型大，器壁厚，在入土前因长期的使用生成了致密的氧化层保护膜，从而较耐蚀。同时，由于陕西关中平原西部属于暖温带半干旱半湿润地区，温湿度相对于南方地区来说较低，土壤呈碱性，可溶盐中以碳酸氢根含量为主，碳酸氢根与土壤中的 Ca^{2+} 可生成一种可溶性的阻蚀剂[xiv]，可以阻止青铜器在水中的锈蚀。此外，一些铜器窖藏中充填有草木灰，使土壤不能与器物直接接触，且由于其强吸附性，可对地上、地下渗入的水分起到过滤作用，另外草木灰呈碱性，因此有草木灰填充的铜器，保存状况较之没有的要好。

五、结论

（1）历经2000多年的沧桑岁月，周原、宝鸡㚖国墓地的大部分器物保存状况基本较好，基体完全矿化的现象很少，主要原因与半湿润、半干旱的气候及呈碱性、Cl^- 含量低而 HCO_3^- 含量高、不是很潮湿的土壤有关。

（2）总的来说，周原出土的青铜器保存状况优于宝鸡㚖国墓地。宝鸡㚖国墓地出土的青铜器中，纸坊头的青铜器保存状况最好，竹园沟的次之，茹家庄的最差。造成差异的主要原因与埋藏环境及器物本身的组织结构有关。

（3）埋藏过程中铜的腐蚀主要是由 O_2 及 CO_2 所引起的，粉状锈的发生主要是在出土后。由于许多器物中含有氯化物，因此保护工作刻不容缓。

（4）对于出土青铜器的保护，应以改善文物保存环境为主。对青铜器的表面处理应非常慎重，充分考虑到处理后可能产生的不利影响。目前还没特效的处理方法适用于所有情况的青铜器，即使进行过保护修复处理的文物，没有适宜的环境，还会进一步腐蚀。考虑到各地县博物馆的实际情况，研究如何为青铜器提供切实可行的保存环境，是文物保护研究的当务之急。

（5）文物保护应贯穿于发掘、运输、贮藏、展示和研究等各个环节，特别是文物发掘的现场保护与处理，应特别予以重视。

参考文献

[i] 尹盛平.西周微氏家族青铜器群研究[M].文物出版社,1992：1-2.

[ii] 陆耀富主编.中华人民共和国地名词典·陕西省[M].商务印书馆,1994：83-104.

[iii] 周原扶风文管所.扶风齐家村七、八号西周铜器窖藏清理简报[J].考古与文物,1985,(1).

[iv] 陕西周原考古队.陕西扶风庄白一号西周青铜器窖藏发掘简报[J].文物,1978,(3).

[v] 卢连成,胡智生.宝鸡强国墓地·上册[M].文物出版社,1988：270-271.

[vi] 朱日彰,杨德钧,沈卓身等.金属腐蚀学[M].冶金工业出版社,1989：195-200.

[vii] Robert C. Weast. CRC Handbook of Chemistry and Physics[M], 62ed. CRC Press, 1984：70.

[viii] 朱日彰,杨德钧,沈卓身等.金属腐蚀学[M].冶金工业出版社,1989：298-300.

[ix] 北京师范大学等.无机化学[M].高等教育出版社,1980.

[x] 朱日彰,杨德钧,沈卓身等.金属腐蚀学[M].冶金工业出版社,1989：17.

[xi] 范崇政等.粉状锈研究及青铜文物保护[C]//科技考古论丛编辑组.科技考古论丛.中国科技大学出版社,1991.

[xii] 刘成,程德润,赵明仁.古代青铜器锈蚀机理研究[C]//科技考古论丛编辑组.科技考古论丛.中国科技大学出版社,1991.

[xiii] 程德润.古代某些青铜器的腐蚀和环境研究[J].考古与文物,1995,(6).

[xiv] U.R.艾万恩.金属的腐蚀与氧化[M].机械工业出版社,1976：195.

（原载于北京大学考古学系编,《考古学研究》(四),科学出版社,2000年。）

32
天马—曲村周代晋国墓地青铜器保存状况研究*

在中国古代文明的灿烂长河中,造型奇特、纹饰繁缛、工艺精湛的青铜器在世界上声名卓著,具有极为重要的地位。古代青铜器在漫长的埋藏过程中不断发生着各种复杂的化学、电化学反应,最终处于渐趋稳定的动态平衡之中,然而出土之后这种平衡被打破,潜在的有害因素在合适的外界条件下变为显性,腐蚀过程加速。因此研究出土青铜器的腐蚀状况、性质、锈蚀产物组成及环境影响就具有了相当切实的意义。只有在充分了解的基础上才能够因地制宜地制定保护措施。

北京大学考古系和山西省考古研究所联合发掘的天马—曲村遗址是近来重要的考古发现,该遗址位于山西省曲沃县,其中周代晋国墓葬是其最重要的组成部分。它分为两部分,遗址中部偏北为西周晋侯墓地,即"公墓"区,迄今已发现葬有8位晋侯及其夫人;西部为"邦墓"区,多为中下层贵族及普通国民[1]。

本研究工作以晋侯墓地出土的青铜器为主(计 298 件),也选取了一些邦墓出土的青铜器(计 138 件),总计 436 件器物。除对这些青铜器进行仔细的观察之外,其中相当部分还作了 X 射线探伤检查,大部分器物取了少量锈蚀产物,同时对青铜器出土地点进行了实地考察,作了土壤电阻率的测定,并采集了土壤样品。运用 X 射线衍射(XRD)分析方法与湿化学分析法相结合,对所采集的锈蚀产物样品的成分、结构进行了分析,同时分析了土壤样品的化学成分和酸碱度。通过这些分析,了解了晋国墓地出土青铜器的保存状况,探讨了晋国墓地青铜器的腐蚀类型、程度

---

* 作者:刘煜、张晓梅、杨宪伟、原思训。我们在样品采集和资料调研过程中得到了北京大学考古学系李伯谦、孙华、刘绪、徐天进、雷兴山等老师的热情帮助以及山西省考古研究所曲村工作队的罗新、张奎、李夏廷、孟跃虎、张崇宁等同志的大力协助,山西省考古研究所侯马工作站的田建文站长、王金平、梁子明等同志为我们的工作提供了极大便利。此外还有许多同志提供了具体帮助。在此谨向他们致以真诚的感谢。

以及造成腐蚀的原因,以便为该地青铜器的保护提供背景资料。

一、观察及 X 射线探伤检测青铜器保存状况

我们先后两次赴曲村调查发现,大部分天马—曲村周代晋国墓地出土青铜器矿化严重,表面覆盖有较为粗糙的锈层,锈层较厚且颜色斑驳,包括孔雀蓝、灰绿、墨绿、翠绿、棕红、土黄等各种颜色,有些器物表面还有亮绿、淡绿及灰白的粉状锈蚀物(这样的器物邦墓中有 32 件,占邦墓调查铜器的 23.2%;公墓中有 106 件,占公墓调查铜器的 35.6%)。这批青铜器与其他地方如安阳殷墟、陕西周原等地出土的青铜器相比明显偏蓝绿色。但是也有部分器物保存较好,有些器物如鼎等的底部有烧烤的痕迹,表面覆盖有一层黑色的烟炱,被烧过的地方锈蚀物较少(如 M6081∶3 鼎),这样的器物共有 62 件,占调查总数的 14.2%。有的器物表面局部或整体呈现黑色(如 M6080∶13 鼎)、铅灰(如 M6069∶8 觯)等金属光泽。也有的器物表面覆有一层致密的豆绿色水锈(如 M6384∶15 盂),闪现一种类似珐琅器的温润的光泽。具有这样特殊表面层的器物共 112 件,占调查总数的 25.7%。这些器物大都有较薄、光滑且均匀的锈层,金属基体矿化较少,结构致密且少有铸造缺陷。尽管如此,由于这层表面层极薄,也有少部分器物的表面层已被底下的锈蚀层胀裂,甚至基体也已严重矿化。

为了大致确定被调查器物的总体保存状况,我们根据目视观察,按照器物的锈蚀程度、是否保存完整、铜质保存状况等,制定了一个大概的标准,共分为良好、好、较好、较差、差、极差六个等级,所得结果见表 32-1。具体的标准可参照如下器物:

(1) 良好:锈蚀轻微,保存完整,铜质细腻、有光泽(如 M6069∶3 提梁卣)。

(2) 好:锈蚀均匀或较少,保存完整,铜质细腻、致密(如 M8∶22 小兔尊)。

(3) 较好:锈蚀分布广但基体尚好,锈层不太深,保存比较完整(如 M13∶121 鼎)。

(4) 较差:锈蚀层较厚,基体矿化较严重,保存状况不好,有碎裂部分(如 M92∶9 鼎)。

(5) 差:锈蚀层很厚,表面凹凸不平,矿化碎裂均较严重(如 M92∶2 簋)。

(6) 极差:几乎完全矿化,基体铜质已不复存在,碎裂成许多碎片或者表面有

表 32-1 晋国墓地出土青铜器的保存状况

墓号\数量比例\状况	良好	好	较好	较差	差	极差	总 体 评 价
M9(王)		2	12	17	16	4	共调查51个器物，总体保存差
		3.9%	23.5%	33.3%	31.4%	7.9%	
M13(夫人)		5	15	3	3	3	共调查29件器物，保存状况较好
		17.2%	51.7%	10.3%	10.3%	10.3%	
M33(王)			3		1		只调查4件器物，总体来说保存较差
			75%		25%		
M91(王)			1	12	20	3	共调查36件器物，总体保存极差
			2.8%	33.3%	55.6%	8.3%	
M92(夫人)			5	5	5		共调查15件器物，总体保存状况差
			33.3%	33.3%	33.3%		
M8(王)	3	5	4	3	6		共调查21件器物，总体保存较好
	14.3%	23.8%	19%	14.3%	28.6%		
M31(夫人)		1	5	4	1	1	共调查12件器物，总体保存较差
		8.3%	41.7%	33.3%	8.3%	8.3%	
M64(王)	1	11	8	6	5	4	共调查35件器物，总体保存较好
	2.9%	31.4%	22.9%	17.1%	14.3%	11.4%	
M62(夫人)		9	5	3			共调查17件器物，总体保存好
		53%	29.4%	17.6%			
M63(夫人)		7	7				共调查14件器物，总体保存良好
		50%	50%				
M93(王)	3	12	15	7	8		共调查45件器物，总体保存情况较好
	6.7%	26.7%	33.3%	15.5%	17.8%		

(续表)

数量比例\状况\墓号	良好	好	较好	较差	差	极差	总体评价
M102(夫人)		6	10	2	1		共调查19件器物，总体保存好
		31.6%	52.6%	10.5%	5.3%		
邦墓	9	44	48	21	11	5	共调查138件器物，总体保存好
	6.5%	31.9%	34.8%	15.2%	8%	3.6%	

大量粉状锈(如 M91∶106 尊)。

从表 32-1 来看,曲村青铜器的保存状况差异较大。邦墓铜器保存状况较好。在公墓中,年代偏晚的墓葬出土的青铜器较年代偏早的为好。同一墓葬出土器物的锈蚀状况及形貌基本类同,具有较大的一致性,地理位置不同的墓葬出土的青铜器保存状况相差较大。M62、M63、M102、M93 等墓保存状况较好,这些墓葬均位于墓地西侧,其中 M62、M63、M64 为一组,M102、M93 为一组。而 M9、M91 保存很差。相比而言,夫人墓保存较王墓为好,这大概与随葬品较少有关。同一墓葬内部器物保存状况不尽相同,其中比较复杂的是 M64。

考虑到目视观察只能了解青铜器表面的保存状况,故我们又用 X 射线探伤检查了器物内部的状况。我们采用 XXQ-2005 型携带式变频充气 X 射线探伤机,对 315 件青铜器拍摄了 X 光探伤片 428 张,其中有的器物由不同部位拍了多张,而小件器物是若干件合拍一张。主要目的是了解器物的内部状况,包括锈蚀、缺陷、铸造工艺、垫片设置以及锈层覆盖的花纹、铭文等。有关垫片设置的详细情况及所涉及的铸造工艺等问题,我们将另文探讨。

X 射线无损探测结果表明,大多数青铜器均有铸造缺陷,但有的较严重,有的则较轻微。铸造缺陷严重的器物往往伴随着较严重的腐蚀,腐蚀易在缺陷部位发生,在 X 光片上可明显看到不均匀腐蚀造成的明暗差异,晋国墓地出土铜器中有不少器物的外表看起来锈蚀轻微,保存状况很好,可 X 光片显示内部却很不均匀,有铸造缺陷,锈蚀严重。

二、锈蚀产物的成分分析

1. X 射线衍射分析

金属的锈蚀产物绝大多数为矿物质。XRD 结构分析是鉴定矿物的有力手段。我们对曲村的 12 座公墓、4 座邦墓的 62 个样品进行了分析,全部检测结果如表 32－2 所示。

仪器:北京大学仪器厂产 BD/86 型自动 X 射线衍射仪。

样品制备:在玛瑙研钵中将锈样磨成粉末,置于玻璃片上,用 X 射线衍射仪进行分析。

从表 32－2 可以看出,晋国墓地铜器锈蚀产物以蓝绿色的孔雀石 $Cu_2(OH)_2CO_3$、蓝色的蓝铜矿 $Cu_3(OH)_2(CO_3)_2$、红色的赤铜矿 Cu_2O、白色的石英 SiO_2、宝石绿到墨绿色的氯铜矿 $Cu(OH)_3Cl$、深绿色的块铜矿 $Cu_3(OH)_4SO_4$、亮绿色的水胆矾 $Cu_4(OH)_6SO_4$ 等矿物为主,有个别的样品含有黑色的黄铜矿 $CuFeS_2$、黄锡矿 Cu_2FeSnS_4、白色的白铅矿 $PbCO_3$、角铅矿 $Pb_2CO_3Cl_2$ 等矿物,还有的含有白色石灰石 $CaCO_3$ 及褐黄色长石 $KAlSi_3O_8$ 等物质。总体说来青铜器表面的绿色或蓝色锈层的主要成分是孔雀石、蓝铜矿和氯铜矿,红色锈层的主要成分是赤铜矿。

2. 氯离子和硫酸根离子含量的湿化学检测

由于所测的样品中氯离子和硫酸根离子含量较高,所以我们利用比浊法半定量地分析了锈蚀产物中的氯离子和硫酸根离子。

方法:用 5 N 硝酸溶解约 15 毫克锈蚀产物,澄清后滤取清液,放入两个试管,分别滴加 5% 硝酸银溶液和 5% 氯化钡溶液,观察生成的氯化银和硫酸钡混浊液,并与用一系列已知浓度的 Cl^-、SO_4^{2-} 溶液以相同方法生成的混浊液对比。共分析样品 336 个,所得结果如表 32－3 所示。

表32-2 XRD分析锈蚀产物

墓号	序号	器物名	锈色	取样部位	XRD检测锈蚀产物
M9	1	M9:151 簋	淡绿	耳部	$Cu_2(OH)_2CO_3$、Cu_2O(少)、$Cu_3(OH)_2(CO_3)_2$(少)、SiO_2(少)
	2	M9:439 簋	淡绿	外腹部	$Cu_2(OH)_2CO_3$、SiO_2、$Cu_3(OH)_2(CO_3)_2$(少)、Cu_2O(少)
	3	M9:422 尊	灰绿	碎片	$Cu_2(OH)_2CO_3$、Cu_2O(少)、$Cu_3(OH)_2(CO_3)_2$(少)、SiO_2(少)
	4*	M9:444 尊	草绿	碎片	$Cu_2(OH)_2CO_3$、$Cu_3(OH)_2(CO_3)_2$(少)、SiO_2、Cu_2O(少)、$Cu_2(OH)_3Cl$(少)
	5	M9:420 壶	灰绿	碎片	$Cu_2(OH)_2CO_3$、$Cu_3(OH)_2(CO_3)_2$、Cu_2O、SiO_2
	6△*	M9:451 盉	亮绿	碎片	$Cu_3(OH)_4SO_4$、$Cu_2(OH)_2CO_3$、$Cu_3(OH)_2(CO_3)_2$、SiO_2、Cu_2O(少)、$Cu_2(OH)_3Cl$(少)
	7	M9:433 提梁卣	灰绿	碎片	$Cu_2(OH)_2CO_3$、SiO_2、Cu_2O(少)、$Cu_3(OH)_2(CO_3)_2$(少)
	8	M9:27 爵	灰绿	碎片	$Cu_2(OH)_2CO_3$、Cu_2O、$Cu_3(OH)_2(CO_3)_2$、SiO_2(少)
M13	9	M13:88 鼎	草绿	足部	$Cu_2(OH)_2CO_3$、Cu_2O、SiO_2
	10	M13:97 簋	灰绿	外腹部	$Cu_2(OH)_2CO_3$、SiO_2、Cu_2O
M33	11	M33:110 鼎	红色	碎片	Cu_2O、$Cu_2(OH)_2CO_3$(少)、SiO_2(少)
M91	12*	M91:140 鼎	亮绿	碎片	$Cu_2(OH)_3Cl$、Cu_2O(少)、SiO_2(少)
	13△	M91:137 鼎	灰绿	外腹部	$Cu_2(OH)_2CO_3$、$Cu_3(OH)_2(CO_3)_2$(少)、SiO_2、$Cu_3(OH)_4SO_4$、Cu_2O
	14*	M91:174 鼎	灰绿	外腹部	$Cu_2(OH)_3Cl$、$Cu_2(OH)_2CO_3$、SiO_2、Cu_2O(少)
	15△	M91:53 簋	灰绿	碎片	$Cu_2(OH)_2CO_3$、$Cu_3(OH)_4SO_4$、Cu_2O、SiO_2(少)
	16△	M91:94 簋	灰绿	外腹部	$Cu_2(OH)_2CO_3$、$Cu_3(OH)_4SO_4$、SiO_2、Cu_2O
	17△	M91:401 簋	亮绿	碎片	$Cu_3(OH)_4SO_4$、$Cu_2(OH)_2CO_3$、Cu_2O(少)
	18	M91:241 盉	灰绿	外腹部	$Cu_3(OH)_2(CO_3)_2$、$Cu_2(OH)_2CO_3$、SiO_2
	19	M91:463 盉	灰绿	外腹部	Cu_2O、$Cu_2(OH)_2CO_3$、SiO_2(少)、$Cu_3(OH)_2(CO_3)_2$(少)
	20	M91:433 甗	灰绿	外腹部	$Cu_2(OH)_2CO_3$、$Cu_3(OH)_2(CO_3)_2$(少)、Cu_2O(少)、SiO_2(少)
	21	M91:435 盘	粉绿	底部外壁	$Cu_2(OH)_2CO_3$、$Cu_3(OH)_2(CO_3)_2$、SiO_2、Cu_2O
	22	M91:222 圆壶	灰蓝	外腹部	$Cu_2(OH)_2CO_3$、$Cu_3(OH)_2(CO_3)_2$、SiO_2、Cu_2O

（续表）

墓号	序号	器物名	锈色	取样部位	XRD 检测锈蚀产物
M92	23○	M92：5 鼎	红色	碎片	Cu_2O、$CuFeS_2$、Cu_2FeSnS_4
	24	M92：2 簋	灰绿	盖外壁	$Cu_2(OH)_2CO_3$、$Cu_3(OH)_2(CO_3)_2$、SiO_2、Cu_2O
	25	M92：10 簋	灰绿	内壁	$Cu_2(OH)_2CO_3$、$Cu_3(OH)_2(CO_3)_2$、Cu_2O、SiO_2（少）
	26	M92：111 轭	灰绿		$Cu_2(OH)_2CO_3$、$Cu_3(OH)_2(CO_3)_2$、Cu_2O、SiO_2（少）
M8	27*	M8：23 方座簋	灰绿	腹部	$Cu_2(OH)_2CO_3$、$Cu_2(OH)_3Cl$、SiO_2、Cu_2O（少）
	28	M8：29 盉	灰绿	足部	$Cu_2(OH)_2CO_3$、SiO_2、Cu_2O（少）
	29*	M8：31 盘	粉绿	外壁	$Cu_2(OH)_2CO_3$、SiO_2、Cu_2O、$Cu_2(OH)_3Cl$（少）
	30*	M8：36 盂	草绿		$Cu_2(OH)_2CO_3$、$Cu_3(OH)_2(CO_3)_2$、Cu_2O、SiO_2、$Cu_2(OH)_3Cl$（少）
M31	31	M31：6 鼎	灰绿	外腹部	$Cu_2(OH)_2CO_3$、$Cu_3(OH)_2(CO_3)_2$、SiO_2（少）、Cu_2O（少）
	32	M31：12 簋	灰绿	盖外壁	$Cu_2(OH)_2CO_3$、SiO_2、Cu_2O
	33	M31：8 盉	灰绿	耳部	$Cu_2(OH)_2CO_3$、SiO_2、Cu_2O、$Cu_3(OH)_2(CO_3)_2$
M64	34	M64：109 方座簋	浅绿	外腹部	$Cu_2(OH)_2CO_3$、Cu_2O、SiO_2
	35	M64：122 方座簋	灰绿	外腹部	$Cu_2(OH)_2CO_3$、$Cu_3(OH)_2(CO_3)_2$、SiO_2、Cu_2O（少）
	36	M64：103 壶盖	草绿	外壁	$Cu_2(OH)_2CO_3$、$Cu_3(OH)_2(CO_3)_2$、Cu_2O、SiO_2（少）
	37	M64：142 兔尊	灰绿	外壁	$Cu_2(OH)_2CO_3$、$Cu_3(OH)_2(CO_3)_2$、SiO_2
	38	M64：149 匜	亮绿	碎片	$Cu_2(OH)_2CO_3$、$Cu_3(OH)_2(CO_3)_2$、SiO_2、Cu_2O、$Cu_2(OH)_3Cl$（少）
	39	M64：99 编钟	灰蓝	外壁	$Cu_2(OH)_2CO_3$、$Cu_3(OH)_2(CO_3)_2$、Cu_2O、SiO_2（少）
M62	40	M62：83 簋	灰绿	耳部	$Cu_2(OH)_2CO_3$、SiO_2、$CaCO_3$、$KAlSi_3O_8$、Cu_2O
	41	M62：72 尊	灰绿	外腹部	$Cu_2(OH)_2CO_3$、$Cu_3(OH)_2(CO_3)_2$、SiO_2、Cu_2O
	42	M62：76 匜	灰绿	内壁	$Cu_2(OH)_2CO_3$、$Cu_3(OH)_2(CO_3)_2$、Cu_2O、SiO_2（少）
	43	M62：86 盂	灰绿		$Cu_2(OH)_2CO_3$、$Cu_3(OH)_2(CO_3)_2$、SiO_2

（续表）

墓号	序号	器物名	锈色	取样部位	XRD 检测锈蚀产物
M63	44	M63：69 鼎	草绿	耳部	$Cu_2(OH)_2CO_3$、$Cu_3(OH)_2(CO_3)_2$（少）、SiO_2（少）、Cu_2O（少）
	45*	M63：70 鼎	灰绿	外底部	Cu_2O、$Cu_2(OH)_3Cl$、$Cu_3(OH)_2(CO_3)_2$、SiO_2（少）
	46	M63：74 盉	灰绿	口沿部	$Cu_3(OH)_2(CO_3)_2$、$Cu_2(OH)_2CO_3$
	47	M63：76 方彝	灰绿	外壁	$Cu_2(OH)_2CO_3$、$Cu_3(OH)_2(CO_3)_2$、SiO_2、Cu_2O（少）
	48	M63：123 方盒	灰绿	内底部	$Cu_2(OH)_2CO_3$、SiO_2、$Cu_3(OH)_2(CO_3)_2$、Cu_2O（少）
M93	49*	M93：38 簋	白色	外腹部	$PbCO_3$、$Pb_2CO_3Cl_2$
	50	M93：32 甗	亮绿	外壁上部	$Cu_2(OH)_3Cl$、Cu_2O
	51	M93：53 提梁卣	灰绿	外壁	$Cu_2(OH)_2CO_3$、$Cu_3(OH)_2(CO_3)_2$、SiO_2、Cu_2O（少）
	52	M93：47 爵	灰绿	外壁	$Cu_3(OH)_2(CO_3)_2$、$Cu_2(OH)_2CO_3$
M102	53	M102：3 鼎	草绿	外底部	$Cu_2(OH)_2CO_3$、SiO_2、Cu_2O
	54	M102：11 鼎	草绿	足部	$Cu_2(OH)_2CO_3$、Cu_2O（少）、SiO_2（少）
	55	M102：21 簋	草绿	耳部	$Cu_2(OH)_2CO_3$、$Cu_3(OH)_2(CO_3)_2$（少）、Cu_2O（少）
	56	M102：13 匜	灰绿	外底部	$Cu_2(OH)_2CO_3$、$Cu_3(OH)_2(CO_3)_2$、SiO_2（少）
	57	M102：7 方彝	灰绿	内底部	$Cu_2(OH)_2CO_3$、SiO_2、Cu_2O（少）、$Cu_3(OH)_2(CO_3)_2$（少）
	58	M102：12 爵	灰绿	内底部	$Cu_2(OH)_2CO_3$、$Cu_3(OH)_2(CO_3)_2$、SiO_2（少）
M6131	59*	M6131：25 簋	灰绿	盖外壁	$Cu_2(OH)_3Cl$、Cu_2O、SiO_2（少）
	60*	M6131：21 矛	亮绿		$Cu_2(OH)_2CO_3$、Cu_2O、$Cu_2(OH)_3Cl$、SiO_2
M6197	61△	M6197：19 鬲	灰绿	外壁	$Cu_4(OH)_6SO_4$、$Cu_3(OH)_4SO_4$、Cu_2O、$Cu_2(OH)_2CO_3$
M6384	62	M6384：7 爵	灰绿	耳部	$Cu_2(OH)_2CO_3$、SiO_2、$Cu_3(OH)_2(CO_3)_2$（少）、Cu_2O（少）

说明：*含碱式氯化铜　★含其他氯化物　△含块铜矿或水胆矾等硫酸盐　○含其他硫化物

表 32-3 比浊法分析锈样的 Cl^- 和 SO_4^{2-} 结果

	Cl^-			SO_4^{2-}		
	<0.01%	0.01%—1%	>1%	<0.03%	0.03%—3%	>3%
器物件数	212	83	41	293	27	16
所占百分比	63.1%	24.7%	12.2%	87.2%	8%	4.8%

由分析结果可知,曲村样品有近40%的样品含氯较高,并且有相当一部分含有较高的 SO_4^{2-},这应与该地土壤中 Cl^-、SO_4^{2-} 含量较高有关。

三、铜器出土地点土壤分析

青铜器的锈蚀除与其化学成分、组织结构等器物本身的因素有关之外,外部环境的影响也很重要。许多研究者认为潮湿环境、氧化气氛、水溶性氯化物的存在是形成"粉状锈"的先决条件[ii],因此外部环境的分析对于锈蚀原因的探讨至关重要。对于出土青铜器而言,土壤的埋藏性质十分重要,除此以外还与地下水位的高低等大环境以及出土以前相邻的器物等具体的微环境有关,情况十分复杂。土壤的腐蚀性又与多种因素有关,比如土壤的可溶盐、pH值及电阻率等影响很大,这些影响又相互联系,因而对于土壤腐蚀特性的判定应该是综合性的[iii]。

天马—曲村遗址的"公墓"区东西长150米,南北宽130米。曲沃北山位于墓地北方,墓地周围由南向北地势渐渐升高,南面的最低点是毛张村南的浍河河谷。浍河为季节性河流,由东北向西南绕天马—曲村遗址,在遗址西约25公里处汇入汾河。邦墓区东西约400米,南北约500米,位于遗址西部。我们采集了3个墓的土壤样品,并检验了7个出土点的电阻率。

1. 土壤的电阻率测量

土壤电阻率是影响地下埋藏金属腐蚀的一个重要因素。我们采用 ZC-8 接地电阻测量仪(四端),用四电极法测量,即将 4 支金属探针垂直等距插入土壤,读表上的读数 R。探针插入土壤中的深度应<5% a。a 为每相邻两支探针之间的距离,等于欲测土层的深度。测得的结果为电阻 R,根据公式 $\rho_{15}=\rho[1+\alpha(t-15)]=2\pi aR[1+\alpha(t-15)]$ 计算土壤的电阻率:

ρ_{15}——土温为 15℃时的电阻率,

α——温度系数(一般为 2%),

t——测量时的土壤温度(指 0.5 m 以下的土温)[iv],

测得的结果见表 32-4。

表 32-4　土壤电阻率

墓号或位置		深度(m) / 电阻率(Ω·m)									
		9	8	7	6	5	4.5	4	3	2.5	2	1.5
M31			50.2		60.3			71.6			79.8	
M93				68.1		78.5			65.9			
M91			44.7		45.2			47.7				
M9			75.4		70.5			60.3				
M8 车马坑							60.8		61.2			54.6
粮店后面的邦墓	东西向	44.7		48.4		48.7				50.2		
	南北向	38.7		40.0		41.4				39.3		
另一处	东西向	39.3		42.2		40.8				34.5		
	南北向	42.4		42.0		45.5				41.6		

一般来说,土壤电阻率在 0—5 Ω·m 时土壤腐蚀性很高,5—20 Ω·m 时较高,20—100 Ω·m 时中等,大于 100 Ω·m 时较低[iii]。由表 32-4 可知这些土壤均属中度腐蚀的土壤,相比而言,在晋国墓地中,M91 及邦墓群的土壤腐蚀性较大。

2. 土壤 pH 值、可溶盐测定

我们采集了 M8 车马坑、M93、M91 的土壤,每个样品重 0.5 千克左右,采用离子选择电极分析,结果见表 32-5。

表 32-5 曲村晋国墓地土壤成分分析

墓葬	pH	成分含量(%)									
		CO_3^{2-}	HCO_3^-	Cl^-	SO_4^{2-}	NO_3^-	K^+	Na^+	Ca^{2+}	Mg^{2+}	全盐量
M8 车马坑	8.0	未测出	0.0398	0.0014	0.0117	0.0008	0.0012	0.0088	0.0114	0.0036	0.0568
M91	8.2	未测出	0.0355	0.0685	0.1186	0.0025	0.0014	0.0870	0.0151	0.0080	0.3179
M93	7.9	未测出	0.0394	0.0020	0.0065	0.0010	0.0014	0.0061	0.0109	0.0031	0.0508

由以上分析结果可知,三个土壤样品的 pH 值在 7.9—8.2 之间,说明土壤呈弱碱性。除 M91 外,Cl^- 含量远远小于 HCO_3^- 的含量。但是,土壤中的微量 Cl^- 有可能随同水分渗入锈层中,成为潜伏的"青铜病"根源。当器物出土后,如果保存环境有适宜的温湿度和酸度,就会使粉状锈呈恶性发展。

通过对 M8 车马坑、M91、M93 土壤的化学成分、pH 值和电阻率的检测,我们发现尽管当地土壤呈碱性,但 M91 土壤电阻率的数值却较其他墓葬小,表明其土壤的腐蚀性较大,其 Cl^- 含量远远高于其他墓葬,器物的锈蚀产物中富含 Cl^-,因此保存状况也较其他墓葬出土青铜器为差。

晋国墓地土壤中含 SO_4^{2-} 较多,导致器物的锈蚀产物也有较高的 SO_4^{2-} 含量,有部分硫酸盐锈蚀物呈粉末状。

四、讨论

古代青铜器历经千年沧桑,自然腐蚀是一个极为复杂的过程,几乎很难完满地用一简单的化学模式推测其腐蚀结构及机理。但是,形态各异的腐蚀产物成分的一致性似乎显示了外表上千差万别的青铜器的腐蚀过程的共同性，因此，在前人研究的基础上，我们可以根据具体的腐蚀产物的特点及当地的埋藏情况，对腐蚀过程做合理的推测。

据我们对天马—曲村晋国墓地出土的铜器分析[v]，这批铜器以锡青铜为主，即为 Cu-Sn 二元合金，也有少部分为 Cu-Sn-Pb 三元合金。它们一般以 α 固溶体枝晶和（α+δ）共析体组成，铅锡青铜还含有少量的游离 Pb，这种不均匀性可造成青铜的电化学腐蚀[vi]。在空气中铅首先被氧化，生成 PbO。在不含 Cl^- 和 SO_4^{2-} 的情况下，锡被氧化成 SnO_2，铜被氧化为 Cu_2O，进一步被氧化成 $Cu_2(OH)_2CO_3$ 或 $Cu_3(OH)_2(CO_3)_2$，Pb 被氧化成 $PbCO_3$。在含有 Cl^- 的情况下，它会优先侵蚀高锡相，故而 Cl^- 沿晶粒之间的腐蚀通道而进入基体纵深，直至动摇合金的整体结构。如果 Cl^- 先侵入，Cu 会在有 H_2O、O_2 的情况下生成 CuCl，并进一步被氧化为 $Cu_2(OH)_3Cl$，这是个迅速的过程；Cu 也会与 SO_4^{2-} 生成 $Cu_3(OH)_4SO_4$ 或 $Cu_4(OH)_6SO_4$。而在 Cu、Sn 氧化之后 Cl^- 再侵入，Cu_2O 会在 Cl^- 的作用下变成 $Cu_2(OH)_3Cl$，这是一个较为缓慢的过程，故前一步是粉状锈形成的主要途径。锈体形成后，沿着晶间腐蚀沟槽膨胀而出，使铜器表面疏松、变绿，此时外界的 Cl^-、SO_4^{2-} 及溶解氧更容易沿晶间进一步深入基体，形成另一个恶性循环。由于曲村土壤中富含 SO_4^{2-}，导致腐蚀产物中含有大量硫酸盐，这会导致锈体更加膨胀，更易产生裂隙，为 Cl 的侵入提供孔道。

从曲村青铜器的调查可以发现，不同出土点的器物锈蚀状况差别较大，甚至同一墓葬出土的青铜器也有一定的差异，影响这种现象的主要因素是制作工艺、埋藏环境和保存环境的差异。

一般而言，铸造得比较精细、表面及内部的缺陷较少、材质较致密的器物表面腐蚀较为轻微，它可以有效地防止电解液渗入金属内部进行电化学腐蚀，在 X 射线探伤照片中，我们可以看到锈蚀多发生在铸造缺陷周围。

此外，具有各种特殊表面层或经烧烤过的器物一般保存较好，经研究发现这些表面层富含二氧化锡，由各种标准自由能较低的氧化物和碳组成。尽管这些表面层具有一定的保护作用，但是由于生成的锈体密度小于合金基体密度，体积膨胀，这层表面层又较薄,有时表面依然会产生龟裂甚至破损[vi]。

墓葬土壤的性质对器物锈蚀状况的影响极大。尽管这三处土壤 pH 值接近,均呈碱性,土壤腐蚀性应很相近。但是 M91 的墓葬土壤中 Cl^-、SO_4^{2-} 含量远远高于其他墓葬,土壤电阻率小于其他墓葬,说明 M91 的土壤腐蚀性较大,而且 M91 已经塌陷,化肥、雨水等的大量灌入加剧了埋藏环境的恶化,检测到 M91 出土的青铜器锈蚀产物中富含 Cl^- 和 SO_4^{2-},很多器物上生有有害锈,保存状况较其他墓葬差。在这种腐蚀性较大的土壤中埋藏的器物很容易在温湿度较大的情况下按照上面分析的途径生成粉状锈,即有害锈在器物出土以前就已形成。

由 Cl^- 湿化学检测可知近 40% 的器物含有 Cl^-,如果保存环境有适宜的温湿度和酸度,且因种种原因如锈层破裂或去除,就会有粉状锈生成,并呈恶性循环发展。此外,空气中的灰尘吸收水分和化学物质后,在文物表面形成一层相对湿度较高的带有酸碱性的灰尘层,使得氯等有害物质得以侵入。因此,尽管有时器物所处的埋藏环境并不具有很大腐蚀性的土壤和很高的湿度,当出土后的青铜器处于湿度较大、温度较高、含尘量较大的环境中时,具有隐蔽性的有害锈仍会迅速显露出来。因此在青铜器的保护工作中,保存环境的条件也是至关重要的一环。

五、结论

(1)天马—曲村周代晋国墓地出土青铜器保存状况较差,锈蚀产物中富含氯铜矿和硫酸盐,这两种锈蚀产物来源于高氯、高硫酸根的土壤,高氯导致器物恶劣的保存状况。有相当部分器物表面有大面积疏松、粉状的锈蚀物,建议尽快采取保护措施。

(2)被火烧烤过的表面积有烟炱的器物保存较好,具有乌黑、铅灰金属光泽表面层或具有豆绿珐琅质光泽表面层的器物锈蚀较少,保存亦好。

(3)青铜器的腐蚀是一个极为复杂的过程,它既与铜器自身的合金成分、铸造工艺及后期热处理形成的金相组织、是否具有保护性的表面层等铜器自身的原因有关,又强烈地受到外界环境的影响。这一环境既包括器物的埋藏环境,也包括单个器物周围的微环境以及出土以后的保存环境。

参考文献

[i] 北京大学考古系,山西省考古研究所.1992年春天马—曲村遗址墓葬发掘报告[J].文物,1993,(3): 11 - 30.
北京大学考古系,山西省考古研究所.天马—曲村北赵晋侯墓地第二次发掘[J].文物,1994,(1): 4 - 28.
北京大学考古系,山西省考古研究所.天马—曲村北赵晋侯墓地第三次发掘[J].文物,1994,(8): 22 - 33.
北京大学考古系,山西省考古研究所.天马—曲村北赵晋侯墓地第四次发掘[J].文物,1994,(8): 4 - 21.
北京大学考古系,山西省考古研究所.天马—曲村北赵晋侯墓地第五次发掘[J].文物,1995,(7): 4 - 39.

[ii] 范崇政等.粉状锈研究及青铜文物保护[C]//科技考古论丛编辑组.科技考古论丛.中国科技大学出版社,1991.

[iii] 朱日彰,杨德钧,沈卓身等.金属腐蚀学[M].冶金工业出版社,1989.

[iv] 全国土壤腐蚀网站编.材料土壤腐蚀试验方法[M].科学出版社,1990.

[v] 刘煜,原思训,张晓梅.天马—曲村周代晋国墓地出土青铜器锈蚀研究[J].文物保护与考古科学,2000,12(2): 9 - 18.

[vi] 刘成、程德润、赵明仁.古代青铜器锈蚀机理研究[C]//科技考古论丛编辑组.科技考古论丛.中国科技大学出版社,1991.

(原载于《考古》2000年第9期。)

33

天马—曲村周代晋国墓地出土青铜器锈蚀研究*

天马—曲村遗址位于山西省曲沃县,是近年来极为重要的考古发现,其中周代晋国墓葬是其最重要的组成部分,出土了大量造型精美、铭文清晰的青铜器,对于晋侯的先后序列及周王朝起讫年代的确定有重要的参考意义。这些器物在地下埋藏时处于极为缓慢的腐蚀过程中,出土后环境发生剧变,一些具有严重危害性的活性锈的腐蚀作用可能给青铜文物带来致命损害。保护处理必须建立在锈蚀研究的基础上,因此对该地青铜器的锈蚀研究至关重要。

样品主要来自遗址中部偏北的西周晋侯墓地(即所谓"公墓")[i][ii],运用等离子体发射光谱(ICP)、扫描电镜(SEM)、X射线电子能谱(EPMA)、X射线荧光光谱(XRF)、金相分析等分析方法,分析了样品的合金成分、金相组织及表面层结构,比较了合金基体与表面层的成分变化及表面的结构形态。通过这些分析,试图探讨晋国墓地青铜器的腐蚀特征、腐蚀的原因及锈蚀机理,以便为青铜藏品保护及以后的现场保护提供参考。

一、铜器基体合金成分分析

采用 Leeman Labs Inc. 产 PLASMA – SPEC 等离子发射光谱仪分析了公墓铜器残片98件,因篇幅所限,其中39件的结果见表33-1。

由表33-1可以看出,在所分析的铜器中,大多数为锡青铜(铜—锡二元合金)、铅锡青铜(铜—锡—铅三元合金),2件为类青铜[iii]。由北大赵匡华分析的曲

---

* 作者:刘煜(中国社会科学院考古研究所),张晓梅、原思训(北京大学考古系)。

表 33-1 青铜基体合金成分(%)

墓号	样品号	样品名称	元素						
			Cu	Sn	Pb	Bi	Fe	Mg	Al
M9	304	鼎	68.67	11.69	0.60	0.56	0.43		
	411	簋	72.02	13.18	2.39	0.46	0.03		
	420	壶	68.74	12.10	4.67	0.44	0.02		
	448	提梁卣	65.98	17.01	0.65	0.48	0.10		0.01
M11	43	鼎	74.54	10.72	5.30	0.74	1.10		0.01
	109	壶	85.02	11.89	0.18	0.66	0.16		0.03
	86	簠	74.36	11.80	0.16	0.64	0.74		0.04
M33	91	鼎	73.96	10.70	0.57	0.51	0.74		0.01
	110	鼎	75.36	8.67	0.65	0.54	0.96		0.01
	18	盂	66.84	12.86	1.27	0.50	0.62		0.01
M91	140	鼎	78.27	12.26	0.95	0.46	1.26	0.03	0.01
	241	盂	72.11	8.16	1.24	0.48	1.10		0.02
	135	戈	62.94	15.78	0.49	0.43	0.58		
	207	戈	67.56	14.60	0.32	0.43	0.09		
	6	軛圈	58.46	12.15	5.24	0.41	0.36		0.01
M92	5	鼎	71.94	12.92	0.67	0.51	0.75	0.01	0.01
	4	壶	82.96	11.25	1.00	0.67	1.06		0.04
	12	盂	82.56	10.80	0.20	0.55	0.71	0.01	0.01
	111	軛饰	78.01	9.62	1.60	0.59	0.95		0.02
M8	27	甗	65.71	9.72	0.13	0.68	0.80		0.05
	36	铜鱼	81.74	8.26	0.09	0.64	0.28		0.01
	52	镞	81.02	10.12	0.68	0.45	0.07		0.03
M31	失号	鼎	86.94	1.20	1.42	0.57	0.32	0.01	0.02

（续表）

墓号	样品号	样品名称	元 素						
			Cu	Sn	Pb	Bi	Fe	Mg	Al
M31	8	盉	80.83	10.76	0.48	0.56	0.12		0.03
	33	铜鱼	80.60	4.55	0.85	0.51	0.43		0.02
M64	126	鼎	87.55	4.90	0.27	0.55	0.87		0.04
	115	方座簋	75.47	5.77	0.31	0.45	1.03		0.02
	142	兔尊	76.75	9.92	0.77	0.66	0.83		0.04
M62	86	铜鱼	84.45	2.68	1.84	0.52	0.01		0.02
	90	铜鱼	88.09	0.24	0.62	0.53	0.01		0.02
M63	68	銮铃	71.17	12.94	0.09	0.52	0.19		0.02
	86	方座筒形器	73.58	9.57	1.66	0.57	0.02		0.02
	81	壶	74.60	6.97	0.17	0.43	0.17		0.03
M93	34	鼎	72.97	5.50	6.24	0.41	0.77		0.03
	42	簋	76.10	13.55	0.29	0.63	0.44		0.03
	168	铜鱼	69.41	10.06	9.75	0.44	0.24	0.01	0.02
M102	9	簋	73.99	10.14	3.35	0.57	0.43		0.02
	14	盘	60.77	6.29	15.40	0.53	0.01		0.04
	43	铜鱼	77.27	8.37	6.06	0.48	0.12		0.04

村邦墓样品也得到了类似的成分结果[iv]。因此我们可以认为晋国墓地铜器以锡青铜为主，其他成分有 Bi、Fe、Mg、Al。其中，Bi 含量的最高值为 0.74%，Fe 含量的最高值为 1.26%，均小于 2%。Mg、Al 都极微量，故很可能它们系由原料带入合金的杂质。

几乎所有铜器的金属元素含量测定值总和都低于 100%，晋国墓地的铜器大部分甚至不到 90%，远超过实验误差所允许的范围。我们认为，造成含量百分比偏低的重要原因是铜器受到较严重的腐蚀。尽管我们将所有样品的锈蚀层打磨干净，并用乙醇清洗，肉眼很难看到被锈蚀的部分，但是在金相显微镜下可以发现，绝大部分样品组织内均有不同程度的锈蚀,有的样品截面上甚至可见红色透明的氧化亚铜。还有的样品可能基体内部还有铸造缺陷,并可能已被锈蚀。组织内的锈蚀和样品心部的锈蚀无法清除,而我们又未检测非金属元素的含量,以上两者导致所得金属元素含量总和明显低于 100%。

二、金相显微分析

我们从已测过化学成分的曲村铜器中选取了 52 件器物的残片,在金相显微镜下观察组织情况,其中 27 件的结果见表 33-2。

表 33-2 样品的金相组织

墓号	器物号	器物名	金 相 组 织
M9	411	簋	被打破的铸造枝晶组织,可能经过热加工
	420	壶	细小弥散的铸态组织,细小的不规则物为($\alpha+\delta$)共析相
	448	提梁卣	铸态组织,($\alpha+\delta$)相已被锈蚀
M13	43	鼎	退化树枝晶,($\alpha+\delta$)相已被锈蚀,有再沉积铜
	109	壶	残破的枝晶组织,似经过热处理,($\alpha+\delta$)相已被锈蚀
M33	91	鼎	细碎等轴晶,α 单相组织,晶界处有锈蚀
	18	盂	退火组织,沿晶界($\alpha+\delta$)相被锈蚀
M91	140	鼎	α 单相等轴晶组织,有退火孪晶,浅蓝色为 CuS 夹杂物,锈蚀轻微,见图 33-2
	241	盂	锈蚀严重的退火组织,($\alpha+\delta$)相被锈蚀,沿锈蚀边缘有大量再沉积铜,见图 33-1
	433	甗	较粗大的再结晶组织,($\alpha+\delta$)相及 α 相均被锈蚀,有数量较多的再沉积铜沿被腐蚀的($\alpha+\delta$)共析相边界析出
	135	戈	粗大树枝晶,中间有裂纹,有大量河流状的再沉积铜沿裂纹走向析出
	207	戈	铸态组织,白色基体为 α 相,斑纹多角状相为共析体

(续表)

墓号	器物号	器物名	金 相 组 织
M92	5	鼎	粗大再结晶组织,沿晶界锈蚀
	111	轭饰	典型铸态枝晶组织,(α+δ)相已完全被锈蚀,见图33-4
M8	27	甗	锈蚀严重的再结晶组织,(α+δ)相被锈蚀,组织内有大块的再沉积铜
	36	铜鱼	细小弥散的铸态组织,(α+δ)相被锈蚀
M31	失号	鼎	锈蚀轻微的再结晶组织
	33	铜鱼	铸态枝晶组织,(α+δ)相被锈蚀
M64	126	鼎	锈蚀严重的枝晶组织,局部有再结晶,(α+δ)相被锈蚀,沿晶界有再沉积铜
	115	方座簋	粗大枝晶组织,(α+δ)相锈蚀严重,心部被软化,组织细小,沿锈蚀边界有再沉积铜析出
	142	兔尊	细小弥散枝晶组织,(α+δ)相被锈蚀,有大量氧化物颗粒,见图33-6
M62	68	銮铃	锈蚀严重的枝晶组织,α相被腐蚀,有晶内偏析,再沉积铜在枝晶枝干上析出,见图33-5
M63	86	方座筒形器	锈蚀严重的铸态组织,(α+δ)相被锈蚀,心部组织细小
	168	铜鱼	细小弥散的铸态组织,有大量的黑色游离铅,沿被腐蚀的晶界有再沉积铜析出
M93	42	簋	锈蚀严重的枝晶组织,(α+δ)相被锈蚀,沿晶界有再沉积铜
	168	铜鱼	细小弥散的铸态组织,有大量的黑色游离铅,沿被腐蚀的晶界有再沉积铜析出
M102	14	盘	细小弥散的铸态组织,有大量的黑色游离铅,沿δ相有再沉积铜析出,见图33-3

从表33-2可以看出,这批器物的金相组织整体上分为两大类:铸态的粗大枝晶,或经过热处理的再结晶组织。大部分器物的再结晶组织是趋于等轴晶的热锻或退火组织,如图33-1。

也有个别器物完全消除了枝晶偏析,从而表现出α单相组织,并有退火孪晶,如图33-2。再结晶退火可以改善材料塑性,降低它们的硬脆性。再结晶组织的腐蚀均是在晶粒的晶界间发生的,并向晶粒中心推进;在未完全腐蚀的基体外层,常可看到孤立状的 α 晶粒,如图33-2。如果晶间有夹杂相,往往锈蚀加剧,如图33-1。

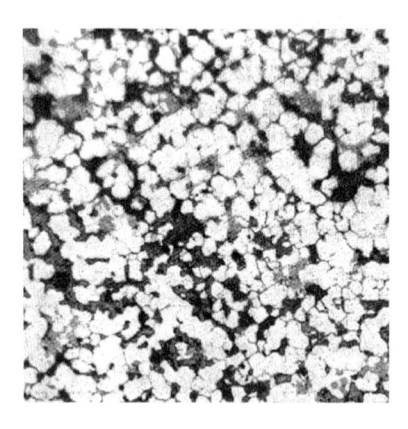

图33-1　M91∶241 盂金相组织(×160)　　图33-2　M91∶140 鼎金相组织(×200)

对于铸态组织,由于高铅的存在又使得一些器物的组织显示为细小弥散的 (α+δ)共析体散布在基体上(如图33-3);铅含量低的器物则呈现粗大的枝晶形态(如图33-4)。锈蚀一般从表面开始沿(α+δ)共析体相向基体内延伸。在未完全腐蚀的基体外层,常可看到残留的树枝状 α 相(如图33-4)。

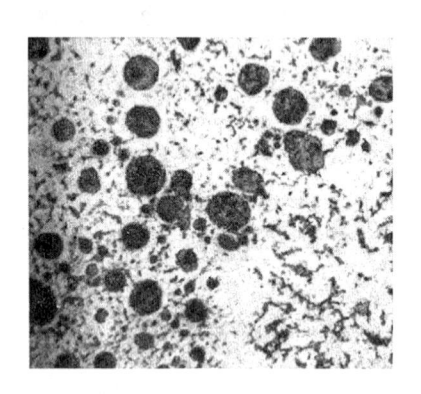

图33-3　M102∶14 盘金相组织(×160)　　图33-4　M92∶111 轭饰金相组织(×160)

相比而言,再结晶组织的锈蚀较铸态组织轻微。绝大部分器物都是(α+δ)相先被腐蚀,也有 α 相先被腐蚀或两者都已被腐蚀的情况(如图33-5),这种样品一

般锈蚀较为严重,腐蚀在晶内发生。一般沿着腐蚀边缘或 δ 相边缘有再沉积铜析出,它是一种腐蚀产物。在锈蚀严重的样品上,它被氧化为氧化亚铜(如图 33-6)。由于具有再结晶组织的器物器壁较薄,而且我们取的样品多为残片,致密的组织结构早已被打破,因此这种耐蚀的组织也发生了锈蚀,但与处于同样条件下的具有枝晶组织的样品相比,锈蚀仍要轻微一些,尤其是 α 单相组织具有很好的抗蚀性能,样品上可见锈蚀极其轻微。

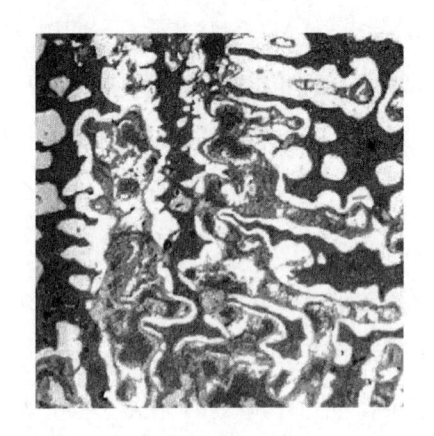

图 33-5　M62:68 銮铃金相组织(×500) 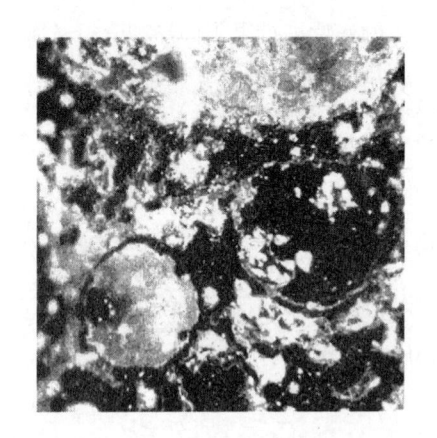　　图 33-6　M64:142 兔尊氧化物颗粒(×500)

金相下,通常青铜残片从外层向基体可分为三部分:最外层为完全矿化层,肉眼观察有蓝绿色、黑色、棕黑色及砖红色等锈蚀产物,暗场下观察锈蚀颜色有红、黑、橙、蓝、绿、白等呈层状或交混相交分布;中间为部分腐蚀区,可见残留的 α 树枝晶或 α 等轴晶,因青铜残片保存的好坏程度不同而薄厚不一;内部为完全未受腐蚀的金属基体。

三、样品表面形貌观察、成分分析及合金基体与锈层的元素分布分析

扫描电镜可以对青铜残片的剖面和表面作形貌观察,并可进行微区成分分析、元素线扫描分析,结合 X 射线荧光分析,可以了解表面层及腐蚀层中元素的分布与迁移情况。

元素线扫描分析采用 HITACHI S-450 型 SEM，EDAX9100 能谱仪；元素的微区成分分析采用 OPTON 公司生产的 CSM950 型扫描电镜能谱分析仪；部分样品表面层成分分析采用 BAIRD 公司产 QuanX 型 X 射线荧光能谱仪和北京大学产 BD-86 型 X 射线衍射仪。

在曲村调查时发现具有铅灰、豆绿色及黑色表面层的器物保存较好，具有烟炱的器物也保存较好。因此，我们对 M92∶5 鼎（铅灰表面层）、M91∶207 戈（豆绿表面层）的残片进行了表面形貌分析及微区成分分析；对 M9∶448 提梁卣、M91∶135 戈、M91∶6 轭圈作了形貌观察及剖面从表向里不同部位的成分分析；并对 M91∶135 戈、M91∶6 轭圈残片作了铜、锡、铅、氯的线扫描分析，所得的成分结果见表 33-3，背散射图及元素 EDAX 线分析见图 33-7 和图 33-8。此外，我们还对 M92∶5 鼎（黑色表面层，M92∶5 鼎的碎片带有不同的表面层）和 M93∶34 鼎（带烟炱）的两块残片样品进行了 X 荧光分析，对做过形貌分析的 M92∶5 鼎（铅灰表面层）及 M91∶207 戈（豆绿表面层）的两块残片做了 XRD 分析，结果见表 33-4。

对样品的逐层分析及线扫描图像表明，受到腐蚀的青铜器在矿化层里面的表面层有锡富集、铜流失现象。对于基体中含铅的青铜，在表面层内也有铅富集现象。在矿化层中有各种杂质如铁、硅、铝、钙、钾、氯等，这些杂质都是从外界进入的。其中铁、硅在表面层中也有富集的现象，而氯明显有沿着缝隙、缺陷等向纵深侵入的倾向。

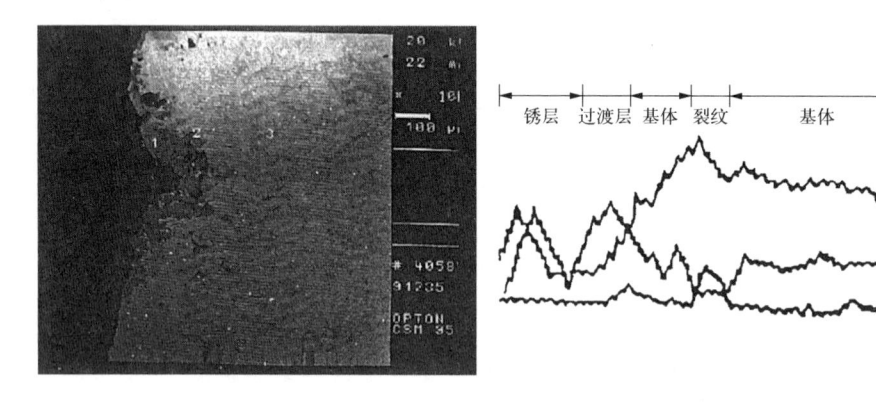

图 33-7 M91∶135 戈背散射图及元素线分析曲线

a. M91∶135 戈背散射图　　b. M91∶135 戈元素线分析曲线

表33-3 扫描电镜能谱分析结果

样品名称	区域	元素									
		Cu	Sn	Pb	Fe	Cl	Si	Al	K	P	Ca
M92：5 鼎	表面层暗区	64.92	24.36	1.55	5.50		1.39	2.28			
	表面层亮区	53.61	21.94	1.43	21.54		1.48				
M91：207 戈	表面层	25.40	59.38		8.38	0.44	2.88	1.16		1.98	
M9：448 提梁卣	1（最外层）	64.07	1.65	1.11	2.55		19.75	9.11	1.08		0.67
	2（矿化层）	55.11	2.57	0.63	3.68		16.22	14.32	1.78		0.68
	3（过渡层）	91.42	0.15	6.36	0.03		0.38	1.53			0.14
	4（基体）	59.96	31.70		0.31			1.25	2.21		4.57
M91：135 戈	1（矿化层）	23.66	59.00		12.31		2.78		2.75		
	2（过渡层）	43.99	44.83		7.76		1.84		1.58		
	3（基体）	79.57	15.66		0.42		0.79				3.55
M91：6 轭圈	1（最外层）	98.57			1.43						
	2（矿化层）	72.75			27.25						
	3（白色夹杂）	16.20		83.80							
	4（矿化层内侧）	93.80			6.20						
	5（过渡层）	63.41	18.10	5.15	0.86	11.84	0.63				
	6（基体）	81.43	14.09	2.92	0.53	0.56	0.48				
	7（矿化层）	63.04	10.10	5.22	0.52	0.52	0.60				

表33-4 表面层组成

名称	表面层	测试方法	氧化物组成
M92：5 鼎	铅灰表面层	XRD	$CuFeS_2$、Cu_2FeSnS_4、SnO_2、Cu_2O
M91：207 戈	豆绿珐琅质表面层	XRD	SnO_2、$CuFeS_2$、$Cu(OH)_2CO_3$、Cu_2O
M93：34 鼎	表面有黑色烟炱	XRF	C、CuO、PbO、CaO、SnO_2、SiO_2、Al_2O_3、P_2O_5、Fe_2O_3、Cr_2O_3、MgO
M92：5 鼎	黑色表面层	XRF	CuO、C、SnO_2、Fe_2O_3、SiO_2、CaO、Al_2O_3、MgO、PbO

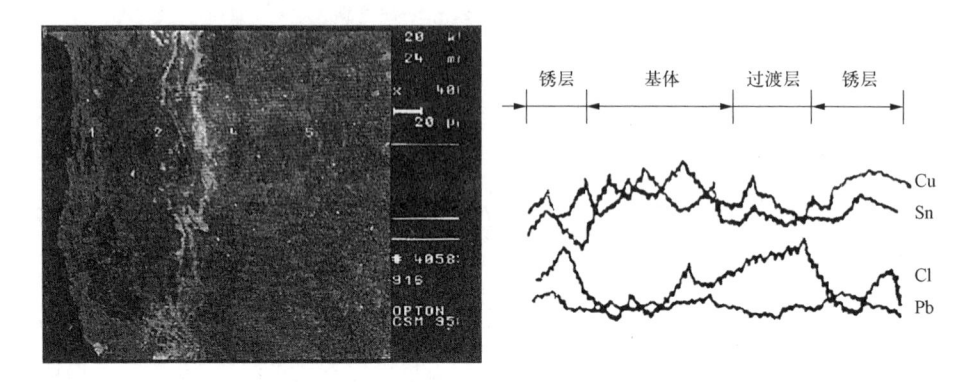

图 33-8 M91：6 轭圈背散射图及元素线分析曲线

a. M91：6 轭圈背散射图　　b. M91：6 轭圈元素线分析曲线

表面层形貌及成分分析的结果结合 X 荧光分析结果表明,各种表面层内均有锡和硅的富集现象,使其呈现出光泽,具有一定的保护作用。各种标准自由能较低的氧化物[v]、硫化物及碳的存在形成了特殊的颜色,并增加了这种保护作用。在扫描电镜下 M92：5 鼎的铅灰色表面层并不像目视观察得那样均匀,而是由亮暗不同的若干个小区域交错排列而成,对亮区和暗区的成分分析表明有锡的富集现象,另外铁的含量也较高,亮区和暗区的成分差别主要表现在铁上。经过 XRD 分析测试,证明表面层中的铁以黄铜矿($CuFeS_2$)、黄锡矿(Cu_2FeSnS_4)两种矿物形态存在。一般情况下,所有青铜器物中铁含量均很低,这些铁显然来自外界,特别可能来自土壤,由于土壤厌氧硫酸菌的作用,使铁聚集于表面。M91：207 戈豆绿表面形貌像编织图案,比较均匀,锡含量很高,也有较高的铁含量,这与我们对锈蚀产物中富含硫酸盐的原因的推测是一致的。总体来说,尽管这些表面层均具有一定的保护作用,但由于有较多锡元素氧化,使体积严重膨胀,故表面龟裂及由此产生的破损在所难免,仍旧不能完全有效地保护合金基体免受腐蚀。相比而言,烧烤过的带烟炱的表面层中含锡量较低,表面层产生破损的情况较少,保护作用相对较好。

四、讨论

根据ICP成分分析结果可知,曲村晋国墓地铜器以锡青铜为主,但也有接近四分之一的青铜器为铅锡青铜。金相分析表明,它们的金相组织为单相的α固溶体及多相的固溶体、($\alpha+\delta$)共析体,铅常以游离状态存在于单相和多相体系中,因此存在大量的晶界和相界。当土壤电解液具有氧化性时,这些不同区域就会由于成分差异形成腐蚀原电池,晶界为阳极,晶粒为阴极,从而导致晶界区快速溶解,产生晶间腐蚀。金相分析中所观察到的表面锈蚀沿晶界向基体延伸的现象,就是由晶间腐蚀引起的。这种延伸为外部电解液进入基体提供了通道,导致腐蚀的继续深入。

在青铜合金元素中,铅是最易受腐蚀的。铅离子作为电解液成分,可以被电解液沿晶间的通道迁移到表面,形成铅的腐蚀产物沉积于矿化层中,或者与电解液作用形成铅的化合物,并沉积在铅溶解所形成的孔洞中,这就是通常在显微镜下观察到的深灰色球状的铅锈蚀。

青铜合金中的铜原子与锡原子也较易被氧化,因此青铜合金中的高锡相首先被侵蚀。通常都从器表的δ相开始发生晶间腐蚀。随着腐蚀程度加深,α相也会被腐蚀。由于($\alpha+\delta$)共析体内晶界较多,所以($\alpha+\delta$)比纯δ更易腐蚀。这就是在金相显微镜下观察到的一些青铜残片的腐蚀沿着($\alpha+\delta$)共析体往里推进,直到消失,且在部分腐蚀区外层可看到未被腐蚀的残留的岛屿状α相。但有时也有相反的情况发生,α相先腐蚀,残留δ相[ii][vi],这可能是由于气候、土壤及保存条件不同所致,比如Macleod所说的腐蚀取决于氧的分压[vi]。Macleod发现[vii],在海水中,暴露较好的富氧环境中,富铜的α相被腐蚀;在缺氧的条件下,富锡的δ相被腐蚀。

如果对青铜合金进行退火处理,则可消除枝晶偏析,形成α单相等轴晶组织。如果退火处理不完全,常在等轴晶间夹杂着δ相或($\alpha+\delta$)共析体,成为腐蚀较易发生的部位。由于大部分礼器均没有需要退火处理的理由,但有不少器物有灼烧的痕迹,故我们推测可能是在使用过程中加热造成的局部组织变化。就α单相等轴晶组织而言，由于其化学成分均匀，不易形成腐蚀原电池，所以比较耐腐蚀。在前面分析的青铜器残片中，呈现退火组织的样品非常薄，但能耐 2000 多年的自然腐蚀过程仍保留有金属基体，就是一个很好的证明。

曲村周代晋国墓地出土青铜器表面层均有富锡的现象，这是由于埋藏在土壤中的青铜器表面层中的铜被氧化为铜离子，不断向表面迁移，锡的氧化物不溶于水，因此在原地沉积的缘故。对于含有铅的青铜来说，被氧化的铅离子大部分以氧化铅和碳酸铅的形式沉积于原处，少量的铅离子与铜离子一起迁移出表面层。因此，表面层也有并不显著的铅的富集现象，同时在矿化层中也有铅盐沉积。

铁、硅在土壤中往往是以具有表面活性的氧化物凝胶形式存在的，与水合的二氧化锡胶体之间有很强的亲和力，从而导致铁、硅在青铜表面层的富集。

部分带有铅灰、黑亮金属光泽或豆绿珐琅质光泽表面层的器物保存状况较好，其中具有黑亮、铅灰金属光泽表面层的器物的保存状况又好于有豆绿珐琅质光泽表面层的器物。此外，部分被火烧烤过、留有烟炱的器物通常也保存较好。这几种表面层成分均含有二氧化锡，即表面富锡，形成这种富锡层的原因可能有二：一是由于化学腐蚀的缘故，在适当的埋藏环境中，由于选择性腐蚀，在含锡量高于 20% 的高锡青铜器表面层中，富铜的 α 固溶体优先腐蚀，而保留较多的 $(\alpha+\delta)$ 相。二是青铜存在反偏析的现象，即在铸件表面形成一层富锡的共析体，称为"锡汗"。研究表明：发生锡汗的可能性随含锡量增多而增加，当铸件含锡 10%—14% 时，发生锡汗的可能性最大。如果合金在还原气氛中熔化，或者铸件冷却很快，表面层中发生富锡共析相反偏析的倾向较大。由锡汗引起的表面富锡层的金相组织是 $(\alpha+\delta)$ 共析体，共析体的岛屿状 α 固溶体形状不规则，基体金属的组织是含锡量较低的铸造组织，即 α 固溶体的树枝状枝晶明显，含有少量 $(\alpha+\delta)$ 共析体，有一枝状的 $(\alpha+\delta)$ 组织支脉与表面层的锡汗组织相联结。这些具有特殊表面层的器物含锡量不尽相同，如果将测得的成分归一到 100%，可以发现大部分含锡量在 20% 以上，因此前一种原因较为重要。

以下我们主要根据表面层成分的标准自由能进行一些关于这些表面层耐蚀性的探讨。

（1）黑色带烟炱的表面层主要成分为 C、CuO、PbO、CaO、SnO_2、Al_2O_3、P_2O_5、

Fe_2O_3、Cr_2O_3、MgO，即以碳和各种氧化物为主。由于碳含量很高，而 SnO_2 含量较低，故表面呈黑色，且不发亮。CuO 的标准自由能较低（$\Delta G_{298} = -127.2$ kJ·mol^{-1}），且 CuO 较为致密坚固，SnO_2（$\Delta G_{298} = -524$ kJ·mol^{-1}）、SiO_2（$\Delta G_{298} = -805$ kJ·mol^{-1}）的标准自由能更低，碳的存在可能又增强了其抗蚀性能，故对青铜基体有较好的保护作用。多次加热烘烤，类似局部的热处理，有可能改善组织，增强抗蚀性能。

（2）黑色金属光泽表面层主要成分为 CuO、C、SnO_2、Fe_2O_3、SiO_2、CaO、Al_2O_3、MgO、PbO 等。CuO 是一层致密的黑色物质，它和碳一起形成了表面的颜色，而较高的 SnO_2 含量又形成了表面的光泽。CuO 的标准自由能较低，Fe_2O_3 的标准自由能更低（$\Delta G_{298} = -741.0$ kJ·mol^{-1}），SnO_2 的标准自由能介于二者之间，再加上碳的保护作用，使得这样的表面层有较强的保护作用。

（3）铅灰金属光泽表面层主要成分为 $CuFeS_2$、Cu_2FeSnS_4、SnO_2、Cu_2O。前两种矿物均呈黑色，质地致密坚固，具有较好的保护作用。SnO_2 的存在不仅加强了这种保护作用，而且与这些矿物一起使器物呈现铅灰光亮的金属光泽。

（4）豆绿珐琅光泽表面层主要成分为 SnO_2、$CuFeS_2$、$Cu(OH)_2CO_3$、Cu_2O，其中 SnO_2 含量最高。这种表面因为碱式碳酸铜和白色透明锡石的存在而呈现美丽的豆绿珐琅质光泽。尽管 SnO_2 的能态较低，但是由于表面富锡造成体积膨胀，表面易产生龟裂损伤，且 SnO_2 微细多晶较易被破坏，故而这种表面层的保护作用略逊于另外几种表面层。

尽管这些表面层具有一定的保护作用，但由于大量 Sn 元素氧化使体积严重膨胀，故表面龟裂及由此产生的破损在所难免，仍旧不能完全有效地保护合金基体免受腐蚀。相比而言，烧烤过的带烟炱的表面层中含锡量较低，表面层产生破损的情况较少，保护作用较好。

五、结论

（1）天马—曲村周代晋国墓地出土铜器以锡青铜为主，也有部分铅锡青铜，锡、铅含量均不是很高。金相组织呈现铸态的树枝晶或者再结晶组织，前者的锈蚀程度大于后者。铅呈游离态分布,富集于表面的铅易形成铅锈蚀。

（2）铜器表面层有富集锡、铅、硅、铁的现象,可能主要是自然腐蚀所致。

（3）含锡量较高的铜器沿 δ 相边界有大量再沉积铜生成,它是一种锈蚀产物,基体锈蚀严重时又被氧化为 Cu_2O。

（4）具有乌黑、铅灰金属光泽表面层的器物以及具有豆绿珐琅质光泽的器物保存较好,这主要是由于表面富锡和具有各种较低的标准自由能的保护性的氧化物所致。被火烧烤过的、表面沉积有烟炱的器物保存较好的原因,除表面富锡外,还有表面反复灼烧而局部热处理的原因。但是由于表面层大量锡被氧化造成体积膨胀,表面产生龟裂甚至破损在所难免,故而不能完全有效地起到保护作用,这在含锡量较高的豆绿珐琅质光泽表面层的器物尤为明显。

（5）氯离子明显有沿着缝隙、缺陷等向纵深侵入的倾向,腐蚀一般优先从高锡相开始,沿晶界形成腐蚀通道,但是也存在例外,这取决于外界环境的因素。

参考文献

[i] 北京大学考古系,山西省考古研究所.1992 年春天马—曲村遗址墓葬发掘报告[J].文物,1993,(3)：11-30.

[ii] 北京大学考古系,山西省考古研究所.天马—曲村北赵晋侯墓地第五次发掘[J].文物,1995,(7)：4-39.

[iii] 吴来明."六齐"、商周青铜器化学成分及其演变的研究[J].文物,1985,(11)：76-84.

[iv] 赵匡华,陈荣.天马—曲村遗迹青铜样品检测结果报告[C]//邹衡主编.天马—曲村（1980—1989）.科学出版社,2000：1172-1173.

[v] 兰氏化学手册[M].科学出版社,1991.

[vi] Scott D A. Bronze disease：A review of some chemical problems and the role of relative humidity[J]. Journal of the American Institute for Conservation, 1990, 29（2）：193-206.

[vii] Hanson D, Pell-Walpole W T. Chill-cast tin bronzes[M]. London：Edward Arnold Co. 1951：211-213.

（原载于《文物保护与考古科学》2000 年第 2 期。）

34
几种常温自交联丙烯酸树脂非水分散体的制备*

一、非水分散材料简介

非水分散材料英文称为 non-aqueous dispersion(NAD)，译为非水分散体，也称为非水分散乳液[i]和非水分散涂料。自20世纪60年代初英国ICI公司开发这种材料[ii][iii]以来，非水分散材料的研究已经历了40年左右的历程。该类材料在金属和建筑涂料、粘合剂、油墨等领域都有着广泛的用途。此前，涂料工业主要以溶剂型涂料为主，这类涂料因含有毒性的溶剂而污染严重；开发非水分散涂料的目的在于寻找一种低污染、节约能源的涂料。虽然以后发展了以水为分散剂的乳液型涂料，并取得了更广泛的应用，但由于各自不同的特点，非水分散材料仍有其不可取代的优点。

非水分散类材料是将聚合物以胶态粒子(粒径0.01—30微米)形态分散在有机稀释剂中，这些稀释剂对聚合物是不溶解或难以溶解的。非水分散液中的胶态粒子是有机高聚物，这种材料研制初期主要是丙烯酸酯型，以后开发了聚酯、聚酰胺及聚氨酯型非水乳液[iv]。所采用的稀释剂多为非极性溶剂，主要是脂肪烃，也有采用醇、酯等的。非水分散类材料的制备方法有两种，一种是合成法，另一种是转化法。

(1) 合成法：采用化学合成的方法制备，在高分子合成上叫作分散聚合。这种方法由英国ICI公司于20世纪60年代首创，并在短期内得到迅速发展，基本的制备步骤包括稳定剂的制备和分散体的制备，其中稳定剂的制备是关键的步骤，有

---

* 作者：周双林、原思训(北京大学考古文博学院)，郭宝发(秦始皇兵马俑博物馆)。

关的制备方法在一些专利文献[v]和论著[vi]中有所报道。合成法制备非水分散体需要经过多个高分子合成步骤。

（2）转化法：是以有机高分子的水乳液为起始材料，经过某种材料的添加改变胶体的表面性质，使其由水体系转移到有机溶剂体系中。这种方法于20世纪70年代初见于一些专利[vii][viii]，在文献[ix]中叙述了采用阳离子表面活性剂将高分子材料的水乳液转换成非水分散体的原理、方法及多个例子。转化法可将多种类型的以阴离子表面活性剂为乳化剂的水乳液转化为非水分散体，这些乳液包括氯丁二烯、1-丁二烯、2-丁二烯、异戊二烯、醋酸乙烯、氯乙烯、苯乙烯、丙烯腈、丙烯酸酯、甲基丙烯酸酯等的均聚物或共聚物乳液。在转化过程中使用的阳离子表面活性剂有：双十二烷基二甲基氯化铵、月桂胺、肉豆蔻胺、三辛胺等。

转化法以现有乳液为原料，制备方法较合成法简单易行。所形成的非水分散体特点是固含量高、粘度低，被用作粘合剂、装饰性或保护性涂料。

二、研制目的

转化法制备非水乳液虽然方便易行，但由于在制备过程中加入了表面活性剂，使材料在某些性能上有所下降，致使这种方法在后来并没有被很好地利用，非水分散体主要用合成法制备。

经过近40年的发展，转化法采用的原料乳液已经有了很大发展，比如研制出了各种低温自交联乳液、耐候性良好的有机硅改性丙烯酸树脂乳液等。在这种情况下重新利用转化法制备非水分散类材料，有望获得一些性能独特的材料。例如，乳液在低于成膜温度时难以施工，对惧水的底材因为水分有破坏作用难以使用等，在这些情况下就可以使用非水分散材料。例如，在文物保护工作中，土遗址的防风化保护是一个重要课题，一些以土为主要组成的城墙、房屋、窖穴、窑炉、粮仓等遗迹由于各种自然因素的作用，发掘后不久就会产生风化现象，主要表现为表面疏松脱落等。为了控制这种现象发生，为了保护土遗址，文物保护界经常采用化学材料对土遗址表面进行喷涂，以期提高其耐风化能力。在对土遗址进行防风化加固保护试验时,发现乳液与黄土混合固结后能提高强度,固结体有好的耐水性,虽然这有利于土遗址的保护,但当用乳液去喷涂或浸渗土遗址时,由于水的存在,土遗址表面会变形、脱落甚至崩塌,这是文物保护所不允许的,因此本文作者设想有一种与乳液有同样加固效果,同时又对土遗址没有破坏的材料,而非水分散材料就符合这种要求。根据这种需要,采用乳液发展中的新材料试制出几种性能优良的非水分散材料。

三、制备方法

常温自交联丙烯酸树脂乳液的特点是由于含有自交联基团,在常温下能够在不加交联剂的情况下交联成膜,这种膜具有很好的耐候性。将这种材料进行有机硅改性形成的丙烯酸树脂乳液,具有更好的耐候性,并具有斥水性和耐污染性。它们被广泛地应用于涂料、纺织等行业。

虽然有以上优点,因它们以水为分散剂,对一些遇水会产生毁坏的底材进行施工时,会产生不当的影响,因而有必要进行一些相应的转化,如将水乳液转变为非水分散体。

前面已谈到将高分子材料的水乳液转换成非水分散体的方法。本文参考专利文献[viii][ix],试图将几种新型的自交联丙烯酸树脂乳液及有机硅改性树脂乳液通过转换法制备成非水分散体。研制工作主要针对前者,对后者也进行了初步试验。

1. 原料

(1) 乳液:① 丙烯酸树脂乳液:主要有 BA-154、BC-2021、BC-4431,北京东方化工厂生产。其性能指标如表 34-1(据厂方产品说明);② 有机硅改性丙烯酸树脂乳液:型号为 CABR-1,中国建筑科学研究院建材研究所试制,乳白色液体,未提供性能指标。丙烯酸树脂乳液性能见表 34-1。

(2) 阳离子表面活性剂:三辛基甲基氯化铵、三十二烷基甲基氯化铵。

(3) 分散剂:环己烷、正己烷、丁酮、环己酮、乙酸丁酯、乙醇等。

表 34-1　丙烯酸树脂乳液性能

样品	外观	w(固含量)/%	pH 值	最低成膜温度/℃	T_g^*/℃
BC-4431	乳白色液体	41±1	6.5—7.7		41
BC-2021	乳白蓝光乳液	50±1	7—9	18	20
BA-154	乳白色液体	60±1	3.5—5		0

样品	η/(mPa·s)	组成	固化形式
BC-4431	350—1500	苯乙烯和丙烯酸乙酯共聚,阴离子型	加入外交联剂(效果好)
BC-2021	<500	丙烯酸酯类单体共聚,阴离子型	自交联
BA-154	100—550	丙烯酸酯和官能单体共聚	自交联

* 指乳液固结后所成固体的玻璃化转变温度。

2. 制备方法

(1) 用去离子水将乳液稀释到固含量(质量分数)为 5%—10%。

(2) 将阳离子表面活性剂溶于环己烷等溶剂中,体积比为 1∶4—5。

(3) 将阳离子表面活性剂的环己烷溶液在高速搅拌下缓慢加入稀释过的乳液中,加至乳液内产生分相为止,停止搅拌,静置。待混合物分层,上层为环己烷,下层为水,中间层为树脂颗粒的凝聚体。去水,回收环己烷,得到树脂颗粒的凝聚体。将这种凝聚体在高速搅拌下分散于丁酮或环己酮溶剂中,成为均匀分散体;分散体的固含量一般在 10%—15%之间。

选择了多种以阴离子表面活性剂为乳化剂制备的丙烯酸树脂乳液,经过试验均可进行转化。这些乳液包括：东方化工厂的 BC-4431、BC-2021、BA-154、BA-163、BC-04、BC-01-A,环球化工的 Morkote^{TM} 3000 等。经过多次类似试验,证明这种工艺可用于多数以阴离子为表面活性剂制造的丙烯酸树脂乳液。

本研究中采用 BC-4431、BC-2021、BA-154 三种乳液作为原料,因为它们的 T_g 不同,分别为 41%、20%、0℃,代表了目前试验中各种乳液的最高、最低及中等的

T_g。这样可以制作出性能不同的非水分散体,由于它们的玻璃化温度不同,可以使用于不同场合。

对中国建筑科学研究院建材研究所提供的有机硅改性丙烯酸树脂乳液,采用三辛基甲基氯化铵、三十二烷基甲基氯化铵,也可顺利实现乳液向非水乳液的转化,并可分散于丁酮等溶剂中。

3. 分散剂

以上制备的质量分数为 10%—15% 的非水分散体是丙烯酸树脂和有机硅改性丙烯酸树脂微粒在酮类溶剂中的非均相分散物。这种分散体可以采用以下溶剂进行稀释：① 酮类：酮类溶剂可以对原液进行无限稀释,在试验中曾采用丁酮、环己酮、丙酮。② 酯类：酯类可以稀释原液,但效果不如酮类,一般可将酯与酮按一定比例混合使用,酯酮体积比应在 1∶1 以上。乙酸丁酯在试验中效果较好。③ 醇类：单纯用醇类作稀释剂所制备的分散体呈白色,而且浓度(质量分数)不能太高,一般在 5% 以下,否则容易产生分相。可将醇类如乙醇与其他溶剂混合使用。④ 石油溶剂：不能单独使用,只能和其他溶剂混合使用,作为稀释剂必须掌握配比,否则易造成分相。

四、分散体性能

本试验制备的非水分散体是一种丙烯酸类树脂微粒在丁酮、乙酸丁酯等有机溶剂中的胶态分散物。本文对分散体的性质进行了初步研究。性质包括：胶态分散体的粒径、胶态分散体的粘度等。

1. 粒径大小

对非均匀分散体系来说,分散物的粒径是一个重要指标,粒径大小影响着分散物的流变特性。

测量胶体及乳液分散物粒径的方法有光散射法、离心法、电子显微镜法、水动力色谱法等。采用光散射法以及电子显微镜法对所用的三种丙烯酸树脂乳液以及经过转化的三种有机分散体中分散物的粒径进行了测量。

（1）光散射法测量：仪器为北京大学化学系自制的激光光散射仪，检测波长为514.5纳米，功率为200 mW，测试温度为25℃，角度为90°。样品经过12000 r/min，30分钟的离心分离，然后取样。

BC-4431乳液、BC-2021乳液、BA-154乳液的介质粘度为2.2 mPa·s，折光指数为1.3328（水），3种乳液转化物有机分散体的介质粘度为0.8904 mPa·s，折光指数为1.4478。所得粒径如表34-2。

表34-2 光散射法粒径测定结果

样品	平均流体力学半径/纳米	
	平均半径	分布宽度
BC-4431乳液	53.81	0.034
BC-2021乳液	57.68	0.041
BA-154乳液	—	—
BC-4431乳液转化物	111.11	0.374
BC-2021乳液转化物	121.52	0.076
BA-154乳液转化物	—	—

（2）透射电镜法测量：仪器为JEM-200cx型透射电镜。测定时乳液采用1%的浓度（质量分数）的BC-4431乳液转化物、BC-2021乳液转化物、BA-154乳液转化物三种分散体。由于酮类溶剂可以溶解铜网的支持膜，所以采用1%（质量分数）的乙醇分散体。为了稳定胶体颗粒的形状，阻止成膜，在-25℃的低温环境下使溶剂挥发。测量时为了增加反差，采用汞溴红作染色剂。测量结果如表34-3。

通过表34-2、34-3可以看出：三种乳液与相应分散体的颗粒直径大小均在几十至几百纳米范围内，粒径较小；三种乳液的丙烯酸树脂颗粒大小依次为BC-4431<BC-2021< BA-154；丙烯酸树脂微粒在乳液中的粒径和固结后的粒径相

似;乳液中的微粒由水相转入有机相后,粒径增加,而固化后粒径又恢复原状,说明聚合物分散微粒在有机溶剂中有溶胀现象。

表34-3 透射电镜粒径测定结果

样品名称	聚合物中心半径/纳米
BC-4431乳液	50
BC-2021乳液	100
BA-154乳液	150—400
BC-4431乳液转化物	50
BC-2021乳液转化物	75
BA-154乳液转化物	反差小,未能检测

2. 粘度曲线

粘度表征着胶体体系的流变特征,本文对三种非水分散体的粘度曲线进行了测定。

测量浓度(质量分数)范围为0%—15%,溶剂为环己酮。仪器为Ubbelohde粘度计,实验温度为(25 ± 0.05)℃,结果如表34-4,粘度曲线如图34-1。

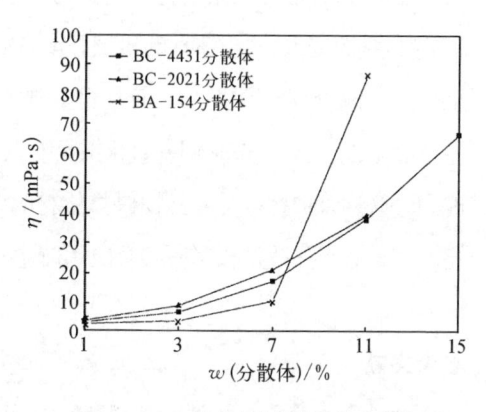

图34-1 三种非水分散体的粘度曲线

表34-4 三种非水分散体粘度

样　品	$\eta/(mPa\cdot s)$				
	1%	3%	7%	11%	15%
BC-4431分散体	3.35	6.52	17.0	38.0	66.2
BC-2021分散体	3.82	5.96	8.75	21.0	39.1
BA-154分散体	2.74	3.63	10.2	85.9	

3. 非水分散体的稳定性

有关非水体系的稳定性,还没有相应于水乳液的性能如机械稳定性、冻融稳定性、高温稳定性等指标,所以难以描述。本文作者制备的非水分散体,在室温下存放一年,至今仍然可用,说明体系有较好的稳定性。

五、应用效果

作者将 BC-4431、BC-2021、BA-154 等三种乳液制备成非水分散材料,并将其用于文物保护中。

通过在实验室和土遗址实地的检验,发现用这类材料在低浓度下对土遗址进行喷涂或滴灌,分散体固结后,在重量增加很少的情况下,土遗址颜色变化不明显;孔隙率、透气性改变很小;土遗址的机械强度有所提高;具有优良的耐水崩解性;土的耐冻融能力、耐盐能力明显提高。而且由于制备过程中所用的阳离子表面活性剂三辛基甲基氯化铵、三十二烷基甲基氯化铵具有杀菌能力,赋予被加固土遗址良好的耐霉菌能力。这种保护材料符合文物保护材料的要求,也实现了试验研究的预想。本文制备的这种非水分散材料是一种有应用前途的文物保护材料,有关内容将另文发表。

参考文献

[ⅰ] [日]奥田平,稻垣宽.合成树脂乳液[M].化学工业出版社,1989:215-218.

[ⅱ] Barrett K E J. Dispersion Polymerization in Organic Media [M]. New York: Interscience, 1975: 201-240.

[ⅲ] Alan Stuart Baker, Julian Alfred Waters. Coating Compositions Comprising Polymer Dispersions[J]. British, Patent, 1319781. 1973-06-06.

[ⅳ] [日]奥田平,稻垣宽.合成树脂乳液[M].化学工业出版社,1989:231.

[ⅴ] Derek John Walbridge. Polymer Dispersion [J]. British, Patent, 1305715. 1973-02-07.

[ⅵ] 曹同玉,刘庆普,胡金生编.聚合物乳液合成原理性能及应用[M].化学工业出版社. 1997:402-408.

[vii] [日]奥田平,稻垣宽.合成树脂乳液[M].化学工业出版社,1989: 241 - 251.
[viii] Robert W. Keown, Wilmmington. Manufacture of Solutions and Dispersions of Polymers in Organic Liquids from a Polymer Latex[J]. U.S. Patent, 3733294. 1973 - 05 - 15.
[ix] Robert Pcampion, James F. Yardley. Manufacture of Polymeric Compositions[J]. U.S. Patent, 3574161. 1971 - 04 - 06.

(原载于《北京大学学报(自然科学版)》2001 年 37 卷第 6 期。)

35 周原甲骨的加固保护研究*

一、前言

1977年,陕西岐山凤雏村出土了17000多片西周甲骨,其中有字甲骨292片。因其内容丰富,雕刻精致细微,成为重要的考古研究资料[i]。但自周原甲骨面世20余年来,其表面发生了程度不等的风化,有些已使甲骨文字漫漶,模糊不清,而且风化日趋严重,甚至用手触掉粉。研究表明:周原甲骨出土前曾遭受长时间火的灼烧,很少保留有机物质;许多甲骨出土后又用较高浓度的盐酸浸泡过,其中的无机物羟基磷灰石与碳酸钙部分溶于酸中,骨质由此遭到损坏。当空气湿度较大时,更加剧了骨的风化[ii]。为保存这批珍贵的文物,对其进行科学保护势在必行。本文即针对其特殊的风化原因,对其进行了保护试验研究。

二、骨质类文物加固材料的要求

和其他文物一样,用于骨质品文物的加固材料都需要遵循一定的原则。但对于骨质类文物,尤其要求加固材料尽量做到可逆或不影响今后可能进行的一些保护处理及分析测试。有机类的加固剂对骨头将来的分析测试主要有三方面的影响:① ^{14}C 断代。石油类加固剂如石蜡会使所测定的年代偏老;相反,天然树脂使其偏年轻。一些加固剂可以通过溶剂的提取而除去,而一些加固剂是不可溶的,一旦渗透到骨质品内部,用简单的物理方法去除几乎是不可能的。因此,如果骨质品

---

* 作者:成小林、原思训。

需要进行^{14}C断代分析,最好先不要加固,而加固了的骨质品不宜用于年代测定[iii]。② 稳定同位素分析。主要指对$\delta^{15}N$与$\delta^{13}C$同位素分析[iv]。③ 扫描电镜分析。一般有字甲骨或表面有使用工具痕迹的骨质品文物,需要通过 SEM 来研究其表面状况,加固剂的使用可能影响 SEM 对骨质品表面工具痕迹等形貌的观察。当然可逆性原则仅是理论上的要求,因为加固剂一旦渗入文物内部,即使材料本身可以再次被溶解去除,也不可能做到完全可逆。对于周原甲骨,很少保留有机物质,不能再用来进行^{14}C年代测定与稳定同位素分析,相比而言,材料的耐老化性与可再处理性显得非常重要。而有字甲骨表面都刻有珍贵文字,故要求材料无色透明,并且不能富集于表层,影响表面文字的观看,同时要求耐水性要好。

三、用于骨质品文物加固材料及性能比较

用于骨质品文物的加固材料有:天然树脂、硝基清漆(硝基纤维素)、聚醋酸乙烯酯乳液、丙烯酸树脂及胶体的分散体系、聚乙烯醇缩丁醛、纤维素醚与聚乙二醇(简称 PEG)[v~viii]。天然树脂与硝基清漆因渗透性差、老化后易收缩等缺陷,现已少用;聚乙二醇适于饱水骨质品文物的加固;丙烯酸胶体的分散体系国内没有生产。故我们选取其他几种加固剂,通过实验对其性能加以比较。

1. 成膜性与耐水性

将一定浓度的加固材料涂于载玻片上,观察材料在室温下固化后的状态。后将载玻片浸于水中(水温为室温),观察材料在水中的溶解情况。各种材料的成膜性及耐水性能见表 35-1。

从表 35-1 看,几种材料的成膜情况都很好;耐水性方面,B-72、三甲树脂与聚乙烯醇缩丁醛明显好于聚醋酸乙烯酯乳液,纤维素醚是水溶性的高分子树脂。

表 35-1 加固材料的成膜性与耐水性能比较

材料名称	成 膜 性	耐 水 性
Paraloid B-72	膜无色透明,均匀光滑	第七天膜呈整体从玻片上脱落,但膜柔软透明
三甲树脂	膜无色透明,均匀光滑	第七天膜呈整体从玻片上脱落,且发脆
纤维素醚	膜无色透明,质地较软	第一天膜已溶于水
聚乙烯醇缩丁醛	膜无色透明,不均匀,眩光少	第七天膜已从玻片上脱落,较厚处发白
聚醋酸乙烯酯乳液	膜无色透明,质地软,眩光少	膜全面发白,成碎片状,但未从玻片上脱落

2. 耐老化性与可逆性

将材料涂于玻璃片上,固化成膜后放于90℃的烘箱里,间隔一定的时间取出,观察颜色变化及粉化情况,结果列于表35-2（ΔE 为总色差值,反映了样品颜色的变化程度）。

表 35-2 加固材料热老化性能比较

	B-72	三甲树脂	聚醋酸乙烯酯乳液	聚乙烯醇缩丁醛	纤维素醚
初始 ΔE	21.71	21.31	22.58	21.51	21.73
第 100 天 ΔE	21.57	22.15	56.83	32.98	21.54
粉化时间	65 天	62 天	10 天	21 天	12 天

据前,用于文物上的加固材料最好可逆,实际上做到完全可逆非常困难,实验工作不仅耗时,而且难度大,我们仅粗略比较了 B-72、三甲树脂、聚乙烯醇缩丁醛、聚醋酸乙烯酯乳液和纤维素醚,方法是将一定浓度的树脂涂膜,固化后置于一定的溶剂中溶解,15 分钟后取出观察,若一次溶解效果不理想,可进行第二次。我们将在 90℃烘箱中放置了 100 天的上述五种加固材料用相同方法、相同溶剂溶解,对老化后的可逆情况也进行了比较。可逆性试验结果列于表 35-3。

表 35-3　加固材料的可逆性与老化后的可逆性比较

加固材料	溶剂	第一次		第二次	
		未老化	老化	未老化	老化
聚乙烯醇缩丁醛	乙醇	剩余大量加固剂	膜脱落,但未溶解	剩余少量加固剂	膜脱落,但未溶解
聚乙烯醇缩丁醛	乙醇：甲苯(6:4)	剩余少量加固剂	膜脱落,但未溶解	几乎没有加固剂	膜脱落,但未溶解
聚醋酸乙烯酯乳液	丙酮	膜未溶解	膜未溶解	膜未溶解	膜未溶解
聚醋酸乙烯酯乳液	甲苯	膜未溶解	膜未溶解	膜未溶解	膜未溶解
B-72	丙酮	几乎没有加固剂	剩余少量加固剂	几乎没有加固剂	几乎没有加固剂
B-72	二甲苯：丙酮(6:4)	几乎没有加固剂	剩余少量加固剂		几乎没有加固剂
三甲树脂	丙酮	剩余大量加固剂		几乎没有加固剂	
三甲树脂	二甲苯	剩余大量加固剂		剩余少量加固剂	
三甲树脂	丙酮：二甲苯	几乎没有加固剂	剩余大量加固剂		剩余少量加固剂
纤维素醚	水	几乎没有加固剂	剩余大量加固剂		剩余少量加固剂

从表 35-2 看,在 90℃ 的烘箱里放置 100 天后,色差变化最大的是聚醋酸乙烯酯乳液,其次是聚乙烯醇缩丁醛、纤维素醚,B-72 与三甲树脂的色差基本上不变。几种树脂均有不同程度的粉化,但 B-72 与三甲树脂比别的材料耐热老化性优。

由表 35-3 比较可知,单独使用某种溶剂的效果不太理想,而混合溶剂有较强的溶解能力。这五种材料除聚醋酸乙烯酯乳液外,其余四种理论上可认为是完全可逆的。实验表明老化后聚乙烯醇缩丁醛不可逆,但 B-72 与三甲树脂有较好的可逆性。

综上试验可知:聚醋酸乙烯酯乳液在耐老化性、可逆性及耐水性方面均不如 B-72、三甲树脂、聚乙烯醇缩丁醛。但聚乙烯醇缩丁醛的耐老化性能较差,且老化后不可逆。相比之下 B-72 与三甲树脂是两种耐老化、可逆及耐水性能良好的加固剂。

四、骨的加固模拟试验

1. 风化试样的模拟制备

加固模拟试验项目中有很多破坏性试验,不能直接用珍贵的周原甲骨样品,故选取新鲜的猪骨头模拟制备试样。方法如下:首先在 $NaHCO_3$ 溶液中煮 1—2 小时,以便除去骨中的油脂类物质。取出后在空气中干燥两天,锯成长约 4—5 厘米,厚约 2—3 厘米的骨条若干,放于马弗炉中,在 700℃或 800℃时灼烧 4 小时,冷却 8 小时后取出。再用 4.6%—4.8%的盐酸浸泡 15 分钟,后用水清洗 3—4 遍,置于空气中干燥两天。此时的骨头呈白色,摸上去满手沾白灰,有滑腻之感,且遇水加剧风化,与周原甲骨样品风化状况相似。以此样品为试样,对各种加固剂的加固效果进行了模拟试验。

2. 选用的加固剂

通过上面分析可知:周原甲骨曾用盐酸浸泡过,生成可溶性盐,故不宜用以水为溶剂的加固剂——纤维素醚;而聚醋酸乙烯酯乳液颗粒大,渗透性差,而且不可逆。在此拟采用的试验加固材料有 B-72、三甲树脂和聚乙烯醇缩丁醛。试验工作中使用的加固剂、溶剂及溶液浓度详见表 35-4。

表 35-4 加固剂种类与浓度

加固材料	溶 剂	浓 度
Paraloid B-72	二甲苯:丙酮(6:4)	7%—8%或 2%—3%
Paraloid B-72	二氯乙烷	7%—8%或 2%—3%
三甲树脂	二甲苯:丙酮(6:4)	7%—8%或 2%—3%
三甲树脂	二氯乙烷	7%—8%或 2%—3%
聚乙烯醇缩丁醛	甲苯:乙醇(4:6)	2%—3%

试验证明,对于 Paraloid B-72 与三甲树脂,丙酮、丁酮、乙酸乙酯、甲苯、二甲苯以及三氯乙烷都可以较好地溶解,但从加固剂的渗透效果及分布情况来看,甲苯、二甲苯以及三氯乙烷要明显好于丙酮与丁酮。因为前者反渗透不明显,而后者反渗透非常严重[ix]。为此,选取二甲苯与丙酮的混合溶液,且以二甲苯居多,一方面是因为混合溶液可增加渗透性;另一方面,二甲苯本身的渗透效果好。也可采用三氯乙烷做溶剂。对于聚乙烯醇缩丁醛,试验表明,在甲苯与乙醇的混合溶剂中的溶解性明显好于单独在甲苯或乙醇中的溶解性。

3. 加固试验

为了试验的可靠性,每种加固剂用 2—3 个骨样品,加固前称重一次。加固流程如下:将骨样浸泡于加固剂溶液中 15 分钟,取出后放置在空气中干燥一周左右;或从骨的一面滴加渗透,反复多次,然后放置于恒温恒湿的空气中干燥 5 天左右。注意在将样品从溶液中取出时,应用纱布蘸相应的溶剂,轻轻将表面多余的溶液搽掉,以防干燥后表面积聚过多树脂。再将骨样置于含有硅胶的保干器中 48 小时,使其重量达到一恒定值后称重。结果如表 35-5。表中的 W 为加固前后重量变化的百分数。

用浓度为 8% 的三甲树脂与 B-72 加固的骨头,增重均在 1.2% 以上,在扫描电镜下观察,有一较厚且不均匀的涂层,并覆盖于样品的表层(图 35-1、35-2、35-3),可能是因为浓度太大,加固剂渗透不进去,也可能是因为在干燥过程中加固剂随溶剂反迁至表层。采用浓度为 3% 的三甲树脂与 B-72 浸泡加固 15 分钟左右,增重约 0.5%;而滴加法增重在 1.5% 以上。用 3% 的聚乙烯醇缩丁醛加固的骨头,增重未超过 1%。需要说明的是,因为各个骨样的状态很难完全一致,增重的多少并不能完全反映加固剂及溶剂性能。

表 35-5　试样加固前后重量变化

	加 固 剂	方法	加固前重量	加固后重量	W
1	三甲树脂(8%)	浸泡	1.512	1.568	3.70
2	三甲树脂(8%)	浸泡	1.536	1.563	1.76
3	三甲树脂(3%)	滴加	5.885	5.929	0.75
4	三甲树脂(3%)	滴加	2.163	2.171	0.37
5	三甲树脂(3%)	滴加	1.591	1.626	2.20
6	三甲树脂(3%)	浸泡	3.181	3.188	0.22
7	三甲树脂(3%)	浸泡	3.969	3.978	0.23
8	三甲树脂(3%)	浸泡	1.020	1.023	0.29
9	B-72(8%)	浸泡	1.836	1.859	1.25
10	B-72(8%)	浸泡	1.521	1.561	2.63
11	B-72(3%)	滴加	3.030	3.114	2.77
12	B-72(3%)	滴加	2.692	2.772	2.97
13	B-72(3%)	浸泡	1.541	1.546	0.32
14	B-72(3%)	浸泡	1.565	1.570	0.63
15	B-72(3%)	浸泡	3.749	3766	0.72
16	聚乙烯醇缩丁醛(3%)	滴加	3.289	3.315	0.79
17	聚乙烯醇缩丁醛(3%)	滴加	2.780	2.789	0.32
18	聚乙烯醇缩丁醛(3%)	浸泡	2.391	2.398	0.29
19	聚乙烯醇缩丁醛(3%)	浸泡	2.254	2.262	0.35
20	聚乙烯醇缩丁醛(3%)	浸泡	1.218	1.230	0.98

五、加固模拟骨试样的效果检验

1. 加固前后样品颜色的变化

加固前首先对模拟样品颜色进行测定，加固后再测定以比较变化，结果如表 35-6 所示。表中 ΔL^* 和 ΔA^*、ΔB^* 分别为加固前后明度差和色品坐标差。ΔE^* 为总色差值。

表35-6　加固前后样品颜色的变化

样　品	ΔL*	ΔA*	ΔB*	ΔE*
B-72二甲苯丙酮混合液	-1.18	-2.38	0.89	2.80
三甲树脂二甲苯丙酮混合液	-0.83	0.75	-1.96	2.26
聚乙烯醇缩丁醛甲苯乙醇混合液	-3.00	-0.11	-0.05	3.00
B-72三氯乙烷溶液	1.45	-2.83	-0.56	3.23

通过比较表35-6的色差数据可知,使用几种加固剂后对骨样颜色的改变均不是太大,实物观察表面也没有明显的眩光产生。

2. 加固前后样品硬度的变化

矿物抵抗某种外来的机械作用,特别是抵抗刻划、压入及研磨等作用的能力,称为矿物的硬度[ix]。本试验将地质中矿物的硬度应用于模拟样品,并采用压入硬度,即显微硬度。加固的目的是提高松散骨质中微粒的结合力,结合力的提高又反映在硬度的改变上。通过对比加固前后样品硬度的变化,来比较所采用的几种加固材料加固骨样的能力。结果见表35-7。

表35-7　加固前后样品硬度的变化(kg/mm^2)

所用加固剂	加固前硬度	加固后硬度
B-72三氯乙烷溶液	4.53	4.61
三甲树脂二甲苯丙酮混合液	4.51	4.65
聚乙烯醇缩丁醛甲苯乙醇混合液	3.97	4.33

由表35-7知:用B-72、三甲树脂、聚乙烯醇缩丁醛加固后的骨样硬度均有增加,增加最大的是聚乙烯醇缩丁醛。但并不能就此说明其加固效果一定最好,因为硬度的增加也并非越大越好。

3. 加固前后样品表面风化程度的变化

对于表面风化程度的评估，没有一定的量化标准，只能通过眼观或手摸。通过比较可知：B-72、三甲树脂和聚乙烯醇缩丁醛加固后表面风化状况均有很大的改观，手触不掉粉。

4. 加固后形貌的变化

图35-1、35-2、35-3是8% B-72与三甲树脂加固后骨头表面的情况，图35-4、35-5、35-6是3% B-72与三甲树脂加固后的骨头表面及剖面的情况。从图知8% B-72与三甲树脂表面成膜不均匀，被膜覆盖处因浓度较大，堵塞孔洞。而用浓度为3% B-72与三甲树脂加固后的表面，并没有明显的树脂富集，剖面无膜的痕迹。图35-7、35-8是用3%的聚乙烯醇缩丁醛加固后的骨头表面与剖面情况，由图不难看出，树脂均匀地富集在骨头表面，成一较厚的膜层，而在剖面上却找不到膜的痕迹。由此可知，3%的聚乙烯醇缩丁醛的渗透性较差。

5. 无字甲骨的加固试验及加固剂渗透深度检测

以上研究说明，B-72与三甲树脂是两种性能优良的加固剂，故拟采用这两种加固剂对周原无字甲骨进行渗透加固。经较高灼烧温度的骨头，基本不含有机物，若加固剂渗入骨体，红外谱图可显示有机基团的吸收峰。本文采用三甲树脂的三氯乙烷与二甲苯和丙酮混合溶液，分别对无字甲骨1#与7#进行渗透加固。待溶剂挥发完后，间隔1毫米深度取样，进行显微红外测定，以检验加固剂渗透深度，若谱图中显示有机峰，则表明加固剂已渗透到该深度。分析结果表明：使用两溶剂后的效果差不多，渗透深度均为2—3毫米，能满足加固需要。

六、结果与讨论

加固的目的在于控制表面的风化，增加骨质的强度，但对于强度的增加不是越

图 35-1　8% B-72 加固后骨头的表面 　　　图 35-2　8%三甲树脂加固后骨头的表面

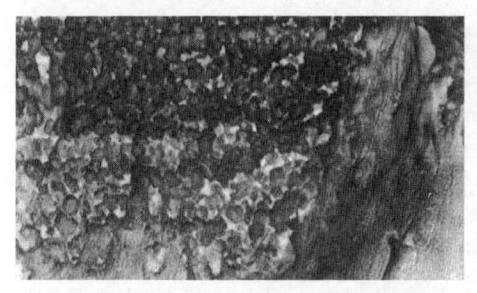

图 35-3　8%三甲树脂加固后骨头的表面 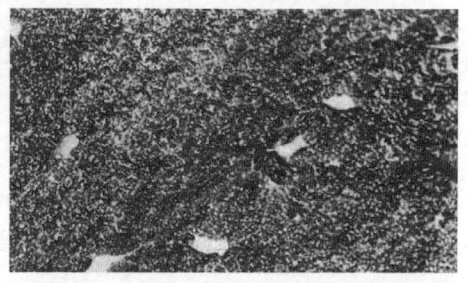　　图 35-4　3% B-72 加固后骨头的表面

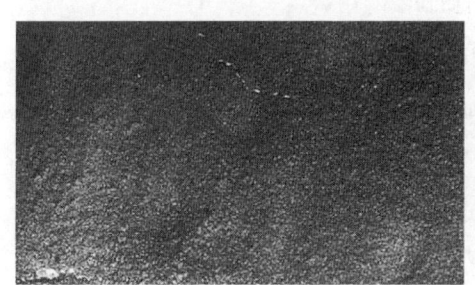

图 35-5　3%三甲树脂加固后骨头的表面 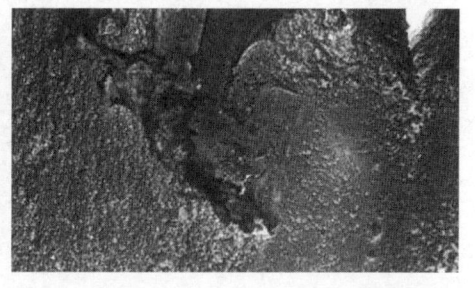　　图 35-6　3%三甲树脂加固后骨头的剖面

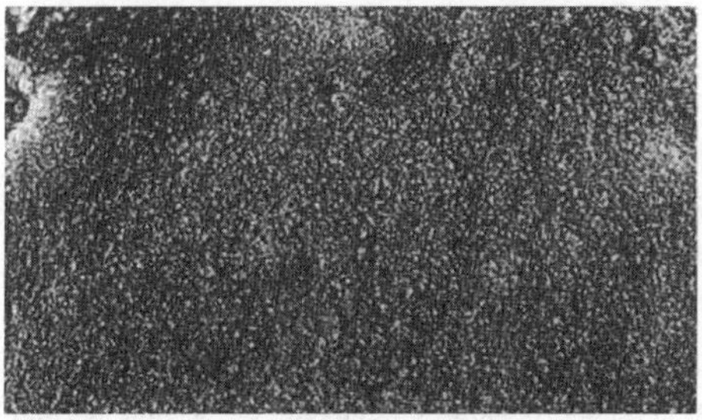

图 35-7　3%聚乙烯醇缩丁醛加固后骨头的表面 　　图 35-8　3%聚乙烯醇缩丁醛加固后骨头的剖面

大越好,单纯为了增加强度而采取加大加固剂的浓度或多次加固,只会使富集有树脂的表层与内部之间产生明显的界面,而这种现象在加固时有时会引起负面影响。因此,在加固周原甲骨时,应注意溶液的渗透深度,并避免表面结壳。

以上试验表明:

(1) B-72与三甲树脂在渗透性与耐老化性方面均优于聚乙烯醇缩丁醛,且操作方便。所以拟采用这两种加固剂。

(2) 对于溶液的渗透加固深度,经分析,树脂的渗透与迁移主要受分子量大小、浓度与溶剂的影响;其中溶剂是关键,包括溶剂的粘度、表面张力、挥发速度等[x]。在这里选用低挥发性、粘度适当的三氯乙烷做溶剂,或者选用二甲苯与丙酮的混合溶剂,渗透试验说明两者效果差不多。

(3) 加固方法的选择。对于体积较小、风化不严重的周原甲骨,建议浸泡加固,因为浸泡能做到渗透充分均匀[xi]。但每次浸泡时间不能超过30分钟。若效果不理想,可重复操作,浸泡时间应依次递减,以避免溶剂对骨体造成深层破坏。对于掉粉的甲骨,应采用滴加法,这样可控制加固液的用量。

有关骨质品等同类质地的文物的保护,相关研究资料甚少。特别是关于加固之后效果的检验,没有人对此做过定量的研究。本文尝试将测色色差分析、显微硬度测试用于周原甲骨的效果检验,检验结果与观察结果一致。但因骨样本身状态不一,我们难以对某种加固剂做出绝对评定。有关渗透深度的检测,之前曾尝试用亚甲基蓝染色,但效果并不理想。后选用红外检测技术,但只能针对不含有机物的灼烧骨样,通过检测样品中的有机吸收峰来判断加固剂的渗透深度。

参考文献

[i] 陈全方.西周甲骨文[C]//周原与周文化[M].上海人民出版社,1988:101-157.

[ii] 成小林.周原甲骨粉化原因与加固保护研究[D].北京大学硕士学位论文,2001.

[iii] Johnson J S. Consolidation of archaeological bone: a conservation perspective[J]. Journal of Field Archaeology,1994,21(2):221-233.

[iv] Robertson Elizabeth. The effect of shellac on stable isotope analysis of archaeological bone[D]. Kingston: Queen's University,1997.

[v] 韩宝鑫.骨器的保护与修复[J].北方文物,1993,(2): 91-92.

[vi] Koob S P. The consolidation ol archaeological bone[C]//Adhesives and Consolidants, Paris Congress, 2-8 September 1984, IIC Preprints. 98-102.

[vii] Stone T T, Dickel D N, Doran G H. The preservation and conservation of waterlogged bone from the Windover Site, Florida: A comparison of methods[J]. Journal of Field Archaeology, 1990, 17(2): 177-186.

[viii] Howie F M P. Material used for conserving fossil specimens since 1930: A review[C]// Adhesives and Consolidants, Paris Congress, 2-8 September 1984, IIC Preprints. 92-97.

[ix] 尚俊.矿相学[M].地质出版社,1987: 64-65.

[x] 胡源.陶的加固保护与秦俑保护研究[硕士学位论文].北京大学,2000.

[xi] A.E.里克森.动物化石的修理与保存[M].史庆礼等译.中国科学院古脊椎与古人类研究所,1979: 15-19.

(原载于《中国历史文物》2002 年第 4 期。)

36 丙烯酸非水分散体等几种土遗址防风化加固剂的效果比较*

土遗址防风化加固保护材料的研制是土遗址保护中的一个重要方面。在这个领域已经有了很多的研究，用于保护的材料有无机材料和有机材料。无机材料包括氢氧化钙溶液、氢氧化钡溶液和水玻璃等；有机材料包括聚氨酯、聚酯、环氧树脂等反应型加固剂和有机树脂溶液类的加固剂。

根据对国内外防风化加固保护材料研究的结果，以及对土遗址保护试验的总结，我们研制了一种新的土遗址加固剂[1]——丙烯酸树脂非水分散体加固剂，文中称为BU系列土遗址防风化加固材料，并在室内对这类材料及几类常用的加固剂进行了检验。通过试验，证明BU系列加固材料对土体具有固结能力，并能满足土遗址保护的多种要求。

一、加固材料及加固样品制备

1. 土样制备

（1）选土。选择北京昌平的次生黄土为实验材料，将土过筛，去掉大颗粒，然后粉碎，控制湿度一致。

（2）制备标准土样。工具为公路土工实验用制抗压试模，北京工具厂生产。内径 $\phi 50\times 200$ 毫米的钢筒一个，$\phi 50\times 50$ 毫米的钢柱两个。10 t 千斤顶一个。采用制抗压试模将黄土压成 $\phi 50\times 100$ 毫米的圆柱形土样。

---

* 作者：周双林、原思训、杨宪伟（北京大学考古文博学院）,郭宝发、夏寅（秦始皇兵马俑博物馆）。

(3) 土柱风干。将上述圆柱形土样风干备用。

根据文献[ii]报道,西北黄土的孔隙率在40.1%—53.1%之间,为了模拟黄土的不同孔隙率,采用含水量为9.5%的土制备湿重为310 g、270 g 的标准土柱,使孔隙率各为41.1%(310 g 土柱)、48.8%(270 g 土柱),以代表黄土孔隙率的下限和上限。

2. 材料与浓度

(1) 材料

试验中使用的材料包括 BU 系列的加固剂以及用有机硅改性丙烯酸树脂乳液制备的 S-1J 加固剂,正硅酸乙酯/乙醇(TEOS/C_2H_5OH)、聚酯(AC-PU)、双组分聚氨酯(S-PU)、Paraloid B-72 等。

BU 系列是丙烯酸树脂的非水分散体,本试验采用了其中的三种,即31J、21J、54J,具体制备方法见文献[i];正硅酸乙酯(TEOS):分析纯,含量不少于28%,北京西中化工厂生产;Paraloid B-72:美国 Rohm and Hass 公司生产;聚酯(AC-PU):木珂牌,中山木珂化学工业有限公司生产;双组分聚氨酯(S-PU):古象牌双组分亚光漆,上海华生化工厂制造,甲乙组分配比为1:1。

(2) 各种材料浓度的选定

各种加固剂材料根据情况使用,有的采用单一浓度,有的采用不同浓度的浓度系列。

BU 系列和 AC-PU 的浓度梯度根据初步试验选择,原则是在此浓度范围内渗透速度适中,加固后又有固结效果。

其他材料的浓度根据有关文献选择,如:

聚氨酯浓度的选择,是根据 Richard Coffman 等[iii]的研究工作。

TEOS/C_2H_5OH:参考秘鲁对土坯建筑保护的方法[iv],使用浓度为正硅酸乙酯和乙醇的体积比为1:1。

S-PU:参考 Charles Selwitz 等[v]的工作。

B-72:参照 BU 系列的浓度以便比较。

各种加固剂的使用浓度与加固土样的情况列于表36-1。

表 36-1　加固剂和处理土样时的浓度

加固剂	处理土样的各种加固剂浓度 /%	
	310 g 土柱	270 g 土柱
31J	1,3	1,3,5,7
21J	1	1,3,5
54J	1	1,3,5,7
B-72	1,3,5,7	1,3,5,7
AC-PU	3,7,12	3,7,12
S-PU	6.25,12.5,25	6.25,12.5,25
TEOS	TEOS：$C_2H_5OH = 1:1$	

3. 加固样品的制备

（1）以制备的标准土柱为加固对象，根据试验目的不同，采用选定的材料及浓度进行加固，每种材料单一浓度加固样品 18 个。

加固时将土柱直立于容器中，注入加固剂，维持只淹没土柱底部的状态，并不断补充，至加固剂渗至土柱顶部为止。

每个土柱吸收加固剂的量在 80—100 毫升之间。

（2）加固剂处理过的土柱依固结条件不同，分别放在干燥、潮湿的地方敞开或密封，使溶剂挥发。

（3）加固剂的固化时间各不相同，各种加固剂的性能检验均在土柱被加固一个月后进行。

BU 系列加固剂随溶剂挥发而固化，经过试验，土柱在 1—5 天的时间内就可以固化并具有耐水性。

二、检验方法及结果

样品制备完成后进行以下检验：重量变化、颜色变化、孔隙率改变、透气性变化及抗压强度、耐水性、耐冻融性、耐盐性等能力,安定性试验及耐热老化试验等。

1. 重量变化

加固剂处理后土样的重量变化可根据加固剂浓度与土样吸收加固剂的量进行计算。310 g 土样吸收加固剂的量约为 80 毫升,270 g 土柱吸收量较 310 g 土柱稍大。

由 BU 系列加固剂处理的土柱,在 3% 浓度时加固效果已经不错,所以这种加固剂对土进行保护处理时增重不大,如 3% 浓度时仅使 310 g 土样增重 2.4 克,是总重的 0.76%。而增重最大的是用正硅酸乙酯加固的土样,增重分别是 12 克(310 g 土样)、11 克(270 g 土样)。

2. 颜色变化

加固剂处理要求尽量不改变文物的颜色。

通过目测观察,加固后土柱颜色变化的情况如下:

31J、21J、54J 这三种加固剂以 0.5%—3% 浓度处理的土柱颜色没有变化,以 5%—7% 浓度处理的土柱下部有颜色变化,原因是加固剂粘度高,溶剂和加固剂分离,造成加固剂浓缩,难以渗透。

TEOS 处理的土柱颜色基本不变,但是如果处理不当,局部会出现一些白色 SiO_2 结晶。

B-72、AC-PU、S-PU 各种浓度处理的土柱出现明显的颜色变化,而且常出现局部颜色加深,与处理前土柱的颜色差别较大。

试验中对秦俑遗址的土块进行了加固,试验证明,3% 以下浓度加固剂处理的秦俑土块,即使不封盖,在自然状态下挥发溶剂,也不会出现颜色变化。1% 以上浓度处理的土块不会出现水中崩解现象。

为了减小颜色变化,可采用薄膜覆盖的办法,试验中用塑料薄膜将 B-72、AC-PU、S-PU 处理的土柱包裹起来,减慢溶剂挥发速度。三种材料处理的土柱虽然颜色加深现象有一些减轻,但局部深色斑仍难以控制。

3. 孔隙率改变

根据 ISO 5017∶1998(E)测量孔隙率的方法[vi]测量。因空白土样不耐水,以煤油替代水。

孔隙率测定方法:称量土样在空气中的重量(W_1),然后将土样放入装有煤油的真空干燥器里,使土样浸入煤油中,反复抽真空(减压至 0.095 MPa),使土样中的空气排尽,然后称量土样在油中的重量(W_2)。再将土样迅速取出,擦掉多余的煤油,称量土样饱和煤油后的重量(W_3)。依下列公式计算土样的孔隙率:

$$孔隙率(n) = (W_3 - W_1)/(W_3 - W_2)$$

测量结果见表 36-2 和表 36-3。

由表 36-2、36-3 可见:31J、21J、54J 这三种加固材料,采用 1%、3%、5%、7% 浓度处理的土柱孔隙率在空白的左右变动,变化不大;TEOS/乙醇=1∶1 处理的

表 36-2　土样加固前后孔隙率的变化(%)

土样及加固剂浓度/%		孔隙率			
		31J	21J	54J	B-72
310 g 土样	0	41.2	41.2	41.2	41.2
	1	42.1	42.0	40.9	42.4
	3	42.2	41.0		41.9
	5				41.6
	7				39.9
270 g 土样	0	48.7	48.7	48.7	48.7
	1	48.5	48.7	50.7	49.1
	3	48.4	49.4	49.5	48.3
	5	49.0	49.3	49.1	48.1
	7	48.6	49.3	47.8	46.1

表 36-3 土样加固前后孔隙率的变化(%)

土样及加固剂浓度 /%		孔隙率			
		TEOS	AC-PU	S-PU	S-1J
310 g 土样	0	41.2	41.2	41.2	41.2
	3		41.1		41.3
	6.25			40.7	
	7		40.3		
	12		40.5		
	12.5			40.0	
	14	39.8			
	25				
270 g 土样	0	48.7	48.7	50.4	50.4
	3		48.3		50.4
	6.25			46.4	
	7		47.6		
	12		47.5	45.9	
	12.5				
	14	45.7			
	25			43.6	

土样,孔隙率改变在 3% 左右;B-72 以各种浓度处理的土样孔隙率,改变最大在 2% 左右;聚酯树脂处理后的孔隙率改变在 1% 以内;双组分聚氨酯材料处理后的孔隙率改变较大,最多时达到近 7%。

4. 透气性变化

对 BU 系列加固剂不同浓度处理土样的透气性变化进行了检验。

将取自昌平的黄土粉碎,用 20 目的筛网筛分,将筛出的粉土用制抗压试模压成直径 50 毫米、厚 10 毫米的饼状薄片，然后用 31J、21J、54J 这三种加固剂分别以 1%、3%、5%、7% 的浓度加固，每个浓度做 3 个平行试片。将土片盖在直径为 50 毫米、装水的塑料烧杯上，用聚四氟乙烯胶带将接口封严，放在温度与湿度相对稳定的环境里。一定时间间隔内称量失水量，将累积失水量对时间作图。比较同一加固剂不同浓度的透气性，结果见图 36-1。

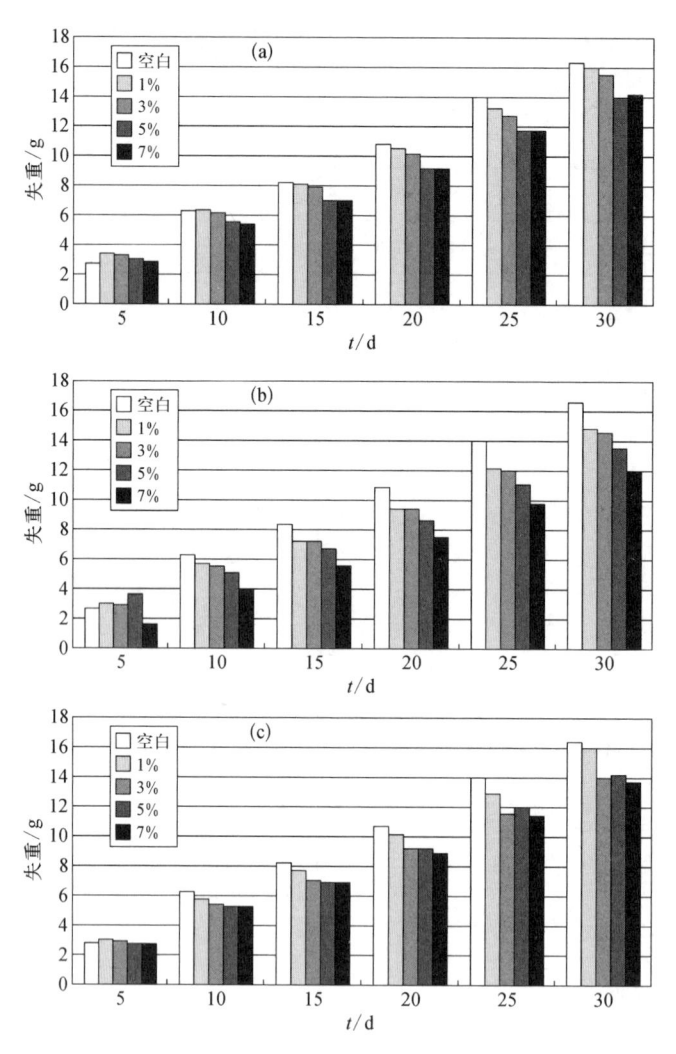

图 36-1 不同浓度加固剂处理土样的透气性变化

a. 31J 加固的土样　b. 21J 加固的土样　c. 54J 加固的土样

由图 36-1 可见，31J、21J、54J 这三种加固剂以不同浓度处理的土样，在相同时间段内的失水量有所变化，表现为随浓度增加失水量减小，但减小程度不大，说明在本实验浓度范围内的加固剂处理基本不影响土的透气性。

5. 抗压强度

方法：将各种加固剂处理过的土样进行抗压试验，测量土样断裂时的最大压力，结果见表 36-4、36-5。仪器为无锡建筑材料仪器厂生产的 NYL-60 型压力试验机（对 310 g 土柱进行试验）和南京土壤仪器厂生产的 DW-1 应变式无侧限压缩仪（对 270 g 土柱进行试验）。

从表 36-4、36-5 可见各种加固材料都有提高土柱抗压强度的能力。31J、21J、54J 这三种加固剂处理的土柱在 1% 浓度时对强度提高不多，除 54J 的 310 g 土柱为空白的 1.8 倍外，其他均为空白的 1.32 倍左右。至 3% 浓度时是空白的 2 倍，至 7% 时是空白的 2.7—4.0 倍；TEOS 处理的土样抗压强度提高情况：310 g 土柱是空白的 2.5 倍，

表 36-4　土样加固前后的抗压强度变化

土样及加固剂浓度/%		最大断裂压力/kg			
		31J	21J	54J	B-72
310 g 土样	0	170	170	170	170
	1	200	220	316	198
	3	320	296		239
	5				237
	7				266
270 g 土样	0	47	47	47	47
	1	50	70	50	63
	3	67.7	100	97	79
	5	101	137		82
	7	127		190	90

表 36-5 土样加固前后的抗压强度变化

土样及加固剂浓度 /%	最大断裂压力 /kg			
	TEOS	AC-PU	S-PU	S-1J
310 g 土样				
0	170	170	133	133
3		225		256
6.25			120	
7		325		
12		358		
12.5			165	
14	428			
25			260	
270 g 土样				
0	47	47	20	20
3				73
6.25			19	
7		125		
12		155		
12.5			47	
14	95			
25			95	

270 g 土柱是空白的 2 倍；聚酯是空白的 12%；聚氨酯在 25% 的浓度时,强度是空白的 2 倍(310 g 土柱)和 3 倍(270 g 土柱);B-72 树脂提高土柱抗压强度的能力,在 7% 浓度时,310 g 是空白的 1.5 倍,270 g 是空白的 1.9 倍。

6. 耐水性

将加固剂处理过的土样放入盛有水的槽中,观察记录试样在水中的变化,如脱落、开裂、崩解等情况及发生的时间。试验分两步进行,首先对各种加固剂处理的样品进行短期耐水性检验,然后对耐水性优秀的样品(在水中浸泡 24 小时无变化)进行长期耐水试验,结果见表 36-6。

表 36-6 各种材料的耐水性试验

(a. BU 加固剂耐水试验结果)

土样及加固剂浓度/%		耐 水 反 应	长期耐水能力(浸泡 3 个月)
31J 310 g	0.5	入水后上表面脱粉,1 分钟 10 秒下部块状脱落,2 分钟倒塌	
	1	入水后上层呈粉状脱落,至次日余下部 70 毫米,有开裂	剩余部分完好
	3	入水后上层表面有土脱落,至次日余 93 毫米	完好
21J 310 g	0.5	入水后上层膨胀,并开始脱落,3 分钟时上部呈帽状,并不断有土掉下	粉碎
	1	入水后土呈粉状迅速脱落,至次日仅余下部 30 毫米	剩余部分完好
	3	入水后土呈粉状迅速脱落,至次日仅余下部 25 毫米	
54J 310 g	0.5	入水后上层 60 毫米潮湿,并开始掉土,3 分钟倒掉	
	1	入水后土呈粉状迅速脱落,至次日仅余下部 35 毫米	剩余部分完好
31J 270 g	0.5	入水后掉土,1 分钟 10 秒上层部分脱落,10 分钟塌为三角状,并有开裂	
	1	2 分钟后底部出现细微横裂,9 分钟上部出现细微横裂,次日出水除小裂纹外完整	好,无变化
	3	2 分钟后底部出现细微横裂,次日出水除小裂纹外完整	
	5	9 分钟上部出现横裂,次日出水除小裂纹外完整	
	7	2 分钟后底部出现细微横裂,次日出水后完整	
21J 270 g	0.5	入水后上层局部开始脱落,7 分钟从中部开裂,并迅速倒塌	
	1	入水后上部有脱落,次日出水除上部脱落一点外完好	完好,无变化
	3	无变化,次日出水完好	
	5	入水后上部迅速脱落,余下部 60 毫米	残余部分无变化
54J 270 g	0.5	5 分钟下部出现裂纹,13 分钟下部脱块,15 分钟后倒塌	
	1	入水后上层局部脱落,次日出水除上部掉一点外,完好	完好,无变化

（续表）

土样及加固剂浓度/%		耐 水 反 应	长期耐水能力（浸泡3个月）
54J 270 g	3	入水无变化，次日出水完好	
	5	入水无变化，次日出水完好	
	7	12分钟下部出现纵裂，并逐渐扩大，次日出水除裂纹外完好	除裂纹外，无变化

（b. 聚酯、聚氨酯耐水试验结果）

土样及加固剂浓度/%		耐 水 反 应	24小时后状况	长期耐水能力（浸泡3个月）
AC-PU 270 g	1	入水后上层潮湿，3分钟后脱落	余中部，上下部烂掉	
	2	5分钟下部25毫米处有横裂，20分钟后中部有横裂	完整，但有纵横裂纹	
	3	入水后上层潮湿，脱落	上部脱落，下部完整	
AC-PU 310 g	1	入水后上部即开始脱落	上部脱落，余下部50毫米	
	2	入水后上部即开始脱落	仅余下部40毫米	
	3	入水后上部即开始脱落	余下部55毫米	聚酯、聚氨酯两类材料在水中不到24小时全部坍塌，无长期耐水能力
S-PU 270 g	1	入水后上层湿，2分钟上层有裂纹，5分钟裂纹扩大	样品全部坍塌	
	2	25分钟上部产生横裂，30分钟产生纵裂		
	3	出现裂纹		
S-PU 310 g	1	入水后上部湿，土开始脱落，9分钟下部出现裂纹		
	2	9分钟下部出现裂纹，24分钟下部裂纹扩大		
	3	不久出现裂纹		

(c. B-72 耐水试验结果)

土样及加固剂浓度/%		耐水反应	长期耐水能力（浸泡3个月）
B-72 270 g	1	入水后掉土,1分钟30秒坍塌为粉	两种土样在不到2小时内崩解,不具有长期耐水性
	3	30秒中部出现纵裂,1分钟30秒中部胀裂,5分钟35秒中部开裂,掉土,10分钟21秒坍塌	
	5	30秒中部开裂,5分钟30秒开裂,11分钟31秒坍塌	
	7	35分钟中下部出现裂纹,2小时左右裂为碎块	
B-72 310 g	1	35分钟倒塌	
	3	3分钟倒塌	
	5	25秒开裂,1分钟倒塌	
	7	入水后开裂,裂纹渐大,2小时裂为碎块	

(d. TEOS 等耐水试验)

土样及加固剂浓度/%		耐水反应	长期耐水能力（浸泡3个月）
TEOS 310 g	TEOS：乙醇=1:1	入水后迅速吸水,潮湿	好
TEOS 270 g	TEOS：乙醇=1:2	入水后迅速吸水,潮湿	
S-1J 310 g	3%	入水后上部80毫米吸水潮湿,下部拒水,10分钟后从中部开始掉土,量小	好
S-1J 310 g	3%	入水后上部30毫米湿,下部拒水	

由表36-6可见：

（1）31J、21J、54J这三种加固剂以>1%浓度加固的270 g土柱（31J-1%、3%、5%、7%；21J-1%、3%；54J-1%、3%、5%、7%）均有良好的耐水能力。

（2）21J、54J这两种加固剂以1%以上浓度对310 g土柱加固,渗透差,出现严重的加固剂富集现象,未能全部渗透土样,只在部分位置存在加固剂。加固的土样在耐水试验中,仅留下部20—40毫米的一段。21J在5%时对270 g土样加固时也出现这种现象,仅加固了下部的60毫米。

（3）TEOS／乙醇＝1∶1处理的土柱,耐水性很好。

（4）B‑72处理的土柱多数在几分钟内倒塌,至2小时左右全部崩塌。内部呈粉状,外部呈块状或壳状,耐水能力很差,这验证了有机树脂的反迁现象。

（5）聚酯(AC‑PU)处理的土样经过24小时的试验后,只有下部的土柱残留长短不等的50—60毫米,这可能是溶剂与树脂产生色谱分离的结果,残存的部分长期耐水能力尚可。

（6）聚氨酯(S‑PU)处理的土样经过试验,在24小时后能保持形状,但局部有开裂。

7. 耐冻融性

冻融试验的目的是检验加固剂处理土样的耐冻能力。试验方法参照公路工程石料试验规程中的抗冻性试验(T0211‑94)方法[vii]。在试验中只记录样品形状变化情况。

将处理过的土样放在盛水(水温在20℃)的容器中,使水面淹没土样,浸泡4小时后取出,擦去多余水分,将饱水土样置于－25℃的低温冰箱中冷冻4小时,取出,放回温度为20℃的水中4小时,再次进行冷冻。多次循环,记录每一个循环土样的变化情况。耐水试验中4小时以内有变化的样品不进行耐冻融试验。

进行耐冻融试验的样品有用31J、21J、54J、TEOS、AC‑PU、S‑PU、S‑1J处理过的部分耐水土样,结果见表36‑7。

从表36‑7可见,31J处理的土样在循环中,除310 g 3%经四个循环冻烂外,其他样品出现表皮脱落,耐冻能力较好。21J的样品除5%在耐水试验中上部表面掉土外,表现很好;54J的样品除出现一些细微的裂纹外,效果很好;TEOS处理的土样耐冻融能力不好,经过一次循环后已经出现开裂,并且随着循环不断增大,至三个循环已裂为碎块;聚酯处理的土块经过循环,除高浓度的残存部分外,均成为粉状或碎块,证明其耐冻融能力不好;S‑PU处理的土柱在冻融过程中有掉土和开裂现象,相对而言,12.5%与25%两种比较耐冻,但仍有残破与开裂。

表36-7 耐冻融试验结果

土样及加固剂浓度/%		冻融循环次数				样品完残情况
		第一次	第二次	第三次	第四次	
31J 310 g	3	出现开裂	开裂加大	开裂加大	表层脱落	表层脱落
31J 270 g	3	开裂	开裂贯穿样品	烂为碎块		碎
	5	出现纵裂	纵裂扩大	表层脱落	脱落扩大	表层脱落
	7	开裂	裂纹扩大	裂纹扩大	裂为大块	大块
21J 270 g	1	无变化	同左	同左	同左	好
	3	无变化	同左	同左	同左	好
	5	无变化	同左	同左	上表面局部脱落	好
54J 270 g	1	上层掉土	上层膨胀	余下部50毫米	掉土	下部50毫米完好
	3	无变化	上层膨胀	上层裂纹	局部掉土	好
	5	无变化	无变化	无变化		好
	7	无变化	上部微小开裂	裂纹扩大	纵裂	
TEOS 310 g	TEOS：乙醇＝1：1	下部开裂	开裂扩大	烂成块		碎块
TEOS 270 g	TEOS：乙醇＝1：1	下部开裂	下部粉碎	成为碎块		碎块

(续表)

土样及加固剂浓度/%		冻融循环次数				样品完残情况
		第一次	第二次	第三次	第四次	
AC-PU 310 g	3	上部20毫米入水后崩解	下部出现脱落	残余部分出现裂纹	碎	碎
	7	上部崩解	下部局部脱落	纵裂	余中部60毫米	余中部
	12	无变化	上部脱落	同左	余中部80毫米	余中部
AC-PU 270 g	3	掉土	掉土、下部脱落	成粉状		
	7	掉土	掉土、下部脱落	成粉状		
	12	掉土	掉土、下部脱落	余上部50毫米		余上部,并有表面脱落
S-PU 310 g	6.25	上部烂	掉土开裂	整体烂		烂
	12.5	无变化	上下部掉土	余中部	中部出现裂纹	残存中部
	25	无变化	出现开裂	开裂扩大		完整,中部有开裂
S-PU 270 g	6.25	上部烂	掉土开裂	碎	碎	碎
	12.5	完好	上部开裂	开裂扩大	下部掉块	上部80毫米完好
	25	完好	出现裂纹	裂纹扩大	同左	同左
S-IJ 270 g	3	无变化	无变化	局部因疏松掉土		局部残

从以上试验可以发现,加固剂的柔韧性越好,则耐冻融能力越强。TEOS 水解后生成的是二氧化硅,没有韧性所以不耐冻。31J、21J、54J 这三种材料因为玻璃化转变温度(T_g)大小为 31J>21J>54J,所生成的膜柔韧性逐渐增加,所以抵抗水结晶膨胀压力的能力是 54J>21J>31J。

8. 安定性实验

参照公路工程石料试验规程中的坚固性试验(T0212-94)方法[viii]。在试验中硫酸钠浓度改为 5%,并只记录样品形状变化情况。

土样先在 5%的硫酸钠溶液中浸泡 8 小时,然后取出,除去多余溶液,置于 100℃的烘箱中烘干 4 小时,完成一个循环。然后重复浸泡、烘干,进行下一个循环,记录土样在每一个循环中的变化。实验对象为耐水实验中能够存留的土样。结果见表 36-8。

由表 36-8 可见,TEOS 处理的土柱进入盐水就产生开裂,经过三个循环,仅余上部 30 毫米的部分呈块状,其余全部成为小碎块;31J 的样品在试验中产生裂纹,最后成为大块;21J 的样品在试验中仅有一些小裂纹,三个循环后,基本完好;54J 的样品在试验中仅有一些小裂纹,三个循环后,除下部有一些损失外基本完好;AC-PU 的样品入盐水开裂,两次循环就已成为粉状;S-PU 的样品入水后脱落开裂,三个循环后高浓度的出现开裂,低浓度的碎裂。

比较结果是,21J、54J 两种材料的安定性试验效果较好,31J 的样品最后成为块状,说明有一定的耐受能力,AC-PU、S-PU、TEOS 次之。

三、结论

(1) BU 系列(31J、21J、54J)加固剂处理的土样在重量增加很少的情况下,就有较好的加固效果。加固后颜色变化不大,孔隙率变化小,透气性降低小,土样的抗压强度提高。经过处理的土样在耐水能力上表现优异,经 1%以上浓度加固剂加固的土样可在水中长期浸泡,非常稳定。

表 36-8 安定性试验结果

土样及加固剂浓度/%		第一次浸泡完毕	第二次浸泡完毕	第三次浸泡完毕	烘干后
31J 310 g 31J 270 g	3	出现裂纹	出现大裂纹	下部烂	成为碎块
	3	出现裂纹	烂为两块	入水倒,成块状	
	5	无变化	下部开裂	入水倒,成块状	
	7	无变化	下部断开	裂成大块	
21J 270 g	1	无变化	上部有小裂纹	小裂纹	余中部 70 毫米
	3	无变化	无变化	不变	完好
	5	无变化	无变化	不变	完好
54J 270 g	1	局部开裂	局部开裂	局部开裂	上部 50 毫米完好
	3	无变化	无变化	无变化	上部 70 毫米完好
	5	无变化	无变化	无变化	上部 70 毫米完好
	7	无变化	出现小裂纹	小裂纹	好
AC-PU 270 g	3	开裂	烂为碎块		成为碎块
	7	开裂	烂为碎块		
	12	开裂	烂为碎块		
S-PU 310 g	6.25	下部烂	余中部	成为碎块	成为碎块
	12.5	好	开裂	裂纹扩大	
	25	好	出现裂纹	裂纹贯穿全部	整体存留,但有裂纹
S-PU 270 g	6.25	下部烂	余中部	成为碎块	粉碎
	12.5	好	开裂	裂纹扩大	
	25	好	出现裂纹	裂纹贯穿全部	整体存留,但有裂纹
TEOS 310 g	TEOS：乙醇=1：1	入水后 30 分钟下部开裂	下部粉,开裂	粉	余上部 30 毫米
TEOS 270 g	TEOS：乙醇=1：1	下部烂,掉土	下部粉,开裂	粉	粉碎

（2）经过处理的土样在耐冻融方面表现为：21J、54J 两种材料耐冻融能力强，31J 略差，但均好于聚酯和聚氨酯材料。正硅酸乙酯材料处理的土样耐冻融能力较差。

（3）各种加固剂处理的样品在安定性方面，21J、54J 两种材料优异，31J 次之，三种材料在安定性方面均好于聚酯、聚氨酯、正硅酸乙酯、B-72 等材料。

各种加固剂对土样的加固效果总结如表 36-9。

表 36-9 各种加固剂的加固效果比较

性能指标	试验浓度下的表现				
	BU 系列加固剂	TEOS	B-72	AC-PU	S-PU
深层固结能力	好	好	差	好	好
表面颜色变化	小	小	大	大	大
孔隙率变化	小	大	中—大	中	中—大
抗压强度	中	大	小	中	小
耐水	好	好	差	中	中
耐冻融	好	差	差	中	中
耐盐	好	差	差	中	好
安定性	好	差	差	差	中

综上对比，可以看出 BU 系列材料是一类优良的土遗址防风化加固剂。

参考文献

[i] 周双林,原思训,郭宝发.几种常温自交联丙烯酸树脂非水分散体的制备[J].北京大学学报：自然科学版,2001,37(6)：869-874.

[ii] 刘祖典编著.黄土力学与工程[M].陕西科学技术出版社,1997：15.

[iii] Coffman R, Selwitz C, Agnew N. The Getty Adobe Research Project at Fort Selden：II. A study of the interaction of chemical consolidants with adobe and adobe constituents[C]// 6th International Conference on the Conservation of Earthen Architecture：Adobe 90 preprints：Las Cruces, New Mexico, USA, October 14-19, 1990. Getty Conservation Institute, 1990：250-254.

[iv] 联合国教科文组织.文物保护中的适用技术[M].中国对外翻译出版公司,1985:109.

[v] Selwitz C, Coffman R, Agnew N. The Getty Adobe Research Project at Fort Selden:III. An evaluation of the application of chemical consolidants to test walls[C]//6th International Conference on the Conservation of Earthen Architecture:Adobe 90 preprints:Las Cruces, New Mexico, USA, October 14-19, 1990. Getty Conservation Institute, 1990:255-260.

[vi] ISO5017:1998(E), Dense shaped refractory products determination of bulk density, apparent porosity and true porosity.

[vii] 中华人民共和国交通部.中华人民共和国行业标准 JTJ054-94:公路工程石料试验规程.北京:人民交通出版社,1995:20-22.

[viii] 中华人民共和国交通部.中华人民共和国行业标准 JTJ054-94:公路工程石料试验规程.北京:人民交通出版社,1995:23-24.

(原载于《文物保护与考古科学》2003 年第 2 期。)

37
丝织品老化程度检测方法探讨*

一、引言

我国是世界上最早从事养蚕织丝的国家,以丝绸古国而著称于世。但丝织品由其本身的材料属性决定了它的"弱质"、易损、难以保存,因此古代丝织品保留至今的并不多。考古发掘出土的丝织品由于长时间在地下埋藏受到不同程度的破坏,出土后受不良因素的影响又会发生剧烈变化,甚至让人看不出其原始面貌。丝织品的损坏和老化主要是由光、热、化学、生物、机械破坏等因素造成的,从而引起形貌和手感改变、强度损失、颜色变化、分子量降低、结晶度变化等。

古代丝织品主要由蚕丝织成。蚕丝是天然蛋白质纤维,是由蚕体内绢丝腺分泌出的丝液凝固而成,主要含有丝素(约占72%—81%)、丝胶(约占19%—28%)及少量其他物质(蜡类物质、糖类物质、色素及无机物等,约占3%)。每一根蚕丝由两根单丝平行粘合而成,每根单丝的中间为丝素,丝胶包覆在丝素的外围并粘住两根单丝。一根单丝由50—100根平均直径为1微米的细纤维组成,而细纤维又由平均粗细为10纳米的微纤维组成。微纤维则由肽链排列而构成,具有β-折叠结构,呈锯齿状,每一个这样的肽链再和相邻的肽链形成链间的氢键,侧链交叠着伸在肽链的上面和下面。组成丝素丝胶肽链的α-氨基酸共有18种。丝素蛋白质的主要氨基酸为甘氨酸、丙氨酸、丝氨酸和酪氨酸,这四种氨基酸的和约占组成丝素蛋白质氨基酸总量的90%,其中又以甘氨酸和丙氨酸为最多,两者之和达总量的

---

* 作者:张晓梅、原思训(北京大学考古文博学院)。

70%以上。组成丝胶蛋白质的α-氨基酸主要为丝氨酸、苏氨酸、天冬氨酸、谷氨酸、甘氨酸,这五种氨基酸的总量达75%[i]。

丝的变质主要由于氧化作用和水解作用。丝纤维对日光或紫外线的作用很敏感,易发生光氧化降解作用及光化学作用,从而泛黄、发脆,是一般纤维中耐光性最差的。丝是高分子聚合物,当光的能量等于或超过分子间氢键、原子间共价键结合力的能量时,会使蛋白质分子发生变性、断裂。空气中的氧在光激发下产生活泼的游离态氧,引起聚合物氧化变质,此活泼氧同时与水蒸气作用形成过氧化氢,更进一步促使聚合物氧化。在一般情况下,水只能引起丝纤维蛋白膨润而不溶解,但长时间与水作用也会有部分溶解,且在土壤电解质、酸、碱及微生物的作用下发生水解。此外反复的干、湿变化,会造成纤维疲劳而强度降低[i]。

对丝织品在老化过程中发生的物理、化学变化的了解及其老化程度的分析检测,是选择适当的保护方法的前提。只有了解丝织品的保存状况、老化特征,才能决定是否需要保护、采取何种保护措施等。有许多学者对丝织品的老化主要从预防控制的角度进行了研究,他们的研究表明丝织品的老化是许多因素综合作用的结果[ii]。但是有关其老化程度的量化检测方法的系统研究未见报道。

本工作在对丝织品的物理、化学老化特征及性能研究的基础上,对可能用于检测丝织品老化程度的方法进行了系统的对比分析。所用的样品为人工老化的白色丝织品。人工老化包括光老化、热老化和水解老化。分析方法包括抗拉强度分析、色差分析、粘度测定、氨基酸分析、红外光谱分析、热分析等。抗拉强度为传统的检测纺织品强度的力学方法,通常人们用强度来衡量织物的保存状况或老化程度,由于古代丝织品是珍贵文物,不可能提供足够样品供抗拉强度分析。本工作的最终目的是通过研究、分析、对比,探索简便并且样品用量小的检测丝织品老化程度的方法。由于实验工作量大,涉及的方法、实验数据过多,本文仅简要报道主要的实验结论,关于一些方法的研究详情,我们将另文专题讨论。

二、实验材料与分析方法

1. 实验材料

未增重、脱胶的现代丝织品,未老化样品编号 NA。

2. 材料加速老化方法

热老化　在150℃对现代丝织品进行热老化处理,样品编号用 R_x 表示,X 代表 1、2、3……,下同。

光老化　用365纳米、375 W 紫外光老化装置对现代丝进行光照老化处理,到达丝织品表面的辐照度为2000 μW/厘米^2,样品编号用 G_x 表示。

水解老化　由于蛋白质对碱性水解更为敏感,因此,选择碱性水解作水解老化试验,样品编号用 S_x 表示。

3. 分析方法

（1）抗拉强度

可对丝织品因老化而导致的强度降低进行定量测定。所用仪器为 SHIMADZU 公司的 AGS 型万能试验机。将试样沿纬向剪裁成长5厘米、宽2厘米的试条,每份样品的测试数量为5,最后取平均值。测试在25℃、相对湿度60%的条件下进行,十字头速度为2毫米/分。

（2）色差分析

光和热老化会造成丝织品颜色的改变,色差分析可对颜色的改变进行定量的测定。仪器为北京光学仪器厂 TC-1 型测色色差计。色差计算采用 CIELAB 色差式。

（3）粘度测定

高分子链的断裂通常导致其粘度的显著降低,因此粘度也是表征其老化程度的指标。将老化样品用 LiBr 及 $ZnCl_2$ 饱和溶液溶解后,用三管粘度计测定其特性粘度。

(4) 氨基酸分析

了解老化而导致的各氨基酸组分含量的变化。用美国 Waters 公司产的氨基酸自动分析仪进行分离及检测。

(5) 红外光谱分析

了解因老化而导致的分子结构变化。仪器为德国 Bruker 公司 VECTOR22 傅立叶变换红外光谱仪。

(6) 热分析

可提供物质结构变化的信息。仪器为美国 TA 公司 SDT2960 差热—热重(TGA-DTA)联用仪。

(7) 扫描电子显微镜(SEM)形貌观察

可对丝织品样品表面在高放大倍数下进行形貌观察分析,获得许多与纤维分子结构有关的信息。仪器为美国产 JSM-6301F 型场发射扫描电子显微镜。

(8) X 射线衍射分析

由于丝素分子中有结晶区存在,分子的规则排列可产生 X 射线的衍射图像,根据这种衍射图像可研究分子的结构、排列及取向度、结晶度等。仪器为北京大学仪器厂产的 BD86 自动 X 射线衍射仪。

三、结果与讨论

1. 抗拉强度

(1) 热对丝织品强度的影响

如图 37-1 所示,一开始强度降低较快,然后速率减慢,亦即降解速率减慢。4 天后强度减至原始强度的 1/3。

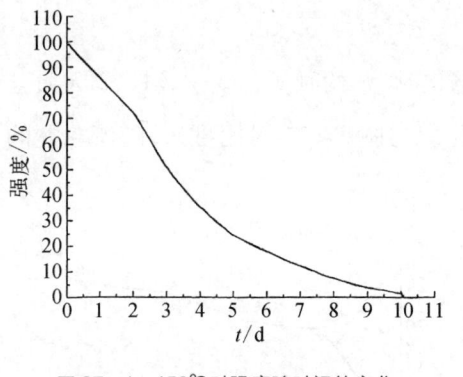

图 37-1　150℃时强度随时间的变化

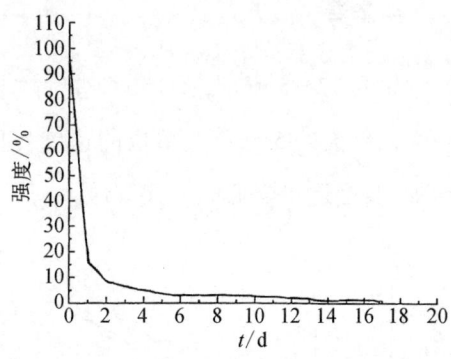

图 37-2　光老化时强度随时间的变化

（2）光老化导致的强度变化

如图 37-2 所示,在最初的 24 小时,强度减低很快,之后随着辐照时间的延长,强度损失速率逐渐降低。

（3）水解老化导致的强度变化

30℃时丝织品在不同浓度的 NaOH 溶液中水解 40 分钟而产生的强度变化见图 37-3。图 37-3 表明,强度随 NaOH 浓度的增长而降低,但在低浓度时变化较小,超过 3%时速率变快。为了便于制备出老化样品并观察强度随时间的变化,我们选择 5%NaOH 溶液作为水解老化体系。随着丝织品在 5%NaOH 溶液中浸泡时间的延长,强度显著地降低(图 37-4)。8 小时后,强度降至原丝织品的 19%。

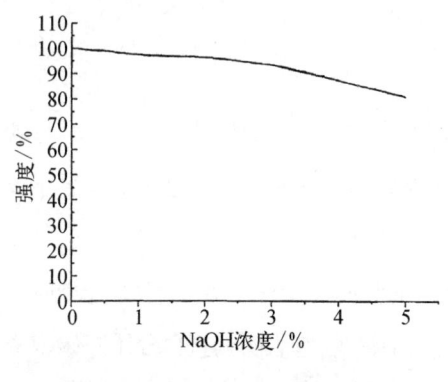

图 37-3　NaOH 浓度对强度的影响

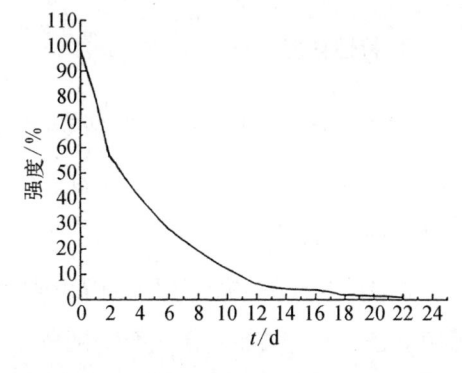

图 37-4　30℃时 5% NaOH 水解对强度的影响

2. 色差

如图 37-5 所示,在 150℃ 进行热老化时,开始时颜色变化较慢,2 天后丝织品以每天约 5 个色差单位的速度变化。与图 37-1 对比可知,随着色差的增加,强度逐步降低。

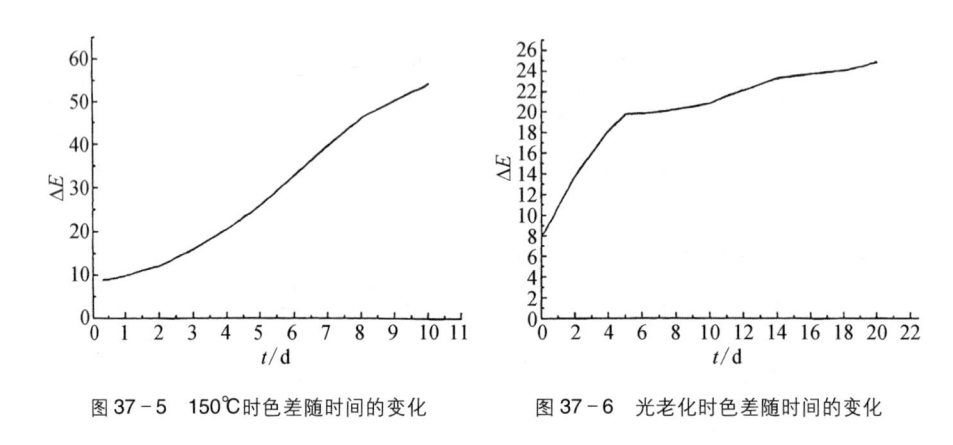

图 37-5　150℃时色差随时间的变化

图 37-6　光老化时色差随时间的变化

与 150℃ 热老化不同,光老化导致的颜色变化较小。如图 37-6 所示,丝织品在光老化 5 天后,ΔE 达到 20 个单位,此后颜色变化速率变慢。对比图 37-2 与图 37-6 发现,虽然强度随辐照时间不断降低,而颜色却在一段时间后趋于不变,因而光老化所产生的颜色变化可能难以定量表征丝织品强度的变化。不过,对于有色织物来说,色差的变化是判断保存状况的重要依据。

3. 特性粘度

图 37-7 为 150℃ 热老化时粘度随时间的变化,一开始粘度降低得很快,反映降解速率也很快,随后降解速率逐渐降低,6 天后粘度变化较小。这表明高温下丝分子链破坏得很快。

图 37-8 为用 5%NaOH 水解老化时粘度随时间的变化。由图可知,开始时粘度随水解时间的增加而急速降低,随后粘度减小趋缓,它表明丝蛋白分子对碱很敏感,链的断裂主要发生在初始阶段。

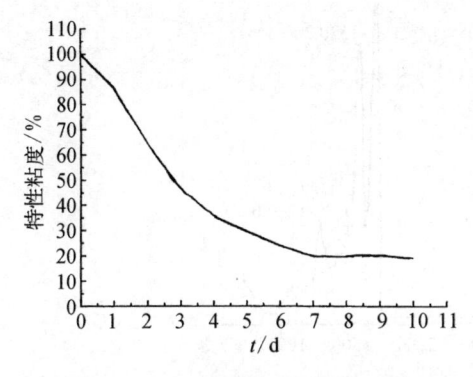

图 37-7　150℃时特性粘度随时间的变化

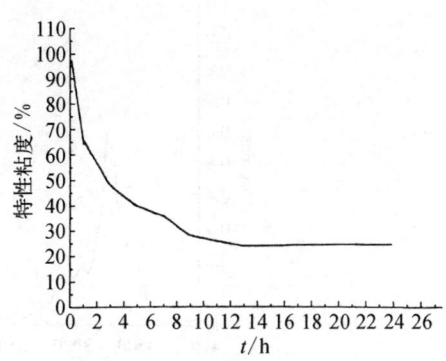

图 37-8　水解时特性粘度的变化

图 37-9 为光老化时粘度随时间的变化。由图 37-9 可见，一开始粘度降低很快，然后速率减慢，亦即降解速率减慢。

对比光、热、水解老化的粘度与抗拉强度分析结果可知，特性粘度与抗拉强度有很好的对应关系。

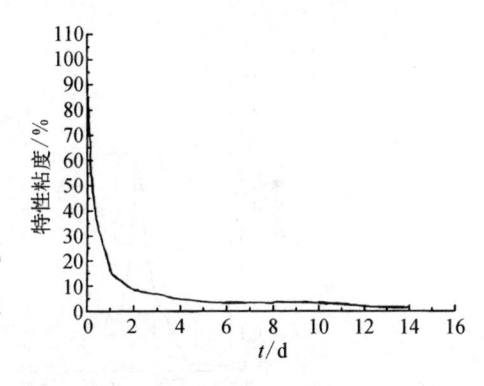

图 37-9　光老化时特性粘度随时间的变化

4. 红外光谱

图 37-10 是未老化的丝织样品的红外谱图。图 37-11 为样品 R_{12} 在 150℃热老化 10 天的红外谱图；图 37-12 为样品 G_{19} 在紫外光下老化 14 天的红外光谱；图 37-13 为样品 S_{23} 水解老化 24 小时的红外谱图。蚕丝在 1690—1600 厘米$^{-1}$ 和 1575—1480 厘米$^{-1}$ 处有 C=O 伸缩振动和 NH 变形振动所产生的特征吸收谱带，此外在 1301—1229 厘米$^{-1}$ 还有 CN 和 NH 的伸缩、弯曲振动所产生的吸收谱带[iii]。通过对未老化样品及老化样品的红外谱图进行比较可知，1690—1600 厘米$^{-1}$ 处的 C=O 伸缩振动峰保持不变，因此将该谱带选为内标谱带，用 1640 厘米$^{-1}$ 表示。从这些谱图可知，老化使丝织品的几个主要的吸收谱带相对于内标谱带的峰高均发生了变化。

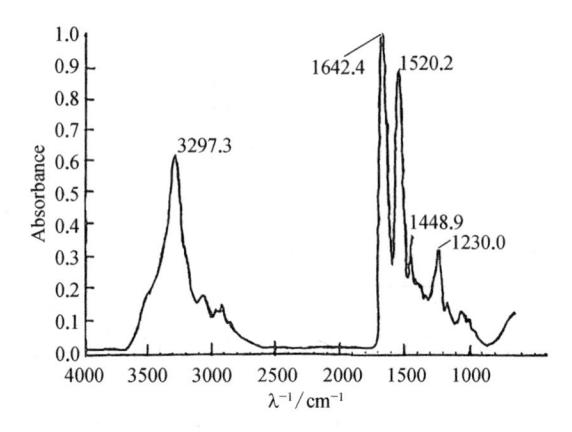

图 37-10 未老化样品的红外谱图

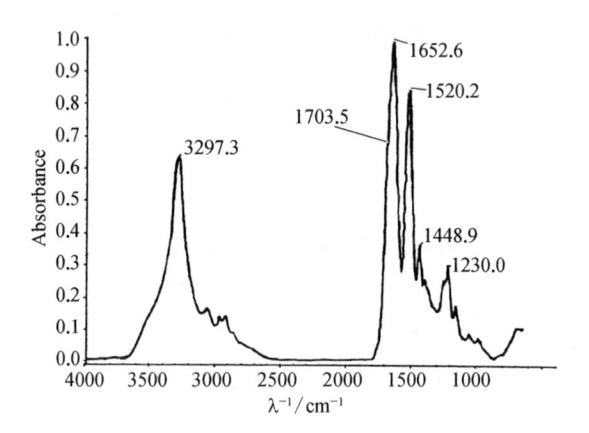

图 37-11 R_{12} 的红外谱图

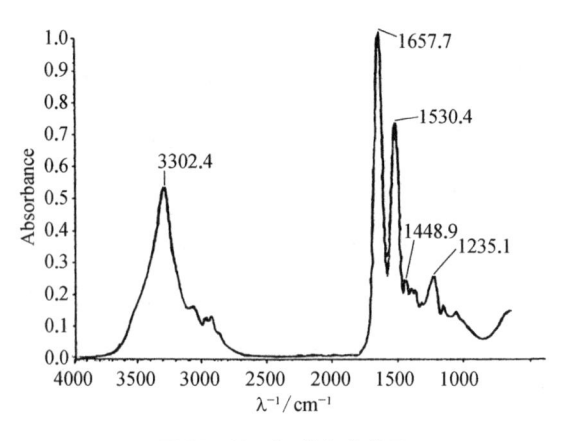

图 37-12 G_{19} 的红外谱图

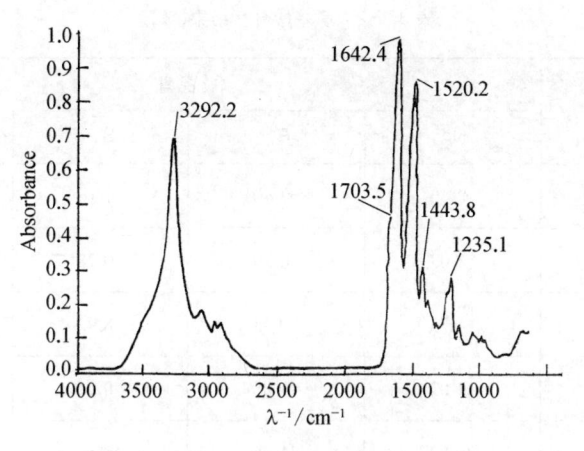

图 37-13　S_{23} 的红外谱图

通过计算吸收峰高的比例来研究老化降解过程，是常用的红外光谱定量分析手段。因此，若将老化进程峰高变化中的某个峰高与一个稳定不变的峰高相比较，研究其比值随时间的变化，有可能提供丝织品老化程度的量化指标。

此外，这三种老化使一些主要的吸收峰的形状也发生了变化，从而显示出化学结构发生了变化。老化方式不同，相应的红外谱图也有差异，从而为区分丝织品的老化性质提供了依据。

5. 热分析

热分析虽然不能给出物质结构的具体图像，但可提供物质结构发生变化的信息。表 37-1 为光、热、水解及未老化样品的 TGA-DTA 分析结果，由表 37-1 可知，光、热老化导致起始分解温度降低，但水解则使起始分解温度上升。

表 37-1　丝绸样品的 TGA 分析结果

样品号	NA	R_6	R_9	R_{12}	S_{10}	S_{16}	S_{23}	G_7	G_{11}	G_{19}
老化时间	0	4 d	7 d	10 d	4 h	10 h	24 h	4 d	8 d	16 d
分解温度/℃	276.3	273.7	255.4	258.2	283.4	284.2	287.2	260.1	252.2	231.6

表 37-2　氨基酸分析结果(%)

氨基酸	样品号			
	NA	R_{12}	S_{23}	G_{17}
天门冬氨酸	2.40	2.40	1.16	1.14
苏氨酸	1.08	0.79	0.78	0.72
丝氨酸	11.73	7.43	8.92	7.37
谷氨酸	1.83	1.88	0.91	0.79
甘氨酸	35.82	31.66	40.14	24.95
丙氨酸	28.66	23.70	25.07	23.92
缬氨酸	2.77	2.56	2.20	2.53
蛋氨酸	0.08	0.06	0.04	0.05
异亮氨酸	0.92	0.87	0.65	0.93
亮氨酸	0.81	0.69	0.74	0.58
酪氨酸	11.84	4.45	4.29	1.00
苯丙氨酸	1.14	1.17	0.83	0.58
组氨酸	1.18	0.67	0.90	0.77
赖氨酸	0.63	0.43	1.18	0.68
精氨酸	0.95	0.46	0.86	0.72
色氨酸	0.48	0.12	0.19	0.10
脯氨酸	0.49	0.41	0.40	0.53
半胱氨酸	0.17	0.08	0.13	0.11
总　计	102.43	79.61	89.05	67.23

6. 氨基酸分析

表 37-2 为一些光、热、水解老化样品的氨基酸分析结果。从表 37-2 可知,酪氨酸对光很敏感,光老化使丝织品中酪氨酸的含量大幅度减少,因此这是检测丝织品光老化的有用指标。此外,天门冬氨酸、谷氨酸、丝氨酸等都有明显变化,如水解使天门冬氨酸含量降低很多,有可能用作检测的指标。同时,从氨基酸分析的结果还可看出,基于不同的老化方法,氨基酸的变化不尽相同,从而为研究不同的老化机制提供了可能。

7. 扫描电子显微镜(SEM)形貌观察

通过 SEM 形貌观察可知,现代未老化丝的裂隙很少,但仍有少量存在,如图 37-14。对光老化 6 天和 14 天的样品在扫描电镜下观察可知,6 天时主要产生许多小的裂隙,而到 14 天时,不只是裂隙数目增加,而且大量的丝沿裂隙断开,如图 37-15。对热老化 6 天和 10 天的样品在 SEM 下观察可知,随老化时间的延长,破裂现象加重,如图 37-16。对水解老化样品的观察结果表明,与未老化丝相比,丝纤维明显变细,经水解的丝织物变得稀疏,如图 37-17。与光和热老化相比,水解老化产生的裂隙较少。

图 37-14 未老化样品的扫描电镜图

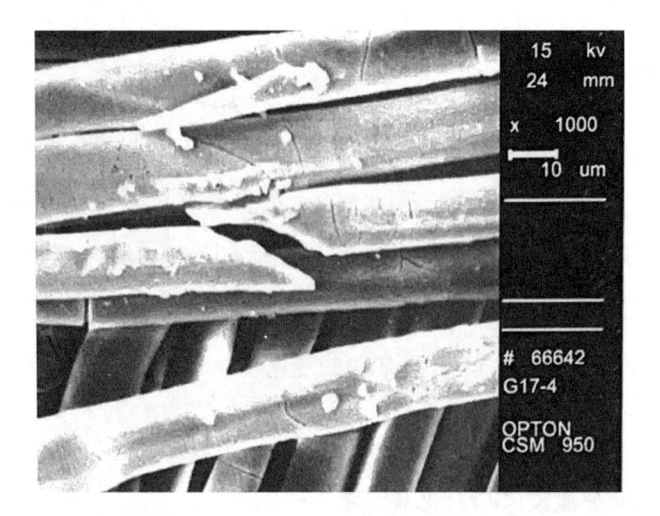

图 37-15　光老化 14 天样品的扫描电镜图

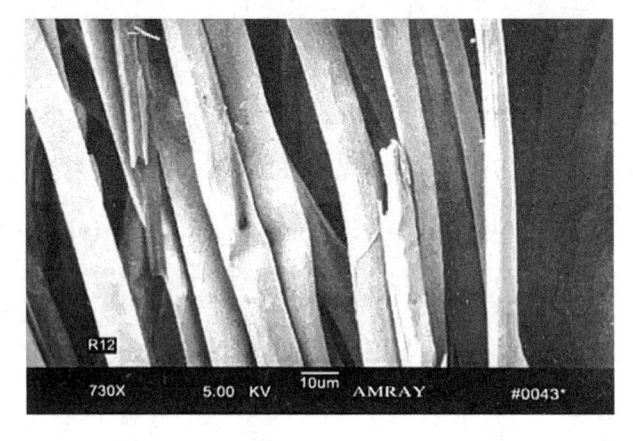

图 37-16　热老化 10 天样品的扫描电镜图

8. X 射线衍射分析

丝是以微结晶和非晶链分子沿纤维轴方向定向排列的,但并不是完全平行排列,因此有一定的定向度和结晶度。

天然蛋白质的有规则结构是分子中次级键互相作用联结而成的,所谓次级键,即氢键、盐键等。次级键的破坏使丝纤维从有规则的紧密结构,变为不规则的松散结构,从而导致结晶度降低。

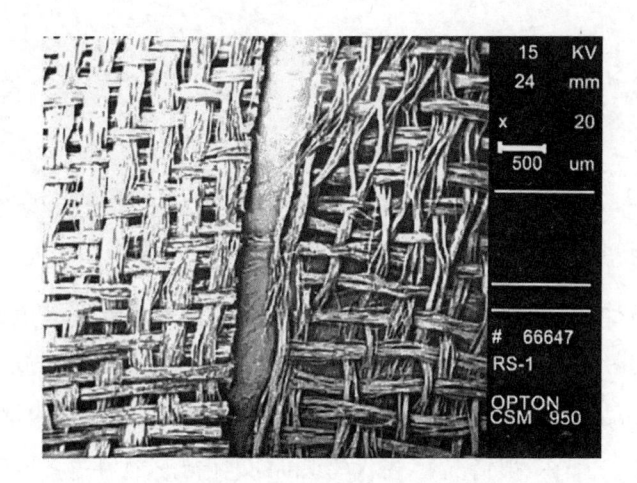

图 37-17 未老化样品(左)与水解老化样品(右)的扫描电镜图

X 射线衍射分析是常用的测量结晶度的方法。分别对未老化丝织品,经过光、热、水解老化的样品进行 X 射线衍射分析,根据衍射峰了解其结晶度的变化情况。图 37-18 为未老化丝织品及 R_{11}、G_{23}、S_{22} 的衍射图谱。由图 37-18 可知经过光、热和水解老化后,丝织品的衍射峰形均有变化,表明其结晶度也发生了变化,但变化并不明显。

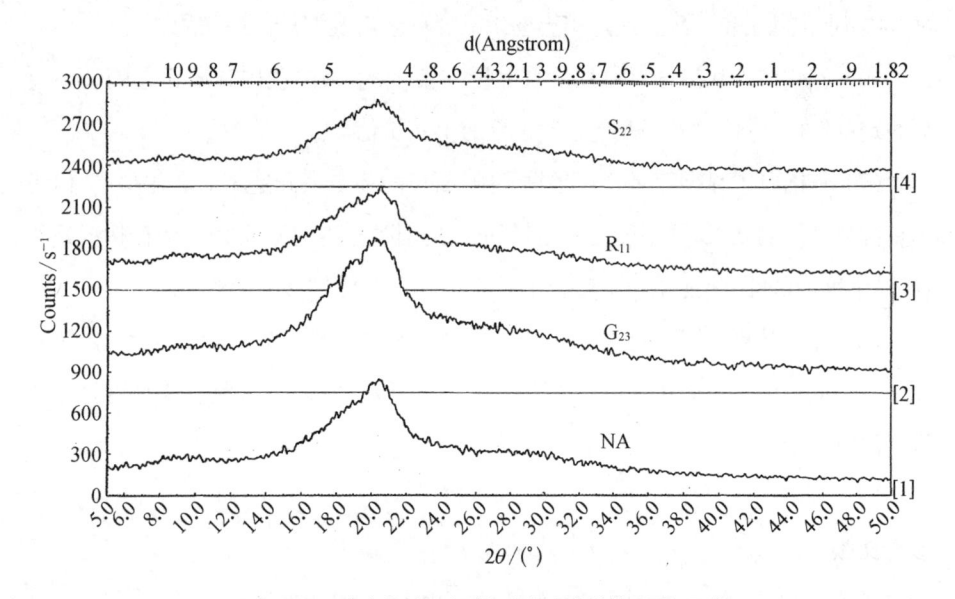

图 37-18 未老化丝及光、热、水解老化丝的 XRD 图谱

四、结论

（1）对于丝织品的模拟老化试验及性能分析表明，无论是光、热老化还是水解老化，特别是光老化，老化的初始阶段速率很快，随后逐渐变缓。由于本工作的目的主要是寻求检测老化程度的方法，因此采取的是强化老化的方法，但由分析结果可知，光的损害即使在常温下也非常严重，对古代丝织品采取严格的避光措施十分必要。

（2）丝织品老化因素不同，老化机理不同，因此检测方法似应根据具体情况使用不同的手段。但在一般情况下，古代丝织品的老化因素往往是多方面的，又难以事先选定某种手段与方法。

（3）抗拉强度是一种有效的、确定丝织品保存状态或老化程度的指标，但在大多数情况下，丝织品文物很难提供足够的样品用于抗拉强度分析。

（4）粘度分析是一种有效的、较为灵敏且经济的检测方法。

（5）氨基酸分析是一种良好的确定丝织品保存状态的手段。该分析方法样品用量少，不难从残片的边缘上获得，不会给文物带来太大的损失。并可能依据老化过程中不同氨基酸的变化，追踪出土丝织品埋藏环境及埋藏前的使用状况。

（6）显微红外和热分析所用的样品量非常少，如果能找出其所包含的较为灵敏的定量指标，对检测丝织品老化程度会有实用价值。

（7）扫描电子显微镜观察可根据裂隙、断口的多少来确定相对老化程度，但由于是肉眼观察的结果，并不能给出定量的评估指标，且有时观察认为保存状况好的样品，强度很低，因此视觉观察对老化程度的检测有很大的局限性。

（8）通过计算人工老化样品的结晶度来检测老化程度有一定的难度，色差难以定量表征丝织品因老化而导致的强度变化，但颜色变化对有色织物来讲是老化程度的重要依据。

参考文献

[1] 苏州丝绸工学院.制丝化学[M].纺织工业出版社,1992：1-26.

[ii] Randall R B. General effects of aging on textile[J]. J Am Inst Conserv, 1986, 25(1): 38-48.

[iii] 吴瑾光.近代傅立叶变换红外光谱技术及应用[M].科学技术文献出版社,1994:193.

(原载于《文物保护与考古科学》2003 年第 1 期。)

38
秦兵马俑表层风化状况的研究*

一、引言

秦兵马俑久埋于地下2000多年,从1974年发掘[i]至今,也已经近三十年。经过长期的地下埋藏和多年的地上保存,科学地评估这些陶俑的保存状况,以便研究与及时地采取适当的保护措施已提到日程上来。

秦俑在材质分类上属于陶的范畴,陶质文物发生的风化作用宏观上是指由于外界环境的不利影响,使陶表面粉化、起甲、脱落,甚至全部酥解毁坏。由于陶俑表面受外界环境的影响大,所以风化一般先发生在陶俑的表面。风化造成的危害是渐进的,在没有达到一定程度时现象并不显著,因此对它的研究仅凭肉眼观察难以发现,要更多地借助一些仪器分析方法。

英国的Buys和Oakley合著的《陶瓷的保护和修复》[ii]和Rice所著的《陶器分析》[iii]是对此类陶质文物进行分析与保护的研究专著。前者多侧重修复,后者则从理化角度对古陶的制作、保存和分析进行了系统的阐述。国内对古陶器烧制工艺的研究著作颇多,并有若干修复和加固方面的文章,但尚无对古陶器进行科学分析和保护的系统论述专著,特别是有关古陶器风化研究的著作则更是少见。

明显的陶俑风化不难用肉眼观察,对于不明显的风化可以从以下几个方面研究:(1)在显微设备下,观察表面和内部的直观差别,判断表面风化的状况;(2)当陶俑发生风化时,由于云母类矿物相对容易发生化学键的断裂[iv],反应的产物有$Al(OH)_3$,因此绢云母等云母类矿物的含量会减少,反应式如下:

---

* 作者:雷勇、原思训(北京大学考古文博学院),郭宝发(秦始皇兵马俑博物馆)。

$$\underset{\underset{\underset{\text{Al}}{|}}{\overset{|}{\text{O}}\text{—OK}}}{\overset{|}{\text{Si}}\text{—OH}} + \text{H}_2\text{O} \longrightarrow \underset{\text{OH}}{\overset{|}{\text{Si}}\text{—OH}} + \text{Al(OH)}_3 + \text{KOH}$$

因为生成物 Al(OH)$_3$ 较容易随着水的迁移而流失,造成表面的疏松,因此检测陶俑表面和内部绢云母含量的差别,可以衡量表面和内部的风化程度;(3) 陶俑表面发生风化时,由于伊利石、高岭石、蒙脱石与水的反应会出现大量—OH,红外分析、差热和热重分析可以对—OH 进行检测,推测陶俑发生风化的程度;(4) 当陶俑表面发生风化时,表层疏松的特点可以通过表层和内部孔隙率的对比检测结果表现出来。

二、实验样品和分析结果

1. 样品

秦始皇兵马俑数量庞大,研究工作采取现场考察与抽取代表性样品进行分析相结合的方法。经过多次在一号坑的实地观察,我们注意到大多数陶俑表面没有明显的风化现象,但在一号坑北部,少部分陶俑表面出现了剥离的情况,在剥离层之下颗粒结构疏松。为了研究宏观上没有出现风化现象的陶俑,我们从肉眼没有观察到风化的陶俑残片样品中,随机选取青灰陶俑 4 块和橘红色陶俑残片 2 块,还从前述发生表面剥离的陶俑上采集了少量剥离层和疏松颗粒样品。为了对比研究,还选取了两块秦砖,样品情况如表 38-1。

表 38-1 秦俑、秦砖和风化样品

样品名称	红色陶俑残片	灰色陶俑残片	砖片	北壁部分陶俑的剥离层样品	北壁部分陶俑的疏松颗粒
编号	T3、T6	T2、T4、T9、T10	T1、T5	T7	T8

2. 扫描电子显微镜分析

用 JSM-6301F Scanning Microscope 场发射扫描电镜分析观察了 T1、T2、T5、T6 四个样品的表层和内部区域,以研究陶俑、砖表层和内部形貌的差别,扫描电镜分析观察结果示于图 38-1 和表 38-2,从中可见陶体外层比内部的大颗粒矿物含量低,陶俑内部矿物颗粒出现熔融迹象,矿物颗粒排列整齐紧凑,而表层的层状结构凌乱,表面结构相对疏松,推测表层和内部的这种差别和风化关系密切。从扫描电镜拍摄的放大倍数较大的照片图(38-1-5、6、13、14)中可以发现陶俑、秦砖的内部和表面的明显差别,内部矿物颗粒的边缘已经出现了熔融现象,结构紧密。扫描电镜照片中,表面和内部最直观的差别是表面呈层状同向排列的结构,而内部颗粒有序的同向排列并不明显,颗粒棱角的模糊似表明内部结构致密,矿物烧结得比

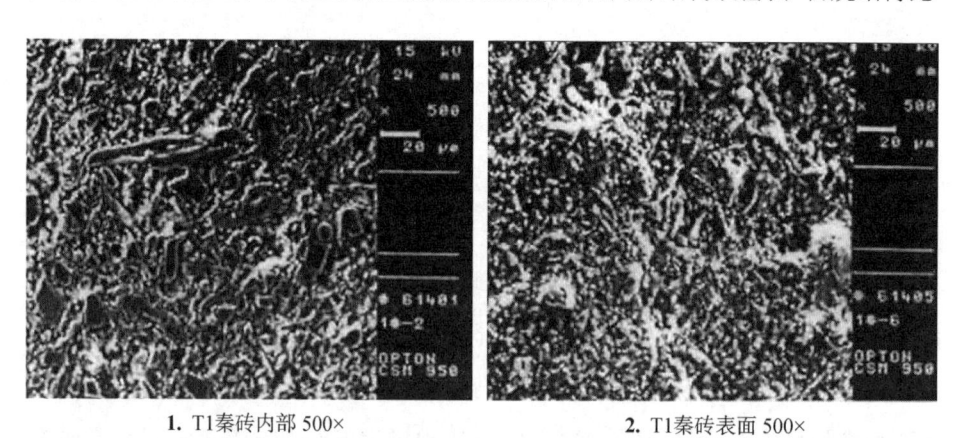

1. T1秦砖内部 500×   **2.** T1秦砖表面 500×

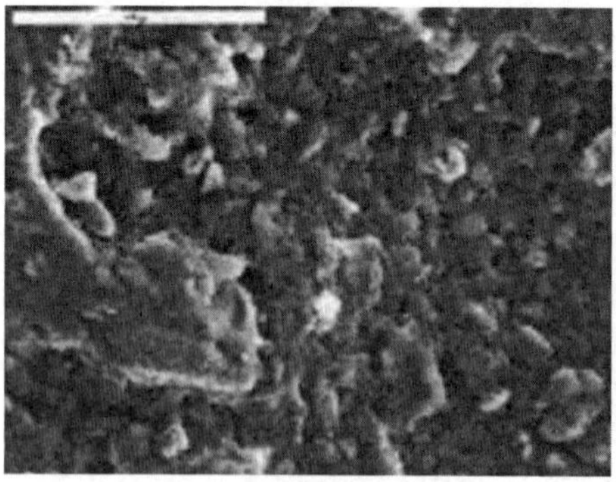

3. T1秦砖内部 3000× 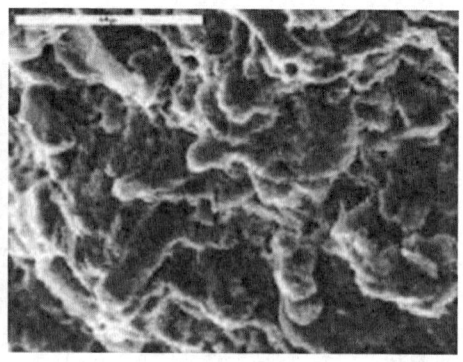   **4.** T1秦砖表面 3000×

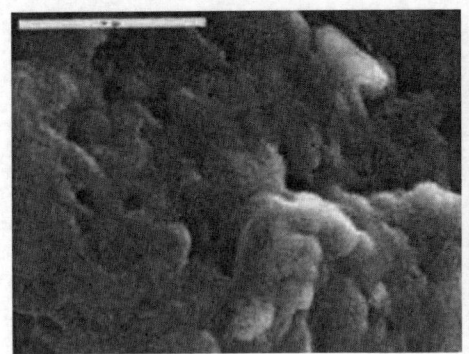

5. T1秦砖内部 15000×

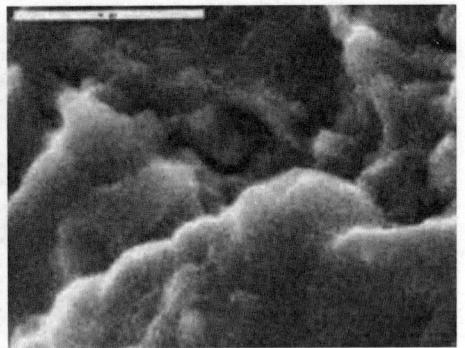

6. T1秦砖表面 15000×

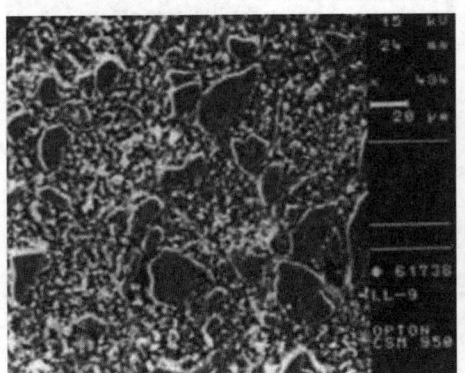

7. T5秦砖内部 494×

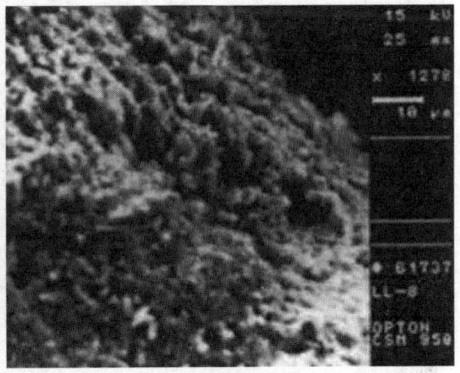

8. T5秦砖表面 1278×

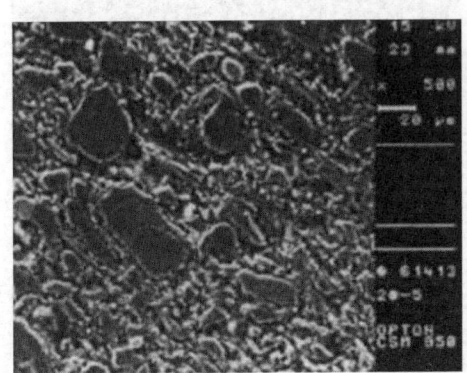

9. T2青灰俑内部 500×

10. T2青灰俑表层 500×

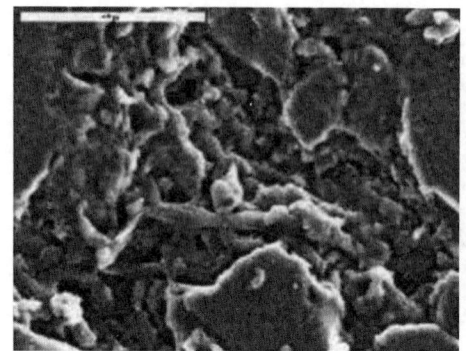

11. T2青灰俑内部 3000×

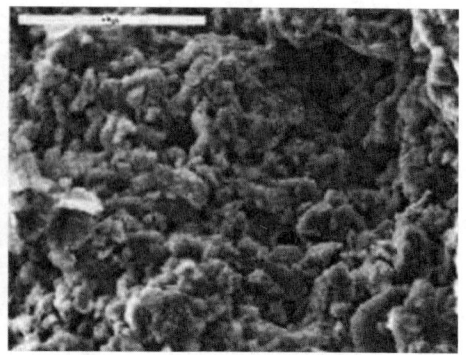

12. T2青灰俑表面 3000×

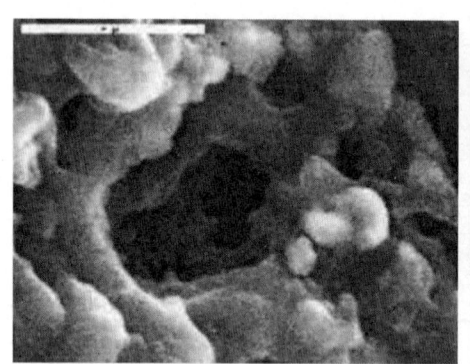

13. T2青灰俑内部 15000×

14. T2青灰俑表面 15000×

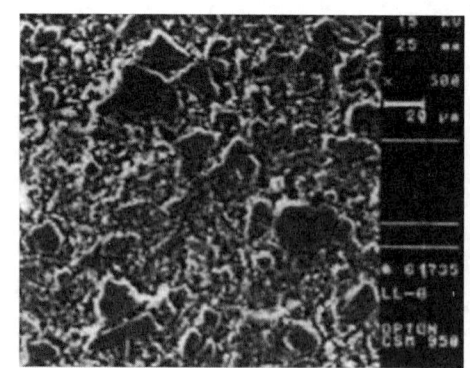

15. T6橙红俑内部 500×

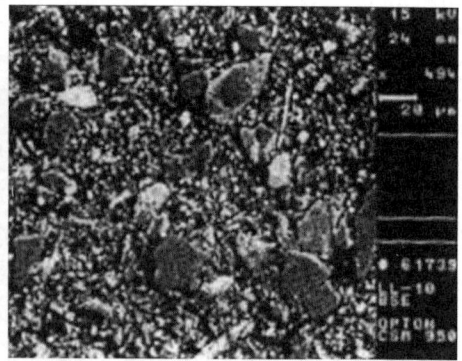

16. T6橙红俑表面 494×

图 38-1　T1、T2、T5、T6 样品的扫描电镜分析

表 38-2　陶俑、砖样品的扫描电子显微镜观察结果

样品及编号	检测区域	显微镜放大倍数		
		About 500×	3000×	15000×
T1 秦砖	内部	图 38-1-1 大颗粒矿物较多,结构致密	图 38-1-3 颗粒表面有熔融现象,结构致密	图 38-1-5 颗粒出现熔融状态
	表面	图 38-1-2 结构较为疏松,矿物颗粒结合不紧密	图 38-1-4 黏土片状结构突出,层状结构明显	图 38-1-6 孔洞较大,结构疏松,黏土结构比内部明显
T5 秦砖	内部	图 38-1-7 结构较致密		
	表面	图 38-1-8 放大 1278 倍,表面凹凸不平,分布有疏松的矿物颗粒		
T2 青灰色陶俑	内部	图 38-1-9 结构相对表面致密,颗粒分布整齐有一定方向性	图 38-1-11 有枝状熔融态物质,结构较致密	图 38-1-13 颗粒边缘熔融状态明显
	表面	图 38-1-10 结构疏松	图 38-1-12 疏松的层状结构明显	图 38-1-14 层状结构,熔融状态不明显
T6 橘红色陶俑	内部	图 38-1-15 颗粒分布均匀		
	表面	图 38-1-16 对比显示表面结构相对疏松,颗粒分布混杂。		

外表层充分,内部相对于表面不易风化,由此间接推测表面风化程度略高,同时也说明制作工艺对陶俑抗风化能力的影响较大。

3. X-射线衍射分析

为了研究秦俑和秦砖风化状况,我们对样品的表面和内部进行了 X-射线衍射分析,研究风化可能造成的表层和内部矿物成分的差别,结果如表 38-3 所示。表 38-3 显示秦砖和陶俑的矿物类型基本接近,主要由绢云母、石英、钾长石、斜长石和角闪石组成。比较陶俑中各类矿物性质,绢云母相对于其他矿物更容易发生水解风化,所以因风化而减少的矿物首先是绢云母。陶俑和砖表面绢云母的含量明

显比内部少(差别在5%以上),表明陶俑和秦砖表面有轻微的风化发生。其他矿物含量的增减影响因素较多,不易作为风化程度的判据。例如,只有绢云母流失或减少时,其他矿物的相对含量才可能会增加;而绢云母作为其他矿物的胶结体,如果大量地流失,也会造成其他大颗粒矿物的脱落和相对含量的减少。

表38-3 陶俑、砖和陶俑表面剥离物的 X 衍射分析结果(%)

样品及编号	检测区域	绢云母	石英	钾长石	斜长石	角闪石	方解石	石膏	高岭石
T1(砖)	内部	34	39	20	5	2			
	表面	27	39	25	7	1	1		
T5(砖)	内部	22	38	22	16	2			
	表面	13	45	19	21	2			
T2（青灰色陶俑）	内部	27	32	23	16	2			
	表面	22	37	9	30			2	
T4（灰色陶俑）	内部	22	32	25	19	2	1		
	表面	10	30	41	17	1	1		
T3（橘红色陶俑）	内部	25	38	19	18			0.3	
	表面	11.7	38	18	29	2			
T6（橘红色陶俑）	内部	35	41	15	6	1			2
	表面	32	39	15	13			1	

表38-3中T2、T3和T6陶俑样品的表面有少量石膏存在,推断是由于表面吸附造成的。T1砖和T4陶俑有少量方解石存在,可能是在埋藏过程中,因水的淋滤作用将土壤中的 $CaCO_3$ 沉积在陶俑表面所致。

4. 傅立叶红外分析

陶俑欠烧或风化程度比较严重时,在一些矿物中会存在大量的—OH,为此采用 Mangna-IR 傅立叶变换红外光谱仪对陶俑表层和内部进行分析,观察陶俑的

—OH红外吸收峰的强弱,由此推测陶俑内部分子间的脱水程度和陶俑的风化程度。

样品的红外谱图示于图38-2至图38-4,从图38-2可以看出T1至T6样品内部在3500厘米$^{-1}$和900厘米$^{-1}$附近的吸收峰都较弱,表明样品相关矿物中官能团—OH含量较少,说明被分析样品烧结温度较高,分子间脱水比较充分,同时也说明样品的内部没有明显的风化现象。取自一号坑内个别出现表面风化的T7(剥离层)和T8(疏松颗粒)样品的红外图谱在3500厘米$^{-1}$附近的峰值较为突出,说明—OH官能团较多,表明颗粒间的作用力较弱[v],结构疏松。剥离层和疏松颗粒的分析结果也显示该部分陶俑已经发生了风化的事实。同时T7和T8样品2960厘米$^{-1}$和2928厘米$^{-1}$弱峰的存在也显示碳链的存在[vi],说明样品中可能含有有机物,推测被取样的陶俑此前可能使用过有机加固材料。

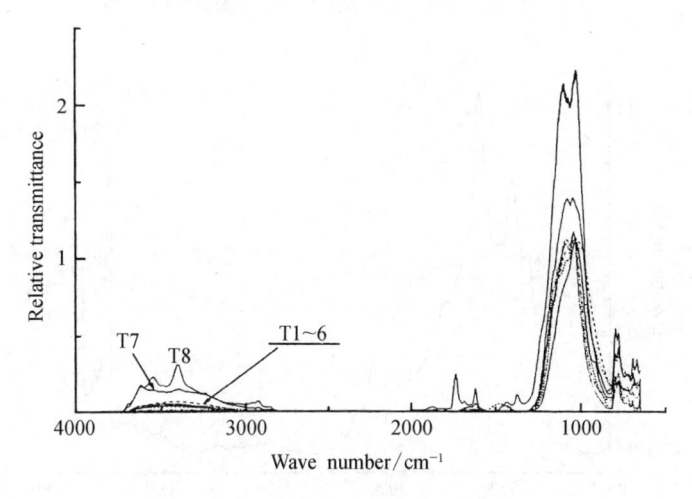

图38-2 秦俑的傅立叶红外分析谱图(样品T1—8)

图38-3示出陶俑表面剥离物(T7)与青灰色陶俑表面(T2)的红外光谱对比,表面剥离物(T7)在900厘米$^{-1}$附近有一个吸收峰,显示了—OH的大量存在,可能表明了风化的发生,而青灰陶俑(T2)样品则在同样的位置没有出现类似的吸收峰,表明该陶俑样品风化状况相对不显著。

图38-4为疏松颗粒(T8)的红外谱图,1736厘米$^{-1}$附近的吸收峰表明酯类的存在[vii],似表明以前在修复过程中可能使用过聚酯类有机材料,但是,由于吸收峰

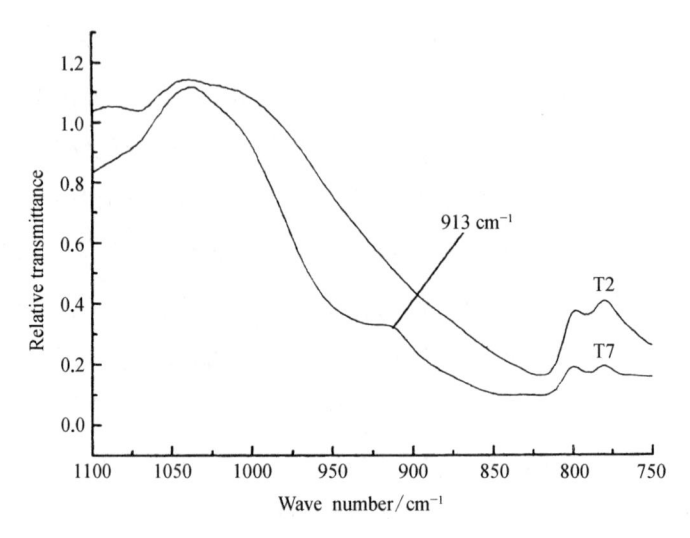

图 38-3　陶俑(T2)和表面剥离层(T7)的傅立叶 IR 图

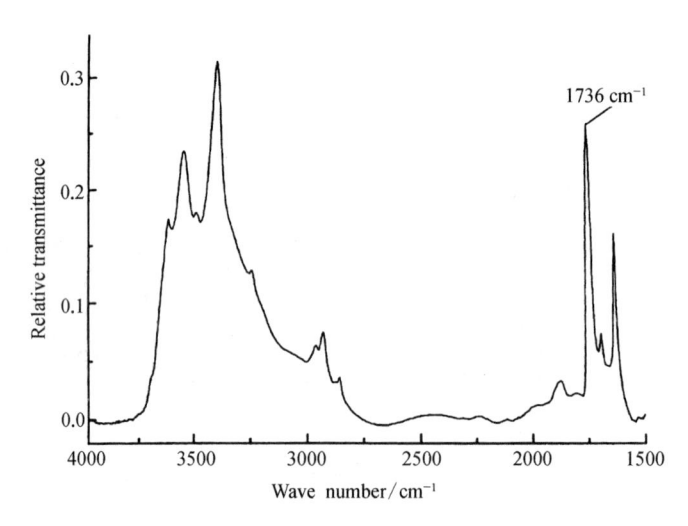

图 38-4　陶俑表面酥松颗粒(T8)的傅立叶 IR 图

比较复杂,很难判断是哪种酯类物质。

5. 差热—热重分析

差热—热重分析(DTA-TGA)能够反映分子内脱水吸热峰的强弱,也能间接反映—OH 官能团的相对数量,为风化程度的确认提供依据。为了了解陶俑内部是

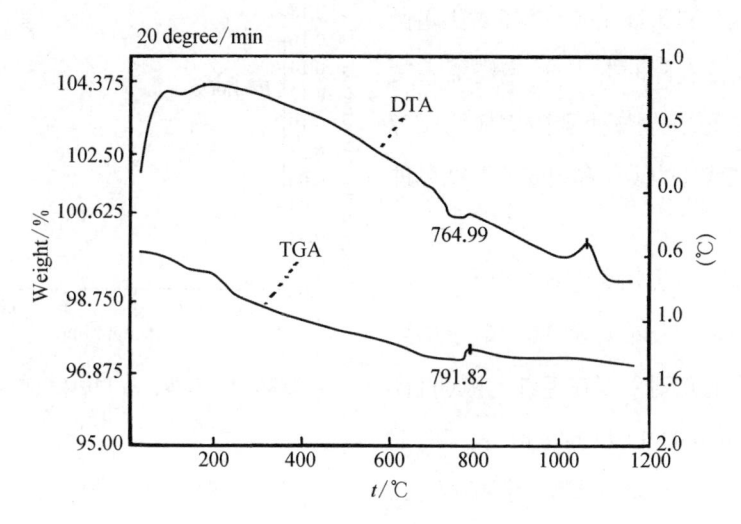

图 38-5　陶俑样品(T9)的差热—热重检测结果

否发生了比较明显的风化,对陶俑样品 T9 的内部进行了差热热重分析。

从图 38-5 的 TGA 谱线可以观察到样品从室温到 200℃时开始缓慢失重,并在 770℃之前继续失重的过程,200℃以前主要是失去吸附水的过程,200℃至 770℃之间对应于失去结晶水的过程。

DTA 在 150℃附近出现的小吸热峰,推断是伊利石排除吸附水的过程。DTA 在 764℃左右有个吸热峰,同时从 TGA 的变化中可以观察到,在此温度时重量增加。这个峰解释起来比较困难,由于差热和热重连用是在氮气媒介下进行的检测,推想可能是样品与氮气发生了反应产生的干扰吸热和增重峰。在 1059℃出现的放热峰,推测是由于一种新的非晶质产物的生成。

差热—热重分析也表明陶俑样品内部没有明显的分子内脱水过程,由此推断陶俑—OH 的含量较少,颗粒间的作用力较强,因而没有发生明显的风化迹象。

6. 表层和内部的孔隙率检测

压汞孔隙率检测仪的检测原理是在不同的压力下,汞消耗的体积和所填充的孔隙尺寸存在对应的关系,利用这种关系,测量不同压力下剩余汞的体积,得出样品的孔隙率和孔隙分布。为了对比陶俑表层和内部孔隙的差别,确定陶俑表层的风化状况,采用压汞孔隙率检测仪对一片陶俑残片的表层和内部的孔隙率进行了检测。

图38-6示出陶俑样品T10表层和内部孔隙率的分布对照,图中显示内外部孔隙率的差别主要在毛细孔隙(直径小于0.1 mm的孔隙)的差别,表层的毛细孔率隙比内部略高些,从而说明表层的小孔隙比内部略多,显示秦俑表面发生了轻微的风化。

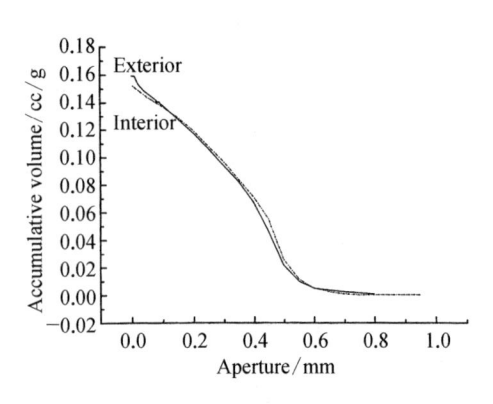

图38-6 陶俑样品T10表层和内部孔隙率分布对照图

三、结论

综上所述,可以对秦俑的保存状况进行初步评估:

扫描电镜照片表明陶俑表层粗糙、结构相对疏松,内部结构相对致密;压汞法检测结果显示秦俑外层和内部孔隙率有轻微的差别,表层孔隙率较内部高,差热—热重分析和红外分析表明陶俑内部没有可觉察的风化现象。而X-射线衍射对陶俑表层和内部的检测结果显示陶俑的表层发生了轻微的风化。另外,在一号坑北壁附近的部分陶俑出现了表层剥离,剥离层和疏松陶体的傅立叶红外分析证明陶俑颗粒间结合不致密,出现了比较明显的风化。

综合各种检测研究结果可以认为,秦俑没有发生大规模的、可觉察的内部风化现象,但表面出现了轻度风化,有个别陶俑的表面发生了明显的酥解现象。表明陶俑的保护,特别是表层防风化问题应当作为秦俑保护的重要研究内容。

参考文献

[1] 陕西省考古研究所,始皇陵秦俑坑考古发掘队编著.秦始皇陵兵马俑坑一号坑发掘报

告[M].文物出版社,1989:1-2.

[ii] Susan Buys, Victoria Oakley. Conservation and restoration of ceramics[M]. Boston: St Edmundsbury Press, 1993.

[iii] Prudence M. Rice, Pottery analysis[A]. A source book[M]. Chicago: University of Chicago Press,1986.

[iv] Helmut Weber. Klaus Zinsmerister. Conservation of natural stone [M]. enpert-verlag, 1991.

[v] Maniatis Y, Katsanos A. Technological examination of low-fired terracotta statues from AYIA IRINI KE[J]. Archaeometry, 1982, 24(2): 191-198.

[vi][vii] 卢涌泉,邓振华.实用红外光谱解析[M].电子工业出版社,1989:22.

(原载于《文物保护与考古科学》2004年第4期。)

39
潮湿土遗址加固保护材料的初步筛选*

一、前言

在我国的考古遗址中,有很多是由土构成或以土为主要组成材料构成的土遗址。如果这些遗址处于气候干燥的西北地区,如甘肃、新疆等地,本身含水量低,在这种情况下,土遗址的风化主要是暴雨的冲刷、风沙的磨蚀造成的。这些遗址的防风化保护,现在通常使用 PS 材料(高模数的硅酸钾水玻璃)。而在华北、东北,尤其是南方水网地区,大遗址往往与地下水接近而比较或十分潮湿。如 20 世纪 70 年代发掘的郑州大河村遗址、近十几年来新发掘的湖南澧县城头山遗址、浙江的良渚遗址等。潮湿的土遗址由于所处条件恶劣,保护起来更加困难,因此潮湿条件下如何保护土遗址,以及使用什么样的材料最好,已经成为我国文物保护中的一个新难题。

我们在研制 BU 系列土遗址加固材料的基础上[1],研制了 BW 系列加固材料。该系列材料为有机硅改性的丙烯酸树脂非水分散体,用于土遗址保护时,具有较 BU 系列材料更为优越的性能。

本文对 BU、BW 系列材料及一些可能用于潮湿土遗址保护的材料,如环氧树脂、聚氨酯、正硅酸乙酯以及 Remmers 公司的 300E、500E 等材料进行了加固潮湿土样的初步筛选,初步选出了一些有望用于潮湿土遗址加固保护的材料。

二、不同条件下加固剂的选择试验

为了选择潮湿土体的加固剂,我们采用 BU、BW 系列材料的多种加固剂进行

---

* 作者:周双林、杨颖亮、原思训(北京大学考古文博学院)。

了潮湿土体加固试验,并对加固后的土样进行加固效果检验,以选择适用的材料。

另外,还选择了一些从理论上能够固结潮湿土体的材料,如环氧树脂、聚氨酯、正硅酸乙酯以及 Remmers 公司的 300E、500E 等。

1. 材料选择和样品制备

(1) 材料

① BU 系列材料:包括 BU 系列(丙烯酸树脂非水分散体)的 31J、21J、TD、BU 系列的 B 型材料,如 21Jd、Td、TZ 以及 BW 系列(有机硅改性丙烯酸树脂非水分散体)的 251M 等。

② 潮湿条件下固化的环氧树脂:天津延安化工厂生产。这类材料主要用于潮湿条件或水下环境中的黏接。

③ 环氧树脂灌浆材料:中国科学院广州化学所为固结土体,在原有环氧树脂灌浆材料基础上专门设计制备的材料。这类材料主要用于大坝及地下工程的土体灌浆加固。

④ 聚氨酯:立邦"2KPU"清漆和专用固化剂,廊坊立邦涂料有限公司生产。

⑤ 正硅酸乙酯:有机硅单体,配合乙醇水解固化为无机的二氧化硅,广泛用于加固陶、石质等文物。

⑥ 300E:Remmers 公司提供的石质保护材料。

⑦ 500E:Remmers 公司提供的石质保护材料。

(2) 土样制备

选用北京昌平的次生黄土作为试验对象,将黄土粉碎过筛,喷水至土具有可塑性,封闭存放使含水均匀,测定含水率为 13.2%。称取 290 克的湿土,用北京工具厂制的抗压试模把土压成直径 5 厘米、高 10 厘米的土柱,然后放入密闭的塑料袋中保存,使其保持含水率不变,待用。这种湿土干燥后的孔隙率与普通黄土的孔隙率接近。

选择含水率为 13.2%,是因为这个含水率已经超过该土样的塑限。根据对多个潮湿土遗址的检验,含水率都接近或低于此值,因此采用这个含水率进行试验,进而选择加固剂。

(3) 样品制备

选用的加固剂浓度及用量如表 39-1 所示。

表 39-1 加固剂浓度及用量表

加固材料	浓度/%	总用量/mL	土柱个数	单个用量/mL
PU	28.4	500	10	50
EP*	12	550	9	61
GZ**	10	700	10	70
TEOS	50	500	11	45
500E	25	510	10	51
300E	33.3	442	10	44
31J	2	900	17	53
21J	2	900	17	53
21Jd	2	800	17	47
TD	2	810	18	45
Td	2	650	15	43
TZ	1	700	16	44
251M	0.8	708	17	42

* 延安化工厂厂的水下固化环氧树脂;
** 中国科学院广州化学所的环氧树脂灌浆材料。

各种加固剂的浓度是在对干燥土样用不同浓度试验初步筛选后决定的,该浓度可以保证干燥土样具有良好的耐水性。

每种加固剂单个浓度使用多个土样,以便进行各种检验。

采用滴注法加固土样,用洗耳球或滴管从上部滴注加固剂,控制滴注速度,不使土样表面积聚加固液;当加固液渗入土体后不断进行补充,加固液渗透到土样底部后停止滴注,记录用量和时间。

(4)加固后的固化方法

潮湿条件下的土遗址有不同的种类,为了选择适用于不同情况土遗址的加固材料,设计了两种固化条件。

① 接触水、低湿:塑料槽底部平铺 5 厘米厚的细砂,注水至水面低于沙的表面,然后将加固过的样品垂直置于沙土上,槽子不封闭,空气流通,湿度与大气的湿度近似。放置一个月,然后检验加固效果。这是模拟土遗址处于空气流通并与地下水接触时的情况。

② 常温高湿:将样品在室温高湿条件下固化,方法是将样品封闭于潮湿箱内,保存一个月,然后做性能检测。这种情况是模拟潮湿土遗址处于潮湿大气环境中的情况。

2. 加固效果检验

(1)饱水低湿条件下的效果

① 表面颜色

取出样品,观察它们的表面颜色变化,然后记录现象,结果见表 39-2。

表 39-2 饱水低湿保存样品的表面颜色变化

加固剂	浓度/%	表面情况
PU	28.4	表面颜色深
EP	12	表面颜色非常深
GZ	10	表面颜色非常深
TEOS	50	表面边缘泛白
500E	25	表面颜色深
300E	33.3	非常深
31J	2	无变化
21J	2	无变化

(续表)

加固剂	浓度/%	表面情况
21Jd	2	表面发白
TD	2	表面颜色深
Td	2	无变化
TZ	1	无变化
TZ	2	无变化
251M	0.8	无变化

② 耐水性能

把样品放入水槽中，使水浸没样品，然后观察现象。结果见表39-3。

表39-3 饱水低湿土样耐水情况表

加固剂	入水后的情况
PU	开始无变化，24小时后剩顶部2/3
EP	没有变化
GZ	5分钟后垮掉，只剩顶部2厘米
TEOS	没有变化
500E	很快倒掉了，24小时后剩顶部1/3
31J	没有变化
21J	开始没有变化，24小时后剩顶部1/3，6天后剩1厘米
21Jd	开始没有变化，9天后剩顶部1/2
TD	开始没有变化，24小时后下部呈粉状脱落，此后无变化
Td	没有变化
TZ	没有变化
251M	开始没有变化，24小时上部剩2—3厘米

(2) 常温高湿

① 色差分析

常温高湿情况下土样放置一个月后,潮湿样品除 GZ、TEOS、EP、300E 四种加固剂处理过的土柱颜色变化明显,可以用肉眼分辨外,其他材料虽然使土柱的颜色发生了变化,但是肉眼看变化不大。

土样干燥后,观察土样的颜色变化情况,各土样情况如下:

PU 的表面基本无变化;

EP 靠近上部的侧面有一些深色斑;

GZ 的样品上表面发暗;

TEOS 的样品局部有深色斑,并在另外的部位有白色的霜状色带;

300E 和 500E 的表面有白色的斑点;

TD 的样品上表面有暗斑;

其他的样品,如 31J、21J、21Jd、Td、TZ、251M 等没有变化。

② 抗压强度

用南京土壤仪器厂生产的 DW-1 无侧限压缩仪对样品分别做潮湿和晾干后的抗压试验,结果见表 39-4。

表 39-4 干、湿土样抗压对比表

加固剂	含水率/%	湿抗压/Mpa	干抗压/Mpa
PU	12.7	0.03	0.61
EP	8.2	0.01	0.13
GZ	7.9	0.05	0.10
TEOS	14.7	0.05	0.50
500E	14.0	0.07	0.16
300E	15.6	0.03	0.23
31J	10.5	0.08	0.59

(续表)

加固剂	含水率/%	湿抗压/Mpa	干抗压/Mpa
21J	14.9	0.07	0.55
21Jd	13.4	0.02	0.62
TD	14.3	0.05	0.69
Td	15.0	0.04	0.73
TZ	13.1	0.03	0.49
251M	9.1	0.09	0.51

表 39-5 湿样耐水情况表

加固剂	耐水情况
PU1	开始无变化,20天后下部有一半开裂脱落
PU2	无变化
EP	很快垮掉,剩顶部1厘米
GZ	很快垮掉,剩顶部3厘米
TEOS	无变化
500E	无变化
300E	1天后倒掉,剩顶部1/2
31J	无变化
21J	无变化
21Jd	两天后从中部断裂,上部1—2厘米不等
TD	无变化
Td	无变化
TZ	很快从中部断裂,剩上部1厘米
251M	无变化

③ 耐水性能

方法是把潮湿的土柱从潮湿箱中取出后直接放入水槽中,使水完全浸没土柱,然后观察现象,结果见表39-5。

把土柱晾干后进行耐水试验,结果是用 TZ、EP、GZ、300E 这些材料加固过的土柱很快就崩塌瓦解,用 500E 加固过的土柱一天内因底部软化而倒掉,用 PU 加固过的土柱顶部出现裂缝,整体形状没有变化,而用 TEOS、251M、TD、Td、21J、21Jd、31J 加固过的土柱都没有变化,与湿样的试验结果相似。

3. 试验的结果及讨论

(1) 接触水、低湿条件试验

从外观看,用 PU、EP、GZ、500E 等材料加固过的土柱表面颜色都很深,表现为局部严重的深色或整体颜色加深。这可能是材料在加固过程中有分离或渗透不好。对于 PU、GZ 双组分加固剂来说,可能是小分子量的固化剂和大分子量的树脂出现层析现象,造成树脂组分只到达上部区域,使这一部分色深,同时使这一部分土柱得到了固化。而对于 500E 来说,则是由于渗透能力不好,在上部积聚后引起的。BU 系列的 TD 出现这样的现象,是因为在制备加固剂的过程中有一未彻底分散的杂质所致。

从耐水能力看,TEOS、EP、31J、TD、TZ 等材料表现最好,经它们处理过的土柱都能长时间耐水而本身没有什么变化。而用 21Jd、TZ 材料处理过的土柱,最后都只剩下顶部一部分,其原因可能是在渗透加固时浓度高导致渗透不完全,这类 B 型材料在低浓度,如 1% 或更低时就可以固结土体。GZ 性能差,是由于两组分发生分离的缘故。

(2) 常温高湿试验

① 色差分析

PU 土样的颜色在潮湿和干燥情况下都没有变化,与接触水低湿的情况不同,说明这种材料在潮湿情况下固化,可以减小颜色的变化;

EP、GZ 的表面色斑,与材料渗透过程中的层析分离有关;

TEOS、300E、500E 都有白色的色斑或色带,这可能是因为潮湿情况下,过量的材料在表面固化,形成以 SiO_2 为主的结晶的缘故;

BU、BW 系列的材料颜色没有变化,说明这些材料在潮湿条件下的扩散是均匀的,TD 的异常,可能是内部的杂质所致。

② 抗压性能

由表 39-4 看出,总体上讲,这些材料固化后,在含水率很高的情况下抗压强度都不好。如何提高潮湿条件下土样的抗压强度,是今后需要研究的一个方面。

③ 耐水性能

由表 39-5 可以看出,耐水性能好的材料有 31J、21J、TD、Td、251M、TEOS、500E,它们在水中可以长时间地保持形状,几乎没有变化;21Jd 的耐水效果不好,只有一部分保存下来,可能是由于渗透不完全;其他像 TZ、EP、GZ、300E 都很差,几乎没有耐水能力。它们不耐水的原因:对于 EP、GZ 而言,一是因为浓度不够,二可能是在渗透过程中发生了两组分的分离;对于 TZ、300E 而言,可能是因为浓度不够所致。

④ 各种材料的可用性评比

PU 土样颜色没有变化,但耐水能力稍差,是可以使用的;

EP、GZ 的表面色斑使它们的使用受到了限制,而且它们的耐水能力不好;

TEOS、300E、500E 都有白色的色斑或色带,这限制了它们的使用,但 TEOS 和 500E 具有较好的耐水能力,因此如果能够控制表面色斑的产生,还是可以使用的一种材料;

BU、BW 系列的材料从各个方面看都是可选的材料,需要注意的是根据不同的条件进行初步试验,选择合适材料。

(3) 室内材料选择试验的初步结论

① 所有材料在对潮湿土样进行加固时的渗透速度均低于该土样干燥后的渗透速度。

② 所有材料在潮湿土样上的用量均低于该土样干燥后的用量。通常情况

下,潮湿土柱干燥后的吸液量约为潮湿状态下的两倍。这是因为土在潮湿状态下吸附有一定量的水分,这些水分占据了土壤矿物颗粒的表面以及颗粒间的孔隙,不易被替换,造成吸附量减小的结果。这一事实说明提高材料的使用量关系到加固的效果,而要提高吸液量,与材料的排水能力相关,如何将吸附能力强的水排走,是需要进行研究的。根据目前的试验,和水具有相溶性的液体,如丁酮和乙醇,对土壤矿物颗粒表面吸附水有替换作用,但是这种替换不是很彻底,需要研究新的方法,例如采用表面活性材料对土壤矿物颗粒进行改性,以达到排除水的目的。

③ 土样在潮湿状态下加固并固化后强度低,而干燥后强度高,这是因为潮湿状态下吸附的水,影响了加固材料和土样结合所致。

④ BU 系列中的各个材料,在基本不改变潮湿土样色泽的情况下均有加固效果,使土样的耐水能力提高。某些 B 型材料的渗透能力不好,只渗透了土柱的一部分,原因是浓度(2%)较高,通常情况下采用 1% 或以下的浓度就会有好的固结效果。

⑤ 对环氧树脂、聚氨酯的试验发现,这些材料的最大缺陷是造成严重的色泽变化,以及局部固化现象,这可能与双组分在渗透过程中出现层析作用有关。

⑥ 有机硅类材料的试验证明,单体正硅酸乙酯有可能在一些条件下使用。Remmers 公司的 300E 和 500E,在某些条件下也可以使用,缺点是材料的渗透性不好,在某些情况下导致颜色加深。这类材料的使用条件,需要进一步摸索。

三、潮湿土遗址保护的实地试验

1. 秦俑 4 号坑

秦俑 4 号坑为一个未搞清的探方,为保存其原状,用玻璃棚架进行了遮盖,由于封闭较严,坑内湿度较大,坑壁潮湿,并有严重的生霉、盐结晶现象。这种环境是检验加固剂在潮湿情况下使用效果的理想场所。

对坑内湿土块(含水率为11%,土壤干燥后孔隙率为45.7%)用同样的方法加固,干燥后色泽与未处理土一致,浸泡在水里稳定,不崩解。

采用2%的31J加固剂在坑壁的上部与靠下部位进行了加固试验(各两块),试验块面积分别为60×70厘米、60×65厘米,用液量均为3600毫升,时间为60分钟。处理完成后,被加固部位会因溶剂自然挥发而固化。

秦俑4号坑内的试验块在溶剂挥发后颜色无变化,看不出任何加固的痕迹。钻取距表面6厘米的土样,检验加固剂的加固深度,证明距表面5.5厘米以内的部位在水中不崩解,已被加固。由此说明31J加固剂对潮湿(含水率=11%)土遗址同样可做加固处理。

2. 秦陵6号坑

秦陵6号坑由于地势低,发掘以来一直处于潮湿状态,在坑内选取了几个试验点,包括:东部南壁、西部北壁、东部上层棚木痕迹、东部下层棚木痕迹、底部车痕。根据土的孔隙情况,加固材料采用2%的31J加固剂,只有车痕由于较密实,所以采用了1%的31J加固剂。

经过几个月的观察,这几个含水的试验块颜色与其他部位没有差别,采取部分土样进行耐水试验,发现它们均具有耐水性,试验块的表面硬度提高,不再出现触摸掉粉现象。

3. 阳陵潮湿土坑壁的试验

在汉阳陵遗址选择了8号坑进行试验,这个坑采用封闭保湿的办法进行了原地保护,坑内湿度很高。坑内分两层,下层是遗址部分,上层是供游人参观的部分,中间用木板和玻璃隔开。

在下层的坑壁用1%的31J加固剂进行了加固试验,面积为40×60厘米,使用加固剂2.5升,一年后观察,发现试验块得到了很好的固化,周围的湿土用手触摸掉土,而加固的部位没有掉土现象。

参考文献

[1] 周双林,原思训,郭宝发.几种常温自交联丙烯酸树脂非水分散体的制备[J].北京大学学报(自然科学版),2001,37(6):869-874.

(原载于中国文物研究所编,《文物科技研究》第二辑,科学出版社,2004年。)

40
有机硅改性丙烯酸树脂非水分散体的制备及在土遗址保护中的试用[*]

一、前言

采用化学材料对土遗址表面进行加固,是防止土遗址风化的一种重要方法,国内外使用的保护材料有多种类型,包括无机材料、有机材料等。无机材料有氢氧化钙、氢氧化钡溶液,钾、钠水玻璃等;有机材料包括有机树脂溶液,各种具有反应性基团的树脂体系如聚氨酯、聚酯、有机硅等。在实际工作中还可以采用多种材料进行复配以达到最佳保护效果[i]。

根据土遗址保护的要求,我们开发了丙烯酸树脂非水分散体材料[ii],称为BU系列土遗址加固剂,这类材料经过在多个土遗址如陕西秦兵马俑一号坑、秦陵铠甲坑、汉阳陵、北京法源寺等的试用和应用,证明该材料具有好的防风化加固保护效果,基本符合文物保护的要求。

丙烯酸树脂非水分散体材料是高分子量的丙烯酸树脂微粒在有机溶剂中的胶态分散体,当有机载体挥发后可形成丙烯酸树脂的膜状物。由于丙烯酸树脂具有良好的耐候性,可以基本满足文物保护材料的需要。但是文物保护的要求是尽量延长文物的寿命,对优良耐候性材料有永恒的需求。

根据目前材料研究的动向,有机硅改性丙烯酸树脂乳液是一种耐候性更好的材料,其耐候性超过了丙烯酸树脂乳液,并且开发已经进入成熟阶段,有不同的品种可以商品的形式提供,将有机硅改性丙烯酸树脂乳液转化为非水分散体,

---

[*] 作者:周双林、原思训(北京大学考古文博学院)。

预期较丙烯酸树脂乳液有更为良好的性能。因此我们以工业品的有机硅改性丙烯酸树脂乳液为原料,采用转化法制备了有机硅改性丙烯酸树脂非水分散体,并对其应用性能进行了初步检验和实地应用试验,证明这种材料具有较好的保护效果。

为了方便起见,我们将有机硅改性的丙烯酸树脂非水分散体类加固剂称为BW系列土遗址防风化加固剂。

二、有机硅改性非水分散体的制备

1. 原料

（1）有机硅改性丙烯酸树脂乳液

目前国内生产的有机硅改性丙烯酸树脂乳液很多,并且性能各有特点,我们选择了其中的五种：① BC－251M 硅丙乳液,北京东方化工厂生产；② GHS－98A 高光泽硅丙乳液,江苏江阴国联化工有限公司生产；③ ASE－310 硅丙乳液,江苏吴江合力树脂厂生产；④ KX－2002 硅丙建筑乳液,北京科信工贸有限公司生产；⑤ TD－1 丙烯酸硅乳液,江苏日出集团公司生产。

（2）阳离子表面活性剂

根据文献,许多阳离子表面活性剂都可以起到聚沉阴离子表面活性剂稳定的有机树脂乳液的作用。在美国专利[iii]中提到的这些表面活性剂为季铵盐、伯胺、仲胺、叔胺。推荐的材料有甲基三辛酰基氯化铵（methyl tricaprylyl ammonium chloride）、月桂胺（laurylamine）、肉豆蔻胺（myristylamine）、双十二烷基二甲基氯化铵（dilauryl dimethyl ammonium chloride）、三辛基胺（trioctylamine）、C_{18} 脂肪胺（primary C_{18} aliphatic amine）等类似的胺和季铵盐,甚至其他类型的一些阳离子表面活性剂都有可能使用。

阳离子表面活性剂是否最适合于进行水性乳液向非水分散体的转变,需要进行选择,其方法是用一系列乳液对所选的阳离子表面活性剂进行聚沉反应,观察记录聚沉一定量乳液的用量。一般用量少者为好,这样可以尽量少地改变聚合物的特性。

通过初步选择,我们发现阳离子表面活性剂 NT-11 和 NT-8 比较适合。其中 NT-11 在进行转化中的用量较大,而 NT-8 的用量约是前者的 1/4。用量少则对所生成有机硅改性丙烯酸树脂膜影响较小,使加固的效果更好。

2. 制备方法

经过对前述有机硅改性丙烯酸树脂乳液进行转化试验,找到了以这类材料为原料制备非水分散体加固剂的工艺。以有机硅改性丙烯酸树脂乳液为原料制备有机分散体的工艺方法与制备丙烯酸树脂非水分散体的工艺方法相似。工艺过程如下:

(1) 用去离子水(也可使用自来水)将乳液稀释至固含量在 5%—10% 的范围。(2) 将阳离子表面活性剂(NT-11、NT-8)溶于环己烷,体积比为 1∶(3—4)左右。(3) 在高速搅拌下将 NT-11 或 NT-8 环己烷溶液缓慢加入稀释过的乳液中至乳液产生分相为止,表现为乳液中出现与水分离、颗粒状的聚集体,待水变得清晰,停止搅拌,静置使混合物分层,上层为环己烷,下层为水,中间层为有机硅改性丙烯酸树脂颗粒的凝聚体。滤去水,回收环己烷,得到固体物,即有机硅改性的丙烯酸树脂颗粒的凝聚体。(4) 在高速搅拌下将这种凝聚体分散于丁酮或其他溶剂中,成为均匀的分散体。(5) 测量分散体的固体含量,储存备用。

3. 各种乳液的可用性

通过以上制备工艺对各种有机硅改性丙烯酸树脂乳液进行的转化试验,表明有些乳液在转化中分离聚沉容易,最后形成的非水分散体十分均匀,所成膜透明而有弹性;而有些不能聚沉,或形成的非水分散体容易凝聚,最后不能成膜或不能形成团块状的颗粒。前者比较适合做加固剂,如由 BC251M 制备的非水分散体,而后者则不宜使用,如 ASE-310 乳液等。

采用前述 BC-251M 等五种乳液,每次 100 mL,分别用 NT-11、NT-8 进行转化,结果如表 40-1。

表 40-1 采用阳离子表面活性剂聚沉乳液的用量及效果

	树脂乳液	稀释比例	聚沉用液量/mL	成膜效果	评价
阳离子表面活性剂 NT-11	BC-251M	1/4	140	柔软	可用
	GHS-98A	1/4	78	柔软	可用
	TD-1	1/4			
	KX-2002	1/4	78	柔软	可用
	ASE-310	1/4	不聚沉		不可用
阳离子表面活性剂 NT-8	BC-251M	1/4	21	无色透明坚韧膜	好
	GHS-98A	1/4	50 凝	无色透明稍软膜	好
	TD-1	1/4	16—21.5	无色透明硬膜	好
	KX-2002	1/4	50 放置沉	微黄色膜,软、裂	不好
	ASE-310	1/4	不聚沉		不可用

三、有机硅改性非水分散体的特性及加固效果

1. 有机硅改性丙烯酸树脂非水分散体加固剂的性能

采用转化法制备的各种有机硅改性丙烯酸树脂非水分散体加固剂,是无色透明的液体,高浓度时粘稠,通常要进行稀释后才能使用,稀释用有机溶剂为酮类或酯类。稀释后的非水分散体粘度降低,在很低的浓度就具有加固作用。加固液中的分散剂挥发后形成膜状物质,透明而柔韧。

为了了解 BW 系列材料所成膜的耐老化能力,对 251M(由 BC-251M 乳液转化而来的非水分散体的简称)和 31J 两种材料所生成的膜进行了热老化试验,结果发现二者的耐热老化能力都很好,BW 系列的 251M 性能更为优越。

分别取 2% 的 31J 和 251M 加固剂 50 mL,倒入直径 9 厘米的培养皿中,使溶剂挥发,成膜,将试样在 100℃ 的烘箱中老化。

从外观看,31J 加固剂在 100 小时后变黄,并且逐步加深,最后变为红黑色,而 251M 加固剂在 1000 小时内没有色泽变化,直到 2000 小时才变为微微的黄色。但两个样品的膜都完整,没有破裂或粉碎现象,硬度也提高了,尤其是 31J 加固剂,原来有柔性的膜变得坚硬。由此说明有机硅改性丙烯酸树脂非水分散体的耐热老化能力强于原有的 31J 加固剂。

用 251M 和 31J 及常用的 Paraloid B-72 进行光老化试验,结果发现二者的耐老化能力都很好,251M 的耐老化能力与 Paraloid B-72 接近。

2. 加固效果的实验检验

(1) 制样

取昌平的黄土粉碎,然后过筛(8 目),喷水使潮湿,含水率为 13.2%。用制抗压试模将土样压成重 290 g、高 100 mm、直径 50 mm 的土样,待干燥后从上部滴注加固剂至土样饱和,使固化。

选用 BU 系列非水分散体 21J,与 BW 系列非水分散体 TD、251M、98A 对比。它们使用的浓度都是 1.5%。

(2) 效果检验

从四个方面进行了检验。

① 颜色变化。当分散体溶剂基本挥发完成后,经加固的土样颜色与空白差别很小,目测不易区别。

② 抗压强度。加固 3 天后,采用南京土壤仪器厂生产的 DW-1 应变式无侧限压缩仪对土样的抗压强度进行测试。结果如表 40-2。

由表 40-2 可见,三种新型加固剂 TD、251M、98A 的抗压强度都比较好,尤其是 98A 的抗压强度是所有材料中最好的,加上它们优良的耐候性,在室外使用应该具有很好的加固效果,以及长久的使用期。

③ 耐水能力。经过加固的土样在水中浸泡未出现崩解现象,部分样品已经过 60 天的浸泡,仍没有变化。

④ 耐冻融试验。对用 251M、TD 两种材料加固的土样进行冻融试验,发现经

表 40-2　BU、BW 系列加固剂加固强度对比

加固剂	断裂最大位移 /0.01 mm				破坏载荷/ kN	抗压强度/ MPa
	1	2	3	平均		
空白	154	163	144	154	0.460	0.235
BU-21J	253	219	253	242	0.726	0.370
BW-TD	237	217	213	222	0.664	0.338
BW-251M	250	274	293	272	0.813	0.415
BW-98A	315	357	336	336	1.004	0.512

过十个循环,只有部分粉土脱落。

（3）在土遗址上的试用

在室内试验的基础上,在辽宁凌源牛河梁红山文化遗址的二号地点用该系列材料中的 251M 进行了小面积(60×60 厘米)试验,发现浓度仅为 0.8% 的加固剂就具有良好的固结效果,被加固的土体在水中稳定而不崩解,并具有一定强度,同时不堵塞孔隙,表面颜色基本未改变。初步证明 BW 系列非水分散体是一种有应用前景的土遗址防风化加固保护材料。

参考文献

[ⅰ] 周双林.土遗址防风化保护概况[J].中原文物,2004,(6)：78-83.
[ⅱ] 周双林,原思训,郭宝发.几种常温自交联丙烯酸树脂非水分散体的制备[J].北京大学学报(自然科学版),2001,37(6)：869-874.
[ⅲ] US Patient[M]. 3,733,294.

（原载于《文物保护与考古科学》2004 年第 4 期。）

41
温湿度对丝织品保存状况的影响
——试探丝绸文物库房的最佳温湿度*

众所周知,丝织品的保存状况和温湿度密不可分,一些古代丝织品能够侥幸保存至今,与多种因素有关,其中主要因素之一,就是处于较为良好的温湿度环境。为使它们延年益寿,博物馆和收藏单位的库房都设定了适宜的温湿度范围或标准。我国故宫博物院是收藏传世丝织品最多的单位,其新建地下织绣库的设定温湿度分别为14℃—18℃和40%—55%RH,而杭州、宁波、上海、南京丝织品的库房温湿度一般控制在21℃—23℃和50%—65%RH。国外丝织品文物较少,一般等同其他纺织品看待,温湿度分别控制在18℃±2℃和55%±5%RH等。这些设定和标准的主要出发点是考虑到了影响丝织品文物的霉菌生长、化学反应、纤维脆裂,以及经济负担,而较少见到设定标准的定量实验数据。为了更好、更经济地保护丝绸文物,我们在避光、不同温湿度条件下人工老化丝织品,通过检测丝织品的拉伸强度、色差、氨基酸组成变化,来研究温湿度对丝织品保存状况的影响,进而探讨丝织品库房的最佳温湿度。

一、实验样品与数据测试

1. 样品

人工老化样品为市售白色丝绸,沿纬向裁成宽 2.5 厘米的小条。丝纤维对光敏感,收藏单位的库房也都避光。将裁好的丝绸样品每组 5 个放入 SM/S001 霉

---

* 作者:原思训、张晓梅(北京大学考古文博学院)。本文于 2006 年,在西北大学举行的"全国第八届科技考古学术研究会""全国第九届考古与文物保护化学学术研讨会"上宣读。会后,于志勇先生提供了由尼加提·肉孜先生测量的尼雅遗址温湿度数据,诚致谢意。

菌/湿热试验箱内进行避光老化,老化后的样品放在保干器中备用。

在 80℃、65℃ 和 50℃ 时,将丝条分别于 95%RH、80%RH、65%RH、50%RH 进行避光老化。由于仪器的原因,在 65℃ 时未能调至 50%RH,在 50℃ 时未能调至 65%RH、50%RH。将样品置于温湿度箱中,每隔一天取出一组,每种老化条件下均老化 20 天。

2. 数据测试

老化后的样品用美国 Instron 公司生产的 1122 型万能试验机、北京光学仪器厂生产的 TC-1 型测色色差计和美国 Waters 公司生产的氨基酸分析仪测试样品的拉伸强度、黄变度及氨基酸组成。

3. 老化样品数据测试结果

(1) 拉伸强度

对上面各种老化条件样品测试的拉伸强度数据中,只有 80℃95%RH 的数据能够分辨出变化,如图 41-1,其他样品与没有老化的样品相比均未发现明显差异。

(2) 色差

50℃ 时,各种湿度样品的色差没有明显变化。

(3) 黄变度

65℃ 时,95%RH 黄变度变化如图 41-2,其他样品黄变度未见明显变化。

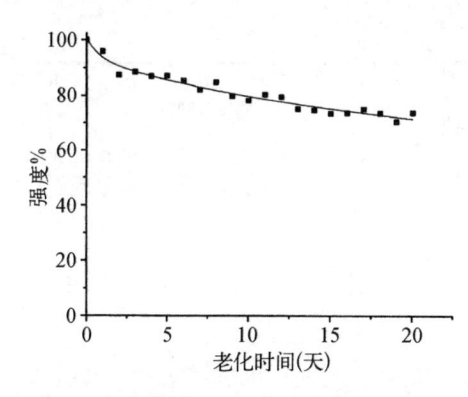

图 41-1　80℃避光、大气、95%RH 条件下样品的强度变化

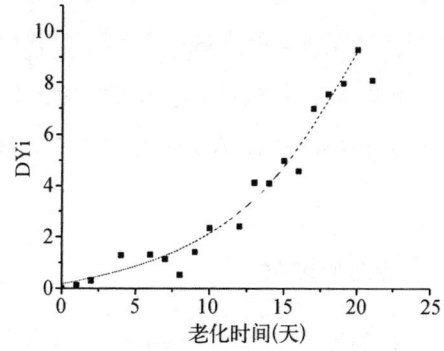

图 41-2　65℃避光、大气、95%RH 条件下样品的黄变度变化

80℃时,50%RH 样品的黄变度没有明显变化,65%RH、80%RH、95%RH 条件下样品黄变度变化如图 41-3。

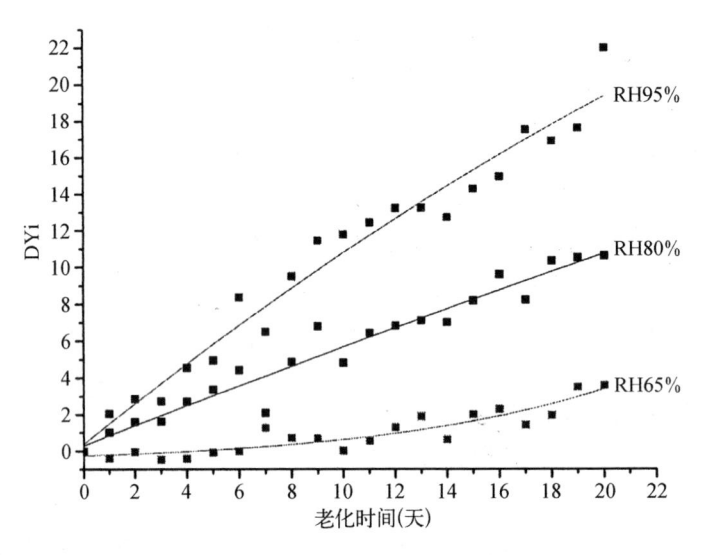

图 41-3　80℃避光、大气、不同湿度老化条件下样品的黄变度变化

(4) 氨基酸

65℃95%RH 样品的氨基酸与未老化样品相比没有发现明显变化。

80℃80%RH、95%RH 时的氨基酸数据中,只有 80%RH 以上时随着样品老化时间的增长,样品的酪氨酸含量呈下降趋势,并且两种条件的变化幅度基本相同,如图 41-4(圆点代表 80℃80%RH,方块代表 80℃95%RH)。

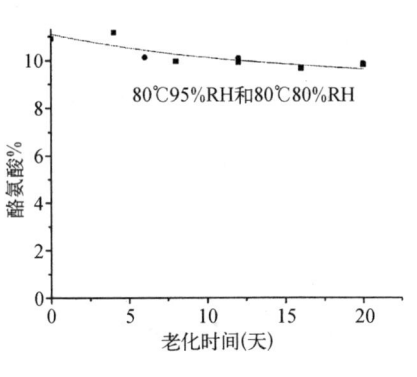

图 41-4　80℃避光、大气、95%和 80%RH 条件下样品的酪氨酸变化

二、结论与讨论

1. 结论

由上述拉伸强度结果显示,只有在 80℃95%RH 这一我们使用的最剧烈条件下

才能观察到变化,它意味着其他较低温湿度(包括相同温度较低湿度)时的老化程度都较弱。在黄变度数据中,65℃95%RH 时有明显变化;80℃时在 65%RH 以上时,才能观察到变化,并且由图 41-3 的三条曲线十分明显地显示,在同一温度下黄变度(老化程度)随着 RH 的增加而增加。氨基酸分析数据只有在 80℃80%RH 以上时,才能观察到酪氨酸的变化。综上结果得到可能大家都认为是常识的结论:无论从机械强度,还是感官视觉,以至纤维分子组成等所体现出的丝织品老化程度,都随着温度的升高而增强,随着湿度的提高而加剧。

2. 讨论

在讨论保护丝绸文物温湿度问题时,将上述结论换一下表述会更加直观:丝织品老化程度随着温湿度降低而减弱。在这个前提下,单就丝织品保护而论,在通常环境的温湿度情况下,显然库房的温度愈低,相对湿度愈小愈好。不过在实践中,不仅要考虑保护,而且要综合考虑保护、利用和经济。据此审视目前的一些设定和标准,总的说是合理的。但为了更好、更经济地保护丝绸文物,似可以进一步探索改进。

(1) 利用:对于使用频率不高,甚至长时间不用的,可以保存在尽可能低的温湿度环境中。而要不时取用的,应考虑到库房环境和办公环境之间的差距,如果差距过大,温湿度的大幅变动不仅会给使用带来不便,而且可能造成文物损坏,故而要权衡一个折中方案。

(2) 经济:调节库房温湿度要消耗大量能量,尽可能减低能耗已成为社会共识。过高的库房温湿度标准,不仅实行起来困难,也会使收藏单位经济上负担过重。因此,在制定标准时,经济问题是一个回避不了的问题。

(3) 地域:地球上气候变化万千,我国幅员辽阔,各地年平均温湿度相差悬殊,在低温低湿保护的原则下,考虑到经济方便,各地可以有所不同。譬如说内陆干旱地域可以设定较潮湿地域更低的湿度,既有利于保护,在经济上可能更节约。

(4) 低湿时变形脆裂问题:没有水的参与,很多化学反应不可能发生。同样,没有合适的温度,没有相当高的湿度,霉菌不可能繁殖。一般地说,温度每升高

10℃,化学反应速率升高1—3倍。因此,高温高湿对丝织品的危害让大家印象深刻。但是,过低的湿度招致有机质变形脆裂的问题也令人困扰。其实,丝织品不像竹木漆器,也不像象牙等骨制品,无须借水来维持形状。特别是对长期不用的丝织品,静置低湿度保存时,不至于产生像前两类文物的后果。新疆多处遗址,如尼雅、楼兰等气候极端恶劣,可出土的汉唐丝织品的质地、颜色大都保存比较好。究其主要原因,可能是长期埋藏于相对湿度较低的干燥环境所致。例如尼雅遗址位于南疆民丰县,地处塔克拉玛干沙漠南沿,日常温差经常达50℃以上,年降水量仅30毫米,而年蒸发量高达2500毫米,气候异常干燥。新疆考古研究所曾经于1997年10月中旬实测遗址地表和地下1米的温湿度数据。连续一周的数据表明,尽管当地地面温度在-5℃—30℃、相对湿度在23%—70%变化,而一米地下的沙中温度保持在22℃,相对湿度在34%左右,和现今许多博物馆要求于50%—60%相对湿度下保存丝织品相距甚远。但是尼雅遗址出土了许多保存了近两千年的精美丝织品,说明更低的相对湿度对于丝织品的保存是有利的。

总之,丝织品文物库房的最佳温湿度,从原则上来说是低温低湿保存,具体到最佳温湿度,各地可权衡保护、利用和经济等因素,至于理想的温湿度应是一个逐步深化认识的过程。王丹华先生有"5℃左右低温保存比较理想"之议。看来,较低的温湿度对丝织品的长期保存是有益的。

(本文原为提交"全国第八届科技考古学术讨论会暨全国第九届考古与文物保护化学学术研讨会"论文,2006年。)

42
古代丝织品劣化机理的研究*

引　言

中国是世界文明发祥地之一,有着悠久的历史和极为丰富的民族文化遗产。栽桑、养蚕和利用蚕丝织造丝绸,是中国古代人民的伟大发明。考古出土的丝绸实物是丝绸起源、制造工艺、纺织技术、丝绸艺术的忠实记录。

考古发掘出土的丝织品由于长时间在地下埋藏,受各种因素的影响已受到不同程度的破坏,出土后因环境剧烈变化,劣变加剧,有的甚至看不出原始面貌。因此,从古墓葬和古遗址中出土的随葬丝织物多数已成残片或完全腐烂、碳化。如钱山漾和河南荥阳青台村出土的我国最早的丝织品均已碳化;法门寺地宫出土的大多数丝织品及盛装的箱箧朽败、炭化,有些甚至不能触摸,碰之即成粉末,有些仅存纤维组织灰迹,有些堆积成层的丝织品块表面严重粉化、龟裂。其他地区出土的丝织品也均有脆损、炭化现象,这就是为什么丝织品在博物馆藏品中所占的比例很小的重要原因。

湖南长沙马王堆汉墓及湖北江陵战国楚墓出土的大量丝织品得以保存下来的主要原因是墓室密闭,与外界隔绝,缺氧、避光、无菌、墓室温湿度恒定[1]。而青海都兰及新疆等地的丝织品保存较好的主要原因则是由于西北地区干燥的气候环境。可见丝织品需特定的环境才能保存至今,我们才得以认识、了解、欣赏古代人民的伟大发明,因而愈发显得珍贵。如何将这些精美的丝织品完好地提取,如何防止保存状况较好的丝织品劣化、变质,如何保护糟朽、炭化的丝织品等,这些都需要

---

* 作者:张晓梅、原思训。

我们在了解丝织品劣变原因和老化机理的基础上给出答案。

一、蚕丝的组成结构与特征

蚕丝是由蚕分泌的粘液所形成的纤维物质。可用作纺织原料的主要有桑蚕丝、柞蚕丝和蓖麻蚕丝,其中以桑蚕丝为主。几千年来,桑蚕丝一直是丝绸的主要原料。

1. 桑蚕丝的结构与特性

桑蚕丝是天然蛋白质纤维[ii][iii],是由蚕体内绢丝腺分泌出的液状绢凝固而成的,主要含有丝素(约占70%—75%)、丝胶(约占25%—30%)及少量其他物质(蜡质、脂肪、色素及灰分等,约占1.2%—2.3%)。每一根蚕丝由两根单丝平行粘合而成,每根单丝的中间为丝素,丝胶包覆在丝素的外围并粘住两根单丝,单丝的外形接近于三角形。每一根丝素纤维由1400—1700根直径为0.1—0.4微米的巨原纤维组成,而巨原纤维又是由直径为200—400 Å 的原纤维基本平行地堆砌成的大分子束。原纤也是由若干根直径为100—150 Å 的微原纤维平行排列组合成的,而微原纤维则由若干根基原纤维组成,基原纤维直径为10—30 Å,它是由几根大分子链按一定距离、一定相位、一定相对形状,互相平行、稳定地结合在一起的较细的大分子束。

在每根丝纤维中存在着许多级集合体结构,其中的结晶区和非结晶区不但大小不同,排列方向也不尽相同,而且还存在着从几埃到上千埃不同尺寸的缝隙和孔洞,因而表现出丝纤维吸湿性、湿滞性、光学性质和各种力学性质的特点。在结晶区,丝素分子链排列整齐、紧密,相互间吸引力强,因而强度高、变形少、难以吸湿,对化学药品、光、热的稳定性也较好;而在非结晶区,分子链排列较松散、杂乱,却因而赋予纤维以弹性和可塑性。

丝素的结晶度比较高,约为50%。丝素属纤维状蛋白,在结晶区以β型结构为主,每根肽链呈锯齿状,叫β-折叠肽链。每一个这样的肽链再和相邻的肽链形成链间的氢键平行排列,形成一个折叠的片状,侧链交替着伸在片层的上方和下方。除β型结构外,结晶区还有α-螺旋体的残留部分,这种结构呈螺旋状,是由主链>C=O基上的氧原子与—NH基上的氢原子生成的氢键来维持的。在非结晶区则以无规线圈为主,线圈没有规则排列,比较杂乱又有缠结,但其中也必然有少量的取向态结构。

丝胶为非纤维状复合蛋白,可分为四个层次,自外向内分别被称为丝胶Ⅰ、Ⅱ、Ⅲ、Ⅳ,沿着Ⅰ到Ⅳ的顺序,丝胶含极性氨基酸的比例逐渐减少,其空间结构逐渐密实,结晶度也逐渐增大,从而水溶性逐渐变弱。丝胶Ⅰ完全取无规线圈形态,丝胶Ⅱ含微量的β型结构,丝胶Ⅲ含较多的β型结构,丝胶Ⅳ则含量最高。

2. 桑蚕丝的化学组成

蚕丝属蛋白质纤维,组成蛋白质大分子的单基是α-氨基酸,是一种既有氨基又有羧基,具有两性性质的有机酸:

$$R—代表侧基 \qquad R-\underset{NH_2}{\overset{H}{\underset{|}{\overset{|}{C}}}}-COOH$$

每两个相邻的α-氨基酸通过缩合失去一个分子的H_2O形成肽键:

$$\underset{}{\overset{O}{\underset{|}{\overset{\|}{C}}}}-\underset{}{\overset{H}{\underset{|}{\overset{|}{N}}}}$$

形成的分子称为肽链或多肽链。肽链的联结形式如下:

$$\cdots-NH-\underset{R_1}{\overset{|}{CH}}-CO-NH-\underset{R_2}{\overset{|}{CH}}-CO-NH-\underset{R_3}{\overset{|}{CH}}-CO-\cdots$$

组成丝素和丝胶的氨基酸共有18种,但各种氨基酸的比例尚无十分肯定的结论,需视测定的方法、蚕的品种而异。丝素蛋白质的主要氨基酸为甘(乙)氨酸、丙氨酸、丝氨酸和酪氨酸,这四种氨基酸的和已达到组成丝素蛋白质氨基酸总量的89%,其中又以甘氨酸和丙氨酸为最多,两者之和已达总量的70%以上。组成丝胶蛋白质的 α-氨基酸主要为丝氨酸、苏氨酸、天门冬氨酸、谷氨酸、精氨酸和赖氨酸,这六种氨基酸的总量达到70%以上。

18种氨基酸侧基R的化学结构及等电点见表42-1[iv]。由表42-1可知:

(1) 按这些氨基酸中氨基(—NH$_2$)与羧基(—COOH)含量的多少,可以把蚕丝的18种氨基酸区分为中性、酸性和碱性三种类型。属中性氨基酸的有甘氨酸、丙氨酸、缬氨酸、亮氨酸、异亮氨酸、脯氨酸、苯丙氨酸、色氨酸、胱氨酸、蛋氨酸、丝氨酸、苏氨酸和酪氨酸,它们的羧基数和氨基数相等。

属酸性氨基酸的有天门冬氨酸和谷氨酸,它们的羧基数多于氨基数。

属碱性氨基酸的有精氨酸、组氨酸和赖氨酸,它们的氨基数多于羧基数。

(2) 按这些氨基酸所带的侧基R上是否含有极性基团以及这些极性基团极性的大小来分,又可把它们分成极性和非极性两种类型,在极性中可再分强极性和弱极性两种,这几类氨基酸和丝素纤维的聚集态结构有很密切的关系。

属非极性氨基酸的有甘氨酸、丙氨酸、亮氨酸、苯丙氨酸、胱氨酸、缬氨酸。

属弱极性的氨基酸有色氨酸、脯氨酸。

属极性氨基酸的有丝氨酸、组氨酸、赖氨酸、精氨酸、天门冬氨酸、谷氨酸、苏氨酸、酪氨酸。

(3) 按侧基的族性分,又可以把它们分为三族:脂肪族、芳香族和杂环族。

属于芳香族的氨基酸有酪氨酸、色氨酸、苯丙氨酸,它们与丝织品的黄变性有密切关系。

属于脂肪族的有甘氨酸、丙氨酸、缬氨酸、亮氨酸、异亮氨酸、赖氨酸、精氨酸、谷氨酸、天门冬氨酸、丝氨酸、苏氨酸等。

属于杂环族的有脯氨酸、组氨酸。

(4) 按侧基的大小分,属于侧基比较大的氨基酸有脯氨酸、胱氨酸、精氨酸、赖氨酸和组氨酸等,属于侧基比较小的有甘氨酸、丙氨酸和丝氨酸等。

对于蛋白质来说,虽然它的分子量比氨基酸大得多,情况也要复杂得多,但是

表 42 - 1 蚕丝的氨基酸组成及等电点

氨基酸	侧基 R 结构	等电点
甘(乙)氨酸 Gly	H—	5.97
丙氨酸 Ala	CH_3—	6.00
缬氨酸 Val	$(CH_3)_2CH$—	5.96
亮氨酸 Leu	$(CH_3)_2CH—CH_2$—	5.98
异亮氨酸 ILeu	$CH_3(C_2H_5)CH$—	6.02
脯氨酸 Pro	吡咯烷环 (H₂C—CH₂—CH₂—N(H)—CHCOOH)	6.30
苯丙氨酸 Phe	$C_6H_5—CH_2$—	5.48
胱氨酸 Cys	$—CH_2—S—S—CH_2$—	5.07
色氨酸 Try	吲哚基—CH_2—	5.89
甲硫氨酸 Met	$CH_3—S—CH_2—CH_2$—	5.74
苏氨酸 Thr	$CH_3—CH(OH)$—	6.16
丝氨酸 Ser	$HO—CH_2$—	5.68
酪氨酸 Tyr	$HO—C_6H_4—CH_2$—	5.66
天门冬氨酸 Asp	$HOOC—CH_2$—	2.77
谷氨酸 Glu	$HOOC—CH_2—CH_2$—	3.22
精氨酸 Arg	$H_2N(HN=)C—N(H)—CH_2—CH_2—CH_2$—	10.76
组氨酸 His	咪唑基—CH_2—	7.59
赖氨酸 Lys	$H_2N—CH_2—CH_2—CH_2—CH_2$—	9.74

蛋白质也具有自由的羧基和自由的氨基(在首尾两端及肽链的侧基 R 中),所以,蛋白质同氨基酸一样,都具有两性性质和等电点。桑蚕丝素蛋白质的等电点为 3.5—5.2,桑蚕丝胶蛋白质的等电点为 3.8—4.5,因此桑蚕丝偏酸性,为酸性蛋白质。

3. 野蚕丝

天然丝中除桑蚕丝外,还有野蚕丝。野蚕丝包括柞蚕丝、蓖麻蚕丝、樟蚕丝、天蚕丝和柳蚕丝等,其中柞蚕丝是天然丝的第二主要来源,其他野蚕丝均不易缫丝。

野蚕茧丝和家蚕茧丝一样,也由两根丝素纤维和包在丝素外面的丝胶组成,但其化学组成有明显差异[v],与桑蚕丝相比,柞蚕丝的化学组成最大的特点是:

(1) 桑蚕丝是甘氨酸多于丙氨酸,而柞蚕丝则是丙氨酸多于甘氨酸。

(2) 作为主要组分的酪氨酸和丝氨酸仍然占有较大的比例,但比桑蚕丝要少。此外,在大侧基的氨基酸中,天门冬氨酸、精氨酸和色氨酸的含量也都比桑蚕丝多几倍,总的来讲,在柞蚕丝的氨基酸组成中,侧基比较大的氨基酸所占比例要比桑蚕丝大。

野蚕茧丝的纤度粗,且由于缫丝方法所致,缫出的生丝纤度较粗不均,与家蚕生丝相比,其外观和手感都较粗糙。

我国古代的丝织品主要是由桑蚕丝织造而成的。而野生柞蚕的利用,是从明朝山东的蚕农开始的,自此柞蚕业从历来的采集自然资源进步到人工放养[vi]。

由于人工放养开始得较晚,因此,我国古代的丝织品以桑蚕丝为主。本论文的研究也以桑蚕丝为依据。柞蚕丝虽然与家蚕丝在组成上有差异,但氨基酸的种类是一样的,均为蛋白质纤维,因此对桑蚕丝的评估方法按理对柞蚕丝也应适合。

二、国内外有关丝织品老化原因和机理的研究

鉴于丝绸文物在人类文明史上的重要性,国内外许多专家、学者及保护工作者对丝织品的保护都相当重视,在丝织品老化方面做了大量的研究工作,主要有以下

几个方面:

丝织品是高分子材料,如同高分子聚合物的老化一样,丝织品的老化是指改变其结构或性能的任何过程,主要包括物理老化、化学老化、生物老化。聚合物的老化,无论是物理老化还是化学老化或生物老化,都是许多因素综合作用的结果。

(1) 物理老化主要是由于在低于玻璃化转变温度时材料逐渐向玻璃态转化而造成的[vii]。物理老化产生的原因在于聚合物非结晶区在低于玻璃化转变温度时处于热力学非平衡状态,不需要外加热能或化学能来促使老化发生。由于物理老化严格来讲是温度的函数,因此可在极温和的化学环境中发生。物理老化导致丝纤维发硬、发脆。不过,这个过程是可逆的,可使纤维的温度高于玻璃化转变温度而去除物理老化。脱胶丝纤维的主要成分是丝素蛋白,干燥的丝素蛋白的玻璃化转变温度是 175℃[viii],因此在干燥的室温条件下,丝纤维会发生物理老化。丝纤维在存贮过程中会发脆,至少有部分原因是物理老化而导致的。但这个过程是可逆的,如果必要,可用增塑剂如水来降低丝绸的玻璃化转变温度以去除物理老化。

(2) 丝织品在加工、使用、埋藏及贮存等过程中会发生变质,即材料性能的变坏,如变黄、相对分子量降低、光泽丧失、强度和伸长率等力学性能下降,这种现象称为化学老化。从化学角度看,高分子材料都具有一定的分子结构,其中某些部位具有一些弱键,这些弱键自然地成为化学反应的突破口。化学老化主要涉及共价键的生成与断裂[ix],因此是不可逆的。化学老化过程中需要一定的能量来使化学键生成或断裂,最常见的能源是热、光、非纤维性化学物质。丝织品如同大多数蛋白质类物质一样,当暴露于光和热时会发生降解。最主要的化学老化反应是聚合物链的断裂与交联。聚合物链的断裂导致分子量降低及分子量分布变宽,同时使丝织品的拉伸强度、断裂伸长和弹性降低。交联则使聚合物链间生成共价键。反应程度低时,交联使纤维强度和韧性增加;但如果交联度高,则会显著降低丝纤维的断裂伸长并使脆性增加。

引起丝纤维降解的化学反应有两种:水解和氧化。酸、碱和氧化剂对丝纤维有显著的影响[x]。酸和碱都会促使丝素发生水解而使其破坏。总的来说,丝素对酸的抵抗力比碱强些,这是因为在碱溶液中丝素更易水解。不论是酸还是碱,对丝素水解的程度,都主要取决于 H^+ 的浓度、处理温度和时间等因素。丝长时间地暴露于弱酸或碱中,比短时间暴露于较强的酸或碱中,所受的损伤更为严重。水解的结果是产生较短的肽链。端基氨基酸的数目可作为水解度的尺度。完全的水解会导致氨基酸混合物的产生。无定形区比结晶区水解速度快。丝素对氧化剂的作用很敏感。氧化剂氧化丝素中的氨基酸侧链、端基氨基酸及肽链,致使纤维强力等性能或多或少地受到损伤,并生成有色物质。

光对丝素的氧化有催化作用。丝纤维对日光或紫外线的作用很敏感,是一般纤维中耐光性最差的[xi-xiv],在日光照射下,丝纤维易泛黄、发脆。日光的作用,不只是断裂丝素结构中的氢键,更重要的是促进丝素的氧化。脆化是由于光氧化使丝素肽链降解(即分子链切断)所致,变黄则被认为是丝素蛋白中带芳香环的氨基酸残基酪氨酸与色氨酸发生光氧化作用而变成有色物的过程。周围环境中的氧、水分是丝绸光氧化的重要因素,而纤维上如附有铁、铜、铅等重金属离子,对光氧化有催化作用。引起蚕丝破坏的日光中的紫外线,其波长约在 290—400 纳米,290 纳米以下的紫外线被大气中的臭氧所吸收,因此日光中照射到地球表面的紫外线量仅占 5%—10%。光照也会引起染料的光氧化分解而褪色,高湿对褪色有促进作用。

丝纤维的耐热性能较好[xv],对热的作用显示出相当大的稳定性,于 100℃干燥,不会起明显变化,只是含有的水分大量散发;110℃时亦无损于纤维,但长时间放置则会变成淡黄色;加热到 130℃以上时,强力、伸度明显下降;温度在 170℃时,1 小时后纤维即发生收缩、降解;280℃时迅速炭化。热为丝纤维的氧化和水解提供能量,同时热量本身也可使纤维大分子链发生热降解,直至高温炭化。研究表明,光比热对丝绸染料的影响大得多[xvi]。

蚕丝的黄变与降解,在一些情况下主要发生在非结晶区。一方面发生黄变的芳香族氨基酸主要在非结晶区;另一方面,分子链断裂,主要是因酪氨酸、缬氨酸、天门冬氨酸、谷氨酸、苏氨酸、亮氨酸等体积大的氨基酸残基分解而造成的,这些大体积的氨基酸也都存在于蚕丝的非结晶区中,此外,非结晶区也是氧气、水分易于接近的区域。

国外一些专家的研究表明,增重的丝绸的降解速度大于未增重的丝绸[xvii]。

（3）生物[xviii][xix][xx]对丝织品的破坏有生霉、虫蛀、鼠咬、鸟类粪便的污染。由于一些细菌和霉菌会分泌出酶，而使丝纤维发生某种程度的水解，且蚕丝本身为蛋白质纤维，为微生物的生长和繁殖提供了养料，故蚕丝对微生物的稳定性欠佳。酶在作用过程中会产生 CO_2 和 H_2O，因此生了酶的丝织品，一般都潮湿发粘。一些霉菌的分泌物还可能使丝织品沾上颜色，生成霉斑，霉斑很难去除。虫蛀也是丝织物的常见病害，常见的害虫有皮蠹、毛衣鱼等。由于适宜的温湿度是微生物生长的必要条件，因此保存环境温湿度的控制对于防止微生物老化非常重要。

（4）丝织品老化研究的分析方法。通常拉伸强度的降低，作为丝绸降解的宏观表征，是确定老化程度的有效手段[xxi][xxii]。如同许多有机材料的老化一样，化学反应导致材料的黄变，因此颜色的变化（色差）及黄变度[xxiii][xxiv]也是评价老化程度的手段。化学变化、氧化—还原作用及交联都对丝织品的分子结构有影响。很久以来 X-射线衍射技术就被用于研究丝绸的 β-折叠结构[xxv]。该方法也被用于确定光老化前后结晶度的变化[xxvi]。热分析可测定丝绸的分解温度[xxvii]，分解温度的降低表明分子结构内聚力的损失。红外光谱[xxviii][xxix]也被用于确定蛋白质纤维结构上的变化。基于光老化主要是氧化作用的结果，因此有 NH_3 产生，而水解则伴随有端基氨基酸含量的增加的假设，测定丝绸中 NH_3 和端基氨基酸的含量，可对光老化和水解老化程度做出评估[xxx][xxxi]。从分子水平上对丝绸老化的研究，则基于对丝绸中氨基酸组分在经紫外光老化前后的分析[xxxii][xxxiii]。也有人根据丝织品光老化的特点，应用电子顺磁共振法对丝绸的老化进行研究[xxxiv][xxxv]，结果表明紫外光使丝的蛋白质分子分解是由于光诱导产生自由基所致。扫描电子显微镜则可用于对老化丝绸的形貌特征进行观察[xxxvi]。特性粘度也可用于检测丝织物的降解程度[xxxvii]。聚合物链的裂解及侧链的断裂通常会导致粘度的显著降低。

（5）保存环境的研究。当环境相对湿度超过 50% 时，丝绸的机械性能随着相对湿度的增加而迅速下降[xxxviii]。黄变度指数也随着温度和湿度的升高而增加[xxxix]。这些研究表明应将丝绸存放于相对湿度低于 50% 的环境中。关于适宜的温、湿度，目前仍未有一致的意见[xl]，有观点认为湿度以 60% 以下为宜，也有观点则认为湿度应以 75% 为宜，60% 以下太干。作为纺织品保存最适宜的温、湿度的研究,仍需做进一步的工作。

由于氧气、温度、湿度、光、空气污染相互作用使丝织品发生老化降解、霉变[xli][xlii],因此从长远的观点来看,环境控制对丝织品的保存非常重要,丝织品文物应尽量避光保存;环境温度不能过高,并尽量保持恒定,以不超过20℃为宜;避免空气污染物进入保存环境中。

三、本课题研究的目的、意义

在一般情况下,如果排除环境污染的影响,导致丝织品老化的主要因素有光、热、水,虽然对于这几个老化因素有专家学者也做了很多研究,得出了很重要、对保护非常有用的结论,但这些研究大都是对单一的老化因素进行研究,它们之间的相互作用以及对丝织品影响的系统研究,尚没有见报道。

本研究对丝织品在无氧、不同温度条件下的光热老化特性,以及一定温度下有氧、不同湿度条件下的光老化性能进行了研究,也做了避光、有氧、条件下不同温湿度对丝绸老化行为的影响,从而对古代丝织品的埋藏环境、通常的保存环境及导致劣化的热、水、光、氧等因素对丝织品老化的影响进行了模拟研究。通过检测强度(耐久性)、色差、氨基酸(分子组成)等的变化,研究各种因素的危害及其老化机理。通过这些试验研究,在了解丝织品老化机理的同时,也为丝织品的保护提出了可能的方法与途径。

四、实验材料与实验方法

1. 实验材料

研究使用的实验材料为人工老化的现代丝织品,选用未增重、脱胶的市售白色丝绸作为老化材料,用于各种老化条件下老化机理的研究。将样品沿纬向裁成宽2.5厘米的丝条以备进行人工老化。

2. 老化方法

1) 无氧、不同湿度条件下丝绸的光热老化

为了营造无氧与不同湿度的环境,制作两种不同类型的石英玻璃管,一种为直形管,另一种底端弯折成90°,形成与管身相通的小弯管。将样品置于石英玻璃管中,直形管直接抽真空后封管,管内形成无氧干燥的环境;弯形管底部的小弯管内加入去离子水,用液氮冷冻后抽真空封管,温度回升后里面形成无氧饱和水蒸气的环境。

(1) 人工热老化。为了避免光的辐照影响,将装有样品的石英玻璃管用黑布套起来,分别置于预热至75℃、100℃、125℃的鼓风对流烘箱内老化,每两天取出一支冷却,共计14天。

(2) 人工光老化。到达地球表面的阳光中,只有波长在290—400纳米的紫外线,才能引发绝大多数高分子材料发生化学反应,产生老化降解与交联作用。通常紫外辐射强度增大,材料老化速率加快,人工光源在紫外区的能谱分布曲线愈近似太阳在此区间的谱线,则这种光源的模拟性就愈好。同时,只有当人工光源在紫外区部分至少保持盛夏时期阳光的辐照强度时,才能获得适宜的加倍速率。理想的人工光老化实验要同时具有模拟性好及加倍速率的特性。因此,选择365纳米、375 W的紫外灯作为光源,用自制的光老化装置对样品进行为期14天的光老化。到达样品表面的辐照度为2000 μW/厘米^2,样品表面的温度约为38℃。每隔两天取出一支冷却后进行分析。

2) 避光不同温湿度条件下丝绸的老化

在80℃、65℃和50℃时,将丝条分别于95%RH、80%RH、65%RH、50%RH进行避光老化。由于仪器的原因,在65℃时未能调至50%RH,在50℃时未能调至65%RH、50%RH。将样品置于温湿度箱中,每隔一天取出一条,每种老化条件下均老化20天。

3) 不同湿度条件下氙灯照射老化

氙灯试验机能最大吻合性地模拟自然界全阳光光谱,再现不同环境下存在的破坏性光波,从而可以极好地对材料进行耐光性加速试验。

将样品置于氙灯老化机中,分别于 30℃50%RH、30℃70%RH、40℃85%RH 的湿度条件下老化,每隔一天取出一条,每种老化条件下均老化 10 天。

3. 分析方法

1) 抗拉强度

为传统检测纺织品强度的力学方法,可对丝织品因老化而导致的强度降低进行定量测定。所用仪器为 Instron 公司生产的 1122 型万能试验机。将试样沿纬向裁成长 5 厘米、宽 2.5 厘米的试条,每份样品的测试数量为 5,最后取平均值。所有测试样品在测试前均在相对湿度 60%、温度 25℃ 的环境中平衡至少 72 小时。然后再在仪器上测量。十字头速度为 2 毫米/分,夹具间距为 2 厘米。

2) 色差分析

光和热老化会造成丝绸颜色的改变,色差分析可对颜色的改变进行定量的测定。仪器为北京光学仪器厂生产的 TC-1 型测色色差计。所测样品的色差是以标准白板为标准计算的。色差 ΔE^* 用 CIELAB 色差单位表示,其计算公式为:

$$\Delta Eab^* = \{[\Delta L^*]^2 + [\Delta a^*]^2 + [\Delta b^*]^2\}^{1/2}。$$

其中,ΔL^* 为亮度差,Δa^* 表示红色到绿色的色度差,Δb^* 表示黄色到蓝色的色度差,L^*、a^*、b^* 的计算公式分别为:

$$L^* = 116(Y/Y_0)^{1/3} - 16$$
$$a^* = 500[(X/X_0)^{1/3} - (Y/Y_0)^{1/3}]$$
$$b^* = 200[(Y/Y_0)^{1/3} - (Z/Z_0)^{1/3}]$$

其中,X、Y、Z 是样品的三刺激值,X_0、Y_0、Z_0 是标准白板的三刺激值。

3) 氨基酸分析

了解老化而导致的各氨基酸组分含量的变化。用少量的样品就可获得定量的结果,一般 2—3 毫克即可。将称好的样品用 6 N HCl 在 110℃ 恒温烘箱中水解 22 小时,然后用美国 Waters 公司生产的氨基酸自动分析仪进行分离及检测。

色谱条件：氨基酸分析使用阳离子交换柱。

检测器：Waters 470 荧光检测器。柱温为65℃，用100%A—100%B 线性梯度洗脱。根据色谱图中各个氨基酸的峰面积即可得出各个氨基酸的百分含量。

五、结果与讨论

1. 避光无氧条件下丝的老化

模拟某些古代丝织品的埋藏环境

1）抗拉强度

力学性能的下降主要是由于丝素肽链降解所致，丝织品经向和纬向的抗力强度虽然有差异，但其在老化过程中的变化趋势是一样的。我们在实验中选用纬向的抗拉强度来研究各种人工老化过程。

（1）避光无氧干燥条件下热老化

老化到14天时，50℃、75℃、100℃的强度基本没有变化，而125℃的强度略有变化（见图42-1）。

（2）避光无氧饱和湿度条件下热老化

老化到14天时，50℃的强度基本没有变化，而75℃的强度略有变化，100℃的强度变化幅度增大，而125℃的强度变化最大，如图42-2所示。

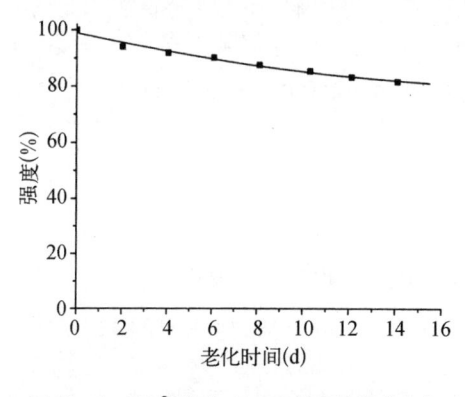

图42-1　125℃避光、无氧条件下的强度变化

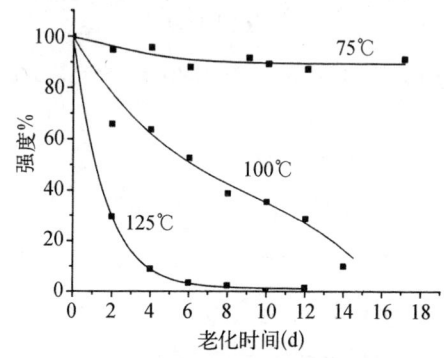

图42-2　避光、无氧、饱和湿度条件下不同温度的强度变化

饱和湿度条件下,随着温度的升高,丝样品老化速度加快。老化到4天时,温度对丝织品强度的影响见图42-3。

在无氧条件下热老化时,比较相同温度时干燥条件下和饱和湿度条件下的丝样品强度变化可知,丝在有水条件下比无水条件下老化的速度快。

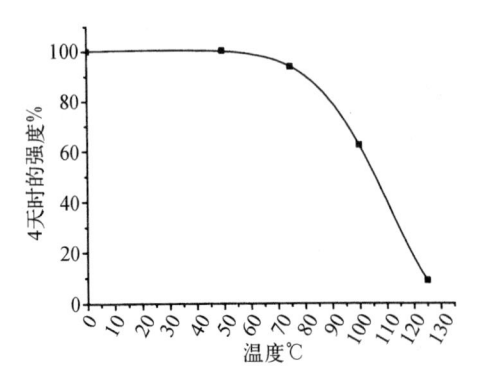

图42-3 避光、无氧、饱和湿度条件下老化到4天时温度对丝强度的影响

2)色差分析

(1)避光无氧干燥条件下,在50℃、75℃、100℃、125℃老化的样品,色差没有明显变化。

(2)避光、无氧、饱和湿度条件下,在50℃、75℃、100℃老化的样品色差也没有明显变化;而在125℃老化的样品,色差发生变化,色差及黄变度如图42-4、42-5所示。

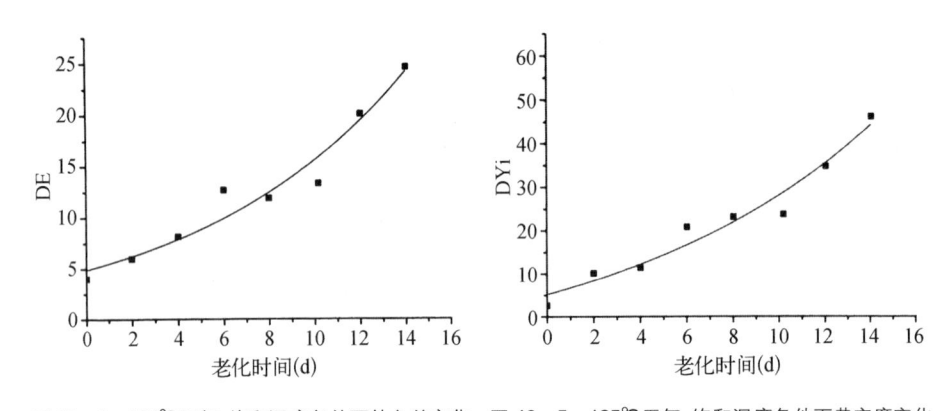

图42-4 125℃无氧、饱和湿度条件下的色差变化　图42-5 125℃无氧、饱和湿度条件下黄变度变化

3)氨基酸分析

(1)50℃

50℃避光、无氧、干燥老化条件下,各氨基酸组分没有明显变化。

50℃避光、无氧、饱和湿度老化条件下,发生变化的氨基酸组分见图42-6。

(2)70℃

70℃避光、无氧、干燥条件下,各氨基酸组分没有明显变化。

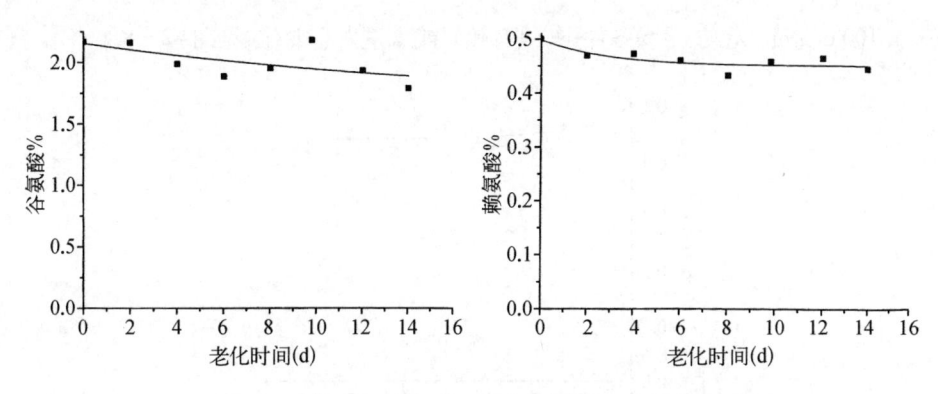

图 42-6　50℃避光、无氧、饱和湿度老化条件下氨基酸的变化

70℃避光、无氧、饱和湿度老化条件下,发生变化的氨基酸组分见图 42-7。

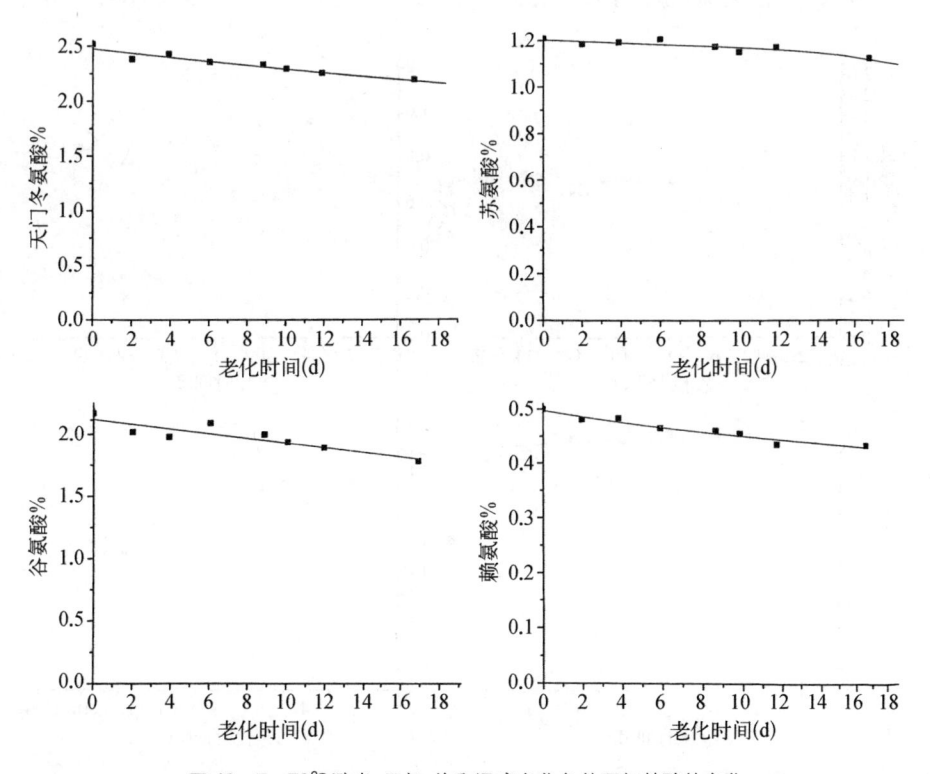

图 42-7　70℃避光、无氧、饱和湿度老化条件下氨基酸的变化

(3) 100℃

100℃避光、无氧、干燥条件下,只有赖氨酸含量发生变化,见图42-8。

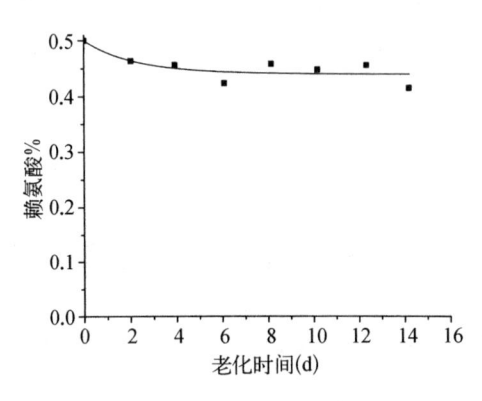

图42-8 100℃避光、无氧、干燥老化条件下氨基酸的变化

100℃避光、无氧、饱和湿度老化条件下,发生变化的氨基酸组分见图42-9。

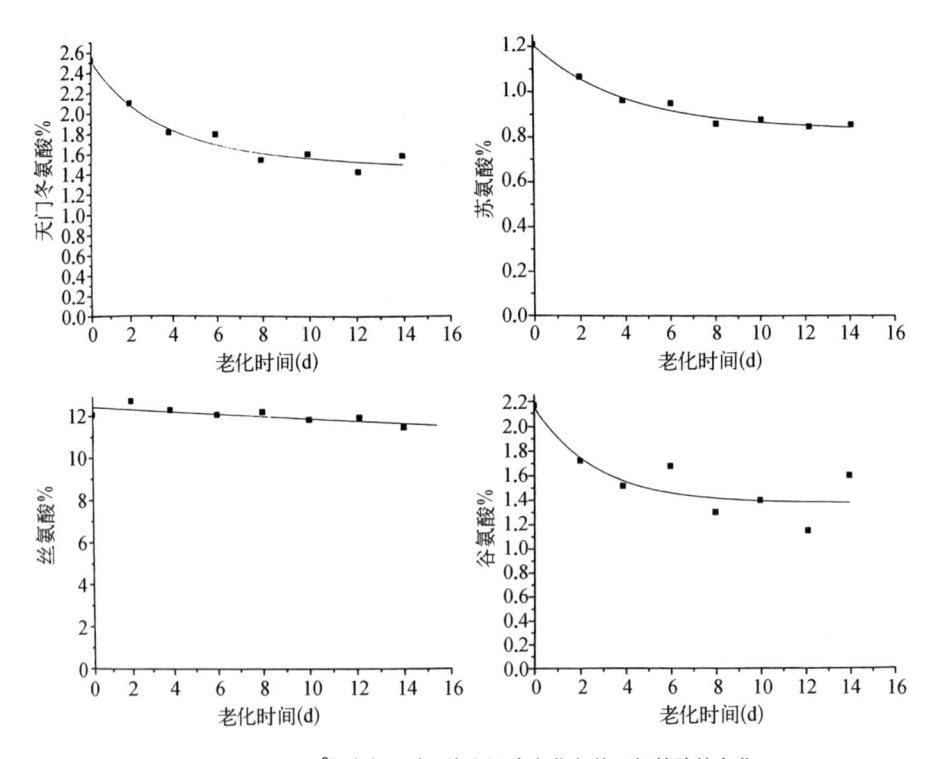

图42-9A 100℃避光、无氧、饱和湿度老化条件下氨基酸的变化

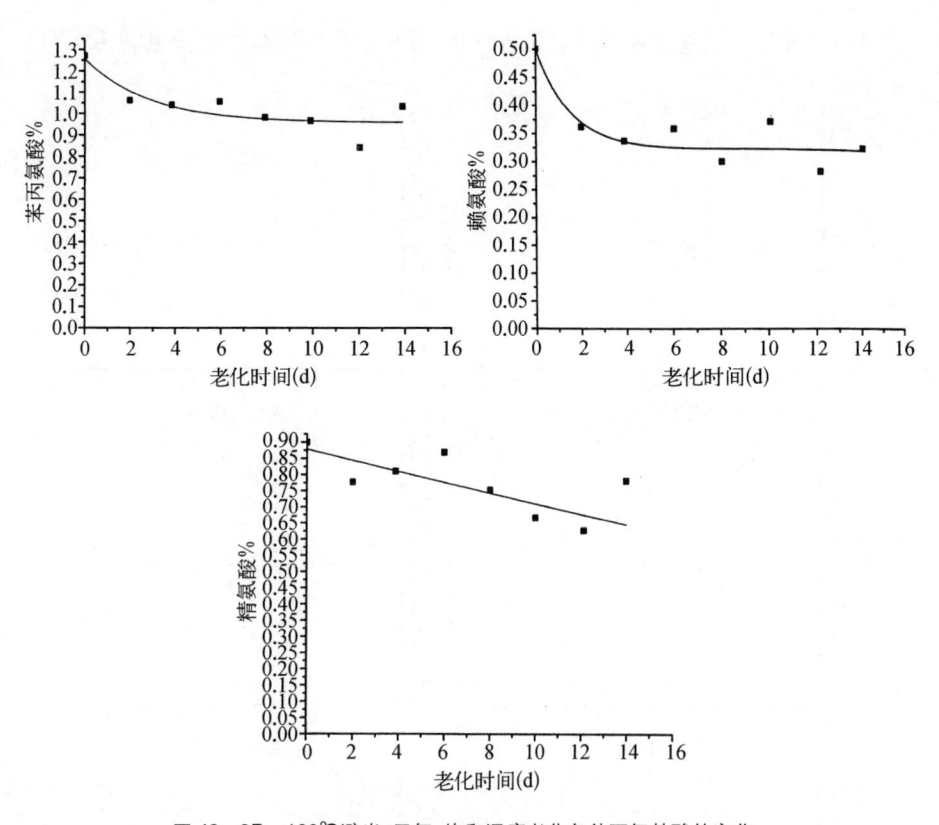

图 42-9B　100℃避光、无氧、饱和湿度老化条件下氨基酸的变化

(4) 125℃

125℃避光、无氧、干燥条件下,只有赖氨酸含量发生变化,见图 42-10。

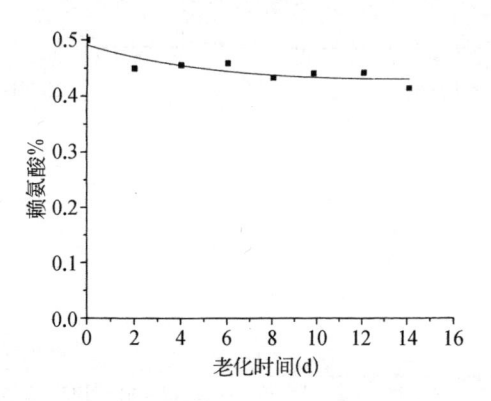

图 42-10　125℃避光、无氧、干燥老化条件下氨基酸的变化

125℃避光、无氧、饱和湿度老化条件下，发生变化的氨基酸组分见图42-11。

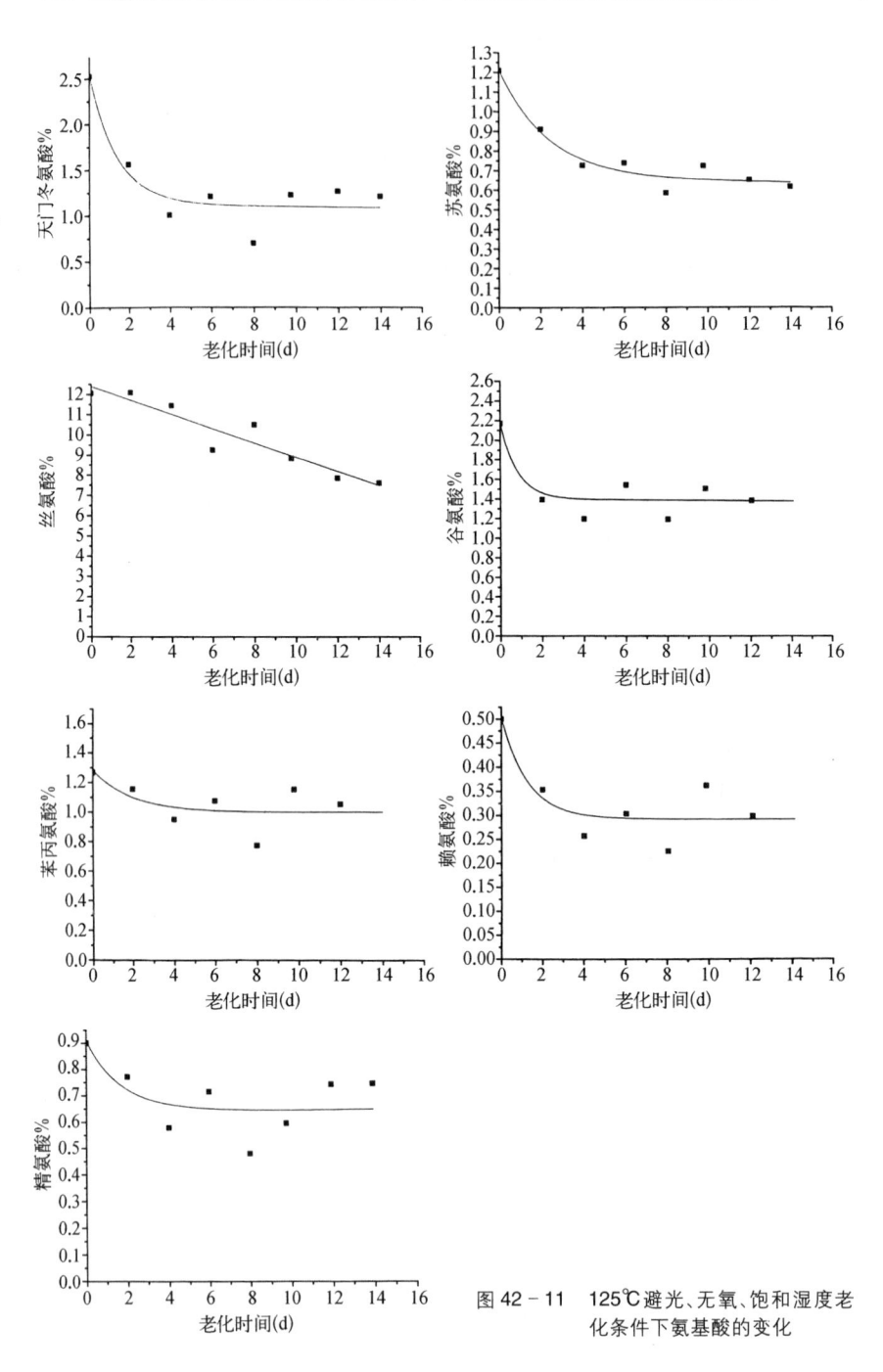

图42-11 125℃避光、无氧、饱和湿度老化条件下氨基酸的变化

避光、无氧、干燥及饱和湿度条件下,经过不同温度热老化的丝织品,含量发生变化的氨基酸组分综合于表42-2。

表42-2 在避光、无氧、热老化条件下丝织品含量发生变化的氨基酸组分

老化条件		氨基酸名称
50℃	干燥	无
	饱和湿度	谷氨酸、赖氨酸
75℃	干燥	无
	饱和湿度	天门冬氨酸、苏氨酸、谷氨酸、赖氨酸
100℃	干燥	赖氨酸
	饱和湿度	天门冬氨酸、苏氨酸、丝氨酸、谷氨酸、苯丙氨酸、赖氨酸、精氨酸
125℃	干燥	赖氨酸
	饱和湿度	天门冬氨酸、苏氨酸、丝氨酸、谷氨酸、苯丙氨酸、赖氨酸、精氨酸

由上面氨基酸变化图和表42-2可知,随着温度的增加,含量发生变化的氨基酸数目增加,氨基酸变化幅度增加,同样温度老化条件下,饱和湿度与干燥条件下相比,饱和湿度条件下含量发生变化的氨基酸种类要多得多,并且氨基酸变化幅度增加。

2. 避光、有氧、大气条件

模拟博物馆库房保存环境。

1) 抗拉强度

(1) 避光、有氧、条件不同温度下热老化,结果见图42-12

老化到4天时温度对丝的强度的影响见图42-13。

(2) 避光、有氧、不同温湿度条件下的老化样品

① 在50℃时,将丝样品分别于95%RH、80%RH、74%RH(由于仪器的原因,未能调至65%RH、50%RH),强度没有发生明显变化。

② 在65℃时,将丝样品分别于95%RH、80%RH、65%RH、54%RH(由于仪器的原因,未能调至50%RH)进行避光老化,老化至20天,强度没有发生明显变化。

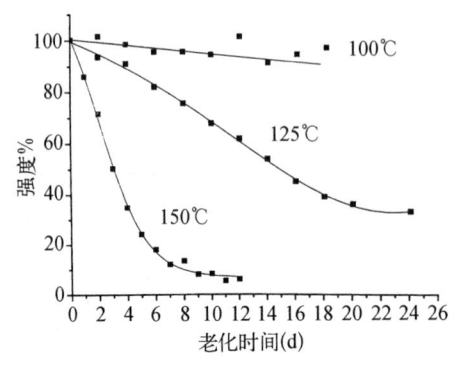

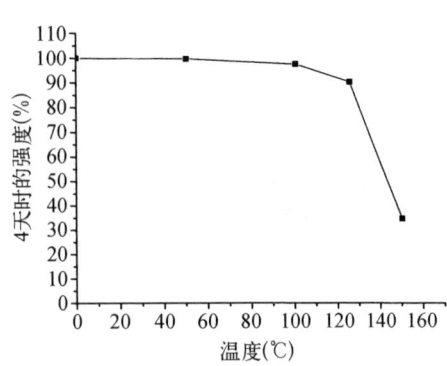

图 42-12　避光、有氧条件下不同温度的强度变化

图 42-13　避光、有氧、老化到 4 d 时温度对丝的强度的影响

③ 在 80℃时，将丝样品分别于 95%RH、80%RH、65%RH、50%RH 进行避光老化，只有在 95%时强度有变化，如图 42-14，其他湿度条件下强度没有发生明显变化。

可见，避光、有氧、条件下高温高湿时，丝的老化加速。

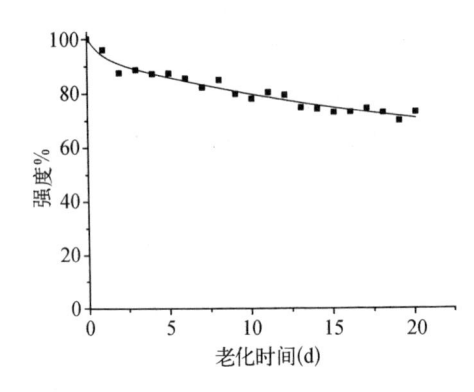

图 42-14　80℃避光、有氧、95%RH 条件下样品的强度变化

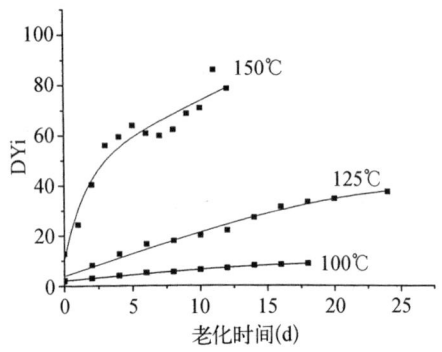

图 42-15　避光、有氧、条件下热老化黄变度随时间变化

2) 色差

(1) 避光、有氧、不同温度条件下热老化

75℃色差没有明显变化，100℃、125℃、150℃黄变度随时间变化情况如图 42-15。

(2) 避光、有氧、不同温湿度条件下的老化样品

50℃，RH 分别为 95%、80%、74%老化条件下，色差没有明显变化。

65℃,RH 分别为 80%、65%、50% 老化条件下,色差没有明显变化。65℃,RH 为 95% 老化条件下,色差及黄变度随时间变化见图 42-16、42-17 所示。

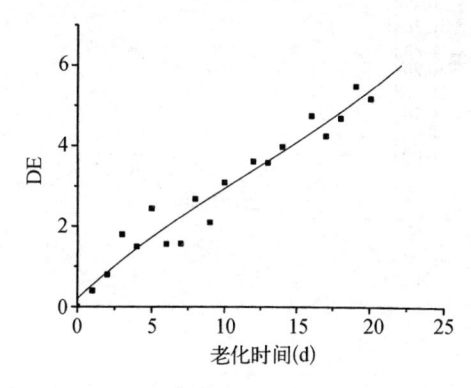

图 42-16　65℃避光、有氧、95%RH 老化条件下色差随时间的变化

图 42-17　65℃避光、有氧、95%RH 老化条件下黄变度随时间的变化

80℃,RH 为 50% 老化条件下,色差没有明显变化。

80℃,RH 为 65% 老化条件下,色差变化很小,黄变度略有增加。

80℃,RH 分别为 65%、80%、95% 老化条件下,黄变度变化如图 42-18 所示。

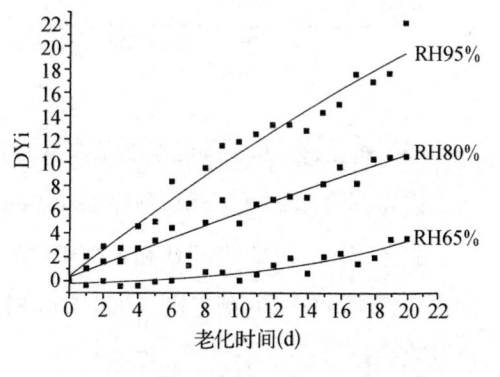

图 42-18　80℃避光、有氧、不同湿度老化条件下黄变度随时间的变化

比较上面的分析结果可知,相同温度时,避光、有氧、条件下随着湿度的增加,色差变化增大;相同湿度下,随着温度的增加,色差变化增大。

3）氨基酸

（1）避光、有氧、条件下热老化

避光、有氧、75℃和 100℃条件下老化的样品的氨基酸组分没有明显变化。

避光、有氧、125℃条件下老化的样品,酪氨酸、赖氨酸、脯氨酸随老化时间有降低的趋势,如图 42-19。

图 42-19 避光、有氧、125℃老化条件下氨基酸随时间的变化

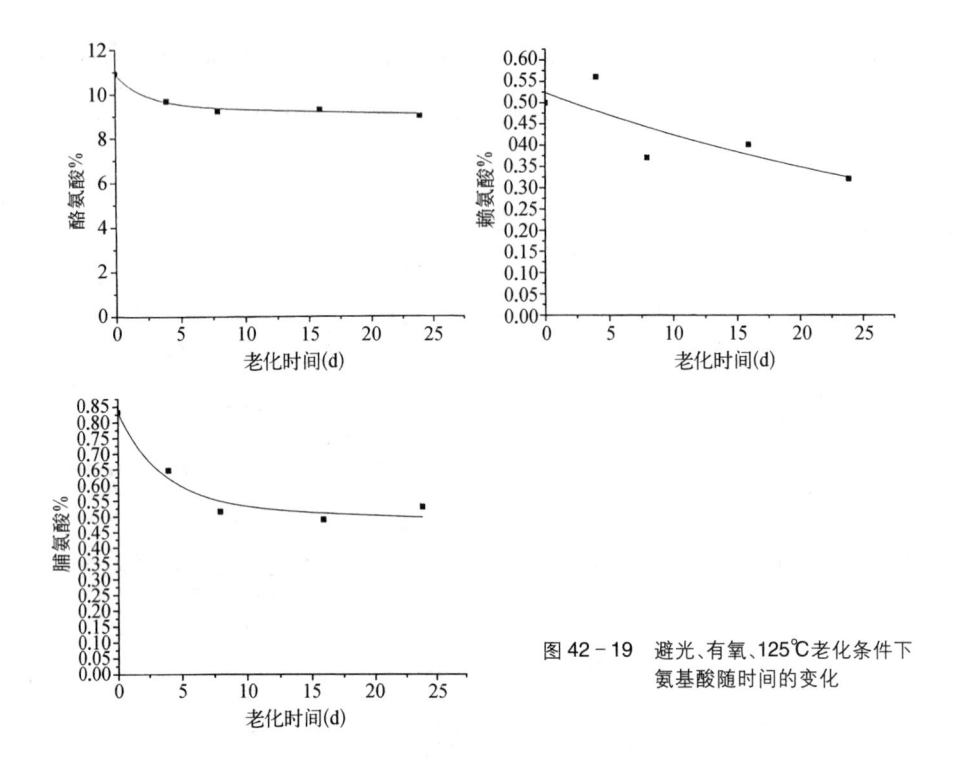

(2) 避光、有氧、不同温湿度条件下的老化样品

避光、有氧、65℃95%RH 条件下老化的样品的氨基酸没有明显变化。

避光、有氧、80℃95%RH 和 80%RH 条件下老化的样品的酪氨酸随时间有降低的趋势,如图 42-20(圆点代表 80℃80%RH,方块代表 80℃95%RH),两者降低程度基本一致。

3. 光照条件下丝的老化

研究光的危害和作用机理。

1) 抗拉强度

无氧条件下 365 纳米光老化。

(1) 无氧饱和湿度和干燥条件下样品 365 纳米光老化的强度对比见图 42-21。

由图 42-21 可知,对于光老化来说,在无氧条件下,丝在干燥条件下比饱和湿度条件下老化的速度快。

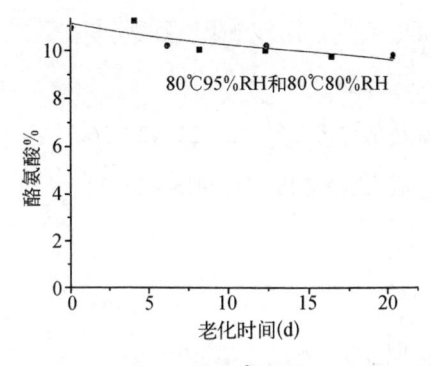

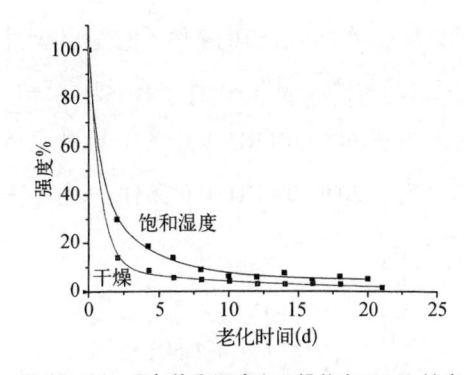

图 42-20 避光、有氧、80℃95%RH 和 80%RH 老化条件下酪氨酸随时间的变化

图 42-21 无氧饱和湿度和干燥状态下 365 纳米光老化的强度对比

笔者曾研究在大气条件下 365 纳米光老化的强度变化,如图 42-22[xliii]。比较图 42-22 与图 42-21 可知,在有氧的条件下,丝织品光老化速度更快一些。

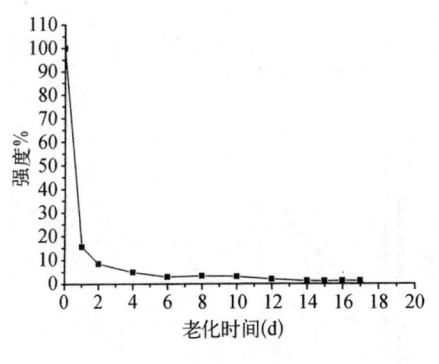

图 42-22 有氧条件下 365 纳米光老化的强度变化图

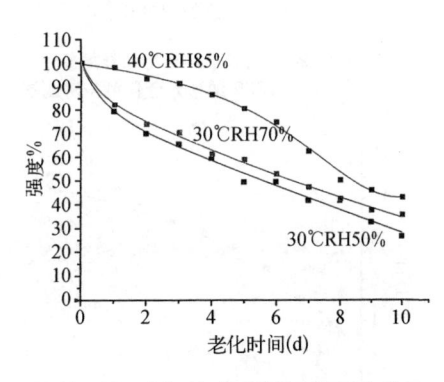

图 42-23 有氧 Xe 灯照射不同湿度条件下强度随时间变化对比

(2) 有氧(大气)条件下光、热、水综合老化样品

有氧条件 30℃50%RH、30℃70%RH、40℃85%RH 条件下,Xe 灯照射老化的丝织品强度随时间变化见图 42-23。由图可知,最上面一条曲线的温湿度最大,但它的强度相对变化最小,从而说明光照条件下,低湿度条件下丝的老化比高湿度条件下快,老化程度大。

2) 色差分析

(1) 无氧条件下 365 纳米光老化

饱和湿度与干燥条件下 365 纳米光老化的色差图,见图 42-24 所示,比较两条曲线可以发现,在饱和湿度的条件下色差变化比干燥的条件下小,该结果与强度分析一致。

(2) 有氧(大气)条件下光、热、水综合老化样品

有氧 30℃50%RH 老化条件下,样品色差及黄变度见图 42-25、42-26。

有氧 30℃70%RH 老化条件下,色差变化很小,黄变度变化见图 42-27。

图 42-24　无氧干燥与饱和湿度条件下 365 纳米光老化色差对比图

图 42-25　有氧 30℃50%RHXe 灯照射老化样品的色差随时间变化

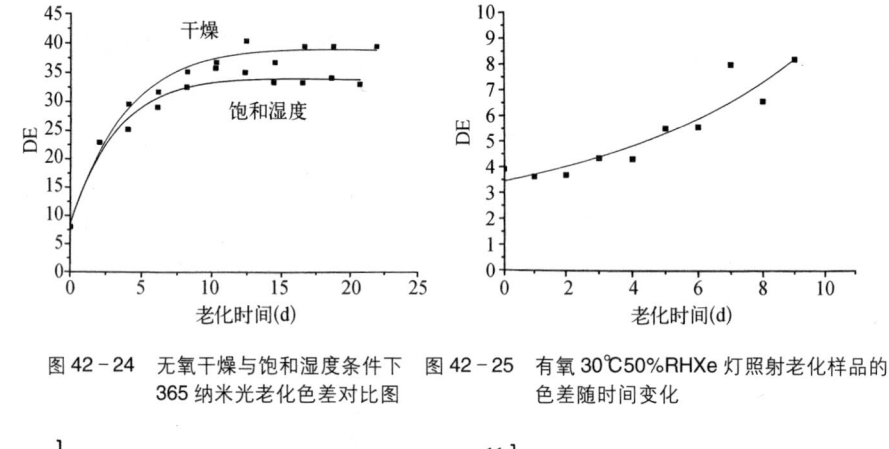

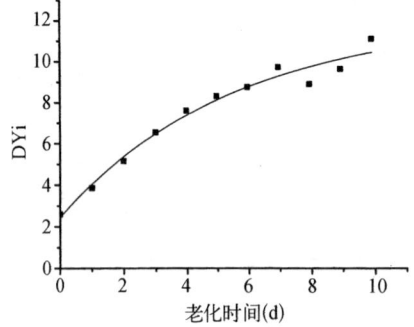

图 42-26　有氧 30℃50%RHXe 灯照射老化样品的黄变度随时间变化

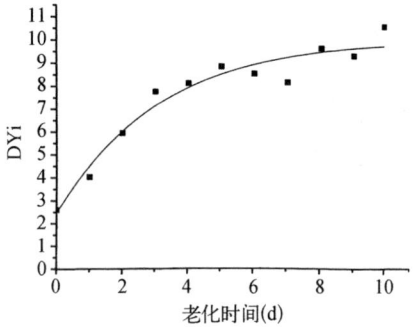

图 42-27　有氧 30℃70%RHXe 灯照射老化样品的黄变度随时间变化

有氧 40℃85%RHXe 灯照射 10 天,色差和黄变度都没有明显变化。

比较上面的分析结果可知,随着湿度的增加,色差和黄变度变化减小。

3) 氨基酸分析

(1) 无氧条件下 365 纳米光老化

无氧干燥及饱和湿度条件下,365 纳米光老化的丝样品,含量发生变化的氨基酸组分见表 42-3。

表 42-3 无氧干燥及饱和湿度条件下 365 纳米光老化样品含量发生变化的氨基酸组分

老化条件	氨基酸名称
饱和湿度	天门冬氨酸、苏氨酸、丝氨酸、谷氨酸、亮氨酸、酪氨酸、苯丙氨酸、赖氨酸、组氨酸、精氨酸
干燥	天门冬氨酸、苏氨酸、丝氨酸、谷氨酸、亮氨酸、酪氨酸、苯丙氨酸、赖氨酸、组氨酸

由表 42-3 可知,与干燥条件不同,饱和湿度条件下,精氨酸含量也发生了变化,其变化程度见图 42-28。

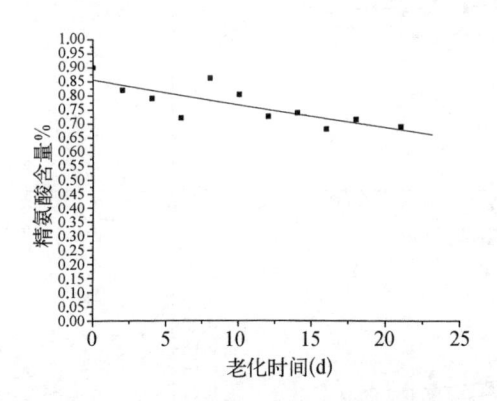

图 42-28 无氧饱和湿度老化条件下精氨酸的变化

除精氨酸外,干燥及饱和湿度条件下,经过 365 纳米光老化的丝样品,含量发生变化的氨基酸组分相同,其变化情况见图 42-29。

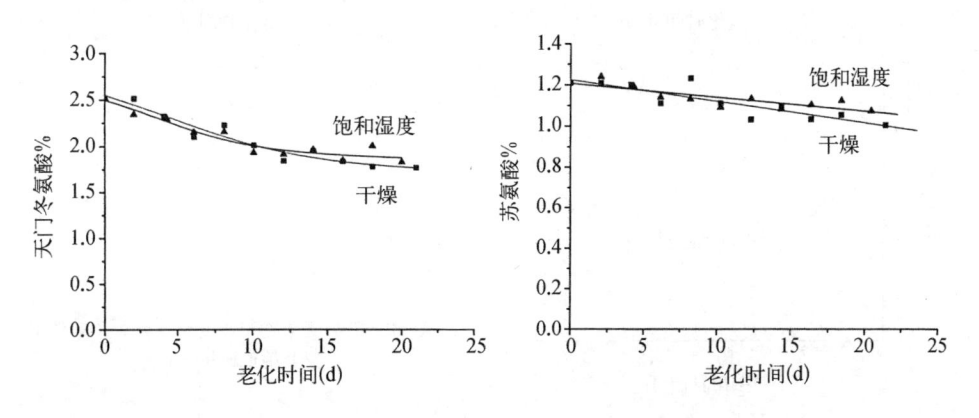

图 42-29　无氧饱和湿度及干燥老化条件下氨基酸的变化

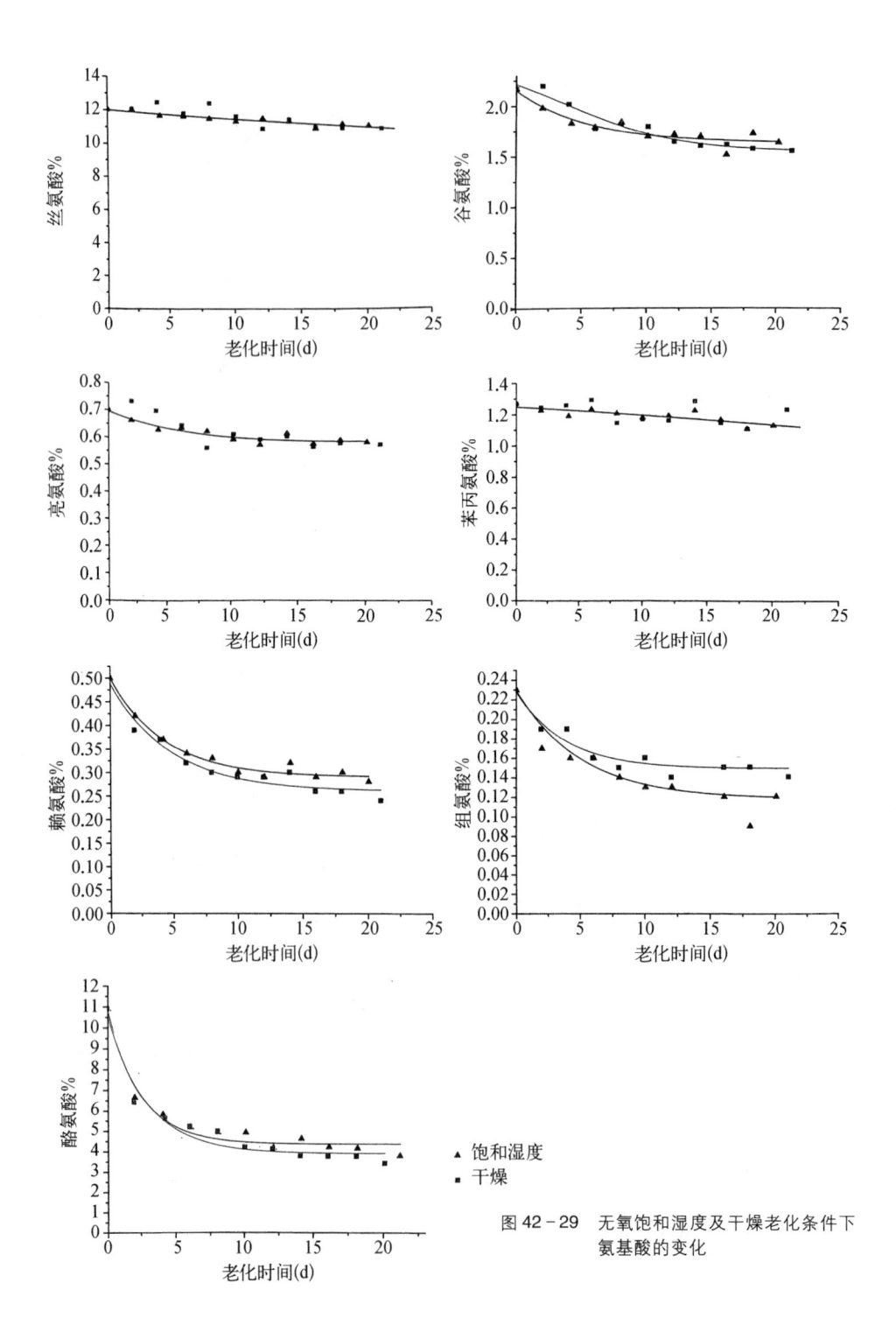

(2) 有氧不同湿度条件下的 Xe 灯老化样品

有氧不同湿度条件下,经过 Xe 灯照射老化的样品,氨基酸变化的情况见图 42-30。

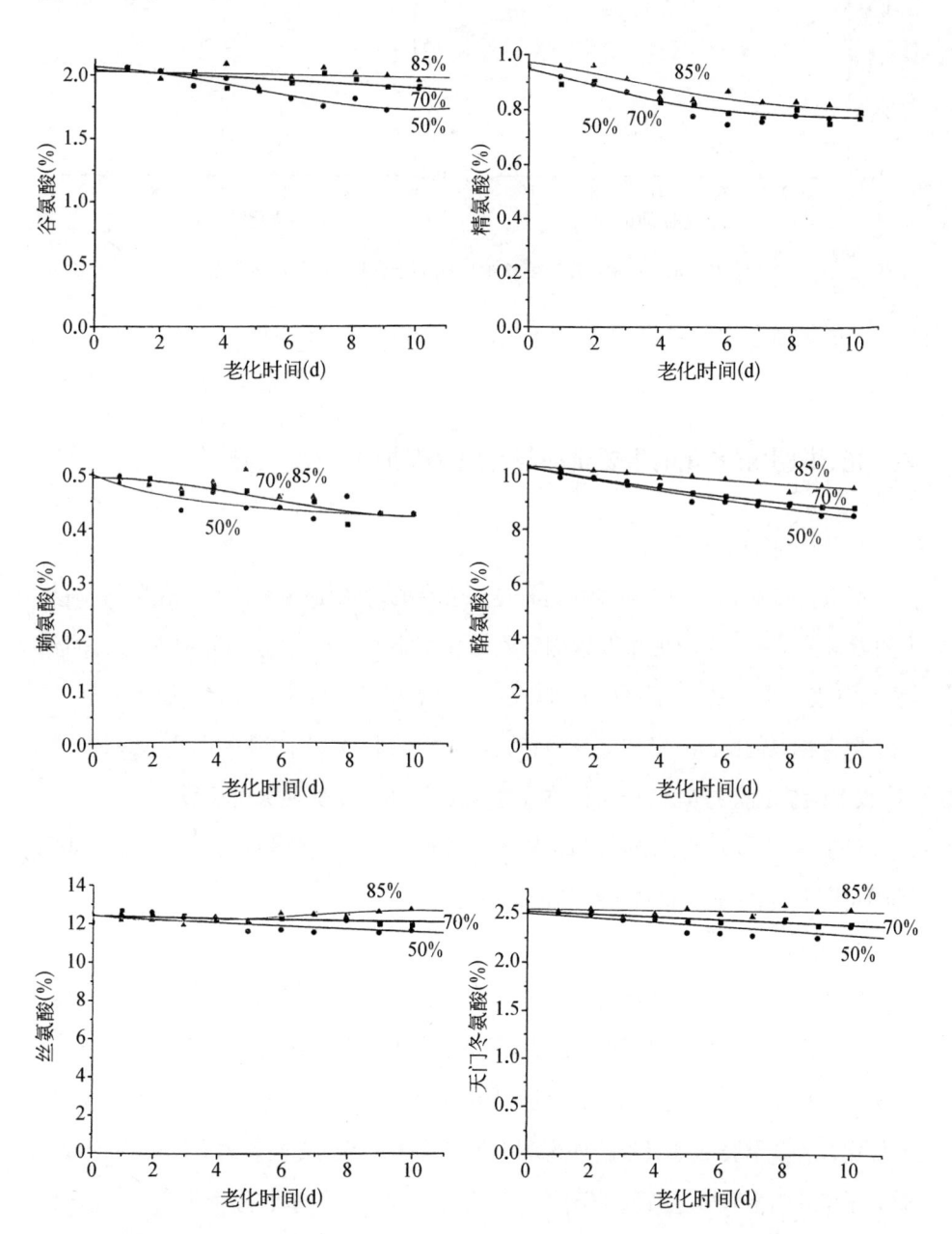

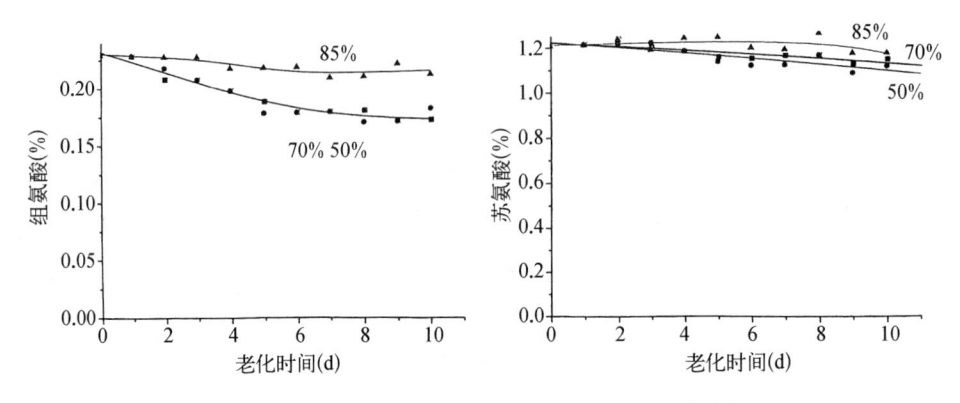

图 42-30 有氧不同湿度条件下 Xe 灯老化样品的氨基酸变化

上图表明发生变化的氨基酸,随着湿度的增加,变化程度降低。

六、光、热、水解老化的主要机理与丝织品保护

1) 氧化降解与交联

高聚物暴露于空气中,其变化过程是很复杂的,其中最主要的是氧化降解,氧化往往是高分子材料老化的主要原因。氧的存在能加剧光、热等因素对高聚物的作用,使其发生更为复杂的降解与交联反应。具有双键的聚合物最容易被氧化[xliv]。

聚合物氧化反应是游离基反应,首先氧进攻到主链上的薄弱环节,如双键、羟基、叔碳原子上的氢等,生成氧化物或过氧化物,进一步促使主链断裂。

丝蛋白分子中含有双键、羟基、较多的叔碳氢,因此易于氧化,难以保存。从保护的角度来看,绝氧保存对丝织品是有利的。

2) 光老化

物质只有吸收了光才能发生光化学反应,通常电子只能吸收特定能量的光量子。一般来说,有机分子中的单键很少或者说不吸收可见光和空气中的紫外光;双键不吸收可见光,但对紫外光有吸收;共轭双键能够强烈地吸收紫外光和可见光;无机化合物能够强烈地吸收紫外光和可见光。丝织品耐光性差的原因就在于蛋白质分子中含有能吸收紫外光的羰基及芳香环。我们的氨基酸分析表明,在光老化

过程中,酪氨酸的变化速率比其他氨基酸大得多,就是因为酪氨酸结构中既含芳香环又有反应活性比较强的羟基存在。在存贮丝织品的环境中使用无紫外光的光源,对于防止丝织品的光老化非常重要。

当化学键吸收了光能后,键就可能断裂,在光化学反应过程中,那些不吸收光能的键也可能发生化学反应而断裂。这是因为当某个特定的键断裂后,产生的自由基反应活性很高,能与许多物质反应。当有氧存在时,就发生光氧化反应。

当有水分子存在时,由于水分子对光的吸收、反射作用,使光对丝绸的破坏程度降低,因此老化速度也会降低。

从我们前面的各项分析结果均可看出,光对丝蛋白的损伤速度快、程度大,因此丝织品的避光保存非常重要。

3) 热老化

高聚物的热稳定性与其化学键的分解能有很大关系,若加入足够的能量,可使主链断裂。首先被破坏的是分子链中最薄弱的环节,因此,高聚物的结构是决定其裂解行为的主要因素,由于热能够穿透整个高聚物,因此结晶区与非结晶区均可能发生老化。

在绝氧的环境中热老化是指单纯的热降解,通常由于大气中氧的存在,热老化主要是热氧化老化,如前所述,热可加速聚合物的氧化降解。

当有水分存在时,热可加速丝绸的水解反应,因此,即使是在无氧状态下,随着温度的升高,丝绸也会发生严重老化。

4) 水解老化

水解是一种广泛的化学降解类型,即在氢氧离子的催化作用下化学键的断裂伴随着水分子的加成。温度可加速化学降解反应。

结晶度越低,对化学反应越敏感。这是因为结晶区比较致密,使化学物质难以进入,而排列疏松的非结晶区更易受到化学物质的进攻。

蛋白质分子中由于含有特别容易水解断裂的键——酰胺键,因此会发生水解老化。由于在埋藏过程中并不存在光的问题,且一些埋藏环境是一个相对密闭的环境,氧的含量也很少,因此,在该情况下水解老化是丝织品老化的主要因素,我们的试验结果表明,在避光、抽真空无氧状态下,相同温度时水分的存在会使丝绸的老化速率和老化程度大大增加。

5) 黄变

没有光存在,在抽真空无氧条件下老化时,只有125℃饱和湿度条件下,色差和黄变度发生了变化,其他条件下均变化不明显;而有大气存在时,在65℃95%RH老化条件下,色差和黄变度就发生了变化。可见,即使无光照存在时,老化仍然会导致丝的黄变,而氧是导致黄变的主要原因。

6) 老化作用过程

氨基酸分析表明,光老化和热老化最显著的区别在于酪氨酸。酪氨酸在光老化时随着老化时间延长,含量迅速下降,而热老化时则变化不明显。不论是光还是热老化,容易发生变化的氨基酸主要是酸性、碱性、含有羟基及芳香族氨基酸,这些氨基酸都是比较活泼的氨基酸,且大部分位于无定形区。可将老化过程分成三个阶段。起始阶段主要攻击肽链中的薄弱环节,如未结晶羟基、活泼的氨基酸;紧接着破坏无定形区;最后阶段以极缓慢的速度进攻结晶区。

七、结论

(1) 在无氧条件下热老化时,无论是在干燥条件下还是在饱和湿度条件下,随着温度的升高,丝样品老化速度加快。相同温度老化时,丝在干燥条件下比饱和湿度条件下老化的速度快。

(2) 对于光老化来说,在抽真空条件下,丝在干燥条件下比饱和湿度条件下老化速度快。

(3) 高温高湿,丝的老化速度加快。相同温度下,湿度增加,老化的速度增大;相同湿度下,随着温度的增加,老化速度增大。

(4) 有氧光照老化,低湿度条件下丝的老化比高湿度条件下的速度快,老化程度大。

(5) 光老化导致酪氨酸严重破坏,而无氧热老化时酪氨酸基本上不受影响。

参考文献

[i][xiv][xlii] 王丹华.古代丝织物的保护[C]//.文物保存维护研讨会,台湾地区行政管理机构文建会,1995:184.

[ii][iv][v] 李栋高,蒋蕙钧.丝绸材料学[M].中国纺织出版社,1994:53-90.

[iii][xi] 中国纺织大学绢纺教研室.绢纺学(上册)[M].纺织工业出版社,1986:17-54.

[vi] 朱新予.中国丝绸史[M].纺织工业出版社,1992:288.

[vii] Bresee R R. General effects of ageing on textiles[J]. Journal of the American Institute for Conservation, 1986, 25(1):39-48.

[viii] Magoshi J, Nakamura S. Studies on physical properties and structure of silk. Glass transition and crystallization of silk fibroin[J]. Journal of applied polymer science, 1975, 19(4):1013-1015.

[ix] Bresee R R, Goodyear G E. Fractography of historic silk fibers[C]//Historic textile and paper materials: conservation and characterization. American Chemical Society, Washington D.C., 1986:95-109.

[x][xiii][xv][xix] 苏州丝绸工学院.制丝化学[M].纺织工业出版社,1992:86-88、89、90、94.

[xii][xx] Crighton J S. Silk: A study of its degradation and conservation[C]//Conservation science in the UK: preprints of the meeting held in Glasgow, May 1993. James & James Science Publishers Ltd., 1993:96-98.

[xvi] 张雪莲,唐静娟,郭时清.丝绸的老化及保护剂的筛选[J].文物保护与考古科学,1993(1):17-24.

[xvii] van Oosten T B. Investigation into the degradation of weighted silk[J]. Contributions of the Central Research Laboratory to the field of conservation and restoration, Central Research Laboratory for Objects of Art and Science. 1994:65-76.

[xxi] Hu W, Yanagi Y, Arai M, et al. Effect of humidity on the degradation of silk[J]. Journal of sericultural science of Japan, 1987, 52(2):127-130.

[xxii][xxiv][xxxviii] Hansen E F, Ginell W S. The conservation of silk with parylene-C [C]//Historic Textile and Paper Materials II: Conservation and Characterization. Developed from a symposium sponsored by the Cellulose, Paper and Textile Division at the 196th National Meeting of the American Chemical Society, Los Angeles, California, September 25-30, 1988. American Chemical Society, 1989:108-133.

[xxiii][xxx] Hersh S P, Tucker P A, Becker M A. Characterization of historical and artificially aged silk fabrics[C]//Archaeological chemistry IV. American Chemical

Society, 1989: 429 - 449.

[xxv] Lucas F, Shaw J T, Smith S G. The silk fibroins[J]. Advances in protein chemistry, 1957, 13: 107 - 242.

[xxvi][xxxii] Hirabayashi K. The deterioration and preservation of silk fabrics[J]. Scientific papers on Japanese antiques and art crafts, 1981, 1981(26): 24 - 34、61 - 72.

[xxvii][xxix] Tsukada M, Hirabayashi K. Change of silk fibroin structure by ultraviolet radiation[J]. Journal of Polymer Science: Polymer Letters Edition, 1980, 18(7): 507 - 511.

[xxviii] Asakura T, Kuzuhara A, Tabeta R, et al. Conformational characterization of Bombyx mori silk fibroin in the solid state by high-frequency carbon-13 cross polarization-magic angle spinning NMR, X-ray diffraction, and infrared spectroscopy[J]. Macromolecules, 1985, 18(10): 1841 - 1845.

[xxxi] 张雪莲,唐静娟,郭时清.利用比色法研究丝绸的老化[J].文物保护与考古科学, 1994(2): 32 - 38.

[xxxiii] Becker M A, Tuross N. Initial degradative changes found in *Bombyx mori* silk fibroin [C]//Silk Polymers, ACS symposium series (USA). 1994: 253 - 269.

[xxxiv] Setoyama K. Studies on the yellowing of silk fabric. Part IV. ESR studies on free radicals in UV irradiated silk fibroin[J]. Journal of the Sericulture Science of Japan, 1982a, (4), 271 - 278.

[xxxv] 张雪莲,陈士明,唐静娟.应用电子顺磁共振法研究丝织品的老化及其保护[J].文物保护与考古科学,1998(1): 30 - 37.

[xxxvi] Becker M A, Tuross N. Initial degradative changes found in Bombyx mori silk fibroin [C]//Silk Polymers, ACS symposium series (USA), 1994: 2536

[xxxix] Setoyama K. Effect of water on the heat yellowing of silk fabrics and the changes in amino acid composition in silk fibroin by heating sealed tubes[J]. Journal of sericultural science of Japan, 1982, 51: 365 - 369.

[xl] 奚三彩.文物保护技术与材料[M].台南艺术学院,1999: 153.

[xli] Cronyn J M. The element of archaeological conservation[M]. Routledge, 1990: 33 - 42.

[xliii] 张晓梅,原思训.丝织品老化程度检测方法探讨[J].文物保护与考古科学,2003,15(1): 31 - 37.

[xliv] 材尚安等.高分子化学[M].科学出版社,687.

(原载奚三彩主编,《古代丝织品的病害及其防治研究》,河海大学出版社,2008年。)

43
红外光谱法研究不同丝胶含量老化蚕丝蛋白*

引 言

我国是最早从事养蚕织丝的国家,约在公元前 3000 年前就已经利用蚕丝制作丝线、编织丝带和简单的丝织品。我国考古出土的丝织品数量大,种类丰富,因此,对丝织品的老化和保护的研究非常重要。

蚕丝主要由丝素和丝胶两个部分构成,丝素含量约占 72%—81%,丝胶含量约占 19%—28%。除此之外,还有少量的蜡类、糖类、色素及无机物等其他物质,约占 3%。丝素和丝胶是两种蛋白质,丝素是纤维状蛋白质,难溶于水,丝胶是球状蛋白质,水溶性较好,利用这一特点可对茧丝进行脱胶处理。有一部分丝胶在煮茧、缫丝过程中就会被脱去。

每根茧丝是两根单丝平行排列由丝胶粘合而成的,丝胶包覆于丝素之外,丝素是蚕丝纤维的主体。茧丝纵向表面光滑,有些异形的颣节,丝素的横截面呈不规则的三角形,而茧丝的横截面呈半椭圆形。丝胶分为 Ⅰ、Ⅱ、Ⅲ、Ⅳ 四种,为层状包覆在丝素上,水溶性依次变小,结晶度依次变大,内层最靠丝素的为丝胶Ⅳ,难被热水或碱溶液溶解,精炼一般较难去除,其性质与丝素有点接近,并对成品手感和弹性有影响[1]。

丝胶的存在会影响丝织品的光泽和手感,所以对于大部分丝织品来说,通过不同的精炼方法,除去了丝纤维上的丝胶。然而有些丝织品,为了特殊用途,会保留一定量的丝胶,如帛画所用的绢、有些刺绣品等。尽管这种情况比较少,但是从一

---

* 作者:黄悦、张晓梅、原思训(北京大学考古文博学院)。

些出土和传世的文物中确实也能找到实物[ii][iii]。时代不同,缫丝方法不同,也会影响丝胶残留量。由于含胶量的差别,这就有可能使脱胶和未脱胶丝织品在老化过程中呈现出不同的老化现象和特征。

在老化过程中基于丝胶对丝素的影响,如何识别自然老化的丝胶等,对于了解老化机理及选择保护处理方法非常重要。同时也可为了解脱胶技术的发展、织造工艺的发展提供基础信息资料。

红外光谱分析是利用不同的官能团都拥有各自特定的红外吸收区域,并在各自特定的频率范围内形成特征峰的特点,来鉴别和判断化合物分子组成和结构的一种分析测试手段。通过计算吸收峰高的比例来研究老化降解过程,是常用的红外光谱定量分析手段。因此,可将随存在量变化的某个峰高与一个稳定不变的峰高相比较,研究其比值随时间的变化,从而给予老化程度一个定量的指标。

有学者利用偏光衰减全反射傅立叶变换红外光谱(Pol-ATR)研究传世丝织品的老化特征,结果表明通过测定取向度指数的方法可以了解劣变程度和保存状况,为丝织品保护提供依据[iv]。还有的研究者对不同老化状况的丝织品样品进行显微红外分析研究,结果表明,红外分析能很容易提供定性及较好的半定量的分析结果,对于出土古代丝织品保存状况及老化机理的研究很有实用价值[v]。不过这些研究主要是针对脱胶丝织品进行的,而利用红外光谱对不同丝胶含量的老化丝织品研究尚未见有报道。

本研究利用显微红外光谱仪,对不同老化原因、不同老化程序、不同丝胶含量的老化丝样品进行了分析研究,探讨不同丝胶含量的丝纤维在不同老化条件和时间下分子结构的变化,从而为古代丝织品的进一步保护处理提供依据。

一、实验材料和方法

实验材料为蚕茧和未染色未老化的丝绸,其中丝绸分为全脱胶、半脱胶(含40%丝胶)两种。将三种不同丝胶含量的丝纤维进行不同程度的人工模拟热老化和光老化。

热老化：将不同丝胶含量丝纤维放入已经预热至 125℃ 的烘箱内，间隔一定时间取出样品。蚕茧的老化时间为 9 天、13 天和 16 天，半脱胶样品老化时间为 9 天和 16 天，全脱胶样品老化时间为 9 天和 17 天。

光老化：将不同丝胶含量丝纤维放入 365 纳米、375 W 的紫外光老化箱内，间隔一定时间取出样品。半脱胶样品老化时间为 8 天和 15 天，全脱胶样品老化时间为 8 天和 14 天。

组成分子的各种基团都有自己特定的红外吸收区域，因此，红外吸收光谱可反映丝绸因老化而导致的分子结构变化的信息。仪器设备：美国 Nicolet 公司生产的 Magna‐IR 750 傅立叶变换红外光谱仪。

利用环境扫描电镜可对老化丝样品的纵、横面形貌进行观察分析。仪器设备：场发射环境扫描电子显微镜（FEI ESEM‐Quanta 200 FEG）。

二、结果与讨论

1. 未老化样品的红外光谱图的比较分析

比较不同丝胶含量样品的红外光谱图见图 43‐1。由图 43‐1 可知，随着丝胶含量的减少，样品的一些特征峰的峰形、峰位、峰高均有明显差异。

1625 厘米$^{-1}$、1518 厘米$^{-1}$ 和 1230 厘米$^{-1}$ 附近的峰分别是蚕丝蛋白的酰胺 I、酰胺 II 和酰胺 III 带[iv][vi]，随着丝胶含量的减少，酰胺 I 和酰胺 III 的结晶区特征峰 1696 厘米$^{-1}$ 和 1264 厘米$^{-1}$[iv][vi] 的吸收强度逐渐增加，在半脱胶样品中仅仅是微弱的小突起，而在全脱胶样品中是明显的两个吸收峰。酰胺 I 无定形特征峰 1645 厘米$^{-1}$[vi] 只在蚕茧的红外谱中比较明显。全脱胶样品基本由排列整齐、结构致密的丝素组成，其分子结构的有序取向明显要高于丝胶，红外光谱很清楚地说明了这一点。

1160 厘米$^{-1}$ 和 1445 厘米$^{-1}$ 附近是丙氨酸残基的吸收带[vii]，丝素中的丙氨酸含量远远高于丝胶[viii]。因此，在红外光谱图上可发现，随着丝胶含量的降低，1160 厘

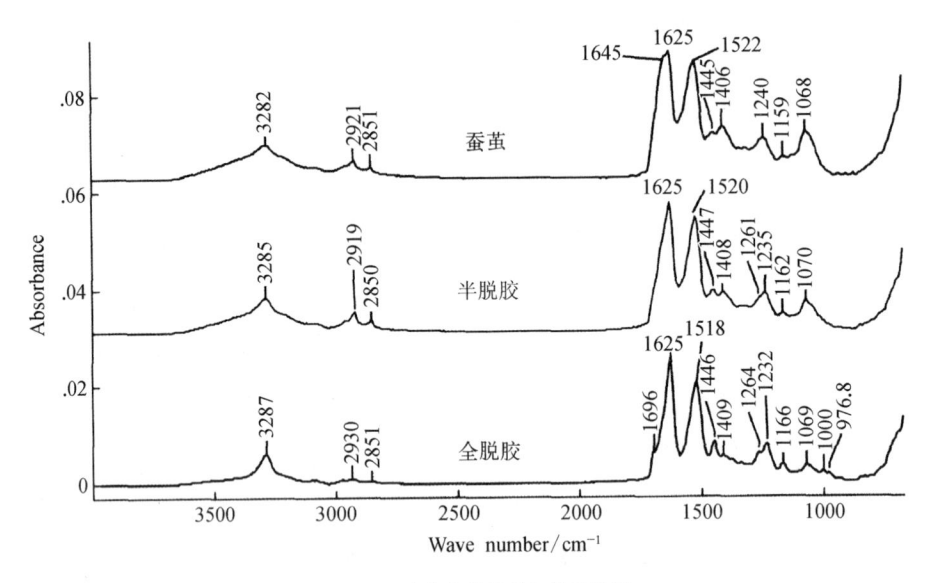

图 43-1　未老化样品的红外光谱图

米$^{-1}$和1445厘米$^{-1}$吸收强度增加,全脱胶样品最大,蚕茧样品最小,半脱胶样品居中。以1625厘米$^{-1}$附近的峰作为内标谱带[v],选取1445厘米$^{-1}$和1625厘米$^{-1}$吸收峰强度比,可以定量地描述不同丝胶样品间存在的差异。未老化蚕茧、半脱胶和全脱胶样品1445厘米$^{-1}$/1625厘米$^{-1}$比值分别为:0.033、0.071、0.14,随着丝胶含量的降低而增加,具有比较好的对应关系。

1000厘米$^{-1}$附近是甘—甘肽链结构产生的特征吸收峰,970厘米$^{-1}$附近是甘—丙肽链结构产生的特征吸收峰[ix],这两个吸收谱带在全脱胶样品中非常明显,但在蚕茧和半脱胶丝样品中没有出现。

2. 老化样品的红外光谱分析

老化蚕茧、半脱胶和全脱胶样品1445厘米$^{-1}$/1625厘米$^{-1}$比值见表43-1。

1) 蚕茧

与未老化样品相比,随着热老化时间的延长,1518厘米$^{-1}$特征峰频率向低频方向移动,见图43-2所示。代表酰胺Ⅲ结晶区峰的频率为1264厘米$^{-1}$[iv]特征峰逐

表 43-1 老化蚕茧、半脱胶和全脱胶样品 1445 厘米$^{-1}$/1625 厘米$^{-1}$ 比值

样　品	老化方式	老化时间/d	1445 厘米$^{-1}$/1625 厘米$^{-1}$
蚕茧	热老化	0	0.033
		9	0.038
		13	0.078
		16	0.080
半脱胶	热老化	0	0.071
		9	0.066
		16	0.075
	光老化	8	0.056
		15	0.054
全脱胶	热老化	0	0.14
		9	0.13
		17	0.13
	光老化	8	0.13
		14	0.12

渐变得明显,这表明在老化过程中结晶度有提高。丝素比丝胶的结晶度高[x][xi],在老化过程中由于丝胶遭到破坏,蚕茧中丝素含量增加,从而导致样品结晶度提高。下面对样品的扫描电镜分析观察结果(图 43-3 至图 43-6)也进一步证实在老化过程中丝胶因遭到破坏而剥落。

由表 43-1 可知,1445 厘米$^{-1}$/1625 厘米$^{-1}$ 比值随着老化时间的延长而增加,表明丝胶由于老化而大量损失,老化到一定程度后,比值趋于稳定。因为丝胶 I 和丝胶 II 比较不稳定,易于因老化而损失掉,因此老化前期阶段比值增加比较快。而丝胶Ⅲ和丝胶Ⅳ比较稳定,因此过了丝胶 I 和丝胶 II 损失阶段后,比值趋于稳定。

为了进一步证实丝胶由于老化而损失的情况,对老化蚕茧样品进行了扫描电镜观察分析。横截面观察,与未老化样品相比(图 43-3),丝素纤维与包覆在其周

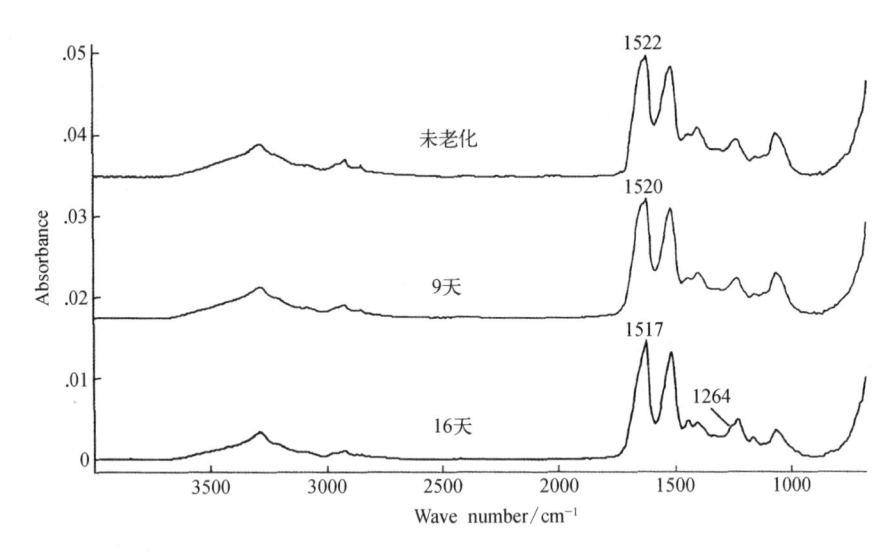

图 43-2 蚕茧老化样品的红外光谱图

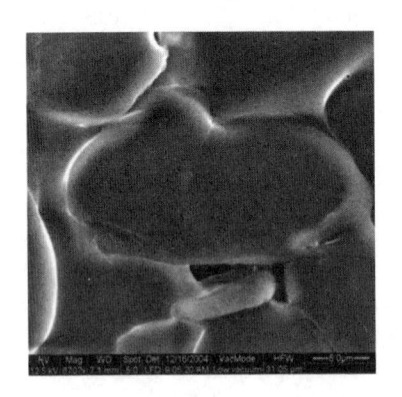

图 43-3 未老化蚕茧蚕丝纤维横截面

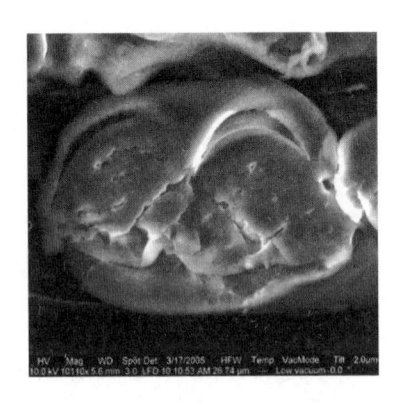

图 43-4 蚕茧热老化 16 天(横截面)

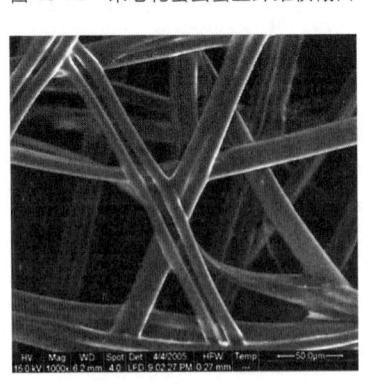

图 43-5 未老化蚕茧蚕丝纤维表面

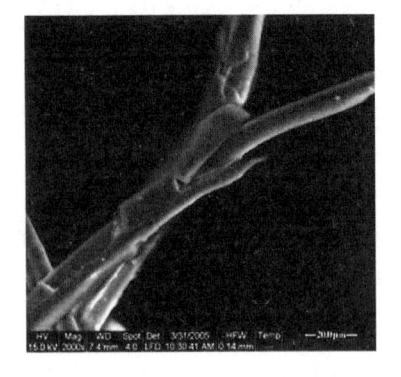

图 43-6 蚕茧热老化 16 天(表面)

围的丝胶之间出现明显的缝隙,甚至完全分离(图43-4)。纵向观察,与未老化样品相比(图43-5),丝素与丝胶的分离表现为丝胶脱落,光滑的丝素纤维暴露出来(图43-6)。

2) 半脱胶样品老化丝的红外光谱分析

与未老化样品的红外光谱图相比,随着老化时间的延长,光、热老化样品在2920厘米$^{-1}$和2850厘米$^{-1}$附近的吸收峰明显减弱,光老化样品酰胺Ⅰ吸收峰略向高频方向移动,见图43-7所示。

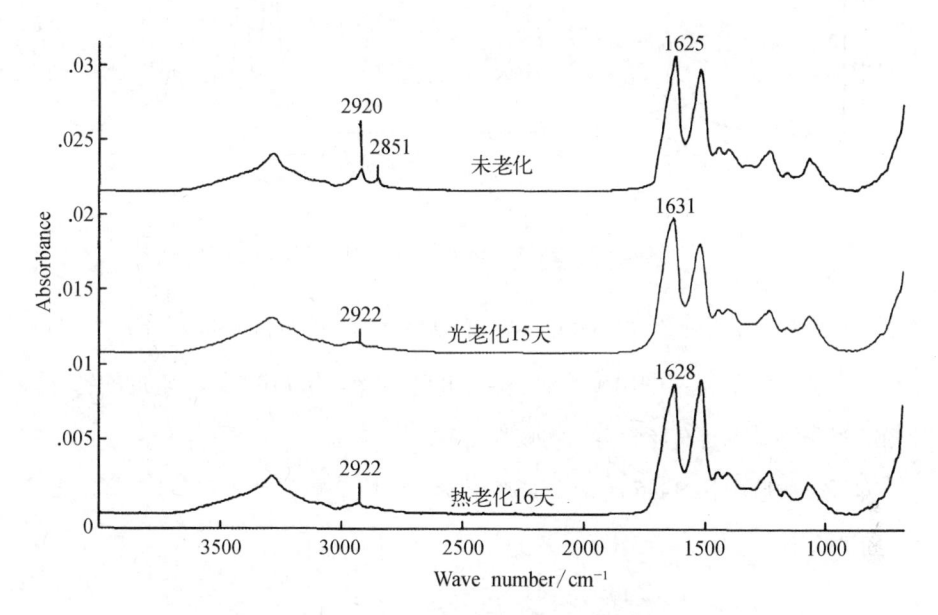

图43-7 半脱胶老化样品的红外光谱图

由表43-1可知,1445厘米$^{-1}$/1625厘米$^{-1}$比值随老化时间变化并不显著,这与半脱胶丝主要成分为相对稳定的丝胶Ⅲ和丝胶Ⅳ有关,在缫丝、脱胶过程中,大部分丝胶Ⅰ和丝胶Ⅱ被除去了。

3) 全脱胶样品老化丝的红外光谱分析

热老化样品的红外光谱没有显著变化。全脱胶样品丝随着光老化时间的延长,酰胺Ⅰ吸收峰频率略向高频方向移动(图43-8);频率为1696厘米$^{-1}$的酰胺Ⅰ结晶区峰强度逐渐变弱,表明丝素的结晶区遭到破坏。

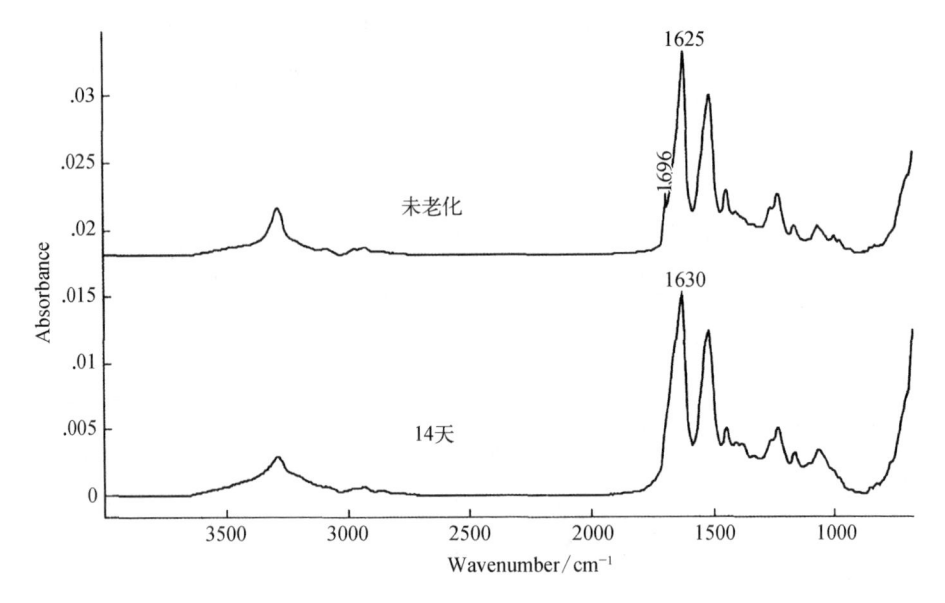

图 43-8 全脱胶光老化样品的红外光谱图

全脱胶样品老化丝均有 1000 厘米$^{-1}$ 和 970 厘米$^{-1}$ 附近的特征峰，而在蚕茧和半脱胶老化样品的光谱图中则没有，看来 1000 厘米$^{-1}$ 和 970 厘米$^{-1}$ 附近的特征峰是确定丝织品是否含有丝胶有用的吸收谱带。

对于全脱胶样品，1445 厘米$^{-1}$/1625 厘米$^{-1}$ 比值基本保持不变，这与样品不含丝胶相对应。

三、结论

（1）无论是老化还是未老化丝，全脱胶样品均有 1000 厘米$^{-1}$ 和 970 厘米$^{-1}$ 附近的特征峰，而在蚕茧和半脱胶样品的光谱图中则没有，因此可用于确定样品是否含有丝胶。

（2）不同丝胶含量样品的红外光谱图，一些特征峰的峰形、峰位、峰高均有明显差异。未老化全脱胶样品的光谱图中出现了代表酰胺Ⅰ结晶区峰 1696 厘米$^{-1}$ 和酰胺Ⅲ结晶区峰 1264 厘米$^{-1}$，而在蚕茧和半脱胶样品的光谱图中则没有。

（3）蚕茧样品在热老化时由于结晶度较低的丝胶遭到破坏而导致结晶度提高，在红外光谱图中的表现为有出现酰胺Ⅲ结晶区峰1264厘米$^{-1}$的趋势，并且随着老化时间的延长，该峰有逐渐增强的趋势。

（4）光老化样品的酰胺Ⅰ吸收峰频率有向高频方向移动的趋势。全脱胶样品随着光老化时间延长，代表酰胺Ⅰ结晶区的特征峰逐渐消失，表明结晶区遭到破坏。

（5）1445厘米$^{-1}$/1625厘米$^{-1}$比值可为确定丝纤维上丝胶含量多寡提供参考信息。

参考文献

[i] 于伟东,储才元.纺织物理[M].东华大学出版社,2002：21.

[ii] Becker M A, Willman P, Tuross N C. The US first ladies gowns: a biochemical study of silk preservation[J]. Journal of the American Institute for Conservation, 1995, 34(2): 141-152.

[iii] Berghe I V, Wouters J. Scientific analysis of ancient and historic textiles: informing preservation, display and interpretation, postprints[M]. London: Archetype Publications Ltd, 2005: 151-158.

[iv] Garside P, Lahlil S, Wyeth P. Characterization of historic silk by polarized attenuated total reflectance Fourier transform infrared spectroscopy for informed conservation[J]. Applied spectroscopy, 2005, 59(10): 1242-1247.

[v] 张晓梅,原思训.老化丝织品的红外光谱分析研究[J].光谱学与光谱分析,2004,24(12)：1528-1532.

[vi][vii] 吴瑾光.近代傅立叶变换红外光谱技术及应用（下卷）[M].科学技术文献出版社,1994：201、210.

[viii] 陈德基.制丝工艺化学[M].中国纺织出版社,1995：11.

[ix] Arai T, Freddi G, Innocenti R, et al. Biodegradation of Bombyx mori silk fibroin fibers and films[J]. Journal of Applied Polymer Science, 2004, 91(4): 2383-2390.

[x] 北条舒正.蚕丝的形成和结构[M].农业出版社,1990：181-197.

[xi] 李栋高,蒋蕙钧.丝绸材料学[M].中国纺织出版社,1994：53-90.

（原载于《文物保护与考古科学》2009年第1期。）

44

Measuring Quantitatively the Deterioration Degree of Ancient Silk Textiles by Viscometry[*]

Introduction

Ancient silk textiles are precious items of cultural heritage; most of them are made from *Bombyx mori* silk. *Bombyx mori* silk is composed of natural fibroin, and is easily attacked by light, heat, water, microorganisms, etc. Silk textiles can deteriorate during burial, storage, exhibition, studying, or conservation treatment such as cleaning. In the field of conservation, many researches about silk manage to prevent the deterioration of silk, by the use of consolidants or controlling the environment, etc. Before conservation, it is necessary to determine the condition of silk, and to understand the mechanisms of silk deterioration. The quantitative assessment of the extent of deterioration of ancient silk is necessary for studying, selecting, and evaluating existing conservation methods, further understanding the mechanisms of silk deterioration, and developing and improving the conservation methods and measures for silk textiles.

Analysis of tensile strength is a traditional method for measuring the quality of silk, and in principle it is also suitable for detecting the deterioration degree of ancient silk textiles. However, as cultural relics, in general, they are not permitted to be

---

[*] Author: Zhang Xiaomei[*] (张晓梅), Yuan Sixun (原思训) (*School of Archaeology and Museology, Peking University*).

sampled during the course of conservation and study, let alone to destructively sample in large amounts. In most cases, ancient silk textiles could not meet the necessary sample amounts for tensile strength testing, so tensile strength analysis is not suitable for detecting the deterioration degree of ancient silk textiles.

The requirements for a suitable technique to determine the extent of deterioration ancient silk textiles are high sensitivity, small sample size, or non-destructive. Besides tensile strength there are other analytical methods that have potential for measuring silk deterioration, such as colormetry, amino acid analysis, infra-red spectrometry, thermal analysis, viscometry, X-ray diffraction, scanning electron microscopy etc. Miller and Reagan used most of these methods to study the degradation of historical silks[i]. Zhang and Yuan[ii] tried the possibility of using most of these analytical methods for the detection of deterioration degree.

The deterioration of silks can cause the scission of main and side chain of macromolecules. In turn the decrease in molecular weight associated with degradation can result in the decrease of its intrinsic viscosity. The relationship of intrinsic viscosity $[\eta]$ of a macromolecular solution to the viscosity-average molecular weight (M_η) of the macromolecule is decided by the following empirical formula[iii]:

$$[\eta] = KM_\eta^\alpha$$

where K and α are constants with respect to solvent and temperature. This formula indicates that $[\eta]$ has nothing to do with concentration of macromolecular solution. When the chemical polymer, solvent, and temperature are defined, $[\eta]$ is only related to the molecular weight of macromolecule. Intrinsic viscosity can be used as indicator of the deterioration extent of the macromolecule.

Using artificial light aged sample, Tse et al.[iv] studied in detail the sensitivity of three analytical techniques developed for measuring silk deterioration: high performance size exclusion chromatography, viscosity measurements, and gel electrophoresis. The results showed that all three techniques were very sensitive to silk deterioration resulting from light aging.

This paper is mainly concerned with the application of viscometry. The relationship between intrinsic viscosity and the extent of deterioration in silk textile samples that were artificially aged by means of light irradiation, heating, and hydrolyzation was studied. Intrinsic viscosity was compared with tensile strength to verify the usefulness of intrinsic viscosity. Furthermore, intrinsic viscosity was used to measure the extent of deterioration in 6 ancient silk samples unearthed from different archaeological sites.

Experimental

Materials and chemicals

Two experimental materials were used in our study: (1) artificially aged modern silk textiles, which were used to evaluate the detection methods; (2) ancient silk textiles unearthed from different archaeological sites and in different conservation states, which were evaluated using viscometry.

LiBr: analytical reagent, Tianjin Basifu Chemical Reagents Company; $ZnCl_2$: analytical reagent, Beijing Chemical Reagents Company.

Artificial aging of modern silk textiles

Commercially degummed, unweighted white silk textiles were used for the experiments. The samples were cut into 2.5 cm wide strips along weft for artificial aging.

Thermal aging Conditions were selected to degrade the test fabric to a range of strengths after reasonable exposure times. According to Becker et al.[v], 150℃ is appropriate for the heat aging of silk. The fabric test strips were placed in a forced convection laboratory oven preheated to 150℃ on racks covered with enamel plate and exposed up to 10 d. Every day, a fabric test strip was taken out of the oven and immediately placed in a desiccator containing silica gel to keep them dry while cooling.

Light aging Ultraviolet radiation over the wavelength range 290 – 400 nm can initiate the chemical reaction of most macromolecules, resulting in degradation and crosslinking. The stronger the irradiation intensity, the faster the aging rate of the materials. The energy spectral distribution curve of artificial light should be similar to the sun over the ultraviolet range in order to simulate the sunlight. In the meantime, only the ultraviolet region of artificial light source maintains at least the irradiance of the sun at the midsummer, the proper accelerating aging rate can be obtained. The ideal artificial light aging experiment should be of properties of good simulation and good accelerating rate simultaneously. A 375 W ultraviolet lamp at 365 nm was selected as light source, and a self-made light fading apparatus was used to age silk specimens for up to 20 d. The temperature of the sample chamber was maintained at 38℃ and relative humidity (RH) at (10±5)%. The irradiance reaching the specimens was measured with UV Irradiance Meter to 2000 $\mu W/cm^2$. Every 8 h during the first day, and every day there after, a piece of the sample fabric was taken out of the chamber and immediately placed in a desiccator containing silica gel for later analysis.

Hydrolyzation aging Usually, a catalyst is necessary for the occurrence of proteolysis (e.g., acids, alkalis, and enzymes). The amino acids in protein will not be decomposed during the proteolysis catalyzed by proteinase enzymes where hydrolytic rate is very slow. In addition proteinase enzymes are specific, and different enzyme can only catalyze proteolysis to a certain stage[vi]. Considering the fact that fibroin is more sensitive to alkalis than proteinase enzymes, alkalis were selected as catalyzers for silk hydrolysis.

To select the concentration of alkali that was suitable for hydrolyzation, the silk specimens were immersed in the following concentration of aqueous NaOH solution 1%, 2%, 3%, 4%, and 5% respectively for 40 min at 30℃, and then measuring their tensile strength. The results showed that there is a small change in tensile strength at low concentrations, but the rate increased when the concentrations were over 3%. 5% NaOH solution was selected as hydrolyzing concentration. The modern silk samples were immersed in 5% NaOH solution for up to 24 h, and every hour a piece of the fabric samples was taken out. The silk samples were rinsed thoroughly with deionized water and then soaked in deionized water. Every time the soaking water was changed, the pH of the water was measured using a pH meter until the solution was of neutral pH, then the fabric samples were air dried between blotting paper prior to analyses.

Ancient silk textile samples

Six silk fabric samples were obtained for analysis, and all were fragments of burial inhumation textiles. Samples H1 and H3 were unearthed from a tomb of Western Han dynasty situated in Fenghuang mount, Jiangling, Hubei province. Samples d1 and d2 were unearthed from a Tibetan tomb of Tang dynasty, Dulan, Qinghai province. Samples M4 and M9 were unearthed from the tomb of the emperor's son-in-law of Liao dynasty, Dayingzi, Inner Mongolia.

Samples H1 and H3 came from a floss-padded jacket. H1 was the interlining of floss; H3 was a sarcenet of woven silk. The two samples were fragile, crumbly, easily broken, and not pliable.

Samples d2 and d3 were in a better state of conservation. They have greater strength and better pliability. d2 was a red silk polychrome and d3 was a purple thin silk.

Samples M4 and M9 were very fragile, stiff, crumbly, easily broken, not pliable. M4 was rhombic-patterned gauze, and M9 was thin silk decorated with gold.

Tensile strength

Tensile strength analysis can measure quantitatively the reduction in strength resulting from aging. Test strips were prepared series measuring 2.5 cm×5 cm, with the long dimension parallel to the weft, each sample type required at least 5 specimens for statistical significance. The samples were conditioned for at least 72 h at 25℃, 60% RH, and then were measured at a gauge length of 2 cm and a crosshead speed of 2 mm/min on an universal testing instrument[vii].

Instrument: Instron universal testing instrument model 1122, Instron Corporation.

Viscometry

The viscosity of polymer is usually higher than that of solvent. The specific viscosity (η_{sp}) is the relative increment of the viscosity and is obtained from the efflux time of the solvent (t_0) and the solution (t): $\eta_{sp} = (t - t_0) / t_0$. The η_{sp} of unit concentration is defined as reduced viscosity ($\eta_{sp/c}$; g/dL): $\eta_{sp/c} = \eta_{sp}/c$. When the concentration c inclines to 0, the reduced viscosity $\eta_{sp/c}$ results in an ultimate number $[\eta]$, which is called intrinsic viscosity:

$$\lim_{c \to 0} \frac{\eta_{sp}}{c} = [\eta]$$

Intrinsic viscosity ($[\eta]$; dL/g) of each sample was determined by extrapolation. Intrinsic viscosity of a silk solution was the y-intercept of a linear plot between the reduced viscosities ($\eta_{sp/c}$) of the three solutions vs. the corresponding concentration (c; g/dL)[viii].

According to the lithium bromide silk viscosity test developed by the Swiss Standards Association[ix], saturated lithium bromide solution is used as solvent for resolving the silk. But it was found in our experiment that whilst the hydrolyzed and heat-aged samples could be dissolved with lithium bromide solution, the light aged samples could not be completely dissolved in the lithium bromide solution. Different salt solutions were tried, and finally zinc chloride solution was selected as the best solvent for dissolving silk samples. The aged silk samples were dissolved with zinc chloride solutions at different concentrations to establish as dilute a concentration as possible. A concentration of 2 g $ZnCl_2$ dissolved in 1 mL deionized water was chosen for dissolving the silk samples.

Specimens weighing 0.0500 g each were treated in small test tubes with 10 mL of aqueous zinc chloride solution of selected concentration, then placed in an oven for 3 h at 75℃. After cooling, the solutions were transferred to 25 mL volumetric flask and diluted with aqueous zinc chloride solution to 25 mL. To remove solid impurities, the solutions were filtered through a 40 – 60 – G2 fritted glass filter.

The viscosity of the solvent and silk solution was measured using selected Ubbelohde viscometer (t_0 = 126 s). The viscometer and the solution were immersed in a water bath maintained at (25.00±0.05)℃. After the temperature of the solvent/silk solution had equilibrated, 10 mL solution was introduced into the viscometer. Three effluent times were measured to an accuracy of ± 0.4 s. The average of triple measurements of each specimen was used to calculate intrinsic viscosity. To extrapolate the η_{sp}/c–c figure to c_0, the solution was diluted three times by adding 5 mL solvent.

Results and discussion

Comparison between tensile strength testing and the intrinsic viscosities of artificially aged silk samples

Tensile strength The loss of mechanical strength in silk mainly results from the degradation of the peptide chains in fibroin. In spite of small differences in tensile strength between the weft and warp of silk textiles, their changing trends in the course of artificially aging were the same. The tensile strength in the weft of silk textile was chosen to study various stages of simulated aging.

(1) Heat aging. Changes in the tensile strength of fabric samples with heating time at 150℃ are shown in Figure 44 − 1. The curve shows a rapid initial loss in strength followed by a reduced rate of degradation. The silk strength was reduced to about one-third of its original value after 4 d of heating. Such a curve is typical of first-order reactions in which the rate of loss in strength is directly proportional to strength retention present at any given time, that is

$$ds/dt = -ks \qquad (1)$$

where s is the strength retention, t is the time, and k is the first-order rate constant.

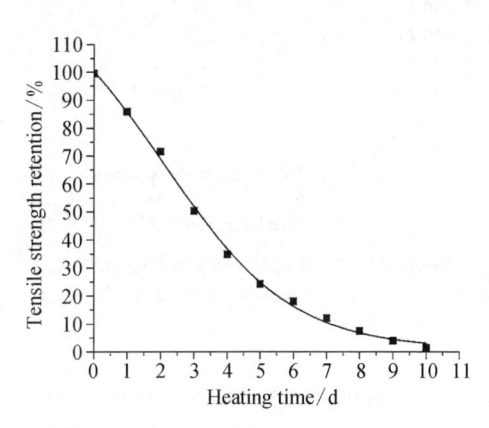

Figure 44 − 1 Tensile strength retention as a function of heating time at 150℃

A plot of the logarithm of the strength retention as a function of time is shown in Figure 44 − 2. The plot is linear suggesting that the degradation is first order. The rate constant can be estimated from the slope of the line, using the following equation:

$$\ln s = -kt + a \qquad (2)$$

where k is the slope of the line and a is the intercept on the ln s-axis. Differentiating Eq. 2 with respect to t shows that the slope k in Eq. 2 is the same as the rate constant k in Eq. 1. A least-squares regression analysis of the data of Figure 44 − 2 gives

$$\ln s = 0.373t + 4.91 \qquad (r^2 = 0.992)$$

Thus, the loss in strength is proportional to the heating time.

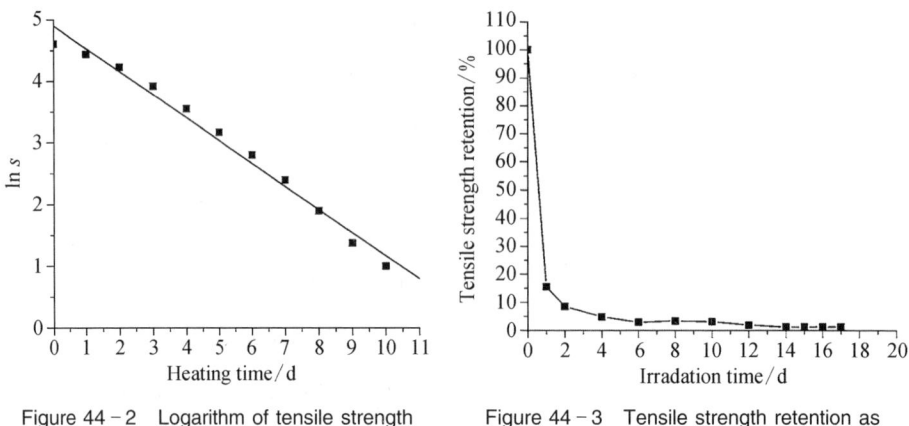

Figure 44-2 Logarithm of tensile strength retention as a function of heating time at 150℃

Figure 44-3 Tensile strength retention as a function of irradation time

(2) Light aging. Changes in the tensile strength of the fabric samples with exposure to light irradiation are shown in Figure 44-3. The curve shows a very rapid loss in strength in the first day, followed by a reduced rate with further aging. The degradation rate is nearly linear at initial stage, and then curvilinear, which shows that there must be more than one mechanism in the light-aging of silk.

(3) Hydrolyzation aging. Changes in the tensile strength of fabric samples after exposure to 5% NaOH is shown in Figure 44-4. There was a decrease in strength with exposure time, and sample strength reduced to about 19% of its original value after 8 h of aging.

The rate of decrease in strength of textiles exposed to hydrlysis with 5% NaOH also is a first-order reaction. A plot of the logarithm of the strength retention as a function of time is shown in Figure 44-5. The plot is linear, suggesting that the degradation is indeed first order.

Intrinsic viscosity (1) Heat aging. Changes in the intrinsic viscosities of heat-aged silk are shown in Figure 44-6. Compared with tensile strength testing, there was a faster initial decrease in $[\eta]$ with exposure to heat, suggesting a rapid degradation of silk in solution. The change decreases with further aging. Intrinsic viscosity becomes

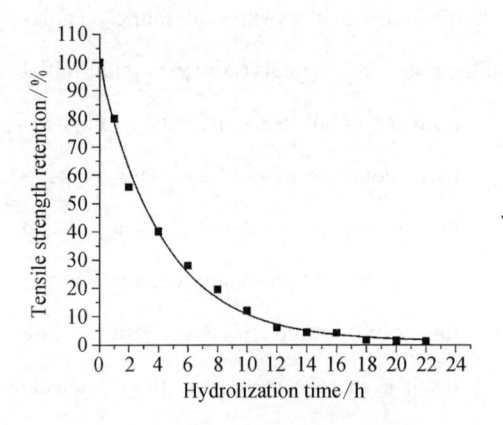

Figure 44-4 Tensile strength retention as a function of hydrolization time

Figure 44-5 Logarithm of tensile strength retention as a function of hydrolization time

much less sensitive to change after 6 d. This result shows that the peptide chain of silk fibroin is rapidly disintegrated which is in agreement with the results of tensile strength testing.

(2) Light aging. Changes in the intrinsic viscosities of fabric samples after light irradiation are shown in Figure 44-7. The curve shows a drastic decrease in $[\eta]$ in the first day, followed by a gradually reduced rate with further aging. This result is also in agreement with that of tensile strength.

Figure 44-6 Intrinsic viscosity retention as a function of heating time at 150℃

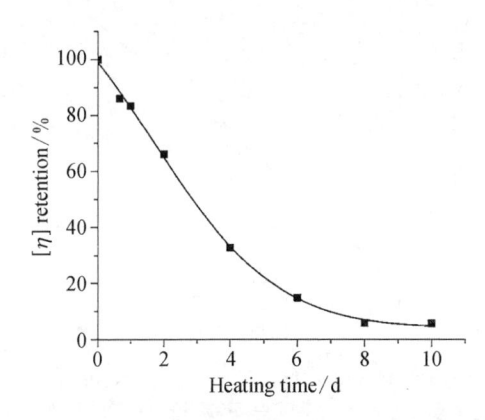

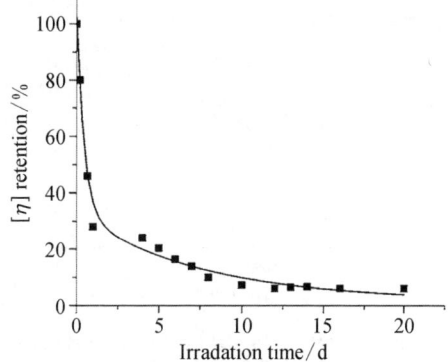

Figure 44-7 Intrinsic viscosity retention as a function of irradiation time

(3) Hydrolyzation aging. Changes in the intrinsic viscosities of fabric samples after exposure to 5% NaOH are shown in Figure 44 − 8. The curve shows a rapid initial decrease in intrinsic viscosities followed by a reduction in this rate. This suggests that fibroin is very sensitive to alkali and that chain scission mainly occurred during the initial stage of degradation. The result is in agreement with that of tensile strength.

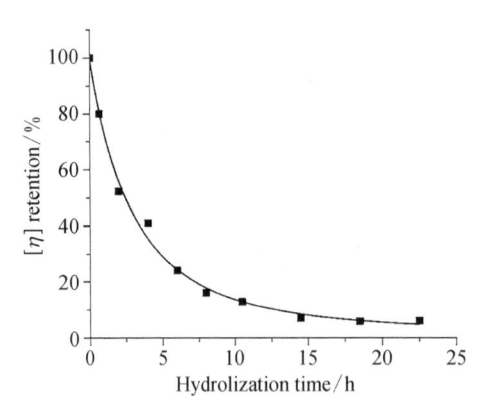

Figure 44 − 8 Intrinsic viscosity retention as a function of hydrolization time

The correlation between intrinsic viscosity and tensile strength To further understand the relationship between intrinsic viscosity and tensile strength, tensile strength was plotted against intrinsic viscosity [η] for the light, heat, and hydrolyzation aged samples. The [η]-tensile strength curve of the heat-aged samples is shown in Figure 44 − 9. The plot is linear, and with a reduction in intrinsic viscosity [η] the tensile strength decreased. The slope

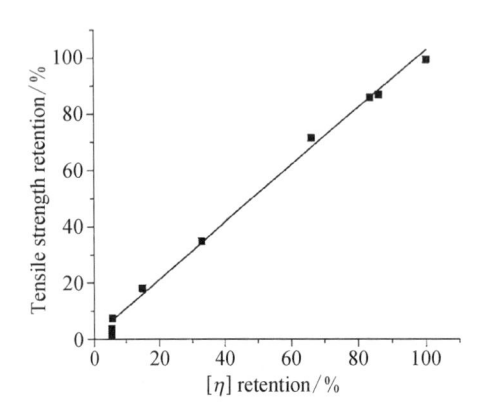

Figure 44 − 9 The relation curve between tensile strength retention and intrinsic viscosity retention of heat-aged sample

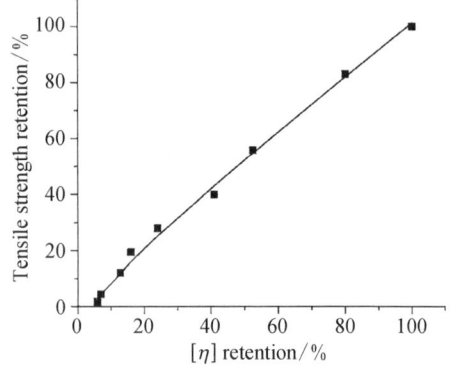

Figure 44 − 10 The relation curve between tensile strength retention and intrinsic viscosity retention of hydrolyzation-aged sample

of the plot is 1.02, thus the change rate of strength as a function of $[\eta]$ is 1.02. The $[\eta]$-tensile strength curve of hydrolyzation-aged samples is shown in Figure 44 − 10. The plot is still linear, and the slope is 1.04. The $[\eta]$-strength curve of light-aged samples is shown in Figure 44 − 11. The plot is also linear, and the slope is 1.23.

When the samples were badly degraded, the viscometry could not be sensitive enough to distinguish the small changes in molecular weight. Thus in the late stages of degradation, there were several spots that formed short lines that were parallel to y-axis, as in Figure 44 − 9. An interesting phenomenon is that in Figure 44 − 11, after the intrinsic viscosity retention reduced to 20%, a line parallel to x-axis was formed. Because viscometry is more sensitive than tensile strength testing when silk is badly degraded, the tensile strengths keep stable while the intrinsic viscosity can still distinguish the changes of silk aging.

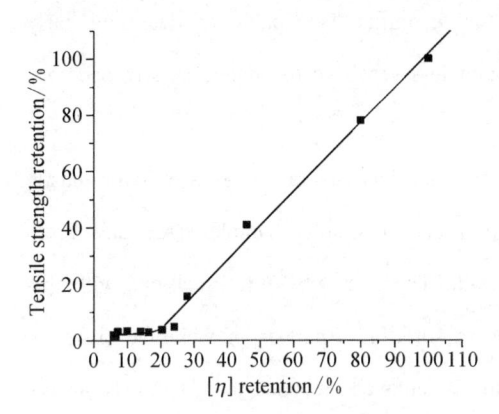

Figure 44 − 11 The relation curve between tensile strength retention and intrinsic viscosity retention of light-aged sample

Changes in the molecular weight of polymers can result from degradation e. g. oxidation, hydrolyzation, etc. Since intrinsic viscosity is a measure of the relative molecular weight of a polymer, a major decrease in intrinsic viscosity can be interpreted as a decrease in molecular weight caused by increased chain scission. Our experimental results showed that there is an excellent correlation between viscosity and the tensile strength. Intrinsic viscosity can be used as an indicator of the degradation state of silk.

Usefulness of viscometry Compared with unaged controls, there was a drastic decrease in $[\eta]$ with the samples exposed to light, heat and hydrolyzation, suggesting a major decrease in the polymer size in solution. The change decreases with further aging. The decrease in intrinsic viscosity $[\eta]$ with tensile strength over a considerable range of sample condition suggests that the technique is capable of detecting early exposure to damage, however becomes much less sensitive to change as silk becomes more degraded.

As a routine method of analysis, viscometry has several advantages over tensile strength testing. It requires simple operation and a smaller sample size, and gives information about the molecular weight of silk. There are obvious limitations with this technique. First, it requires polymers to be in solution. Analysis of weighted silk, for example, cannot be done unless the weighting is removed. Second, these methods are not suitable for detecting mechanical damage, end-wise degradation, or changes in surface texture. Third, for analyses of badly degraded silk, it is not very sensitive to small changes in molecular weight. Lastly, the slopes of three plots in Figures 44-6, 44-10, and 44-11 were different. The slope of heat-aged samples is similar to that of hydrolyzation-aged samples, but a little different from that of light-aged samples. This means that for the same intrinsic viscosity $[\eta]$, the tensile strength resulting from different aging mechanisms will not be the same. In reality, for an ancient silk sample, the $[\eta]$ that is obtained in lab is the complex result of different aging factors, so it cannot accurately provide the information about the type of degradation. Further study is needed to resolve this problem. But for ancient silks, especially excavated silks, the mechanisms of degradation will mainly be due to the effects of heat and hydrolyzation aging, with almost no effect of light. In addition, although there exists difference between the slopes of light and heat/hydrolyzation aging, the difference is small. Therefore measuring the deterioration degree by means of viscometry is practical and useful.

Application of viscometry to ancient silk samples

Six samples unearthed from Qinghai, Hubei and Inner Mongolia were used for intrinsic viscosity testing. Because of small sizes, the tensile strengths of these samples could not be measured. The samples of Qinghai were in better conservative state, while the other samples were in worse conservative state visually. The samples were all dissolved in $ZnCl_2$. Intrinsic viscosities of ancient samples are summarized in Table 44-1.

Table 44-1 Intrinsic viscosities of unaged and ancient silk

Sample	Unaged	d2	d3	M4	M9	H1	H3
$[\eta]/(dL \cdot g^{-1})$	5.0	3.4	1.0	0.2	0.2	0.1	0.1

Unaged silk has a higher $[\eta]$ compared to ancient samples. The intrinsic viscosities of samples from Dulan were higher than 1, while the other samples had a much lower $[\eta]$ compared to the control. The samples of Qinghai were in a better state of conservation, while the other samples were very fragile. The viscosity results show good correlation with the state of conservation of the silk fabrics.

Conclusion

Viscometry is a sensitive and effective method for detecting the deterioration degree of silk textiles. It is simple, easy to operate, and can be used in most museum laboratories for analysis. If using a micro auto-viscometer, the required sample amount will be small, resulting in less destructive analysis than with other techniques such as tensile strength testing.

More research work still need to be done about the application of viscometry. Prepare the samples series that are complex result of different artificially aging factors, and measure their intrinsic viscosities. The results will be more useful for the studies of aging mechanisms and the state of conservation for ancient archaeological silk textiles.

Reference

[i] Miller J E, Reagan B M. Degradation in weighted and unweighted historic silks[J]. Journal of the American Institute for Conservation, 1989, 28(2): 97 – 115.

[ii] Zhang X-M, Yuan S-X. Research on the evaluation of the deterioration of silk fabrics [J]. Sciences of Conservation and Archaeology, 2003, 28(1): 31 – 37(in Chinese).

[iii] He M-J, Cheng W-X, Dong X-X. Polymer physics, revised ed[M]. Shanghai: Fudan University Press, 1990: 175(in Chinese).

[iv] Tse S, Dupont A L. Measuring silk deterioration by high-performance size-exclusion chromatography, viscometry and electrophoresis[C]//Historic textiles, papers, and polymers in museums. American Chemical Society, 2001: 98 – 114.

[v] Becker M A, Hersh S P, Tucker P A. The stabilization of silk to light and heat: screening of stabilizers[C]//Historic Textile and Paper Materials II: Conservation and Characterization. Developed from a symposium sponsored by the Cellulose, Paper and Textile Division at the 196th National Meeting of the American Chemical Society, Los Angeles, California, September 25 – 30, 1988. American Chemical Society, 1989: 94 – 107.

[vi] College of Suzhou Industry. Silking Chemistry[M]. Beijing: Textile Industry Press, 1992: 49(in Chinese).

[vii] ASTM D5035, Standard test method of breaking force and elongation of textile fabrics (strip method)[M]. ASTM Inernational, West Conshohocken, PA, 2008.

[viii] Teaching and Research Section of Department of Chemistry, Peking University. Experiment of physical chemistry[M]. Beijing: Peking University Press, 1995: 218(in Chinese).

[ix] Swiss Standards Association. Silk viscosity test using lithium bromide[J]. Textile Rundscheu, 1964: 19, 80.

(原载于 Chinese Journal of Chemistry 2010 年第 4 期。)

45

Research on the Corrosion of Bronze Weapons from the Pits of the Terracotta Warriors[*]

Introduction

Located at about 1.5 kilometers east of Emperor Qin Shi Huang's mausoleum, Emperor Qin's Terracotta Warriors pits are the largest attendant pits in Chinese history, symbolizing the main defending force that guarded the capital before Emperor Qin died over 2200 years ago. Approximately 8000 clay warriors and horses, more than 10000 bronze weapons have been found in the pits. The bronze weapons include swords, dagger-axes, spears, halberds, long lances, ancient battle-axes, arrowheads, crossbows, scimitars, etc.

During the Warring States period (475–221 BC), seven powers were at continual war with each other and the competition among their leaders led to great advances in weapons' design and production. By the time of the establishment of the Qin dynasty (221–207 BC), weapons were quite sophisticated. Once the pits were uncovered and a large number of actual weapons were unearthed, people began to recognize the martial and organizational capabilities of the Qin-dynasty army. Every terracotta warrior in the pit had a weapon, and all were actual weapons made of bronze.

What is most amazing is that some of these weapons were still sharp and shiny after being excavated. Researches show that some bronze weapons from the pits have

---

[*] Author: Zhang Xiaomei[1], Yuan Sixun[1], Wu Yongqi[2], Guo Baofa[2], Han Jing[1] ([1]*School of Archaeology and Museology, Peking University, Beijing 100871, China*; [2]*Museum of the terra-cotta warriors and horses' of Qin Shihuang, Xi'an 710600, China*).

higher content of chromium on their surfaces. This may have resulted from chromate treatment, producing a black dense protective layer on bronze surfaces[i]. On a bronze arrowhead from the pits of Terracotta Warriors a dense layer of chromium oxide was found on the surface, with the average chromium content of 2%. It was concluded that a surface treatment technique must have been used in past. A black dense oxide layer can be produced by chromate oxidation: when bronze has been treated by chromite ($FeO \cdot Cr_2O_3$), $NaNO_3$ (or KNO_3) and Na_2CO_3 at 500℃ for 30 minutes, an oxide layer with high anticorrosion property can be produced[ii].

Tens of thousands of bronze weapons have been excavated from the pits of the Terracotta Warriors of Qin Shi Huang. When unearthed, some weapons had almost no corrosion on the surface, with a gray-black, green-gray or green-yellow color; some were less corroded, with a little loose corrosion product on the outside and a smooth surface underneath; some were badly corroded, deformed and cracked, with the original surfaces damaged by corrosion. Though the bronze weapons were excavated from the same site and are of the same period, their states of deterioration are quite different, especially the bronze swords and arrowheads. The swords corroded slightly or did not corrode at all. For the arrowheads, some were in a good state of preservation while some were badly corroded. Thus a unique opportunity to study their states and the cause of the differences was provided. Samples from four bronze arrowheads and three bronze sword fragments with different corrosion states were selected for research. The primary scientific methods employed included X-ray diffraction (XRD), Inductive Coupled Plasma Emission Spectrometer (ICP), X-ray fluorescence spectrometry (XRF), Scanning electron microscopy (SEM), Energy dispersion X-ray microanalyser (EDX), Metallographic analysis and Auger electron spectroscopy (AES).

Experiment

Samples

Seven bronze weapons unearthed with different states of deterioration were selected for analysis. Samples 203, 204 and 205 were sword fragments; samples JT1, JT2, JT3 and JT4 were arrowheads. Objects 204, 205, JT3 and JT4 were in good condition; 203 was in comparatively better condition while JT1 and JT2 were in very poor condition. Their basic information was as follows:

203(sword fragment): There was a green patina on part of the surface, beneath that was an uneven red one, the original surface was damaged. On the area without the green product, the surface was black or green-yellow, with a thin layer of white crust above. There were lots of small gaps on the blade, with traces of polish. It was a little brittle.

204(sword fragment): The blade was sharp. Most of it was green-yellow with traces of polish on the surface. There was a thin green and blue patina on a few parts, with a green-yellow smooth surface underneath.

205(sword fragment): The blade was sharp. Most areas were green-yellow or green-gray. There were thin green and blue patinas on some small areas, with a green-yellow smooth surface underneath. There were small holes on one side of the sword.

JT1(arrowhead): The surface was totally covered with a green corrosion product, with a red layer underneath. The corrosion layer was thick. The original surface was damaged. The surface was pitted with a light-green powdery corrosion product. Its stem was fragmented. Traces of divided-cast, or lines from use of a two-part mold, were clear.

JT2(arrowhead): Its surface was totally covered with a green corrosion product and carbon, underneath the green layer was a red layer. The corrosion layer was thick. The original surface was severely damaged. There were lacunas in its stem. Traces of divided-cast were clear.

JT3(arrowhead): Its surface was green-black. Traces of polish were clear. There was a thin patina on some areas, with a smooth green-black surface underneath. On the stem, traces of divided-cast were clear.

JT4(arrowhead): Its surface was green-black. Traces of polish were clear. There was a thin patina on some areas, with a smooth green-black surface underneath. Its stem was not intact. Traces of divided-cast were clear.

X-ray diffraction (XRD)

XRD analysis is a powerful method for identifying the structure and composition of metal and minerals. It was used on the surfaces of the seven bronze weapon samples. Instrument: BD86 automatic X-RAY DIFFRACTION by Instrument Plant of Peking University.

Inductive coupled plasma emission spectrometer (ICP)

Instrument: PLASMA - SPEC ICP instrument by Leeman Labs Inc. About 100 mg samples of bulk metals, with patina being removed, were weighed and dissolved, then analyzed by ICP for alloy composition.

X-ray fluorescence spectrometry (XRF)

Instrument: Quan X type XRF by American BAIRD Company. XRF analysis was non-destructive and was used to analyze the bulk metals and the surfaces of the samples.

Metallography and Microanalysis

Instrument: OLYMPUS PEM 3 Metalloscope. CSM950 Scanning electron microscope spectrum analyzer by OPTON Corporation. Using the Scanning electron microscope and metallographic analysis, information on the microstructure of the bronze, the distribution and extent of corrosion could be obtained, and micro-area composition analysis could be done.

Auger electron spectroscopy (AES)

Instrument: PHI-610/SAM by Pekin-Elmer PHI. AES is a widely used surface analysis technique. It can perform element analysis within 5-20 Å from the surface. Together with inert gas ion etching, changes in the depth from the surface of the composition could also be obtained.

Results

X-ray diffraction (XRD)

The XRD results of the surfaces of the seven bronze weapon samples were listed in Table 45-1, where the contents of the compositions decreased from left to right. The major surface phases of 204, 205, JT3 and JT4 were alloy and oxide, while JT3 and JT4 also contained malachite. The surface phases of JT1, JT2 and 203 were mainly corrosion products, and there also existed small amounts of quartz and carbonates from the burial soil. No bulk metal was shown, indicating the thicker corrosion layers. There was a higher content of malachite on the surfaces of JT1 and JT2. For 203 there was an equal content of oxide and malachite on the surface. XRD diagrams of JT1, JT3, 203 and 204 were in Figure 45-1, where SnO_2 had diffusive diffraction peaks due to its microcrystalline structures[iii].

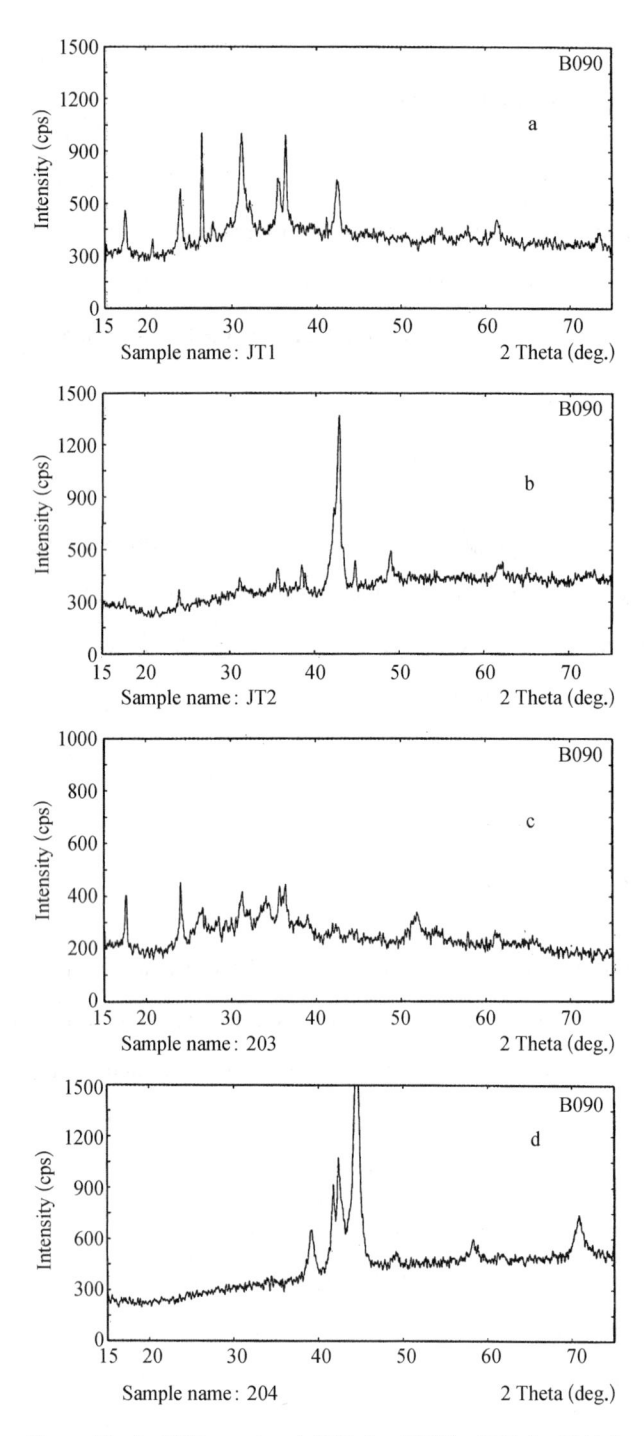

Figure 45-1 XRD spectra of JT1(a), JT3(b), 203(c), 204(d)

Table 45-1 Results of XRD

Sample	Phase
203	cuprite, cassiterite, malachite
204	copper, β' phase, α phase, cuprite, cassiterite
205	β' phase, α phase, cuprite, cassiterite
JT1	malachite, cuprite, quartz, calcite, paratacamite
JT2	malachite, cuprite, cerusite, dolomite
JT3	δ phase, malachite, cuprite, α phase, lead oxide, cassiterite
JT4	δ phase, malachite, cuprite, lead oxide, cassiterite

Inductive coupled plasma emission spectrometer (ICP)

The results of ICP were in Table 45-2. All three bulk metals of the bronze sword samples belonged to copper tin binary alloys with higher tin contents. Apart from JT1, the bronze arrowheads were copper, tin and lead ternary alloys. JT1 was copper, tin binary alloy. The tin contents of JT3 and JT4 were higher than JT1 and JT2.

Table 45-2 Alloy contents of bronze weapons analyzed with ICP(%)

Sample	203	204	205	JT1	JT2	JT3	JT4
Cu	74.98	76.95	77.17	83.23	80.55	72.78	78.65
Sn	23.36	21.36	21.39	14.93	15.36	22.82	17.26
Pb	0.56	0.68	0.55	0.64	3.14	3.18	3.06
Fe	0.50	0.38	0.38	0.59	0.53	0.57	0.50
Zn	0.14	0.16	0.15	0.15	0.16	0.14	0.17

X-ray fluorescence spectrometry (XRF)

Table 45-3 shows the results of XRF. Compared with the bulk metals, there were lower copper and obvious higher tin contents on the surfaces of 204, 205, JT3 and JT4.

The surface lead contents of JT3 and JT4 were also significantly increased relative to the bulk metals. The surface tin contents of JT1 and JT2 were obviously lower than those of the bulk metals. The copper and tin contents on the surface of 203 were equal to those of the bulk metals. In addition to copper, tin and lead, the samples also contained some impurities. They were not the major components of the bronze weapons, probably brought in by ores and the burial environment. The contents of As and Sb were relatively high, probably related to the metallurgic ore conditions, because As and Sb usually coexist with the oxide ores of copper. The surfaces of JT2, JT3 and JT4 contained trace amounts of Cr.

Table 45-3 XRF results of bronze bulks and surfaces in samples(%)

Sample		Cu	Sn	Pb	Si	P	K	Ca	Cr	Fe	Ni	As	Sb	Co
203	Bulk	74.60	19.02	2.80	0.83	0.03				0.29	0.46	1.10	0.87	
	Surface	71.10	20.09	3.48	2.29	0.03				0.33	0.49	1.37	0.92	
204	Bulk	76.94	17.77	1.45	0.43	0.56				0.24	0.22	0.73	1.65	
	Surface	68.95	22.13	2.33	1.42	1.59				0.17	0.22	1.18	2.03	
205	Bulk	77.57	19.15	1.11	0.46	0.54					0.56	0.62		
	Surface	68.53	24.67	1.83	1.62	1.42				0.25	0.92	0.77		
JT1	Bulk	81.53	15.52	1.02	0.42	0.03				0.19	0.43	0.52	0.35	
	Surface	84.74	5.83	0.22	3.85	0.03	2.27	1.88		0.72	0.22	0.11	0.14	
JT2	Bulk	78.14	14.60	4.24	0.52	0.03				0.24	0.35	1.65	0.24	
	Surface	79.46	2.42	5.53	3.11	0.04	2.41	2.97	0.20	0.68	0.35	2.79	0.06	
JT3	Bulk	73.88	18.03	3.85	0.50	0.03				0.39	0.22	1.51	1.60	
	Surface	47.11	33.82	7.18	4.47	0.07			0.38	1.14	0.23	2.78	2.82	
JT4	Bulk	77.17	15.31	4.36	0.59	0.04				0.21	0.30	1.70	0.13	0.19
	Surface	52.24	34.49	6.17	2.55	0.10			0.82	0.39	0.34	2.40	0.27	0.20

Metallography and Micro-analysis

The metallographic and micro-analysis results of the seven bronze weapon samples were as follows:

1) Bronze sword 203. Observed by metalloscope, the bulk metal of the sample was a casting annealed structure (Figure 45 − 2): on equiaxed polygonal grains of recrystallized α sosoloid, there were sheet and strip phases with both ends acute, the composition of which were 85.83% copper and 14.17% tin by EDX. Thus they were incomplete homogenized α dendrites. Small δ phase scattered on the bulk metal in irregular shapes. There were lots of black cast holes of different sizes on the bulk metal. The corrosion layer on the surface was thin. Corrosion spread along the grain boundary from outside to inside, and α phase was corroded first. In some areas pit-like corrosion was formed. There were pure copper grains precipitated in the corrosion zones. Observed under dark field, the corrosion zone was orange-yellow and red, thus they should be oxides of copper and tin.

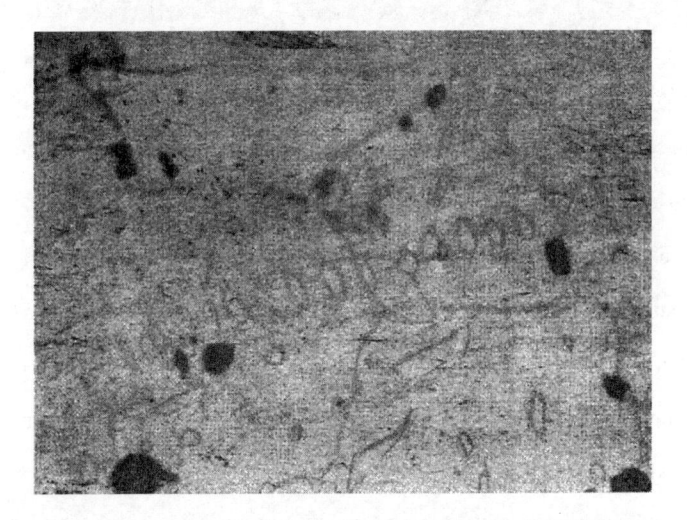

Figure 45 − 2 Metallograph of 203 (etched by $FeCl_3$, ×100)

2) Bronze sword 204. Observed by metalloscope, the bulk metal was a casting quenching structure (Figure 45-3): α sosoloid dendrite. Analyzed with SEM-EDX, the contents of α were 85.22% copper, 13.54% tin. The contents of the needle-shaped phase between dendrites were 76.28% copper, 23.72% tin, which was β' martensite. There were lots of black cast holes of different sizes on the bulk metal. The obvious surface corrosion layer was not observed. There was some localized corrosion, which was selective corrosion, where α phase was corroded first.

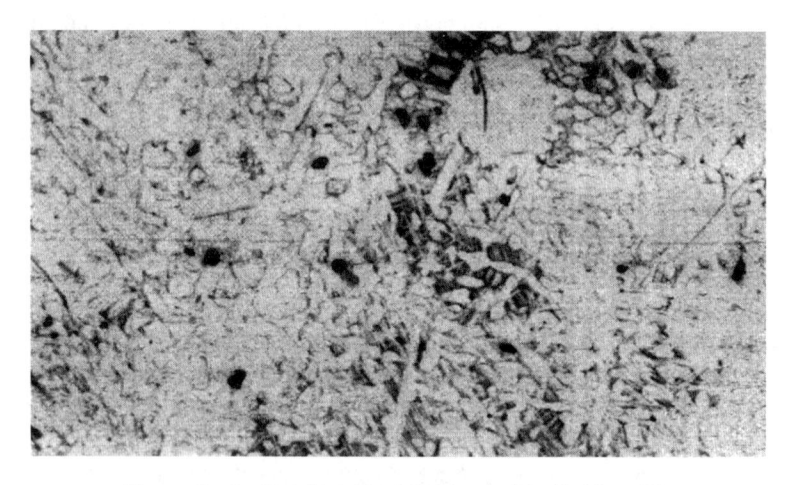

Figure 45-3 Metallograph of 204 (etched by $FeCl_3$, ×66)

This occurred around the holes close to the surface, and there were some pure copper grain deposits in the corrosion zones.

3) Bronze sword 205. Observed by metalloscope, the bulk metal was casting quenching structure: α sosoloid dendrite. The needle-shaped phase between the dendrites was β' martensite. There was a long fissure, along which corrosion occurred and pure copper grains deposited. Metallographic analysis and SEM secondary electron image showed that there were lots of holes on one side of the sword, while the other side was relatively compact (Figure 45-4). The composition of the compact side near the surface (Figure 45-4, Point A) was C 6.02%, O 3.23%, Al 0.47%, Si 0.16%,

Cu 69.38%, Sn 20.75%. The composition of the porous side near the surface (Figure 45-4. Point B) was C 6.31%, O 2.94%, Cl 0.27%, Si 0.36%, Cu 72.36%, Sn 17.76%. The results showed that there was little difference between the components of the compact side and the porous side. So the compact and porous sides should be the result of casting error. There was no obvious corrosion layer on the surface of the compact side, but there were some corrosion products around the holes on the surface of the porous side. Localized corrosion was observed, which was selective corrosion, and the α phase was corroded first. Moreover, the porous sides contained traces of Cl.

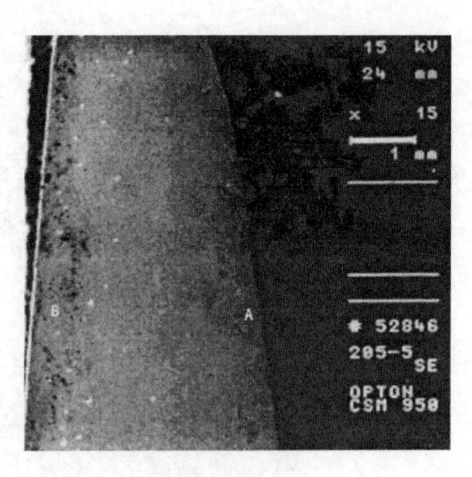

Figure 45-4 Secondary electron image of 205

4) Bronze arrowhead JT1. Observed by metalloscope, the bulk metal was casting structure: α sosoloid dendrite. The gray polygonal markings among the dendrites were ($\alpha+\delta$) eutectoid. There were big cast holes. Some pure copper grains were deposited in the corrosion layer. The corrosion layer was thick, corrosion spread to the bulk metal along ($\alpha+\delta$) eutectoid. Observed under polarized light, from the outside to inside, the corrosion layers were blue, green, yellow, red and a red-yellow mixed color, followed by a partial corrosion zone and the bulk metal (Figure 45-5). Figure 45-6 was the SEM back scattered image of the porous corrosion layer, which was loose. The components of the different points were respectively:

Point A: C 5.70%, O 29.80%, Si 2.26%, P 0.34%, Cl 2.54%, Fe 0.53%, Cu 56.10%, Sn 2.74%;

Point B: C 5.59%, O 28.90%, Si 2.65%, P 0.18%, Cl 2.21%, Fe 0.61%, Cu 55.67%, Sn 4.20%;

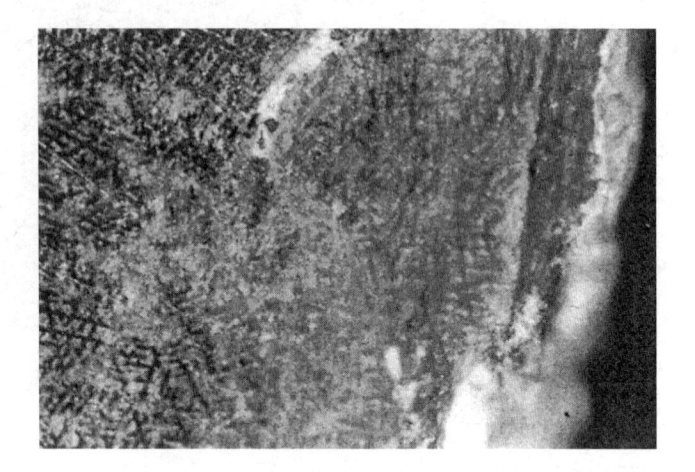

Figure 45-5 Metallograph of JT1 (Polarized, ×33)

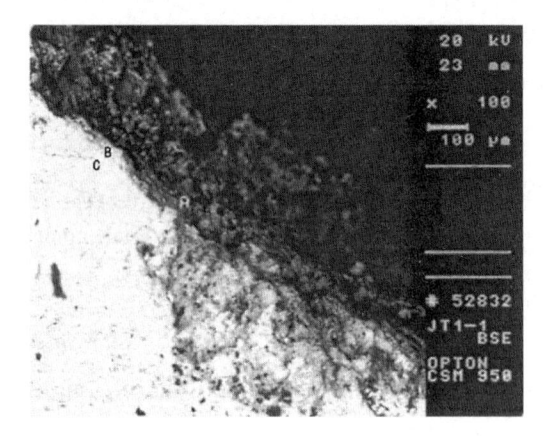

Figure 45-6 Back scattering electron image of JT1

Point C: O 11.16%, Cl 0.58%, Cu 62.92%, Sn 25.34%;

Point D: C 5.49%, O 29.07%, Si 2.70%, Cl 2.03%, Fe 0.47%, Cu 56.69%, Sn 3.51%.

Combined with XRD results, it could be concluded that point A, B, D in the surface corrosion layer were mainly carbonate and oxide of Cu and Sn, which corresponding to the green and red layers under polarized observation. There were also small amounts of impurities Si, P and Fe, but their contents differed a lot from the partial corrosion layer C. In Layer C the Cl content was significantly reduced and there were no impurities; the Sn content increased significantly, higher than that of the bulk metal; the Cu content was lower than the bulk; O was higher, which indicated that the corrosion products were mixed oxide of Cu and Sn, and were orange under polarized light. Apparently there existed a phenomenon of Sn enrichment in the partial corrosion zone. Impurities were mainly brought in from the outside environment. Cl in Layer C indicated that the bulk metal was attacked by Cl.

5) Bronze arrowhead JT2. Observed by metalloscope, the bulk metal was a casting annealing structure: α sosoloid recrystallized grains. The grains were big and were scattered with lead grains of small punctuated, spherical and irregular shapes. There were lots of small δ phase inclusions of an irregular shape among grains. There were pure copper depositions on the partially corroded lead grains. There were some small cast holes. The surface corrosion layer was thick. The corrosion spread along the grain boundary from the outside to the inner metal. Observed under polarized light, from outside to inside, the corrosion layer was green, red, orange, and the bulk metal connected to the orange layer. Figure 45−7 is its SEM back-scattered image. The corrosion layer was loose. The components of different points were and area were:

Point F: C 8.40%, O 13.02%, Al 3.86%, Si 0.95%, Cu 65.71%, Sn 0.57%, Pb 6.59%, Ti 0.89;

Point A: C 0.14%, O 0.50%, Cu 65.78%, Sn 33.59%;

Point B: C 1.53%, O 10.63%, Cu 86.98%, Sn 0.89%;

Point C: C 0.31%, O 11.97%, Si 1.30%, Cu 46.73%, Sn 36.93%, Pb 3.40%;

Point E: C 0.39%, O 11.83%, Si 1.01%, Cu 54.69%, Sn 29.70%, Pb 2.38%;

Area D: C 0.51%, O 0.98%, Al 0.94%, Si 0.28%, Cu 86.60%, Sn 9.42%, Pb 1.28%.

Figure 45-7 Back scattering electron image of JT2

Compositional analysis indicated that, the outer corrosion layer was mainly carbonates of Cu and Pb, which were green under polarized light, and in addition a small amount of impurities. Layer B was cuprous oxide and its neighboring white layer A was a high-tin δ phase. Next C and E were mainly copper, tin and their mixed oxide which under the polarized was the orange layer with un-corroded metal inclusions. Tin was significantly higher than the bulk. The content of tin and lead in Point C was higher than Point E, indicating a tin enriched layer between the surface of the bulk and the corrosion layer. Area D was α sosoloid. There was selective corrosion and the α phase was corroded first.

6) Bronze arrowhead JT3. Observed by metalloscope, the bulk metal was a casting structure: α sosoloid dendrite. The gray polygonal markings among the grains were (α+δ) eutectoid and lead distributed on the bulk as small balls. There were small cast holes. There is no obvious surface corrosion layer. Partial corrosion was observed, which was selective corrosion and α phase was corroded first.

7) Bronze arrowhead JT4. Observed by metalloscope, the bulk metal was a casting structure: α sosoloid dendrite. The gray polygonal markings among the grains were (α+δ) eutectoid and lead distributed on the bulk as small balls. There were lots of small cast holes. There was selective corrosion in partial areas, where the α phase was corroded first, forming dark gray corrosion zone with the un-corroded metal inclusions. Figure 45-8 was the SEM back-scattered image of the corrosion zone where corrosion spread to the bulk along α phase. The corrosion zone and the bulk were intertwined. There were holes in the corrosion zone which were bigger than those of the bulk

metal and there were also fissures. The components of the different points and area were respectively:

Point A: O 1.11%, Cu 67.41%, Sn 31.49%;

Point B: O 11.11%, P 2.13%, Cr 1.43%, Si 2.13%, Cu 24.18%, Sn 52.03%, Pb 6.16%;

Point C: O 12.38%, P 2.62%, Cr 1.69%, Si 3.49%, Cu 17.36%, Sn 55.73%, Pb 6.74%;

Point D: O 0.49%, P 0.18%, Cr 0.17%, Si 0.81%, Cu 64.15%, Sn 25.89%, Pb 3.93%;

Area E: Cu 83.02%, Sn 12.68%, Pb 4.30%.

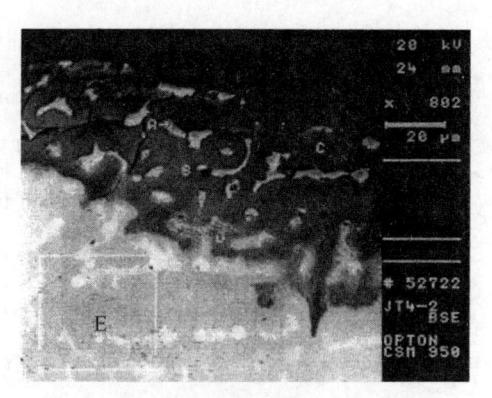

Figure 45-8 Back scattering electron image of JT4

Position A was the δ phase. The components of position B and C were similar with more than a 50%tin content, which were much higher than that of the bulk metal. Their copper content was lower than the bulk metal. They are mainly the oxides of Cu, Sn and Pb. Moreover, as impurities, Si, P and Cr contents were also relatively high. Position D was ($\alpha+\delta$) eutectoid where the impurities decreased significantly. Area E was the bulk close to the surface layer. Its contents indicate that Sn and Pb were enriched more heavily in this local corrosion zone.

To sum up, the micro-analysis results of the seven bronze weapons indicate that:

(1) Four weapons were treated with heat. Bronze swords 204 and 203 were quenched. Bronze sword 203 and the bronze arrowhead JT2 were annealed. For the quenching structure, the α phase was corroded first. For the annealing structure, corrosion spread along the grain boundary to the grain centers of the recrystallized grains and the α phase was corroded first. Residue of the δ phase could be observed in

the corrosion layer.

(2) JT1, JT3 and JT4 were all casting structures with α sosolid dendrite and (α+δ) eutectoid among the dendrites. In JT3 and JT4, the α phase was corroded first, while in JT1 (α+δ) the eutectoid corroded first.

(3) Under metalloscope, the object could be divided into three parts from the surface to the bulk metal: the outside layer was completely mineralized, that is the surface corrosion layer appearing black-grey; the middle part was a partial corrosion zone where residual metals could be found; the inner layer was the un-corroded bulk metal. There were thicker corrosion layers in JT1, JT2, where under the surface layer there were the phenomena of tin and lead enrichment and copper loss. The surface layer of 203 was thin. As to the others, apart from some individual zones, a significant surface corrosion layer was not observed, but a partial corrosion zone existed.

(4) Impurities generally came from the outside. 205 and JT1 contained Cl, which could penetrate into the partly corroded zone in the corrosion layer.

(5) Apart from JT3 and JT4, in all the other samples, pure copper grains were deposited in the corrosion layer or the partially corroded zones.

(6) There were cast holes in all 7 samples, pies, especially in the three bronze swords. The holes of 205 were mainly focused on one side of the sword which was a casting defect.

Auger electron spectroscopy (AES)

AES Analysis results of seven bronze weapon samples showed that there were different extents of tin enrichments in the surface layer. This further confirms the results of XRF. The outer surface of JT2 had stronger carbon peak. Figures 9 and 10 were AES analysis results of the surface and bulk of 205.

Discussion

Composition and property

According to the principles of metallurgy of the copper, tin-lead ternary alloy, the color and mechanical properties change with composition[iv]. With the increase of the tin content, the color of bronze changes from red→orange→yellow→gray→white with yellow→silver gray→silver white→grey-white. With the increase of the tin content and reduction of lead content the hardness and tensile strength of bronze increases. When the tin content of Cu-Sn alloy amounts to about 25%, it's at its strongest; and at about 28%, it is hardest. The tin contents of three of the bronze swords were 21%−24%, resulting in high strength and hardness. The swords were sharp and lethality increased. The tin content of four bronze arrowheads was also high, with a maximum 22.82% and a minimum of 14.91%, thus they were also of high strength and hardness. Compared with bronzes of the Shang and Zhou Dynasty, the increase of tin content should be considered a technological development and improvement in alloy component by the people of Qin Dynasty[i].

Lead does not dissolve in copper, so it stays in the bulk copper in a free state. When lead is added, tin bronze becomes weaker in strength and hardness, but the casting property is improved with a small amount of lead thus increasing its fluidity and filling ability. In three of four arrowheads, lead content was more than 3%. Since the arrowhead is consumable, with a small shape and a large volume, it was presumably cast by multi-casting with one mold. More lead was thus added to enhance the fluidity. Craftsmen in Qin Dynasty had already recognized the relationship between composition and properties and had put their knowledge of it into practice.

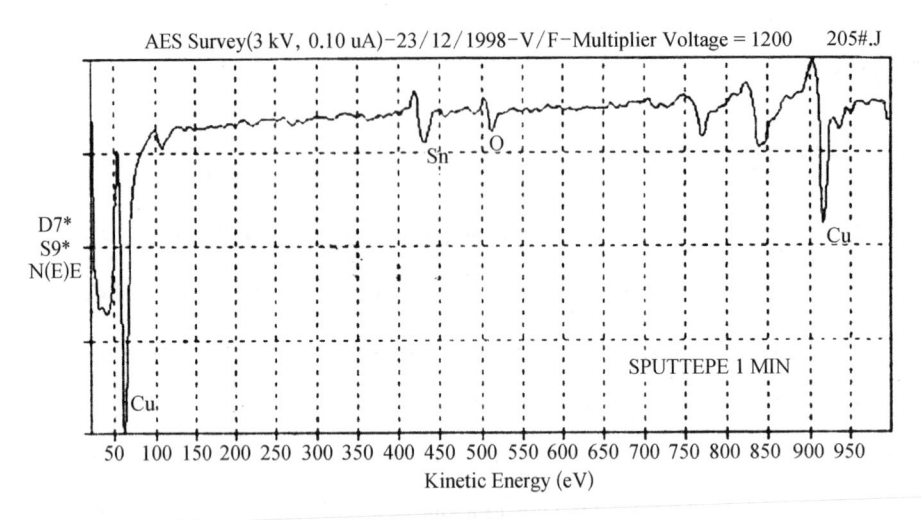

Figure 45-9 AES spectrum of the 205 bulk

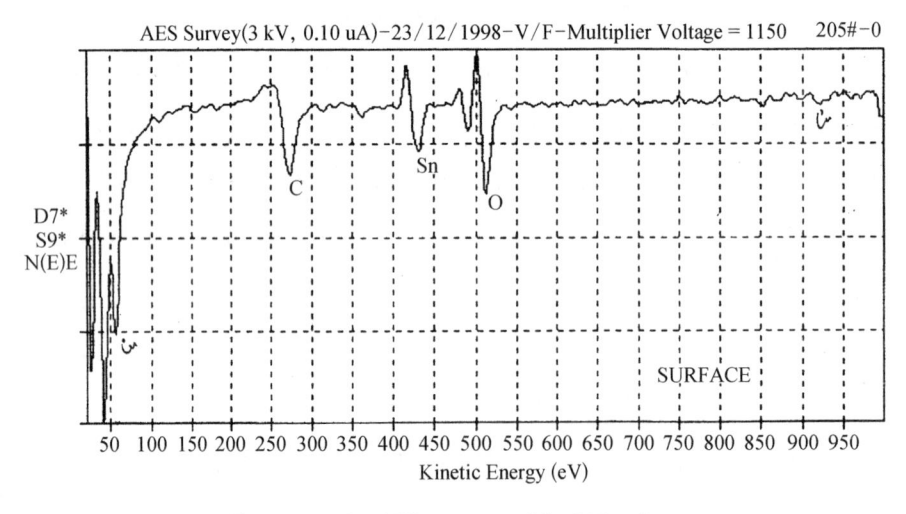

Figure 45-10 AES spectrum of the 205 surface

Heat treatment technology

Three bronze swords were all heat-treated. A high content of Sn could lead to bad plasticity, making the bronze hard and brittle and easily fractured. By quenching and annealing, the plasticity could be improved, reducing the brittleness of high-tin bronze. Bronze quenching is an important technological achievement of ancient China, mainly used on tin bronze and tin-lead bronze with a tin content of more than 15%, such as percussion instruments, blades, mirrors, etc. Quenching can retain the high-temperature β phase with better-plasticity to room temperature. Quenched β bronze is very hard, but its brittleness is much less than the same bronze which is slowly cooled to room temperature forming α eutectoid. The color of typical β bronze is similar to gold[v]. Both bronze swords 204 and 205 had been quenched. Though the β' phase generated was metastable, it has remained fairly stable after two thousand years of burial. Despite lots of holes in the bulk bronze swords, they are well preserved indicating that quenching is beneficial to the anticorrosion of bronze. Annealing can also significantly reduce the brittleness of bronze and enhance its plasticity but its hardness and resistance to abrasion will be reduced. Bronze sword 203 had a recrystallized annealing structure and because of the high tin content lots of hard and brittle δ phases still existed. Thus 203 was more brittle than 204 and 205 and its state of preservation was slightly worse. It is speculated that 203 may have been accidentally annealed during quenching, as ancient craftsman were not always able to control the quenching conditions very well. Localized corrosion started mostly from the holes. There were lots of holes in all three bronze swords. The holes of 205 were mainly distributed on one side of the sword indicating the casting technique was not perfect. Heat treatment of these weapons showed that casting craftsmen in Qin Dynasty had already recognized that heat treatment could improve the mechanical and physical properties of metal or alloys and had used this rule to produce vessels being of the required properties.

Bronze arrowhead JT2 also had an annealing structure and had black material on the surface. Auger spectrum analysis on the surface showed a strong carbon peak, indicating significant carbon on the surface. Its annealing structure probably had been the result of accidentally falling into the fire rather than being deliberately annealed.

Selective corrosion

There are a lot of grains and grain boundaries in the bulk bronze. Grains, grain boundary zones, and different phase regions are different in alloy components, resulting in different electrochemical properties. Grain boundary zones and phase boundary zones are in an active state of anodic dissolution with high current density. When there is some kind of oxidant in the soil electrolyte, corrosive galvanic cells are formed, with the grain boundary being the anode and the grains the cathode, resulting in rapid dissolution of the grain boundary zone and intergranular corrosion. The phenomenon observed in metallographic analysis that surface corrosion spread along the grain boundary to the bulk was the result of intergranular corrosion. The ($\alpha+\delta$) eutectoid, were especially more vulnerable to corrosion because of their large amounts of grain boundaries. This is the phenomenon usually observed under metalloscope that ($\alpha+\delta$) corroded first, which occurred on JT1. On the other hand for JT3 and JT4 the α phase was corroded first, ($\alpha+\delta$) corroded later probably due to the high tin content, thus the proportion of α phase in ($\alpha+\delta$) eutectoid decreased, reducing grain boundaries, so corrosion mainly resulted from the α phase, which could form corrosive micro-cells easily. Of course, there may also be other factors, such as the microenvironment, soil conditions, storage conditions, some kind of special treatment such as coatings[vi] and surface oxidation treatments[vii], etc. They can all result in the first corrosion of the α phase. The mechanism explaining why the same casting structures resulted in different corrosion sequences needs further study.

Surface corrosion spreads to the bulk along grain boundaries, cracks and holes, providing external electrolytes with channels into the bulk. From the electrode potential table[viii] the electrode potential of copper was higher than that of tin and lead, so it is more stable in electrolyte. Since the tin atom is easily oxidized, damaging the metal bond of the copper atoms, the copper atom is thus also susceptible to oxidation. For the α phase, because of coring segregation, the tin content is higher in the boundary than in the center, so corrosive galvanic cells form easily and are attacked first, corrosion progresses from the boundary to the inside crystals. However, despite the high tin contents in δ and β' phases, there is no coring segregation within the crystals so they are more stable than α phase. In samples 203, 204, 205 and JT2 the α phase corroded first, resulting in a high-tin phase on the surface.

The formation of corrosion products

The oxidation of copper produces Cu_2O. Cu_2O is a metal deficiency oxide[ix], oxygen ions, cation vacancy, electron vacancy migrates inward, in the meantime metal ions and electrons migrate outward, forming new oxide layers inside the crystal. Thus Cu_2O has a high electrical conductivity and allows copper ions migrating out of the Cu_2O layer to be dissolved in water and redeposited. During migration, not only can copper ions form copper oxide and various environment-related corrosion products, such as malachite, it can also be reduced to pure copper in the cathode zone, and electrochemical deposits in corrosion zone. The deposition phenomenon of pure copper grains fully shows the electrochemical characteristics of this kind of corrosion. When corroded, tin usually changes into $Sn(OH)_4$ gel in the original position, which is easily dehydrated into SnO_2. The migration of copper ions outwards consequentially leads to tin enrichment under a fully mineralized layer. For bronze containing lead, the majority of the oxidized lead ions deposit in the original place in the form of lead oxide and carbonate while a small amount migrate to the outer layer through the Cu_2O layer, producing lead carbonate or other products of lead. Therefore, there is also lead enrichment in the surface layer but is not so evident. There is also a deposition of lead salt in completely mineralized layer. When copper changes into Cu_2O and Sn changes into SnO_2, volume expansion occurs. Their density is lower than the bulk metal but the original surface is retained because parts of the copper ions migrate out of the surface layer offsetting the increase in volume. Due to the very slow migration of copper ions and the relatively stable burial environment underground the oxide layer forms very slowly and it is relatively compact.

According to XRD, XRF, SEM and AES analysis, there were different levels of Sn and Pb enrichment in the surface layer of all samples. JT1 and JT2 were corroded severely with more copper ions migrating to the surface, forming a thick corrosion layer. So tin-rich partial corrosion zones were formed under the corrosion layer. A layer of pure δ phase was formed under the corrosion layer in JT2. 204, 205, JT3 and JT4 were in better preservation states. Their surfaces were not only partial corrosion zones but also a tin-rich layer. The extent of tin increased less on the surfaces of 203, 204 and 205. Whereas it increased more on the surfaces of JT3 and JT4 and there was also lead enrichment indicating that more copper ions had migrated, forming a compact high-tin oxide layer. The preservation states of 204, 205, JT3 and JT4 were relatively good, there were less corrosion products and the surface layers contained more of the alloy phase.

Reason for the difference in corrosion extent

204 and 205 had been quenched. Quenching retains the high-temperature β' phase to room temperature without producing (α+δ) eutectoid, which occurs easily intergranular corrosion, so the resistance to corrosion is relatively high. There was a high degree of tin enrichment on the surface of JT3 and JT4 forming a protection layer of compact oxide, thus they also had relatively high corrosion resistance. As 203 had been annealed the content of α phase tended to be homogeneous thus it also had better corrosion resistance. But because of more δ phases within the grain there still was some degree of corrosion. The tin contents of JT1 and JT2 was

lower, compact high-tin oxide layer was not formed on the surface, and their corrosion resistance was poor.

Trace chromium

No chromium was found in the surfaces and bulk metal of three sword samples. There were 0.2% - 0.8% chromium on the surfaces of three arrowheads, while chromium was not detected in their bulk. Being disposable consumables, there is little need of surface treatment for arrowheads. Furthermore the chromium content on their surfaces was trace and not high enough to deduce any probable surface treatments. So presumably chromium on the surfaces of three arrowheads resulted from the contamination of burial soil.

Conclusions

The initial results of this study have shed light on the manufacture and corrosion of bronze weapons unearthed from the pits of the Terracotta Warriors.

1. Due to the quenching treatment and the formation of compact high-tin oxide layers some objects had a higher resistance to corrosion.

2. Due to the migration of copper ions during corrosion and selective corrosion there existed different extents of tin enrichment on the surface layers.

3. All of these bronze weapons were high-tin bronzes, among which the tin content of the three bronze swords were higher and were heat-treated thus providing them with necessary properties that weapons should have.

Acknowledgments

The authors would like to thank. Dr. Hu Gang, School of archaeology and museology, Peking University, and Dr. Zhang Shangxin, Museum of the terra-cotta warriors and horses of Qin Shihuang, for discussions and critical review of the manuscript. Special thanks to Cezar Tody who kindly revised the English text.

References

[i] Zhang T. The Unearthed arms out of the Warrior Figure Pits of the Qin Dynasty[J]. The Silk road, 1999, 7(1): 20 – 24(in Chinese).

[ii] Han R, Ma Z, Wang Z, and J Ke. Research on the oxidation layer of arrowhead unearthed from the Pits of the Terracotta Warriors[J]. Studies in the history of natural science, 1983, 2(4): 295 – 302(in Chinese).

[iii] Ma Z. Black patina on ancient bronze mirrors resulted from polyphenol [J]. Archaeology, 1995, 36(11): 103 – 105(in Chinese).

[iv] Chase W T, Ziebold T O. Ternary representations of ancient chinese bronze compositions [C]//Archaeological chemistry II. Based on a symposium sponsored by the division of the history of chemistry at the 174th meeting of the American Chemical Society, Chicago, August 31 – Sept. 1, 1977. American chemical society, 1978: 293 – 334.

[v] Tian C. Brilliant scientific achievement of Chinese ancient bronze casting by using modern analysis [J]. Journal of Sichuan University (Engineering Science Edition), 1980, 12(Z1): 109 – 124(in Chinese).

[vi] Han R, Bunker E C, The study of ancient Ordos bronze with tin-enriched surface in China[J]. Cultural Relics, 1993, 30(9): 80 – 96(in Chinese).

[vii] Chase W T, Franklin U M. Early Chinese black mirrors and pattern-etched weapons[J]. Ars orientalis, 1979: 215 – 258.

[viii] Dean J A. Lange's handbook of chemistry[M]. Beijing: Science press, 1991: 6(7) – 6(9)(in Chinese).

[ix] Zhu R. Metal corrosion[M]. Beijing: Metallurgical Industry Press, 1989: 289 – 300(in Chinese).

(原载于 *MRS Proceedings* 2011 年 1319 卷。)

附录
孙运锦与《白耷山人年谱》及《寅宾录》*

孙运锦（1790—1867），字绣田，一字心仿，号铁围山樵，晚年号垞南老人，江苏铜山人。他是徐州文化名人。清同治十三年（1874）《徐州府志·孙运锦传》称：

> 孙运锦，字绣田，铜山人。道光乙酉拔贡，咸丰元年举孝廉方正。性颖悟，读书过目不忘。宿迁王氏多藏书，运锦馆于其家，手抄心识，昼夜不倦，故所学益博，诗赋冠绝一时。尝游淮扬间，有江南才子之目。遭乱，避兵夏镇（今微山境内），侘傺无聊，而好学不倦。尝独步榛莽，访求古碑碣，见者称为奇人。明万寿祺诗文久散佚，运锦裒纂为《隰西草堂集》，其文由是得传。徐郡志纂自乾隆之初，迄今百余年，运锦欲重修之。广搜古载籍，自史鉴至唐宋人小说无不备采，著《徐故》七册，凡十余年，书未及成而卒。[i]

文中提到的万寿祺（1603—1652），字年少，又字内景，江苏徐州铜山人。崇祯三年中举，积极参与复社活动。清兵渡江后，在苏州附近举兵抗清，兵败被俘，后获救，衣僧服隐居江淮。多才多艺，诗书画俱佳。目前尚存他撰著的《隰西草堂集》最早较完整版本就是孙运锦所辑的道光四年（1824）本。包括《诗集》五卷、《文集》三卷、《遁渚唱和集》一卷。该书后来亦见于民国八年（1919）罗振玉辑的《明季三孝廉集》，罗氏还增辑《隰西草堂集拾遗》，并撰写《万年少（寿祺）先生年谱》。

---

* 作者：原思训（北京大学考古文博学院）。感谢孙运锦后人提供鲁一同致孙运锦信札复印件。在笔者调研过程中，得到上海图书馆陈先行先生和北京大学图书馆张玉范先生的热情支持帮助。张玉范先生和中国社会科学院历史研究所罗琨先生都细心审阅拙稿，并提出中肯建议，特致谢忱。

孙运锦是道光十年(1830)《铜山县志》的主要编纂者。根据同治十三年《徐州府志》和民国十五年(1926)《铜山县志》，孙氏尚有许多著述散佚，诸如《搬姜集》二十八卷、《徐故》七卷等[ii]。中国科学院图书馆收藏有他的《与我周旋斋百一诗录》三卷清抄本，东北师范大学图书馆收藏有他的《垞南诗草》稿本等二十三卷。2010年，笔者得见孙运锦后人珍藏的鲁一同致孙运锦手札一通（附录 图1），该信言及另外两部著作：《白耷山人年谱》及《寅宾录》。信札全文如下：

心仿尊兄大人阁下：

再奉手裁，并晤左清石先生三月事，具知近状。毕刺史莅邳，弟力言兄之品学，渠颇殷向往，欲延以笔墨之事，未知宾主东南，曾有延津之合否？

《白耷山人集》得吾兄《年谱》节钞及《寅宾录》。弟以三月之功细加编校，复为《年谱》一册，颇搜昔遗。日夕冀望刻赀之来，乃润臣以家事烦溷，遂以力有不逮为辞。据吴稼轩员外云，渠终当遂事，惟不能克期应命耳。当此时势，岂可迟而又久？弟意别约同人酿金为之，而岁事不登，颇难启口，至今耿耿未尝去怀抱也！

至其中时日先后，尚有可疑。此类甚多，姑举一二：如汧置草堂落成，张谱与本集竟相径庭。而详味诗意，似本集系之癸未，亦非实录。钱塘之游或以为戊申，戊申八月尚在大名，明年元旦又在邯郸，此中几何时而游钱塘？拜孝陵亦少迫促矣！或以为在三关之后，又或以为拜孝陵与游钱塘并非一年，刻在袁浦，未尝以本集得随，姑记之如此，以质先生。此皆节目之不可解者。先生登岱凡四，竟不可件系何年。

叶润山侍郎曾仕闽中，卒以忧死，见《全谢山集》中。而本集题注称为部郎，国变死节，凡此之类，未敢悬定。安得亲就先生而面质之，庶可无草草成书之诮。

先生如已就毕刺史之招，妙不可言。否则能仗策来游，就清翁于浦上，谋十日之谈。或能即事生情，另图坐席，亦一妙也。

兹以胡香亭孝廉来使之便，率草数行。临楮百拜，幸弗浮沉，相思此心，无

附录 图1-1 鲁一同致孙运锦手札

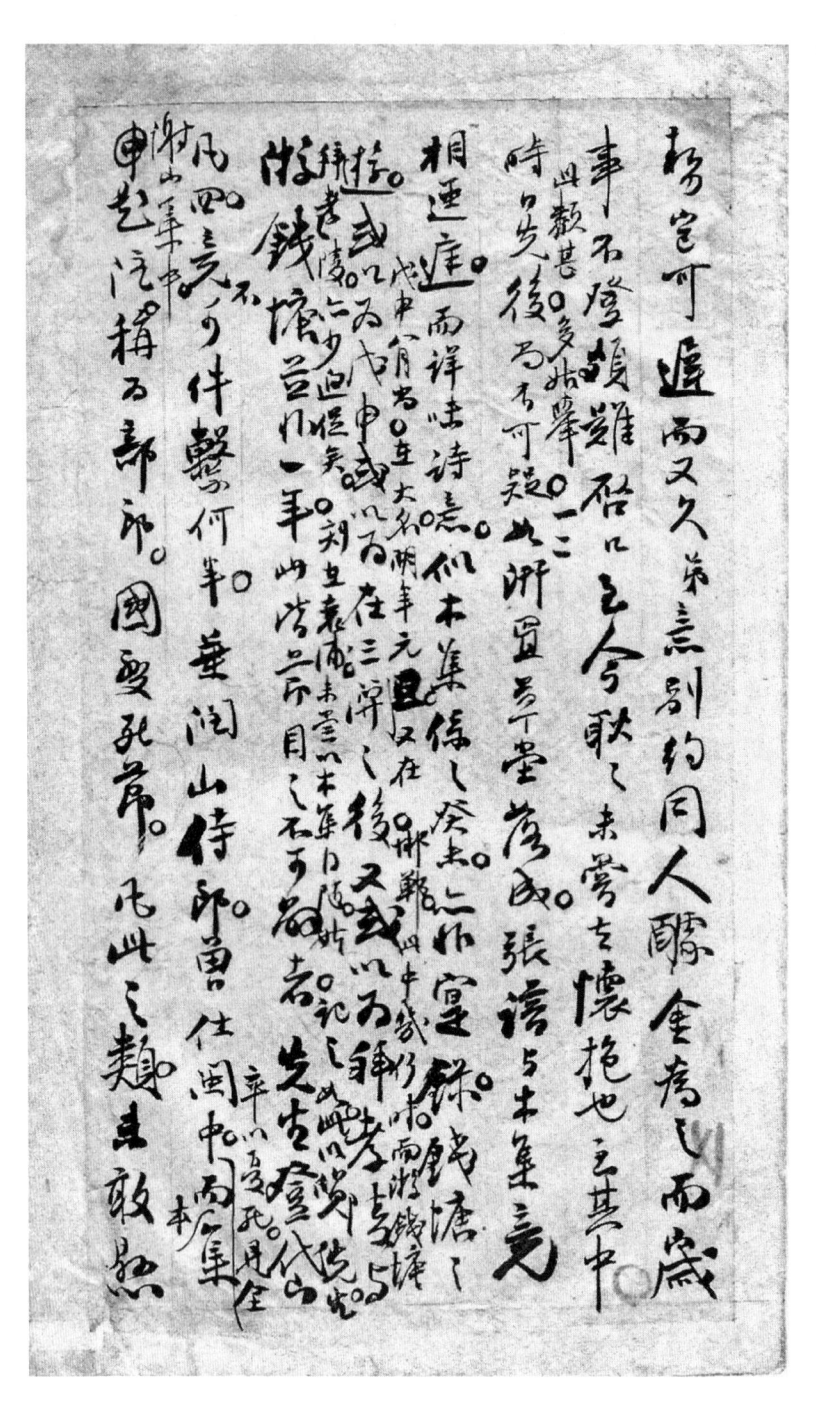

附录 图1-2 鲁一同致孙运锦手札

附录 图1-3 鲁一同致孙运锦手札

任惓惓，敬请道安，惟照百一。

    小弟鲁一同顿首

八月廿二日袁浦书

鲁一同(1805—1863)字兰岑,一字通甫(父)。清代道光、咸丰年间著名古文家、诗人、画家,安东(今江苏涟水)人,后迁清河(今淮安市)。道光十五年中举,后屡试不第。他不仅工诗善画,而且注重经世之学,不但他的学识为当时士人所盛赞,其睿智的政治见解,更为林则徐、曾国藩等名人赏识。"林文忠公则徐总督湖广,请与偕",他"欲行而以亲老止";"曾文正公国藩尤敬异,庚戌试礼部居淮安馆舍,数屏驺从就问天下事"[iii]。著有《通甫类稿》《通甫类稿续编》《通甫诗存》《通甫诗存之余》《右军年谱》,纂《邳州志》《清河县志》等。

在《通甫类稿》中,收录有鲁一同为孙运锦父亲孙文蔚写的墓志铭——《文学孙君墓志铭》,谈到他和孙运锦的相识时间与过程:

    道光二十九年春,薄游彭城,观其三川郁勃,慨然想见古来文武豪俊之士。退游里巷,问求明故老阎、万之遗踪,而后生少知其事者,盖耆旧凋丧尽矣。暇日披览图籍,得邑明经孙君运锦所为《铜山志》,问之教授潘君,曰:"然,吾知之。"明日偕以来,笃雅君子也,出其所纂阎、万二公遗书,网罗周详,盖好古而能言者。[iv]

这里的"明故老阎、万"指阎尔梅和万寿祺。可知,道光二十九年(1849)鲁一同在徐州主讲云龙书院,曾追访阎尔梅、万寿祺遗踪。在看到孙运锦纂辑的《铜山县志》后,经人引荐相识,并见到了孙运锦网罗周详的阎尔梅、万寿祺遗著。可见两人的志趣相投,从此往来过从甚密,在孙运锦的《与我周旋斋百一诗录》中就有多首与鲁一同相关的诗[1]。

---

[1] 包括《赠鲁通甫一同山阳举人,主云龙书院讲》《次韵通甫扇头墨梅》《题隰西草堂集寄通甫己酉》《次韵通甫读白奔山人诗之作》《送通甫归袁浦》《通甫许志先子墓,因秋试改期,回徐需时,来索家传,因述怀》《得通甫书,先志过岁赍到,并有所推荐,因答》七首。

信中的《年谱》即《白耷山人年谱》，见于清光绪十九年（1893）王锡祺辑《小方壶斋丛书》[v]，是一部记述阎尔梅生平的传记编年。阎尔梅（1603—1679），字用卿，号古古，因耳大白于面，又号白耷山人，江苏徐州沛县人。明崇祯三年举人，曾参加复社活动。清军入关后散尽家财，私结死士，以图反清复明。做过史可法幕僚，曾两次为清军所俘，逃脱后流落各地多年，后回乡。其诗文有清初豹韦堂刻本《白耷山人诗集文集》和1922年张相文编《阎古古全集》。清光绪十九年（1893）徐州太守桂中行和探花冯煦编选万寿祺、阎尔梅著作，将两位矢志反清复明的同乡作品合刊为《徐州二遗民集》，由是"徐州二遗民"成为一个专有符号，凸显两位同年生、同年举人所代表的文化精神内涵。

又，《寅宾录》是综合阎尔梅友人题赠的书信、诗文、序跋和附诗、附传为一体的文集。它们最早收录于清光绪二十一年王锡祺辑《小方壶斋丛书》，后有民国四年（1915）刘承幹嘉业堂版《白耷山人年谱》附《寅宾录》。这两部书又于1963年和1982年分别为上海古籍书店和文物出版社重印。

但是，无论上述哪一部书和版本，都将《白耷山人年谱》的作者署名为"山阳鲁一同编"，《寅宾录》则署为"山阳鲁一同辑"，与信函揭示的成书过程有一定出入。如鲁氏信中说"《白耷山人集》得吾兄《年谱》节钞及《寅宾录》，弟以三月之功细加编校，复为年谱一册"，显然，鲁一同是在孙运锦的《（白耷山人）年谱》节抄和《寅宾录》基础上细加编校，才完成了增订的《白耷山人年谱》。根据鲁一同的信，《寅宾录》的纂辑者和上述各本题署有很大出入，需要进一步探询。

为此，笔者走访了上海图书馆，查阅到两书稿本，进一步证明《白耷山人年谱》和《寅宾录》都与孙运锦有十分密切的关系。

上海图书馆不仅收藏有不同版本的《白耷山人年谱》和《寅宾录》，还收藏有这两部书的稿本。《白耷山人年谱》有两个稿本：

稿本一，书封面题"张氏原本，通甫增辑"，用白绵纸抄写，版心处空白，不仅修改涂抹之处少，而且年份的书写方式、内容与出版的《小方壶斋丛书》及嘉业堂版本完全相同，显然为定稿本[上海图书馆书目著录："白耷山人年谱，（清）鲁一同编，稿本，索书号：线善794602"]。

稿本二,没有书稿封面,也未署纂辑者名字。用纸的版心镌"清河县志稿"字样,修改涂抹处很多,山人事迹年份的书写方法是帝王年号记年在前,干支年在后,与印本不同[上海图书馆书目著录:"白耷山人年谱,(清)鲁一同辑,稿本,索书号:线普长748401"]。

比较两稿本字迹,均出自一人之手。稿本二在"十一年壬子"条目的眉端上有注释,其结尾标注"丁巳十月廿日通父又书"。而"十一年壬子"条已近《白耷山人年谱》一书的结尾,说明鲁一同完成该书的时间可能在是年或稍晚。

《寅宾录》稿本,共三册,第一册卷端上题署"寅宾录",下双行题"铜山孙运锦辑,山阳鲁一同校",版心处上题"寅宾录上 书问"。第二册版心处上题"寅宾录下 诗歌"(图4)。第三册版心上题"白耷山人集卷末"[上海图书馆书目著录:"寅宾录,(清)孙运锦辑,抄本,索书号:线善789261-63"]。

笔者将上海图书馆著录为抄本的《寅宾录》笔迹和孙运锦赠友人诗《题仇实父山水卷》及其稿本诗词《垞南诗草》等笔迹对比后发现,《寅宾录》抄本的大部分内容显系孙运锦手书。其中孙运锦手抄的潘耒《送白耷山人游三关》部分眉端是鲁一同的一条长注的绝大部分,末尾鲁一同还以讨论的口吻写道:"心仿先生以为何如?"并落款"丁巳二月廿二日灯下识"。丁巳年为咸丰七年(1857),《送白耷山人游三关》文在《寅宾录》稿本第二册的后部,因而推测鲁一同完成《寅宾录》一书校注可能在该年。由上述两条注释结尾的落款时间推测,两书的脱稿时间均在1857年前后。并且由校注时间先后推测,鲁氏可能是先校注了《寅宾录》,后完成了《白耷山人年谱》的增辑和校注。笔者将上海图书馆著录为孙运锦辑抄本的《寅宾录》与《小方壶斋丛书》版对照,内容完全一致,说明孙氏辑本实际上是稿本。鲁一同只是在孙氏辑本上校注,没有再做清誊,而《白耷山人年谱》一书则数易书稿。需注意的是两书稿本上书写的编辑者和校注者都不像孙运锦与鲁一同字迹,或为他人所为。

至于鲁一同信中和孙运锦探讨的问题,如沂罝草堂落成、游三关、拜孝陵等等不仅在上述潘耒《送白耷山人游三关》一文内有所反映,而且在《白耷山人年谱》和《寅宾录》两书的多处相关地方都以"孙氏以为"和"孙氏心仿云"等语作交待。

综上,根据鲁一同信札叙说的"年谱节钞"与"寅宾录"得自孙运锦,两书定稿本上的署名，《寅宾录》抄写字迹，以及鲁一同信札中提出探讨的问题与两书内相关部分的高度一致，可以认为两书定稿本上的署名：《寅宾录》署"铜山孙运锦辑，山阳鲁一同校"，《白耷山人年谱》署"张氏原本，通甫增辑"是符合实际的。虽然从鲁氏信中可以看出他急切希望将书付梓的心情，可能终因时局不定，时值捻军和太平军举事、英法联军入侵和筹措刻资未竟等原因而无法如愿。到1893年《小方壶斋丛书》刊印两书时，鲁一同已经辞世三十年。之所以出现目前我们看到的两书出版物署名状况，是后来的出版者所为。需要说明的是从上海图书馆的《寅宾录》稿本看，孙运锦在将它给鲁一同以前，已经在多处加了注，这些注释也保存在上述该书各印本内（凡有"孙心仿云""孙氏心仿云""孙氏以为"等字样处均属此）。虽然我们无法见到孙运锦提供的白耷山人年谱节抄原貌，但从《白耷山人年谱》书中一些类似语气推测，孙运锦在年谱节抄的一些地方也有加注。

另须特别说明，张相文在其编的《阎古古全集》中刊载有他编的同名《白耷山人年谱》，并在年谱前附言：

按，山人年谱，前清道咸间山阳鲁通甫一同先生曾就张氏原本重为增辑。近年，吴兴刘氏刻之《嘉业堂丛书》中，然非完善本也。兹据山人原集，并考群书为更订之，至鲁氏所辑《寅宾录》，亦摘其精要按年分系，庶便参稽焉。[vi]

这段文字清晰地表明了张相文本年谱与鲁氏本年谱及《寅宾录》的关系，本文不再赘述。据前讨论及该附言，无疑显示张相文本年谱与孙运锦也有密不可分的联系。

以上仅就鲁一同信札涉及的孙运锦与《白耷山人年谱》及《寅宾录》的关系作初步讨论，至于孙运锦是如何与从何处获得的年谱节抄，以及他纂集《寅宾录》所涉及的诸多问题有待深入探寻。

参考文献

[i] 朱忻等修，刘庠等纂：[同治]《徐州府志》卷二十二，同治十三年刻本。
[ii] 朱忻等修，刘庠等纂：[同治]《徐州府志》卷二十二，同治十三年刻本。余家谟等修，

王家诜等纂:《铜山县志》卷二十,民国十五年刻本。
[iii] 文彬、孙云等纂修:《重修山阳县志》卷十四,同治十二年刻本。
[iv] 鲁一同著:《通甫类稿》卷四,《近代中国史料丛刊》第三十七辑,(台北)文海出版社,1969年。
[v] 王锡祺辑:《小方壶斋丛书》第二集,光绪十九年刻本。
[vi] 张相文编:《阎古古全集》第一册,民国十一年(1922)财政部印刷所。

(原载于《文献》2014年第5期。)

图表索引

科技考古

图 1-1	合成苯装置及反应器图	4
图 1-2	双管双道液体闪烁计数器方框图	5
图 2-1	样品 ^{14}C 比度降低与偏老年代关系图	11
图 2-2	采样剖面示意图	16
图 2-3	79KJDT5 探方崩塌石下的部分陶片	16
表 2-1	样品 ^{14}C 比度降低与偏老关系图	9
表 2-2	陆生树木、竹、草、稻米及人骨的 ^{14}C 比度与现代碳比度对比	12
表 2-3	螺、蚌、水草、漓江水碳酸盐等样品的 ^{14}C 比度与现代碳比度对比	13
表 2-4	甑皮岩遗址年代测定	17
表 2-5	豹子头贝丘遗址年代测定	17
表 2-6	扶绥左江西岸贝丘遗址年代测定	18
图 3-1	铀样 α 谱（测量时间 48 小时）	23
图 3-2	钍样 α 谱（测量时间 48 小时）	23
表 3-1	许家窑遗址铀系年代数据表	24
表 4-1a	考古研究所 ^{14}C 室第一次测量数据	28
表 4-1b	考古研究所 ^{14}C 室第二次测量数据（仪器重新调整后）	29
表 4-1c	考古研究所 ^{14}C 室第三次测量数据	29
表 4-2a	北京大学 ^{14}C 室测量数据	29
表 4-2b	北京大学 ^{14}C 室第二次测量数据	30
表 4-3	贵阳地化所 ^{14}C 室测量数据	31
图 5-1	滴哨沟湾—米浪沟湾第四纪沉积柱状剖面对比及样品 ^{230}Th 年代（剖面图据袁宝印）	36
表 5-1	萨拉乌苏滴哨沟湾——米浪沟湾铀系年代数据表	38
图 6-1	^{235}U 衰变系列	44
图 6-2	钍源片的 α 谱	45
表 6-1	几组样品的铀系法年龄和 ^{14}C 年龄的比较	43
表 6-2	RKM-5 国际标准样品的比对测量结果	46
表 6-3	铀系法年代测定结果	47
表 6-4	华北地区旧石器地点铀系年代序列	52
表 7-1	华南地区若干旧石器时代地点铀系年代测定结果	57
表 7-2	柳江通天岩第 1—2 层钙华板 ^{14}C 年代	62
表 7-3	华南华北地区若干旧石器时代地点的铀系年代序列	63

Figure 8-1　Upper panel: Sunspot numbers plotted with ordinates inverted. Lower panel: Δ^{14}C in the A.D. 1824–1890 rings of a white spruce from Mackenzie Delta, Canada (60°N, 130°W). For comparison, the measurements by Suess, by Tans

	et al, and by Stuiver and Quay are also plotted	74
Figure 8-2	$\Delta^{14}C$ in the A.D. 1940-1945 rings of a white spruce from Mackenzie Delta, Canada, showing the abnormally high $\Delta^{14}C$ value in the 1943 ring	75
Table 8-1	Radiocarbon content in tree rings	72
图 9-1	样品 ^{230}Th 年代, $^{231}Pa/^{235}U$ 与 $^{231}Pa/^{235}U$, ^{231}Pa 年代理论曲线对比	82
表 9-1	庙后山遗址骨化石样品层位及测定结果	81
表 9-2	庙后山遗址骨化石样品的不平衡铀系年代与文化遗物及地层	82
表 10-1	和县龙潭洞骨化石样品的铀系年代测定结果	87
表 10-2	巢县人化石地点骨化石样品的铀系年代测定结果	88
Table 11-1	*Uranium-series dating of Jinniushan site*	94
图 12-1	在不同辐射下石笋-I-2 的 ESR 谱	98
图 12-2	碳酸盐沉积物石笋及钙华的 ESR 信号强度随辐照剂量的增长过程	104
表 12-1	直线律确定的石笋-I、钙华的 ESR 年代与 U 系法年代对比	100
表 12-2	直线律确定的石笋-II ESR 年代与 U 系法年代对比	101
表 12-3	指数律得出的石笋-II ESR 年代与 U 系年代对比	103
图 13-1	甑皮岩遗址钙华板层厚度与 ^{14}C 年代关系	110
图 13-2	华南地区旧石器文化向新石器文化过渡时间示意图	112
表 13-1	阳春独石仔遗址年代测定结果	106
表 13-2	白莲洞遗址年代测定结果	108
表 13-3	白莲洞遗址骨化石铀系年代	110
表 13-4	南方部分旧石器时代和新石器时代遗址年代数据表	111
图 14-1	钍源的 α 能谱	118
表 14-1	与测量 ^{227}Th 有关的核素的 α 能量(MeV)及强度(%)	119
表 14-2	通过 ^{227}Th 测定的 ^{231}Pa 年代与国际标准样 RKM-5 及国内对比样 SS-1、SS-2 的 ^{230}Th 年代对比	123
表 14-3	通过 ^{227}Th 测定的 ^{231}Pa 年代与封闭样品的 ^{230}Th 年代对比	124
表 14-4	辽宁省本溪县庙后山遗址封闭骨化石样品的铀系年代	125
表 15-1	其他实验室周口店第一地点骨化石 ^{230}Th 年代	129
表 15-2	周口店遗址铀系年代	131
图 16-1	南庄头遗址地层岩性、文化遗物、^{14}C 年代及文化层的孢粉式	139
表 16-1	徐水县南庄头遗址 ^{14}C 年代测定结果表	136
表 17-1	可能归属于新石器时代的一些华南遗址的 ^{14}C 年代数据	142
表 17-2	石灰岩地区树枝、湖水碳酸盐及大气 CO_2 的 ^{14}C 浓度对比	145
表 17-3	钙质土与正常壤土中生长的树木 ^{14}C 浓度对比	146
表 17-4	华南地区一些遗址的 ^{14}C 年代数据量及所用测年样品物质	148

表 18-1	AMS^{14}C 法测定兴隆纹饰鹿角、峙峪遗址等样品^{14}C 年代结果	157	Table 23-3	Comparison of measurement results of gelatin and organics (amino acids) in solution	198
表 19-1	我国北方地区几处旧石器遗址的骨化石铀系年代	161	Figure 24-1	Map showing the location of the Donghulin site and the Yongding River valley	201
Figure 20-1	Map of the Bailiandong and Miaoyan sites	166	Figure 24-2	A short string of necklace with three shells preserved intact in the loess section from the Donghulin site. Scale bar = 5 mm	203
Figure 20-2	Section of east diposits form the Bailiandong Site, Liuzhou	168			
Table 20-1	^{14}C Ages of the Bailiandong Site (East Area)	169			
Table 20-2	^{14}C Ages of the Bailiandong Site (West Area)	169	Figure 24-3	A complete necklace restored from Donghulin gastropod shells. Scale bar = 10 mm	203
Table 20-3	^{14}C Ages at the Miaoyan Site	171	Figure 24-4	*Neritina violacea* in different views. A-C a living representative; D-F a perforated Donghulin shell; note that the grinding plane slopes towards the aperture E, which would make shell beads more compact to each other. Scale bar = 5 mm	205
Figure 21-1	Pretreatment procedure of potsherd	179			
Table 21-1	^{14}C Ages of the Bailiandong Site	174			
Table 21-2	^{14}C Ages of the Miaoyan Site	175			
Table 21-3	AMS ^{14}C Measurement results of human bones	176			
Table 21-4	The ages of Miaoyan and Yuchanyan Potsherds	180			
图 22-1	柿子滩遗址中区出土细石器	186	Figure 24-5	A close-up view of the perforation in two of the Donghulin shells. A showing smoothened perforation; B showing vertical scraping ridges (arrow) on the inner surface of the hole. Scale bar = 1 mm	205
表 22-1	柿子滩遗址测年样品及测定结果	185			
表 22-2	中区出土石制品统计表	187			
表 22-3	中区出土石制品石料统计表	187			
表 22-4	东区出土石制品统计表	188			
Table 23-1	Comparison dating results between gelatin and XAD-2 resin-treated amino acids	196	Table 24-1	AMS ^{14}C results of the *Neritina violacea* gastropod shell and the human phalax hones of the same skeleton from	
Table 23-2	XAD-2 treatment effects on removing contamination from bone components	197			

	Donghulin, Beijing. The Libby half-life of 5568 years is used at both laboratories. The OxCal 3.3 and INTCAL 98 curve has been used for calibration (Stuiver et al. 1998)	202
图 25-1	样品 X 射线衍射对比图	216
图 25-2	现代猪骨的热重分析图	217
图 25-3	周原无字甲骨的热重分析图	218
图 25-4	现代灼烧猪骨的扫描电镜图	219
图 25-5	周原无字甲骨扫描电镜图	220
图 25-6	周原无字甲骨样品与古代未烧骨样显微红外图	222
表 25-1	周原无字甲骨样品状况	213
表 25-2	不同温度灼烧现代骨样、周原无字甲骨颜色与明度值	214
表 25-3	不同温度灼烧骨样与无字甲骨样品的无机矿物组分	215
表 25-4	现代未烧骨与不同温度灼烧骨样及周原无字甲骨样的扫描电镜结果	221
图 26-1	秦始皇陵地区地貌图	227
图 26-2	秦始皇陵附近地区区划图	228
图 26-3	秦始皇陵兵马俑陶片和周围土样的主因子分析散点图	233
表 26-1	部分秦始皇陵兵马俑残片和附近土样的中子活化分析数据	230
表 27-1	庙岩遗址的 ^{14}C 年代	243
表 27-2	陶器 ^{14}C 年代超过万年的遗址	246
Figure 28-1	The FTIR spectra of standard gelatin and anomalously aged oracle bone samples, which exhibited an evident absorption peak at 2925-2930 cm^{-1}	251
Figure 28-2	FTIR spectra of adhesive from SA98199 and standard tri-polymethacrylic	252
Figure 28-3	The FTIR spectra of adhesive from SA98203, SA98230, SA98239, and standard nitrocellulose lacquer	253
Table 28-1	Purification efficiency of gelatin	255
Figure 29-1	Kings' genealogy of late Shang dynasty. There are 12 kings of 8 generations who lived in the late Shang period, and the kings in the same line are brothers	261
Figure 29-2	An oracle bone (identification number Tun 2707) with inscription recording divinations. Its ^{14}C age has been measured at Peking University (Table 29-5). The inscriptions include the appellations of grandfather Yi and father Ding, and this piece was classified as belonging to the Li group. The inscriptions state that the ruling King carried out divination activities in the ancestral temples of Da Yi, Da Jia, grandfather Yi and Father Ding; sacrifice to the former Kings descending from Shang Jia is carried out in order to ward off disasters that could	

possibly occur to the current King; the sacrificial animals used are white boars and bulls. The red rectangle in the photo image indicates the area for sampling after restoration. (Please see electronic version for color figures.) 267

Figure 29-3 Comparison of the single-phase calibration results of Shi, Zi and Wu groups (A) and Phase 4 oracle bones (B). There is no overlap between the 68% ranges of the two single-phases 272

Figure 29-4 Comparison of the single-phase calibration results of Shi, Zi and Wu groups (A) and Bin group (B). The age of the two single-phases are quite closed, but the age of Shi, Zi and Wu groups is obviously older than the age of Bin group 273

Figure 29-5 Oracle bone calibration results of model OB (Phases 2-5) 281

Figure 29-6 Calibrated date comparison of the oracle bones of Li groups type 1 (A) and type 2 (B). The plots of type 1 (Father Yi) and type 2 (Father Ding) are calibration results of single-phase model 285

Figure 29-7 Calibrated date comparison of the oracle bones of Li group type 2 (A) with Phase 2 (B) and Phase 4 (C) of OB. The plot of type 2 (Father Ding) is calibration results of single-phase model, and the plots of Phase 2 and Phase 4 are part of the calibration plot of whole series OB (Figure 5B) 286

Table 29-1 Corresponding relationship of the five periods and nine groups of oracle bones vs. the kings of late Shang 264

Table 29-2 Oracle bone dating results 276

Table 29-3 ^{14}C ages of oracle bones and calibration results of model OB 277

Table 29-4 Single-phase calibration results of Li group-type 1 oracle bones 283

Table 29-5 Single phase calibration results of Li group-type 2 oracle bones 284

图 29-1 商后期的商王世系 290

图 29-2 一片带有占卜文字的甲骨(著录号为屯 2707)。其 ^{14}C 年龄已在北京大学测量(表 29-5)。其上的甲骨文中有祖乙、父丁称谓,已被归入历组。卜辞的大意为:王分别在几个先王(大乙、大甲、祖乙、父丁)的宗庙中进行占卜活动,卜问为王免除灾难而对从上甲以来死去的诸位先公先王举行祭祀,祭祀用白公猪和牛作为祭品。照

	片上甲骨右侧的矩形区域为采样区域(已修复)。	293
图 29-3	自组、子组和午组甲骨的单期校正结果(A)与四期甲骨的单期校正结果(B)的比较,两个单期的68%区间无重叠。	296
图 29-4	自组、子组和午组甲骨的单期校正结果(A)与宾组甲骨的单期校正结果(B)的比较,两个单期的年代十分接近,但自组、子组和午组甲骨的年代要明显早于宾组甲骨的年代。	297
图 29-5A	模型 OB 的甲骨校正结果(一期)	304
图 29-5B	模型 OB 的甲骨校正结果(二期至五期)	305
图 29-6	历组一类甲骨(A)与历组二类甲骨(B)单期校正年代的比较	307
图 29-7	历组二类甲骨(A)与模型 OB 二期甲骨(B)、四期甲骨(C)校正年代的比较。历组二类(父丁)是单期校正的结果,二期和四期是截取于模型 OB 的全系列标图	308
表 29-1	甲骨的五期和九组与商王的对应关系	290
表 29-2	甲骨测年结果	300
表 29-3	甲骨的 ^{14}C 年龄与模型 OB 的校正结果	301
表 29-4	历组一类(父乙类)甲骨的单期校正结果	306
表 29-5	历组二类(父丁类)甲骨的单期校正结果	306

文物保护

图 30-1	ZYB_2,明场(×160)	323
图 30-2	ZYB_{1A},明场(×160)	323
图 30-3	$M_{40.4}$,明场(×160)	323
图 30-4	M_{58},明场(×160)	323
图 30-5	HD_{38},明场(×200)	323
图 30-6	RB_1,明场(×200)	323
图 30-7	RB_3,明场(×100)	323
图 30-8	$M_{40.3}$,暗场(×100)	323
图 30-9	$M_{40.3}$ 的背散射图及元素线分析曲线	325
图 30-10	$M_{40.1}$ 的背散射图及元素线分析曲线	328
表 30-1	锈蚀产物的矿物组成	319
表 30-2	青铜基体合金成分	320
表 30-3	青铜试样金相分析结果	321
表 30-4	扫描电镜能谱分析结果	326
表 31-1	青铜器腐蚀状况观测结果	338
表 31-2	青铜器出土点的地下电阻率	350
表 31-3	土壤电阻率与腐蚀性的关系	352
表 31-4	锈蚀产物的矿物组成	352
表 31-5	土壤样品的分析结果	358
表 31-6	周原博物馆及宝鸡地区环境监测数据	361
表 32-1	晋国墓地出土青铜器的保存状况	367
表 32-2	XRD 分析锈蚀产物	370
表 32-3	比浊法分析锈样的 Cl^- 和 SO_4^{2-} 结果	373
表 32-4	土壤电阻率	374
表 32-5	曲村晋国墓地土壤成分分析	375
图 33-1	M91:241 盂金相组织(×160)	384
图 33-2	M91:140 鼎金相组织(×200)	384
图 33-3	M102:14 盘金相组织(×160)	384

图 33-4	M92∶111 轭饰金相组织(×160)	384
图 33-5	M62∶68 銮铃金相组织(×500)	385
图 33-6	M64∶142 兔尊氧化物颗粒(×500)	385
图 33-7	M91∶135 戈背散射图及元素线分析曲线	386
图 33-8	M91∶6 轭圈背散射图及元素线分析曲线	388
表 33-1	青铜基体合金成分(%)	380
表 33-2	样品的金相组织	382
表 33-3	扫描电镜能谱分析结果	387
表 33-4	表面层组成	387
图 34-1	三种非水分散体的粘度曲线	399
表 34-1	丙烯酸树脂乳液性能	396
表 34-2	光散射法粒径测定结果	398
表 34-3	透射电镜粒径测定结果	399
表 34-4	三种非水分散体粘度	399
图 35-1	8% B-72 加固后骨头的表面	411
图 35-2	8%三甲树脂加固后骨头的表面	411
图 35-3	8%三甲树脂加固后骨头的表面	411
图 35-4	3% B-72 加固后骨头的表面	411
图 35-5	3%三甲树脂加固后骨头的表面	411
图 35-6	3%三甲树脂加固后骨头的剖面	411
图 35-7	3%聚乙烯醇缩丁醛加固后骨头的表面	411
图 35-8	3%聚乙烯醇缩丁醛加固后骨头的剖面	411
表 35-1	加固材料的成膜性与耐水性能比较	404
表 35-2	加固材料热老化性能比较	404
表 35-3	加固材料的可逆性与老化后的可逆性比较	405
表 35-4	加固剂种类与浓度	406
表 35-5	试样加固前后重量变化	408
表 35-6	加固前后样品颜色的变化	409
表 35-7	加固前后样品硬度的变化(kg/mm^2)	409
图 36-1	不同浓度加固剂处理土样的透气性变化	420
表 36-1	加固剂和处理土样时的浓度	416
表 36-2	土样加固前后孔隙率的变化(%)	418
表 36-3	土样加固前后孔隙率的变化(%)	419
表 36-4	土样加固前后的抗压强度变化	421
表 36-5	土样加固前后的抗压强度变化	422
表 36-6	各种材料的耐水性试验	423
表 36-7	耐冻融试验结果	427
表 36-8	安定性试验结果	430
表 36-9	各种加固剂的加固效果比较	431
图 37-1	150℃时强度随时间的变化	437
图 37-2	光老化时强度随时间的变化	437
图 37-3	NaOH 浓度对强度的影响	437
图 37-4	30℃时 5% NaOH 水解对强度的影响	437
图 37-5	150℃时色差随时间的变化	438
图 37-6	光老化时色差随时间的变化	438
图 37-7	150℃时特性粘度随时间的变化	439
图 37-8	水解时特性粘度的变化	439
图 37-9	光老化时特性粘度随时间的变化	439
图 37-10	未老化样品的红外谱图	440
图 37-11	R_{12} 的红外谱图	440
图 37-12	G_{19} 的红外谱图	440
图 37-13	S_{23} 的红外谱图	441
图 37-14	未老化样品的扫描电镜图	443
图 37-15	光老化 14 天样品的扫描电镜图	444

图 37-16	热老化 10 天样品的扫描电镜图	444
图 37-17	未老化样品(左)与水解老化样品(右)的扫描电镜图	445
图 37-18	未老化丝及光、热、水解老化丝的 XRD 图谱	445
表 37-1	丝绸样品的 TGA 分析结果	441
表 37-2	氨基酸分析结果(%)	442
图 38-1	T1、T2、T5、T6 样品的扫描电镜分析	452
图 38-2	秦俑的傅立叶红外分析谱图(样品 T1—8)	455
图 38-3	陶俑(T2)和表面剥离层(T7)的傅立叶 IR 图	456
图 38-4	陶俑表面酥松颗粒(T8)的傅立叶 IR 图	456
图 38-5	陶俑样品(T9)的差热—热重检测结果	457
图 38-6	陶俑样品 T10 表层和内部孔隙率分布对照图	458
表 38-1	秦俑、秦砖和风化样品	449
表 38-2	陶俑、砖样品的扫描电子显微镜观察结果	453
表 38-3	陶俑、砖和陶俑表面剥离物的 X 衍射分析结果(%)	454
表 39-1	加固剂浓度及用量表	462
表 39-2	饱水低湿保存样品的表面颜色变化	463
表 39-3	饱水低湿土样耐水情况表	464
表 39-4	干、湿土样抗压对比表	465
表 39-5	湿样耐水情况表	466
表 40-1	采用阳离子表面活性剂聚沉乳液的用量及效果	475
表 40-2	BU、BW 系列加固剂加固强度对比	477
图 41-1	80℃避光、大气、95%RH 条件下样品的强度变化	479
图 41-2	65℃避光、大气、95%RH 条件下样品的黄变度变化	479
图 41-3	80℃避光、大气、不同湿度老化条件下样品的黄变度变化	480
图 41-4	80℃避光、大气、95%和80%RH 条件下样品的酪氨酸变化	480
图 42-1	125℃避光、无氧条件下的强度变化	495
图 42-2	避光、无氧、饱和湿度条件下不同温度的强度变化	495
图 42-3	避光、无氧、饱和湿度条件下老化到 4 天时温度对丝强度的影响	496
图 42-4	125℃无氧、饱和湿度条件下的色差变化	496
图 42-5	125℃无氧、饱和湿度条件下黄变度变化	496
图 42-6	50℃避光、无氧、饱和湿度老化条件下氨基酸的变化	497
图 42-7	70℃避光、无氧、饱和湿度老化条件下氨基酸的变化	497
图 42-8	100℃避光、无氧、干燥老化条件下氨基酸的变化	498
图 42-9A	100℃避光、无氧、饱和湿度老化条件下氨基酸的变化	498
图 42-9B	100℃避光、无氧、饱和湿度老化条件下氨基酸的变化	499
图 42-10	125℃避光、无氧、干燥老化条件下氨基酸的变化	499
图 42-11	125℃避光、无氧、饱和湿度老化条件下氨基酸的变化	500

图42-12	避光、有氧条件下不同温度的强度变化	502	
图42-13	避光、有氧、老化到4 d时温度对丝的强度的影响	502	
图42-14	80℃避光、有氧、95%RH条件下样品的强度变化	502	
图42-15	避光、有氧、条件下热老化黄变度随时间变化	502	
图42-16	65℃避光、有氧、95%RH老化条件下色差随时间的变化	503	
图42-17	65℃避光、有氧、95%RH老化条件下黄变度随时间的变化	503	
图42-18	80℃避光、有氧、不同湿度老化条件下黄变度随时间的变化	503	
图42-19	避光、有氧、125℃老化条件下氨基酸随时间的变化	504	
图42-20	避光、有氧、80℃95%RH和80%RH老化条件下酪氨酸随时间的变化	505	
图42-21	无氧饱和湿度和干燥状态下365纳米光老化的强度对比	505	
图42-22	有氧条件下365纳米光老化的强度变化图	505	
图42-23	有氧Xe灯照射不同湿度条件下强度随时间变化对比	505	
图42-24	无氧干燥与饱和湿度条件下365纳米光老化色差对比图	506	
图42-25	有氧30℃50%RHXe灯照射老化样品的色差随时间变化	506	
图42-26	有氧30℃50%RHXe灯照射老化样品的黄变度随时间变化	506	
图42-27	有氧30℃70%RHXe灯照射老化样品的黄变度随时间变化	506	
图42-28	无氧饱和湿度老化条件下精氨酸的变化	507	
图42-29	无氧饱和湿度及干燥老化条件下氨基酸的变化	508	
图42-30	有氧不同湿度条件下Xe灯老化样品的氨基酸变化	510	
表42-1	蚕丝的氨基酸组成及等电点	487	
表42-2	在避光、无氧、热老化条件下丝织品含量发生变化的氨基酸组分	501	
表42-3	无氧干燥及饱和湿度条件下365纳米光老化样品含量发生变化的氨基酸组分	507	
图43-1	未老化样品的红外光谱图	518	
图43-2	蚕茧老化样品的红外光谱图	520	
图43-3	未老化蚕茧蚕丝纤维横截面	520	
图43-4	蚕茧热老化16天(横截面)	520	
图43-5	未老化蚕茧蚕丝纤维表面	520	
图43-6	蚕茧热老化16天(表面)	520	
图43-7	半脱胶老化样品的红外光谱图	521	
图43-8	全脱胶光老化样品的红外光谱图	522	
表43-1	老化蚕茧、半脱胶和全脱胶样品1445厘米$^{-1}$/1625厘米$^{-1}$比值	519	
Figure 44-1	Tensile strength retention as a function of heating time at 150℃	531	
Figure 44-2	Logarithm of tensile strength retention as a function of heating time at 150℃	532	
Figure 44-3	Tensile strength retention as a function of irradation time	532	
Figure 44-4	Tensile strength retention as a function of hydrolization time	533	
Figure 44-5	Logarithm of tensile		

	strength retention as a function of hydrolization time	533	(etched by $FeCl_3$, ×100)	547
Figure 44-6	Intrinsic viscosity retention as a function of heating time at 150℃	533	Figure 45-3 Metallograph of 204 (etched by $FeCl_3$, ×66)	548
Figure 44-7	Intrinsic viscosity retention as a function of irradiation time	533	Figure 45-4 Secondary electron image of 205	549
Figure 44-8	Intrinsic viscosity retention as a function of hydrolization time	534	Figure 45-5 Metallograph of JT1 (Polarized, ×33)	550
			Figure 45-6 Back scattering electron image of JT1	550
Figure 44-9	The relation curve between tensile strength retention and intrinsic viscosity retention of heat-aged sample	534	Figure 45-7 Back scattering electron image of JT2	552
Figure 44-10	The relation curve between tensile strength retention and intrinsic viscosity retention of hydrolyzation-aged sample	534	Figure 45-8 Back scattering electron image of JT4	553
			Figure 45-9 AES spectrum of the 205 bulk	556
Figure 44-11	The relation curve between tensile strength retention and intrinsic viscosity retention of light-aged sample	535	Figure 45-10 AES spectrum of the 205 surface	556
			Table 45-1 Results of XRD	545
			Table 45-2 Alloy contents of bronze weapons analyzed with ICP(%)	545
Table 44-1	Intrinsic viscosities of unaged and ancient silk	537	Table 45-3 XRF results of bronze bulks and surfaces in samples(%)	546
Figure 45-1	XRD spectra of JT1(a), JT3(b), 203(c), 204(d)	544		
Figure 45-2	Metallograph of 203			

附录

附录 图1-1	鲁一同致孙运锦手札	565
附录 图1-2	鲁一同致孙运锦手札	566
附录 图1-3	鲁一同致孙运锦手札	567

北京大学考古学丛书

❖ **旧石器时代考古研究**
　　王幼平　著

❖ **史前文化与社会的探索**
　　赵辉　著

❖ **史前区域经济与文化**
　　张弛　著

❖ **多维视野的考古求索**
　　李水城　著

❖ **夏商周文化与田野考古**
　　刘绪　著

❖ **礼与礼器**
　中国古代礼器研究论集
　　张辛　著

❖ **行走在汉唐之间**
　　齐东方　著

❖ **汉唐陶瓷考古初学集**
　　杨哲峰　著

❖ **墓葬中的礼与俗**
　　沈睿文　著

❖ **科技考古与文物保护**
　原思训自选集
　　原思训　著

❖ **文物保护技术：理论、教学与实践**
　　周双林　著

上海古籍出版社

图书在版编目(CIP)数据

科技考古与文物保护：原思训自选集／原思训著．—上海：上海古籍出版社，2022.10
（北京大学考古学丛书）
ISBN 978-7-5732-0364-9

Ⅰ.①科… Ⅱ.①原… Ⅲ.①科学技术—考古—中国②文物保护—中国 Ⅳ.①K875②K870.4

中国版本图书馆CIP数据核字(2022)第119011号

北京大学考古学丛书

科技考古与文物保护
——原思训自选集

原思训 著

上海古籍出版社出版发行

（上海市闵行区号景路159弄1—5号A座5F 邮政编码201101）

(1) 网址：www.guji.com.cn
(2) E-mail：guji1@guji.com.cn
(3) 易文网网址：www.ewen.co

苏州市越洋印刷有限公司印刷

开本710×1000 1/16 印张37 插页3 字数560,000
2022年10月第1版 2022年10月第1次印刷
ISBN 978-7-5732-0364-9
K·3208 定价：188.00元

如有质量问题，请与承印公司联系